明代社会转型与文化变迁

陈宝良／著

重庆大学出版社

图书在版编目(CIP)数据

明代社会转型与文化变迁/陈宝良著.—重庆:重庆大学出版社,2014.3

ISBN 978-7-5624-7821-8

Ⅰ.①明… Ⅱ.①陈… Ⅲ.①社会史—研究—中国—明代②文化史—研究—中国—明代 Ⅳ.①K248

中国版本图书馆 CIP 数据核字(2014)第 271828 号

明代社会转型与文化变迁

陈宝良 著

策划编辑:胡小京

责任编辑:杨 敬 侯倩雯 版式设计:胡小京

责任校对:邬小梅 责任印制:赵 晟

*

重庆大学出版社出版发行

出版人:邓晓益

社址:重庆市沙坪坝区大学城西路 21 号

邮编:401331

电话:(023) 88617190 88617185(中小学)

传真:(023) 88617186 88617166

网址:http://www.cqup.com.cn

邮箱:fxk@cqup.com.cn (营销中心)

全国新华书店经销

重庆川外印务有限公司印刷

*

开本:720×1020 1/16 印张:30 字数:445 千

2014 年 3 月第 1 版 2014 年 3 月第 1 次印刷

ISBN 978-7-5624-7821-8 定价:76.00 元

目 录

导　论

若将明代置诸整个中国历史的进程中加以考察，不难作出下面大体的判断：作为一个重新恢复汉文化的大明帝国，其社会乃至文化的最大特点，应该说既不同于蒙古族建立的大元帝国的“被发左衽”，也不同于满族入关以后建立的大清帝国的“剃发”“顶戴花翎”以及旗袍。随着大明帝国的建立，“胡风”旧习，一洗殆尽，汉唐衣冠文物制度，得以重新恢复与确立，而且在制度与文化上出现了诸多的创新。诸如：后妃不预政事，内廷甚正，无垂帘之失；国家廓清平治，不用和亲，却无外方之忧；一朝只有一个年号，无夸侈变更之心；官员莅任不用谢表；大夫士庶，一概头戴网巾；不用团扇，而是流行折扇；滨海之地，无须运粮；选官唯进士、举贡、监吏，不别开科目。[①] 如此等等，不一而足。简言之，明代的社会与文化有其独具的特点，这就是它既是汉唐以来民族传统的，却又新颖独特，对传统是一种叛逆，即明人所谓的“反道乱德”，从而与世界性的近代化历程桴鼓相应。

一、社会、文化的动态变迁

明代社会、文化是一个复杂的变体，必须从动态的角度给以深入的探讨，才能得出正确的结论。从这一原则出发，我认为正德时期

---

① 中国历代文人士大夫，除了崇古观念之外，均在不同程度上存在着一种历史的进化观念，喜欢罗列一些“本朝超越前代”之事，这被杨联陞称之为“朝代间的比赛”。如明朝人董縠、谢铎、陆容、陈继儒等人，均有这方面的言论。尽管所列显得有点勉强，甚至不符合明朝的事实，近乎夸大，但基本从中可以看出明代在政治、经济、军事、文化等领域的许多创新。这方面的探讨，可参见杨联陞：《朝代间的比赛》，载氏著：《国史探微》，新星出版社 2005 年版，第 30-42 页。

(1506—1520)大致可以作为明代社会、文化变迁的分水岭。[①] 随着社会的变异,新经济因素的渐趋产生,社会、思想乃至文化开始由明初的保守、沉闷,逐渐趋向革新、活跃。换言之,明代社会与文化在正德前后呈现出两种迥然不同的特色。[②]

从明太祖朱元璋建国到正德时期(1368—1506),是明初社会、文化的保守期。宋人王禹偁在上疏中曾说:“古有四民,今有六民。”其意是说,在传统的士、农、工、商四民之外,宋代已经增添了兵、僧二民。明太祖鉴于元末的社会状况,明显感受到从“四民”演变为“六民”的危害性。[③] 所以,明太祖立国的根本,就是让他统治下的臣民重新能安于士、农、工、商四个等级。尽管他不得不承认释、道二民的存在,但他又通过对佛、道势力的严密控制,使其不能与朝廷争夺四民中的“农”这一民。换言之,他所执行的政策,其目的是为了使传统的四民各守本业,即使是医、卜,也强迫他们必须“土著”,不得远游。凡是“有不事

---

① 社会风尚的变化,显然应该是社会、文化变化最为直接的反映。明代社会风尚的变异,有的学者主张滥觞于嘉靖年间(参见刘志琴:《晚明城市风尚初探》,原刊《中国文化研究辑刊》第2辑,复旦大学出版社1984年版。又收入氏著:《晚明史论——重新认识末世衰变》,江西高校出版社2004年版,第114-132页)。查阅明代典籍,尤其是大量的方志,与此说稍异。明代社会风尚的变异,早在成化年间就已开始。如成化时九卿以灾异陈言,其中一项就提及,当时“军民服色器用,近多僭越,服用则僭大红织金罗段遍地锦,骑坐则僭描金鞍鞊鋄银鞦辔,首饰则僭宝石珠翠”(见余继登:《典故纪闻》卷15,中华书局1981年版,第268页);南直隶江阴县的风俗变化亦始于成化以后(见嘉靖《江阴县志》卷4《风俗记》第3,收入《天一阁藏明代方志选刊》,上海古籍书店1982年版);又如浙江新昌县的风俗之变,亦肇始于成化以后(见万历《新昌县志》卷4《风俗志》,收入《天一阁藏明代方志选刊》)。但一般是出现于正德年间,如宁夏、四川的洪雅县等(见嘉靖《宁夏新志》卷1《风俗》,收入《天一阁藏明代方志选刊续编》,上海书店1990年版;又嘉靖《洪雅县志》卷1《风俗》,收入《天一阁藏明代方志选刊》)。从明末清初人宋应星、顾炎武、叶梦珠等人对成化、弘治时代的缅怀不难看出,成化、弘治时代,仅仅是明代社会、文化发生变化的滥觞,而真正的形成,理应是在正德年间。故笔者将正德年间定为明代社会、文化的分水岭。关于明代社会风尚研究的评述,可参见林丽月:《世变与秩序:明代社会风尚相关研究评述》,载台北《明代研究通讯》第4期(2001年12月),第9-19页。

② 相关的阐述,可参见陈宝良:《悄悄散去的幕纱——明代文化历程新说》,陕西人民教育出版社1988年版,第1-2页。

③ 朱元璋:《御制文集》卷3《真人张宇初诰文》,载张德信、毛佩琦主编:《洪武御制全书》,黄山书社1995年版,第54页。按:明太祖所谓的“六民”,与宋人王禹偁所指稍异,而是在传统的四民之外,再加上释、道二民,并未将“兵”列入其中。原因很简单,在明初普遍实施卫所制度及其相关的军屯之制的前提下,确实在某种程度上实现了兵与农的合一。

生业而游惰者,及舍匿他境游民者,皆迁之四方”[①]。

明初诸帝的政治施为,不仅为他们的“圣子神孙”提供了安享太平的历史契机,同时对于明初文化的繁荣也不无影响。朱元璋托身皇觉寺为僧之时,就对贪官污吏的虐民大为反感,起兵之后,时时禁谕手下众将,以恻怛万民为怀,以致天下之士都愿归而附之,终于一统天下,成就了大明江山。自此以后,建文帝继之以纯恩治国,成祖恩威并重,仁宗专门以仁治国,而宣宗在位时则是仁义并用。即使到了英宗,在正统十年(1445)之前,当时“三杨”犹在,所以推行的仍二祖三宗之政。如此种种,最终造就明初官方文化趋于鼎盛。

这种官方文化,除了显示其保守性之外,同时也体现为一种“复古”的文化思潮。[②] 正如明初大儒方孝孺在《宋学士续文粹序》一文中所言:“上方稽古,以新一代之耳目,正彝伦,复衣冠,制礼乐,立学校,凡先王之典多讲行之。”[③]从这段简单的话语中不难看出,明初朱元璋所统治的洪武时代,文化正处于一个“复古”的时代。这种复古,起于正彝伦、行先王之典,再通过重血缘、崇宗法、讲名分、别尊卑等手段,以确立一种以传统儒学的伦理道德为核心的思想与文化基础。

就明初文化而言,由于朱元璋一统天下,重新建立了统治全国的专制主义的中央集权,对思想文化的钳制极为严厉。与这种严密的政治统治相适应,在思想文化领域内,学术上承袭元代,尊崇程朱理学,处于一种“述朱”时期,毫无个人的新颖发挥。有人曾这样记述明初思想界的状况:“明兴,高皇帝立教著政,因文见道,使天下之士一尊朱氏为功令。士之防闲于道域,而优游于德囿者,非朱氏之言不尊。”[④]这就造成了明初“有质行之士,而无同异之说;有共学之方,而无颛门之学”[⑤]。尊崇传统的伦理规范,亦步亦趋,这在传统的道德之士看来,堪称“质行之士”。在文化专制强盛的时代,“共学之方”是文化保守最显著的表现;一旦出现“同异之说”,创立“颛门之学”,就表明文化剧

---

① 《明太祖实录》卷117,洪武十九年(1386)四月壬寅条,台北“中央”研究院历史语言研究所1966年校印本。

② 参见姬秀珠:《明初大儒方孝孺研究》,台北文史哲出版社1991年版,第49-50页。

③ 方孝孺:《逊志斋集》卷12,收入《景印文渊阁四库全书》,台北商务印书馆有限公司2008年版。

④ 何乔远:《名山藏》,《儒林记》上,明崇祯间刻本。

⑤ 何乔远:《名山藏》,《儒林记》上。

变行将来临。

与此同时，明初的文学也显得极为幼稚，若比较明初瞿佑的《剪灯新话》与晚明冯梦龙的“三言”以及凌濛初的“二拍”，思想以及艺术上的差异即可有力地证明这一论断。内容涉及伦理纲常、名教存亡的戏曲小说充斥明初整个文学市场，只有形式、没有内容但又显得雍容华贵的台阁体诗歌，更是显赫一时。在这种文化气氛下，人们的思想变动极为微小，思想趋于一统，行为趋于一致，传统倍受尊重。

然而，历史已经证明这样的状况不可能长久持续下去。严密的政治与社会统制，其结果势必造成整个社会与文化结构趋于保守与僵化。明代中期以后，社会已经发生了极大的变动，“波颓风靡”已是当时世风的一般写照，社会已经到了王阳明所指出的“病革临绝”的地步。① 这不是王阳明的夸大之词。自万历以后，大批思想家都清醒地认识到了这种社会危机。他们普遍感受到了传统儒家伦理纲常的动摇，“纪纲颓坠”“纲纪凌夷”“教化亡”，都是他们总结明代中叶以后社会危机的简略语。

追究程朱理学的根本，实是以“天人相关”或“天人合一”这种“自然法则”的原理为基础，并进而从自然界的原理引伸出人类社会的现实秩序，为传统统治秩序提供坚实的理论依据。其实我们细加考察便知，程朱理学的这套理论体系只有当现实的社会秩序本身非常稳定，使人们误认为那是固定的自然秩序的时候才得以推行。程朱理学在明初受到朝廷最高统治者的垂青，实有赖于明初社会的安定与传统统治秩序的稳固。但是，一至社会的现实秩序失掉其稳定性，而传统秩序又面临危机的时候，那么程朱理学那种为现实秩序提供基础的逻辑——“自然法则”的设想，必然会陷入无法摆脱的窘境，日渐丧失其原先所具有的威力。换句话说，用自然法则的理论为社会秩序提供现实的基础，其稳定社会的作用是毋庸置疑的。但这种“自然法则”得以在当时畅通无阻、大行其道，也必然要以社会的一定程度的稳定性作为前提。显然，作为传统儒家伦理纲常理论基础的程朱理学，在明代中期这种社会变革面前已经显得束手无策，完全陷入了僵化、保守的境地。于是，由于文化内部的矛盾运动，再加之外部社会环境的变化，

① 王阳明著，吴光、钱明等编校：《王阳明全集》卷21《外集》3《答储柴墟二》，上海古籍出版社1992年版，上册，第814页。

必然会引起新的文化变革。

在明代中期开始的这场文化变革中，思想文化渐趋活跃，按照董其昌的说法，当以王阳明、李梦阳作为开创性的人物。他对明代学风的变迁，有一段颇具卓见的论述：

> 成、弘间，师无异道，士无异学，程朱之书立于掌故，称大一统；而修词之家墨守欧、曾，平平尔。时文之变而师古也，自北地始也。理学之变而师心也，自东越始也。北地犹寡和，而东越挟勋名地望以重其一家之言，濂洛、考亭几为摇撼。①

这种正德前后思想文化的变异，当然不是一个人的主观意向所能制约的，而是时代变化的趋势所致，是一个时代的社会产物。但我们不能不承认王阳明、李梦阳在改变整个明代学风中所起的关键性作用。从这种意义上说，董其昌的论说堪称真知灼见。

王阳明开创的"良知"说，在人性论上与程朱理学的"天理"说正好处于一种对立的地位。"天理"主要是对传统伦理纲常进行本体性的论证，藉此证明道德规范的必然合理性；而王阳明的"良知"说则旨在说明传统伦理道德的实际可行性，强调的是道德实践、道德情操的迫切需要性。在王阳明论证逻辑的背后，实际上突出了个人在道德实践中的主体能动精神，客观上提高了人的价值和增强了人的作用。因此，当这一理论一旦社会化之后，它就成了人们冲击理学禁锢的思想武器。王阳明的学说，打破了"迷古"的魔障，给人们以直抒己见的勇气，为晚明思想家挣脱传统奠定了理论基础。诚如焦竑所指出，王学一出，"闻者豁然如披云雾而睹青天也"②。正是受到王阳明学说的启示，焦竑才感到此道是人人具足，人人有自己"一副家珍"，应该回光返照，做到"自知"，而不应该"傍人口吻，随人跟脚"，做孟子所鄙视的"人役"。③ 这种意识与做人的气魄，已为随后大部分王门学者的行为所证实。即使是那些在学术上与王学存在着差异之人，也开始对朱熹的学说抱有怀疑的态度。有一个例子就很能说明这一问题。如唐宋派文学的主将唐顺之，学术方面一向笃信朱熹，可是他并不因此而迷

---

① 董其昌：《容台文集》卷1《合刻罗文庄公集序》，收入《四库全书存目丛书》，台南庄严文化事业有限公司1997年版。

② 焦竑：《澹园续集》卷4《国朝理学名公祠记》，中华书局1999年版，第826页。

③ 焦竑：《澹园集》卷48《古城答问》，中华书局1999年版，第732页。

信朱熹,唯朱学是从。有一天,他忽然说:“吾觉朱子所解书,无一句是者。”[①]最终还是对朱熹持有怀疑。

李梦阳一向被视为明代“复古派”文学的先驱,在反对以颂扬弘业为职责的“台阁体”文学中,他起到了至关重要的作用,给后人留下了深远的影响。但一直被人忽视的是,李梦阳与晚明文学新思潮同样存在着千丝万缕的联系。[②] 晚明文学新思潮最大的特点就是主张文学应该勇敢地、不受束缚地抒写个人的思想感情。李梦阳曾说:“天下有殊理之事,无非情之音。”公开宣扬情与理的矛盾,并主张情可以并且应该突破理的束缚。正因为如此,董其昌将李梦阳与王阳明并称,而李贽对李梦阳也一直十分推崇。[③]

从正德至万历中期(1506—1602),由于商品经济的发展,再加上城市生活日趋繁华,导致这一时期的思想、文化具有下面两大特点:

一是人文主义思潮的兴起。人文主义思潮的崛起,经历了对个人“私欲”的肯定与追求个性自由这两个阶段。对“私欲”的认可,先后有李贽、袁宏道、朱健。朱健则是晚明个人主义的殿军。[④]

二是商业文化的兴盛。商业文化的兴盛显然是适应了当时都市化发展的需要,而出版业的商业化,尤其是福建建阳书坊乃至安徽徽州刻本图书的盛行,更是对当时的商业文化起到了推波助澜的作用。于是,晚明的小说、戏曲、民歌方面的作品,在城市的坊间大量出现,甚至出现在穷乡僻壤的一般民众家庭之中。[⑤]

开启于弘治、正德之际的人文主义思潮,至万历中期达到了极盛。

---

① 焦竑:《玉堂丛语》卷6《出处》,中华书局1997年版,第197页。

② 过去的论者,通常将李梦阳视为晚明文学新思潮所反对、否定的对象,缺乏对两者继承关系的实质性探讨。而章培恒《李梦阳与晚明文学思潮》一文(载《安徽师范大学学报》,1986年第3期),则对李梦阳与晚明文学新思潮的关系作了开拓性的研究,这一进展基本上解决了以前研究的空白。

③ 晚明思想文化界的健将李贽也将王阳明、李梦阳两人相提并论。他说:“如空同先生与阳明先生同世同生,一为道德,一为文章,千万世后,两先生精光具在,何必兼谈道德耶?人之敬服空同先生者岂减于阳明先生哉!”说见李贽著、顾大韶编:《李温陵集》卷6《与管登之书》,明万历间海虞顾大韶校刻本。

④ 关于朱健的人文主义思想,尤其是其所著《苍崖子》一书的思想史价值,可参见陈宝良:《朱健思想研究》一文,刊《江西社会科学》,1989年第1期。

⑤ 关于明代出版业中的坊刻图书,其最新的研究成果可参见缪咏禾:《明代出版史稿》,江苏人民出版社2000年版,第60-62、384-386页;黄镇伟:《坊刻本》,江苏古籍出版社2002年版,第39-52、68-73页。

自万历三十年(1602)李贽去世以后,在晚明喧嚣一时的人文主义思潮渐趋衰落。取代人文主义思潮的是明末"实学"思潮与儒家知识分子的自我批判思潮。他们在"礼"与"情"(或"孝"与"情")的关系上,深究儒学传统"中庸"的堂奥,摒弃理学家、人文主义思想家的极端做法,对"贞"与"孝"作出了适合社会现状的新解释,使这种文化反思更加具有广阔的社会基础。

探究明末儒家知识分子的文化反思,事实上要以第三类的理论家这一面目出现,在理学家与文人之间的鸿沟上架起一座桥梁。他们写起文章来,既不追求文人那种优越的气派,而是蔑视辞藻修饰这种雕虫篆刻;也没有理学家那种高傲的自我优越感,一概以释理载道之文为高,而是从"实用"的前提出发,将两者有机地结合起来。

值得指出的是,西方学者往往将明清两代视作一个完整的整体,是一个"近代化的社会",[①]尽管它明显不同于西方所能见到的近代化,但这种观点无疑也忽略了明、清易代所导致的社会变化。换言之,我们需要避免将明、清易代简单地看作朝代的更替以及由此带来的反清的民族情绪标志,而是正如有的学者所指出的,应该更多地关注社会与政治结构的发展。[②] 就明、清易代而言,一方面需要承认社会的整体继承性,但也不能不承认又是社会的一大转向,而且是在某些方面的一种倒退的转向。一些颇有见地的清朝人已经敏锐地觉察到了这一点,并对明、清两代的"风俗"作了如下比较:明之时,大臣专权,而清代则阁部督抚,率不过奉行诏命;明之时,士多讲学,而清代则聚徒结社者渺焉无闻;明之时,士持清议,而清代之士,则一心科举。[③]

---

① 如魏克曼(Frederic Wakeman, Jr.)就将 1644—1911 年看成一个发展连续的整体。这就是长江三角洲的都市化,劳动服务交换的货币化,一些地区性贸易的发展,识字率的增长和绅士力量的增强,地方管理活动的商业化,所有这些始于晚明的行政管理和政治变化的现象,一直在清代得到持续的发展。说见 Frederic Wakeman, Jr., "Introduction: The Evolution of Local Control in Late Imperial China," in Frederic Wakeman, Jr. and Carolyn Grant (eds.), *Conflict and Control in Late Imperil China* (Berkeley: University of California Press, 1975), p.2.

② Jerry Dennerline, "Hsü and the Lesson of Nanking: Political Integration and the Defense in Chiang-nan, 1634-1645," in Jonathan D. Spence and John E. Wills Jr. (eds.), *From Ming to the Ch' ing: Conquest, Region, and Continuity in Seventeenth-Century* (New Haven and London: Yale University Press, 1979), p.93.

③ 管同:《拟言风俗书》,载贺长龄、魏源等编:《清经世文编》卷 7,中华书局 1992 年版,第 201 页。

事实确是如此。清初统治者有鉴于晚明的实况,一方面,在科举三场策论中禁止"言时事"[①],另一方面,朝廷则公开禁止士子结社[②],再加之清初科场、奏销二案[③],士大夫(尤其是江南)元气大伤,生员的穿戴已不再方巾大袖,雍容儒雅,而是多戴平头小帽,"以自晦匿",[④]生员层的声势随之销声匿迹。如果说"官横士骄"是晚明社会的特征,在某种程度上反映了公共领域的拓展与民间舆论的扩大,那么,清初士人结社的被禁,士人的一心科举而不言时政,无疑可以说是士大夫力量的一大挫折,是社会一种暂时的倒退。这就是说,从某种意义上说,明清易代的影响至少波及其后中国社会发展的历程,几乎达一个世纪左右,使16世纪以后中国社会变革发生一定程度的延缓。[⑤]

历史已经证明,在17世纪中期,占有土地的绅士尽管对满族贵族的统治有所反抗,但最终不得不接受满族贵族的统治,甚至为了他们自己身份的重新确定、社会秩序的恢复而加入新政权之中。已有的研究成果也清晰地显示出,当明代巨大的等级制度被声势浩大的农民起义打破以后,绅士力量已不再对清统治者构成威胁。[⑥] 于是,随着官僚结党、生员结社的陆续被禁,以及旧王朝的官员出仕新朝,生员出应科举,如此种种,无不说明在精英社会、官员和已赢得正常的安全保障的农民的利益之间,一种形式多样的地方平衡已在清初得以重新建立。

二、社会的历史转向

明朝人生活在一个社会转型时期,尤其是明代中期以后的社会,是以极具变化为其特征的。若将其置诸"社会流动"与"都市化"等范畴下进行考察,其时代的特殊性就更容易显现出来。换言之,明代社

---

① 张海珊:《送张少渊试礼部疏》,载《清经世文编》卷2,第80页。

② 谢国桢:《明清之际党社运动考》,中华书局1982年版,第205-207页。

③ 关于科场、奏销二案,具体考述可参见孟森《科场案》《奏销案》二文,载氏著:《明清史论著集刊》,中华书局1984年版,第391-452页。

④ 佚名撰:《研堂见闻杂录》,上海书店1982年版,第268-269页。

⑤ 关于此,李洵在《四十天与一百年——论明清两王朝交替的历史对中国社会的影响》一文中作了相当深入的探讨,载氏著:《下学集》,中国社会科学出版社1995年版,第439-457页。

⑥ Mary Backus Rankin, *Elite Activism and Political Transformation in China: Zhejiang Province*, 1865-1911 (Stanford: Stanford University Press, 1986), p.13.

会是一个转变过程,举凡人口的持续增长,经济的货币化和多样化(诸如农村的商业化,定期集市的小镇的激增,作物的专门化,手工业的发展,以及国内地区性贸易市场的形成),[①]社会流动的加速,租佃制与经济竞争的展开,以及政治秩序的集权化与系统化的互相联系,无不显示出它与前一时代本质上的不同。[②]

考察明代社会史的重大转向,其中最为重要的应该包括下面两点:一是社会流动的加速。二是朝政的宽大与舆论空间的扩大。

社会流动(social mobility)无疑包括纵向流动和横向流动两部分。纵向流动则又包括"向上流动"(upward)和"向下流动"(downward)两部分。明代实行科举取士,由此也就形成了一个独特的"科举社会",又可称之为"士大夫社会"(gentry society)。科举社会的最大特点,就是社会流动的频繁,用明朝人的话语来概括,就是当时的社会是一个"善变"的社会。这种科举社会的频繁流动,明朝人江盈科已经给以总结并形成一条变化规律,其向上的流动规律:贫穷之家→温饱之家→文墨之家→簪缨之家→富贵之家;其向下的流动规律:富贵之家→歌舞之家→鬻贷之家→贫穷之家。[③] 可见,在明代的科举社会之下,其社会地位上升的要诀在于勤俭,然后读书仕进;而其社会地位的下降,则在于骄奢淫逸,浪费不赀。这向上、向下流动的规律,看似一个循环之圈,其实却是一种社会的"活力",社会的各个阶层在这种不断的社会流动中变换着各自在社会中应该扮演的角色,进而决定了他们社会地

---

① 关于中国16世纪经济繁荣、海外贸易发展的具体状况,以及中、西方学者对此问题的诸多看法,可分别参见傅衣凌:《明清时代商人及商业资本》,人民出版社1956年版,第18、20-23页;傅衣凌:《明清经济史论文集》,人民出版社1982年版,第3-46、179-240页;张维华:《明代海外贸易简论》,载氏著:《晚学斋论文集》,齐鲁书社1986年版,第327-451页;Chris Bramall and Peter Nolan, "Introducion: Embryonic Capitalism in East Asia," in Xu Dixin and Wu Chengming (eds.), Li Zhengde, Liang Miaoru, Li Siping (tr.), *Chinese Capitalism*, 1522-1840 (London: Macmillan Press Ltd., 2000), p.xxii; Dwight Perkins, *Agricultural Development in China*, 1368-1968 (Chicago: Aldine, 1969), p.33; Evelyn Sakakida Rawski, *Agricultural Change and the Peasant Economy of South China* (Cambridge: Harvard University Press, 1972), pp.1-100; Mark Elvin, *The Pattern of the Chinese Past* (Stanford: Stanford University Press, 1973), pp.268-284.

② John R. Watt, *The District Magistrate in Late Imperial China* (New York: and London: Columbia University Press, 1972), pp.2-4.

③ 相关的形象比喻,可参见江盈科:《雪涛小说·善变》,上海古籍出版社2000年版,第34-35页。

位的上升或者下降。

在传统中国社会里，士、农、工、商四民的排列顺序，究其原因，则在于工匠、商人不能像绅士、农民那样，可以在家照顾父母，以尽孝道，而是必须到处流动，为此也就影响到他们的德行。换言之，传统社会不鼓励社会流动，也不会存在社会的流动性。毫无疑问，在领导精英阶层或精英分子中，一种较为强大的社会流动性的存在，是合乎需要的，因为它可以保证有才能的新人进入领导者的行列。至于那些较少才干，仅凭出身或血统而仍然占据领导层地位的人，则将被淘汰。

中国民间一直认为，考试制度为产生一个具有高度社会流动性的社会提供了可能。尽管这种考试体系所产生的社会流动的客观机会会在不同时代或地区有所不同，但有一点则毫无疑问，即它经常被人们认为是推动社会进步的有效机制。在这种考试制度下，即使一个出身贫寒的农家子弟，同样可以凭借自己的勤奋或熟读诗书，获得一个向上晋升的机会。尽管对科举考试所导致的社会各阶层的向上流动性，其程度的高低在学者中存在着不同的争议，但科举考试给明代社会带来了很好的流动性，则似乎已经成为学术界的基本共识。尤其是何炳棣、张仲礼的研究，更使我们清晰地知道了明清科举制度下社会向上流动的频繁。①

令人稍感遗憾的是，何炳棣、张仲礼的研究过程过分强调了社会的向上流动，而忽略了向下的流动。已有的研究成果可以明确地显示，明代社会的向下流动同样相当普遍。而生员层的向下流动，即生员流向社会，处馆、游幕、习医、经商甚至成为讼师，若换一个角度加以分析，同样也可以说明明代社会流动性的频繁性与广泛性。②

明代社会的横向流动，首先体现在人口的分化和等级制度的解体

---

① 如何炳棣认为，自 1550 年以后，法律规定下的等级制度被打破了。而从 1450 年以后，学衔可以被买到，于是一些富有的平民能进入精英阶层。此外，他也肯定考试对社会流动的作用。见 Ping-ti Ho, "Aspects of Social Mobility in China, 1368-1911" in *Comparative Studies in Social and History*, vol.1, no.4, 1959, pp.330-359；而张仲礼的观点，详见张仲礼著、李荣昌译：《中国绅士——关于其在 19 世纪中国社会中作用的研究》，上海社会科学院出版社 1991 年版。这种观点被 Albert Chan 所认同。他否认绅士是一个"阶级"，仅仅承认其为一个"阶层"，其原因就是肯定社会流动性的广泛存在。见 Albert Chan, *The Glory and Fall of the Ming Dynasty* (Norman: University of Oklahoma Press, 1982), pp.68-69.

② 关于明代生员层的社会职业流动，亦即社会层面的向下流动，其近期的研究成果可参见陈宝良：《明代儒学生员与地方社会》，中国社会科学出版社 2005 年版，第 296-357 页。

上。自明代中期以后,农村人口开始分化。嘉靖四十四年(1565),当时有一位给事中凭借他在南北做官的具体观察,分析了其中的“病源”。他说:

> 大约豪宦田连阡陌,其势力足为奸欺,而齐民困于征求,顾视田地为陷阱,是以富者缩资而趋末,贫者货产而僦庸。①

显然,传统“四民”中的农,由于“不乐其生”的原因,开始寻求两条新的出路:富者趋末经商,贫者货产僦庸。

随着社会经济的逐渐恢复,朝廷的社会控制日渐松懈,社会流动日趋频繁,导致“游民”和“末作之民”大增。《明实录》有一段记载,基本反映了这一事实:

> 方今法玩俗偷,民间一切习为闲逸。游惰之徒,半于郡邑。异术方技,僧衣道服,祝星步斗,习幻煽妖,关雒之间,往往而是。……今之末作,可谓繁伙矣。磨金利玉,多于耒耜之夫;藻缋涂饰,多于负贩之役;绣文紃彩,多于机织之妇。②

我们不无怀疑这段记载有夸大其词的成分,但确实道出了晚明时期的社会特征。但值得重视的是,所谓“游惰之民”的增加,一方面需要以“法玩”为前提,唯有传统的法禁形同虚设,尤其是“王纲解纽”的时代,才使得人们有了自由流动的空间;另一方面,也说明了只有经济的发展,国家财力的增长,才足以养活这些所谓的“游惰之民”。追求“闲逸”的生活,也不仅仅是反映了当时的“俗偷”,即一般所谓的风俗浇漓,或者说仅仅是士大夫阶层的专利,而是民间大众共同的生活追求。为了满足人们闲逸的生活,耒耜之夫、机织之妇的辛勤劳作无疑是前提,但生活的多样性确实也离不开那些从事磨金利玉、藻缋涂饰、绣文紃彩之人的工作。

“四民”层的存在,是以“皆专其业”“各安其生”为前提的。按照传统的观念,四民各有定业,而后民志可定;而民志一定,则天下大治。然自明代中期以后,社会的变化已经不允许四民各安其生,四民皆专其业。朝廷赋役的加重,农村土地兼并的加剧,必然会导致传统社会统治基础的分崩离析,失去土地或者已经无法在农村安身的农民,不

---

① 《明世宗实录》卷545,嘉靖四十四年(1565)四月丙戌条,台北“中央”研究院历史语言研究所1966年校印本。

② 《明神宗实录》卷4,隆庆六年(1572)八月癸酉条。

得不到城市寻找新的安身立命之处。于是,社会力量发生了新的分化,传统的四民之说已经无法规范社会大发展下社会各阶层力量的新变化。正是在这种前提下,明朝人姚旅才重新提出了“二十四民”之说。所谓的二十四民,就是在士、农、工、商、兵、僧之外,新添了“十八民”,分别为道士、医者、卜者、星命、相面、相地、弈师、驵侩、驾长、舁夫、篦头、修脚、修养、倡家、小唱、优人、杂剧、响马贼。[①] 这新增的十八民,全都是“不稼不穑”之民。从“四民”或“六民”向“二十四民”的转化,显然在某种程度上反映了明代社会大流动的一种结局。

随着社会流动的加剧,随之而来的则是固有的等级与礼法制度的破坏。“士庶敢于犯上,寖成乱阶。”[②]这一说法堪称晚明社会的实录。其具体的表现,则是人人追求自己的体面,而其结果却是国家法度的废弛。诸如:在朝廷,小臣藐视大臣,下吏不惮上官,新进不推前辈;在边疆,军士轻视主帅;在家庭内,子女蔑视父母;在学校,弟子不事师长,后进凌辱先进;在乡里,卑幼倾轧尊长,部民不畏有司。如此等等,不一而足。显然,传统的礼法制度荡然无存,并逐渐反映于当时社会生活的方方面面。正如明代史料所言:“近来婚丧、宴饮、服舍、器用,僭拟违礼,法制罔遵,上下无辨。”[③]

“上下有章,等威有辨”,在明朝人看来是一种治世之象。而明末的实际却是“属吏抗上官,佐领不逊长吏,青衿把持官府,猾棍凌辱簪缨,大帅之令格于偏裨,将领之法挠于士卒”[④]。这无疑就是一种衰世之象,但同时也说明了传统的等级制度遇到了很大的挑战。以嘉定县为例,从弘治、正德年间的里中妇子“走匿”大豪,直至万历年间“大豪畏小民如畏蛇虎”[⑤],这种变化无疑就是贵贱淆乱甚或颠倒的一种真实反映。

其次,人口的横向流动,广泛的移民层的存在,则是明代社会横向流动的另一标志。明初对人口的控制相当严密,可说是夜无群饮,村

---

① 姚旅:《露书》卷9《风篇》中,福建人民出版社2008年版,第202页。

② 《明穆宗实录》卷54,隆庆五年(1571)二月乙未条,台北“中央”研究院历史语言研究所1966年校印本。

③ 《明神宗实录》卷51,万历四年(1576)六月辛卯条。

④ 《明熹宗实录》卷75,天启六年(1626)八月庚子条。

⑤ 王衡:《缑山先生集》卷6《嘉定新志序》,明万历刻本。

无宵行。当时明太祖朱元璋颁布了《大诰》,要求邻里之间,“互相知丁,互知务业”。如工匠、商人外出务工、经商,无论是远近、水陆,都需要在路引上明白开明,而他们外出,也必须随身携带路引。[①] 事实证明,明初这种严厉的控制政策得到了很好的实施。如洪武五年(1372),当时有人因祖母急病而外出求医,走时匆忙,忘了带路引,被常州吕城巡检司查获,拟送法司论罪。[②] 此事虽因明太祖的宽矜而免于论罪,但也从侧面反映了明初之人确实缺乏流动的自由。

明初所定十年一造版籍之制,尽管在中后期仍然在执行,但其实往往流于形式,最终导致社会流动的加速以及户口的不实。究其原因,当然是多方面的,大体可以概括为下面两点:一是南北方之间人口与土地的比例失调。应该说江北的户口在明代并未减少,但还是土旷人稀,地有遗利;而在江南,尽管人口的增加并不很明显,但还是地狭人众,甚至不能容纳。尽管这是从西晋以后近千年发展的必然结果,却造成了南北方人口与土地比例呈现出一种不均衡的状态。这种南北方之间人口与土地比例的巨大差异,既是人口流动的动因,又为其自然的流动提供了保证。二是明代的户口登记大多不实,当然户口不实最重要的原因,还是逃民的增加以及社会流动的日趋频繁。

明代人口的地域性横向流动,包括下面两个方面:一是官方有计划的人口迁徙。在洪武、永乐两朝,官方曾经进行了大规模的人口迁移。二是自明代中期以后,在社会各阶层中,大多出现了人口流动的现象,而其最基本的形式就是游寓与寄籍的增加,最后在户籍登记制度中出现了“客籍”与“附籍”。这显然是明代官方对民间人口流动的无奈承认。

晚明法网宽大,这是生活在当时的人们所普遍具有的一种感受。即使官员有罢官之厄,甚至被流窜贬谪,但也尽可以享受山林之乐,安居高卧,丰衣美食。这无疑使明代的仕宦阶层中萌生出一种“富不如贫,贫不如贱”的想法。[③]

如果比较一下明初与明中期以后朝廷对待读书人宽、严的不同,显然不难发现晚明朝政的宽大。明朝有一位著名的僧人,名唤智暕,

---

① 朱元璋:《大诰续编》,《互知丁业》第3,载《洪武御制全书》,第795-796页。

② 谈迁:《国榷》卷5,太祖洪武六年七月癸亥条,中华书局1988年版,第489页。

③ 谢肇淛:《五杂组》卷15《事部》3,上海书店出版社2001年版,第314页。

将明初由秀才做成的官形象地称为“还债的”，而明代中期以后的官员则是“讨债的”。何以有如此之说？这显然是基于明初与明代中期以后读书人所获得的不同待遇之上。他的看法如下：洪武年间，秀才做官，吃多少苦，受多少惊怕，与朝廷出多少力，到头来小有过犯，轻则充军，重则刑戮，能得善终者不过十之二三。当时士大夫没有辜负国家之处，而国家负天下士大夫很多。这就是还债的。明中期以后，朝政宽大，法网疏阔，秀才做官，饮食、衣服、舆马、宫室、子女、妻妾，多有受用，干不了多少事，到头来全无一些罪过。国家无负士大夫，但士大夫负国家甚多。这便是讨债的。[①] 还债、讨债之说，当然只是佛家的话头，但从中也可看出明代朝政有一个从严厉到宽大的变化过程。

朝政的宽大，无疑有利于各种观念、行为的纷然杂出。至于社会生活和风俗乃至文化的多样性与活泼性，也大多来源于朝政的宽大，人们所受控制的减弱。苏轼与李贽同为文人，都是以舌端、笔端触犯了当世之大忌，得祸依稀相似。不过从两人著作的流传中，就不难看出宋、明两朝的时势甚至人心已是大相径庭。苏轼著作自禁令下后，半入蛟宫，即使其临池挥洒之余，为人藏于复壁，还是很难保存下来。直至宣和之世，才弛苏文之禁。相比之下，在明代有“说法教主”之称的李贽，其才与趣不及苏轼，但识力、胆力完全超过苏轼。当李贽被逮捕之后，朝廷开始禁锢其书，但没过数年，其书反而盛传于世，若揭日月而行。李贽死后，书坊开始假托李贽，出一些赝书。[②] 这是一个相当奇异的现象，一方面说明了明代朝政与宋代相比已是相当宽大，另一方面也确实反映了当时的士风与士气，以及由此向民间的渗透。李贽之书在明末的风行，以及伪书大量出现于书坊，就已经清楚地证明了这一点。

服饰是明代等级制度最突出的反映，也就是说官民服式，俱有定制。但自明代中期以后，皇帝自己就经常赐给一些大臣蟒衣，而且这些蟒衣的正面全身，居然与皇帝所穿的衮龙袍没有多少差别。毋庸讳言，历代皇帝都在服饰制度上不断重申禁令，禁止民间穿蟒衣，或者类似于龙纹的蟒衣。令人称奇的是，皇帝尽管“禁之固严”，但又不断赐

---

① 何良俊：《四友斋丛说》卷8《史》5，中华书局 1983 年版，第 75 页。

② 这种有意思的比较，始见于明人袁中道。参见氏著：《珂雪斋近集》卷 3、2《龙湖遗墨小序》《答袁无涯》，上海书店 1986 年版，第 43-44、191 页。

予臣下蟒衣，完全与所下诏旨矛盾。[①] 这从一个侧面也反映了自明代中期以后，朝政大体处于一种比较宽松的环境之中。

明代中期以后，民间的舆论空间事实上已呈日益扩大的趋势。[②] 尤其是江南，如吴、越两地，在读书人中就存在着这样一种风气，即好写“鄙俚文”的传统，“讥刺上下，无所不有，且极其工巧，人畏恶之”[③]。此外，在明代的民间一直存在着一种“异言”的传统。在古代，“异言”有禁，而在晚明，“异言”风行，这不能不说是一种社会新动向。

除了“异言”之外，还有“讹言”的传衍。讹言之兴，自古有之，如周末之诗就言：“民之讹言，曾莫之惩。”虽然文中所言的“讹言”，内容不详，但从中可知讹言起源之早。一般说来，讹言可以部分代表民间舆论的倾向，而讹言的广泛出现，也并非是一种治平之象。在晚明，讹言不仅普遍出现，而且表现出一些特殊性，诸如朝野中忽有一番议论，一人倡之，千万人和之，举国之人奔走若狂，甚至可以起到翻覆天地、变乱黑白的作用。[④] 这种民间舆论，或出自朝廷大臣之口，如海瑞骂“嘉靖”为“家家干净”；或出自民间街谈巷议，如明末民间百姓骂“崇祯”为“重征”。然一旦进入社会，就会不胫而走，到处流播。这是舆论空间日趋扩大的实证。

三、文化的“活力”与“多样性”

已有研究成果显示，晚明学术思想呈现出以下三个方面的特点：一是信仰合流（syncretism），这种合流倾向尤其是在理学家中盛行；二是理学派别中程朱与陆王两派的历史论战；三是考据学（evidential research）的出现，并成为一个新兴的学术流派。[⑤] 除此之外，明末“经世致用”思潮的崛起，应该属于当时思想文化的最大变革与创新。

---

① 沈德符：《万历野获编》卷1、2《蟒衣》《两朝仁政》，中华书局1997年版，第20-21、61页。

② 关于明代的民间舆论及其影响，可参见陈宝良：《明代民间舆论探析》，载《江汉论坛》，1992年第2期。

③ 叶盛：《水东日记》卷31《偷驴贼》，中华书局1997年版，第306页。

④ 谢肇淛：《五杂组》卷13《事部》1，第261页。

⑤ Edward T. Ch'ien, *Chiao Hung and the Restructuring of Neo-Confucianism in the Late Ming* (New York: Columbia University Press, 1986), p.1.

晚明的思想界显然存在着一个“重新取向”(reorientation)的问题。为了更好地描绘这种重新取向,可以将其概括为下面几点:首先,当时的儒家学者对有关经世事务的著作有更广泛的兴趣,这可以将其视为一种“经世”(managing the world)之风,诸如水利、农学和军事防御。其次,在这一时期,很多学者开始从形而上的玄学转向“践履”(practical)或者“实学”(solid learning),并开始更多地肯定知识的价值。再次,个人经验的获取,如果不被取代,就必须被接受为一种知识权威的资源。①

余英时基于士商互动的关系,以考察当时的儒学转向,诸如知识分子主动参与所谓的通俗文化,儒学宗教化的过程,尤其是三教合一运动为其主要的表现形式;晚明文人、学者对戏曲、小说的重视,以及戏曲、小说与商业文化的紧密联系。② 于是,有人将这一时期的思想界称为最具“活力”(vitality)与“多样性”(diversity)的时代。③ 从这种角度来说,明朝人思想之活跃,兴趣之广泛,视野之开阔,均是前无古人的。④

日本学者山井湧曾将明末清初经世学者归纳为以下三类:第一类是不同于明学而把重点放在实践的一派(今称“实践派”);第二类是把天文历算、农业水利或兵学武器及其他就某种意义说来是技术性的一面置于重点的一派(今称“技术派”);第三类是把重点放在经学史学的一派(今称“经史学派”)。⑤ 明代末年儒家知识分子内部的文化反思,究其理论核心,实是讲究“经世致用”,他们实际上相当于晚明实学思潮中“明体适用”中的一派,当然张居正、徐光启、陈子龙这样的“义利双行”派也可归于此派中。所谓的“明体适用”,其关键在“体”

---

① Joanna F. Handlin, *Action in Late Ming Thought: The Reorientation of Lü K' un and Other Scholar-Officials* (Berkeley: University of California, 1983), p.4.

② 余英时:《士商互动与儒学转向——明清社会史与思想史之一面相》,载郝延平、魏秀梅主编:《近世中国之传统与蜕变:刘广京院士七十五岁祝寿论文集》,台北“中央”研究院近代史研究所 1998 年版,第 1-52 页;余英时:《明清变迁时期社会与文化的转变》,载余英时等著:《中国历史转型时期的知识分子》,台北联经出版事业公司 1992 年版,第 35-42 页。

③ Chü-fan Yü, *The Renewal of Buddhism in China: Chu-hung and the Late Ming Synthesis* (New York: Comlumbia University Press, 1981), p.2.

④ 陈宝良:《明代文化的动态研究》,北京师范大学历史系硕士论文,1987 年。

⑤ [日]山井湧著、卢瑞容译:《明末清初的经世致用之学》,载《史学评论》第 12 期,第 147 页。

"用"二字。"体"是儒学的"本体",它是终极的根源,是导致"用"的源泉;"用"由道德价值和政治价值这两项内容构成。"致用"的根本,归有光之说在于挽救道学的空疏,走"通经学古"的旧路。① "通经"就是贯通"六经"的经义,由理学式的"讲道"回复到汉学式的"讲经";"学古"就是精通史学,以古史为鉴,从中找出可资借鉴的东西。钱谦益承袭归氏此说,并作了进一步的发展,将"经"与"史"有机地结合在一起。钱谦益所谓的"明体适用",其中的"本体",包括经与史两项内容,事实上就是经与史的合一体。② 钱谦益的"六经之中皆有史"说,③与其说打破了"六经"的神圣地位,毋宁说是将"经"与"史"作了重新的调合,使其一并成为"致用"的根本。与人文主义思想家冲击"圣经贤传"的理性态度不同,儒家知识分子内部的文化反思,只能对"六经"采取历史主义的态度,对"圣经贤传"作出一些羞怯的批判。他们固然对理学家空疏不实的流弊有所匡正,开始致力于"经世致用"这一学风的开拓,但如果从整个文化史的角度去考虑,这不过是儒家思想形态的自我调节。用什么来"经世"? 怎样去"致用"? 归有光是"通经学古",钱谦益是将经与史作为致用的根本,顾炎武也同样难以摆脱这一狭隘的圈子。"古之圣人所以教人之说,其行在孝弟忠信,其职在洒扫应对进退,其文在《诗》《书》《易》《礼》《春秋》,其用之身,在出处去就交际,其施之天下,在政令教化刑罚。"④顾炎武还是在传统思想中转圈子,他心目中的"圣人",从知识结构、思维方式乃至行为特征,无非是传统文化所塑造的典型人格。如果说理学的空疏不实培养出了一大批不切"实用"的"腐儒",那么"经世派"所要培养的,充其量不过是具有实际才干的"真儒"。

经过肯定人的"私欲"与追求个性自由这两个层次的发展,晚明思想解放的势头已经深入到文化领域的各个层面,形成了一股冲击传统文化的人文主义思潮。这股思潮具体表现在下面诸多方面:对人格独立的孜孜追求,争取思想的自由;憧憬于人伦世俗的生活情趣,不屑于

① 归有光:《震川先生集》卷2《史论序》,清光绪元年(1875)常熟归氏刻本。

② 钱谦益:《有学集》卷14《汲古阁毛氏新刻十七史序》,载氏著:《钱牧斋全集》,上海古籍出版社2003年版,第5册,第679-680页。

③ 钱谦益:《有学集》卷38《再答苍略书》,载《钱牧斋全集》,第6册,第1310页。

④ 顾炎武著、黄汝成集释:《日知录集释》卷18《内典》,中州古籍出版社1990年版,第428页。

入祀孔庙吃“冷猪肉”,甚至憎恶那种灭没个人真性情而安于欺世盗名的假道学;对“圣贤”人格的漠视,进而对“豪杰”人格的推崇;“情”对“礼”的冲决,导致妇女解放思潮的崛起。如此等等,无不都是前所未有的旷古巨变。所有这种转变,透过社会思潮以及各种生活风俗画廊乃至发自人们内心的呼声,在晚明文化的各个领域都有不同程度的体现。

商业化的浪潮对明代社会与文化的影响至为深远,其最终的结果则是天下之人虽不说是人人经商,却人人“商其志”,也就是人人有为商之志、求利之心。诸如:士人读书,是为了“商禄”;农民之力作,是为了“商食”;此外如工、隶、释氏、老子之徒,无不存在着一种商业精神。[①] 正如明人丘濬所言:“今夫天下之人,不为商者寡矣。”[②]这正是明代中期以后商业向社会各阶层生活渗透的实录。

概括言之,明代中期以后商业化对人们观念与生活的影响主要表现在以下几个方面:一是人心趋于不知足,诸如对自己寿命的不知足,对富贵的不知足,以及对风月之趣的不知足。这显然导致社会各阶层不再安于现状,进而对传统等级社会形成一种冲击。二是人心趋于机械、变诈。商业社会的特点,显然不同于传统的农业社会。在农业社会中,人们普遍崇尚的是诸如“清廉”“公平”“诚实”“谦恭和气”一类的品格。但经过商业社会的洗礼之后,这些品格已不再适应新的时代。在晚明社会里,尽管士、农、工、商职业不同,但他们在为人处事上“主于赚人”,则无不一致。赚人之法,尽管有刚、柔或险、易的差异,但“主于取非其有”,则是相同的。[③] 所谓的“取非其有”,无非是以无为有、以空为实之类。三是书籍出版的商业化。如明末所广泛流行的“评本书”,无非是为了适应当时读书人“求名”的风气,而那些精明的商人,却在及时适应这种时代风气的过程中而获利。正如归庄所揭

---

① 明代有一位叫崔溥的朝鲜人,就对明朝人的经商之风有如下记载:“人皆以商贾为业,虽达官之家,或亲袖称锤,分析锱铢之利。”参见[朝]崔溥著、葛振家点注:《漂海录》卷3,社会科学文献出版社1992年版,第195页。

② 丘濬:《重编琼台稿》卷10《江湖胜游诗序》,上海古籍出版社1991年版,第205页。按:明人蔡清有一首《自警诗》,其中有句云:“往闻世俗语津津,总道读书万倍利。吁嗟读书之为利,是亦商人而已矣。”云云。此诗大抵反映了士人如同商人之风。见氏著:《虚斋集》卷上,上海古籍出版社1991年版,第771页。

③ 黄宗羲:《诸敬槐先生八十寿序》,载吴光整理:《黄宗羲南雷杂著稿真迹》,浙江古籍出版社1987年版,第270页。

示:“于是评语取多,不知其赘;议论取新奇,不顾害理;搜剔幽微,抉摘琐细。乃有丹黄未毕,而贾人已榜其书名悬之肆中。”[①]商业化向图书出版领域的渗透,其最直接的后果就是导致载籍泛滥。明人何良俊说:“今小说杂家,无处不刻。”[②]吕坤也由衷感叹:“古今载籍,莫滥于今。”[③]

晚明是商业文化最为繁盛的时期。所谓的商业文化,就是一种迎合大众口味的文化,亦可称之为平民文化。从某种意义上说,平民文化堪称“性文化”的同义语。纵欲主义的性观念,表现赤裸裸、淫荡的性生活的色情文学,已经成为晚明“性文化”的主要表现形式。自明代中期以来,传统的士大夫阶层的生活情趣已日趋没落。他们受“狂禅”习气的影响,在性生活上崇尚不严肃的纵欲观念,性关系极为混乱。自成化以后,朝野竞相谈论“房中术”,恬不为耻。方士因为献房中术而骤贵,反而为世人所艳称。嘉靖年间,陶仲文进红铅得幸,官至礼部尚书、恭城伯,甚至以进士起家的盛端明与顾可学也藉“春方”才做了大官。因女色已无法满足兽性的发泄,这批没落的士大夫转而追求男色。为此,晚明的士大夫养娈童成风,“龙阳”之好成了流行于士大夫上流阶层乃至下层市民的一代社会风尚。由于享乐主义生活观所带来的两性乃至同性关系的混乱,导致了“梅毒”这种性病在京城乃至全国各地逐渐传播。[④]

社会上的这种好尚,势必会被再现于文学作品中,这一时代出现了像《金瓶梅》《绣榻野史》《闲情别传》《浪史》这样一类的色情小说,一方面宣扬露骨的肉欲,另一方面又从侧面反映了当时市民中传统道德观念的渐趋崩溃。这类色情作品,旨在描绘世情,刻画颓俗,其中色情狂的性欲描写只是受了时代风气的影响,不足为怪。但是,这种色情描写,其数量之大也绝不可等闲视之,如《金瓶梅》全书一百回,其中描写性交者居十之六七,既多且极具变化,堪称集性交描写之大成者。

---

① 归庄:《归庄集》卷4《书葛家板书记后》,上海古籍出版社1984年版,第294页。

② 何良俊:《四友斋丛说》卷3《经》3,第25页。

③ 吕坤:《呻吟语》卷6《外篇·物理》,上海古籍出版社2001年版,第338-339页。

④ 关于明代的性文化,尤其是梅毒这种性病在中国的传播,其最早的研究成果可参见[荷]高罗佩著,李零、郭晓莹译:《中国古代房内考》,上海人民出版社1990年版,第174-179、241、409页。其近期的研究成果,则可参见陈宝良:《明代社会生活史》,中国社会科学出版社2004年版,第433-441页。

就市民文学的创作手法而言，实具游戏主义的特色。市民文学的作者只是将情感本身作为有价值的东西加以享受，并给读者以娱乐或消遣。在这类作品中，到处充满着肉体和精神纯审美的游戏冲动。这与占据儿童睡眠之外生命中大部分时间的游戏活动极为相似。商业文化并不是功利性的。它只是提供乐趣，通过献媚以取悦于读者或观众。换言之，商业文化只是一种无谓的消遣品，尽管可以在闲暇无事时作为良伴，但和不能有生产结果的游戏一样，对于真切而现实的人生问题并没有价值。如像《金瓶梅》这样的色情作品，实质上都是诉诸读者的色欲情感，不是为了刺激起人们的这种情感去发生实际关系，而是向他们提供虚拟对象而使他们从实际目标转向娱乐的兴趣。

通过上面的具体阐述已不难证明，晚明的社会与文化处于一个变革时代，传统的儒学乃至以儒学为主体的文化正面临着一个伟大的转折。在晚明文化的变革期里，历史的陈旧的传统受到不同程度的怀疑，旧的观念受到了来自各方文化力量的猛烈冲击，思想比任何时候都活跃。个体的、特殊的、纯自己的东西的扩展势必不能为旧的社会观念所见容，必然会同旧的社会观念发生激烈的冲突；同时，这种冲突不能不广泛地渗透到社会生活和个人生活的一切领域。像晚明这样的时代，势必给人一种风气突变的感觉，至于像《牡丹亭》中的女主人公杜丽娘那种不顾一切的爱情，只有在这样的时代才可能出现，而在传统的礼教关系的封锁世界中是根本不可能存在的。

自明代中期以后，由于带有近代色彩的人文主义“鼷鼠”在暗中不断啃啮，传统的社会结构已有摇摇欲坠、无可挽回的彻底崩溃之势，儒家思想也开始出现诸多的新的转向，新的文化时代正微露晨曦。在这种时代，人情骚动，思潮翻腾，生活新诡，这是一种自然的趋势。人文主义思潮所带来的一阵清新之风似乎把人们从沉睡的束缚中唤醒，人们正带着全新的意识去迎接新时代的到来。

上编　社会的转型

一、拜盟结社：民间组织及其勃盛

前　言

作为一种民间组织的社与会，若从语源学的角度加以考察，显然社早于会，而且社与会尚有一定的区别。根据清人徐珂所载，“集会”与“结社”，两者性质有所差异，亦即“集会为一时之联合，欢迎欢送之类属之。结社有永久性质，办事讨论之类属之”。[①] 可见，就严格意义而言，“会”为临时的联合，而“社”则有永久之性质。然在中国古代，每当民间社日举行春祈秋报之时，通常会举行一些迎神赛会的仪式，为此社与会又可并称，随之衍生出“社会”一词。

近人顾颉刚认为，“社”大有可观，是一种“祭祀”“杀戮”“神的裁判”的集合体，足见社在传统中国的重要性。进而言之，社是“民众精神之所结合，宗教、艺术、风俗等事皆荟萃于此”[②]。正是因为社具有如此重要的地位，很多前辈学者就从社的起源的角度，对其性质与功能作了诸多有益的探讨。综观这些研究成果，日本学者守屋美都雄将其概括为以下几类：一是“丛林崇拜说”。此学说由沙畹（Eduard Chavannes）开创，认为由对茂密树林的畏惧，发展为对它的崇拜，这就是所谓的“社”。此学说得到了日本学者出石诚彦、关野雄的继承与发展。出石诚彦认为，社尽管属于树木崇拜，但并非丛林崇拜，而是独立的树木崇拜；而关野雄则将社视为树木崇拜与土地崇拜的结合体。二是“土地神说”。此说的代表性学者有日本学者桥本增吉、佐藤匡玄及中国学者傅斯年。三是“巫术仪式场所说”。此说以日本学者津田左右

---

① 徐珂：《清稗类钞》，《风俗类·开会》，中华书局2003年版，第5册，2188页。

② 顾颉刚：《泣吁循轨室笔记》（一）《社》，载《顾颉刚读书笔记》第2卷，台北联经出版事业公司1990年版，第727页。

吉为代表。四是“圣地之圣力象征说”,以葛兰言(M. Granet)为代表。五是“生殖器崇拜说”,以郭沫若为代表。六是“中国古代民族社会的民族团结中心说”,以日本学者新美宽为代表。七是“作为原始性社会集团集会场所之圣所说”,以日本学者藤枝了英为代表。守屋美都雄在综合诸家之说的基础上,再结合自己对史料的重新发掘、梳理,认为社既是“原始聚落”,又是“聚落的标识”,①这无疑将研究引向了深入。

毫无疑问,社构成了中国社会的基础单位。就原始意义而言,社并非上层规定下的行政机构(尽管后世存在着官方确立的“社”这样的基层组织),而是产生于民间的自发组织。假若能系统理解社的性质及其演变,那么对于认识中国社会的下层构造不无裨益。

明代会社的内容极为丰富,社会各阶层的人员都从自己的切身利益出发,相聚成群,趣味相投,结成各式各样的社与会。② 在这些社会中,既有文人士大夫的讲学会与诗文社,又有名目繁多的民间结会,即使如秦淮的妓女也结成“盒子会”,城市的游民则结成“保生社”,武将亦结社会文③,释子则结社聚会④。

社与会的释义及其源流

在探讨明代形式多样的社与会之前,有必要说明一下,什么是社?什么是会?由于明季坛坫林立,各种文社蔚然成风,所以自明末清初以来,已有不少人对“社”进行了初步的探讨,其中以顾炎武最为著名。“社”的含义比较复杂,大致有以下五种。

第一,“社”是指土地之神。《左传》昭公二十九年:“共工氏有子曰句龙,为后土……后土为社。”《礼记》也有相同的记述:“句龙为后土,能平九州,故祀以为社。”⑤据此可知,社的本义是指民间共同祷祀的土地之神。这种意识显然得到了明代官方的认可。如洪武四年

---

① 关于“社”原始含义之诸家讨论,并在诸家阐释之上作出重新定义,其代表性的成果可参见[日]守屋美都雄著,钱杭、杨小芬译:《中国古代的家族与国家》,上海古籍出版社2010年版,第191-226页。

② 陈宝良:《明代的社与会》,载《历史研究》,1991年5期。

③ 如抗倭名将俞大猷在任汀漳守备时,曾在武平作“读《易》轩”,“与诸生为文会,而日教武士击剑”。参见《明史》卷212《俞大猷传》,中华书局1984年版,第5602页。

④ 明末杭州的读书社,大多为“释子之所网罗”。参见黄宗羲:《南雷诗文集·陈夔献墓志铭》,载沈善洪主编:《黄宗羲全集》,浙江古籍出版社2005年版,第10册,第452页。

⑤ 转引自杜登春:《社事始末》,收入《昭代丛书》,清道光吴江沈氏世楷堂刻本。

(1371)五月,明太祖朱元璋在中都建大社庙,命工部取“五方之土”构筑社庙的地基。于是,应天、河南进献黄土,浙江、福建、广东、广西进献赤土,江西、湖广、陕西进献白土,山东进献青土,北平进献黑土。当时天下府县共计300余处,均以献土百斤为标准,并且其土必须取自名山高爽之地。朱元璋以五色土立社庙之基,不仅仅是将社神视为土神,更有另外一层含义,即将社庙作为立国根基的象征。①

关于社神,经学家的争论长久不休,或认为是土地之神,或认为就是句龙。如明人郭造卿著有《问社解》一文,认为社“不得专土地”,即社并非专指土地之神,而是“示以有尊也”。究其依据,就是祭法中有“大夫以下,成群立社”的说法。进而言之,社既“不得通阳”,又“不得通阴”。② 不过由于后世私社的崛起,社神也因时代不同而发生诸多的变化,甚至出现了将宗族祠堂之神称为社神、社主,或者将地域内的先贤人格偶像化,进而流变为社神。③ 从清代史家全祖望之说中不难发现,若从原始的依据来看,天神、地祇与神仙有很大的区别,而后世城隍的出现,显然已将神仙之说混入儒家的天神、地祇祭祀之中。④ 这就使社的概念外延更加扩大。如传统的观念视国家、朝廷为社稷,有时也简称“社”,这大概就是古之“国社”这一概念的传衍。若称“明社既墟”,即指明朝已经灭亡。尽管社从土地之神演变为社团组织,但其组织中仍保留着古时社主的成分。换言之,社团组织往往尊奉本社社主。如明代闲人清客结社供奉伍子胥、伯嚭,清初的“惊隐诗社”奉陶渊明为社主,即为其例。

第二,“社”是古代乡村基层行政地理单位。顾炎武说:“社之名起

---

① 朱国祯:《涌幢小品》卷19《大社取土》,中华书局1959年版,第431页。按:据说张士诚在兴建王府地基时,亦取嘉兴、长兴、宜兴所谓的“三兴土”构筑地基,其用意大抵与此相似。

② 郭造卿云:“至以社为庙,屏屋其上,而不得通阳;栈其下,而不得通阴。”所言即此。参见郭造卿:《问社解》,载黄宗羲编:《明文海》卷128,中华书局1987年版,第1283页。

③ 如清代史家全祖望云:“世之城隍、府主、境神,必求其人以实之,又不就昔之贤守令及乡之士大夫,而反妄指漫无干涉之古人,且撰为降神之踪迹以欺人,乃不经之甚者也。”所指即此。参见全祖望:《鲒埼亭集外编》卷48《原社》,载朱铸禹汇校集注:《全祖望集汇校集注》,上海古籍出版社2000年版,中册,第1801-1802页。

④ 全祖望:《鲒埼亭集》卷33《考正府主广灵庙议》,载《全祖望集汇校集注》,上册,第627页。

于古之国社、里社,故古人以乡为社。”[①]《左传》昭公二十五年:“齐侯唁公曰:自莒疆以西,请致千社。”据注,当时二十五家为一社。又据疏:“礼有里社……以二十五家为里,故知二十五家为社也。”可见里、社在古代即可并称。[②]

作为一种乡村基层行政组织,社延续至明代而未改。明人璩昆玉《古今类书纂要》释里社如下:“里之为言止也,居也。古者五十家为里,今以百十家为里。”[③]明代的乡村基层组织虽以里甲为基本单位,但社的建置犹存。顾炎武说“今河南、太原、青州乡镇犹以社为称”,是有事实依据的。早在洪武年间初设里甲之前,上元典史隋吉就向明太祖建议,将乡村农民以“社”为单位组织起来,建立乡村基层组织。明太祖采纳其建议,建立了乡村里甲制度。[④] 明代的乡村基层组织仍多以“社”为称。譬如:“直隶保定府安肃县言,本县编民止十六社。”[⑤]云云。此即其例。一般说来,南方多以都、村分里甲,而在北方某些地区,却是以社或屯分里甲。嘉靖时大学士桂萼对屯、社解释如下:“如北方之土,有屯地、社地之异。今直隶、河南等处州县,以社分里甲,犹江西、湖广等处州县,以村分里甲也。”[⑥]在上述记载中,其中社、屯的区别,究其实不过是土著和移民之分。如顺天府香河县就是以社、屯区别土著与移民的:“按土著之民编社,流徙之民编屯。社屯各有长,长率十户,谓之里甲。”[⑦]

第三,“社”是指民间在社日举行的各种迎神赛会。明末人艾南英曾说:“若夫社之为名,起于乡闾党族春秋祈报之说。”[⑧]显然,“社”就是“社会”的同义语。什么是“社会”?《古今类书纂要》作如下解释:

---

① 顾炎武著、黄汝成集释:《日知录集释》卷22《社》,中州古籍出版社1990年版,第520页。

② 关于此,清人沈涛有详细的考证,参见氏著:《铜熨斗斋随笔》卷3《二十五家为社》,载《清人考订笔记》(七种),中华书局2004年版,第645-646页。

③ 璩昆玉:《古今类书纂要》卷2《地理部·里社》,明崇祯七年(1634)刻本。

④ 余继登:《典故纪闻》卷5,中华局1981年版,第93页;《明太祖实录》卷236,洪武二十八年(1395)二月乙丑条,台北“中央”研究院历史语言研究所1966年校印本。

⑤ 《明英宗实录》卷43,正统三年(1438)六月戊寅条,台北“中央”研究院历史语言研究所1966年校印本。

⑥ 桂萼:《请修复旧制以足国安民疏》,载陈子龙等编:《明经世文编》卷180,中华书局1997年版,第1836页。

⑦ 万历《香河县志》卷2《地理志·里社》,明万历四十八年(1620)刻本。

⑧ 艾南英:《天佣子集》卷2《随社序》,清光绪五年(1879)重刻本。

"社无定日，以春分后戊日为春社，秋分后戊日为秋社。主社神曰勾芒。民俗以是时祭后土之神，以报岁功，名曰社会。春社燕来，秋社燕去。社神又名勾龙。"[①]在明代民间所用历日中，尚有春秋"二社"之称，此外又有"三伏"之祭，[②]无不起源于古人"时祭"之名。此类意义上的社会，起源较早。唐裴孝源《贞观公私画史》载有晋史道硕画《田家社会图》。宗懔《荆楚岁时记》中，亦有关于南北朝时民间社会的记载。宋孟元老《东京梦华录》同样有下面的记载："八月秋社，各以社糕、社酒相赍送贵戚。宫院以猪羊肉、腰子、妳房、肚肺、鸭饼、瓜姜之属，切作棋子片样，滋味调和，铺于饭上，谓之'社饭'，请客供养。……市学先生预敛诸生钱作社会，以致雇倩、祗应、白席、歌唱之人。……春社、重午、重九，亦是如此。"[③]

春祈秋报的社会，延续至明代而未变，而且内容更为丰富，形式更为繁多。明末清初人张尔岐所云"民间春秋醵钱祠醮，犹名曰社"，[④]所指即此。如明代乡村每里110户内都祭祀五土五谷之神，专门用来祈祷"雨阳时若，五谷丰登"。每年轮一户为会首，一般是现役里长，由他来主持祭祀之事。这种社会，目的是"恭敬神明，和睦乡里，以厚风俗"[⑤]。如明人王稚登言："里社之设，所以祈年谷、祓灾祲、洽党闾、乐太平而已。"[⑥]所不同者，明代的民间祭祀社会已经失去了"报地德"的本意，而是仅仅"用之梵宇丛祠"[⑦]。

第四，"社"是指信仰相同、志趣相投者结合的团体。顾炎武说："后人聚徒结会，亦谓之社。"[⑧]这一类社不仅聚徒结会，而且参加者大抵志趣相合。杜登春在《社事始末》中说此类社："大抵合气类之相同，

---

① 璩昆玉《古今类书纂要》卷2《时令部·社日》。

② 关于"三伏"，明人郎瑛有如下考证："伏者藏也，庚金伏于夏火之下，故曰伏。夏至后第三庚为初伏，四庚为中伏，该第五庚为末伏，不知越之而立秋后初庚为末伏，夫既秋矣又何谓之伏耶？《史记》注以始皇置伏，又云穆公以是占之，马迁尚疑其人，亦此恐久而传讹也。"可备一说。参见郎瑛：《七修类稿》卷2《天地类·三伏》，上海书店出版社2001年版，第24页。

③ 孟元老：《东京梦华录》卷8《秋社》，上海古典文学出版社1956年版，第50页。

④ 张尔岐：《蒿庵闲话》卷1，收入《笔记小说大观》，江苏广陵古籍刻印社1983年版。

⑤ 嘉靖《仁和县志》卷7《恤政》，明嘉靖二十七年（1548）刻本。

⑥ 王稚登：《吴社编》，载王稼句点校、编纂：《苏州文献丛钞初编》，古吴轩出版社2005年版，上册，第324页。

⑦ 张尔岐：《蒿庵闲话》卷1，收入《笔记小说大观》。

⑧ 顾炎武著、黄汝成集释：《日知录集释》卷22《社》，第520页。

资众力之协助，主于成群聚会而为名者也。”这类团体自古即有，如晋慧远结“莲社”，唐白居易与香山九老结“香山社”，宋代有“弓箭社”，元代的“白莲社”“月泉吟社”更是闻名于世。

在明代，这类诗社或文社，其发展的势头比历代更盛，尤以明季张溥创设的“复社”最为著名。据顾炎武记载：“万历末，士人相会课文，各立名号，亦曰某社某社。”①所指即此类会社。清人杜登春对这些社事所作的概括大致符合实情：“社之始，始于一乡，继而一国，继而暨于天下。各立一名以自标榜，或数十人，或数百人；或携笔砚而课艺于一堂，或征诗文而命驾于千里。齐年者砥节砺行，后起者观型取法。一卷之书，家弦户诵；一师之学，灯尽薪传。”②明末文社的蜂拥而起，不但突破了古代社的春祈秋报含义，而且作为一个团体，更是打破了狭隘的地域关系，将势力普及到全国。无怪乎艾南英对明末的社事要发出这样的感慨：“而士因之以缔文，至于相距数千里，而名之为社，则古未前闻也。”③一句“古未前闻”，显已道出明季文社所达到的历史巅峰状态。

第五，社又可指行业性团体。早在唐代，民间结成的“社邑”，就由各色商行组成。如小绢行邑、白米行石经社、屠行邑等。④ 至宋代，每遇神圣诞日，“诸行市户，俱有社会”，诸如七宝行献七宝玩具为社，青果行献“时果社”，另外尚有“锦体社”“台阁社”“穷富赌钱社”等。⑤这种习俗，入清犹存。如丰镇县的社祀，除“农民社”之外，尚有“钱行社”。⑥ 在清代，更有商业各行以社相称之风。如康熙年间，扬州称茶肆为“紫云社”，称酒家为“青莲社”等，均属其例。⑦

社与会，其起源虽有所不同，但在其后的演变历程中，其含义实有归趋于一之势。“会”有聚合、汇合之意。人聚集之地即可称会。《论语·颜渊》云：“君子以文会友。”后人因此称文人相聚谈艺为“会文”。

---

① 顾炎武著，黄汝成集释：《日知录集释》卷22《社》，第520页。

② 杜登春：《社事始末》。

③ 艾南英：《天傭子集》卷2《随社序》。

④ 北京图书馆金石组、中国佛教图书文物馆石经组编：《房山石经题记汇编》，书目文献出版社1987年版，第83-107页。

⑤ 吴自牧：《梦粱录》卷19《社会》，上海古典文学出版社1956年版，第299-300页。

⑥ 光绪《丰镇县志》卷2《风土》，收入《新修方志丛刊》，台北学生书局1967年版。

⑦ 李斗：《扬州画舫录》卷13《桥西录》，中华书局1960年版，第316页。

《中庸》称:“仁者,人也。”汉人郑玄以为仁就是“与人相偶”,而“偶者,会也”。文人、学者相聚,志趣相投,讲学谈文,结成一个团体,一般就可以称作“文会”“文社”“讲会”“学会”。

不但人相聚称会,物相聚亦称会。故传统的说法认为,天有会,地有会,鱼鸟有会,珠玉有会,草木有会,鬼神有会,体有会,气有会,日月有会,声色有会。“天之会,五星集于房;地之会,江河朝宗于海;鬼神有会,黄帝会万灵于明庭,岁终会聚万物而腊飨之。”①如此等等,不一而足。从这种意义上说,社与会自可相通,不过是人或物的聚合。事实也确实如此。在一些记载中,社、会通常是并称的,亦即“社会”。如王穉登解释会道:“凡神所栖舍,具威仪箫鼓杂戏迎之,曰会。”②所谓的“会”,其实就是“社会”。又如明代小说《醒世恒言》就有如下记载:“原来张员外在日,起这个社会,朋友十人,近来死了一两人,不成社会。”民间祭社会饮一般也称作“社会”,所以人们所说的“同社”,实际上就是指“同会”。众所周知,明末东林党一向以讲学会著称,但顾宪成又称会为社,如他在给人的书信中有言:“东林之社,是弟书生腐肠未断处,幸一二同志并不我弃,欣然共事相与,日切月磨于其中。”③明末学者吕维祺所立之社,也与会并称。④ 每当乡间盗贼四起之时,时常有人结“团社”自保,但这种团社有时也被称作“会”。如明成化初,茂名盗贼四起,林雄首创“义会”,率领符琼等 300 余人,尽力保障乡村。后人遵其法,所以又有“林符会”之称。⑤

会作为一种团体,至迟在北朝北魏初年即已出现。如当时译出的《杂宝藏经》有下面一段文字:“尔时舍卫国,有诸佛弟子、女人作邑会,

---

① 蔡希邠:《圣学会序》,载中国史学会编:《戊戌变法》(四),上海神州国光社 1953 年版,第 436-437 页。

② 王穉登:《吴社编·会》,载《苏州文献丛钞初编》,上册,第 324 页。

③ 顾宪成:《泾皋藏稿》卷 5《又简修吾李总漕》,收入《景印文渊阁四库全书》,台北商务印书馆股份有限公司 2008 版。

④ 如天启年间,吕维祺在南京设立“丰都大社”,从事讲学活动。回到家乡河南新安之后,又创立“伊雒社”,修复孟云浦“讲会”,“中州学者多从之”。又史料记载:“今天下禁讲学,而学会日盛。”此即讲会称社之例,足证会、社趋于合流之势。说见黄宗羲:《明儒学案》卷 54《诸儒学案》下 2《忠节吕豫石先生维祺》,中华书局 1985 年版,下册,1311-1312 页。

⑤ 陈舜系:《乱离见闻录》卷中,载中国社会科学院历史研究所明史室编:《明史资料丛刊》第 3 辑,江苏人民出版社 1983 年版,第 258-259 页。

数数往至佛边。"[①]其后,又有"义会"之称,亦属宗教结社。如《续高僧传》卷6《释法贞传》略云:"(释法贞)与僧建齐名,时人目建为文句无前,目贞为人惟独步。贞乃与建为义会之友,道俗斯附,听众千人。"

综上所述,社与会相比,其含义虽较会更为广泛,但就民间组织这一层意义而言,社与会自可并称。笔者在此所要探讨的社与会,就是取其相通意义层面。

形形色色的社与会

明朝人姚舜牧在《药言》中有云:"读书的人有文会,文会择人,方有益无损。做百姓的有社会、神会,此地方有众事,不可独却,出银不赴饮可也。若银会、酒会,则万万不可与,未有与而克终者。"[②]由此不难发现,明代的会社形形色色,存在于社会各阶层之中,既有读书人的文会,也有百姓的社会、神会,甚至还有像银会这样的经济合作之社,以及像酒会这种一般性的士大夫或大众的聚会。

明代社会的内容极为丰富,社会各阶层的人员都从自己的切身利益出发,结成各式各样的社与会。这众多的社会,如果从其主要功能考虑而稍加归纳分类,大致可以分为以下四大类:一为政治型会社;二为经济型会社;三位军事型会社;四为文化生活型会社。

(一)政治型会社

朝内的朋党之争与门户之见,与士大夫入仕前的结社风气颇有关系。传统中国的士子书生一向就有"以文会友"的习气,在进入仕途以前,结诗社、聚文会、好结交,群体意识极为浓厚。这种群体集团的出现,事实上已为进入仕途后在朝中确立门户作了铺垫。

士子书生们如此热衷于交游结社,无非是为了在科举考试中获得成功。一旦蟾宫折桂,这批新贵之间又增添了一层"同年"的关系。为了应付官场的风云变幻,巩固自己在政府中已经取得的地位,他们在"同年"这层关系的基础上,结成"同年会"这样一种团体。

参加会试、殿试以后,一同成为进士,称为"同年"。这种说法始于隋,盛行于唐、宋两代,而至明代大盛。同年会始见于唐代,时称"蹙鞠

---

① 《杂宝藏经》卷5,《大正藏》本。

② 姚舜牧:《药言》,载徐梓编注:《家训——父祖的叮咛》,中央民族大学出版社1996年版,第161页。

会”。据载，唐咸通年间，新进士“集月登阁为蹙鞠会，四面看棚栉比，同年肆览”①。宋代，同年交契，风气尤盛。苏轼诗云：“通家不隔同年面。”可见，当时同年往来，情契深厚，不减家人父子。入明，自中期以后，由于科举一途独盛，同年结会更是蔚成风气。平居出入相侍，庆吊相通，杯酒相对。

同年会分举人同会年与进士同年会两种。据现有的史料来看，举人同年会至迟在成化六年(1470)就已经出现。正是在这一年，浙江出现了“六元文会”。其后，在成化十五年(1479)、二十二年(1486)又分别出现了“七元文会”“后七元文会”。凡是此类文会，就是将历科中了解元之人会聚在一起。每次相会，“必分韵赋诗，迭为序引，所以宣上恩、修臣职、敦僚友之义，序少长之礼，洽宾主之情者，无不具焉”②。根据李东阳的记载，当天顺六年(1462)，他中顺天府乡试举人，同中者有135人。过数年，或举进士，列官中外；或业太学；或各归其乡。升沉聚散，不能相聚。至成化十二年(1476)冬至，兵科给事中章元益将在京师的天顺六年(1462)科举人聚集在一起，会于武学，举行同年会，参加者计有41人。结会后，析邵雍《冬至》诗为韵，各赋一诗。③

进士同年会则至迟在成化十二年(1476)即已出现。④ 另外，景泰五年(1454)一科的同年进士共350人，在经历了20多年之后，这些已经任职内外的进士又聚集在北京的普恩寺，举行了一次同年会。⑤ 据史料加以推算，其时间大抵也是在成化十二年(1476)前后。弘治以后，新进士登第结成同年会，已成惯例，而尤以初会之时为盛。究其原因，进士刚登第，其人都会聚京师，“方释场屋之累，而观朝廷之尊，且被冠裳之华，而无簿书之冗”。至时张筵合乐，举觞劝酬，其情无比畅适。弘治十五年(1502)，新进士300余人照例会于武学，举行同年会，会众推张汝言为醵首。⑥

---

① 何晦：《摭言》，收入《说郛》卷35，涵芬楼排印本。

② 杨守阯：《碧川文选》卷2《浙元三会录序》，收入《四库全书存目丛书》，台南庄严文化事业有限公司1997年版。

③ 李东阳：《文前稿》卷6《京闱同年会诗序》，载氏著：《怀麓堂集》，清康熙间廖方达校刻本。

④ 蔡清：《虚斋集》卷1《同年会》，上海古籍出版社1991年版，第761-762页。

⑤ 刘珝：《古直先生文集》卷9《甲戌同年会记》，收入《四库全书存目丛书》。

⑥ 吴宽：《匏翁家藏集》卷44《弘治壬戌进士同年会序》，明嘉靖间刻本。

同年会不同于朝廷令典中礼部的传胪赐宴大会。赐宴虽盛，然出于天子之命，有勋戚大臣一人在上奉命主宴，又有公卿陪宴，所以新进士大多胆怯，终宴无敢喧哗。而同年会坐以齿序，无甲第之拘，饮以量定，也无监史，自可契好相敦，意气相得，在同年中培养出一种感情。会后，照例将与会新进士之大略及所授官职刻为小录。

按照明代的惯例，每当会试之时，同考官在撤帘之后，就醵金为会，由掌科主办。至于南北两京乡试事毕之后，四位主考就合请衙门的前后辈，称为“鹅头会”[①]。可见，在考生举行同年会之后，同科考官亦举行相同的聚会。初登进士，同年会自然很盛，其后因纷纷为官外出，聚会不易，所以同年之会就不如初时之盛。尽管如此，同年在京师为官者仍照例聚会，或找同好，举“同年三友会”；或在佳节，发出请帖，邀同年相会。[②]

在同年会新进士之间，通过同年的关系，进而可以扩及异姓兄弟般的关系。如蔡清咏同年之间的关系云：“譬如一家子，肺腑亲弟兄。”[③]这种关系不仅同年在朝时要维持，并且尚须传之各自的子孙，使同年子孙也各以兄弟相好，这就是明人吴宽所云的“盟在久要，期子孙之亦讲”[④]。明人赵用贤也说，明代同年情谊交厚，“即身没已久，而子孙犹有蒙庇者”[⑤]。换言之，通过“世讲会”的举行，使同年之谊进而扩大到同年的子弟。如嘉靖七年(1528)九月，此科同年共计10人荟萃京师，分别为魏华甫、宋伯清、张子才、韩汝节、王宗周、吴静之、俞德辉、孙朝信与方鹏。为此，在庆寿寺的西堂举行同年“世讲会”，参与者除了上面10人之外，尚有他们的子弟九人，分别为张崇礼、张崇四、姚在明、蔡直夫、陆子文、张克衡、张汝思、许成德、王文翰。同年10人上座，子弟九人侧坐，以示对父兄及其父兄同年的敬重。尽管举办者声称，“世讲会”的目的在于由此而讲求“君臣之义”“父子之道”“长幼之

---

① 陈继儒：《见闻录》卷2，收入《陈眉公杂著十五种》，益资馆铅印本。

② 吴宽：《匏翁家藏集》卷44、57《同年三友会诗序》《丁未岁作同年会请帖》。按：从“同年三友会”与“三友会”一类的会社中不难发现，所谓的会社，其成员构成至少必须三人。如成化二十二年(1486)，沈周与王汝和、都良玉三人，均年已63岁，于是就结成“三友会”。“三友者，自幼追逐砚席间，学业相资，过失相规，燕饮相合，游般相携。”可见，三人是同学、同年、同居。参见沈周：《石田先生文钞》卷9《三友会年序》，收入《四库全书存目丛书》。

③ 蔡清：《虚斋集》卷1《同年会》，第761-762页。

④ 吴宽：《匏翁家藏集》卷57《丁未岁作同年会请帖》。

⑤ 赵用贤：《松石斋文集》卷3《南都同年会约序》，明万历间刻本。

序”“朋友之情”，一举而众善皆备，[①]究其实还是为了使同年之间的关系盘根错节，更加牢固。

同年会的关系只靠同年一脉维持，已足以使官僚集团内的关系错综复杂。此外，在同年之外，又有更深的“同门”这一层关系。据明人归有光言，所谓同门，即“主司分经考校，同为一人之所取者。既于主司有师生之分宜，视他同年，会聚尤数；亦时以德义相考，而知其志意之所极”[②]。假若结会的官僚士大夫生同时、居同乡、仕同朝，再加之同志、同道，即所谓的“五同”，那么其间关系的稳固更是可以想见。如吴宽在朝时，就与都御史陈玉汝、礼部侍郎李世贤、太仆寺卿吴禹畴、吏部侍郎王济之等结成“五同会”。每当公务之暇，就备酒馔聚会，“谈以音谐，以正道相责望，以疑义相辨析，兴之所至，即形于咏歌，事之所感，每发于议论”[③]。上述的“五同会”，已包括同乡这一层关系。

缙绅士大夫老而致仕，在乡也不敢寂寞，或结讲学会；或组织怡老会，结成团体。有些借此打发晚年的光阴，而有些则借此团体的力量干预朝政。士大夫借在野讲学而结成朋党，自南宋的“伪学党”已然。明代东林讲学会，在朝声势极大，最后隐然而成一“东林党”。结会讲学，究其本意无非是讲明学术，以改变人心不古。然讲学群体的存在，以及讲学活动中不可避免地具有讽议朝政的倾向，实际上已形成了干预朝政的事实。明人记东林讲学事云：“逮从游者众，邪正兼收，不材之人借名东林之徒，以自矜诩，甚至学士儒生挟之以扞文网，冠裳仕进借之以树党援。欲进一人也，彼此引手；欲去一人也，共力下石。京察黜陟，非东林之竿牍不凭；行取考选，非东林之荐扬不与。日积月累，门户别而墙壁固。”[④]显见，结会讲学，名为讲明圣贤之学，实则成为朝廷内朋党的奥援，时日一久，必然引起门户之争。

明末，复社继东林而崛起，并有“小东林”的雅称，党社合一，使党社运动呈一体化趋势。复社本为一个文社，其出现不过是士子揣摩八股风气，为科举仕进作准备。究其实质，却与明季政坛的关系非同一

---

① 方鹏：《矫亭存稿》卷2《同年世讲会诗序》，收入《四库全书存目丛书》。

② 归有光：《震川先生集》卷10《送同年李光甫之任江浦序》，清光绪元年（1875）常熟归氏刻本。

③ 吴宽：《匏翁家藏集》卷44《五同会序》。

④ 《明熹宗实录》卷26，天启二年（1622）九月庚子条，台北“中央”研究院历史语言研究所1966年校印本。

般。清初人万斯同的记载颇能反映出复社的政治色彩:"明之末造,江南复社大盛,海内名士无不入其中。……时声气翕集,往往訾毁时政,裁量公卿,以故岩廊之上,亦避其讽议。"[①]揆之复社的活动,有三次危难,均与东林政治斗争的余波相关。复社初创以后,讲求文章声气,声誉顿时鹊起。当时内阁首辅温体仁之子欲入复社,为社中人所拒,于是两越贵胄到处奔竞,演为《绿牡丹》传奇,诋毁复社中人孙淳为"铺司"。学臣黎愧庵按试时,禁书毁板,逮捕温体仁的家人,刊刻其子弟干谒之牍,并悬之长安市中。为此,激起温体仁之怒,唆使同社推官周之夔作《复社或问》,向复社发难。有赖于当路庇护,才使此事暂时搁下。然复社中人始终不肯认过,反过来更与朝政为难。而在朝宰辅也往往畏忌社中之人,唯恐得罪清议,"甚至京师坐次有复社相公,竟集不敢言天下事"。崇祯十一年(1638),沈眉生、周镳等共持清议,作《留都防乱公揭》,驱逐阉党阮大铖。为此,逆案中人对复社更是咬牙切齿,不独阮大铖,即使杨维垣、张声振等人,也开始与复社为难。不久,李自成率起义军攻入北京,明朝覆亡,南都弘光立国。史可法开府皖江,有感于其师左光斗死于太监,替左氏建忠烈祠,碑文出自周镳之手,文中对阮大铖多所指斥,于是大铖怀恨在心。当时正好复社成员张自烈奉旨刊刻《四书大全辨》,大铖就"榜伪学张自烈于通衢,刊章四出",打算将复社成员一网打尽。时值审问大悲之狱,阮大铖之党又采用从前编造《朋党》《点将》《同志》《盗伙》诸录的故伎,编了一部《蝗蝻录》,罗织十八罗汉、五十三参财童子、七十二圣贤菩萨,又编《蝇蚋录》,罗列八十八活佛、三百六十五天王、五百尊应真,将复社成员一概罗织其中。[②] 这就是复社运动史上与朝内党争相关的三次变难,从中可以看出,复社的活动不过是东林的遗绪,从而与政府中的朋党之争休戚相关。

(二)经济型会社

明代的经济型会社,大体可以分为合会与义助会、善会、行会与会馆三类。下面就此三类加以详细阐述。

---

① 万斯同:《石园文集》卷7《送沈公厚南还序》,载张寿镛辑:《四明丛书》,江苏广陵书社2006年版,第14册,第8437页。

② 张鉴:《冬青馆甲集》卷6《书复社姓氏录后三》,民国嘉业堂刻本。

1.合会与义助会

缓急相济,有无相通;有往必来,有施必报。自古以来,中国民间就盛行这种互助之风。何谓“合会”?王宗培《中国之合会》作如下解释:“自其方法言之,合会为我国民间之旧式经济合作制度,救济会员相互间金融之组织也。”①合会,俗称“蟠桃”。其各省名称,大多不一,主要有集会、邀会、聚会、请会(山东)、做会(广东)、赊会(云南)等,又可通称“义助会”。合会与日本流行的旧式组合无尽(又称无尽讲、赖母子,或称赖母子讲),以及印度的夺标制(kuttu-chittu)、友助会(nibhi)等,大致相同。当然,中国流行的合会与日本、印度之制的递嬗关系,已无从考据。不过有一点则是清楚的,中国的合会起源较早,自成体系,决非从日本、印度传入。

明代民间的合会,形式多样,分别有以下几种。

(1)吃会与告助。此类吃会普遍存在于明代的河南。王士性记道:

> 其俗又有告助,有吃会。告助者,亲朋或征逋追负而贫不能办,则为草具,召诸友善者各助以数十百而脱之。吃会者,每会约同志十数人,朔望饮于社庙,各以余钱百十交于会长蓄之,以为会中人父母棺衾缓急之备,免借贷也。父死子继,愈久愈蓄。②

可见,所谓“告助”,就是民间的互助之习。“吃会”则借助社庙祭祀会饮,转化而成民间的互助团体。河南尉氏县的“生殖”之会,大致也属合会。史载:

> 凡以钱入会生殖者,每月作若干会,会必以酒食。一人掌钱,一人掌历,群相生殖,多由此成家。会中人吉凶事有宜庆吊、宜贷乞、宜援助者,皆恃此为之。其有饕餮负约者,出之。③

上面所谓的“生殖”之会,显然是在保持合会的基础上,增加了资本合作生殖的功能。

(2)义社、粮社与祭社。明代山东的兖州,其互助性的团体有“义社”“粮社”“祭社”。义社大致与河南的吃会相同,也是起源于民间朔望在社庙的会饮。所谓义社,即“常以月朔为饮食聚会,醵金钱生息,

---

① 王宗培:《中国之合会》,中国合作学社1931年版,第1页。

② 王士性:《广志绎》卷3《江北四省》,中华书局1981年版,第37页。

③ 嘉靖《尉氏县志》卷1《风俗》,收入《天一阁藏明代方志选刊》,上海古籍书店1982年版。

即有死丧,计其所入赙之,虽贫窭,应时而葬,无暴露者,谓之义社”。粮社则是民间合会,以供租税,与河南的告助相同。史载:“醵金生息,以供租税,出一岁之息,岁岁用之,率不后期而完,谓之粮社。”此外,还有祭社,行之于本族之内:“亦有群其宗族,日朔为会,息金钱谷以供烝尝,谓之祭社”。[①] 以义社为例,如山东章丘人马广,一向喜欢救济困穷之人。他认为,济困先须从自己的族人开始,于是捐财创立义社,他的家族中贫困户 40 余人,其中“马价徭银,俱为之代输,不烦官吏催督”。至于他姓贫困之人,亦“依之如涸鱼得水而夜虫趋火”。[②]

(3)结社积钱与会仓。明代河南商丘农民出于“侈于用”的担心,结社积钱,以此达到人人自制节俭的目的,类似于民间的储蓄。关于这类结社,沈鲤有如下记载:“盖尝见里中小民有结社积钱者,或三五十,或百,贮之一所。及岁杪,始出而瓜分之,亦各如所输数。夫其积而分,分亦如所积,非有加多也。然不以存之家,而为是纷纷者,诚恐其侈于用,而夺于姑可已之费也。故为是以自制,而不厌其烦。此小民积钱之一策也。”[③]这种积钱之社,纯粹出于储蓄的目的,至期只还本金,没有利息,显然与商业化的储蓄尚有差异。明人张尔岐有感于社仓的弊端,也主张民间百姓采用“结社积谷”这一种互助方式。他建议:“惟于秋熟时,乡里各自结社积谷,各推一人,司其敛散。为长吏及乡先生者,时加奖导,而不与其事,亦足以备凶荒,安乡土矣。”[④]显见,将社仓转化为民间自行的结社积钱或积谷,这是明代民间互助发展的基本趋势。吕坤在山东做官时所设立的“会仓”,同样采用了民间结会的方式。他“劝本约之民各量其力,每会积谷若干,聚于一所。秋敛春散,加三出息。小凶之年不准独支,大凶之年各分所积。愿不分而助同会者,旌奖,以多寡为差”[⑤]。可见,民间的合会已得到了明代地方官的支持。

在明代的商人群体中,同样存在着一种“会银”之法。如委吾山一

① 顾炎武:《天下郡国利病书》第 15 册《山东》引《青城志》,清钞本。

② 李开先:《闲居集》卷 8《南冶马义士合葬墓志铭》,载氏著:《李开先全集》,文化艺术出版社 2004 年版,上册,第 665 页。

③ 沈鲤:《亦玉堂稿》卷 8《社仓议》3,清嘉庆十二年(1807)刻本。

④ 张尔岐:《蒿庵闲话》卷 1,收入《笔记小说大观》。

⑤ 吕坤:《去伪斋集》卷 4《答巡按毕东郊》,载王国轩等整理:《吕坤全集》,中华书局 2008 年版,上册,第 167 页。

地之人,在上河经商者达 20 家。尽管同业同方,然亲疏异端,涣散而不相团结,导致"善莫之劝,过莫之惩,安危莫之扶掖,藩篱之间,莫尔胡越",缺少同乡、同业之谊。鉴于此,周柱峰、殷三洲两位商人筹之再三,创立了一种"会银"之法,"圆转流通,孚于众志",于是将 20 家结成一会。每年三次聚会,设立数条规约,劝惩佑掖之义,靡所不周。[①]

(4)文社中之合会。明代末年,文人的坛坫林立,尤以复社为著名。在复社成员中,也流行合会这种互助形式。如张自烈侨寓南京,生子贫甚,于是社内成员"共醵金会汤饼,至数百金"[②]。又吕留良因为社中好友高旦中死后,诸子孤寒,投止无依。出于友情,他就"鸠会以了此案",并将"一会之赀"付给旦中诸子。[③]

2.善会

顾名思义,善会就是一种以行善为目的的民间结会。从某些善会的组织结构来看,它仍然保留着许多经济互助的合会性质,如婚丧会社,其实就是经济型合会。

(1)婚丧会社。在乡村小民的一生中,婚丧尤为大事。就拿丧葬来说,自中古以来,百姓均以土葬为主。后因受佛教的影响,或由于家贫,故流行火葬,有时甚至暴尸露骨于野外山岗。于是,一些乡绅士大夫遵从儒家的礼教,遍行善事,设立义冢,"死于道路者,则以告族而埋之"[④]。明代的松江府,在地方官的倡导下,也"修阡冢,事掩埋",[⑤]义冢之制相当完备。

婚丧会社在明代极为普遍。尤其在浙西,这种习俗更为兴盛。据明人李乐记载,在浙江青镇,其俗尚奢,"日用会社婚葬,皆以俭省为耻"[⑥]。明末学者颜茂猷在福建龙溪设立的"善缘会",大致也属于这一类婚丧会社。此会"不分雅俗,各随愿力出资,贮之公柜,赈恤危急、死丧"[⑦]。即使在市井负贩之人中,也相当流行这种习俗。如孙节等结

---

① 严果:《天隐子遗稿》卷 8《上河义举录序》,收入《四库全书存目丛书》。

② 汪有典:《史外·吴副榜传》,清光绪三年(1877)刻本。

③ 吕留良:《吕晚村先生文集》卷 2《与万祖绳书》,清雍正间刻本。

④ 钱谦益:《初学集》卷 27《义冢碑铭》,载氏著:《钱牧斋全集》,上海古籍出版社 2003 年版,第 2 册,第 840 页。

⑤ 陈子龙:《安雅堂稿》卷 5《修立义冢序》,辽宁教育出版社 2003 年版,第 83 页。

⑥ 李乐:《续见闻杂记》卷 11,上海古籍出版社 1986 年版,下册,第 1020-1021 页。

⑦ 郑仲夔:《隽区》卷 1《品隽》,载《明史资料丛刊》第 3 辑,第 206 页。

成“孝和会”，其目的就是为了解决“老亲之后事”这一后顾之忧，也可归于丧葬会一类。此会“惟老亲之后事是忧，相与会钱以待其费。计一岁所积若何，亲先终者，先给，不足，则尽数给，彼此无论也。且一家丧，一会为之缞奔走，当孝子之半”①。

在明代，有些丧葬结会并非以“会”相称，而是称“约”。如在河北，每10家结成一约。每家各出银若干，共计若干，交付约长收管，由约副管理出纳。事先将约内成员父母及其亲属的丧服置备完毕，收于箱柜之中。遇到约中成员有丧事，就将丧服抬至其家分散。事毕，再交付约长收管。约内成员有丧事，除了衣衾棺椁需要孝子自办外，其他诸如设斋、立灵、铭旌之类的一切应酬，都由约中10人代办，孝子只用“执杖哭泣而已”②。在宣府的平民百姓中，也流行一种互助之会。其制一般是约请亲朋好友数十人，结成一会，设有会长、司正各一人，具体管理此会。每月朔、望，会内成员轮流会茶，或“会酒食”。聚会之时，每人各出银数钱，交付会长收管。遇到会内成员有丧事，就用收贮之银帮助丧家。有时会内成员还共同出资，置办送丧必需的器物，供会内丧家之用。若是不用，就将这些器物赠送会内成员交好之人，或者将其租赁外人，“取利别用”③。

在河南通许县，亦有一种丧葬之会。一会多不过50人，由正、副会长掌管会内条约。每月朔、望两日，会内成员各持钱在一家聚会，选择一人专门掌管会内银钱出纳。一旦会内成员家中有丧事，分别其中的亲疏，再来确定赙仪的丰俭厚薄，亦即通过同会成员的互助，使丧家“不苦于费”，“不至于不给”④。至于流行于河南商城县的丧葬结社，则通过“茶会”的形式而起到互助之实。每社在朔、望两日举行茶会，向社内成员收取银钱，交付社长收贮。遇到社内成员患疾病，就“给钱祈祷、医药”；遇到社内成员有丧葬之事，则给钱置买衣棺，还每家出一人到丧家帮忙。⑤

① 吕坤:《去伪斋集》卷3《孝和会约序》，载《吕坤全集》，上册，第111页。

② 徐霈:《四礼议》，载《明文海》卷75，第1册，第704页。

③ 孙世方等纂修:《宣府镇志》卷20《风俗考》，收入《新修方志丛刊》，台北学生书局1969年版。

④ 嘉靖《通许县志》卷上《人物》附《风俗》，收入《天一阁藏明代方志选刊续编》，上海书店出版社1990年版。

⑤ 嘉靖《商城县志》卷1《邦土志 · 风俗》，收入《天一阁藏明代方志选刊续编》。

明代尚有“掩骼会”“白骨会”这一类会社，同样属于丧葬善会。掩骼之说，始自《礼记》“掩骨埋胔”之文。可见，掩骼之说，始自儒家，并非释僧所谓的骨塔。当然，明代的儒家士大夫与释氏弟子，均有掩骼埋骨的善举。崇祯十年(1637)，北京诸名公创行掩骼会。随后，在江南，有些绅贤推行粥担之制，以行救济。此外，又捐赀设法，“为死者谋”，于是就有了掩骼会。此会“每月推一好义之家，约谕城坊仵作，令预备蒿荐蒲包草索以待，日察街衢河港，遇有道殣浮尸，即与包裹束缚，抔聚一处。……经管之家，委信实纪纲，逐一点检，坎埋附近义冢”[①]。此外，一些佛家之徒，出于行善，也设立“白骨会”。如名衲谧光，鉴于饥荒灾害，白骨遍地，于是与士大夫结为“白骨会”，“将以敛其遗而掩之”[②]。

除了婚丧会社之外，明代尚有一种养老之会，大抵亦可归于善会之列。苏州的“白鸡会”，堪称典型一例。所谓白鸡会，就是一些没有子嗣之人聚集在一起，结成此会。虽然史料说“不知其义”，但若稍加推测，或许其功能有二：一是没有子嗣的老人结成一会，显然是为了养老；二是自己死去之后，无人举行葬礼，那么则由同会之人负责死者的葬礼。[③]

(2)同善会与一命浮图会。明末的善会，以“同善会”与“一命浮图会”最为著名。同善会之说，倡于张梦泽，钱启新正式行其事，陈筠塘从而广之。此会“岁以季举，会者人有所捐，聚而储之，见有隐于中者施之，于是无告之人，寒者得衣，饥者得食，病者得药，死者得槥。与会者人人得为善”[④]。

同善会开始盛行于常州。此后，由于东林党的倡导，刘本孺、陈志行、叶参之、安小范、高攀龙相继参与其事，“好义者百余人应之”，于是，同善会在无锡得以大盛。[⑤] 复社承东林后绪，故复社成员张采、陆

---

① 陈龙正：《政书·乡筹》4《壬午救荒事宜》，载《几亭全书》，收入《四库禁毁书丛刊》，北京出版社2000年版。

② 徐芳：《白骨会序》，载《明文海》卷324，第4册，第3344页。

③ 俞弁：《山樵暇语》卷7，收入《四库全书存目丛书》。

④ 高攀龙：《高子遗书》卷1《同善会序》，收入《乾坤正气集》，清道光二十八年(1848)刻、光绪十八年(1892)重印本。

⑤ 高攀龙：《高子遗书》卷4《本孺刘公志铭》。

世仪也曾有“同善会”之举。[①] 崇祯五年(1632)春之后,至崇祯十七年(1645)秋,陈龙正在嘉善共举行同善会第51次大会,其势更盛。近者如杭州、苏州、松江,远者如北京或其他各省,都有一些贤士大夫仿行此会。

明代同善会立有会式16则。从中可见此会的主旨及所行的主要内容,包括会期与主会、分送会单、会日程序与仪式、会斋银、助贫方法、置棺分施等。同善会除定期的助贫之外,考虑到贫户颇多,义捐有限,“遍给则穷于势,遗漏则戚于心”,所以又行平粜之法,以补同善会之未及。每冬米一升,照时价减钱几文。各户预先给一小票,每一丁口,许籴三斗。鉴于贫户现钱一时难措,允许在一月内陆续赴籴。每籴一次,注票持回,籴满之日,缴票。[②] 此外,明代还有一种“同善仓”,同样起到同善会的作用。如吕坤专门指出,“厚积之家”其害有十,劝导富人“念我同类,思以相分”,所以与二三同志设立同善仓,匾其门曰:“天下第一好事。”[③]可见,同善仓无非是劝富人行善,积谷恤贫。

“一命浮图会”盛行于明末浙东绍兴一带。此会以佛家之善行儒家之仁,儒与佛合而为一。据载,当时正值米价腾贵、天灾未已之时,乡村农民忍饥挨饿,奄奄待毙。于是,倪元璐、钱肃乐等创设一命浮图会,以“为此功德,胜于浮图”为诱,鼓励人们布施赈济,每人“认救一命”。据条例来看,凡是愿意倡募之人,领册一本,认救一命,然后再亲友间辗转劝募。即使自己无力捐赈,只要能劝募多人,“功德自应无量”。一般为每人认救一命,而其不愿参加者允许他们不注册。如果“志存多命”,而又心存好善,家中的财力也允许他多救几命,那么,可以让他“杂举家众姓名,人占一命”。反之,如果财力不足,也允许二人或三人合并,“朋占一命”。时间是自三月十日至七月冬至。每10日施米五升,一日才施五合,总计不过七斗。到七月终旬,会日已完,启建道场,请僧人诵《莲华经》六部,“具疏白佛,条列赈主及饥命姓名,集众拈香,设斋圆满,以鼓善缘”。其斋诵等费用,由首事独立承担。[④] 可

① 陆世仪:《志学录》,收入《陆子遗书》,清光绪间太仓陆受祺刻本。

② 陈龙正:《政书·乡筹》4《壬午救荒事宜》。

③ 吕坤:《去伪斋集》卷3《同善仓序》,载《吕坤全集》,上册,第97页。

④ 倪元璐:《鸿宝应本》卷16《一命浮图会疏》,明崇祯十五年(1642)刻、清顺治十四年(1657)补刻本;钱肃乐:《钱忠介公集》卷4《一命浮图会册劝词》,载《四明丛书》,第5册,第2623-2624页。

见，这是借佛教浮图之说，行儒家赈济、互助之实。

在明代，河南信阳流行一种“义会”，也当属于善会。当时地方大旱，四方来乞食者甚多。士绅王祖嫡劝勉大众，“别作一会，以十之一点灯烧香、饭僧诵经，以十之九赈此垂死之命，既不废汝等之善，又可广利众生。但愿入会者诸色人等，我与平等，无有分别”。于是，二月十五日在城东朝阳庵、三月初二在城南丰泰庵举行大会，每会约有200余人，“饥者食之，死者瘗之，即不能婚嫁、不能丧众者，苦于征求、病于逆旅者，一切咸周之”。如若愿意还乡，计道里远近，出资遣还。[①] 这一义会在保留了佛道轮回感应之说的同时，又行了儒家赈济救助的仁政。显然，它与《太上感应篇》的流传大有关系。这是因为，《太上感应篇》与保甲制在当时同时举行，保甲“约以王法”，《太上感应篇》“畏以鬼神”[②]，相辅相成。

3.从行会到商人会社

探究传统中国经济型会社，不能不注意行业性的结社，这就是行会与商人会馆。中国商业性行会的组织，大概从唐代就已经形成，而且这种商业社团与民间的宗教社团关系非浅。至宋辽时代，这种商业行会犹然存在。与唐代相较，宋代的商业更为发达，故行会组织更趋繁盛。

宋代城市诸行当行，虽属差役，但官府和雇主支给钱米，诸行乐于支应。而明代的“铺行”，却视当行为重役。明代铺行的起源，已无可考。“盖铺居之民，各行不同，因以名之。”明初，凡城内外居民，根据其里巷多少，编为排甲，“而以所业所货注之籍”。遇到各衙门有大典礼，则按籍给值役使，互相更易，称为“行户”。有时一排之中，一行之物，总以一人答应，岁终践更，称“当行”。[③] 行户一旦当行，即成苦役。举凡科举之供应与接王选妃大礼所需，以及各衙门所需之物，如光禄寺的供办、国子监的祭祀、户部的草料，均由行户供役。起初令各行自以物输官，而官给其值。但行户一旦供役衙门，就会受到胥吏的讹诈需索，或价不时给，或给不偿本。[④] 随着工商业的发展，明代各地出现了各种行会，如手工业行会中，北京的铜铁业就分为东行与西行，尚有匠

① 王祖嫡：《师竹堂集》卷18《义会记》，收入《三怡堂丛书》，民国十二年(1933)刻本。

② 王祖嫡：《师竹堂集》卷9《刻太上感应篇序》。

③ 沈榜：《宛署杂记》卷13《无字·铺行》，北京古籍出版社1982年版，第103页。

④ 顾起元：《客座赘语》卷2《铺行》，中华书局1997年版，第66-67页。

头担任对外包揽工作，独占铜铁业。

行会组织，自唐宋以来已然。至明代，商人已摆脱传统的行会组织，成立了“墟集会”。如明正统年间，邓茂七在福建宁化县，聚众成立墟集会，达数百人，邓任会长，“远近商贩，至皆依之”[①]。墟集会的出现，说明行会已非单纯的同行组织，亦非当时朝廷、官府的徭役组织，而是成为一种维护工商业自身利益并在一定程度上带有政治色彩的商人团体。

传统的行会只是商人之间松散的团体，无固定的聚会场所，不过凭行以示区分而已。相对于行会而言，会馆的崛起，则使商业团体无论在规模上还是组织结构上，都大大前进了一步。

众所周知，宋代就有同乡会这样的组织，但同乡组织立有公馆、会所，却已是明代嘉靖、隆庆年间的事情。刘侗《帝京景物略》云：“会馆之设于都中，古无有也，始嘉、隆间。盖都中流寓土著，四方日至，不可以户编而数凡之也。用建会馆，士绅是至。”[②]又明人沈德符说会馆云：“京师五方所聚，其乡各有会馆，为初至居停，相沿甚便。”[③]大致说来，在明代，会馆原为一种商业组织，亦即商人会馆。[④] 至明末，士子到北京应试，由旅居北京的官僚，为其乡人士子集资购产，辟有房屋馆舍，为应来岁考试旅居之所，名曰“试馆”，后亦称为会馆，但性质与商人会馆有所不同。

(三)军事型会社

明代的军事型会社，主要以“义社”“义会”为代表。所谓义社与义会，即指以地域单位为中心的临时性军事团体。义社、义会的崛起，当与官方军事体制的衰败与社会秩序的不安定有关。义社、义会滥觞并初盛于宋，再盛于元、明两代，至清则流变为联庄会。

军事性结社组织的出现，当与社的起源大有关系。换言之，当社初起时，就与军事行动密不可分。《周礼·大司寇》云：“大军旅莅戮于

---

① 陈仁锡：《皇明世法录》卷83《流寇·平福建寇》，明崇祯八年(1635)刻本。

② 刘侗、于奕正：《帝京景物略》卷4《西城内·嵇山会馆唐大士像》，北京古籍出版社1983年版，第180页。

③ 沈德符：《万历野获编》卷24《会馆》，中华书局2004年版，第608页。

④ 如在苏州，建于山塘桥西的岭南会馆，就为万历年间由广州商人所建。东莞会馆，也始建于天启五年(1625)。参见顾禄：《桐桥倚棹录》卷6《会馆》，载《苏州文献丛钞初编》，下册，第612页。

社。”据注：“社，谓社在军者也。”《尚书·甘誓》亦云：“用命赏于祖，不用命戮于社。”孔安国言：“天子亲征，必载迁庙之祖主及社主行。有功则赏祖主前，示不专也。不用命奔北者，则戮之于社主前。”[①]可见，社的祭祀不仅是中国传统法律制度的起源，同时天子亲征这一类声势浩大的军事行动，也与社颇有瓜葛。从这种意义上说，后世军事性社团的兴起，其实就是古老的祭祀组织或地域团体的军事化。

与此同时，民间久已相沿的斗力、尚武习俗，也为军事性结社的出现提供了社会土壤。在明代民间举行的会社中，就保留着尚武的良好风气。如吴地会社，其杂戏中就有打围场、平倭队、沙兵队、广兵队等名色。[②]明清两代，福建漳州又有“掷石之戏”，“持石头相扑，折肱破脑，有司历禁之，终不可止”[③]。民间斗力、尚武之俗的存在，当然是为了强身健体，但同时又是民间尚武精神的真实反映。一旦社会动荡，民间纷纷结社自保，这批习武之人自然成为军事性社团的中坚。

究明代军事制度的演变，存在着一个从卫所的军向募集的兵的变化过程。明代初年，设立卫所制度，其中卫所的军起到了应有的防御功能。然自中期以后，在重文轻武风气的影响下，卫所之军的战斗力大为下降。为此，一些地方大吏，开始组织讲武之会，随之亦就兴起了“鹰扬会”一类的组织。从史料记载可知，鹰扬会设于卫所之内，设有会长、会副，均由卫所中的闲住将领或中过武科会试的人担任。至于会员，则多为指挥、千户、百户、镇抚各官，每卫多则三五十人，少则二三十人，在空便的公馆立为会所。此会每月六会，分为两部分：每月初八、十八、二十八，讲解韬略，学习《武经七书》与《百将传》；每月初二、十二、二十二，则所有会员一起赴教场比赛射箭之技。[④]

在明代的北方，存在着一种军事性的“团社”。如在河间、保定等府，当地百姓“皆团聚为社，分曹角艺，日悬弓矢驰猎为乐”[⑤]。每当社会动荡之时，军事性社团就起到了保护地方的作用。这在明代也不例

---

① 顾炎武著、黄汝成集释：《日知录集释》卷5《莅戮于社》，第113-114页。

② 王稚登：《吴社编·社会》，载《苏州文献丛钞初编》，上册，第329页。

③ 《古今图书集成》，《方舆汇编·职方典》第1101《漳州府部》，清光绪三十年（1904）铅印本。

④ 吴仁度：《吴继疏先生遗集》卷3《设武会储将材牌》，收入《四库全书存目丛书》。

⑤ 《明穆宗实录》卷46，隆庆四年（1570）六月乙卯条，台北“中央”研究院历史语言研究所1966年校印本。

外。明季，社会动荡不安，孙奇逢结庐于容城东南双峰村，"与同人修武备，兴文学，干戈扰攘之时，有礼乐弦诵之风"①。此外，他还与同志立科条，有严同心、戒胜气、备器具、肃行政、储米豆六事。此处虽不言孙奇逢结社，但他在双峰村之所为，也全是为保护地方而设，显然也类似于团结性质的结社。弘光元年(1645)四月，清兵尚未至江南，但徽州府属黟县、休宁等县，奴仆已蠢蠢欲动，结12寨，"索家主文书。稍拂其意，遂焚杀之。"休宁县良家子弟听说此事，大惧，于是"立七十二社"，"富贵者写粮银，保护地方"②。显然，这"七十二社"，亦当属于义兵结社。

明代最负盛名的军事性会社是"林符会"与"义勇大社"。成化初年，"流贼"四起。茂名人林雄首创义会，率符琼等300余人，"矢盟并力保障乡村，贼不敢入其境"。后林、符二人殉难，乡人立祠祀之。当地后人遵其法，因此就有了"林符会"这样的乡兵义会。③

义勇大社出现于明季。崇祯十四年(1641)，李自成率兵攻打开封城，祥符县知县王燮创设"社兵"予以抵御，按开封府城84"地方"，立84社，"择民有一二千金产者出兵一名，或两家合出一名；万金产者出兵二三名，巨商亦然"。社兵的具体编制则为每社设社兵50名，择殷实有素行生员二人，分别充任社长、社副，统率这50名社兵。另外，选总社五人，"按五所五门，各置一人统之"，即北门后所总社、南门前所总社、西门右所总社、东门中所总社、曹门左所总社。社兵"无事则团练习艺，有事则登陴守御"。与此同时，推官黄澍创设"义勇大社"，也当属于义兵结社。这种军事性结社，传统的封建关系极其浓厚，如"刑牲祭关壮缪侯，与众饮血盟酒"。而参加者的成分也极复杂，郡王、乡绅、士民、商贾，各色人物均成为义勇大社的重要成员。全社分为五营，即中权、后劲、前茅、右翼、左翼，分设头目，大多由举人、乡绅、郡王统率。凡是社中义勇，"人给社票一纸"，并在腰间系上无忧绦。④

(四)文化生活型会社

文化生活型社团的内容最为广泛，名目亦极繁多。既有积极的社

---

① 汤斌：《孙夏峰年谱》卷上，上海商务印书馆民国二十六年(1937)据《畿辅丛书》本排印。

② 计六奇：《明季南略》卷4《黟县仆变》，中华书局1984年版，第270页。

③ 陈舜系：《乱离闻见录》卷中，载《明史资料丛刊》第3辑，第258-259页。

④ 李光壂：《守汴日志》，载《昭代丛书》壬集补编，清道光间吴江沈氏世楷堂刻本。

团,如文人的结社、士绅的讲学会与怡老会,也有病态的社团,如赌博一类的斗鸡社、花会乃至专门从事哭业的哭会。

1.诗社、文社、词社

中国传统的文人集团诗文社,源远流长。一般的论者认为,诗文社起源于宋末元初的"月泉吟社"。此说有一定的道理,但并不全面。其实,若追溯诗文社的渊源,当起于汉代的梁园雅集。梁园为汉梁孝王刘武所筑,为游赏与延宾之所。在当时,名士司马相如、枚乘、邹阳皆为梁园雅集的座上客。《隋书·炀三子传》载虞世基《元德太子哀策》:"风高楚殿,雅盛梁园。"所指即此。明末的文人集团"几社",也是"仿梁园邺下之集,按兰亭金谷之规"①。可见,梁园雅集在后世文人雅士的心目中具有很高的地位。至于说"兰亭",则指晋末王羲之的兰亭"修禊",而"金谷"则指晋时"金谷二十四友"。隋唐时期,也有诗文社的零星记载。至宋元时,诗文社初盛。到明朝中期以后,诗文社达到极盛。清兵入关后,由于清政府的高压政策,诗文社一度沉寂,然明人结社风气,在清初犹有遗存。直至清末,因为王纲解纽,风气渐开,文人结社之风才再度盛行。

从严格意义上说,诗社不同于文社、文会。诗社是文人士大夫聚合而成的文学团体,以吟风弄月、崇尚风雅为表现形式,同时也有把酒弄盏的生活场景,以及团体成员志趣的合一。在朝官员在政务之余,为打发闲暇,消除寂寞,可以结成诗社;士人为切磋诗艺,也可以结成诗社;还有官员致仕以后,在乡无聊,纠合同道,也可以结成诗社。但从总体上说,诗社是消闲的,是文人士大夫风雅生活的集中体现。而文社、文会的出现,则在宋科举盛行之后。士子聚在一起,揣摩八股风气,一起会课会文,结成文社或文会。由此可见,文社与文会是功利性的,为士子应付科举的文学集团。当然,诗社与文社、文会之间的界限并不明显,有时甚至是模糊的。在文社、文会中,同样存在着诗酒盟会的场面,也有风流消闲的一面;同样,有些诗社也讽议朝政,带有部分的功利性。

明代的读书士子,非常害怕独学无友,热衷于求学问友,所以在当时治学订盟的风气极盛。而一些文人士大夫,优游林下,吟风弄月,也

① 姚希孟:《壬申文选序》,载陈子龙:《陈忠裕公集》卷首,清嘉庆八年(1803)竿山草堂刻本。

喜欢结伴成群。这种风气,正如明人方九叙所述:

夫士必有所聚,穷则聚于学,达则聚于朝,及其退也,又聚于社,以托其幽闲之迹,而忘乎阒寂之怀。是盖士之无事而乐焉者也。古之为社者,必合道艺之志,择山水之胜,感景光之迈,寄琴爵之乐,爰寓诸篇,而诗作焉。①

文人相聚,必然志同道合,即所谓的"必合道艺之志"。一旦优游林下,择山水之胜,感景光之迈,寄琴爵之乐,即所谓的灵光所发,就必有诗作。这大概就是诗社兴起及其基本特征的通例。

早在元末,诗社已极发达。《明史·张简传》曰:"当元季,浙东、西士大夫以文墨相尚,每岁必聊诗社,聘一二文章巨公主之,四方名士毕至,宴赏穷日夜,诗胜者辄有厚赠。"如在元末的杭州,一些不乐于进取的豪杰之士,大多托情于诗酒,出现了"清吟社""白云社""孤山社""武林社""武林九友会"等诗社组织,"儒雅云集,分曹比偶,相睹切磋",②极一时之盛。

入明之后,犹有余风,士人无不以诗学相尚,结成诗社。如宣德、正统年间,海内熙皞,杭州尤称繁盛,士庶燕会,雅而弗淫,随之出现了"耆德会""会文社"一类的团体,或"携榼湖上,欢洽歌咏",或"作会赋诗"。③此外,文人的文酒之宴以及以文会友的风气更趋普遍。如曹睿之倡"景德诗会",缪思恭之倡"南湖诗会"。这些诗社多分布于都市与名声之地,前者如杭州、海宁、青州、金陵、广州,后者如东阳之岘山、杭州之西湖、无锡之惠山,皆在东南一带。其后,诗社一度沉寂。至成化、弘治年间,才重新崛起。

成化年间,在湖州出现了"苕溪社",参与者既有在任或卸任的官员,又有诗人、医官、医士、布衣、画工,分别为汪翁善、陈封、吴昂、汪善、沈观、邱吉、唐广、吴玲、沈祥、陈銮、李昂、王杰、毕文、沈濬、吴瓛、史珣。每年一月一会,会时各人赋诗一章。在苕溪社之后,则又有"乐天乡社"④。成化、弘治年间,在无锡出现了一个"碧山吟社"。此会的参与者分别有秦景旸、陆懋成、高惟清、陈天泽、黄公禄、杨叔理、李舜

① 方九叙:《西湖八社诗帖序》,载祝时泰等辑:《西湖八社诗帖》卷首,清钱塘丁氏嘉惠堂刻本。

②③ 田汝成:《西湖游览志余》卷21《委巷丛谈》,上海古籍出版社1998年版,第314页。

④ 同治《湖州府志》卷94《杂缀》2,收入《中国地方志集成》,上海书店1993年版。

明、陈行之、施彦清、潘继芳等“隐君子”。他们在惠山之麓黄公涧上筑室，结成此社。此社“惟论诗，诗成，有燕，肴核数盘，饭一盂，酒八九行而矣”①。弘治年间，在浙东宁波，亦有诗社的存在，“每良时美景，辄饤野蔌园蔬为会，素衣藜杖，散布逍遥，人望之如神仙也”②。其后，王阳明在弘治、正德年间也创为诗社。如阳明弟子王畿记载：“弘、正间，京师倡为词章之学，李何擅其宗。阳明先师结为诗社，更有唱和，风动一时。”③

嘉靖年间，在浙西又有“湖社”。归有光记载：“先是，坦上翁与名士吴琉、陆昆辈为湖社，孙太初亦与其中。坦上翁者，前工部尚书刘公麟也。……而翁独与公(指张寰，字允清——引者)善。公晚入社，而顾尚书诸名贤尚在。公春秋如期至苕上，社毕，辄游山。”④此外，当时还有一个“越山诗社”，参加者为陈天游、余约中等12人。⑤

嘉靖年间的诗社之风已很盛，仅在杭州，就有“西湖八社”，即紫阳诗社、湖心诗社、玉岑诗社、飞来诗社、月岩诗社、南屏诗社、紫云诗社、洞霄诗社。西湖八社创设于嘉靖四十一年(1562)，参加者有祝时泰、高应冕、王寅、刘子伯、方九叙、童汉臣、沈仕、朱彭等人(详见表1.1)。因其聚会吟咏者共八次，故根据其所聚地点分称八社。留下的诗作有《南屏八咏》《西湖八社诗帖》。其中“南屏诗社”，由朱彭主持，聚于万峰庵山舫中，参加者有张炳、沈笠人、胡三竹等。⑥ 西湖八社定期聚会，并定有“社约”四条。从其社约来看，其集会的内容，仍不过是饮酒赋诗，即使清谈，也只是“山水道艺”，而不及“尘俗事者”，与明代其他文社的干预朝政迥然不同。

---

① 邵宝：《碧山吟社图记》，载光绪《无锡金匮县志》卷36，清光绪七年(1881)刻本。

② 《古今图书集成》，《方舆汇编·职方典》第982《宁波府部》。

③ 王畿著、吴震编校整理：《王畿集》卷16《曾舜征别言》，凤凰出版社2007年版，第459页。按：正德年间的诗社，尚可举下面一例。如刘麟，罢官后寓居浙江长兴县，与吴琉、施侃、龙霓、孙一元“结社论道”，时称“湖南五隐”。参见梁维枢：《玉剑尊闻》卷6《赏誉》，上海古籍出版社1986年版，第345页。

④ 归有光：《震川先生集》卷23《通政司参议张公墓表》，清光绪元年(1875)常熟归氏刻本。

⑤ 王渐达：《越山社送李三洲诗序》，载《明文海》卷262，第3册，第2746-2747页。

⑥ 张炳：《南屏百咏序》，载张炳辑：《南屏百咏》卷首，收入《武林掌故丛编》，江苏广陵古籍刻印社1985年版。

表 1.1　明嘉靖年间杭州西湖八社

社　名	创设时间	主持者	主持人身份	主持人籍贯
紫阳诗社	嘉靖四十一年(1562)	祝时泰	户部员外郎	闽　人
湖心诗社	同上	刘子伯	庠　士	仁和人
玉岑诗社	同上	方天叙	承天太守	钱塘人
飞来诗社	同上	童汉臣	江西宪副	钱塘人
月岩诗社	同上	高应冕	光州太守	仁和人
南屏诗社	同上	沈仕	隐　君	仁和人
紫云诗社	同上	童汉臣	江西宪副	钱塘人
洞霄诗社	同上	王寅	庠　士	新安人

资料来源:童汉臣《西湖八社诗帖》。

一般论者认为明代诗文社始于“拂水山房社”,此说似可商榷。此社始于万历年间,虽为吴下文社之冠,但它的出现,正值诗文社极盛时期。关于拂水山房社,钱谦益记道:“(瞿)君讳纯仁,字元初。……而其取友曰瞿汝说星卿、邵濂茂齐、顾云鸿郎中,皆一时能士秀民。相与摆落俗虑,读书咏歌其中,晴烟晦雨,春腴夏阴,互见于研席之上,悉收览之以放于文辞。故拂水之文社,遂秀出于吴下。”①万历十四年(1586),汪道昆、屠隆、卓明卿、徐桂等齐集西湖之净慈寺,设立“西泠社”,也属文人之结社。② 公安派袁氏三兄弟与其他文人结成的“蒲桃林社”,亦属相同性质的文人结社。此社创设于万历二十六年(1598),地点在北京城西崇国寺蒲桃林,参加者除袁宗道、袁宏道以外,还有潘士藻、刘日升等八人。③ 蒲桃林社与拂水山房社有相同之处,但也有不同之处:“当入社日,轮一人具伊蒲之食。至则聚谭,或游水边,或览贝叶,或数人相聚,问近日所见,或静坐禅榻上,或作诗,至日暮始归。”④由此可见,蒲桃林诗社的参加者深受晚明士大夫禅悦之风的熏染,除

① 钱谦益:《初学集》卷55《瞿元初墓志铭》,载《钱牧斋全集》,第2册,第1373页。

② 谈迁:《枣林杂俎》圣集《西泠社》,中华书局2006年版,第249页;查慎行:《人海记》卷下《西泠社事》,民国四年(1915)扫叶山房石印本。

③ 袁中道:《珂雪斋前集》卷16《石浦先生传》,台北伟文图书出版社1976年影印本。

④ 袁中道:《珂雪斋前集》卷16《潘去华尚宝传》。

结社论学、游水作诗之外，还静坐禅榻，互相谈经说禅。万历三十七年(1609)，袁中道远游南京，结成“冶城大社”，参加者均属海内名士。[①]又万历年间，江阴县尚有“沧州诗社”，参与者如许伯清、张绣吾、邓济川等人，“皆有文有行”。尤其是大西山人徐益，品致尤为高超。[②]

自万历末年以至明亡，诗社之风仍盛而不衰。作为公安派同道的竟陵派诗人谭元春，与人在北京结成“古意社”，同样属于吟风弄月一类的诗社。古意社创设于何时不可考，然据查考，其创立时间当在泰昌元年(1620)以前，则确凿无疑。此社的参加者有钱仲远、张葆生等七人。[③] 崇祯元年(1628)，郑元勋在扬州影园举行的“黄牡丹诗会”，更在明末极负盛名。此会推钱谦益为骚坛盟主，赋黄牡丹诗，“品题群咏，最者赉以金罍”。当时广东番禺人黎遂球参与此会，被评置第一，时云“牡丹状元”[④]。这一诗会，其形式与元代的“月泉吟社”极为相似。此外，在明末，“吴中近多风雅之士，所在结社”，而毛子晋、顾茂伦、袁重其等人，“迭邀诗侣，旬月中再会，人拈一韵，得近体若干首”。[⑤] 可见，也是一个诗会。崇祯年间，在杭州又有一个“芙蓉社”，主持者为关使韩文铨，“以暇日集杭人士咏于其下者也”[⑥]。明末，在无锡尚有一个相当著名的诗社，称“涯臻诗社”，参加者共有九人，分别为华私淑、吕自咸、孙竑禾、秦德兹、秦人在、秦德淇、黄传祖、黄芝、钱星客。[⑦]

除了诗社、诗会之外，至嘉靖年间，在山东章丘还兴起了词社、词会，其最为闻名者，当数“富文堂词会”。根据李开先的记载，此会始于嘉靖八年(1529)夏天，且前后两次举行，中间有所中断，前次聚会有八人参与，后次聚会亦有八人参与。此会每月举行一次，轮流作主，会时“分题定韵，言志抒情，北曲南歌，长章小令”，无有定限。先后参与此会之人，多达几十人，现在可考者，计有谢九容、谢九仪、谢九叙、张师

---

① 袁中道:《珂雪斋前集》卷10《翁承爔文序》。台北伟文图书出版社1976年影印本。

② 李寄:《天香阁随笔》卷2，陶社校刊本。

③ 谭元春著、陈杏珍标校:《谭元春集》卷8《长安古意社序》，上海古籍出版社1998年版，下册，第633-634页。

④ 钮琇:《觚賸续编》卷1《牡丹状元》，上海古籍出版社1986年版，第176页。

⑤ 归庄:《归庄集》卷3《吴门唱和诗序》，上海古籍出版社1984年版，第192页。

⑥ 陈子龙:《安雅堂稿》卷42《抱璞南归诗序》，第44页。

⑦ 黄印:《锡金识小录》卷4《涯臻诗社》，清光绪二十二年(1896)王念祖活字本。

雍、王阶、乔岱、袁勋友、刘培、谷少岱、刘希杜、姜大成、高应玘等。①

明代诗社聚会之时,大多诗酒不分,故从某种程度上说,诗社实为酒社。此风尤以吴越间为盛。诗社一旦盛行成风,必然会产生一些流弊,一如孔子所云之"群居终日,言不及义",或"好行小慧"。究其弊端,正如明人管志道所揭示:社内成员并无肺腑、肝胆相照,而仅仅追求品馔的丰俭;社内成员未闻药石相谏,而仅仅追求谈谐说笑。聚会之时,不满足于优妓侑觞,进而杂之以"窠妇";不满足于赌博仅仅限于"赛盆",进而继之以"抹牌"。于是,直谅多闻之士,必为社内成员交口共咻;巧猾顽钝之徒,反而为社内成员缓类而相嘘。即使是平日论笃之君子,一旦进入社内,亦受时风所熏,插入其中,不是随风而狥,就是含耻而吞声。②

考文会之始,至迟在元末至正十年(1350)即已出现,当时松江府就有"应奎文会",为吕良佐所建。③ 此外,元代昆山县有"斯文会",又有"延龄会"。至元末,合而为一,总名"文会"。④ 至明代成化年间,苏州府昆山县的一些先辈士大夫致仕之后,与一些在乡里隐居的贤人,结成雅会,称"斯文会"。此会参与者共有 15 人,每月举行一次,人各赋诗,又将参与文会之人绘成一图。文会原本有会所,因比较狭小,不能容身。至弘治初年,昆山知县杨子器撤去一些祠庙,将其改建为文会馆,以便于当地士大夫举行文会。⑤ 可见,元代的斯文会至明代得到了很好的继承与延续。

明代士子会文,结成文社,当然以明末的复社最为著名。但若追溯其源头,由于"丽泽会"的出现,明代文会至迟当始于成化二年

① 李开先:《闲居集》卷 5《东村乐府序》;卷 8《儒林郎代州同知悔庵张君墓志铭》;卷 8《云峰王处士墓志铭》;卷 8《奉议大夫衡府右长史乐盘袁公合葬墓志铭》;卷 8《屯留知县姜君合葬墓志铭》;卷 5《醉乡小稿序》。均载《李开先全集》,上册,第 397、680、675、617、616、418 页。

② 管志道:《从先维俗议》卷 2《追洛社以惇乡绅雅会议》,收入《太昆先哲遗书》,民国七年(1918)俞氏世德堂影印明刊本。

③ 正德《松江府志》卷 13《学校》,收入《上海府县旧志丛书》,上海古籍出版社 2011 年版。

④ 光绪《昆新两县续修合志》卷 1《风俗 · 占候》,收入《中国地方志集成》,江苏古籍出版社 1991 年版。

⑤ 黄云:《斯文会诗后序》,载嘉靖《昆山县志》卷 4《第宅》,收入《中国华东文献丛书》,学苑出版社 2010 年版。

(1466)。关于丽泽会,明人吴宽记道:

> 左谕德四明杨君惟立,初以成化乙酉浙省冠乡解,再试礼部,不偶。居都下,日与四方名士讲业,号丽泽会,期必取进士乃已。……及壬辰之试,所得皆丽泽之士,而君顾复不偶,众皆愧焉。余不在榜中者,亦藉君以自解。是秋八月,君念太安人在堂,束装即还,于是社友以诗赠之者十四人,联为巨卷,题曰《抱璞南归诗》。①

据上可知,丽泽会的参加者至少在14人以上,而其宗旨,即是通过"日与四方名士讲业",以期取中进士。

嘉靖年间,士子会文之风仍有存在。杨继盛《自著年谱》述其与庠士会文甚详。从中可知,这种文会是士人当童生时最基础的聚会。会中人不必太多,或三人,或稍多一些。当然,文会或限于同村,或扩大到他乡。有时候会友须自备薪米,共同肄业,揣摩时文风气。流风所及,甚至有些举人亦举行文会。如嘉靖二十四年(1545),一些举人聚集在一起,"其论议相资,问辩相发,咸冀有以造其极于孔子所谓以文会友之意"②。

这种文会、文社与科举制密切相关。换言之,士子结社,其目的就是为科举作准备。因此,文社与时文风气遥相呼应。嘉靖、隆庆之际,在金陵有一文社,其社刻即《金陵社草》,就与时文风气关系匪浅:"嘉隆之际,谈艺者尊传注为法,令士曾不得如国初之交,旁搜古注疏及《大全》所载诸儒之言,况敢远及诸子史百家之瑰琦者,采其精而用之,以当张皇斧藻之盛乎?十余年来,天网毕张,人始得自献其奇,都试一新,则文体一变,新新无异,愈出愈奇,论者往往指目。"③故在嘉靖、隆庆之际,文社广泛出现。如嘉靖四十、四十一年(1561、1562),蒋宗颖、孙子京"与友若而人,萍聚都下,以才品相夷,结而讲业",这就是"金陵社"。④此外,当时金陵还有"横江社":"里之君子九人,偕予(指顾起元——引者)倩卜氏结社其间,相首而讲业久之。"⑤

---

① 吴宽:《匏翁家藏集》卷42《抱璞南归诗序》。

② 陈循:《芳洲文集》卷3《文会诗序》,收入《四库全书存目丛书》。

③④ 顾起元:《懒真草堂集·文部》卷14《金陵社草序》,收入《四库禁毁书丛刊》,北京出版社2000年版。

⑤ 顾起元:《懒真草堂集·文部》卷16《横江社草序》。

隆庆、万历年间，南直隶无锡的文社相当兴盛，其中最为著名的是“惜阴社”，参加者为沈学、浦湛如、张明卿、邹凤光、孙继皋、尤镗、钱万善、杨应文、朱万春、周子文、朱元仲、朱万龄、虞文炳、杨拱翼、侯先春、顾龙祯、尤钿、顾宪成、陈稚登、莫仁勤、万象春、刘开、秦焜、杨复元，共计 24 人。[①]

至万历年间，与士子会文、会课相关的文社如雨后春笋般纷纷涌现。如袁宗道之舅龚惟学在公安城南结一“阳春社”，“一时后进入社讲业者如林”，袁氏兄弟亦与其事。[②] 此外，袁氏兄弟尚有不少结社。如中道年十八九时，“即与中郎结社城南之曲”，参加者尚有李元善等。[③] 宏道成进士后，中道一人村居，“与两叔兰泽、云泽及兄（指堂兄论道——引者）为文社”[④]。当时还有“梅花社”与“华林社”，也属士子的文社。缪昌期记其社事道：“吾江矜而寡和，士之文如蚕之丝蚕处焉耳。近乃三五为曹，筑社司盟，以招同好……即梅花社，其一也。与兹社者，尊宿雏少，是不一侪。其文疏含艳发，横直隐见，各标其致，而要之清韵远矣。”[⑤]文中所云的“吾江”，指缪昌期的老家江阴县。另外，顾大韶记华林社云：“犹记十五年前，曾于燕都联一华林大社，与盟者近廿人。”[⑥]可见，华林社的结社地点是在北京。万历二十四年（1596），安徽歙县新进学的生员 10 人，结成“辅仁文会”，“月有课，时有考，善相庆，过相规也。而录其名氏，以及其世，从登科录者之例也”。万历二十八年（1600），安徽歙县新进学生员 11 人，又结成“尊经会”，“例有会，会以文，文有录，录其善者以相观也，所以重讲习也”[⑦]。从其会录来看，则完全仿照会试录、乡试录一类的同年会。

士子会课结社之风，显然得到了地方官员的支持。如万历四十五年（1617），方震孺出任福建沙县知县，就在沙县建立了文会，通过文会

---

① 黄印：《锡金识小录》卷 4《惜阴社》。

② 袁宗道著、钱伯城标点：《白苏斋类集》卷 10《送夹山母舅之任太原序》，上海古籍出版社 2007 年版，第 129 页。

③ 袁中道：《珂雪斋前集》卷 9《送兰生序》。

④ 袁中道：《珂雪斋前集》卷 17《亡堂兄论道志铭》。

⑤ 缪昌期：《从野堂存稿》卷 3《梅花社草序》，收入《乾坤正气集》。

⑥ 顾大韶：《炳烛斋稿·题华林社草》，清康熙十年（1671）顾晶、顾森刻本。

⑦ 方弘静：《素园存稿》卷 9、10《辅仁文会录序》《尊经会录序》，收入《四库全书存目丛书》。

这种形式“课士”，“八闽俊彦从学者甚众”[①]。

自天启四年（1624）张溥创设“应社”[②]，直至崇祯元年（1628）合并为“复社”，乃至复社在崇祯年间所展开的广泛活动，明末的社事在这短暂的20年时间内达到了极盛。明末的社事，一般以地域性的郡邑为界限，有些甚至仅限于一乡一村，不过是乡里士子的结会。这种文社，北起北京，南至广东，东起南直隶、浙江，西至云、贵两省，遍地皆是。但自从复社成立及有些士子结会北京或南京之后，文社已经打破了地域性的界限，成为一种社盟联合体。

明末文社相当盛行，四方豪杰，无不游历江、浙之间。以钱光绣为例，他参与了江、浙间许多著名的文社，分别有硖石之“澹鸣社”“萍社”“彝社”，苏州之“遥通社”，杭州之“介社”，海宁之“观社”，嘉兴之“广敬社”，浯溪之“澄社”以及龙山之“经社”。因此遍交天下名士，并受到社内宿老的重视。[③] 尤其是太仓、苏州，互建赤帜，复社、应社相继而起，更是在四方士子中久负盛名。正如周亮工所称：“时四方操觚者，无不蛇行匍匐，执弟子礼惟谨。”[④]

明末文社以三吴地区为最盛。除张溥创立的复社之外，云间的“几社”与嘉定的“直言社”堪称这一地区社事的代表。

几社由陈子龙等创设，参加者仅六七人。他们“心古人之心，学古人之学，纠集同好，约法三章，月有社，社有课，仿梁园邺下之集，按兰亭金谷之规。进而受简，则勇竞倍于师中；聚而献规，又讥弹严于柱后”[⑤]。

直言社由黄淳耀创设，成立于崇祯十五年（1642）。直言社的参加者有高叔英、唐圣举等十余人，以“责善辅仁”为主旨，“平居自考，咸有

---

① 方震孺：《方孩未先生集》卷5《年谱》，清同治重刻本。

② 关于“应社”创设时间，张采的记载与此稍异，将其定为天启五年（1625）。如张采在《杨子常唐市十景诗序》中云：“唐市，系虞乡子常杨子聚庐焉。同时娄有两张子，聚七十里，声相应，趾相错也。岁乙丑，定应社，故会于市之风基园。市有老名士子洽许子实与社，集江南百数人。”参见倪赐纂、苏双翔补纂：《唐市志》卷下《艺文》，载沈秋农、曹培根主编：《常熟乡镇志集成》，广陵书社2007年版，第363页。

③ 全祖望：《鲒埼亭集外编》卷11《钱蛰庵征君述》，载《全祖望集汇校集注》，中册，第947页。

④ 周亮工：《赖古堂集》卷22《跋黄心甫自叙年谱前》，上海古籍出版社1979年版，第828页。

⑤ 姚希孟：《壬申文选序》，载《陈忠裕公集》卷首。

日记;赴会之日,各出所记相质,显而威仪之际,微而心术之间,大而君父之伦,小而日用之节,讲论切偲,必求至当之归而已"①。自黄淳耀殉节后,张懿实承黄氏之志,仿照直言社创立了"启社",以侯研德为领袖,与吴门"慎交社"相通。②

明季社事盛兴,在无锡就有"听社十七子",名声传扬东南,与几社、复社遥相呼应,并有《合刻十七子社稿》行世。据社内人自称:"吾社有初与而终拒者,有虽欲入而不得入者,有虽其人已逝,而典型具在,不忍去其籍者。"③所谓听社十七子,分别为华时亨、秦镳、黄家舒、王延禧、缪振光、顾煜、王玉汝、唐德亮、顾宸、黄传祖、秦锳、王永肩、吴濯时、马瑞、吕阳、钱陆灿、许王俨。在这17人中,只有钱陆灿、许王俨不是无锡人,其中钱陆灿为苏州常熟人,许王俨为苏州长洲人,但均为无锡县学生员。④

与三吴社事可以并称的是两浙的社盟。明末浙江的社盟以钱塘江为界,分为浙东与浙西两部分。

浙东绍兴有"素盟社",由徐谦吉创设,"别以其声气集同人之有才橛梗者,凡十数士,键镂钻贯,俄成浩编"⑤。余姚有"昌古社"。崇祯九、十年(1636、1637)间,余姚诸生诸士奇"与里中人为昌古社,效云间几社之文"⑥。随后,云间几社中人听说诸士奇之名,"招之入几社"⑦。

浙西社事以杭州为最盛。全祖望言:"向来杭州有读书社、小筑社、登楼社,皆以词章之业为尚。"⑧读书社的参加者多为"通经学古之士",如张秀初、江道闇、闻子将等。读书社的创设,其本意是有感于"经生之学不过训故烂熟口角,圣经贤史、古今治乱邪正之大端,漫不省为何物",所以读书社诸君子所考索的,都是一些经生士子所不讲的

---

① 黄淳耀:《陶庵集》卷2《陆翼王思诚录序》,收入《景印文渊阁四库全书》。

② 张懿实:《陶庵集跋》,载黄淳耀《陶庵集》卷首。

③ 黎遂球:《莲鬚阁文钞》卷9《梁溪听社刻文序》,收入《广东丛书》,上海商务印书馆民国三十五年(1946)铅印本。

④ 黄印:《锡金识小录》卷4《听社十七子》。

⑤ 倪元璐:《鸿宝应本》卷15《评素盟社刻》。

⑥ 黄宗羲:《南雷杂著稿·两异人传》,载《黄宗羲全集》,第11册,第52页。

⑦ 黄宗羲:《南雷杂著稿·诸寿庵六十寿序》,载《黄宗羲全集》,第11册,第64页。

⑧ 全祖望:《鲒埼亭集》卷13《沈甸华先生墓碣铭》,载《全祖望集汇校集注》,上册,第242页。

东西。[①] 继读书社而起的是登楼社，参加者有陆丽京、朱近修等人。[②] 明亡以后，读书社变而为“砥禄社”，参加者有高克临、邹孝直、刘雪符。[③] 此外，杭州还有“狷社”，由应撝谦创设，参加者有虞畯民、张伏生等，其宗旨是“取有所不为”。[④]

除杭州外，浙西的社盟尚有很多。如在嘉兴，有魏学濂设立的“治社”，参加者共八人，号称“治社八子”[⑤]。从治社“风论四出，褒讥霍然”的特点来看，治社带有一定的政治色彩。又如崇祯年间，章上奏曾举“砥行社”，徐行举“澹成社”，茅元铭均参与其中的社事。[⑥]

浙西社事之盛，可与太仓、金坛相比。在这些社盟中，较著名者尚有“澄社”。此社为吕季臣所创，成立于崇祯十一年(1638)，参加者达千余人。史料称该社“重志节，能文章”[⑦]。澄社在明末极负声望，与江上之应社、娄东之复社、云间之几社相并称，“连轸接武，为娄东之后尘”[⑧]。时隔三年，至崇祯十四年(1641)，澄社变而为“征书社”，由孙爽创立，参加者仅十余人。[⑨]

江西的社事继复社而起，与三吴、两浙的社盟互为声气，并自具特色。早在天启元年(1621)，宗室朱谋玮在南昌招人饮酒赋诗，结成“白社”，参加者有涂子期、邹逸少、涂不凝等人。从他们的诗句中，诸如“纵谈天下事，犹是一书生”“不交天下士，枉读古人书”“愿言请长缨，努力事边陲”等[⑩]，均可发现白社成员虽以饮酒赋诗为事，但仍念念不忘天下国家大事。崇祯三年(1630)之前，陈际泰结成“紫云社”，参加

---

① 黄宗羲：《南雷诗文集》之《碑志类·高古处府君墓表》，载《黄宗羲全集》，第10册，第272-273页。

② 黄宗羲：《南雷诗文集》之《碑志类·查逸远墓志铭》，载《黄宗羲全集》，第10册，第377页。

③ 黄宗羲：《南雷诗文集》之《碑志类·高古处府君墓表》，载《黄宗羲全集》，第10册，第273页。

④ 全祖望：《鲒埼亭集》卷12《应潜斋先生神道碑》，载《全祖望集汇校集注》，上册，第239页。

⑤ 倪元璐：《鸿宝应本》卷5《治社八子集序》。

⑥ 杨凤苞：《秋室集》卷5《记茅元铭》，清光绪十一年(1885)归安陆心源刻本。

⑦ 吕留良：《吕晚村先生文集》卷7《孙子度墓志铭》。

⑧ 吕留良：《吕晚村先生文集》卷7《祭钱子与文》。

⑨ 吕留良：《吕晚村先生文集》卷7《孙子度墓志铭》。

⑩ 郑仲夔：《隽区》卷2《玉麈新谭》，载《明史资料丛刊》第3辑，第213页。

者有祝文柔、丘毛伯、章大力、罗文止等。[①] 又据艾南英的记载,江西南昌还有“豫章社”;建昌有“平远堂社”,参加者有吴逢因、叶孟侯等人。[②] 在黎川,士子“聚百人为社”,建有“聚奎社”;又有一个“五笥社”,由涂仲倩创设,“以通经学古为人师”[③]。

在明末的江西社事中,广信府的“持声社”颇负盛名,值得一提。据史料记载,持声社创立于崇祯年间,参加者为卢吉、叶震亨、王拭等人,其特点为“文章取其友,友取其砥行实”[④]。

在明末的上江即安徽一带,社事亦极盛。如方以智、刘城、吴应箕等,均是复社的知名人物。据钱秉澄记载,起初安徽有“中江社”,但为“附珰之逆”所把持。其后,方以智从云间来,讲究辨别气类,于是中江社开始分化。到崇祯十三年(1640),钱秉澄流寓南京。钱氏有《过江集》之选,参与此事者有方以智之弟方密之、刘汉等。可见,《过江集》之选,为中江社的分局。[⑤] 此外,在安徽还有“古在社”与“十三子社”,后改其名为“选社”,最后定名为“行社”。行社成员,可考者除洪德常以外,尚有吴德鉴、吴尊古、汪济淳、江天一、汪沐日、方式玉等人。行社的宗旨及特点为:“唯能行而后亲之,不以功名,不以文字。”[⑥]

在湖广地区,即湖南与湖北,社盟亦时有所闻。如在湖北江陵,徐眉云创立“阳春社”,“集诸名士会其中”。[⑦] 在湖南长沙岳麓,王夫之于崇祯十一年(1638)与邝鹏升组织“行社”,同窗好友常常“聚首论文,相得甚欢”。[⑧] 崇祯十二年(1639),王夫之又与管嗣裘、郭凤跹、文之勇等一些志同道合的好友结成“匡社”,借以文会友之名指点江山,畅议风云变化的政局。

长江以北江淮、山东的社事自成体系。崇祯十年(1637),阎尔梅居微山,与其弟阎调卿、友人蒋克昌、陈百史“立社会文”[⑨]。在兴化,

---

① 陈孝逸:《痴山集》卷1《府君行述》,清初刻本。

② 艾南英:《天傭子集》卷2、3《四子合刻序》《平远堂社艺序》。

③ 黄端伯:《瑶光阁集》卷8《聚奎社序》《摩虹草序》,收入《乾坤正气集》。

④ 侯峒曾:《侯忠节公全集》卷12《持声社序》,民国二十三年(1934)刊本。

⑤ 钱秉澄:《钱田间先生遗文·文学刘臣向墓志》,载《国粹学报》第74期。

⑥ 江天一:《江止庵遗集》卷5《洪母许夫人五十寿序》《祭洪常伯文》,收入《乾坤正气集》。

⑦ 贺逢圣:《贺文忠公遗集》卷4《祭都御史徐眉云先生文》,收入《乾坤正气集》。

⑧ 王夫之:《邝氏南乡墓志》,载《南岳邝氏族谱》。

⑨ 张相文:《白耷山人年谱》卷上,载《阎古古集》,民国张相文编本。

李范与兄弟及其他人结为诗文社，远近号称“淮南十三子”①。当时淮上还有“望社”，由张薪创立，“名几与吴中埒”。据李元庚的考述，望社的特点与复社不同，它不过是“里中人士，风雨晨夕，饮酒赋诗，各抒其抑郁不平之气，以追古之作者，非有裁量人物，讽刺得失，故不致如娄东之贻祸”②。崇祯十四年(1641)，周亮工出任山东莱州府潍县令，在政事之暇，奖藉文士，立“潍社”，参加者有单若鲁、法若真、宋可发等人。③

除上述地域性的文社之外，明末的士子还在游学之地互相交游，结成社盟。北京、南京为士子聚集之地，这类文社就更为普遍。崇祯元年(1628)，会稽徐介眉“纠合四方之士聚辇毂下者”，成立“因社”，参加者有顾重光、吴圣邻等人。至崇祯三、四年(1630、1631)，因社成员重新聚合，“复寻盟而增之”，成立了“广因社”。④ 崇祯元年(1628)，艾南英路过南京，与王慎五、沈眉生等结成“偶社”⑤。崇祯三年(1630)秋天，新安人吴众香在南京高座寺设立“星社”，参加者有周亮工、黄宗羲、吴子远。⑥ 崇祯年间，在南京还有“国门广业社”之设，主持社事者分别是陈贞慧与吴应箕，参加者有梅朗三、冒襄、侯方域、顾杲、方以智、张自烈等。⑦

在明代末年，文人士大夫的结社极为盛行。除了上述所列出的社盟之外，其他例子尚有很多。如天启年间，开沙立有“回澜社”与“珠合社”⑧。又如广东，有一“云合大社”，由黎遂球创设，参加者有谢伯子、苏元兆等。⑨ 崇祯十五年(1642)，广东陈乔生与薛始亨“缔社于仙

---

① 张自烈：《芑山文集》卷22《明文学李澹愚暨配贺孺人墓志铭》，收入《豫章丛书》，民国四年(1915)南昌胡思敬退庐刻本。

② 李元庚：《望社姓氏考》附李钟骏语，载《国粹学报》第71期。

③ 黄虞稷：《行状》；周在浚：《行述》。均载周亮工：《赖古堂集》附录，下册，第980页。

④ 艾南英：《天傭子集》卷3《国门广因社序》。

⑤ 艾南英：《天傭子集》卷3《偶社序》。

⑥ 周亮工：《因树屋书影》卷5，收入《笔记小说大观》；周亮工：《赖古堂集》附录《年谱》，下册，第904页。

⑦ 黄宗羲：《思旧录·张自烈》，又《思旧录·陈贞慧》，载《黄宗羲全集》，第1册，第361-362、366页。

⑧ 王锡命：《回澜社序》；王锡极：《珠合社序》，均载崇祯《开沙志》卷下，收入《中国史学丛书三编》，台北学生书局1987年版。

⑨ 黎遂球：《莲鬚阁文钞》卷9《云合大社序》，收入《广东丛书》。

湖”①。如此等等，不一而足，而这方面的结社史料，也有待于进一步的发掘。

2.讲学会与经社

假如说诗文社是纯粹的文学团体，那么，各色讲学会则应归属学术社团。讲学会的崛起，与书院、理学的兴起极有关系，而讲学会的兴废，则与理学的兴衰乃至官方学术政策休戚相关。就讲学会的源流而言，当初起于宋元时期；大盛于明代中叶；入清，讲学会之风犹有遗存；自乾嘉汉学大盛，讲学会一度沉寂；清末，由于受到西方各种社会思潮的熏染，变法与革命的学说交替出现，遂致各种新式学会蓬勃发展。下面仅就明代的讲学会加以简单阐述，兼及经社一类的学术团体。

据《明史·东林诸儒传》的赞语可知，明代成化、弘治以前，学术醇而士习正，其时讲学之习未盛。正德以后，士大夫讲学遂成一时风气。对此，明人伍袁萃有如下揭示：“近世士大夫好讲学。大概多伪，高者博名，卑者媒利。”②明末学者陆世仪也说：“至正、嘉时，湛甘泉、王阳明诸先生出，而书院生徒乃遍天下。盖讲学于斯为烂漫矣。……迄于隆、万，此时天下几无日不讲学，无人不讲学。”③可见，当时的讲学之风，确是蔚为壮观。

讲学之风的盛行，必然带来讲学会的大盛。明代自王阳明设坛讲学以来，各种讲学会一直兴盛不衰。阳明殁后，王畿、钱德洪处处讲学，于是泾阳有“水西会”，宁国有“同善会”，江阴有“君山会”，贵池有“光岳会”，太平有“九龙会”，广德有“复初会”，新安有“程氏世庙会”，使讲学会达到极盛。

据黄宗羲的说法，讲学会兴起，大抵是因为“制科盛而人材绌”，于是，当时之君子，“立讲会以通其变。”④明代讲学会肇始于正德、嘉靖年间，如嘉靖时张振德在安徽，“集同志讲学，邑会季举，郡会岁举。徽、宁、池、饶四郡大会，于每岁暮春，举于四郡之中”⑤。阳明之后，其

---

① 薛始亨：《中洲草堂诗刻原序》，载陈子升：《中洲草堂遗集》卷首，清诗雪轩刻本。

② 伍袁萃：《林居漫录》卷4，收入《四库全书存目丛书》。

③ 陆世仪：《桴亭先生文集》卷1《高顾两公语录大旨》，收入《续修四库全书》，上海古籍出版社2002年版。

④ 黄宗羲：《南雷诗文集》之《碑志类·陈夔献墓志》，载《黄宗羲全集》，第10册，第452页。

⑤ 康熙《徽州府志》卷15《绩学·张振德》，清康熙刻本。

弟子王畿等到处设讲会。如嘉靖二十八年(1549)秋,王畿与钱德洪设“冲元会”,“合凡百余人,相与紬绎参互”;嘉靖四十一年(1562)冬,在抚州又设“拟岘台会”;嘉靖三十年(1551)秋,王畿、周顺之在苏州设“道山亭会”。[①] 明代讲会大盛于万历年间,如万历三十一年(1603)的新安大会,焦竑主讲还古书院,“自荐绅先生以至儿童牧竖,四方之人莫不麇集,籍计之,得两千有奇”[②]。一次讲会,所聚集的听众能达到两千多人,新安大会的规模之大,已是不难想见。

至万历三十二年(1604),东林书院落成,顾宪成、高攀龙主讲东林书院,讲学会已是一番新的景象。东林讲学会堪称明代讲学会的典范。它以每月九日、十日、十一日大会东林讲堂,并作有会约,定有法程,以此阐述论学主旨并约束诸生。[③] 在东林讲学会之外,还有一些外围组织,如“诸友会”“丽泽会”,都是东林的羽翼,“彼此之所以互相成也”,[④]起到相辅相成的作用。

明末天启、崇祯年间,一些地方学官也纷纷设讲会,训导诸生,以期改变学风士习。如蔡懋德巡抚山西时,就召集当地士人讲学。每月三集,初集讲圣谕六句,“荐绅先生至乡耆里老咸在焉”;再集讲经济,“凡国家大政杂务切时利害者”,莫不讲辨;三集,“则课诸生制举义”。[⑤] 蔡懋德在江西时,又与南昌府推官李嗣京立“友教社”,成为诸生的课业之会。[⑥] 侯峒曾为江西学政时,倡率文会,让诸生会课,又鼓励士子立社。[⑦]

在明末,讲学会在各地纷纷涌现。在浙江、安徽,分别有“证人会”与“友善会”,均属明代讲学会的末流。证人会由刘宗周所创设,其目的是“长善救失,互相切劘,以无陨于名教,庶不至上辱先贤之灵”[⑧]。

---

① 王畿著、吴震编校整理:《王畿集》卷1《冲元会记》《抚州拟岘台会语》;卷2《道山亭会语》,第3、16、30页。

② 焦竑:《澹园集》卷48《古城答问》,中华书局1999年版,第727页。

③ 许献:《重修东林书院志》卷2,清刻本。

④ 顾宪成:《泾皋藏稿》卷13、17《题闔予诸友会规》《明礼部仪制司主事钦降南阳府邓州判官文石张君墓志铭》,收入《景印文渊阁四库全书》。

⑤ 傅山:《霜红龛集》卷15《巡抚蔡公传》,民国十二年(1923)刻本。

⑥ 查继佐:《罪惟录》卷9上《蔡懋德》,影印本,北京图书馆出版社2006年版。

⑦ 侯峒曾:《侯忠节公全集》卷17、18《申明敕谕条款》《倡率文会移》。

⑧ 刘宗周:《刘子全书》卷20《示诸生讼帖》,清道光刻本。

友善会由金声创设,其本意是害怕独学无友,所以主张"学则必求师友"[①]。除此之外,金声还在安徽歙县修复还古书院,"重举讲会"[②]。陆世仪在太仓水村,与同志数人相约为讲学之会,一意读书,称"读书社"。[③]

明代中期以后,讲学会盛行天下。这种风气同样影响到一些家族,于是出现了"家会"这样一种组织形式。究其特点,其实就是一个家族内部所实行的讲学会,有时甚至是联合几个家族的成员,组成一个讲学会。这种家族中的讲学会,除了称"家会"之外,还称"乡会",其目的就是为了"振众",亦即通过讲明儒学以振兴家族教育。据刘元卿记载,江西吉水,除了正常的诸如"丽泽会""志仁会"之外,还有"陈氏家会""杨氏家会"。又路溪刘氏宗祠,也有"岁会"。至于像王、严、张、谢四姓,更是一起组成了"一德会",这是通过讲学这种形式而将诸个家族联合在一起。[④] 从某种程度上说,如"惜阴会"一类的组织,其实也是宗族内的讲学会。如嘉靖十三年(1534)八月,油田彭氏在广法寺设立惜阴会,参与其会者,除了彭氏家族内长幼44人之外,尚包括"姻邻"14人。设立此会目的,在于"改过而迁善",以期"向之忤父兄、傲长上者,学之以孝以敬焉;向之酗酒冒色、嚣讼而斗狠者,学之以戒以让焉;向之侈浮词执异见者,学之以讷以敏焉"[⑤]。

自嘉靖以后,一些士大夫尚相率成立各种"明经会""经社""文艺会""经济会"等学术团体,作为对讲学会的补充,以便改变日趋衰颓的学风。当时有明经会,聚集诸生于明经堂,一起作文看书,讲论经义,追求"有体有用"之学。[⑥] 又如福建龙溪县,士人崇尚经学,"同志者类相聚为会,推识见伏者一人为会长,众推宗之。三六九日课文字,余日讲读"[⑦]。万历四十一年(1613),白绍光署常熟县教谕,创立"五经

① 金声:《金正希先生文集辑略》卷6《友善会序》,收入《四库禁毁书丛刊》。

② 金声:《金正希先生文集辑略》卷6《还古书院会序》。

③ 陆世仪:《桴亭先生文集》卷3《水村读书社约序》。

④ 刘元卿:《刘聘君全集》卷9、12《一德会规引》《书路溪刘氏小会籍》,收入《四库全书存目丛书》。

⑤ 邹守益:《东廓邹先生文集》卷8《书广法文会题名》,收入《四库全书存目丛书》。

⑥ 林希恩:《明经会约》,载《说郛续》卷29,清顺治三年(1646)刻本。

⑦ 嘉靖《龙溪县志》卷1《地理》,收入《天一阁藏明代方志选刊》。

社”,“分曹课艺,四方各士翕然来从”。[①] 王志坚鄙斥嘉隆以来的“剽贼”俗学,与同事创“读史社”,“九日诵读,一日讲贯。移日分夜,矻矻如诸生时”。[②] 天启五年(1625),颜茂猷落第回到福建龙溪,在城南构筑云起堂,“设会讲学,从者如云”。他所设的讲会有“树品会”,“以共修人纪竖义”,人无雅俗,都可参加此会。另外还有“文艺会”“经济会”“博雅会”,参加者均为一些文人学士,其目的仍不外乎修品。[③] 杨以任论学注重经世。崇祯四年(1631),他到了南京,以造就人才为己任,立有“五经社”“经济社”。后有感于射礼久废,重新设立“纬社”。崇祯九年(1636),左懋第为陕西韩城知县,为了改变士风,在诸生中设立“尊经社”,要求诸生“五经应制科者,举业外业一经,月朔核之。一经通,复进一经,期三年五经乃已”[④]。上述种种,均可称为讲学会的流变,在某种程度上反映了晚明学风的新转向。

3.怡老游戏之会

中国传统的士大夫,深究儒、道两家思想的堂奥,“达则兼济天下,穷则独善其身”,这似乎已经成为士大夫的普遍生活准则。就独善其身而言,其形式无非表现为隐居山野、逍遥林泉。当然,这种隐居生活也有两种不同的表现形式:一种是岩居穴处,确能做到与世隔绝,不与闻尘世之事;另一种是借吟风弄月以消闲,却又耐不住寂寞,与邻舍、志士、同道交游,诗酒盟会,名为隐居,实则名利之心颇重。就兼济天下而言,尽管有些人怀抱忠君爱国之心,而且在官场上也时运亨通,但仕途终有尽头,当老而致仕那一天到来的时候,士大夫不得不替自己的老年余生多作考虑,即如何怡老,也是他们所必须思考的。这样,就产生了各种怡老之会。

明代士大夫退而结社为会,已成一时风气。如明人陈尧云:“吾乡士大夫,退而家居,则与故人耆旧,结社为会。每岁时燕集,杯酒流连,啸歌终日,驩如也。”[⑤]作为一个传统的儒家士大夫,其完美的人格,照理应该是出则树勋业、播声名于当世,而一旦归于林泉,则应该有高人

① 钱谦益:《初学集》卷43《常熟县教授武进白君遗爱记》,载《钱牧斋全集》,第2册,第1120页。

② 钱谦益:《初学集》卷54《王淑士墓志铭》,载《钱牧斋全集》,第2册,第1351页。

③ 郑仲夔:《隽区》卷1《品隽》,载《明史资料丛刊》第3辑,第206页。

④ 左懋第:《左忠贞公集》卷3、4《尊经社序》《重修文昌祠碑记》,收入《乾坤正气集》。

⑤ 陈尧:《梧冈文正续两集合编》,收入《四库全书存目丛书》。

逸士志节风流之可表。事实上,明代很多士大夫归休林下,或者那些没有出仕的老人,大多不过匆匆竟日、扰扰卒岁而已,很少有人能获取一种"逸乐"。正是鉴于这样的原因,于是使诸如"逸乐会"之类的怡老会的出现显得格外引人注目。

(1)真率会与怡老会。一些耆年硕德的士大夫,一旦闲居里舍,或在政事之暇,互相交游,放纵诗酒之乐,风流雅韵,纷纷结成怡老之会,不仅为一时所歆羡,而且为后世所想慕。故后世好事者,往往绘而为图,无非也是景行仰止之意。这类怡老之会,名称不一,或称"耆英会",或称"怡老会",或称"真率会",或称"叙情会"。

追溯怡老之会的源头,当然应推唐代白居易设立的"九老会"。[①]至明代,九老会一类的团体也见诸史籍。大概在建文、永乐年间,浙江乌镇有"九老会",其参加者分别有漏淑瑜、唐其道、孟光等,年龄均在85岁以上。[②] 成化四年(1468),蒋性中引归乡里松江,"合乡之高年行谊之人,月一酒食",名为"莺湖九老会"。弘治年间,霍廷乞休以后,年已80余岁,也作"七老会","图画赋诗,时以为盛事"。[③] 弘治初年,在夏邑有"十老会",多次相会,"弈棋、弹琴、赋诗,时形图绘"。[④] 此外,洛阳有"八耆会",理应也与八老会相同。此会颇有自己特色:"有故者不入,志异者不入,仕者不入,幼者不入,耆而已矣。"[⑤]在嘉定,又有"老年社","有八老人为社……居止不一二里,而耄耋相望,日杯酒谈笑,以相娱乐"[⑥]。

"怡老会"一称,当始于明万历年间。当时张瀚乞休故里杭州,与同乡诸缙绅结成怡老会,参加者近20人。[⑦] 怡老会的宗旨为"要在操德励志,仕宦勉修,政行家食无忤乡评,非徒冒荣名,积岁月,饮食宴乐,流连光景而已也"。所以,其特点为"选胜湖山迭为主宾,不疏不数,不丰不啬,间赋一诗,不必尽成,事或相妨,不必尽至,陶陶然谓为

---

① 白居易所设九老会,创立于唐会昌五年(845),其地为洛阳履道坊,为一"尚齿之会"。参见白居易:《洛中九老会记》,载《说郛》卷75。

② 谈迁:《枣林杂俎》智集《乌镇九老会》,第31页。

③ 秦荣光:《上海县竹枝词·杂事三十一》,上海古籍出版社1989年版,第146页。

④ 谈迁:《枣林杂俎》和集《十老会》,第557页。

⑤ 《古今图书集成》,《方舆汇编·职方典》第445《河南府部》。

⑥ 唐时升:《三易集》卷2,清康熙二十八年(1689)嘉定陆氏刻本。

⑦ 张瀚:《武林怡老会序》,载《武林怡老会诗集》,收入《武林掌故丛编》。

山泽散人”，一派山野消闲风度。

明代老人的怡老消闲之会，除九老会、五老会、老人社之外，有时又称“真率会”。如正统五年(1440)，大学士杨士奇求归致仕田里，但没有获准。于是，他就与馆阁内的同志倡为“真率会”，优游馆阁。参加者最大的74岁，最小的也有60岁。此会“约十日一就阁中小集，酒各随量，肴止一二味，蔬品不拘取，为具简而欢数也”①。

明代的怡老会，其名五花八门，除上面提到的这些名称之外，时常见诸史籍记载的还有“逸老会”“耆英社”“耆年会”“颐年会”“寿俊会”“叙情会”“怡情社”“闲适会”“嘉乐会”“逸乐会”“崇雅会”“林间社”“击壤会”“初服会”“冠裳会”“惇宜会”等。下面依次分述之。

逸老会因其聚会地在浙江吴兴岘山，故又称“岘山逸老会”。此会由地方长官举行，春秋二集，“延荐绅之中耆硕者一人为主”，而费用均出自“郡例”，即由地方例项财政专支。据载，每次聚会时，“分宾主，东西坐定，茗数杯，肴蔬数盘，酒数行。帷幔不施，丝竹不奏……访政赋之所急，孝子、贞妇、高士、寒生所宜扬宜赈，笔之簿”②。可见，逸老会虽为耆老的聚会，而地方官员借此也可以询问民政、风俗。

明代景泰初年，张思安、唐理、俞雍、赵让、王辉、沈森、陈肃、秦彧、杨浩、冯善、陈直、许恭12人，同时致仕，回到家乡无锡，在山中结成“耆英社”，“寒暑会于崇安寺之东院，月轮一举，分题赋诗，优游林下，亦一时盛事”③。

耆年会又称“燕台耆社”。在明代，官场中流行一种风气，即凡是在京为官者，“多迎养其亲，尽养庭除，以为遂志”。嘉靖二十六年(1547)，“仁和马公始结约，诸就养者始为会，往来欢聚，前此未有也”。至嘉靖三十六年(1557)，始“为图肖貌，绘景以敦世，讲系去思”。耆年会“初无常约，月或数会，诸诞辰则必会。会之日，不再逮，宴不卜夜，口不言朝廷事。于节序则出郊眺望，或游名园绀宇，历诸佳丽，以极其兴之所致，率以为常”④。耆年会前后参加者共11人。可见，耆年会为在京官员士大夫高堂的老年聚会。

颐年会这一团体见于明代福建邵武府。成化、弘治年间，邵武府

① 焦竑：《玉堂丛语》卷7《恬适》，中华书局1997年版，第232页。

② 张维枢：《题岘山逸老会》，载《明文海》卷303，第3册，第3129-3130页。

③ 黄卬：《锡金识小录》卷4《耆英社》。

④ 徐文沔：《燕台耆社图记》，载《明文海》卷337，第4册，第3888页。

出现了颐年会,“皆于受生之日,耆宾咸集,陈俎豆,序少长,皓鬓庞眉,笑语欢洽,尽日而退。子弟执事甚恭,遇长者于途,必恭立以俟,既过乃行。图形分赞,题咏甚多”。嘉靖年间,邵武府又有“续颐年会”,“拟迹前辈”①。颐年会之意,大概取其颐养天年之意,为地方上一次极隆重的尊老之会,它举行于“受生之日”,且打破宗族间的界限,与一般宗族内的会饮稍异。

寿俊会亦出现于明代。史载,南京参赞兵部尚书王恕,集同辈16人,“作寿俊会,以拟洛阳文潞公耆英会”。此会有《寿俊会诗》一卷。②

叙情会出现于成化十九年(1483)。此年,莫震归乡吴江,在亲友中选择“贤而有礼者”,互相结为“叙情会”,其目的是“叙情于优游无事之中”,参加者有成元镇、张彦安等八人。此会“每月会于一家,所陈者山肴野蔌,所读者诗书仁义,而声色之娱,奢靡之奉,不用也”③。

怡情社出现于明代,具体年代不详。朱安淛《酒筹序》记道:“登高作赋,述宴兴怀”。④ 可见,怡情社的活动,无非就是登高爬山、饮酒赋诗一类。

闲适会的意思,就是取萧闲散适之义,随时适兴而已,代表了明代士大夫所崇尚的一种“逸乐”。其中会友数人,均为里中戚旧;以每月朔、望两日为会期,半月一叙;聚会场所,或在家,或在野,不必固求胜地;会时所具菜肴,不必过于丰腆,而酒不限量;饮酒之时,可以取笑,但不准有意讥嘲。⑤

嘉乐会起于天顺、成化年间,地点在开封。时郑宁谢边事里居,与里中诸老组织嘉乐会,“每会则薄醪常果,简俭易办,交谈情话,真如兄弟焉”。地方官如巡抚张瑄、布政使吴节,也颇重会中诸老,“垂念贫乏,时有馈遗,以为饮宴之需”。此会参加者有张斌、丘陵等11人。⑥

逸乐会一类士人社团的出现,其理论的基础在于孟子之说,这就

---

① 《古今图书集成》,《方舆汇编·职方典》第1092《邵武府部》。

② 黄佐:《南雍志》卷18《经籍考·杂书类》,江苏省立图书馆民国二十年(1931)影印本。

③ 莫震:《石湖叙情会诗序》,载弘治《吴江志》卷16,收入《中国史学丛书》,台北学生书局1987年版。

④ 黄宗羲编:《明文海》卷317,第3册,第3269页。

⑤ 严果:《天隐子遗稿》卷10《闲适会录》,收入《四库全书存目丛书》。

⑥ 张萱:《西园闻见录》卷5《乡党》,收入《续修四库全书》。

是在"独乐乐"与"人乐乐"、"少乐乐"与"众乐乐"之间，选择一种"人乐乐"与"众乐乐"。换言之，儒家既倡导一种快乐文化，同时这种快乐并非是个人的自私之乐，而是群体之乐。

福建泉州逸乐会始建于弘治四年（1491）四月，在会者共达 17 人，多为一些致仕的官员。此会标识"逸乐"二字，其关键就是"以逸而乐"，其实就是仿效九老、耆英诸会遗意，却又不尽相同。从此会的内容来看，主要体现在下面三条。其一，正如此会的章程所言："凡我在会之人，幸际升平之世，得入桑榆之乡；或赋归来辞，或玩盘谷序；慨浮生之能几，宜逸乐之及时。登高眺远，赏花玩月，酌酒赋诗，今日分内事也。"这是一种老来及时行乐的生活情趣。其二，会中章程又言："朋友者，五伦之一；道义者，百行之根。凡我在会之人，有善相劝，有过相规，有疑事则相质，其有忧患亦相与为力也，岂徒逸乐云乎哉？"这是基于朋友关系之上的"逸乐"与"忧患"相结合的特点。这显然有进一步的事实可以证明。如此会每当遇到水旱或凶歉，则暂时停止聚会，以显示"与众庶同其忧而不胶于逸乐"。其三，会中章程又言："会之位惟尚齿，会之仪不尚丰，月必再会，不疏不数也。或于所居，或于所游之地，惟其所宜也。"这更是体现了一种逸乐精神。①

崇雅会见于明代洛阳。时间为万历三十一年（1603），参加者有 12 人，如刘衍祚，94 岁；此外有周自人、王职、董继祖、李贽、刘泽演、张其化、陈东皋、孙澜、李希闵、张献图、王钟。②

林间社出现于明代，时代不详，由冯时可等所结。此会取名"林间"，大概为逍遥林间之意。林间社的宗旨为"会以合群"，以过逍遥山林的生活。③

击壤会出现于弘治五年（1492）。取名"击壤"，其意盖每次会时，"酒行五七，诸老人起而酬酢，有诵《淇澳》以相规者，有歌《豳风》以相乐者，有咏叹《考槃》之遗音者，而尝不归德于上也"。此会的参加者有胡光训、刘雅清等 19 人。④

初服会亦见于明代洛阳。会名取为"初服"，其意盖"取以终成始之义，皆少时同几砚与旧游友也，或以事归，或以家居，得白首相携以

① 蔡清：《虚斋集》卷 4《逸乐会记》，上海古籍出版社 1991 年版，第 879-880 页。

② 《古今图书集成》，《方舆汇编 · 职方典》第 445《河南府部》。

③ 冯时可：《林间社约》，载《说郛续》卷 61。

④ 刘鸿：《击壤会记》，载《明文海》卷 341，第 4 册，第 3505-3506 页。

乐余年,真所谓全始而完终者也”。初服会的参加者分别有:许梦兆,74岁;徐大吉,72岁;刘赞,68岁;陈铨,63岁;王职,63岁;刘慎,53岁;胡怀玉,47岁。[①]

冠裳会始于万历四十一年(1613),举于广东顺德。顺德丁上乡人文之盛,甲于郡邑诸乡。乡有文昌祠三座,又有圣堂庙。每当孟春,乡里之缙绅文士聚集在一起,“将祀事为大会”,即冠裳会。此会“凡醵金而息之,迭次而主之,以至祭仪分胙,无巨细,皆有其籍也”[②]。可见,冠裳会自具特色,即“将祀事为大会”,亦即将文昌祠、圣堂庙的宗教性祭祀与老年社团合而为一。

惇宜会亦见于明代洛阳。惇宜会,原名敦谊会,“此会从心不从文,有深意存焉者也”,可见无非取其“有善相劝,有过相规”[③]。此会参加者有:王正国,69岁;刘赞,68岁;刘衍祚,71岁;杨士廉、董尧封,64岁;王职,60岁;史善言、胡怀玉,47岁。

(2)游戏娱乐之会。传统士大夫的生活十分消闲恬适,所有这一切都源自他们丰厚的经济实力。生活的丰腆闲适,导致士大夫更多地寻求同道,于是出现了诸如“荔枝会”“酒社”“赏花会”“弈社”“噱社”“丝社”“斗鸡社”“哭会”这样一类完全属于游戏娱乐的会社。

士大夫生活的清雅闲适,同样见诸他们的饮食生活。根据史料记载,蜀地荔枝,以叙州为上品。每当荔枝熟时,李升“设宴以会左右”,号称“荔枝会”。[④] 万历三十六年(1608)夏,徐𤊹与同好作食荔枝之会,取一雅名,称“红云社”。每次聚会,必选一处清凉之地,“分题赋诗,尽一日之游”。[⑤] 虽为食荔枝之会,却兼具赋诗、游历,处处体现出清雅之意。

在每年的一月、十月,正是蟹肥的时候。明朝人喜欢邀请同道,分而享之。如明末人张岱就在每年十月,邀请一些友人及族中兄弟辈,结成“蟹会”,“期于午后至,煮蟹食之,恐冷腥,迭番煮之”[⑥]。

---

①③ 《古今图书集成》,《方舆汇编·职方典》第445《河南府部》。

② 薛始亨:《蒯缑馆十二草·冠裳会录序》,收入《广东丛书》。

④ 高士奇:《天禄识余》卷上《荔枝会》,收入《故宫珍本丛刊》,海南出版社2001年影印本。

⑤ 徐𤊹:《红云社约》,载《说郛续》卷29。

⑥ 张岱:《陶庵梦忆》卷8《蟹会》,上海古籍出版社1982年版,第75页。

早在文人雅士结成的诗文社中，就有置酒高会场景的出现。但酒社的出现，显然还是明朝间的事。士大夫结成“酒社”，与友人把盏，或赌饮，或叙情。如在晚明，无锡人黄瑜因“三上春官不第”，于是优游林泉，与至交结成“莲花酒社”。[①] 袁中道与豪少年20余人结为“酒社”，以结群赌饮的方式发泄心中的郁闷。每当大会时，各置一巨瓯，以较量酒量的大小，以酒量最大者为社长。[②]

士大夫的赏花之会始于宋代，如宋代扬州的“牡丹花会”，以及宋人张镃在南园所举之“牡丹会”，均为其例。[③] 明代的士大夫，其清雅不减于宋人，故亦有“赏花会”之举。据清人纳兰成德言，明代的“玉堂赏花会”，赋诗者多达40余人。诗成以后，李贤序之，彭时作序。[④] 最值得一提的还是李日华组织的“竹懒花鸟会”。此会的宗旨如下：“且淘汰俗情，渐跻清远，互相唱咏，非益性灵，不负含哺作太平之民，非敢效颦为耆英之续。”此会以赏花为主，在一年12月中，各季均有花会，兼及饮食、觞咏、翰墨之事，其目的是“月月常在花香鸟语中作翰墨散仙”[⑤]。

弈棋为士大夫乐胥取兴之一，于是就出现了“弈社”。此社不戒诙噱，只是聚会饮食不求丰靡。当然，士大夫的弈棋组织，其本意还是为了打发山林多暇的时日，而并不追求棋艺的高下。[⑥]

养鸽之事，在唐代士大夫中即已流行。至明代末年，士大夫更是结成“怒飞社”，显属游戏之会。怒飞社者，就是专为“飞奴之戏”。据黎遂球记，此会加入者达十余人，“岁月有会，会必杀其不能飞者，以相与下酒欢醉，如枭顽懦之将以祭旗衅鼓也。于是臂其尤者与较胜焉。或携而之数百里之外以试之，其不能返者，是必为悍鸟所击食……其能者则有庆，以迟速为殿最，庆其主之知而能得之。如明君得士，皆来朝聘馈贺，以其能与庸众中识英雄也”[⑦]。可见，怒飞社为一信鸽会社，

---

① 黄印：《锡金识小录》卷5。

② 袁中道：《珂雪斋前集》卷16《回君传》。

③ 谢肇淛：《文海披沙摘录·牡丹花会》，载虫天子编、董乃斌等点校：《中国香艳全书》七集第2卷，团结出版社2005年版，第2册，第806页；周密：《齐东野语》卷20《张功甫豪侈》，齐鲁书社2007年版，第252页。

④ 纳兰成德：《渌水亭杂识》，载《昭代丛书》已集广编卷24。

⑤ 李日华：《紫桃轩又缀》卷2，明刻本。

⑥ 严果：《天隐子遗稿》卷10《奕社引》。

⑦ 黎遂球：《莲鬚阁文钞》卷6《怒飞社题名记》。

所从事者为信鸽比赛,也为士大夫之消闲雅事。

斗鸡本是市井游手之人的娱乐把戏,士大夫虽偶一为之,但为数极少。然而在明末,像张岱这样的名士,也于天启二年(1622),在绍兴龙山脚下设立"斗鸡社",仿照王勃的《斗鸡檄》,发檄同社好友,以斗鸡博戏古董、书画、文锦、川扇等物。①

谈谐也是士大夫的一大生活乐趣,但是无论是闲暇无聊时的穷逗,还是真遇喜事时的狂喜,士大夫都不喜独自窃笑,往往喜与他人分享欢乐。所谓谈谐,是士大夫聚在一起谈笑逗乐,说些令人解颐的话头,极有清趣。这样,就在晚明出现了"噱社"这样的幽默团体。如张岱仲叔为人诙谐,在北京与漏仲容、沈虎臣、韩求仲等人结成"噱社","唼喋数言,必绝缨喷饭"②。与上述的噱社相对,在明末的淮上则出现了"哭会",大家聚在一起,"必把袂痛泣,谬效杞人,为世道悲"③。

此外,诸如"琴会""丝社""画社""梦社"以及游山一类的团体,均可归于游戏之会。明代万历年间,有琴客沈大韶曾与同邑严天池,"为琴会于松弦馆,遂刊谱行世"④。明末绍兴的琴客不满五六人,而且经年不操琴,琴道大为荒疏。为此,张岱专门成立一个"丝社",与同道相会谈艺。⑤ 画社在明代就已经开始出现,如王文耀擅长于绘画,他"结一画社于秦淮,邀而入社者皆名流"⑥。在明末,董说与梦友约梦法四章,结为梦社。数年之后,就将记录在案之梦汇集在一起,分为四类,析为百卷,题名《梦鉴》。⑦ 至于游山玩水,寻芳探幽,更是士大夫闲暇生活的基本内容。但即使这种冶游生活,他们也不是一人独游,而是喜欢邀请同志,结会出游。⑧

4.宗教结社

中国传统的士大夫,在社会生活的各个领域都是走在前列,为人楷模。在乡村,他们可以是乡贤、名宦,也可以是豪强、恶衿。他们游

① 张岱:《陶庵梦忆》卷3《斗鸡社》,第27-28页。

② 张岱:《陶庵梦忆》卷6《噱社》,第58页。

③ 曹飞:《兵机百款·时政八款》,载《谭天相校刻兵书六种》,明天启三年(1623)刻本。

④ 王应奎:《柳南随笔》卷6,中华书局1983年版,第116页。

⑤ 张岱:《陶庵梦忆》卷3《丝社》,第20页。

⑥ 周晖:《二续金陵琐事》上《画社》,南京出版社2007年版,第318页。

⑦ 董说:《丰草庵前集》卷2《梦社约》,民国三年(1914)吴兴刘承幹嘉业堂刻本。

⑧ 张岱:《琅嬛文集》卷3《游山小启》,岳麓书社1985年版,第101页。

戏人生，结成各种消闲的团体，甚至不乏与僧人结交，互相结社。明朝人袁宗道“诗坛兼法社”这一诗句，①就是士大夫宗教结社生活的最好注脚。

士大夫与僧人交往，其中所反映的就不仅仅是一种清闲雅致的生活，而是宗教世俗化所带来的必然结果。这是因为，在正统士大夫的心目中，佛道是异端，是洪水猛兽，所以必须予以排斥摒弃。但至少自晋以后，士人与僧道相交的例子已是不胜枚举。此风至唐代犹存，至宋稍胜，及明大盛，入清仍不绝如缕。

在明代，尤其是中期以后，由于禅悦之风在士大夫中间的流行，明人对佛教更是百般称颂。士大夫自仕宦罢归以后，除了陶情声伎、肆意山水、求田问舍之外，就是“学仙谭禅”②。至明末，在士大夫中形成了一股“狂禅”之风，他们标奇选异，炫耀世俗。在这种风气的影响下，在士大夫中就形成了喜与僧人结交的习俗。明人叶权对此习有所揭示：

> 古名贤多与僧徒往还，必然通禅理、有戒行、知文翰者方与交。如今俗僧治家供设，酒色无赖，比常人尤甚，士大夫喜其应接殷勤，遂与相狎。且不论其深意莫测，但默睹其炎凉体态，桀骜形状，已极可厌矣。谚云：不交僧与道，便是好人家。③

显然，明代士大夫与僧人相交，本身导源于僧人的无赖化。而“不交僧与道，便是好人家”云云，则堪称警醒之语。清醒之士固然存在，但士人与僧道相交却依然故我。对此，明人张凤翼有如下记载：“近来士夫谢病，多挈一僧出游，以表见其高。人见之，便谓苏长公、佛印作用。”④于是，礼佛、饭僧也就成了士大夫日常生活的基本内容。

至明末，士大夫与佛教僧人所结的佛社很多，著名者有“金粟社”“胜莲社”“月会”“放生社”“澹社”。金粟社起初的本意不过是“二三净侣结参禅念佛之社”，但一旦成立，参加者却达十余人。此社不管沙门及宰官居士，只要真心办道，又愿意加入，就可列名于册，以入社早晚作为排列的次序，“愿久住者听，愿暂住者听”。社中僧人以雪照为

---

① 袁宗道：《白苏斋类集》卷4《结社二圣寺》，第37-38页。

② 陈弘绪：《寒夜录》卷上，收入《豫章丛书》。

③ 叶权：《贤博编》，中华书局1997年版，第22页。

④ 张凤翼：《谭辂》，载《说郛续》卷20。

主，而宰官居士则以云浦居士为首。[①] 胜莲社实际上是杭州士大夫中成立的一个放生会。此社一般逢“每月六斋日”，就在西湖的上方池、净慈寺的万工池、昭庆寺的香华池，醵金放生。每当会日，专食素斋，放生毕后，“各念阿弥陀佛号千声，或静坐默念，毋竟谭俗谛，以溷静众”。此社也立有清规戒条，如果社中人违反，就要罚银赎生。[②] 月会是杭州知识分子群体的一个集团组织，会日一般是在每月六个斋日中“随卜一日”，参加者为邹、严、闻等四姓子弟。月会的宗旨是“要以究性为先，不则五伦当晰；又以文会为切，不则六艺可游”。显然，这与真率会大致相同，是一个儒家知识分子立社会文的组织。同时，月会还戒杀，而且持斋吃素，又有“莲社之风”[③]。由此可见，月会是儒佛两家的结合体。明代的杭州崇尚释老，梵刹林立，是士大夫荟萃消闲之地。一些士大夫纷纷与佛教名僧交游，儒佛趋于合一。西湖的放生社、澹社同样是这种儒佛合一的宗教结社。西湖放生社由冯梦祯创设，参加者有僧人莲池大师与邵重生、虞淳熙、朱大复、徐桂、屠隆等人。[④] 此外，常熟人钱谦益与同县人陈至善、瞿式耜结“放生莲社”，并推陈至善为“诸上善人之首”[⑤]。澹社究其实也是士大夫与僧人的结会。此社创设于万历三十九年（1611），由冯梦祯主席，参加者有僧人佛石禅师与胡休仲、卓去病、吴之鲸等人。一般每月一会，每会选择湖山最胜处为集会之地。会中除喝茶驱除寂寞之外，还“随意谈《楞严》《老》《庄》，间拈一题为诗”[⑥]。赋诗与谈禅合而为一，使澹社大有清趣，符合晚明士大夫的生活情趣。此外，如祝锡文，其人慷慨好义，急士之穷而忘己之穷。正是这样一个信奉儒家学说之人，却在后来也好善而皈依释氏，受《金刚经》之戒，每天与宗人之好善者“为《金刚经》会”，早晚呶呶不辍。[⑦]

在明代的宗教会社中，除了士大夫与僧人结成的宗教会社以外，

---

① 袁中道：《珂雪斋前集》卷18《金粟社序》。

② 虞淳熙：《胜莲社约》，载《说郛续》。

③ 严武顺：《月会约》，载《说郛续》。

④ 万历《钱塘县志》，《纪献·冯梦祯》，收入《武林掌故丛编》。

⑤ 钱谦益：《有学集文集补遗·介卿陈府君墓志铭》，载《钱牧斋全集》，第577页。

⑥ 翟灏等辑：《湖山便览》卷9《南山路·澹社》，上海古籍出版社1998年版，第249页；吴之鲸：《澹社序》，载吴之鲸《武林梵志》卷3《城外南山分脉·理安禅寺》，收入王国平主编：《西湖文献集成》，杭州出版社2004年版，第22册，第69-70页。

⑦ 陈确：《陈确集·文集》卷15《金刚会问》，中华书局1979年版，第370-371页。

还存在着以民间佛道宗教信仰为基础的宗教结社。细分之,民间的宗教会社尚可分为下面三类:一是僧人主持下的宗教结社;二是造经经社;三是香会与香社。下面依次分述之。

佛僧结社,起源较早,而至唐代已极盛。明代僧人的结社也较普遍。史载,士人董沄,援庐山故事,与海门僧人法聚,集合缁俗,结成会社。① 明代的南京,一些尼姑已世俗化,"衣服绮罗,且盛饰香缨麝带之属,淫秽之声,尤腥人耳"。她们讲经说法,男女混杂,昼夜丛沓。至万历年间,一些僧道之士更是创设"迎接观音等会","倾街动市,奔走如狂"。② 据憨山大师记载,有一位"成禅人",相约同志在金坛结成一个"青莲社",专以持诵《法华经》为业。凡入社之人,必先熟读此经,能背诵而后入堂。不数年间,能持诵此经者达数十人。③ 万历二十六年(1598),憨山亦在广东结"念佛社",通过念佛社的实践,藉此证明念佛工夫在修行中的地位。此社参与者,共计有"善士"十余人,每月一会,立有规制,专以念《楞伽经》为业。④

禅僧讲经大会之风,在明末就更盛。崇祯二年(1629),在南京,有一位江西法师讲经于南门,"听者十万人,男女夹杂,至不忍言"。此次讲经大会,由勋臣倡率,"御史为之护持,祠郎为之赞导"。崇祯七年(1634),在杭州也有类似的讲经大会,"士夫颠倒,殆有甚焉"。崇祯十年(1637),在苏州虎丘,亦有讲会,"僧俗各半,而妇女尤多,至绕台攀座,无非是者"⑤。可见,此类佛教讲会,规模甚大。

明代亦有造经之社,这在房山石经题记中有很多记载,在此不赘。此外,在万历年间还出现"募刻《大藏经》会"。印造《大藏经》,经费浩大,费时费工,于是,"一三名卿开士欲更刻方册,俾家藏而人诵之,将募施而从事焉"⑥。此会发起人为密藏开师、陆光祖与冯梦祯,参加之人甚众。从会约来看,此会是互助合作刻经之会,参加者不论僧俗,只

---

① 黄绾:《梦石翁传》,载《明文海》卷397,第4册,第4120页。

② 顾起元:《客座赘语》卷2《尼庵》,中华书局1997年版,第68页。

③ 憨山著,福善日录、通炯编辑:《憨山老人梦游集》卷10《示若昙成禅人》,清光绪五年(1879)江北刻经处重刻本。

④ 憨山著,福善日录、通炯编辑:《憨山老人梦游集》卷2《示优婆塞结念佛社》。

⑤ 吴应箕:《楼山堂集》卷19《虎邱书禅僧讲经事》,收入《贵池二妙集》,清光绪二十五年(1899)刻本。

⑥ 陆光祖:《募刻〈大藏经〉序》,载僧可编:《募刻五台山大藏经会约》卷首,明刻本。

要发下愿心,均可参加。当然,参加者每次须交银二两,米二石,“贫不能供者,无强”①。会约还规定,每次聚会,各人领经校对,若有疑难,“共相质正”。

所谓香会与香社,类似于近现代的进香团体。据目前掌握的材料来看,此类会社主要存在于明清两代。

进香是中国民间极其庄重的宗教活动。一般平民百姓,由于生活的艰辛、疾病的缠身,往往在神佛面前许下香愿,一旦解难除厄,人保平安,就要去神佛面前还愿。当然,进香不仅仅是还愿,有时甚至是祈祷神佛保佑。就明代而言,带有全国性意义并最为流行的烧香去处,莫过于泰山、武当、普陀与杭州天竺这几处。在明代,每年去泰山的善男信女成千上万。据沈晴峰《登岱记》称,每年三四月,五方士女上泰山祠元君者达数十万人之众,“夜望山上,篝灯如聚萤万斛,上下蚁施,鼎沸雷鸣,仅得容足”。张岱亦记载:天未亮,泰山山道上进香的人口念“阿弥陀佛”,一呼百和,以铜锣为之节奏。上山后,所做的无非是烧香礼佛、布施之事。② 又据当时泰山上的庙祝言,崇祯二年(1629)以前,每年泰山的香客多达80万人,少者亦有60万人。至明末,由于清兵入关骚扰,再加之农民暴动,战火四起,上泰山进香之人骤然减少,每年不到40万人。③ 杭州天竺山寺庙,也是当时天下烧香者的必去之处。每到农历二月十九日,男女宿山之人甚多,使得殿内外无下足之处。尤其是到了清初,因为战乱而普陀山路绝,天下进香之人,更是就近去天竺,所以香火之盛,在当时甲于东南。这种进香活动,在明代又称“香醮”,其规模甚为浩壮,史称其“揭龙旗而鸣金道路,顶香马而混迹妇男”④。

在明代,这种民间进香活动往往有自己的组织团体,这就是“香社”或“香会”。据载,明代山东的乡村小民,“群聚为会,东祠泰山,南祠武当”。每年的岁末农闲,就“百十为群,结社而往”,称之为“香社”。⑤ 百姓去普陀烧香,在明代也极为流行,而这种烧香,也是结社前

---

① 管志道:《检经会约》,载《募刻五台山大藏经会约》前附。

② 张岱:《琅嬛文集》卷2《岱志》,第69页。

③ 陈弘绪:《寒夜录》卷下。

④ 《明神宗实录》卷32,万历二年(1574)十二月乙巳条,台北“中央”研究院历史语言研究所1966年校印本。

⑤ 顾炎武:《天下郡国利病书》之《山东》上引《青城志》。

往。普陀远在海边，去烧香需造香船。香船分上下两层，上坐善男，下坐信女。其中饮食水火之事，均由香头主持，而香头往往由寺庙中的和尚充任。[①]

5.社会及庙会

自先秦以来，传统中国的社会结构大致为以一家一户为生产单位的农业社会。这种封闭性的社会结构形态，再加之传统的专制主义集权统治，必然决定了下层百姓的社团生活极为贫乏，尤其是那种公开的社团活动，更是受到统治者的严厉禁止。当然，在明代的秘密结社兴盛以前，中国传统的社团生活仍以公开的“社会”与“庙会”为主，这是因为社会与庙会不仅是民间社交活动的主要方式，同时更是劳作之余的休闲与娱乐。

关于社与社祀，在经学家那里，早就聚讼纷纭，众说不一，暂且不赘。不管有何争论，社是指土地之神，只是到了后代才趋于人格化与偶像化，这大抵为众人所认同。明初立国，朱元璋就制定了里社祭赛的基本仪式。这就是明人所说的“乃立社稷，以教民事鬼神”。明代里社祭祀礼仪规定，凡是各处乡村人民，每里100户内设立社坛一所，祀五土五谷之神，专为祈祷雨旸时若，五谷丰登。每年有一户轮当会首，遇到春秋二社，预期办理祭物。至社日，约聚村民祭祀。祭毕，举行会饮的仪式，会中先令一人读“锄强扶弱”的誓词，其词曰：“凡我同里之人，各遵守礼法，毋恃力凌弱，违者先共制之，然后经官。或贫无可赡，周给其家，三年不立，使不与会。其婚姻丧葬有乏，随力相助。如不从众，及犯奸盗、一切非为之人，并不许入会。”读誓词毕，长幼依次就座，尽欢而退。[②] 从明代官方所定里社祭祀礼仪来看，无不体现出朱元璋的乡治理想，即“锄强扶弱”，所以其间规定了通过里社祭祀会饮以达到邻里互助的基本条例。所有这一切，无非是为了“务在恭敬神明，和睦乡里，以厚风俗”，即通过乡村里社祭祀这一仪式，维持乡村社会的基本稳定。

据史实来看，这种官方制定的里社祭祀礼仪，在明初得到了部分的贯彻执行。自中期以后，民间里社祭祀活动虽不绝如缕，但这套仪式已形同虚设，地方官员只祀县中社稷，至于各里社则废置不祀。与

---

① 张岱：《琅嬛文集》卷2《海志》，第84页。

② 《皇明制书》卷2《洪武礼制·祭祀礼仪》，明镇江府丹徒县刻本。

此同时,乡村却纷纷设立“淫祠”,有一里多达数十座者,称之为“土谷之神”。所以,明代有不少地方官员和乡绅在建设乡村社会之时,对里社祭祀进行了不同程度的整顿与改革,以期使乡村风俗更趋淳厚。如黄佐就主张,凡是城郭坊厢以及乡村,每百家立一社,“筑土为坛,树以土所宜木,以石为主,立二牌位,以祀五土五谷之神。设社祝一人掌之”。每次里社祭祀聚会,由约正等预行编定,凡入约者,每年一人轮当会首。平时由社祝督令社夫打扫社坛。每次社会,乡人各出银二分,贫者半分,极贫之人,不必出银,仍可与会。① 叶春及任福建惠安县知县时,也对惠安乡村里社祭祀进行了改革,主要是恢复明初洪武礼制所规定的里社祭祀仪式,以期里社重新恢复春祈秋报。他的改革大致是洪武礼制的翻版,有些地方也与黄佐的《泰泉乡礼》相同。当然,叶春及所提出的里社祭祀仪式,也有其特殊的内容。如每年春秋社日置社会时,由会首主持社坛祭祀事宜,会首亦为轮充,但由现役里长充任。社祭时,除了洪武礼制所规定的誓词,又新定了祝文,其祝文为:“伏愿雨旸时若,五谷丰登,官赋足供,民食充裕。”另外,叶春及特别指出,春秋二祭,当遵守古人祈年报赛之礼,“务在精诚,不许装神舞鬼,以为盛会,违者罪之”②。可见,朝廷规定的里社祭祀礼制及地方官刻意恢复的里社祭祀古礼,与民间的社会祭赛存在着相当大的区别。大体说来,古礼与官方礼制追求的是乡村和睦、官赋充足,以行乡村教化之实,而民间里社却是迎神赛会,借悦神之事,行娱人之实。

在明代,社日赛社活动极其频繁。明人王稌描写社日活动的诗歌云:

> 无柳无花桑柘树,不寒不暖社公春。
> 四邻赛社相娱乐,分肉宁论均不均?
>
> 旧典祈农令不违,里中散社纸钱飞。
> 草堂帘卷春风坐,检点寻巢燕子归。③

显然,明代的民间社会仍保持着原先的祈农传统,举行分社肉、散社纸

① 黄佐:《泰泉乡礼》卷5,收入《景印文渊阁四库全书》。

② 叶春及:《石洞集》卷7《惠安政书》10《里社篇》,上海古籍出版社1993年版,第500-502页。

③ 王稌:《瞶斋稿·社日醉书》,收入《续金华丛书》,江苏广陵古籍刻印社1983年影印本。

钱等仪式。

明代赛社的活动,也不断见诸史籍记载。在杭州的钱塘县,岁时社会不断。二月初一日,有“挑菜会”。二月中,在西湖还有探春赏花之会,“幼儿女辈则于家园作斗草之戏”。二月的社日,又举行社祭,“民间轮年醵金祀土谷神。祀毕,为社会饮”。七月,杭人游西湖,作“赏芙蓉会”,“各里醵金作会祀神,与春社同”。[①] 在福建,社会之风同样很盛。如兴化府,每年自元月十三日起,至十七日止,乡里小民各合其同社之人举行祈年斋。当上元日,“鼓乐迎其土神,遍行境内。民家各设香案,候神至,则奠酒果,焚楮钱,拜送之,亦古者乡人傩之遗意也”[②]。又如漳州府,每当二月十五日,各乡醵集钱物,准备牲醴,祭祀土神。祭毕,“众以其酒胙班荆序坐,饮食而归”。每年祭土神,由一社首主持其事,称为“福头”[③]。

这种民间社会,尤以江南的吴地为盛。如嘉定县,元宵时有灯会,据说其目的也是“以迎神,而祈水泽”[④]。此类灯会,在吴江也流行。每当九月初六,“都人为灯会”。朔日,集于八角亭,“装演剧戏,杂以金鼓”。[⑤] 在吴江,乡民还在立春日选集方相、戏子、优人、小妓等扮演社火,作为祭社活动的一部分,谓之“演春”,“士女纵观,填塞市街”[⑥]。

明代吴地民间举行的社会,内容极为丰富。每当春夏之交,吴地百姓就妄言神降,在神所棲舍的庙宇,“具威仪,箫鼓杂戏迎之”,名曰“会”。会的名称很多,以苏州府为例,此类之会可分为“松花会”“猛将会”“关王会”“观音会”等。松花、猛将二会,只是在遇到旱蝗之灾时才举行,至于关王会,则以昆山一县为盛。至明代末年,苏州最为流行的里社之会为“五方圣贤会”[⑦]。

社与会的组织结构

常言道:物以类聚,人以群分。如果将这句话用在明朝人的身上,无疑相当贴切。社与会都由单一的成员组成,他们一旦结聚成会或

---

① 万历《钱塘县志》,《纪事·风俗》,收入《武林掌故丛编》第16集。

② 弘治《八闽通志》卷3《风俗·兴化府》,收入《中国史学丛书》。

③ 万历《漳州府志》卷1《风俗》,收入《中国史学丛书》。

④ 万历《嘉定县志》卷2《疆域考》下《风俗》,收入《中国史学丛书》。

⑤⑥ 嘉靖《吴江县志》卷13《典礼志·风俗》,明嘉靖三十七年(1558)刻本。

⑦ 王稚登:《吴社编·会》,载《苏州文献丛钞初编》,上册,第324页。

社,就形成一个群体,一个具有一定组织结构的团体。下面,对明代社与会的组织结构作一些剖析。

会与社一旦成立,就有了一整套的组织结构,无论这种结构是松散的,还是稳定的。在社与会中,首先需要有一个头领,在士子结成的文社中,一般称头领为"盟主"或"社长"。在有些会中,称首领为"会首"。从李开先的诗歌中可知,明代的词社,亦大多设有会长,而李开先自罢官家居之后,就曾出任家乡山东章丘词社的会长。① 至于明代庙会会首,一般分为下面两类:一为出钱之人,其所慕为虚名,由"富人有力者"出任;二为出力之人,其所求为实利,由"里豪市侠"一类的"亡赖"承担。②

除头领外,有时还设有"司会"一职,负责会内的具体事务。在民间宗教性的组织如"香社"中,也有自己的首领,称作"香头",通常由寺庙中的僧人担任。③ 香头,有时又称"纠首",或称"功德主"。如现存山西太原晋祠入口处的铁狮,系嘉靖四十五年(1566)五月立,由民间集资铸成,上面就镌有"西安三都纠首功德主"的字样。祠内又一铁狮,也镌有"在城香头纠首"的字样。有时在一些文会中还专门设有"监史"一职,大概也起到了社长或会首的作用。④

社与会成立以后,一般都是定期相会,即有一个集会的日期。这种会期,各不相同。杨士奇倡设的"真率会",是"十日一就阁中小集",会期是一月三次。"逸乐会"的规矩是"月必再会,不疏不数也",即在一月之内,其成员聚会二次。杭州"胜莲社"定下的规程是每月一会,一般定在每月六个斋日中的随意一天。与复社并驾齐驱的"几社",也是每月聚会一次。东林讲学会的会期,一般是"以月之九日、十日、十一日大会东林讲堂",即一月大会一次,连讲三日。嘉靖时安徽祁门的讲学会,县中的讲学是"季举",即三个月聚会一次;府中的讲会是"岁举",也就是一年聚会一次。李日华等结成的"竹懒花鸟会",根

① 李开先《归休家居病其蒙诸友邀入词社》之第二首云:"诸友俱能作,如吾何所知。强推为会长,深愧不相宜。玉树多悲调,竹枝亦俗词。口占南北曲,即席付歌儿。"参见李开先:《闲居集》卷2,载氏著:《李开先全集》,上册,第89页。

② 王稚登:《吴社编·会首》,载《苏州文献丛钞初编》,上册,第325-326页。

③ 张岱:《琅嬛文集》卷2《海志》,第80页。

④ 陈瑚:《尊道先生陆君行状》,载陆世仪:《陆子遗书》。

据一年四季中花色的不同,月月都在花香鸟语中做“翰墨散仙”[①]。除了这种定期的聚会以外,在明代的会社中,还有一种不定期的大会,其集会时间因事而定。如在明末复社的历史上,就存在着尹山、金陵、虎丘三次大会,都属于不定期的。

社与会建立以后,就需要建立一整套规章制度,以约束其内部成员,使组织更具有凝聚力。在明代的社与会中,这种规章一般称作“会约”“约法”“盟词”“课程”“规条”“章程”“科条”“条例”。由于各个会社情况不同,这些规章制度小同而大异,长短不一。短的如复社的盟词,只有几句;长的章程则连篇累牍,啧啧繁言,务期使同人遵守。如李日华所创立的“竹懒花鸟会”,章程就达九条,还不包括其他内容。当然,无论各种会社的章程多么长短不一、内容歧异,其实无非是向世人或内部成员表明本社或本会的宗旨,以便让其成员共同遵守。

会社定期或不定期召开大会,就需要发出通告。这种通告在明代一般称作“传单”“传帖”“刺”“檄文”“小启”,有时也叫“疏”或“疏头”。崇祯五年(1632),复社召开虎丘大会时,盟主张溥就相约各个社长,“先期传单四出”,到召开大会这一天,复社成员便从四面八方赶到。“胜莲社”在每次聚会之前,总是先由会首发出“传帖”,筹集会费。“竹懒花鸟会”聚会之时,一般先在聚会前五日,由“直会者”发刺前往会员处,告知聚会的日期及地点。张岱设立“斗鸡社”,仿照唐人王勃所为,也作了一篇《斗鸡檄》,以此“檄文”邀请同好。[②] 当张岱设立“丝社”或结会出游时,也照例写下“丝社小启”或“游山小启”,通知同社好友。倪元璐设立“一命浮图会”,也专门写了“一命浮图会疏”,在同好中流传。一般说来,传单或传帖还是由专人送达,让全体会员传阅,所以在当时就有了专门的“传帖人”。在“胜莲社”中,如果其成员这一天不能参加聚会,就要在“传帖”中注明,并派人给会首送去“赎生之金”。在“竹懒花鸟会”中,直会者将“刺”发往各成员处,参加者就在上面写上一个“知”字。如果要远出,或很久不能回来,就要在刺上明白地写上不得已之故。

会社内部的成员犹如兄弟,经常互相帮助。这种关系,在社内成员之间的称谓上也有一定的反映。在社内,尤其是复社内部,其成员

① 李日华:《紫桃轩又缀》卷2,明刻本。
② 张岱:《琅嬛文集》卷3《斗鸡檄》,第111-112页。

之间一般称兄道弟。如张溥替黎遂球所作的《周易爻物当名原·序》,文后署名"太仓社盟弟张溥题"[①]。有时社内成员的称谓省掉一个"盟"字,直接称"社弟"。如徐邻唐为侯方域的文集作的《壮悔堂文集·序》,文后就自署"社弟徐邻唐尔黄氏撰"[②]。社内成员声气相同,相互之间将对方视若"同人",其根本的原因就是"道同"。正因为如此,有的复社成员将同人的文章汇集成册,取名"同言"。[③]

大概在崇祯初年以前,东南社事极盛,士人往来投刺,一般都称"社盟"。后黄宗羲、沈眉生等人嫌"社盟"这一称呼不雅,将社内成员改称"同学"。如黄宗羲题张鲁山《后贫交行》就说:"谁向中流问一壶,少陵有意属吾徒。社盟虽变称同学,惭愧弇州记不觚。"[④]自崇祯八年(1635)以后,江天一也有感于后来"盟"字已经流为恶套,即使称"盟",也不是真切的朋友,不过是文字之间的游扬罢了。"同学"这种称呼虽好,但又多出了"同学"二字。他的意见是还仿照原来的意思,社内成员之间称作"友弟"[⑤]。社内成员之间,本来就是订盟的朋友,现在去掉一个盟字,简称"友弟",显得更为简洁明快。

明末文社中的成员,有些并不是简单的"结盟",而是开始模仿刘、关、张桃园三结义,内部成员之间形成一种结义兄弟一般的关系。常州"关社"的出现,就是最好的一例。据陈仁锡的记载,关帝在明代也算得上"职司文场"。当时就有人刊刻了关庙会文50篇,由此引发关帝显灵,专门就这些会文加以批评,而且写了序文,其主旨则以"抽发性灵为主"。这当然是记录者的故意附会而已,却被当时的读书士子信以为真。于是,常州的一些士人重新鼎建关帝庙,并在其内构造精舍,"专设会社",这就是"关社"。[⑥] 可见,所谓的关社,以关公信仰为纽带,以关庙作为聚会的场所,其宗旨就是刘、关、张三人的桃园结义,认为"惟有壮缪之兄弟,斯有朋友,然后有君臣,而力御家国之辱"[⑦]。

社与会成立以后,举行定期或不定期聚会,就需要有活动经费。

---

① 黎遂球:《莲鬚阁集》卷首,收入《粤十三家集》。

② 侯方域:《壮悔堂文集》卷首,清刻本。

③ 张溥:《七录斋诗文合集》卷3《古文存稿·同言序》,收入《续修四库全书》。

④ 王应奎:《柳南续笔》卷2,中华书局1983年版,第171页。

⑤ 江天一:《江止庵遗集》卷4《告友去盟字书》。

⑥ 陈仁锡:《无梦园集》驻集《鼎建关帝庙七议》,明崇祯六年(1623)刻本。

⑦ 陈仁锡:《无梦园集》马集《关社序》。

那么,这些经费是如何筹集的呢?明代民间的结会,是一种经济互助组织,所以其经费的来源一般靠大家捐助,公共积累。而在那些志趣相投的文人结社中,其经费的来源则别有一番景象。首先,会首或司会是轮值的,所以经费的来源就靠大家共同分摊。如"胜莲社"每当聚会时,会首先要"传帖醵金"。有些文社,每当大会时,会费由社内家道丰腴的成员独立承担。如复社虎丘大会时,"舟车填咽,巷陌为满"。复社成员吴县人许元恺"倾身接待,置驿四郊,请谢宾客"。他挥斥千金,作为参加者的"顿舍饮食之费"。[①] 又如几社成员盛邻汝,家道殷富,几社"倚为顾厨"[②]。显然,几社聚会时的饮食,全由盛邻汝一人独立承担。

明代的社与会是以群相分的,而构成不同群体的共同纽带则很多。在明代知识阶层结成的社会群体中,尤其是在晚明士子结成的复社中,社内成员的联结纽带,除了共同的志趣与一致的经济利益之外,还有下面三条:一是血缘关系;二是姻缘关系;三是师生关系。

明代的会社,其内部成员之间的血缘关系极为浓厚。据张溥的记载,在应社十三子中,"有一家之兄弟焉,有世兄弟焉",[③]血缘关系的纽带相当牢固。明代士人的结社,首先源自兄弟、家人、宗族自相师友。杭州登楼社的严氏兄弟,就是"父子兄弟,自相师友"[④]。在明代,一家人内部的结社也是十分风行的。如徐仪庭,"与家人结社三茅"[⑤]。假若对复社姓氏榜进行仔细的考察,就会发现,复社内部的血缘关系极为浓厚。如江苏金坛周氏,其家族内有很多人参加了复社,有些就是兄弟或从兄弟(堂兄弟)共入复社,其中最著名的有周钟、周镕、周镳、周鋐等;安徽宁国府宣城县沈寿民、沈寿国,同列复社姓氏榜,其关系也是兄弟。在复社成员中,父子互为师友的例子也不少。如长洲许元溥、许洄,两人是父子关系,同治《易》学,又同为复社成员。

在明代的会社中,不但血缘关系十分密切,社内成员还互相联姻结亲,使社内成员的联结纽带更趋牢固。这种例子也很多。如夏允彝

---

① 吴伟业著、李学颖集评标校:《吴梅村全集》卷48《许节母翁太孺人墓志铭》,上海古籍出版社1999年版,第1000-1001页。

② 李延昰:《南吴旧话录》,旧钞本。

③ 张溥:《七录斋诗文合集》卷1《古文存稿·应社十三子序》。

④ 黎遂球:《莲鬚阁集》卷18《百忆诗序》。

⑤ 孔贞时:《在鲁斋文集》卷2《贺仪翁徐老师七衮序》,收入《四库禁毁书丛刊》。

是几社首领，他的儿子夏完淳就娶复社成员钱旃之女为妻；[①]复社成员王崇简娶同社梁仲木之姊为妻；[②]据《思旧录》载，黄宗羲曾替其弟黄泽望向同社成员刘应期求婚，于是黄泽望就成了刘应期的佳婿。[③]

张溥概括应社十三子的特点说："有同一师者焉，有师弟子同为友者焉，此以义相先者也。"[④]中国传统士人以"天地君亲师"为尊。社内的血缘关系，实际上就是"以亲相先"。"师道"本来极为尊贵，但是在复社内部，老师却与弟子们共为朋友，以友道相处。张溥称之为"以义相先"，其实就是师生关系异化为朋友关系。这种关系也可以找到很多例子。如杨廷枢，在复社内部有教父之誉，有很多人在他的门下游学，共同成为复社的成员。其中最有名的就是华渚，他是杨廷枢的学生，加入复社以后，"友其师之友"[⑤]，也是以友道取代师道。

结束语

明代的社与会，渊源于春祈秋报的乡饮社会，滥觞于民间的结会互助，大张于士大夫的聚会讲学，至明末复社这种文人的结社，已是洋洋大观，可谓全盛矣。尽管在传统士大夫的眼中，诸如迎神赛会一类的民间会社会"生祸"，甚至会"启僭窃之心，滋奸慝之行，长争斗之风，决奢淫之渐，溃三尺之防，废四民之业"[⑥]。然就其整体而言，无论是妓女结成盒子会以显示烹调手艺，武将结社以习练武艺，还是释子集会以联络宗教感情，文人学士雅集以消闲人生，都源自"人以群分"这样一种群体意识。

所谓群体意识，指很多人聚集在一起，一同讨论问题，一起为之兴奋，或者一起做一件事时的心理状态。群体意识，是明朝人乃至中国人或东方人生活方式的特点，也是明朝人生活方式的精神动向，无论这种动向是经济的，还是政治的文化的。

---

① 陈子龙:《安雅堂稿》卷16《题钱仲子神童赋后》，辽宁教育出版社2003年版，第320-321页。

② 关于梁、王两家的婚姻关系，可参见王崇简:《青箱堂文集》卷4《梁仲木遗诗序》，清康熙间刻本。

③ 黄宗羲:《思旧录·冯元飏》，载《黄宗羲全集》，第1册，第382页。

④ 张溥:《七录斋诗文合集》卷1《古文存稿·应社十三子序》。

⑤ 张溥:《七录斋诗文合集》卷2《古文存稿·华方雷稿序》。

⑥ 王稚登:《吴社编》，载《苏州文献丛钞初编》，上册，第324页。

群体意识的起源或许是多头绪的,但究其大概而言,当与古代人的野游大有关系。野游在中国一直是项很流行的活动,每当春秋社日,乡村的农民为了祈祷取得很好收成,或者庆贺已经获得的大丰收,时常举行各种庆典。通过醵会的形式,许多人聚集在一起,或舞蹈,或歌唱,有的甚至到别村或山野抬阁走会,共同分享各自的喜悦,那就是野游的原型。这种野游,在明代就更趋广泛。清明节的踏清,实际上是明朝人一次极好的郊游活动。另外,扫墓作为一项祖先祭祀与灵魂崇拜相结合的活动,本来与家族性团体存在着千丝万缕的联系。那些世家大族的扫墓活动可以限于本家族之内,而那些势孤力单的小农,由于经济力量有限,扫墓活动也会打破家族的界限,出现社会性的扫墓群体。即除了以家族为纽带的扫墓船以外,在明代同时也存在着多户合租一船前去扫墓的现象。在这种扫墓活动中,其功能也实现了转化,成了实实在在的野游。据张岱《陶庵梦忆》记载,明代绍兴人在清明、中元的扫墓活动,男女袨服靓妆,画船箫鼓,就像杭州人游湖一般,也是"厚人薄鬼,率以为常"。在扫墓之后,一般就路之远近,游览一些庵堂、寺院及士大夫的花园。[①] 明代民间的百姓,还时常喜欢结成"香社"这种群体性的组织,去泰山、普陀山或武当山进香还愿。这种集体性的宗教活动,同样变成了名副其实的野游。

明代这种群体性的野游活动,最后都与经济活动发生联系。春秋社日或其他民间节日的庆典,必然导致"庙会"的兴起。在庙会上,百货陈列,买卖兴旺。人们在野游之余,购物消遣。这样,也就形成了像北京那样大规模的城隍庙市。民间百姓前往泰山进香,促使泰安州旅游客店的兴盛。[②] 山东百姓往普陀山进香,或者嘉兴、湖州人往天竺进香,都在杭州西湖边上作短暂的停留,这样就在杭州的昭庆寺一带,形成了著名的"香市","往来交易,人声嘈杂"。[③] 这种庙市与香市,除了经济性的功能与价值之外,同时也是社会各群体极好的消闲去处。

在人们日常生活中,除了经济性活动以外,同时也需要进行文学和艺术的交流。以明代为例,野游通常表现为男女混杂这样一种群体生活的场景,因此就不可避免地与爱情联结在一起。在野游或集体劳

---

① 张岱:《陶庵梦忆》卷1《越俗扫墓》,第6页。

② 张岱:《陶庵梦忆》卷4《泰安州客店》,第39-40页。

③ 张岱:《陶庵梦忆》卷1《昭庆寺》,第6页。

动中会产生出山歌这种集体性的精神产品。明代乡村的农民,一般是生活在群体之中,他们一起劳动,一起欢乐,共同抵御天灾人祸。如苏州府吴江县地处低洼,每当春夏之交,梅雨连绵不断,河水上涨,淹没庄稼。于是,“农家结集车戽,号为大棚车,人无老幼,远近毕集,往往击鼓鸣柝,以限作息”①。在这种集体性的劳动中,人们有着共同的生活境遇,共同的生活体验,所以必然会产生出代表乡村农民共同的心理特征的精神产品,这就是山歌。从某种意义说,这种山歌成了中国诗歌的一个重要源泉。

文人士大夫也不例外。在明代的文人中,虽然个人主义的精神生活曾一度风靡,但因受传统文化的熏染,也不乏交友结社的生活。大概自成化、弘治以后,明代士大夫游宴成风。在这些士大夫的聚会中,人们饮酒取乐,限题赋诗,留下了许多群体性的作品。在这些作品中,固然大多流于俗套,但也不乏反映共同生活经验的名篇佳作。明末士子的结社会文,定期刊印“选文”出版,这些选文有时又取名为“同言”,即共同的心声。当然,这种时文选本除了应付科举考试之外,其艺术的价值微乎其微,但同样堪称群体性的作品。至于明末复社成员陈子龙为了编辑《皇明经世文编》,更是邀请社内同志提供原始的文献,体现出一种集体合作的精神。而反映在《皇明经世文编》这部作品背后的,更是一种复社成员的群体意识,即“经世实用”的精神。

古代的民间野游,除了体现一种结伴群处的特点之外,通常又有竞赛争胜的内容,如人们常玩弄一种斗草斗花的游戏。这种竞争意识,同样渗透到了明代文人士大夫的会社中。明末复社成员郑元勋曾在家乡扬州举行过一次牡丹诗会,邀请很多海内同道前往饮酒赋诗,并以当时的文坛盟主钱谦益作为评判的代表。此会最后评黎遂球所作诗为第一,号称“牡丹状元”。

讲学使得士大夫群萃州处,什伍成群,形成不同的群体。讲学之风,曾在嘉靖年间盛极一时。讲学家初时设会讲学,无非是为了改变人心不淳、风俗不古这种局面,以提倡良好的学风。但是时间一久,鱼龙混杂,参加者也不乏贪羡富贵功名之辈。有些闻风争附者,心中实际上装着功名富贵的念头,一旦加入讲学会,就“相饰以智,相轧以势,

① 弘治《吴江县志》卷5《风俗》,清钞本。

相尚以艺能，相邀以声誉”，洋洋自喜，自以为“吾得会中人物耳”。[①]复社原来不过是文人的结社，盟词中也对其成员作了严厉的规定，要求他们“毋巧言乱政，毋干进辱身”。但在随后的发展中，每次酒酣耳热之余，他们也时常裁量人物，抨击朝政。由此可见，讲学、结社并不能远离政治，它必然会引起党争，而群体意识也随之深入到了明代的政治生活中。正因为如此，明末学者吴麟徵告诫其子孙云：“秀才不入社，作官不入党，便有一半身份。”[②]但是，一个生活在晚明这种政治气候与文化氛围中的儒家知识分子，如果想远离党群，与会社无缘，而又生活得十分潇洒，实属凤毛麟角。

会、社一旦干预朝政，与政治结缘，就会引起当权者的注意乃至禁止。明代的官方对民间在经济上的结会互助一向持鼓励倡导的态度，而对民间的醵会设斋、士大夫的聚会讲学以及士子的结社会文，由于它们对现行朝政构成不同程度的威胁，一直持谨慎乃至反对的态度。所以，士大夫的讲学，在万历初年与天启年间两次遭到了严禁，复社也在崇祯年间一度遭禁受挫。尽管这样，明末的结社与讲学仍不绝如缕。清兵入关，讲学、结社遭到了更为严厉的禁止。顺治十七年(1660)初，清政府以“士习不端，结订社盟，把持衙门，关说公事，相煽成风”为理由，严禁自明末以来在江南士人中十分流行的结社活动。[③]这样，除了民间的部分结会在清代仍有延续之外，在明末兴盛一时且带有政色彩的结社讲会活动，便逐渐湮没无闻了。

① 《明世宗实录》卷541，嘉靖四十三年(1564)十二月壬申条，台北“中央”研究院历史语言研究所1966年校印本。

② 吴麟徵：《家诫要言》，收入《学海类编》，清道光十一年(1831)六安晁氏木活字本。

③ 《清世祖实录》卷131，顺治十七年(1660)正月辛巳条，中华书局1985年影印本。

二、雕虫篆刻：文人及其相关概念辨析

前 言

说到文人，无疑让人感到是一个饶有兴味的题目。一方面，文人既是一个相当古老而又传统的称谓，却又被后来的研究者提出的“士”“士大夫”“绅士”（或“乡绅”）或“知识分子”等概念所湮没而不甚彰显；[①]另一方面，由于史书中分设《儒林》《文苑》二传，使传统的“儒”或“士”阶层发生不可避免的分化，从而导致了儒士、文人的分野，以及文人地位的提高或相对下降。

考以文人为题并就其生活进行研究者，鲁迅堪称开风气之先。其《魏晋风度及文章与药及酒之关系》，[②]无疑拓宽了文学研究的领域，并为后人提供了研究同类课题的范例。继之者有王瑶之《中古文人生活》，[③]李志慧之《唐代文苑风尚》，[④]沈松勤之《北宋文人与党争——中国士大夫群体研究之一》，[⑤]么书仪之《元代文人心态》与吴秀卿之《元代文人故事剧研究》，[⑥]均为断代文人及其相关作品、党争、生活、风尚研究的代表性著作。有关明代文人的研究，郭绍虞《明代的文人集团》《明代文人结社年表》二文，[⑦]显然也是创辟之作，并首先注意到明代

---

① 王赓武在《中国社会中的学者：历史背景》一文中，通过对中国人有影响的学问类型加以辨别，对中国的传统学者进行分类，以便使他们的主要特征可以显示得更清楚一些。他将学者分为圣贤型、九品型、流外型、遗民型四种。说见氏著、姚楠编译：《历史的功能》，香港中华书局1990年版，第118-119页。按：这是颇具启发性的分类方法。然笔者在此的用意却稍有不同，而是拟将文人从传统的知识阶层（当然也包括各种各样的学者）中分析出来，给以单独的考察。

② 吴子敏、徐廼翔、马良春编：《鲁迅论文学与艺术》，人民文学出版社1980年版，上册，第251-265页。

③ 王瑶：《中古文人生活》，载氏著：《中古文学史论》，北京大学出版社1980年版。按：在日本学者石川忠久教授的主持下，曾将王氏《中古文学思想》与《中古文人生活》一书中多篇文字予以迻译，改名《中国之文人》，在日本出版。见王瑶《中古文学史论》，重版题记，第1页。

④ 李志慧：《唐代文苑风尚》，陕西人民出版社1988年版。

⑤ 沈松勤：《北宋文人与党争——中国文人士大夫群体研究之一》，人民出版社1998年版。

⑥ 么书仪：《元代文人心态》，文化艺术出版社1993年版；又吴秀卿：《元代文人故事剧研究》，台湾大学中国文学研究所硕士论文，1983年6月。

⑦ 郭绍虞：《照隅室古典文学论集》，上海古籍出版社1983年版，第498-512、518-610页。

文人不同于前代文人的基本特点，也即结社、集团化倾向。继之者有谢兴尧《谈明代山人》一文，[①]对明代文人中的特殊阶层即山人给以充分的注意。陈万益《晚明小品与明季文人生活》一文，[②]更是以晚明小品、山人为考察的主要对象，对明季文人的生活作了系统化的梳理，不失为一篇研究明代文人及其生活的典范之作。黄继持《明代中叶文人型态》一文，[③]将明代文人细括为传统式的"儒家文人"和以文墨为尚的"纯文人"两种，指出由于民间文人的大量出现，明代的"纯文人"固然与前代有所承接，但其新异之点也不容忽视，而明中叶正是这种型态的成熟时期。而夏咸淳《晚明士风与文学》一书，[④]以晚明世风为背景，悉心探讨了晚明士风与文学的发展关系，事实上也是以文人为主要研究对象。而近年来吴知和、陈冠至对苏州文人集团的生活，以及苏州地域藏书及藏书家的个案研究，[⑤]说明学术界对明代文人的研究已渐趋深化。

值得指出的是，一至明代（尤其是晚明），文人已从士人阶层中脱颖而出，并成为不同于文臣、道学家、武士，即自具个性特征、人格追求、生活方式的群体。换言之，从广义的角度看，文人与文臣、道学家之间并无差别，均属儒家知识阶层亦即"士"的一分子。[⑥] 譬如，号称有明代科举社会背景的清人吴敬梓所著的小说《儒林外史》，所反映的

① 谢兴尧：《堪隐斋随笔》，辽宁教育出版社 1995 年版，第 238-242 页。按：谢氏此文作于 20 世纪 40 年代。日本学者铃木正《明代山人考》（见《清水博士追悼纪念明代史论丛》，东京，1962 年）一文，是较早的一篇系统研究明代山人的论文。而对明代山人进行个案研究者，其较具代表性的著作则为李凤萍《晚明山人陈眉公研究》（台湾东吴大学中国文学研究所硕士论文，1984 年 4 月）一文。

② 陈万益：《晚明小品与明季文人生活》，载氏著：《晚明小品与明季文人生活》，台北大安出版社 1988 年版，第 37-83 页。

③ 见赵令扬主编：《明清史集刊》（香港大学中文系，1985 年），第 1 卷，第 37-61 页。

④ 夏咸淳：《晚明士风与文学》，中国社会科学出版社 1994 年版。

⑤ 吴智和：《明代苏州社区乡土生活史举隅——以文人集团为例》，载东吴大学历史系编：《方志学与社区乡土史学术研讨会论文集》，台北学生书局 1998 年版，第 23-48 页；陈冠至：《明代的苏州藏书——藏书家与藏书生活》（台北中国文化大学史学研究所硕士论文，1999 年），第 1-263 页。

⑥ 关于士之起源，自古即分为文字学及历史学两派。尽管就士的起源有不同的解释，但若"以一项已知的历史事实作为讨论的起点"，那么，"古代知识阶层始于春秋、战国之交的孔子时代"，这一点则毋庸置疑。相关阐述，可分见黄景进：《社会变迁中的知识分子》，载《汉学论文集》，台北文史哲出版社 1982 年版，第 17-19 页；余英时：《中国知识阶层史论——古代篇》，台北联经出版事业公司 1980 年版，第 4 页。

"文人社会",就包括学者、诗人、八股文选家以及另外一些知识人的混合体。[①] 然从狭义的角度来说,文人与文臣、道学家之间又多有不同。当然,这一特点并不能成为夸大其间差别的理由。事实上,在明代,文人与文臣、道学家、武士之间,又别具一种互相渗透、互相影响的关系。恰恰是在这些问题上,前人或缺乏研究;或稍有所涉及,却又语焉未详,甚至混淆其间的关系;或者过分强调其间的差别。职是之故,笔者将着力于梳理文人概念的形成及其变迁,明代文人群体的壮大,并对文人与文臣、道学家、武士之差别或联系作适当的辨析,进而对明代文人的特质及其影响作出恰如其分的评估。

文人概念及其变迁

关于文人的定义,过去的论者甚多,概言之,大体不外广义或狭义两种:

> 所谓文人也者,照理应该指一切投稿、著书、写文章的人说。但是,在事实上,文人一个名词的应用只限于诗歌、散文、小说、戏曲之类的作者,古人所谓"词章家""无用文人""一为文人,便无足观"的就是。至于不事虚文,精通实学的社会科学与自然科学等专家,尽管也洋洋洒洒发表着大文章,断乎不屑以无用文人自居——虽然还够不上武人的资格。[②]

由上述钱鍾书之说不难发现,文人有广义、狭义二说。所谓广义的文人,即与武人相对者,可指一切舞文弄墨之人。颜昆阳之说无疑又为广义文人提供了另一佐证:

> "文"相对于"武","文人"即是指以文学写作为能事之人,而"文学"不是狭义地指辞章写作,而是广义地指非武力争战之一切文化实践及知识活动,辞章写作当然包括在内。[③]

显然,除了与武人相区别之外,文人可以包括从事一切文化实践及知

① Stephen J. Roddy, *Literati and Its Fictional Representations in Late Imperial China* (Stanford: Stanford University Press, 1998), p.3.

② 钱鍾书:《论文人》,载氏著:《写在人生边上》,中国社会科学出版社 1990 年版,第 74 页。

③ 颜昆阳:《论汉代文人"悲壮不遇"的心灵模式》,载台北政治大学中文系所主编:《汉代文学与思想学术研讨会论文集》,台北文史哲出版社 1991 年版,第 210 页。

识活动的人。从这种意义上说，文人亦即知识分子的代名词，[①]或者可以称之为“斯文”一脉。[②]

从狭义的角度而言，文人应是从传统的儒、士中分化出来的一个特殊社会阶层，即知识阶层中专事“雕虫篆刻”的“词章家”，也就是只限于诗歌、散文、小说、戏曲的作者。狭义的文人，原本只有文人、诗人之别。如明人江盈科言：“从古以来，诗有诗人，文有文人。譬如斫琴者不能制笛，刻玉者不能镂金。专擅则独诣，双骛则两废。”[③]于是乎诗亦分文人、诗人之诗，一由学力所成，一由锻炼而得。[④] 自元、明以来，因戏曲、小说相继出现，遂形成写作戏曲、小说的专业文人。

在西方，文人与知识分子均可用 intellectual 一词。然细分之，在此词义项下，则又有广义与狭义之别。换言之，就气质、性格而言，文人在知识分子中亦别具一格。如苏姗·桑达(Susan Sontan)写有一篇文章，题目叫“The Last Intellectual”；而 intellectual 就不宜直译成“知识分子”或读书人，而是指带点“倜傥”派头的文人，勉强可以译成“最后

---

① 譬如周天论文人道：“文人，也即知识分子，在封建社会里，除了极少数例外情况，大致是统治阶级的一个组成部分，是统治阶级中的一个特定阶层。”见氏著：《文人的悲剧》，华岳文艺出版社 1988 年版，第 3 页。而么书仪也认为，文人与现代的“知识分子”概念有着某些共同点。说见氏著：《元代文人心态》，几点说明，第 1-3 页。

② 狄百瑞(William T. de Bary)认为，“文”这个字还有更广泛的含义，它指的是比文艺及美艺的休闲活动更深刻的一些东西。这就是胡瑗说“诗书史传子集垂法后世”的意思。孔子说过他自己的时代与“斯文”相终始，许多新儒家也像孔子一样，以在现世中重振“斯文”、维系道统为毕生之个人责任。字里行间不难发现“文”及“文人”的广义性。而日本学者中村元也认为，文人“是知识人，读书人，同时也是道义承担者、指导者。中国历代王朝的官僚，都是从此类文人中选出的。”其说分见[美]狄百瑞著、李弘祺译：《中国的自由传统》，香港中文大学出版社 1983 年版，第 64-65 页；[日]中村元著、徐复观译：《中国人之思维方式》，台北学生书局 1991 年版，第 101 页。

③ 江盈科：《雪涛诗评·诗文才别》，载氏著：《江盈科集》，岳麓书社 1997 年版，下册，第 804 页。按：明末清初学者李颙亦言：“顾学之自有先后，必本立而后可从事也，否则文古如班、马，诗高如李、杜，亦不过文人、诗人而已。”说见氏著：《二曲集》卷 36《四书反身录》，中华书局 1996 年版，第 477 页。

④ 黄宗羲：《黄梨洲诗文集·文集》卷 1《后苇碧轩诗》，载《传世藏书·集库·别集》，海南国际新闻出版中心 1996 年版，第 12 册，第 42 页。近人的评述，可参见钱锺书：《谈艺录》(补订本)，中华书局 1984 年版，第 34 页。

一位名士”。[①] 其实在西方学术界,除了以 intellectual 一词指称“文人”外,相关的称谓尚有 gentry、gentry-literati、scholar-gentry。美国学者艾尔曼(Benjamin A. Elman)对此有较好的辨析。按照艾尔曼的观点,gentry 应指传统中国的儒家精英分子,他们一方面作为地主行使地方社会和经济权力;另一方面,他们又是朝廷官僚体制中的官员,从而拥有地方或朝廷的政治权力。Literati(文人学士)应指绅士中的一部分。他们凭借经典学问、世系典礼知识和文学作品而成为文化精英,从而拥有他们所具有的一切地位。在通常情况下,gentry 和 literati 的文化地位,均与他们的科名等级有关。换言之,由于专业术语称谓上的部分一致性,他们又被 gentry-literati(绅士文人或文臣)或 scholar-gentry(学士)所取代。[②] 可见,文人为绅士层中的一员,但又与绅士同中有异。绅士以科名、官位、土地占有为凭藉,而纯粹文人却可完全凭藉知识或文学作品而扬名。

西方人对文人多有称赞之语。如雪莱(Percy Bysshe Shelley)在《诗的辩护》里说文人是“人类的立法者”,卡莱尔(Thomas Carlyle)在《英雄崇拜论》里说文人算得上“英雄”。[③] 可见,英美文学传统中的文人过去深受敬重。然时代发展的结局,也不外乎文人地位的下降,亦即世风一变,文人也慢慢凋零,只剩最后寥寥几个在应景而已。[④]

在中国传统典籍中,“文人”一称,起源颇早。为示明晰,不妨先将“文”或“文学”进行一番梳理。自殷周以来,“文”字多内含有“德”的意义,以致春秋时最终形成“文德”一词。而自春秋以后,“文”又意含“学”之义,渐而成“文学”一词。考“文学”一词,最初出现于《论语》的《先进》篇。孔子将他的高级门人分为四类,而第四类即为擅长文学的子游、子夏。在春秋晚期,“文学”一词的意义相当于古典,而擅长文学

---

① 转见于董桥:《藏书与意识形态》,载氏著:《静观的固执》,湖北人民出版社 1997 年版,第 86 页。按:在西方,也有用 literati 一词作为“文人学士”的通称。相关的阐述可参见 Jerry Dennerline, *The Chia-ting Loyalists: Confucian Leadership and Social Change in Seventeenth-Century China* (New Haven and London: Yale Universiy Press, 1981), p.94.

② Benjamin A. Elman, *A Cultural History of Civil Examination in Late Imperial China* (Berkeley: Universiy of California Press, 2000), pvxii, 注(1)。

③ 钱鍾书:《论文人》,载氏著:《写在人生边上》,第 79 页。

④ V. S. Pritchett 语。转引自董桥:《文章似酒》,载氏著:《静观的固执》,第 47 页。

者,亦即所谓的古典家。[①] 显见,文学一词带有广义的特点。文人无疑是"文"或"文学"的创造者。在春秋以前,"文人"一词,即指有"文德之人",是一种崇高的道德人格。换言之,当时尚无严格意义的文人。至战国时,文人又用以指文辩之士。[②]

在传统中国,狭义甚或纯粹意义上的文人,即所谓的词章家,当出现于汉代。有学者认为,以文人身份创作纯文学作品者,当推司马相如。[③] 至东汉,王充重新提出了"文人"这一概念。王充《论衡·超奇篇》云:"采缀传书以上书奏记者为文人,能精思著文连结篇章者为鸿儒。故儒生过俗人,通人胜儒生,文人逾通人,鸿儒超文人。"[④]与此同时,王充又提出"文儒"这一概念,显已表明"文人"这一人物类型已大体形成。

值得注意的是,《汉书·艺文志》之图书分类,已将经学著作与诗赋歧为二类,经术、文章已有分别。然西汉时虽具文人之格,却尚无《文苑传》。正如钱穆所言:"文苑立传,事始东京,至是乃有所谓文人者出现。"[⑤]自此以后,儒林、文苑在正史中分而列传,文苑、词林成为与儒林、道学相对的概念,而学术、文章亦益趋分途,进而学者(或道学家)、文人也显示出不同的性好、习养和所长。

一至明代,文人与学者(尤其是道学家)的区分尤为明显。从其渊源来说,文人当脱胎于士和儒。明人谭元春云:"士之有文,犹女之有色;文之有先辈时辈,如色之有故人新人。"[⑥]明人谢肇淛亦言:"不奇不文,不文不士。"[⑦]士藉文而增色,而有文之士,则为文士。明末清初学者顾炎武将工"雕虫篆刻之技"者称作"文士"。[⑧] 清官修《明史》,亦

---

① 季镇淮:《"文"义探源》,载氏著:《来之文录》,北京大学出版社 1992 年版,第 26-28 页。

② 于迎春:《汉代文人与文学观念的演进》,东方出版社 1997 年版,第 16-17、139 页。

③ 周天:《文人的悲剧》,第 182 页。

④ 王瑶:《玄学与清谈》,载《中古文人生活》,第 57 页。

⑤ 钱穆:《中国学术思想史论丛》(三),转引自于迎春:《汉代文人与文学观念的演进》,第 216 页。

⑥ 谭元春:《官子时文稿序》,载氏著:《鹄湾文草》,岳麓书社 1988 年版,第 75 页。

⑦ 谢肇淛:《小草斋文集》卷 5《史伯仲和鸣篇序》,收入《四库全书存目丛书》,台南庄严文化事业有限公司 1997 年版。

⑧ 顾炎武:《亭林余集·与陆桴亭札》,载氏著:《顾亭林诗文集》,中华书局 1983 年版,第 170 页。

将文苑中人称为“文士”。[1] 文士者,即“文学之士”。按照传统的说法,三代以上,只有儒之名。汉末,始有“雕虫壮夫不为之技”,分文苑于外。自宋以后,又增“道学”一门,甚至在道学中又分理学、心学为二。于是,同一儒也,裂而为文苑、儒林、理学、心学。[2] 明人吕柟更是将儒细分为挟数之“才儒”,闲诗赋之“雅儒”,记杂丑之“博儒”,趋时而竞势之“通儒”,谈玄之“高儒”,临事含糊淹滞之“老儒”,以及蹈性命之言之“理儒”。[3] 显然,文人已仅为众多儒之中的一色,即“雅儒”。事实上,早在东汉,王充《论衡·效力篇》即提出“文儒”这一概念。至明代,李贽完善并发展了这一概念。李贽将班固、刘向二人并称“文儒”。然同为文儒,识见却有高低之别:班固,文才甚美,以文取胜,却缺经史闻见,更不具旷古只眼;刘向,以筋骨、肝肠胜,识见高,儒而自文。[4] 言下之意,则是对文人的轻视。

尽管如此,明人仍将文人视作从儒分化出来的一种,亦即专事诗、文创作的词章家。[5] 然文人不过是一通称,而在明代典籍中,往往称呼不一。陈万益在《晚明小品与明季文人生活》一文中,已充分注意到这一问题。他说:

> 除了“山人”一词之外,明朝末年,还有好几个词语相当流行,而又引起类似的名实之辨的问题:包括“文人”“文士”“才子”“名士”“高士”等。综合来看,乃与晚明读书人阶层的形成有密切的关系。[6]

上述诸多名词,或为文人的专称,或与文人有密切的关系。至于“读书人阶层”云云,则为广义的文人。事实上,明人对文人的称谓亦不一。据明代典籍归纳之,大体可包括下列几种:一是“文人”,亦有称“诗人”者;二是“才子”,亦有称“才人”“才士”者;三是“文士”,亦有称“韵士”者;四是“慧人”,亦有称“慧业文人”或“慧男子”者;五是“词

---

① 《明史》卷285《文苑》,中华书局1984年版,第7307-7308页。

② 黄宗羲:《黄梨洲诗文集·文集》卷1《留别海昌同学序》,第12册,第47页。

③ 吕柟:《泾野子内篇》卷2《云槐精舍语》第3,中华书局1992年版,第13页。

④ 李贽:《焚书》卷5《贾谊》,中华书局1975年版,第201页。

⑤ 明人熊开元言:“有六经以来,即有诗,有诗以来,即不乏文人。”此即其例。说见氏著:《鱼山剩稿》卷6《佛痴子瞉音弁语》,上海古籍出版社1986年版,第517页。

⑥ 陈万益:《晚明小品与明季文人生活》,载氏著:《晚明小品与明季文人生活》,第49页。

客”，亦有称“骚客”“墨客”“墨子”者。至于“名士”，或藉诗文而名，或藉讲学而名，或藉谈禅而名，其间不一，很难一概而论。而“高士”则为隐士的代称，与文士是同中有别。①

文人群体的壮大

按照文学史的普遍观念，明代诗歌、散文的成就无法与唐代相比，甚至不及宋代。然就文人数量而言，则明代远远超过唐、宋两代。显然，这是明代文学趋向下层民众及通俗文学日渐发达的理想结果。在明代，不仅有传统的诗、词、散文的作者，而且出现了大量的戏曲、小说、民歌作者。从某种程度上说，文学已不再是士大夫或有钱人的专利，其读者和创作者已扩大到下层知识分子或平民。明末清初学者黄宗羲的“文人”观，无疑可以作为明代文人群体壮大的理论依据和总结。黄宗羲说：

> 今古之情无尽，而一人之情有至有不至。凡情之至者，其文未有不至者，则天地间街谈巷语，邪许呻吟，无一非文，而游女、田夫、波臣、戍客，无一非文人也。②

换言之，凡情真之语的创作者，均可视若文人，而并不以知识的有无、身份的贵贱，作为区分文人或非文人的标准。黄氏之言当然是明代文坛演进、文人趋多的实录。文人群体的壮大，自然体现于来源于各色人群作品的增加。而明人好出文集风气的形成，无疑就是最明显的佐证。明人唐顺之言，达官贵人或中科第之人，死后“必有诗文刻集”③。钱谦益亦言：“近世翰林先生，人各有集。”④此显为当时实录。

究文集泛滥的原因，大体可以概括如下：首先，明人大多好名，一

---

① 明人袁中道言：“夫隐士文士，皆国家之鬚眉也。世贪功名如膏火，亦宜礼一二隐逸之士，以奖恬静。”隐士、文士并称。而谢肇淛则说：“文章与世运俱者也。故高士维世以身，文士维世以言。”高士、文士显有区别。分见袁中道：《珂雪斋近集》卷1《南归日记》，上海书店1982年版，第70页；谢肇淛：《小草斋文集》卷11《王百谷传》。

② 黄宗羲：《黄梨洲诗文集·文集》卷1《明文案上》，第12册，第45页。

③ 唐顺之：《唐荆川先生文集》卷7《答王遵岩》，收入《丛书集成续编》，上海书店1994年版。

④ 钱谦益：《傅文恪公文集》，载潘景郑辑校：《绛云楼题跋》，中华书局1958年版，第119页。按：钱氏《徐仲光藏山稿》亦云：“今世达官贵人，例有集行世。”同书，第155页。

登仕途，不论其是否具有文学才能，无不刻一部诗文集，以为“不朽计”①；其次，相较于前代而言，明代教育更为普及，识字人增多，尤其是大量生员的山人化，出现了一个山人阶层；②再次，商人出于牟利的目的，刻一些名家的集子，③无疑亦助长了文集泛滥之风。

文集的泛滥，显然是明代文人数剧增的一个侧面反映。具体而言，上自君临天下的皇帝，有御制文集的问世，诸如明太祖之《太祖御制文集》，明宣宗之《宣庙御制文集》；④下至工“雕镂之技”的名匠，亦有集子付梓；⑤即使如太监、武将者流，其间亦不乏砥砺问学或好文之辈，著有诗文集，以图跻身文人之列。⑥

方外、妇女在晚明文坛亦有一定的影响力，并在文集的刊行上留下了一定的印记。“诗僧”一称，其源颇早。唐之杼山、禅月，在当时颇负盛名。晚明僧人，大多好外典，案头多置儒书，⑦或僧务外学，学诗、

---

① 明季名僧袾宏言：“世人将平生所作诗文，汇为一集，乞诸名士跋之，曰：以此为不朽计也。”明人张嘉孚亦揭示道：“世人生但识几字，死即有一部遗文；生但余几钱，死即有一片志文。”堪称当时实录。分别参见袾宏：《竹窗三笔·不朽计》，台湾印经处1958年版，第194页；朱国祯：《涌幢小品》卷6《耻志文》，中华书局1959年版，第131页。

② 关于明代山人，参见陈万益：《晚明小品与明季文人生活》，第37-83页。至于晚明生员的山人化，可参见陈宝良：《晚明生员的弃巾之风及其山人化》，载《史学集刊》，2000年第2期，第34-39页。

③ 如王世贞之《弇州外集》，即出“贾人手”。见王锡爵：《王文肃公文集》卷1《弇州续稿序》，收入《四库禁毁书丛刊》，北京出版社2000年版。

④ 明人沈德符言：“本朝唯太祖皇帝、宣宗皇帝，御制裒刻，尊藏禁中。”见氏著：《万历野获编》卷1《御制文集》，中华书局1980年版，上册，第3页。按：仁宗亦曾有集，只是至明末，其集似仅存目而不复可见。参见陈宝良：《明代皇帝与明代文化》，载《史学集刊》，1992年第3期，第20-27页。

⑤ 如隆庆、万历间，嘉定雕镂名匠朱小松，其诗作被归庄评为有“白香山遗风”，诗稿曾由归庄作序。见归庄：《归庄集》卷3《朱清甫先生诗序》，上海古籍出版社1984年版，上册，第183-184页。

⑥ 明季，司礼监秉笔太监郑之惠有志于左氏、太史公、班固之书。又作有诗集，曾请钱谦益为其作序。又名将如郭登、戚继光、陈第、万表，皆有诗名，并有集行世。即使如一般的武将，亦有集子，如姚福有《定轩集》。分见钱谦益：《初学集》卷33《郑圣允诗集序》，收入氏著：《钱牧斋全集》，上海古籍出版社2003年版，第966-967页；王士禛：《池北偶谈》卷17《儒将诗》，中华书局2006年版，第420页。

⑦ 不妨试举二例：一是石林上人，“喜猎外典，好苦吟”。一是眉照上人，“案头多置儒家书，意有所得，辄形之于诗。”分见钱谦益：《牧斋有学集》卷21《寄巢诗序》，上海古籍出版社1996年版，中册，第882页；归庄：《归庄集》卷3《眉照上人诗序》，上册，第197页。

学文、学字、学尺牍。[1] 而一些著名的僧人,均有集子的刊刻,如憨山之《梦游集》,紫柏之《紫柏尊者全集》。僧侣诗歌创作风气的形成,必然会引起时人的注意,于是明选僧侣诗歌总集蔚然成风,举凡万历时之《古今禅藻集》,崇祯时之《明僧弘秀集》,以及董濂之《明僧诗》,李邺嗣之《古今高僧集》,[2]均可为例。

按照历代编诗歌总集的惯例,世家大族女子,间有一二诗章,"不幸流传,必列于释子之后,娼妓之前"[3],故大家闺秀或宦族夫人,均以此为耻。尽管如此,在明代,妇女所作,淫词丽语,触目皆是。换言之,明代妇女能诗之人,代不乏人。尤其是到了晚明,小品文渐趋流行,山人更是到处可见。妇女亦渐为这种风气所染,于是,晚明女子所作小札,多有小品气象。最好的例子是杭城伎工琐,娴诗歌、尺牍,其所作尺牍,致妍韵冷,置诸晚明文人小品之林,毫不逊色。[4] 明季,常熟有柳如是,云间有王修微,钱塘有李因,皆以"唱随风雅闻于天下",[5]鼎足而三。又据钞本《明事杂咏》云:"山人一派起嘉隆,末造红裙幕此风,黄伴柳姬吴伴顾,宛然百谷与眉公。"注云:"黄媛介常在绛云楼伴河东君,吴岩子常与横波夫人游,所谓女山人也。较之山人,尤风流可传。"[6]可见,当时的女山人、女清客者流,或以书画,或以诗词,均非幸致。

妇女对文学的主动参与,由此必然导致妇女文学的发达,这可以从晚明大量女子诗总集中得到证明。明人纂辑女子诗总集的历史,实可上溯到嘉靖时期,至万历、天启时期达到极盛,流传至今者有《诗女史》《淑秀总集》《彤管遗编》《名媛玑囊》《秦淮四美人诗四集》《青楼

---

① 袾宏:《竹窗三笔·僧务外学》,第151-152页。

② 相关资料及其论述,可分见陈正宏、朱邦薇:《明诗总集编刊史略——明代篇(下)》,载朱立元、裴高主编:《中西学术》(二),复旦大学出版社1996年版,第129-130页;杨松年:《中国文学评论史编写问题论析——晚明至盛清诗论考察》,台北文史哲出版社1988年版,第26页;李邺嗣:《杲堂续钞》卷1《甬上高僧诗》,载氏著:《杲堂诗文集》,浙江人民出版社1988年版,第577-578页。

③ 周亮工:《因树屋书影》卷1,上海古籍出版社1981年版,第1-3页。

④ 王琐致程静致小笺云:"昨日下雨,今日又下雨。老天闷人,足下斋头攻书。曾知下雨,必知闷人。知闷人,不妨过来走走。"又曰:"连日冷冷,足下独居冷不?无事过我冷斋,说几句冷话,万勿以我为冷人也。"寥寥几笔,小品之性已具。说见郑仲夔:《耳新》卷5《谐艳》,载《明史资料丛刊》第3辑,江苏人民出版社1983年版,第196页。

⑤ 黄宗羲:《黄梨洲诗文集·文集》卷5《李因传》,第12册,第239页。

⑥ 转引自谢兴尧文,载《堪隐斋随笔》,第241页。

韵语》《古今名媛汇诗》《古今青楼集选》《花镜隽声》《古今女诗选》《闲情女肆》《女中七才子兰咳集》《名媛诗归》。[①]

晚明大量布衣文人的出现,无疑对文人群体的壮大起到了至关重要的作用。所谓布衣文人,一方面是指晚明普遍存在的山人。换言之,在正德、嘉靖以前,廊庙尚数盈丘壑;隆庆、万历以后,韦布几抗簪缨。[②] 如万历年间,浙江嘉兴府的诗人颇盛,大多崛起于社会下层平民,如姚叔祥,是"佣书"出身;丘遂原本是天宁寺的僧人,法名空梵,他曾被岳氏驱逐,跑到嘉善县,补县学诸生,仍被黜,凭借诗歌游于缙绅之间;陈无功是知府龚勉的"侍史",善于作诗,最后靠资金的积累,捐了一个泉州府经历;沈藻原先是吴氏"舍人",也能作诗,且不讳言自己的出身,在家中设"恩主思我吴公之神位";殷东皋则是一个村农,在车水时,还手持《后汉书》诵读,被陈继儒赏识,多加勉励,终成诗名。[③] 另一方面,也是指那些从事民歌、戏曲创作的下层知识分子。在晚明,后一类文人绝非少数。如青阳滚调戏曲,是明末清初继弋阳腔以后,能与士大夫阶层中流行的昆山腔相抗衡的民间戏曲。据有的学者考察,青阳滚调的鼎盛时期,当在万历中到崇祯年间。而这些青阳滚调的辑者,既不是声蜚文坛的名士,也极少涉足官场,多数是厕身民间、不见经传的布衣之士。[④] 显然,到了晚明时期,文人几乎已构成了一个坚如磐石的集团,[⑤]这一点尤应引起注意。

文人与文臣

众所周知,晚明存在着一个以"究心风雅"为业的庞大群体,他们无疑是专业文人的基本群体,对文学的独立发展和文学迅速走向下层社会有着相当大的影响。除了这些专业的文人以外,明代文人生涯事实上可以分为两个阶段:一是做秀才、举子阶段,所习者为八股文或科

---

① 详细阐述,可参见陈正宏、朱邦薇:《明诗总集编刊史略——明代篇(下)》,载《中西学术》(二),第124-129页。

② 陈广宏:《晚明福建地区的城市诗人》,载《中西学术》(二),第140-155页。

③ 谈迁:《枣林杂俎》和集《丛赘·槜李诗人》,中华书局2006年版,第589页。

④ 李平:《乐府玉树英残卷对青阳滚调的探讨价值》,载《中西学术》(二),第170-194页。

⑤ Susan Naquin and Evelyn Rawski, *Chinese Society in the Eighteenth Century* (New Haven, Conn: Yale University Press, 1987), pp.56-58.

举之学，以时文为敲门砖，获取功名利禄；二是入仕以后，有了一定的政治、经济地位，方从事古文、诗歌一类文学的创作，使文学与政治合一，文人与文臣一体。

从广义的角度而言，文人等同于文臣，传统史料亦并不刻意加以区分：

> 《太仆申节愍公传》，华亭陈给事卧子作，尝考甲申京师之变，文人殉难者二十有一人，其十九人死于官，一人观政进士未授官而死，一人以职事出巡，闻京师危急，赴难而死。[①]

钱谦益亦说："万历间文人，当推公为首。"[②]此所谓"公"者，指赵南星，为现任大僚。当西方人看待传统中国这套官僚制度时，也往往将文人、文官合为一称。如法国人阿兰·佩雷菲特（Peyrefitte Alain）观察清代官僚制度时，曾认为："文官在中文里的意思是'文人'。"[③]作如此理解，基本符合中国传统文献的意义。事实上，文官（即所谓的国家行政官员）也必须从文人中选出。[④]

若细究之，文人与文臣显有一定的区别。下面两段记载颇能反映两者的关系：一是"谢子曰：今之人谓文人必不习吏，而过之者又谓文人必习吏"[⑤]。二是"夫穷曰文士，达曰文臣"[⑥]。明人茅坤，多喜用"学士大夫""缙绅先生"或"缙绅学士"与"骚人墨子""骚人墨士"并称，[⑦]以前者代表文臣，以后者表示文人。至于文人、文臣之别，大体可以概括为如下几点。

其一，文臣是官，属于官僚或缙绅阶层，而纯粹的文人则为民，属于布衣之士，两者之间的地位差别不言而喻。法国学者让·德·米里拜尔（Miribel Jean de）曾给文人、文官作如下区别。他认为："文人忠

---

① 归庄：《归庄集》卷4《书申节愍公传后》，上册，第297页。

② 钱谦益：《初学集》卷84《跋赵忠毅公文集》，载《钱牧斋全集》，第1767页。

③ ［法］阿兰·佩雷菲特著，王国卿、毛凤支等译：《停滞的帝国——两个世界的撞击》，三联书店1995年版，第84页。

④ 明人熊开元言："古今之能其官者，率文人多耳。"此可为例。说见氏著：《鱼山剩稿》卷5《蒋明府古亭诗序》，下册，第409页。

⑤ 谢肇淛：《小草斋文集》卷4《李季宣诗卷》。

⑥ 薛冈：《天爵堂文集笔余》卷1，载中国社会科学院历史研究所明史研究室编：《明史研究论丛》第5辑，江苏古籍出版社1991年版，第328页。

⑦ 茅坤：《茅鹿门先生文集》卷20、22《费处士墓阡记》《何氏园林记题辞》。均载《茅坤集》，浙江古籍出版社1993年版，第628、881页。

于亘古以来的老传统,通常没有封号。不在行政部门或学校担任官职,终生攻读或传授知识。”①而文官“是指掌管行政、督察的长官,有时也指掌管军政的长官,但与专职军事长官不同”②。在明代,韦布与缙绅之间,确乎“势分悬绝”③。于是,在传统中国,当家中有男孩出生的时候,几乎每个父亲都希望自己的孩子将来成为一个有学问的人,进入文人阶层。④

其二,在传统中国,文人的社会地位,取决于他们门第与官位,并非他们所构诗文的优劣高下。在明代,由于科举制度盛行,门第已不再起决定性的作用,而是官位在决定文人的地位高下。正如王瑶所言:“一个作者无论他出身华素,到他成为文人时,他必须已经有了实际的官位,这政治地位实在就是他文人地位的重要决定因素。”⑤文人一旦通过科举而获得官位,即跻身文臣之列。且不说因做官而带来的种种经济利益,单就其荣耀和社会地位,也颇令人羡慕。文臣生有官位,甚至封公、侯、伯之爵;死后配享帝王庙庭,甚或从祀孔庙。⑥ 尤其是获得各朝“文臣之首”美称者,其荣誉更是无与伦比。而布衣有幸获得朝廷征召,成为“征士”,如陈遇、吴与弼、周文之流,毕竟属于少数。⑦ 大部分文人因科举受挫,仕进无门,只好生活在社会的下层,凭借其所掌握的知识维持生计。尽管如此,这些文人在他们自己的家乡仍有相当大的影响力,他们的地位远远高于民间百姓,甚至成为所在村镇的领导人。⑧ 对这些科举受挫的下层文人,有学者给以足够的重视,并进行了重新的评价,称之为“读书种子”,甚至称其为“乡曲之导

---

① [法]让·德·米里拜尔著,郭太初、张上赐等译:《明代地方官吏及文官制度——关于陕西和西安府研究》,陕西人民出版社1994年版,第30页。

② [法]让·德·米里拜尔著,郭太初、张上赐等译:《明代地方官吏及文官制度——关于陕西和西安府研究》,第47页。

③ 薛冈:《天爵堂文集笔余》卷2,载《明史研究论丛》第5辑,第337页。

④ 相关的记载,可参见[英]麦高温(Macgowan J. de)著,朱涛、倪静译:《中国人生活的明与暗》,时事出版社1998年版,第47页。

⑤ 王瑶:《政治社会情况与文士地位》,载《中古文人生活》,第29页。

⑥ 相关的例子,参见王世贞:《弇山堂别集》卷4、6、8《勋德文武》《文臣配享》,中华书局1985年版,第1册,第69、110、138页。

⑦ 王世贞:《弇山堂别集》卷8《三布衣优礼》,第1册,第144页。按:凡有学行之士,经诏书征召而不仕者,称“征士”,或尊之曰“征君”。参见赵翼:《陔余丛考》卷36《征君、征士》,河北人民出版社1990年版,第658页。

⑧ [英]麦高温著,朱涛、倪静译:《中国人生活的明与暗》,第48页。

师，地方之柱石，一方文家重镇”①。

其三，文人出仕，成为文臣，亦即朝廷的命官，由此带来一些不便，甚或制约。一如明人海瑞所言：

> 士当斯世，既贫而无养矣。曰农、曰工、曰商，无非资身策也。此其事之在我者。一仕于人，则制于人。制于人则不得自由。制于人而望于人者，惟禄焉。②

文人出仕，为了迎合帝王，维持自己的官位，难免会曲学阿世，于是文人转而成为政客，甚或以他的知识、文化去讨取皇帝的欢心，为皇帝取乐，一如倡优无异。③ 明代仁、宣两朝形成的台阁体，以及嘉靖朝的献“青词”之风，无不都是文人堕落的具体表现。而文臣诗格，则多以“避酸”“迎福”为特点。所谓避酸，即其诗规模台阁，避免流于瘦寒，以免与其进贤冠不副；所谓迎福，以为诗诚有谶兆，如诗格丰肥华贵，则其官运亦为亨通。④ 真正的文人或山林处士，因为不食朝廷俸禄，却反而有更多的自由，在人格上也更具独立性。正如明人吕坤所言：“山林处士，常养一个傲慢人之象，常积一腹痛愤不平之气。”⑤此即一证。

毋庸讳言，文人需要依附王室、官僚，以维持生计，于是就有了晚明山人的流行。换言之，山人无疑具有庸俗的一面。关于此，明代史料揭示道：

> 今天下多文人矣。身在草莽，而通姓名于大人先生，且朝作一文，暮镌于梓，往往成巨帙，干谒贵人及结纳知名之士，则挟以为贽，如此，文虽佳，俗矣。⑥

不过，山人在依附大人先生的过程中，亦尽可能保持自己的人格。正如明人薛冈所言，“在上必凌，在下必援，上交必谄，下交必渎”⑦。这原本是交道的必然。但若缙绅有慕于韦布，何妨先施折节？道理很简单，如果渴慕布衣，虽“介人道意，致词极其谆恳，然必不肯辱而临之，

① 王尔敏：《明清社会文化生态》，台北商务印书馆1997年版，第59-60页。

② 海瑞：《海瑞集》下编《孟子为贫而仕议》，中华书局1981年版，下册，第310页。

③ 周天：《文人的悲剧》，第176页。

④ 倪元璐：《倪文贞集》卷7《王瞻门比部诗序》，上海古籍出版社1993年版，第84页。

⑤ 吕坤：《呻吟语》卷4《品藻》，上海古籍出版社2001年版，第241页。

⑥ 归庄：《归庄集》卷3《严祺先文集序》，上册，第216页。关于明代山人之习，陈万益《晚明小品与明季文人生活》一文有详细阐述，参见《晚明小品与明季文人生活》，第42-53页。

⑦ 薛冈：《天爵堂文集笔余》卷2，载《明史研究论丛》第5辑，第337页。

而必望士之先造,此所以士之必不往也"[①]。尤堪注意者,晚明山人并不以"翱翔人间"为耻,而是极力为其辩护。下面这段记载颇能说明问题:

> 邹山人,隐者也,沈耀灭响,不与世闻,宜矣,而翱翔人间,或者病之。邹山人曰:"嗟乎!世无鼓刀之叟,则朝歌之肆皆屠沽矣。后世其谓予何!天有五气,中人腠理,其体必随气而病。来游人间者,皆中其气而病者也。岂独予乎哉!上者以得时行道中,次以功名中,次以干禄者。孰谓非游人间者!夫隐者,至寂者也。寂而无闻,势必汩没,后世岂谁知之?严君平、郭林宗,非予之徒耶?故予游于缙绅先生间,其病亦以此。"[②]

山人游于缙绅先生间,往往被时人所诟病,而邹山人却公开为自己的行为辩护,这说明晚明山人群体壮大,已是时势所趋。其实,明代布衣诗人,多有名闻遐尔者,并为缙绅先生所尊重。如孙一元、谢榛、宋登春三人,均布衣以诗名。[③] 尤其是王稚登、陈继儒两位山人,更是在明末名噪一时。如王稚登,不过一措大,然自王公贵人、章甫逢掖,以至缁衣黄冠、倡优儓隶,无不以一见稚登或得稚登片言品题为荣。王氏堪称明代以布衣操衮钺之权第一人。[④]

文人与学士

传统中国文人,除出世、入世这一对矛盾外,还有与此相关的经世文章与雕虫之技之争。[⑤] 争论的起因,实乃东汉末分设《儒林》与《文苑》。此举原本有利于文人的独立及地位的提高。然饶有兴味的是,自宋代道学大盛以后,文人地位反一落千丈,而讲道之儒生却以传统知识传授者的正宗自居。与此相应,文人因其品行死后不得入乡贤

① 薛冈:《天爵堂文集笔余》卷2,载《明史研究论丛》第5辑,第337页。

② 王廷相:《王氏家藏集》卷22《送郑山人序》,载氏著:《王廷相集》,中华书局1989年版,第2册,第416页。

③ 董复亨:《繁露园集》卷8《重刻太白山人漫稿序》,收入《四库全书存目丛书》。

④ 谢肇淛:《小草斋文集》卷11《王百谷传》。

⑤ 陈平原:《知识者介入社会的特殊途径》,载氏著:《书生意气》,汉语大词典出版社1996年版,第165页。

祠,[①]或者不得入《儒林传》,只能入《文苑传》。[②] 这样,在儒林、文苑之间,顿具高下之别。

儒林、文苑之士争论的焦点,在于如何看待文学创作。儒林人士认为,文章应如布帛粟菽,不仅应"载道",而且须具有实用性,不应成为玩物丧志之事。而文苑人士则认为,文学乃"言志"之器,应该抒发自己的真实感情,亦即所谓的"独抒性灵"。如明人王廷相说:

> 文以阐道,道阐而文实,《六经》所载皆然也。……今之言者曰华而无文。嗟乎!夫人有蹈道之言,有见道之言,安论性行一轨?言而不欲合道传志,将何为邪?故知文士之言靡而寡用。[③]

可见,传统的鄙薄文人、轻视文学,已是不言而喻的事实。尤其自宋以后,道学兴盛,更是视文学为一无可用之物。换言之,自宋以后,儒之分化更为明显,在道德之儒与文士之间几乎形成一道鸿沟。正如明人何良俊所言:"今世谈理性者,耻言文辞;工文辞者,厌谈理性。"[④]

关于宋儒轻视文学,可引明代文人文徵明之言,以作更进一步的申论。文氏言:

> 夫自朱氏之学行世,学者动以根本之论,劫持士习。谓六经之外,非复有益,一涉词章,便为道病。言之者自以为是,而听之者不敢以为非。虽当时名世之士,亦自疑其所学非出于正,而有"悔却从前业小诗"之语。沿讹踵敝,至于今,渐不可革。呜呼,其亦甚矣!说者往往归咎朱氏,而不知朱氏未始不言诗也。[⑤]

当然,文氏是想替朱熹辩解。然若认真考察起来,宋儒确乎轻视文学和文人,朱熹也不例外。如《朱子语类》卷140云:"今江西学者有两种。子静门犹有所谓学。不知穷年穷月做得那诗,要作何用。"又卷140论赵昌父云:"今人不去讲义理,只去学诗文,已落第二义。"[⑥]如此等等,余不赘举。即使程颐,其轻视文学的态度也与朱熹几乎一致:

---

① 如明人李昌祺因曾作有小说《剪灯余话》,被人视为"文人",而不得入祀乡贤。此即其例。说见邓士龙辑:《国朝典故》卷33,引《野记》,北京大学出版社1993年版,中册,第557-558页。

② 平步青:《霞外捃屑》卷4《毛西河》,中华书局1959年版,第198页。

③ 王廷相:《雅述》上篇,载《王廷相集》,第3册,第843页。

④ 何良俊:《四友斋丛说》卷4《经》,中华书局1983年版,第30页。

⑤ 文徵明:《文徵明集》卷17《晦庵诗话序》,上海古籍出版社1987年版,上册,第469页。

⑥ 转引自钱锺书:《谈艺录》,第404页。按钱氏对此有很好的梳理,可参看。

“做得文章好，便是不幸。”[①]此言虽因东坡而发，不过对文学所持的不赞赏态度，亦不言而喻。于是，一些儒者语录，往往多率然之语，意是而词有病，其结果同样是使后人读之误人害事。换言之，道学家通过轻视文学的高傲态度，以掩饰其不善文词的短处。

文人地位的低落，也不可全怪道学家，其实文人自己也应承担部分的责任。文人从一开始就对自己的文学缺乏信心，反而抱有一种自卑心理。譬如十足的文人扬雄在《法言》里就说：“雕虫篆刻，壮夫不为。”可见，他宁做壮丁，不做文人。有“诗圣”之称的杜甫，对于文学，也似乎全然缺乏信仰和爱敬。他说：“文章一小道，于技未为尊。”[②]

一至明代，儒学之士仍然瞧不起文人，继续前代“一命文人，便无足观”之说，甚至文人也有不以文人为荣的例子。不妨试举下面四例，以示这种看法的广泛性：一是号称明初“文臣之首”（也是著名的文人）的宋濂，生好著文，“或以文人称之，则又艴然怒，曰：吾文人乎哉？天地之理，欲穷之而未尽也，圣贤之道，欲凝之而未成也。吾文人乎哉？”[③]二是杨士奇号称仁、宣朝的“文臣之首”，却对儒亦作了高下之分：“儒者鲜不作诗。然儒之品有高下。高者，道德之儒；若记诵词章，前辈君子谓之俗儒。”[④]三是纯粹的讲学家薛应旂，公然认为诗与文，不过是“士之余事，而君子不屑于用心者也”[⑤]。四是明末清初学者顾炎武，不是讲学家，属正宗的儒家学者，而且在文学上也有较高的造诣，却对文人表露出不屑一顾的姿态：“《宋史》言刘忠肃每戒弟子曰：‘士当以器识为先，一命为文人，无足观矣。’仆自一读此言，便绝应酬文字，所以养其器识而不堕于文人也。”[⑥]尽管上述轻视文人的看法在明

---

① 冯班：《家诫》，转引自向燕南、张越编注：《劝孝俗约》，中央民族大学出版社 1996 年版，第 302 页。

② 扬雄、杜甫之说，可分见钱鍾书：《写在人生边上》，第 78 页；黄淳耀：《陶庵全集》卷 22《陶庵自监录四》，上海古籍出版社 1993 年版，第 867 页。

③ 宋濂：《白牛生传》，载杜联喆辑：《明人自传文钞》，台北艺文印书馆 1977 年版，第 92 页。而在《自题画像赞》中，宋濂也不愿自己“局乎文艺”，或溺于“浮华之丽”，而是其心与天地或圣贤同。见同书，第 93 页。

④ 邓士龙辑：《国朝典故》卷 46，引《三朝圣谕录》，中册，第 1083 页。

⑤ 洪朝选：《洪芳洲先生摘稿》卷 1《方山诗录序》，载氏著：《洪芳洲公集》，台湾洪福增 1989 年重印本，上卷，第 18a 页。

⑥ 顾炎武：《亭林文集》卷 3《与人书十八》，载氏著：《顾亭林诗文集》，中华书局 1983 年版，第 96 页。

代儒学人士中相当普遍，而且渗透到文人层中，然自明代中期以后，确乎有一些文人以自己身为文人自豪。如钱贵，出仕以后，与道学名流应元忠、邹谦之交游，治心养性，谢去一切支离文字，俨然以道学家自命，每劝文徵明“文艺丧志”，希望文氏亦能学道。然文氏却笑道：“人有能有不能，各从其志可也。”[①]而汤显祖更不以文人为耻。有人劝他去讲道，但他却宁可讲情。[②] 他认为：“天下大致，十人中三四有灵性。能为伎巧文章，竟伯什人乃至千人无能名能为者。”[③]做一名文人如此之难，显示出文人地位渐高。由上可知，晚明文人已真正从儒阶层中分离出来，成为一股全新的社会力量。

文人的地位在人们的观念中一旦稳固，就会形成自己独特的特点，无论是生活，还是行为。与传统的道学家相比，明代文人基本具有下列特点。

其一，尽管在文人中，按其诗风的不同，尚可分为文人之诗与诗人之诗，然差别并不大。[④] 若将文人之诗与学者之诗进行比较，则其风格差异较为明显。先可引钱谦益之说以作说明，钱氏言：

> 余惟世之论诗者，知有诗人之诗，而不知有儒者之诗。《诗》三百篇，……曰《雅》，曰《颂》，言王政而美盛德者，莫不肇制典谟，本于经术。……炎汉以降，韦孟之《讽谏》，束广微之《补之》，皆所谓儒者之诗也。唐之诗人，皆精于经学，韩之《元和圣德》，柳之《平淮夷雅》，《雅》之正也。玉川子之《月蚀》，《雅》之变也。[⑤]

钱谦益肯定有“诗人之诗”与“儒者之诗”的区别，并认为儒者之诗本于经学，却并没有指出诗人之诗的特点。为示明晰，可再引李颙之说：

> 诗于士虽非急务，要亦在所不废也。然有学者之诗，有诗人之诗：养深蓄厚，发于自然，吟咏性情而无累乎性情，此学者之诗也；雕句琢字，篇章自工，疲精役虑，而反有累乎性情，此诗人之诗也。[⑥]

---

① 文徵明：《文徵明集》卷30《明故鸿胪寺寺丞致仕钱君墓志铭》，上册，第707页。

② 周亮工：《因树屋书影》卷8，第226-227页。

③ 汤显祖：《汤显祖诗文集》卷32《张元长嘘云轩文集序》，上海古籍出版社1982年版，下册，第1078页。

④ 文人之诗与诗人之诗，可以钱谦益与程嘉燧、冯班作一比较。据清人王应奎考察，文人之诗，多雄厚博大；而诗人之诗，有神韵，并具细腻的特点，却才气颇小，笔亦未甚爽健。可具一说。见王应奎：《柳南随笔》卷1，中华书局1983年版，第19页。

⑤ 钱谦益：《牧斋有学集》卷19《顾麟士诗集》，中册，第823页。

⑥ 李颙：《二曲集》卷19《三冬纪游弁言》，第225页。

可见，学者之诗与诗人之诗的区别，则在于一学有涵养，发于自然；一学无根植，雕句琢字。

上述区分，仅仅是旧式学者的简单划分，而且带有部分的片面性。事实上，文人指诗人、散文作者、小说家、戏曲家；而学者即学士，包括经生、学究、注疏家甚至道学家。按照钱锺书的说法，在文艺鉴赏方面，“文人慧悟逾于学士穷研”，“词人体察之精，盖先于学士多多许”①。换言之，文人感觉敏锐，富有灵感，表现与表达能力强，能丰富文字；而学究、经生往往皓首穷经，以考据代替文学的鉴赏领悟，对文学的本质与特性多不通晓。而以讲学为职责的道学家之流，其对文学缺乏真正领悟，实与学究同病。

事实确乎如此。在明代，文人多被人称为“慧男子”，而且有“风人之致”②。按照明季文人袁中道的说法，“凡慧则流，流极则趣焉。天下之趣，未有自慧生焉。”③而这种风人之致，正好是学者或道学家之流所缺乏的。正如汤显祖所言：“世间惟拘儒老生不可与言文。耳多未闻，目多未见，而出其鄙委牵拘之识，相天下文章。宁复有文章乎？”④

其二，文人与道学家流的人格特征迥然有别。明代知识阶层，终身处于利害毁誉之途，无法解脱，诚有庄子所谓一月之间开口而笑者，不能数日。大体说来，“才谢乳哺，即受蒙师约束；长而为民，则官法束之；为士，则学政束之；为官，则朝议束之”⑤。这种严肃、乏味的生活，尤以道学家为甚。道学之士，大多为人拘谨，甚或迂腐，从而与风流生活无缘。明人以“伪”“腐”二字概括讲学家之病：“伪者，行不顾言；腐者，学不适用。”⑥至于讲学者平时的仪态，也是“多规行矩步，瞑目拱手示深远”⑦，完全是一副行若土偶或道貌岸然的样子。

---

① 孔庆茂：《钱锺书与杨绛》，海南国际新闻出版中心1997年版，第262-263页。按：钱锺书之说，明人薛冈已开风气之先。薛冈言：“风人与训诂人，肝肠意见绝不相同。训诂者往往取风人妙意，牵强附会，老杜身后受虞、赵二君之类不浅。”见薛冈：《天爵堂文集笔余》卷1，载《明史研究论丛》第3辑，第330页。

② 钱谦益：《牧斋有学集》卷20《李缁仲诗序》，中册，第838-839页。

③ 袁中道：《珂雪斋近集》卷3《刘玄度集句诗序》，第40页。

④ 汤显祖：《汤显祖诗文集》卷22《合奇序》，下册，第1078页。

⑤ 江盈科：《雪涛阁集》卷8《笑林引》，载《江盈科集》，上册，第438页。

⑥ 吕坤：《去伪斋集》卷3《杨晋庵文集序》，载氏著，王国轩、王秀梅整理：《吕坤全集》，中华书局2008年版，第90页。

⑦ 王锡爵：《王文肃公文集》卷8《参议惠鹿吴公墓志铭》，收入《四库禁毁书丛刊》。

而文人,则可以放言高论,毫无顾忌,行为放荡不羁,甚至不乏狎妓一类风流之举。明人何良俊曾对文人生活的文采风流作如下标准划分:一是善书画,自己亦能涂抹几笔;二是喜歌曲,教妆戏子数人;三是室中蓄侍姬三四人。[①] 根据当时的诸多史料记载,文人行为可以概括为:一是狂傲。如明代中期文士桑悦、祝允明,肆口横议,略无忌惮。桑悦对丘濬言:"举天下文章,惟悦,其次祝允明。"[②]允明作《罪知录》,亦力诋韩、欧、苏、曾六家之文。[③] 又何景明,傲视一世。在京师时,每有宴会,常闭目独坐,"不与同人交一言"。有一日,甚至"命隶人携圊桶至会所,手挟一册坐圊桶上,傲然不屑。客散,徐起去"[④]。二是言语轻薄,互起诨名、绰号。如陈石亭有"陈木匠"之号,邝某唤作"邝响马",马西玄因文弱可爱,状若处女,故有"马二姐"之号。[⑤] 三是狎妓。余怀曾有为文士"狭邪之游"辩解之言:"狭邪之游,君子所戒。然谢安石东山携妓,白香山眷恋温柔。一则称'江左风流',一则称'广大教主'。因偶适其情性,亦何害为君子者?"[⑥]如康海,其所娶尚夫人甚贤,但康海每日"游处狭斜中,与夫人大不相洽,后遣之归"[⑦]。

明代文人与道学家之别,可详引下面一段记载,以资说明:

> 崇祯初,余中丞与谭友夏结社金陵。适石斋黄公来游,与订交,意颇洽。公造次必以礼法,诸公心向之,而苦其拘,思试之妓。顾氏(指顾媚——引者)国色也,聪慧通书史。抚节按歌,见者莫不心醉。一日大雨雪,觞公于余氏园,使顾佐酒,公意色无忤。诸公更劝酬,剧饮大醉,送公卧室。……诘旦,顾出,具言其状。且曰:"公等为名士,赋诗、饮酒是乐而已矣。为圣成佛,成忠成孝,终归黄公。"[⑧]

面对绝色艳妓,无论是如何亲昵、挑逗,却不为所动,只是一句"尢庸",这是何等的气概。可见,真正的道学者之流,他们崇尚的人格是如圣

① 何良俊:《四友斋丛说》卷17《史》13,第150页。

② 王士禛:《香祖笔记》卷1,上海古籍出版社1982年版,第19页。

③ 王士禛:《香祖笔记》卷1,第19页。。

④ 何良俊:《四友斋丛说》卷15《史》11,第126页。

⑤ 何良俊:《四友斋丛说》卷18《杂记》,第155页。

⑥ 余怀:《板桥杂记·后跋》,上海古籍出版社2000年版,第76页。

⑦ 何良俊:《四友斋丛说》卷15《史》11,第128页。

⑧ 顾公燮:《丹午笔记》第150则《余中丞以妓试黄石斋事》,江苏古籍出版社1985年版,第138页。

人、佛一般的至善。换言之,他们力学的目的,是死后从祀孔庙,吃“冷猪肉”。而对文人来说,却可以不拘细行,放浪形骸,动辄称“岂有生肉与我吃哉”[①]!

其三,自明代中期以后,尤其到了晚明,文人与道学之士的界限也渐渐模糊。道学家生活趋于活跃,“心学”一派功不可没。明代心学先驱陈献章对文人就抱不加轻视的态度。他说:“夫士能立于一世,或以道德,或以文章,或以事功,各以其所长。其出处语默,进退去就不能皆同,亦不期于同也。”[②]故陈氏的生活,相当“活泼泼”,有山水之乐,饮酒之乐。诗酒风流,一如文人无异。[③] 又如王阳明,道德、事功、文章聚于一身。黄宗羲称颂王阳明虽不欲以文人自命,却“深于为文”[④]。晚明文人生活的活跃,实得力于陈、王二人。

即使治学倾向于程朱的学者,亦受时风所染,在个人生活上同样变得很丰富多彩。譬如,赵南星身为东林党魁,人但见其门庭高峻,不可梯接,而未知他也通侠纵酒,风流倜傥。他有一封尺牍,提到“菊子”“翠柳”“黄二姐”,均为当时乐妓。[⑤] 另一东林党魁顾宪成,号称道学宗主,立朝大节岳岳,然其乡里人,“每言其有桑中之事”[⑥]。如此等等,均可为例。

文人与武士

文武异途,自古已然。殷周以来,“文”“武”就代表着两种概念。“武”字表示人的一种事功(征伐),偏于政治的意义;“文”字表示人的一种行为态度,偏于伦理的意义。文人与武士自然是不同的两种人。[⑦]换言之,文人乃温文尔雅的斯文之士,而武士则为豪爽粗鲁之辈。在文人看来,武人口吻,甚是可笑。如张献忠尊梓潼神为始祖,命翰林作

---

① 骆文盛:《骆两溪集》卷13《南埜杂谈》,收入《四库全书存目丛书》。

② 陈献章:《陈献章集》卷2《与王乐用佥宪》,中华书局1987年版,上册,第154-155页。

③ 如陈献章有诗云:“一曲一杯在下醉,人生能得几回逢?”几无丝毫头巾气。见《陈献章集》卷6《对菊》,下册,第571页。

④ 黄宗羲:《杲堂文钞序》,见李邺嗣:《杲堂文钞》卷首,载氏著:《杲堂诗文集》,第380页。

⑤ 邓之诚:《骨董琐记》卷1《赵忠毅尺牍》,中国书店1991年版,第309页。

⑥ 归庄:《归庄集》卷10《随笔二十四则》,第518页。

⑦ 参见季镇淮:《“文”义新探》,载《来之文录》,第24页。

册文，皆不称意，乃自作曰："你姓张，咱罗子也姓张，咱与你今日连了宗罢。"[①]此即一例。

与此同时，文武合一，或文武备于一人，又是自古以来的理想人格。《左传》中楚庄王所谓"止戈为武"的说法，其"武"字的真谛或精神，旨在寝兵息民，反而带有一些"文"的内涵。[②] 又如明人李贽认为，古代男子出行，不离佩剑，远行不离弓矢，平日不离佩玉。佩玉名为随身之用，事亲之物，"其实思患豫防，文武兼设"[③]。可见，文人随身佩带之玉，实兼具文武之用。

就文武关系而言，古代文、武合一，故伊尹、周公、管仲、乐毅之流，入作卿相，出为元帅。自汉以后，文武渐分。文人以谈兵为耻，而将武事委之粗人武士。尽管如此，当时犹有虞诩、诸葛亮、周瑜、杜预、谢玄、李靖、裴行俭、韩琦、李纲之徒，奋策儒素，建功阃外，为时宗臣。

一至明代，明太祖以马上得天下，而崇儒重道，思得文武兼资之士。英宗、景帝之时，有王骥、于谦；宪宗、孝宗时，有韩雍、王越；武宗、世宗时，有王阳明、杨一清，皆起家书生。但就其大概而言，明初重武之风颇盛，武臣权力，相对比文臣要大。如明初，天下府僚全由卫官节制。每月朔、望，府中官员至卫衙作揖，"生徒、里老亦先诣听处分"[④]。每当有大征伐，即有武臣仗钺而出。其后因武臣不可专任，而添设总督、巡抚，似乎是用文将，然佩印者实为总兵官，而调度则听命于督、抚。[⑤] 右文日久，儒吏掌管征伐之事，于是视大帅如仆隶。尤其到了晚明，武臣体貌日轻。武臣自总兵以下，即为副将和参将，原本可与司道并列。但在晚明，却有巡按御史鞭朴副总兵、巡抚捆打参将之例。[⑥] 即使如戚继光、李成梁这样位三孤、封五等的名将，见了权臣张居正，也只能自称"门下沐恩小的某万叩头跪禀"[⑦]。国家无事时，文、武互相

---

① 梁绍壬：《两般秋雨庵随笔》卷3《武人口吻》，河北教育出版社1994年版，第199页。

② 详细解释，可参见张高评：《左传之武略》，台北丽文文化事业股份有限公司1994年版，第6-7页。

③ 李贽：《焚书》卷5《无所不佩》，第217页。

④ 邓士龙辑：《国朝典故》卷33，引《野记》3，上册，第555页。

⑤ 陈子龙：《陈子龙集》卷10《储将才》，见《传世藏书·集库·别集》，海南国际新闻出版中心1996年版，第10册，第86页。

⑥ 沈德符：《万历野获编》卷19《按臣笞副总兵》，中册，第495-496页。

⑦ 沈德符：《万历野获编》卷17《武臣自称》，中册，第452页。

讥讽;有事时,则互相倾轧。“文人谓武人不足语,武人又谓文人无用,不识时务。”[①]

从仕途的角度而言,对明代的文、武关系大体可以概括如下:明初文武合一,甚或重文轻武;明代中期以后,文武异途,甚或重文轻武。自正德、嘉靖以后,出现了一种“儒将”的说法。“将”而又“儒”,并非是“文武全才”的典型,而是武将抛弃自己的习武本业,去附和文士的习气。与此相应,巡抚、巡按也以文字的优劣作为荐扬武将的标准,兵部也据此作为任用的尺度。而晚明文、武关系的实际演进过程,却是文人尚武精神的形成,进而投笔从戎。这一风气由丘濬开其端,倡导“文武一途”,继之者有唐顺之、赵本学、郑若曾、陈第、茅元仪、曹飞、陆世仪等,从而形成一股“尚武”与“重兵”的风尚。[②] 武将则重文轻武,追求文人的风雅生活,宽衣博带,雍雍如也,肃肃如也,甚至边庭帅府也成为山人清客会聚的地方。文与武以另一种形式发生了紧密的联系。

传统文人大多胸怀大志,然一旦科场失意或干谒不成,就只好投身边塞戎幕,以为晋身之阶。明代的文人也不例外。如嘉靖年间,倖臣胡宗宪、赵文华辈,开府浙江。时世宗方喜祥瑞,争以表疏称贺博宠,词人纷纷入幕,诸如胡宗宪幕府之徐渭、沈明臣、赵得松、朱察卿。[③]文、武失其本色,是晚明的基本特点。对文人来说,时势动荡,正是他们大显身手的时机,于是纷纷“抵掌而谭孙吴,恨不得一当单于,以暴其能于天下”[④]。更有一些文人,效班超投笔故事,毅然弃去文章之事,以武胄起家,成为将军。如何南吉,死后被茅坤称为“谁言将家子,耻做一文儒”[⑤]。至于陈第,更是投笔从戎的著名文人与学者,其例在此不赘。

与此相应,一些武将也以习文为雅事。武人能诗,自古以来,不乏其例。明代武将能诗者,有沐昂、俞大猷、郭登、李言恭、万表、陈第等,

---

① 魏季瑞:《魏伯子文集》卷1《阎将军寿序》,收入《四库禁毁书丛刊》。

② 关于晚明的“尚武”精神,可参见陈宝良:《晚明的尚武精神》,载中国明史学会主编:《明史研究》第1辑,黄山书社1991年版,第248-259页。

③ 沈德符:《万历野获编》卷17《武臣好文》,中册,第434页。

④ 叶春及:《石洞集》卷13《廷珪中将军之长乐序》,上海古籍出版社1993年版,第664页。

⑤ 茅坤:《白华楼吟稿》卷4《吊南吉何都阃诗》,载《茅坤集》,上册,第39页。

其诗“皆见英雄本色，有文士所不能道者”[①]，并非只能写“明月赤团团”一类俗句。尤其是戚继光，因深得文坛名人汪道昆、王世贞的称道，俨然以风雅自命，幕客郭造卿辈，尊之为“元敬词宗先生”，几与缙绅分道扬镳。又萧如薰，亦以翰墨自命，山人辈纷纷投入幕中，尊称其为“季馨词宗先生”[②]。其他如杜文焕，亦甚好文，建曲馆，以“经文纬武”颜其斋，作有《餐霞外编》。[③] 如此等等，不胜枚举。

概括言之，文人好武，习谈兵；武士好文，喜优雅，这是晚明的风气。究其实，文人好武，多纸上谈兵而已，不切实际；而武士习文，亦非本色当行。对内忧外患的晚明时代来说，这种文恬武嬉，决非是一件幸事，却是当时风气的实录。

文人特性举隅

到了晚明，由于庞大的山人或布衣文人层的存在，使文人具有较多的独立性。尤堪注意者，晚明士人主体意识的高涨，士人生活的渐趋活跃，文化的多姿多彩，无不与这些纯粹的文人有关，而与儒家学者或道学家之流较少关涉。明代文人当然具有历代文人的共性，却又独具个性。简言之，明代文人的特性可概括如下。

一是“文人相轻”，自古已然，至明代尤甚。这固然一方面是中国传统的“面子”问题所致，另一方面也与明人好名之习相关。更进一步说，自明代中期以后，士人主体意识的高涨，对“文人相轻”现象也起了推波助澜的作用。

文人相轻，确乎自古已然。清人赵翼辑《文人相轻》一则，于文人相轻陋习多所钩勒。据此可知，贵远贱近或尊古卑今，这是世情所不免，甚至有彼此相倾轧者。如扬雄作《法言》，张伯松不肯观；班固、乐毅，文在伯仲之间，而固嗤毅；魏收与邢邵俱以才名，互相訾毁；[④]薛能小有才，而妄自称诩，其论诗有“李白终无取”之句；杜牧著论，称元白“淫言媟语”，极尽丑诋之能事。[⑤]

---

① 王士禛：《池北偶谈》卷17《儒将诗》，第420页。

② 沈德符：《万历野获编》卷17《武臣好文》，中册，第435页。

③ 谢肇淛：《小草斋文集》卷5《餐霞外编》。

④ 赵翼：《陔余丛考》卷40，第728-729页。

⑤ 钱大昕：《十驾斋养新录》卷18《文人勿相诋》，江苏古籍出版社2000年版，第394页。

明代文人相轻,其例更多,其事更甚,或至于可笑。譬如,刘子威好为聱牙诘屈之文,为吴人所推服。卜士袁景休,却时常向人抉摘其字句钩棘、文义纰缪,并加以嘲笑。子威闻之大怒,诉于邑尉,摄而笞之。县尉历数其罪,道:"若复敢姗笑刘侍御文章乎?"景休仰而对称:"民宁再受笞数十,终不敢改口沓舌,妄谀刘侍御也。"[①]彭尧谕,工为诗,游京师,遇竞陵钟惺,与谈不合,"奋拳殴之";如皋冒伯麟,文出于后七子,时人攻击七子甚力,伯麟守师说:"愤楚人之訾警,至欲以身死之。"[②]而归庄《难壬》一篇,列举甲、乙、丙、丁、戊五位以文章著称于时的文人,以及壬这位"粗有文笔"的无行小人。通过壬在甲、乙、丙、丁之间的种种挑拨,以揭露文人相轻之习。[③] 这种文人相轻习气,甚至渗透到讲学家之流。如朱熹因蜀、洛之故,对苏轼极尽丑诋之能事,称苏轼之学"害天理,乱人心",其徒秦观等"皆浮诞轻佻,士类不齿"[④]。明代讲学,亦颇多意气之争,不为明道,只为角胜,"字面词语拏住一点半点错,便要连篇累牍辩个是"[⑤]。显然,也是文人相轻习气在作祟。

明代文人相轻,究其原因,则是明人好名所致。正如明代思想家陈献章所言:"古之为士者,急乎实之不至;今之为士者,急乎名之不著。"[⑥]吕坤也有相同看法:"今人苦不肯谦,只要拿得架子定,以为存体。"[⑦]确乎一语道破。从较深的文化层面来看,则是"面子"二字在作怪。面子包含了下面两层意思:第一层是荣誉或声望,第二层是自尊和尊严。[⑧] 为了避免使自己蒙羞,就要全力维护自己的面子,无论是对或错,于是就产生了文人相轻现象。而对这种现象,当作如何评价,则确乎见仁见智的事。贬之者将其称为"文坛无赖的不传之秘"[⑨];而平和者则认为,文人好名,争风吃醋,历来传作笑柄,"只要它不发展为无

---

① 周亮工:《因树屋书影》卷3,第72页。

② 周亮工:《因树屋书影》卷4,第119-120页。

③ 归庄:《归庄集》卷10,下册,第503-504页。

④ 梁绍壬:《两般秋雨庵随笔》卷3《诋毁东坡》,第169页。

⑤ 周亮工:《因树屋书影》卷5,第137页。

⑥ 陈献章:《陈献章集》卷3《与林蒙庵》,上册,第242页。

⑦ 吕坤:《呻吟语》卷2《修身》,第129页。

⑧ 对中国文化中的面子问题,英国人麦高温堪称最早的研究者。作者在中国生活了五十年,对此有较深刻的认识。见[英]麦高温著,朱涛、倪静译:《中国人生活的明与暗》,第333-334页。

⑨ 陈四益:《牛山四十屁》,载氏著:《乱翻书》,学林出版社1997年版,第37页。

情、无义、无耻的倾轧与陷害,终还算得‘人间喜剧’里一个情景轻松的场面”[①]。在传统统治者看来,文人词翰,“所争者名誉而已,与朝廷无与,故其患小也”[②]。然若与晚明士人个性弘扬、主体意识日高的时代大背景结合起来看,这种文人相轻现象,何尝不是一种具有时代意义的新气象。换言之,正因为文人自信,方养成自傲,甚至互相轻视。不仅自信,明代文人并非一味掩饰自己短处,而是继自信之后,能及时自悔。正如谭元春所言:“予因思古今真文人何处不自信,亦何尝不自悔?当众波同泻,万家一习之时,而我独有所见,虽雄才辩口,摇之不能夺其信。至于众为我转,我更觉进。举世方竞写喧传,而真文人灵机自检,已遁之悔中矣;此不可与钝根浮器人言也。”[③]谭氏随后详举袁宏道为例,兹不具引。

二是文人轻薄、无行,自古已然,至明更甚。李志慧对唐代文人曾作过深入的研究,并就唐代与明代文人作了如下区别:“唐代文人在政治上、事业上和文学上的积极追求,体现了中国封建社会上升时期蓬勃向上的时代精神,是唐代文人区别于明清时期那些政治上没有出路的风流才子和乡村学究的一个重要标志。”[④]可见,明代文人分为两种类型,即风流才子和乡村学究。而风流才子则是文人轻薄、无行的最好佐证。

明代文人轻薄,当起于明代中期的吴中诸才子。成化、弘治末,吴中才子唐寅、祝允明,先后负隽声,饶艳藻。唐氏著有《金粉福地赋》,甚艳丽。祝氏有《烟花洞天赋》,正堪与唐赋作对。其后,祝氏又作《风流遁赋》,均为俳语。词虽淫媟,亦自有致。究其原因,唐、祝二人均为老公车,在科举仕途上不得志,“寄迹平康以销壮心,即见嗤于礼法士,非所计也”[⑤]。词虽艳丽、轻佻,人却不能说无行。又如屠隆,曾看中友人的侍女,友人命其即席赋《梅花诗》百首。屠隆援笔立成,遂得侍女。屠隆原先因在宋西宁家狎饮而遭罢官。一次游历杭州西湖,泊舟于西陵桥,词客满座。语及前事,屠隆忽然道:“宋夫人真绝色也。”众人为

① 钱锺书:《林纾的翻译》,转引自黄裳:《妆台杂记》,中国社会科学出版社1997年版,第129页。

② 《四库全书总目》卷148《集部总叙》,中华书局1983年版,第1267页。

③ 谭元春:《袁中郎先生续集序》,载氏著:《鹄湾文草》,第45-46页。

④ 李志慧:《唐代文苑风尚》,第5页。

⑤ 沈德符:《万历野获编补遗》卷4,中华书局1980年版,下册,第904-905页。

之匿笑。屠隆又大言道："吾一夜可度男女十人。"[①]为人佻达不羁之态，跃然纸上。

一般认为，"文学士多寡节气"。究其原因，据明人吴廷翰的解释，则是："以其习华悦人，故性成而柔驯，居尝议论霏霏有余，及临事难，辄蓄缩巽耎，战汉不能出一语，往往殉其守。"[②]与道学之士相比，文人的气节确乎稍有不逮。不妨举明末文人董其昌、钱谦益，与道学家刘宗周、黄道周作一比较。董其昌文章书画，冠绝一时，海内望之如山斗。然受名士流风影响，"每疏绳检，且以身修为庭训，致其子弟，亦鲜克由礼"[③]。后董其昌在乡为富不仁，终于引其民众的愤慨，有"民抄董宦"一事。钱谦益为明季文坛领袖，却不惜行检，当原配陈夫人还在时，即以河东君柳如是为妻，"以妾为妻"，其无行可见一斑。[④] 钱氏一事，若属实，正堪无耻之尤了。据明末清初人李清载，谦益降北以后，柳如是留南京，与一私夫乱。谦益子鸣其私夫于官，杖杀之。谦益怒，屏其子不见，语人道："当此之时，士大夫尚不能坚节义，况一女人乎？"闻者莫不掩口。[⑤] 钱氏在家乡的口碑亦不佳。反观道学之士，在大是大非的紧要关头，却能尽节而死，终成纲常人物。如刘宗周、黄道周，在崇祯年间被视为"天下清望"。当浙中不守时，宗周不食而死；道周受闽中之命，以阁部督师，被擒死之。[⑥]

三是文人穷酸，而且愿意言穷，甚至哭穷。轻薄、无行，出入花街柳巷，这是风流才子的勾当。而绝大部分的下层文人，即所谓的乡下学究，则无不是一副穷酸样。明朝人早就认识到了文人与穷的不解之缘。如袁中道就说："知交中韵士，即是贫士。富人多非韵人。"[⑦]但明代文人更喜言穷。如江盈科有诗云："作吏经三载，残躯万苦余。子钱增是母，宦橐薄于儒。乞米怜腰惯，窥铜笑貌臜。乡书不敢寄，猿鹤恐

---

① 谈迁：《枣林杂俎》和集《丛赘·梅花诗百首》，第 587 页。

② 吴廷翰：《文集》卷上《郡贰包白崖先生擢成都别驾序》，载氏著：《吴廷翰集》，中华书局 1984 年版，第 265 页。

③ 毛祥麟：《对山余墨·黑白传》，载虫天子编，董乃斌等校点：《中国香艳全书》16 集卷 3，团结出版社 2005 年版，第 4 册，第 1968 页。

④ 王应奎：《柳南随笔》卷 1，第 2-3 页。

⑤ 李清：《三垣笔记》中《崇祯》，中华书局 1982 年版，第 85 页。

⑥ 归庄：《归庄集》卷 10《随笔二十四则》，下册，第 514 页。

⑦ 袁中道：《珂雪斋近集》卷 1《后泛凫记》，第 127 页。

嘲予。”[①]此即其例。

当然,穷酸只是与学究为伍,而与那些已有官位的大人先生无缘,如江盈科之言穷,只是一种文人习气在作怪,其实与乡村学究相比,他的日子并不难过。正如朱自清所说,向来说“寒酸”“穷酸”,似乎酸气者聚集在失意的书生身上。得意之后,见多识广,加上“一行作吏,此事便废”,那时就不会执着在书上,“酸气味”是可以洗掉的。[②] 事实确乎如此。明代出仕过的文人,无论其如何说穷,终有基本的田地、房产供其消费。如唐顺之,初时有田百亩,其后增至“盈千”。[③] 又如袁中道,自言其维持其逍遥的文士生活以及养家的经济来源:有供粥之田,可取租四百余石;岁有租银近百金;又在沙市有一宅,售值可置田数百亩。[④]

今人陈玮论文人道,文人绝非一般舞文弄墨的酸丁秀才,而指具有极致的文人习气的一类知识分子。他将文人气质概括为“五气”,即:书卷气、骨气、正气、义气、清气。[⑤] 这当然是今人理想化了的文人形象。但如果对明代文人作一具体考察,那么酸丁或乡村学究在文人阶层中所占的比重和地位,就不能不给予充分的注意。事实上,书卷气是明代文人普遍具有的一种精神气质,即使乡村学究如何穷酸,他们总是具有一定的文化知识,因这种知识是他们维持生计的基础。文人当然是传统读书人的一部分,故又可称“书生”。这固然是一个颇值得骄傲的称谓,如说“一介书生”或“书生本色”,无不都含有清高的意味。所以,明代的文人墨客大多以贫为清高,进而以清高为标榜。骨气也者,简言之,即傲气。文人无疑是知识的掌握者,而知识又赋予文人以超俗的权力和优越。于是,明代文人也就具有了笑傲王侯、指点江山的传统,潜意识中常凌驾于世俗权力之上。[⑥] 至于正气、义气,亦即临难尽节尽忠,更多的是在道学家之流中可以找到。而继承魏晋以

---

① 江盈科:《雪涛阁集》卷1《书怀》,载《江盈科集》,上册,第43页。

② 朱自清:《论书生的酸气》,载氏著:《朱自清古典文学论文集》,上海古籍出版社1981年版,上册,第163-170页。

③ 唐顺之:《唐荆川先生文集》卷8《答金前淙郡守》。按:唐氏亦言,“清修之士好言贫”。可见,言贫是明代文人的一种习气。

④ 袁中道:《珂雪斋近集》卷1《后泛凫记》,第127-128页。

⑤ 陈玮:《等待文人》,载《戏文》,1999年第4期,第79页。

⑥ 相关的评述,可参见蔡翔:《金圣叹与阿Q》,载氏著:《写在边缘》,四川人民出版社1997年版,第104页。

来文人传统的文人,反而具有一种非道德或非规范的特点。即以“狎邪”为例,文人并不视之为大恶。其上焉者,视之为风流雅事,著之诗歌;其下焉者,视之为应酬不可免之事,无伤道德。[①] 这不仅是历代文人的通病,而尤以明代文人为甚。换言之,明代文人一方面追求清雅之事,如书画、文学,另一方面又追求相当世俗化、物质化的生活,甚或追逐声色犬马。

结束语

由上述对明代文人的具体辨析,已不难对其作一概括:明代文人固然是整个知识阶层的一部分,具有读书人阶层所具有的一切共性,但明代文人与前代文人相较,又别具个性特征。举凡布衣文人的增多,从而形成了一个与文臣有异的相对独立的布衣文人层;文人与学者尤其是道学之士的区别,尤其是在个人习性与生活观念方面,出现了文人与道学之士的分化现象;文、武关系在明代的具体演进,以及晚明出现的武人“尚文”与文人“尚武”习尚所反映的文、武渗透。如此等等,均可以视作明代文人的特性。即使是历代文人的共性,诸如文人相轻,文人轻薄、无行,文人穷酸而愿意言穷、哭穷,也因明代文人的活动而更加发扬光大。换言之,就文人业余精神的形式,也即绘画、书法以及案头清供的制作诸方面而言,从王羲之到文徵明、唐寅,从倪云林到董其昌,[②]无不有其一脉相承的精髓。但无论是明中期吴中风流才子型的文人所表现出来的“狂”“简”二科特征,抑或王稚登、陈继儒乃至李渔山人清客型的文人,既是文人业余精神(即明清文人所言的“闲情”)昌盛的产物,同时也可以说从某种程度上反映了自晚明开始而直至清代的明清社会与文化的巨变。

有学者将明代视为文人业余精神最昌盛的时代,而明代文化也是“最典型的文人业余文化”[③]。这种观点的论据则是明代科举八股的

---

① 胡适:《提倡禁嫖》,载丘桑主编:《大宇宙中谈博爱》,东方出版社 1998 年版,第 74 页。

② 董其昌无疑是晚明文人的代表人物。关于他的生平及绘画、书法作品的介绍,可参见 Paul Moss, *The Literati Mode: Chinese Scholar Paintings, Calligraphy and Desk Objects* (London: Sydney L. Ltd., 1986), pp.1-3.

③ [美]列文森(Joseph R. Leveson)著、张永堂译:《从绘画看明代及清初社会的业余精神》,载《中国思想与制度论集》,台北联经出版事业公司 1977 年版,第 422 页。

考试制度,导致知识阶层的知识学习,既不是入仕以后必需的专门技能,也不是纯粹的业余知识,不过是一种敲门砖而已。而科举阶段的学习,无疑又为文人的业余生活提供了方便。这种观点无疑有其存在的价值,事实上也部分概括了明代文人和文化的特质。然揆之明代事实,这种观点无疑具有一定的片面性。如若具体考察晚明的文人画或小品文,这种说法显然是成立的。然明代文化并非如此简单,业余精神也并不是明代文人的唯一精神。简言之,明代文化与文人相关的主要内容:一是明前期的宫廷画,尤其是浙派,以及与之相应的翰林院的文学侍从之臣,及其由此形成的台阁体诗文,或嘉靖年间专写"青词"的侍臣。他们供奉或侍从于内廷,业余精神被御用的职责所掩盖。① 二是明代中期以后兴起的通俗文化以及创作这些文化的作家,尤其是下层文人。这种通俗文化,其标志当然是印刷的商业化和新的文学集团的出现,而其特点则为适应较少文化的新的大众的口味。② 最后方是文人画、小品文以及与此相关的文人业余精神。它在晚明的表现,始于公安、竟陵,而至清初的李渔,无疑已到了总结的阶段。③

晚明文人的业余精神,究竟是什么?简言之,就是基于一定经济基础或稳定生活之上的消闲精神。反映到文人画中,或可称之为一种"反科学""反进步""反商业""反实用"的精神。④ 文人画一词最初由明人唐寅提出,是指"士大夫画",后用以指南宋画。文人画的精髓是"士气",以与"画工气"相别。而"士气"的获取,则是多读书。这也是文人的特权,是画工无法享受的特权。基于此,才造成文人画与画工画的美学区别,即文人画以"平实简淡"为极诣,下笔性灵,任意驰骋,

---

① 关于明代宫廷画派,尤其是浙派之演变,可参见穆益勤编著:《明代院体浙派史料》,上海人民美术出版社 1985 年版,第 89-110 页。而明初以宫廷画与台阁体诗为主要内容的宫廷文化,其评述可参见陈宝良:《悄悄散去的幕纱——明代文化历程新说》,陕西人民教育出版社 1988 年版,第 41-51 页。

② Anne E. McLaren, *Chinese Popular Culture and Ming Chantefables* (Leiden:Koninklijke Brill NV, 1998), pp.1-2.

③ 关于明清时期社会经济巨变与新文化的形成,尤其集中考察李渔者,可参见 Chun-shu Chang and Shelley Hsuen-lun Chang, *Crisis and Transformation in Seventeenth-Century China: Society, Culture, and Modernity in Li Yu's World* (Ann Arbor: The University of Michigan Press, 1992), pp.1, 9-46,231-266.

④ [美]列文森(Joseph R. Leveson)著、张永堂译:《从绘画看明代及清初社会的业余精神》,载《中国思想与制度论集》,第 421 页。

随处飘洒。[①] 然即使是纯粹的文人业余精神,在晚明也受到整体文化世俗化的影响,表现出一些俗化倾向。这一点尤其应引起研究者的注意。至于晚明存在的数量庞大的下层知识分子,也即生员,他们与传统文人的关系,在文人阶层中所占比重越来越大,以及其所起的作用;或者明代文人在整个中国文学史上所占据的特殊地位,则无疑将成为以后研究的方向。

① 相关的文人画特征,可参见归昌世:《假庵杂著》,上海古籍出版社 1983 年版,第 194-195、199、202-203 页。

三、四民之首:儒学生员与地方社会

前　言

所谓儒学生员,民间俗称"秀才"。生员是绅士的一部分,更确切地说,是绅士的下层。关于生员是否属于绅士,在学术界有争论。张仲礼将生员视作绅士的下层,而何炳棣仅将生员称为"学者平民",[①]从而将其排斥在绅士层之外。即使将生员归入绅士层,但是否刻意需要将绅士层区分为上、下两层,同样存在着不同的看法。如玛丽·拜库斯(Mary Backus)就不同于张仲礼的做法,在高级科名拥有者并具有做官资格的官僚绅士,与生员及另外一些低级科名拥有者并不具有做官资格者之间作一区分。她认为,"事实上,不论是否做官,关键应该是对在里面起作用的人与外在的国家结构作一区分"。[②] 这显然是将绅士层视作与外在的国家结构相对的浑然一体。其实,若从明代的实际状况来说,绅士的上、下层确实是在逐渐分化。生员慢慢从绅士层游离出来,成为相对独立的一个社会阶层。所谓"相对独立",一方面,是指生员是绅士层的一员,有其诸多的共同利益,即在代表地方利益方面,他们可以表现出一致性;另一方面,一至晚明,由于生员的相对贫困化,生员与上层绅士已开始发生一些利益冲突。

按照明代的制度,士各有分。出仕的缙绅,食君之禄,为君做事,有民社之责;生员被称为"朝不坐、宴不与"之身,自然无官守、无言责。明朝廷认定生员不应参与国家大事,而这种观念在一定程序上也就成为社会大众的基本认识。[③]

朱元璋创立大明帝国以后,恢复建立从国子监到府、州、县各级儒

---

① Ping-ti Ho, *The Ladder of Success in Imperial China* (New York: Columbia University Press, 1962). 张仲礼著、李荣昌译:《中国绅士——关于其在19世纪中国社会中作用的研究》,上海社会科学院出版社1991年版,第4-7页。关于张仲礼、何炳棣观点的评述,可参见吕妙芬:《阳明学讲会》,刊《新史学》,9卷2期(1998年6月),第49页,注(13)。

② Mary Backus Rankin, *Elite Activism and Political Transformation in China: Zhejiang Province*, 1865-1911 (Stanford: Stanford University Press, 1986), pp.19-20.

③ 关于此,陈国栋有详细讨论。见陈国栋著:《哭庙与焚儒服——明末清初生员层的社会性动作》,载《新史学》,3卷1期(1992年3月),第76页,注(19)。

学。有鉴于生员在元末之种种不法行为,专门就生员的管理作出规定,其中心主旨就是使生员远离朝政,一心读书。相较而言,缙绅可以通过上奏而影响朝政;而生员则无言责,其影响力相对较小,只能参与地方事务。可见,生员的影响力局限于地方社会,而正是在地方社会,生员方始发挥出较大的影响。尤其是到了明末,当生员数大增,形成众多的生员社团,并清醒地认识到学校为公论之所出时,生员的影响力逐渐扩大到全国,而生员问题随之也成为明朝廷深感头疼的全国性的社会问题。

生员与言责

按照明太祖朱元璋的定例,生员不许言事。此制只是维持于洪武一朝,随后就遇到了来自两个方面的挑战:一是生员中不乏以身试法者,不断有生员为地方事务或民间疾苦挺身而出,上书言事;二是对生员不许言事这条禁例,也有一些有识之士提出了质疑。

(一)生员不许言事

洪武十五年(1382),颁禁例于天下学校,置于明伦堂之左,永远遵守。禁例共计12条,其中有两条是针对生员言事的,现引述如下:

> 军民一切利病,并不许生员建言。果有一切军民利病之事,许当该有司、在野贤人、有志壮士、质朴农夫、商贾技艺,皆可言之,诸人毋得阻挡。惟生员不许。
>
> 生员内有学优才瞻、深明治体、果治何经精通透彻、年及三十愿出仕者,许敷陈王道,讲论治化,述作文词,禀本学教官,考其所作,果通性理,连佥其名,具呈提调正官,然后亲赍赴京奏闻,再行面试,如果真才实学,不待选举,即行录用。①

朱元璋制定学禁,规定生员不许言事,主要出于以下考虑:生员一心学业,练达治体,然后出为朝廷所用;生员轻率言事,容易养成一种骄横的习气,以致不服地方学官、提调官管制;生员学问、识见尚较浅,轻率议论,不但于国事无补,反而会干扰政府正常的行政运作。鉴于此,朱元璋接下来加了一条补充禁例,即:生员言事,必须学优才瞻、深明治体者;年及三十,方许敷陈王道,讲论治化,而规定年龄显然亦是为了

① 申时行等纂:《明会典》卷78《学校·学规》,中华书局1989年版,第452页。

保证生员练达治体。此外，生员言事，必须经过一套正常的程序，即先禀明学官，再呈提调官，然后亲赍赴京奏闻。

明初所定学禁，基本上得到了很好的执行，然其基本态势则为有时宽松，有时严厉。弘治十一年（1498）三月，监生江瑢奏言："刘健、李东阳杜绝言路，掩蔽聪明，妒贤忌能，排抑胜己，急宜斥退。"[1]这是通过上言，公开指责政府杜绝言路。孝宗下瑢诏狱。刘健等上疏力救，方才得释。[2] 嘉靖十二年（1533）正月，蒲州诸生秦镗"请奉皇考于太庙，又分祀四郊，损文宣王爵像"。所有这些，均不合世宗心意。于是，"上以讪妄"，下秦镗镇抚司，以妖言论死。[3] 至天启七年（1627）十月，监生胡焕猷弹劾大学士黄立极、施凤来、张瑞图，下法司。诸公救不力，"上意不深罪之也，得以赎论"。[4]

明初学禁规定，即使在野贤人、有志之士、质朴农夫、商贾技艺，亦可对军民一切利病发表自己的看法，唯生员不许。乍看之下，似乎对生员不公，实则有其深意。生员进用，必须经过严格的选举程序，即正常的科举仕进。事实上，很多生员轻率议论，对朝廷大事发表自己的看法，其目的往往是希图通过迎合皇帝心意，"不待选举"，即登大用。上述蒲州生员就议大礼而言事一例，即可为证。可见，"不许生员言事"这一条禁例，实际上是为了杜绝生员侥幸进用之路。

生员一旦正常的科举仕途被堵，而通过上奏、侥幸进用的捷径也被禁止，那么，一些生员中的投机分子就只好铤而走险，或投"虏"，或与宗室谋乱者交通，或通"贼"，甚至自己亲身为"盗贼"起事。明末人吴甡在奏疏中对此有所揭示：

> ……而教化未兴，风励无术，致蛮夷滑夏，盗贼蜂起，青青子衿，敢为戎首。四川生员授伪官矣，山东生员从莲贼矣，辽左生员迎□□矣。[5]

上面史料中之缺字，显指"建虏"，为在东北崛起之女真族。而在明代，"虏"又指北方的蒙古诸部势力，如瓦剌、俺答、鞑靼诸部。嘉靖年间，

---

① 李乐：《见闻杂记》卷1，上海古籍出版社1986年版，第109页。

② 茅元仪：《掌记》卷4，明崇祯刻本。

③ 谈迁：《国榷》卷55，世宗嘉靖十二年（1533）正月甲子条，中华书局1988年版，第3478页。

④ 茅元仪：《掌记》卷4。

⑤ 吴甡：《柴庵疏集》卷1《学政当修改风宪疏》，浙江古籍出版社1989年版，第37页。

丘富投俺答，为俺答所用，“说俺答大收智略之士，榜招贡士诸生，厚遇之”[①]。正德年间宁王宸濠谋叛前，南昌府三学教授达宾等率领生徒，曾捏文具呈抚、按二司，保举宁王“孝行”[②]，替宁王造舆论。又惠州“贼首”张毓廷就擒后，招供了巨窝，并列有姓名，名单上很多就是生员，如叶起华、叶名仲、叶翰、叶广居等。[③]

（二）生员上疏言事之例

明太祖朱元璋所定生员不许言事的禁例，基本上得到了执行。[④]一至晚明，由于生员层力量的壮大，一些清醒之士开始对这一禁例提出质疑。其中较早者有冯梦祯。他说：

> 古之世，自公卿至庶人，皆得贡其直于天子，而天下治。高帝兴言路，称至广矣。顾独严于诸生，而卧碑之设，廪廪然，何耶？岂罪其妄发耶？然其中岂无通经学古、留心世故而其言不可废者，奈何以诸生锢耶？吾友贺君伯闇，诸生也，而有《救荒八议》。余读之，或不无激言偏词，而议论斐然，称国体矣，岂徒为诸生重而已哉！奈何废之？[⑤]

冯梦祯做过国子监的祭酒，显然对诸生的要求洞若观火。他对朝廷禁例所感到的疑惑，事实上说出了大部分生员的心声。只是身为朝廷命官，他不可能对朝廷法规提出直接的责难而已。当然，冯梦祯的疑惑，主要来自对“言路”功能的清醒认识。他认为：“夫言路之关于治乱，甚巨也。自古天下之将治，言路先开；天下将乱，言路先塞。”[⑥]由此可见，冯梦祯主张开生员言路，生员有好议论，理应允许他们上达，不因其为生员而受废锢。

---

① 谈迁：《国榷》卷61，世宗嘉靖三十四年（1555）七月庚子条，第3855页。

② 陈洪谟：《继世纪闻》卷1，中华书局1985年版，第101-103页。

③ 方震孺：《方孩未先生集》卷12《一为举人叶正荎白巨窝之冤》，清同治重刻本。

④ 清黎景义记：“甲申闻变，会斌（指陈邦彦——引者）志切赴难，自念束发为弟子员，食饩有年，沐朝廷待士恩甚厚，一旦大变至此，讨贼复仇，义不容已。遂具呈本县，愿给引赴南京，上书阙下。……县尹顾公闻其言，大加钦赏，即为申牍有司，俾驿传以行。会斌尽捐家赀，备装南征。既至京，撰《中兴政要》八篇上之。”可见，生员上疏，即使至明末，亦需按一定程序进行方可。说见黎景义：《二丸居集选》卷7《陈会斌私传》，收入《四库禁毁书丛刊》，北京出版社2000年版。

⑤ 冯梦祯：《快雪堂记》卷1《贺伯闇救荒八议序》，收入《四库全书存目丛书》，台南庄严文化事业有限公司1997年版。

⑥ 冯梦祯：《快雪堂记》卷1《李方麓侍御抒衷疏草序》。

继冯梦祯之后，张自烈、周亮工均对这条禁例提出过质疑。如张自烈认为，“生员不得言事”，“流弊有二”，“可疑者亦有二”。周亮工对当时专制王朝“束士以空名，俾皓首穷经，不得干议朝政”的现象相当不满，对天启、崇祯年间坛坫四起，英人杰士、名公巨卿等清流辈出无比歆羡。念及明清易代以来，朋党余祸犹烈，不由自主地发出无限感慨：“夫人生今日，既不得少伸其议于当世，而犹动有倾危之虑。”对朝廷钳束生员言论的禁例，显然亦持怀疑的态度。[①] 于是，他们对钦定条例作出新的解释，希望借此为生员言事、聚众找到法律依据。佚名《民抄董宦事实》云：

> 伏读钦定条约，生员骂詈官长者有禁，而从容跪禀，不激不亢者，未尝禁也；鼓噪聚众者有禁，而依期升散，不约而集者，未尝有禁也；言涉利害、假公济私者有禁，而事干学校，情关狐兔者，未尝有禁也。[②]

事实上，生员虽受禁例约束，却往往以“臣子”自处，而不以“诸生”自待。[③] 他们虽知晓“诸生无建言启事之条”，但又不得不深信“合学有笔伐口诛之案”，[④]以对不合传统道德规范事行口诛笔伐之责自任。更有甚者，一些生员怀抱“天下兴亡，匹夫有责”之志，[⑤]以天下为己任。所以，自明代中叶以后，生员上疏言事之例，不绝如缕。时至天启年间，魏忠贤专权，生员言事，更见频繁。先有投机者监生陆万龄请祠魏忠贤于国学之旁，谓“孔子作《春秋》，而忠贤作《要典》；孔子诛少正

---

① 关于张自烈、周亮工对“生员不得言事”这一禁例所持怀疑态度，陈宝良已有较好的梳理与探讨，参见氏著：《中国的社与会》，浙江人民出版社 1996 年版，第 50 页。

② 佚名：《民抄董宦事实》，上海书店 1982 年版，第 248 页。

③ 譬如明熹宗驾崩，哀诏传至山东莱阳，诸生姜泻里（字尔岷，号汉洲），“从县官后哭至失声，或问曰：‘子为诸生，何哭？’公曰：‘吾知为臣子，不知为诸生也。’”显然，在国丧时，生员无哭临资格，亦无哭临的义务。说见邹漪：《启祯野乘》，转引自陈国栋前揭《哭庙与焚儒服——明末清初生员层的社会性动作》一文，第 76 页，注(19)。

④ 甲申乱后，李自成即位北京，降者甚众。如惠世扬、周钟、项煜，均降自成。于是，金坛诸生有《金坛合邑诸生讨降贼诸臣檄》，其中言：“诸生无建言启事之条，合学有笔伐口诛之案。恨生同域，誓不共天。”云云。见抱阳生编著：《甲申朝事初编》卷 2《江南诸生讨逆臣始末》，书目文献出版社 1987 年版，第 44-46 页。

⑤ 顾炎武云：“天生豪杰，必有所任，如人主于其臣，授之官而与之职。今日者拯斯人于涂炭，为万世开太平，此吾辈之任也。”即为此种精神。见顾炎武：《亭林文集》卷 3《病起与蓟门当事书》，载氏著：《顾亭林诗文集》，中华书局 1983 年版，第 48 页。

卯,而忠贤诛东林也"[①]。继又有嘉兴县贡生钱嘉徵上疏,参魏忠贤十大罪。[②]

至崇祯年间,崇祯帝曾行保举法,生员因保举而致仕者,或召见生员言事。[③] 于是,生员上疏言事,蔚然成风。崇祯九年(1636)三月,湖广黄安县学生邹黄遵旨具奏,荐举倪元璐;[④]崇祯十一年(1638)三月,福建晋江诸生蒋鼎上言,言及关外诸堡的并弃、增减;[⑤]崇祯十三年(1640)七月,山西诸生张讷奏强兵实着;[⑥]同年九月,浙江平阳诸生杨允中敷陈王道,投通政司;[⑦]同年十一月,监生涂仲吉上奏,言"黄道周通籍二十载……断不宜以党人轻议学行才品之臣";[⑧]同年十二月,又疏救黄道周。如此等等,不一而足。这些生员上奏后,崇祯帝对此处理的态度亦不一:或被通政司所格,崇祯帝根本没有看见奏疏;或疏达御前,触及龙颜,上言者被下狱。

入清,生员言论重新被禁。陆文衡《啬庵随笔》记道:

> 生员言事,卧碑有禁。而吴下士子,好持公论,见官府有贪残不法者,即集众倡言,为孚号扬庭之举,上台亦往往采纳其言。此前明故事也。今非其事也。夫何倪用宾等尚沿旧习,起与任吴县为难,发其私卖漕粮,哗于哀诏初临之日。抚公朱恕而奏之,会谳入告,倪用宾、沈□、顾伟业、王仲儒、薛尔能、姚刚、丁子伟、金生叹处斩,妻子家产籍没入官。[⑨]

这条记载透露了以下两个信息:一是生员言事,卧碑有禁,但吴下士子,好持公论,往往违禁聚众倡言,此已成自明季以来的惯例;二是入清以后,重申禁例,生员言事又被严厉禁止。

---

① 计六奇:《明季北略》卷3《陆万龄下狱》,中华书局1984年版,第79页。

② 计六奇:《明季北略》卷3《钱嘉徵参魏忠贤十大罪》,第81页。

③ 崇祯十六年(1643)六月,"召见桐城诸生蒋臣于中左门"。此即其例。见计六奇:《明季北略》卷19《蒋臣奏行钞法》,第351页。

④ 谈迁:《国榷》卷95,思宗崇祯九年(1636)三月乙丑条,第5733页。

⑤ 谈迁:《国榷》卷96,思宗崇祯十一年(1638)三月甲戌条,第5803页。

⑥ 谈迁:《国榷》卷97,思宗崇祯十三年(1640)七月庚辰条,第5870页。

⑦ 谈迁:《国榷》卷97,思宗崇祯十三年(1640)九月辛巳条,第5875页。

⑧ 谈迁:《国榷》卷97,思宗崇祯十三年(1640)十一月壬辰条,第5881页。

⑨ 陆文衡:《啬庵随笔》卷3,清光绪二十三年(1897)刻本。

生员参政

生员的影响力不及缙绅,这一点毋庸置疑。陆文衡言:

> 往时缙绅公会雅集,团坐一处,讲求时事得失,咨询地方利弊,凡衙门积蠹大恶,皆耳而目之,谒当事,侃侃指陈,或公函条议,当事虚心采纳,以故上下之情通,而梓里蒙福,蠹恶亦所有畏惮。①

官员致仕或因其他原因在乡,有权参与地方政务,其方式有三:一是亲谒当事,指陈地方得失;二为公函条议,从中罗列自己的看法;三为公会雅集,缙绅相聚一处,议论地方利弊,以形成一定的影响力。相比之下,生员地位不到,②再加之卧碑禁例,生员不许言事,基本限制了生员在地方社会的影响力。

生员一年中的"官事",可以概括如下:"凡岁举乡饮酒礼,月吉行香,春秋二仲上丁祭祀先师,皆帅诸生以听于郡邑守宰。"③这是生员参与的合法公事。事实上,自明代中期以后,生员在地方社会中的影响力越来越大,其对地方事务的参与,亦往往超出朝廷的禁例之外。主要表现在以下几个方面:生员大多出入州、县衙门,替人说事;生员上呈地方有司,议及地方利弊,亦成惯例;生员虽不像缙绅有公会雅集,但生员通过结社,也可以裁量人物,议及时政。

(一)生员的合法公事

乡饮酒礼是洪武年间由官方规定的一种民间礼仪。官民每年定时聚宴,习礼仪、读律令、申明朝廷法纪,敦叙长幼之节。洪武十六年(1383),定时举行乡饮酒礼,以府、州、县长吏为主,以乡间致仕官绅有德行者为宾,择年长有德者为僎宾,其次为介宾,又次为三宾,再次为众宾,教职为司正,并选人分掌赞礼、赞引、读律。

乡饮酒礼从洪武五年(1372)推行之时,即有生员参与其间,诸如习礼之类。如王彝《乡饮酒碑》云:

---

① 陆文衡:《啬庵随笔》卷4。

② 在清代,吴下有谚语云:"得饶人处且饶人。"秀才平居深念,不骂人,不打人,不杀人,自谓饶人之至。究其因,盖因"不到此地位耳"。明代生员,亦可作如是观。说见王有光:《吴下谚联》卷2《得饶人处且饶人》,中华书局1982年版,第11页。

③ 鲁论:《仕学全书》下编卷10《府州县儒学》,收入《四库全书存目丛书》。

> 洪武五年(1372),始诏郡国以孟春、孟冬举行斯礼,而读律焉。其时江夏魏公实守苏州,奉诏惟勤,既一再行之,然尚恐未能宣上德意,是以明年复参考仪礼,以授经历李亨、教授贡颖之,使与郡士周南老、王行、徐用诚共商投之,且使张端及诸生相与习焉。①

每当举行乡饮酒礼,虽由府、州、县长吏主持,其与礼之宾却理应由学校诸生共同作一呈子,申文长吏,推选与礼宾客。②

春秋二仲丁祭祀先师,或乡贤祠祭丁,均有生员参与其中。根据旧礼:仲春之月上丁,释菜于先师。后世因用其日祀先师、先贤、先儒。古者学宫四时皆释奠,而明代只行于春秋二仲之月。明代惯例,祭祀之日,"天下府、州、县学,则教官率生员行礼,且与执事焉"③。乡贤祠的祭丁,生员亦须参加。"每一祭丁,则众议沸腾。有轻俊好讥议者,临祭时常以(钱)文通神主置于供卓之下"。④ 显然,生员对乡贤亦有评说的权利。

此外,凡地方有讲乡约之事,生员作为一方较有体面的人物,也位列其中。如崇祯十一年(1638)二月,浙江桐乡县举行乡约礼,其礼仪式如下:

> 令君卢公,修故事于乡,偕邑博士以来,集乡之贵者、高年者,与士人百姓于清风里,而申其约焉。既毕至,升堂,乐作,行士相见礼,宾主辞让即席。卢公西向坐,次博士,各以职降,亦东西相向坐。次进士之家居者,次孝廉,次乡进士,次国子生,次博士弟子员,皆东西向坐,各以齿降。次典礼生,东西向坐,亦以齿。次畸民,次耆老,次里之长、市之甲,皆东西向立。⑤

每当举行乡约时,生员有权与学官在公堂共同商议,公同推举约正、约

---

① 黄宗羲编:《明文海》卷67,中华书局1987年版,第600-601页。

② 举例来说,如隆庆五年(1571),松江知府"李葵庵先生行乡饮酒礼,府学推举士夫二人,申请一显宦一外官有厚赀者,葵庵皆不准行。即于申文后批发云:'郡中有里选,仕官积学励行可范后学者,该学不知其人乎?'庠友陆云山者,有识之士,曰:'此必为何柘湖无疑。'遂作一呈子申府。葵庵批允,行学敦请。"此即其例。说见何良俊:《四友斋丛说》卷16《史》12,中华书局1983年版,第143页。按:何柘湖,即著者何良俊。

③ 归庄:《归庄集》卷5《与署县事吴丞论学宫祀典书》,上海古籍出版社1984年版,第306-307页。

④ 何良俊:《四友斋丛说》卷16《史》12,第143页。

⑤ 张履祥:《杨园先生全集》卷17《乡约记》,中华书局2002年版,第501页。

副人选。至于那些年长、熟于礼仪的生员或一些年少的生员,尚须充当礼生、歌生。①

由于不断地参与这些合法性的地方事务,使生员在地方上的声望日渐提高,从而形成了一些固定的惯例,使生员得以合法地参与地方大事。尤其是那些年长而又资历较深的廪膳生员,尽可以位列乡绅之列,一起讨论地方大事。这表现在以下两个方面:一是年长生员可以代署学职。如贵州布政司呈,"议得本省衙门官员,原系裁减,旧官已去,新官未来,学校印记,缺少掌管,多以卫经历、年长生员代署"。② 二是邑有大事,"士子皆得与议"。这已成明末一条地方性的惯例。如在沛县,其具体的做法为以食廪诸生前三四人为一学冠冕。凡是县里有大利大病之事,"得与荐绅、先达、里父老商榷持衡,邑大夫雅宠礼之"③。

生员与荐绅、先达、耆老平起平坐,共同商议邑中大事,这是生员梦寐以求的事情。事实上,除了沛县以外,在明代的其他地区,也有这方面的事例。如松江府生员陈洪宇,尽管有"节妇封君"之号,借幼媳贞节而征逐公庭,与官府熟识,然每当地方有公典,他"必与名,谓可厕身缙绅一席"④。乡绅聚会,商议地方大事,⑤这是明代的惯例。有时这种聚会,同样也有生员参与其间。明人李日华在日记中记道:"同邑大夫、孝廉、文学会仁文书院,讲约甲事宜。"⑥生员厕身缙绅之列,一起商议均甲、田粮等地方事宜,无不说明在地域社会中,生员身份已有一定的提高,其影响力也在逐渐扩大。

(二)参与地方事务

按照明朝廷禁例,生员不许言事。与此同时,县官与缙绅体统,极其整肃,"非举、贡不得与于公所"。⑦ 然学校乃公论所出,这不但为学

---

① 吕柟:《泾野先生文集》卷19《许昌新建乡约所记》,收入《四库全书存目丛书》。

② 徐问:《山堂萃稿》卷6《议处地方事宜疏》,收入《四库全书存目丛书》。

③ 详情可参见陈宝良:《中国的社与会》,第50页。

④ 《花村谈往》卷2《封君公子》,载《适园丛书》第11集,据持静斋旧藏足本刊行。

⑤ 如明人李日华记:"二十二日,乡绅会城隍庙,议三县钱粮事。"说见李日华:《味水轩日记》卷6,万历四十二年(1614)甲寅七月二十二日条,收入《嘉业堂丛书》,民国间吴兴刘氏嘉业堂刻本。

⑥ 李日华:《味水轩日记》卷2,万历三十八年(1610)庚戌八月二日条。

⑦ 戴束:《鹊南杂录》,载《虞阳说苑》乙编,初园丁氏校印本。

校生员所信奉，而且也逐渐被一些地方有司官员所接受。于是，一些生员就借着“公论”的名头，积极参与地方各类事务。主要包括下列几项。

1.举乡贤、节妇

乡贤、名宦、孝子、节妇，朝廷旌之礼之，其目的是彰先德、励后人。尤其是乡贤，其祠附于学宫，必其人无愧于人伦，有闻乎道义，方可入乡贤祠。在明初乃至中叶，乡贤之选，慎乎其慎，每一州县，不过数人而已。对乡贤、名宦、孝子、节妇的旌表与祭祀，生员均有权参与。明人海瑞言：“有未举者，诸生商推举之；举之未正者，商推请废之。”[①]即以乡贤为例，凡推举乡贤，其程序即为先由当地乡约、党保正公举呈文，经学校生员商榷，“必士论乡评，果无间言”，方由生员作呈子申详，内中备开形迹，经该县复勘核实，然后上报提学道。[②]至于废撤乡贤，也是地方学校生员之责。

2.出入衙门

按照明代旧例，地方有司衙门均设门籍，登录生员出入衙门者，以供提学道考核。此举的目的显然是将生员限制于学校一隅，防止他们出入衙门，妄言举事。可是，明代既定的旧制，其中有两条却为出入衙门提供了方便：一是正如前述，地方名宦的推举，多由学校生员共同商榷。地方有司官员任满以后，总希望自己能名列名宦祠，借此为以后的仕途增加资本。于是，地方有司不得不结交生员，以获取生员的好感。二是地方官员的考课，需要借助地方生员的言论。换言之，生员舆论能够部分左右地方官的升黜。这样，一些地方官员为了获取好的考课成绩，不得不与生员相交，甚至讨好生员。[③]

按照惯例，知府若非送乡试捷匾，未尝入举人之庭；生员非与宾兴，不得侍县官之宴。唯其如此，方显地方官“体格严重，而约束易施

① 海瑞：《海瑞集》上编《教约》，中华书局1981年版，第18页。

② 徐渭：《徐文长三集》卷29《季彭山先生举乡贤呈》，载氏著：《徐渭集》，中华书局1983年版，第669-670页。按：万衣《万子迂谈》（收入《四库全书存目丛书》）卷8之附录，收有很多崇祯年间地方有司关于万衣入乡贤祠的公移、呈文，可资参看。

③ 譬如，宣德七年（1432）八月，行在都察院右都御史上言：“布、按二司暨巡按御史考课，多偏信里老生员之言为去留，不知其假公济私，是非颠倒，乞敕抚、按毋徇其私。”颇能说明问题。说见谈迁：《国榷》卷22，宣宗宣德七年（1432）八月壬子条，第1439页。

也”。一至晚明,则“举监合词客而款府主,庠生敛公分而款县主矣”[①]。生员与地方官相交,在当时也习以为常。

在明代,部分地方官员就生员言事程序亦曾作过一些限定。如吕坤曾作如下规定:

> 诸生有身家之事,类递学官教官转牒,令家人听审,不许朔望于县堂、明伦堂讲事,以犯卧碑。大凡学校事情,不系重大、法所难容者,比庶民自有体面。若三五相约,公然请嘱,不惟有司难容,而士亦失守身之道矣。若通学公事,公讲不妨。[②]

这一规定至少可以说明以下两点:一方面,生员有违禁在县堂、学校明伦堂谈论与自己身家不相关事情者;另一方面,若所讲为“公事”,生员则可以公开讲论。

生员出入衙门,所从事者主要包括以下两方面内容。

一是包揽词讼,嘱托公事,从中获利。换言之,到府、县衙门里去说人情,吃荤饭,这已是明代生员的常事。[③]

二是保刺官员贤否,甚至凌轹有司,持吏短长。陆文衡《啬庵随笔》云:

> 如今之诸生,动辄呼朋引类,摇唇鼓舌,持官府长短,自谓以是非为己任,不思正言犹戒出位,而况横议?秦之坑焚,汉之党锢,唐之清流,宋之卷堂,皆此辈激成之。[④]

明代崇祯《乌程县志》云:“士修雅者,诚斤斤,亦间有一二负气任术,动持吏短长者,当事凛凛忧炙手。”[⑤]可见,“持吏短长”,已成为明季生员的主要社会性动作。

3.具呈

具呈讲说民间利病,是明代生员按照正常程序而参与地方事务。

---

① 管志道:《从先维俗议》卷3《上交下交一切当从孔矩议》,收入《太昆先哲遗书》,民国七年(1918)俞世德堂影印明刊本。

② 吕坤:《实政录》卷3《修举学政》,载氏著,王国轩、王秀梅整理:《吕坤全集》,中华书局2008年版,第998页。

③ 明末清初著名学者王夫之言:“凡里中郡邑文学,有数至公门请谒者,皆令携巾衫走间道,不敢经过里闬。”说明请谒公门,亦是生员家常便饭。说见王夫之:《王船山诗文集》卷10《家世节录》,中华书局1983年版,第111页。

④ 陆文衡:《啬庵随笔》卷3。

⑤ 崇祯《乌程县志》卷4《风俗》,收入中国科学院图书馆编:《稀见中国地方志汇刊》,中国书店1992年版。

这种呈子，有时为生员联名，有时则为生员与缙绅联名。而所呈内容，或为改州为府，或为创设书院，或为地方水利之事。如夏言在一奏疏中说：

> 先因潞州儒学生员孙濡、江相等，并致仕官员李玹等，宣化等坊都里老郭琦等，连名具呈，欲要改州为府。①

这是生员与致仕乡绅、地方里老联名具呈，要求改州为府。又王阳明记道：

> 据佥事李杰呈：据梧州府并苍梧县学生员黎瀓、严肃等连名呈，欲于县之侧，照依南宁书院规制，鼎建书院一所。②

这是生员联名具呈，要求创设书院之例。又万衣记：

> 诸生夏时霖等与其父廷章侨居长乐乡，率其乡人以堤议状上公。③

这又是生员在侨居地就水利事业向地方官上条状。至于生员为其他地方事务而上呈者，尚有许多例子可寻，不再一一列举。

4.造歌谣、揭帖

"摇笔端以造歌谣，而憾官府"④，是明代生员参与地方事务的又一种方式。明代小说记道："秀才最难结，一有不合，造歌谣、投揭帖，最可恨。"⑤其实，造歌谣、投揭帖，并非生员专利，官员、举人亦有借此攻击政敌者。而其形式，除歌谣、揭帖外，尚有飞语、戏文杂剧、俚语，⑥等等。

明代苏州人口吻儇薄，歌谣对偶之作，更是不绝于时。后又工为四书集句，作时文以讥刺官长。如万历二十五年(1597)，长洲知县江

---

① 夏言：《夏桂洲文集》卷13《改建潞州府治及添设兵备宪臣疏》，收入《四库全书存目丛书》。

② 王阳明：《王阳明全集》卷30《续编》3《批苍梧道建敷文书院呈》，上海古籍出版社1992年版，第1123页。

③ 万衣：《万子迂谈》卷5《新筑黄梅县长乐乡堤碑记》。

④ 郭子章：《蠙衣生蜀草》卷9《学约》，收入《四库全书存目丛书》。

⑤ 梦觉道人、西湖浪子辑：《三刻拍案惊奇》第23回，北京燕山出版社1987年版，第316页。

⑥ 明人庞尚鹏云："今天下士风恶薄，日益月盛。自臣所亲见者言之，署丞衔知府而刊飞语，生员毁提学而编戏文，举人构怨于曹郎而刻《贫语叹》，尚书积憾于巡抚，乃著《猛虎篇》，其他或为民谣，或称俚语，诞妄不根，更相传报。"由此可见一斑。说见庞尚鹏：《百可亭摘稿》，收入《四库全书存目丛书》。按：关于此，陈宝良《明代民间舆论探析》一文(刊《江汉论坛》1992年第2期，第50-57页)，有详细阐述，可资参看。

盈科以征粮误拶一冯姓廪生，于是有人作一八股文予以讥刺。万历二十九年（1601），苏州知府周一梧操守有议，为人刚峻，又待青衿不加礼。为此，生员作八股文刺之。[①] 又唐龙为提学道时，咸宁邑人就“编成戏本，著封筒打到提学道去，这般生事”[②]。

生员有时则通过上公揭的方式参与地方事务。万历十二年（1584），福建曾有一生员夜粘揭帖于巡抚赵可怀府门。[③] 又山西督学宪臣袁继咸，为巡按御史张可振所纠而遭禁系。生员傅山等上《辨诬公揭》，替袁继咸鸣冤。[④] 至于南都诸生为驱逐阮大铖而作的《留都防乱公揭》，更是脍炙人口，传为一时佳话。

5.保护乡里

生员算是较有体面的人物，平日在地方上也有一定的威信。所以，每当乡里有了一些徭役争讼之事，往往由生员出面调解，有时甚至可以片言立解。[⑤] 更有一些生员，处乡里，目睹不平事，毅然挺身而出。黄宗羲记陈确事道：

> 崇祯末，吏不设簠簋，昌邑横甚，莫之敢指。先生号于众曰：“吾邑之人何罪，而使一人横行于上乎？”同舍生集者数百人，走诉行御史台。绣斧不听，沓吏坐先生以罔上。同舍生踉踉不退，沓吏始败。[⑥]

每当盗贼蜂起，社会动荡不安之时，生员又多成为捍卫乡里的干城。如崇祯八年（1635），寇警，生员王敏“与乡绅黄絅暨同里庠生龚业焕等结干城社。城陷，死之”[⑦]。湖广郧阳诸生胡光瀚，当“流寇猖獗”之时，“歃血纠集乡勇，立约束而部署之”[⑧]。安徽宣城生员麻三衡，也起

---

① 沈德符：《万历野获编》卷26《苏州谑语》，中华书局1980年版，下册，第688页。

② 吕柟：《泾野子内篇》卷25《春官外署语》第35，中华书局1992年版，第263页。

③ 《明神宗实录》卷153，万历十二年（1584）九月庚子条，台北“中央”研究院历史语言研究所1966年校印本。

④ 傅山：《傅山全书》卷33，山西人民出版社1991年版，第1册，第601-603页。

⑤ 如生员陈梅，“里中凡有徭役争讼之事，君未尝不为之调解，片言立解”。此即其例。说见顾炎武：《亭林余集·常熟陈君墓志铭》，载《顾亭林诗文集》，第161页。

⑥ 黄宗羲：《陈乾初先生墓志铭》，载吴光整理：《黄宗羲南雷杂著稿真迹》，浙江古籍出版社1987年版，第210页。

⑦ 顺治《光州志》卷10《人物类》下《忠孝》，收入《日本藏中国罕见地方志丛刊》，书目文献出版社1992年版。

⑧ 计六奇：《明季北略》卷13《胡光瀚战死》，第227页。

兵保护乡里,“与旁近诸生吴太平、阮恒、阮善长、刘鼎甲、胡天球、冯百家号称‘七家军’,皆诸生也”①。

6.参与修志

在明代,纂修地方志为地方官员在任期间较为重大的一项文化事业。明代中叶以降,地方志的编修逐渐增多。而编纂这些地方志的各项具体工作,实际上多由地方学校的生员承担。

方志的修纂,当然由地方长官主修,佐治官同修,地方儒学的教官、生员参与其事。生员所承担的方志修纂工作,分别有“汇集”“同编”“辑录”“纂辑”“分纂”诸职,事实上承担了方志修撰过程中的编辑、校勘诸项工作。这在明代方志所附修撰者名单中可以得到证实。如吴潜在《兴修府志公移》中,就夔州府府志的修撰提出以下看法:

> 合行本府选委学职,分投前去,会同各县与各该儒学掌印官,各提其纲,各选委年长学优、平昔公勤生员,或监生,每县四人,分理其事。②

而有些生员则被别县专门聘去,从事修志工作。如生员徐献科,吴县学生员。“万历间,崇明知县张世臣尝聘献科辑修县志”。③ 此即其例。

生员社盟与晚明政局

学校是公论之所出,这一点毋庸置疑。正是凭着这一点,学校生员才得以参与地域社会的一切事务,在某种程度上左右地方有司的行政。而生员结盟结社现象的出现,一方面说明由于学校体制趋于废弛,已经开始限制学校议政功能的有效展开;另一方面,学校中的生员通过各种社盟重新组合、集结,形成了一些出于学校甚至超越学校、地域,而只是以兴趣、利益相结合的生员集团。

在中国历史上,明代是人们思想最为活跃的时代。人们通过各种方式,结成了形形色色的社与会,而生员社盟则是其中最具影响力的

---

① 计六奇:《明季南略》卷4《宣城麻三衡》,中华书局1984年版,第270页。

② 正德:《夔州府志》卷12,收入《天一阁藏明代方志选刊》,上海古籍书店1982年版。

③ 崇祯《吴县志》卷49《人物》,收入《天一阁藏明代方志选刊续编》,上海书店1990年版。

一种结社方式。①

关于文社兴起的原因,下面两则史料已作了最好的阐释,有助于我们理解明季文社与政局之间的关系。不妨详引如下:

> 文之有社,士所自为政之地也。教养道诎,学官广厉之具阙然,豪杰之士高视远踞,见其具亦复非笑,三岁一比士,往往不足服其所为,故相怜相引,连为一社。②
>
> 士为四民首,致君泽民,皆自入学之日始。古者学规甚严,诸生俱宿斋舍,课业有程,专攻举子业,骚坛麹社,罕过问焉。明末通声气于娄江、金坛、云间,应求甚矣。③

什么是社?黄宗羲作如下解释:"当崇祯初,士之通经学古者,其私试之经义,皆标以社名,极众人之眩耀。"又说:"集士子私试经义而刻之,名之曰社,其事至浅鲜也。"④可见,从文社的起源来看,无非是补学校之阙,而社之为名,亦不过士子私试之文而已。

究其实,明末生员社盟,远非黄宗羲所言如此简单,其影响及于整个晚明政局。明末学者吴麟徵言:

> 秀才本等,只宜暗修积学,学业成后,四海比肩。如驰逐名场,延揽声气,爱憎不同,必生异议。
>
> 秀才不入社,作官不入党,便有一半身份。⑤

可见,在明末,生员入社,被人视若做官结党一般。正因为此,当崇祯朝温体仁当政时,"小人之攻东林者,蔓延及于复社,作《蝗蝻录》,言东林之有复社,犹蝗之有蝻,所以传衣钵者也"⑥。显然,复社已被公认为

---

① 关于明代的结社结会,陈宝良:《明代的社与会》一文(刊《历史研究》1991年第5期,第140-155页)有详细的阐述,可资参看。至于明代文人结社及各色文社,郭绍虞《明代的文人集团》《明代文人结社年表》二文(收入氏著:《照隅室古典文学论集》,上海古籍出版社1983年版,第498-512、518-610页),以及谢国桢《明清之际党社运动考》(中华书局1982年版)一书,均作了开拓性的研究。继之者有陈宝良《中国的社与会》一书,其中第4章第1节(第268-307页),就中国诗文社的起源与变迁,作了较好的梳理。

② 罗万藻:《此观堂集》卷4《持声社序》,收入《四库全书存目丛书》。

③ 乾隆《平湖县志》卷4《习尚》,收入《稀见中国地方志汇刊》。

④ 黄宗羲:《诸硕庵六十寿序》《钱孝直墓志铭》,载《黄宗羲南雷杂著稿真迹》,第268、221页。

⑤ 吴麟徵:《家诫要言》,收入《学海类编》,清道光十一年(1831)六安晁氏木活字本。

⑥ 黄宗羲:《钱孝直墓志铭》,载《黄宗羲南雷杂著稿真迹》,第221页。

传东林之衣钵。[①]

生员社盟干预政治，主要是通过以下两个途径：一是"声气"与"清议"；二是通过社稿或选政，把持科举进身之阶。

公论出于学校。自古以来，就将学校称为"有发头陀寺，无官御史台"[②]，无非是说学校生员清苦正直，又是民间舆论的主要发动者。明人王以旂言：

> 人有恒言，皆曰：公道在学校。旂少从诸文学游，尝质其义焉，则知天下之所以治平者，公道而已。是故贤者在位，众皆悦之，不肖者进，众皆非之。化行俗美，欲天下不治，得乎？然其机曷在？非学校弗可移也。盖以吾士秉宜明道，律己化人，一廷誉讥评之间，孰不荣且惧也，果何以私有好恶哉！圣学不明，士习日变，窃见其流之弊一二，为郡邑者则曰：声望起于黉舍，私恩小惠，吾何后焉。当务之急，如徐徐焉。为学徒者，妄曰：上之贤否由于我。恒过望焉，得利则跃跃以喜，否则悻悻然，怒见于面，或阴加诟之。由是上之刚愎者，矫激愤疾，至于士类如仇雠。[③]

可见，公道在学校，毋庸置疑。然至明末，由此亦衍生出一些弊端：一方面，地方有司以私恩小惠要结学校生员，以期有好的声望；另一方面，学校生员借此要挟地方有司，希冀获利。

一至明末，学政废弛，生员已不再在学校肄业，取而代之者是生员的各种社盟。于是，公道在学校，转而成为公论出于社盟。生员一旦结成社盟，往往牢固胶结，甚至在盟词中出现了"它日富贵贫贱处，有远近毋相忘也"[④]之说，由此也就导致了同一社盟的成员，在处理同一事务时，往往声气相应。

当然，社盟中的成员亦并非纯粹以德业相济，在互相评阅文章之余，时常"裁量人物，讥刺得失"，[⑤]以在野的"清议"，干预朝政，从而引

---

① 关于明末东林党诸问题，王天有《晚明东林党议》（上海古籍出版社 1991 年版）一书有详细阐述，可资参看。

② 尹会一撰、郑端辑：《政学录》卷 2《弟子》，收入《丛书集成新编》，台北新文丰出版公司 1985 年版。

③ 王以旂：《王襄敏公集》卷 3《赠大京兆觳庵柴公考绩序》，收入《四库全书存目丛书》。

④ 戴重：《河村集》卷 3《栖云观文社盟书》，收入《四库禁毁书丛刊》。

⑤ 黄宗羲：《刘瑞当先生墓志铭》，载《黄宗羲南雷杂著稿真迹》，第 180 页。

起执政者的妒忌。正如姜埰论及复社时所言：复社成员一方面阐明经史，锐志讲诵；另一方面，一二有心术之士，亦"怀古忧时，慷慨持论"①。

社盟干预朝政的另一途径，则是通过社稿，操持选政。正如黄宗会所言：

> 当时南北风气，皆锓私所作制举业，以诩诩自矜，而扬、越、吴、楚籍甚。其中魁然雄鸣者，执牛耳以麾一方之人文，莫不翕然奔之若狂，谓之操选政者，无虑若汉末之清议，魏晋之中正，不入此不得为知名士也。②

出八股时文选本，这是社盟中一些魁杰者的主要事务。尤其一些知名的选家，多为书贾聘请，而其选本一出，"鸡林为之纸贵"，"以为揣摩风气之的，一出而天下应响"。③ 主持文社者，往往就是操持选政的著名选家，"后生一经品题，便成佳士"④。士子若入社，声价顿高，若其文被选入社稿，被选家品题，更可成为名士。于是，生员纷纷入社。更有甚者，社盟还把持仕进之途。若非社盟中人，往往在考试中被黜。⑤ 社盟声望，于此可见一斑。

---

① 姜埰：《敬亭集》卷7《文风士气疏》，收入《四库全书存目丛书》。

② 黄宗会：《缩斋文集》，《王元趾先生传》，上海古籍出版社1983年版，第135-136页。

③ 叶梦珠：《阅世编》卷4《名节》，上海古籍出版社1981年版，第102页。

④ 叶梦珠：《阅世编》卷8《文章》，第182-186页。按：明末天启、崇祯之际，主持文社者，江西有艾南英、罗万藻、金声、陈际泰、章世纯，太仓有张溥、张采、吴伟业、黄淳耀，金坛有周钟、周铨，溧阳有陈名夏，松江有陈子龙、夏允彝、彭宾、徐孚远、周立勋，皆名望隆海内，名冠词坛。此外，王承光、吴应箕、吕留良，亦均为明末著名的八股文选家。

⑤ 譬如，倪元珙督学江南，有士求科举，元珙云："访此人并非复社，恐不足以服众。"可见，社盟可以提高士子的声望。说见吴翌凤：《逊志堂杂钞》甲集，中华书局1994年版，第10页。

结束语

明清两代的地方社会[①],朝廷的力量止于府、州、县一级。明代府、州、县官催办地方事务,多靠“发遣信牌”。换言之,按照明律的规定,府官不许入州衙,州官不许入县衙,县官不许下乡村。而只有当“点视桥梁圩岸、驿传递铺、踏勘灾伤、检尸、捕贼、抄札”,县官方可下乡。[②]可见,就地方行政统治机构而言,朝廷的正式行政管理机构只有到县衙门为止,而县级以下的地方社会的公共事务,则是由那些不领俸禄的准官吏(semi-official),诸如乡镇一级的“乡保”和村一级的“里正”来控制与管理。而这些县以下的行政管理人员的任命,原则上是由社区推荐,再由朝廷加以认可。[③] 就明清的政制来看,府、州、县官吏号称“亲民官”,原本应以亲民为职责,是沟通朝廷与百姓之间的桥梁。如果府、州、县官员真能亲民,官与民时常见面,时常询问民间百姓的疾苦,则上下之气相通,朝廷的力量也能及于地方乡村。然历史的真实却是,一方面,县官被限制下乡;另一方面,县官下乡,除了扰民之外,一无亲民之举。而且县官下乡也不过是例行公事,在任几年不得一行,不过做做样子而已。这就不免造成官与民的隔阂。鉴于此,朝廷只好采取一种层层钳制的行政模式,也即通过保甲、地保以约束游民,然后再通过衙门中的佐杂官以约束保甲、地保,藉此治理地方乡村。于是,乡保、里正成为官与民之间的桥梁。

按照有些学者的研究,明清地方社会秩序的维持,主要依赖正式

---

① 有鉴于生员的社会声望仅仅限于所在之州县乡里,作者在此采用“地方社会”这一概念,以免与日本学界所广泛使用的“地域社会”这一概念相混淆。其实,由于晚明社盟力量的扩大,生员已开始突破地方甚至地域的局限,其影响力有逐渐扩大之势。关于日本学者对明清“地域社会”的研究状况及其评述,可参见:Mori Masao(森正夫),“The Gentry in the Ming Period: An Outline of Relations between the Shih-ta-fu and Local Society,” *Acta Asialica*, no. 38 (1980): pp.31-53.于志嘉:《日本明清史学界对“士大夫与民众”问题之研究》,载《新史学》,4卷4期(1993年12月),第141-175页;常建华:《日本八十年代以来的明清地域社会研究述评》,载《中国社会经济史研究》,1998年第2期,第72-81页;[日]山田贤著、太城佑子译:《中国明清时代“地域社会论”研究的现状与课题》,载《暨南史学》,第2号(1999年6月),第39-57页。

② 怀效锋点校:《大明律》卷3《吏律》2《信牌》,法律出版社1999年版,第44页。

③ 黄宗智著,程农、邓正来译:《中国的“公共领域”与“市民社会”:国家与社会间的第三领域》,载邓正来、J. C. 亚历山大编:《国家与市民社会——一种社会理论的研究途径》,中央编译出版社1999年版,第413-432页。

的政府机构(行政衙门)和非官僚化的“礼制形式”。而所谓的礼制形式,绝大部分是在绅士和其他地方精英的控制下,诸如大地主和富商。[①] 与此同时,明清的基层组织也呈现出纵横依赖与相互联系的实际状态。而基层社会组织的构成,则包括以下三大系列:一是里社、保甲、坊厢系列,此属于法定社区中官方下令编组、反映了县以下基层行政的社会组织;二是家族、宗族、乡族系列,此为自然社区中人们长期以来在“物”与“人”的生产中自然形成,并以血缘、地缘为基本纽带的社会实体组织;三是行业组织与经济型乡族组织系列。[②] 萧公权对晚清乡村基层组织的研究也显示,清代乡村控制的主要力量是保甲与里甲,而宗族力量主要存在于黄河以南的一些省份。于是,他对清代乡村控制的研究,也是以保甲与里甲、社仓与其他谷仓以及乡约三个方面作为解剖的具体范例,对清代乡村的行政与财政控制、饥荒控制以及意识形态控制进行了深入的考察。[③] 过去的研究无不证明,在明清基层社会组织中,归根结底是绅士(亦可称“乡绅”,或称“绅衿”)在从中起关键作用。乡村基层行政组织,尽管绅士自己不曾出任担当,而是多由家无产业的无赖棍徒充任[④],但其本身所具有的由社区自行推荐的特点,无疑使绅士可以藉自己之势而操纵推荐,从而达到左右地方乡村的目的。而乡村宗族势力,从某种程度上说,其实就是绅士势力的真实反映,一般庶民百姓不过是宗族的依附者而已。至于行业性的经济组织,当然无法否定商人在从中起作用,但绅商或绅董的出现,事实上已经证明绅士的势力同样已渗透到经济组织。显然,绅士集团是左右明清地方社会的一股重要力量。

尽管就总体而言,只有乡绅才有“一邑之望”的影响力,而生员中大多数人学问低劣,无论其财力、声望均无法成为地方社会的领导阶层,然乡绅、地方官任何关于乡里政治、经济或社会措施的实施,绝不

---

① Kai-wing Chow, *The Rise of Confucian Ritualism in Late Imperial China: Ethics, Classics, and Lineage Discourse* (Stanford: Stanford University Press, 1994), pp.71-72.

② 张研:《清代后期中国社会组织的纵横依赖关系与相互联系》,载《清史研究》,2000年第2期,第79-91页。

③ Kung-Chuan Hsiao, *Rural China: Imperial Control in the Nineteenth Century* (Seattle: University of Washington Press, 1960), pp. 6, 25-184.

④ 关于明代无赖层向乡村基层行政组织的渗透,可参见陈宝良:《明代无赖阶层的社会活动及其影响》一文,刊《齐鲁学刊》,1992年第2期,第91-97页。

能抛开生员这一社会阶层,在某种程度上尚需要依赖生员的协助。假若说乡宦力量的特点是既不完全倾向于中央对地方的控制,也不完全代表地方庶民,而是一种有其本身利益考虑、斡旋于地方社会与中央朝廷之间的势力;[①]那么,生员则可以说是介于地方官、乡宦与庶民之间的一股中间势力。

① Shigeta Asushi, "The Origins and Structure on Gentry Rule," in Linda Grove and Daniels (eds.), *State and Society in China: Japanese Perspectives on Ming-Qing Social and Economic History* (Tokyo: University of Tokyo Press, 1984), pp.335-385.

四、佐官检吏:幕府人事制度

前　言

“幕府”一词,是一个历史概念,其含义有一个历史的变迁过程。幕府初指将帅在外的营帐,继指高官的衙署,后世既用以作为对文武高官的敬称,又指那些高官所委聘的辅佐人员整体。春秋时,尚无幕府之名。至战国之际,始把将帅所治称为幕府。秦汉时,丞相、三公、州郡属官均被称作幕府之职,使幕府的外延有所扩大。到了明末清初,幕府又指文武大吏领兵出征时的营帐或驻镇地方时的衙署,显然是对战国时将帅所治为幕府遗意的回归。[①]

幕府长官,称幕主。幕府中的辅佐人员,包括两部分,即幕官与幕宾。

幕官又称幕职,他们属于中央或地方长官的属吏,或在官署中办事,或在幕府中佐治。诸如南北朝时期的参军、主簿、记室、军师,唐代的副使、行军司马、判官、掌书记、参谋,宋代的判官、掌书记、推官,[②]均属幕职之列。在宋代以前,幕职虽属幕府属官,却由幕府长官私人聘请,尚有幕宾性质。然自宋以后,已将私人聘请佐政的制度纳入政府官僚系统之内,幕职改由中央任命,派往地方各政府衙门,协助长官行政,并向政府负责。

幕宾一词最早见于晋代,时称:“谢安与王坦之尝诣(桓)温论事,温令(其记室、郗)超帐中卧听之。风动帐开,安笑曰:郗生可谓入幕之宾矣。”[③]幕宾称谓不一,分别有幕记室、书记、掌记、幕客、幕友等,俗称“师爷”。

幕官、幕宾之别,在于前者为朝廷职官系列中的佐治人员,而后者则为幕府主官私人聘请的佐治人员。换言之,幕官虽然佐主官之治,其身份却是官,名列官籍,由朝廷铨选、计察;而幕宾则为纯粹的主官

---

① 参见缪全吉:《清代幕府人事制度》,台湾中国人事行政月刊社 1971 年版,第 2 页;郭润涛:《官府、幕友与书生——“绍兴师爷”研究》,王庆成序,中国社会科学出版社 1996 年版,第 1 页。

② 李治安、杜家骥:《中国古代官僚政治》,书目文献出版社 1993 年版,第 235-236 页。

③ 《晋书》卷 67《郗超传》,中华书局 1974 年版,第 1803 页。

佐治人员，其身份为客，不食朝廷俸禄，只收主官修脯。幕官与幕宾，构成幕府中的佐治人员，合称“幕僚”。

有关幕宾（亦即师爷）制度的研究，起源颇早。早期的著作有徐哲身之《绍兴师爷轶事》（1936 年），荛公之《谈师爷》（1943 年），全增佑之《清代幕僚制度论》（1944 年），杜衡之《中国历史上之幕职》（1948 年），张纯明之《清代的幕制》（1949 年）。近期的研究著作有缪全吉之《清代幕府人事制度》（1971 年），郑天挺之《清代的幕府》（1982 年），项文惠、王振忠、郭建三人各有同名书《绍兴师爷》（1991、1994、1995 年），李乔之《中国的师爷》（1995 年），郭润涛之《官府、幕友与书生——“绍兴师爷”研究》（1996 年），以及何龄修之《史可法扬州督师期间的幕府人物》（1997、1998 年）。通观上述论著，大多侧重于清代，而对明代幕宾（或师爷）的起源及其种种细节，均缺焉未语，或语焉未详。鉴及此，显然有必要就明代的幕官及幕宾制度作一初步的探讨，进而考察“师爷”一称的起源，以及“绍兴师爷”称谓之由来。

中央政府幕属官

明代的官职可以分为长官、佐贰、幕职三类。长官，“谓诸司长上之官也”，如布政司之布政使，府之知府，州之知州，县之知县。佐贰，“谓相辅协赞之官也”，如布政司之左、右参议，府之同知、通判、推官，州之同知、州判，县之县丞、主簿。幕职，“汉曰幕府，即相副以下官也”①，又称首领官，如布政司经历司之经历、都事，照磨所之照磨、检校；府经历司之经历、知事，照磨所之照磨、检校；州之吏目，县之典史。

事实上，明代不仅地方政府中设有幕官，即使中央政府也是长官、佐贰、幕职并存，只是相对于地方政府而言，中央政府的幕职更显权小，以致为研究者所忽略。下面根据《大明会典》与《明史 · 职官志》，对明代中央政府中的幕官制度稍作勾勒。

明代中央政府的设置，主要有内阁、宗人府、六部、都察院、大理寺、詹事府、太常寺、光禄寺、太仆寺、鸿胪寺、国子监、翰林院、尚宝司、六科、钦天监、太医院、上林苑监、五军都督府、五城兵马指挥司等机构。在这些中央机构中，均有幕官的设置，以协助长官、佐贰官处理政务。

---

① 《新编居家必用事类全集》辛集《官称》，书目文献出版社影印朝鲜刻、明刻本，第175 页。

明代官制，大体沿袭汉、唐之旧，并在此基础上稍加损益。内阁阁臣在成祖朝已可参预机务，然其时入内阁者皆翰林院编、检、讲读之官，不置官属，更不得专制诸司。内阁有属官，当自宣宗朝诰敕、制敕两房始。因内阁不同于正式办事的六部等机构，除了长官以外，尚有属官（如佐贰官等）以及首领官，所以内阁两房所设之中书舍人，既可以称之为内阁的属官，也可以称之为内阁的幕官。中书舍人衔均为从七品，无定员。其职掌，诰敕房舍人，"书办文官诰敕，番译敕书，并外国文书、揭帖，兵部纪功、勘合底簿"。制敕房舍人，"掌书办制敕、诏书、诰命、册表、宝文、玉牒、讲章、碑额、题奏、揭帖一应机密文书，各王府敕符底簿"①。

宗人府掌皇九族之属籍，按时修玉牒，记录宗室子女嫡庶、名封、嗣袭、生卒、婚嫁、谥葬之事。其长官为宗人令，佐贰官为左、右宗正各一人，左、右宗人各一人，均正一品。幕属官署有经历司，设幕官经历一人，正五品，"典出纳文移"②。

吏部掌天下官吏选授、封勋、考课之政令，以甄别人才，赞天子之治。吏部的长官为尚书一人，正二品。佐贰官为左、右侍郎各一人，正三品。所属官署有文选、验封、稽勋、考功四司。幕属机构为司务厅，有司务二员，从九品，属于首领官，也即幕官。司务掌催督、稽缓、勾销、簿书。③

户部掌天下户口、田赋之数。户部的长官为尚书一人，正二品。佐贰官为左、右侍郎各一人，正三品。所属官署有十三清吏司。幕属机构有司务厅，设司务二人，从九品。照磨所，照磨一人，正八品；检校一人，正八品。照磨、检校之职，"稽文书出入之数，而程督之"④。

礼部掌天下礼仪、祭祀、宴飨、贡举之政令。礼部的长官为尚书一人，正二品。佐贰官为左、右侍郎各一人，正三品。所属官署有仪制、祠祭、主客、精膳四清吏司。幕属机构有司务厅，设司务二人，从九品。⑤

兵部掌天下武卫官铨选、简练之政令。兵部的长官为尚书一人，

---

① 《明史》卷74《职官》3，中华书局1984年版，第1808页。

② 《明史》卷72《职官》1，第1730页。

③ 《明史》卷72《职官》1，第1734页。

④ 《明史》卷72《职官》1，第1739-1740页。

⑤ 《明史》卷72《职官》1，第1745页。

正二品。佐贰官为左、右侍郎各一人,正三品。所属官署有武选、职方、车驾、武库四清吏司。幕属机构有司务厅,司务二人,从九品。①

刑部掌天下刑名及徒隶、勾覆、关津之政令。刑部的长官为尚书一人,正二品。佐贰官为左、右侍郎各一人,正三品。所属官署十三清吏司。幕属机构有司务厅,设司务二人,从九品。照磨所,照磨、检校各一人,照磨正八品,检校正九品。司狱司,司狱六人,从九品。照磨、检校,照刷文卷,计录赃赎。司狱,率狱吏,典囚徒。②

工部掌天下百官、山泽之政令。工部长官为尚书一人,正二品。佐贰官为左、右侍郎各一人,正三品。所属官署有营缮、虞衡、都水、屯田四清吏司。幕属机构有司务厅,设司务二人,从九品。③

都察院掌纠劾百司,辩明冤枉,为天子耳目风纪之司。都察院的长官为左、右都御史,正二品。佐贰官为左、右副都御史,正三品,左、右佥都御史,正四品。所属官署有十三道。幕属机构有司务厅,司务二人,从九品。经历司,经历一人,正六品,都事一人,正七品。照磨所,照磨一人,正八品;检校一人,正九品。司狱司,司狱一人,从九品。④

通政司掌受内外章疏敷奏封驳之事。通政司的长官为通政使一人,正三品。佐贰官为左、右通政各一人,誊黄右通政一人,正四品,左、右参议各一人,正五品。幕属机构有经历司,经历一人,正七品,知事一人,正八品。⑤

大理寺掌审谳平反刑狱之政令。大理寺的长官为大理卿一人,正三品。佐贰官为左、右少卿各一人,正四品,左、右寺丞各一人,正五品。所属官署有左、右二寺。幕属机构有司务厅,设司务二人,从九品。⑥

詹事府掌府、坊、局之政事,以辅导太子。詹事府的长官为詹事一人,正三品。佐贰官为少詹事二人,正四品;府丞二人,正六品。幕属

---

① 《明史》卷72《职官》1,第1750页。

② 《明史》卷72《职官》1,第1755、1758页。

③ 《明史》卷72《职官》1,第1759页。

④ 《明史》卷73《职官》2,第1767页。

⑤ 《明史》卷73《职官》2,第1780页。

⑥ 《明史》卷73《职官》2,第1781页。

机构有主簿厅，设主簿一人，从七品；录事二人，正九品。[①]

翰林院掌制诰、史册、文翰之事，考议制度，详正文书，以备天子顾问。翰林院的长官为学士一人，正五品。佐贰官为侍读、侍讲学士各二人，从五品；侍读、侍讲各二人，正六品。幕属官有孔目一人，未入流。[②]

国子监掌国学诸生训导之政令。国子监的长官为祭酒，从四品。佐贰官为司业、监丞等。幕属机构有典簿厅，设典簿一人，从八品。典籍厅，设典籍一人，从九品。掌馔厅，设掌馔二人，未入流。[③]

太常寺掌祭祀礼乐之事。太常寺的长官为太常寺卿一人，正三品。佐贰官有少卿、寺丞。幕属机构为典簿厅，设典簿二人，正七品。[④]

光禄寺掌祭享、宴劳、膳馐之事。光禄寺的长官为光禄寺卿。佐贰官有少卿、寺丞。幕属机构有典簿厅，设典簿二人，从七品，录事一人，从八品。[⑤]

太仆寺掌牧马之政令。太仆寺的长官为太仆寺卿，从三品。佐贰官有少卿、寺丞。幕属机构有主簿厅，设主簿一员，从七品。[⑥]

鸿胪寺掌朝会、宾客、吉凶礼仪之事。鸿胪寺的长官为鸿胪寺卿，正四品。佐贰官有左、右少卿，左、右寺丞。幕属机构是主簿厅，设主簿一人，从八品。[⑦]

钦天监掌察天文、定历数、占候、推部之事。钦天监的长官为监正一人，正五品。佐贰官有监副二人。幕属机构是主簿厅，设主簿一人，正八品。[⑧]

太医院掌医疗之法。太医院的长官为院使一人，正五品。佐贰官有院判二人。幕属机构是吏目一人，从九品。至隆庆五年（1571），定限10人。[⑨]

上林苑掌苑囿、园池、牧畜、树种之事。上林苑的长官为左、右监

---

① 《明史》卷73《职官》2，第1783页。
② 《明史》卷73《职官》2，第1785-1786页。
③ 《明史》卷73《职官》2，第1789页。
④ 《明史》卷74《职官》3，第1795页。
⑤ 《明史》卷74《职官》3，第1798页。
⑥ 《明史》卷74《职官》3，第1800页。
⑦ 《明史》卷74《职官》3，第1802页。
⑧ 《明史》卷74《职官》3，第1810页。
⑨ 《明史》卷74《职官》3，第1812页。

正各一人,正五品。佐贰官为左、右监副,左、右监丞。幕属机构有典簿厅,设典簿一人,正九品。①

五城兵马指挥使司掌巡捕盗贼,疏理街道沟渠及囚犯、火禁之事。尚宝司、行人司、六科无幕属官,此不赘论。

地方衙门幕职

明代的地方衙门,大体可以区分为原设之都、布、按三司与府、州、县,以及后起的督抚与一些司道衙门。

布政司掌一省之政,朝廷有德泽、禁令,承流宣播,以下于有司。布政司的长官为左、右布政使各一人,从二品。佐贰官有左、右参政,从三品;左、右参议,从四品。幕职衙门有经历司、照磨所、理问所。经历司设经历一人,从六品;都事一人,从七品。照磨所设照磨一人,从八品;检校一人,正九品。理问所设理问一人,从六品;副理问一人,从七品;提腔案牍一人。布政司衙门下幕职的职掌分别为:经历、都事,典受发文移,其详巡按、巡盐御史文书,用经历印。照磨、检校典勘理卷宗。理问典刑名。②

按察司掌一省刑名按劾之事。按察司的长官为按察使一人,正三品。佐贰官有副使一人,正四品;佥事无定员,正五品。幕职衙门有经历司、照磨所。经历司设经历一人,正七品;知事一人,正八品。照磨所设照磨一人,正九品;检校一人,从九品。③

知府掌一府之政,宣风化,平狱讼,均赋役,以教养百姓。府的长官为知府一人,正四品。佐贰官有同知,正五品;通判无定员,正六品;推官一人,正七品。幕职衙门有经历司、照磨所。经历司设经历一人,正八品,掌印;知事一人,正九品,佐理司事。照磨所设照磨一人,从九品,掌印;检校一人,未入流,职佐照磨。经历掌管本府文书出入,凡台司秩在五品以下者,移文皆下经历司,由经历再达府。府中文书上报,亦由经历掌管。另外,经历还查举府中一应轻重政务,禀堂施行。可见,经历之任颇重,"凡一府六事,太守专断于上,经历参画于下,无所

---

① 《明史》卷74《职官》3,第1813-1814页。

② 《明史》卷75《职官》4,第1838-1839页。

③ 《明史》卷75《职官》4,第1840页。

不当与也,岂若办一事、分一职者比哉!”[①]

知州掌一州之政。州的长官为知州一人,从五品。佐贰官有同知、判官。自唐天宝以后,州佐有判官、推官、书记、支使之名。明洪武间,添设同知一人,从六品,革推官;设吏目,革书记;而判官因之,无定员,从七品。吏目即州幕职,典出纳文移,或分领州事,事实上起到唐代书记的作用。[②]

知县掌一县之政。县的长官为知县一人,正七品。佐贰官有县丞一人,正八品,主簿一人,正九品。典史为县的幕职,又称“幕典史”,属于群吏之长。其职“专掌案牍,先署书,然后达于上而完署之。不然,则否”[③]。在明代,天下之官,“惟作县最难,而典县幕者为尤难”[④]。

典史又称“幕宾”。此称在明代的起源颇早。在宣德以前,已有称典史为幕宾者。自正统以迄嘉靖年间,明代史料均称典史为幕宾。[⑤]

都指挥司属下也有幕职,包括经历司经历、断事司断事、司狱司司狱。[⑥] 都司属下各卫,其幕职则称“戎幕”。卫幕包括镇抚司镇抚,从五品,掌印;经历司经历,从七品,掌印。镇抚世袭,掌卫之狱事;经历则用流官,铨受于吏部,使以文法、吏事、纲纪、卫政,卫有碍违,法得纠正。[⑦] 而“式综文移”,更是卫经历的主要职掌。

此外,在明代的军事系统中,存在着大量的“书记”。书记原指掌管书牍记录的幕职。而在明代,书记的职掌虽仍是管书牍,然已成为一种职役,是力差的一种。如在山东威海卫,即将审役、军伴、屯催、书记,并称力差。[⑧] 由此可见,在明代的军事系统中,除了幕职担任佐治之外,一些杂役人员也起着相当重要的佐治作用。

---

① 靳贵:《戒庵文集》卷8《赠府经历曹君崇本序》,收入《四库全书存目丛书》,台南庄严文化事业有限公司1997年版。

② 万历《兖州府志》卷22《公署》,明万历三十九年(1611)刻本。

③ 嘉靖《武宁县志》卷2《官政类·设官》,收入《天一阁藏明代方志选刊续编》,上海书店1990年版。

④ 蔡清:《虚斋集》卷3《贺典幕蔡君承上官奖励序》,上海古籍出版社1991年版,第831页。

⑤ 胡奎:《蕲阳文会序》,载嘉靖《蕲水县志》卷3,收入《天一阁藏明代方志选刊》,上海古籍书店1982年版;嘉靖《河间府志》卷5《宫室志·学校》,收入《天一阁藏明代方志选刊》;嘉靖《德庆州志》卷9《创设》下,收入《天一阁藏明代方志选刊续编》。

⑥ 嘉靖《山东通志》卷11《兵防》,收入《天一阁藏明代方志选刊续编》。

⑦ 嘉靖《宁国府志》卷3《秩统纪》,收入《天一阁藏明代方志选刊》。

⑧ 毕懋第等修:《威海卫志》卷4《食货志》,威海九华小学重印本。

值得指出的是，自明代中叶以后，由于地方不靖，军事繁兴，巡抚、总督、经略随之出现，逐渐取代藩、臬二司的地位，成为一方封疆大吏。而当他们开府地方时，同样需要佐治的幕府人员，由此也就形成了晚明独特的幕官制度。较之明初，晚明幕官制度有以下特点。

其一，在明代，督师、经略、总督、巡抚建衙或驻节地方，多具临时性质，衙署内无藩臬守巡郡县之贤者，“独候人介胄，但可以备使令，而不可以预画谋，一二吏胥，仅可以供钞誊，而不可以校书记”①，故一切细务，举凡尺牍之类，只能躬自为之。有鉴于此，督、抚诸大僚多题疏朝廷，举荐闲住官员，入幕佐治帮办。如翁万达任宣大总督期间，曾疏荐原任户部郎中程霆、原任兵部主事唐顺之入幕赞画，左右军门，承理钱谷兵甲及一应事务，勾检簿书。② 可见，督、抚一类衙门与藩、臬二司及其他地方有司不同，他们本来没有幕府属官。不过，他们经题疏朝廷并获准，有权辟用幕府属官。

其二，督师或督、抚幕府属官，分属文、武两个系统。文官有监军、监纪、赞画等官。监军例用司道官，甚至有以御史兼任者。监纪之职为沿途管饷压兵，“例用司官二员，听户、兵二部选委”③。然亦有以兵部司务或府同知选用者。赞画一职，或用户部主事，或用兵部司务④，甚至有挂兵部职方司衔者。而幕下武职，亦名色众多。督师幕下，例有中军、坐营、标镇等⑤；抚院幕下，亦有中军、旗鼓、抚夷等官⑥。

幕宾的起源

关于明代幕宾的起源，王阳明在一封书信中言：

> 凡荐贤于朝，与自己用人又自不同，自己用人，权度在我，故虽小人而有才者，亦可以器使。若以贤才荐之于朝，则评品不一，便如黑白，其间舍短录长之意，若非明言，谁复知之？⑦

---

① 翁万达：《翁万达集》卷12，上海古籍出版社1992年版，第414页。

② 翁万达：《翁万达集》卷12，第416页。

③ 吴甡：《柴庵疏集》卷18《谨议讨贼机宜恳乞圣裁立赐敕部覆行疏》，浙江古籍出版社1989年版，第361页。

④ 瞿式耜：《瞿式耜集》卷1《表急公绅士疏》，上海古籍出版社1981年版，第139-140页。

⑤ 瞿式耜：《瞿式耜集》卷1《请给标将敕印疏》，第143页。

⑥ 瞿式耜：《瞿式耜集》卷1《佐边储疏》，第23页。

⑦ 王阳明：《王阳明全集》卷21《答方叔贤》，上海古籍出版社1992年版，第828页。

此信写于弘治四年(1491)。过去的研究者多以此为依据,证明至迟在弘治初年即有"自己用人"之例[1],而幕宾则为自己用人的典型产物。可是,引用此说者又无法找出实例,证明弘治初年已有幕宾的存在,只是以嘉靖年间胡宗宪幕中徐渭、王寅、沈明臣诸人为例。瞿同祖据况钟《明况太守龙冈公治苏政绩全集》卷3《太守列传》之记载,"内署不延幕客,一切奏疏、榜谕、谳案,皆公所亲裁",证明宣德、正统年间已有幕宾的存在。然此说为房兆楹反对,理由很简单,况钟文集为其后人编定,其中所言无法作为可靠的证据。[2]

根据前人的研究成果,再结合一些发现的新材料,大体可以断定:明初幕府制度即已存在,它是元末群雄四起,自置幕府、自己用人的延续。而至少在正统年间,即已出现幕宾人员入幕的例子。至于王阳明的"自己用人"说,更非空口白言。

首先,元末幕府辟授,"略仿唐藩,承制故事,而国史考之不详也"[3]。当时诸如朱元璋、张士诚、方国珍、陈有定、何真等,均自置幕府,辟置幕府人员。明初,朱元璋陆续平定群雄,而战事尚有余声,于是幕府被保留了下来。洪武三年(1370),曹国公李文忠领大都督府事,刘炳出任掌记。[4] 又有唐愚士,"长于诗而善笔札",李文忠"待以宾友礼,征行四方皆与俱"[5]。

其次,"自己用人"是幕府制度的主要特征,这一点毋庸置疑。明代尽管仍然保持着幕官制度,然各级主官已无权自辟幕职,铨选均由

---

① 郑天挺:《清代的幕府》,载《明清史国际学术讨论会论文集》,天津人民出版社1982年版,第189页。

② 相关的阐述可参见[日]中岛乐章:《明末清初绍兴の幕友》,载《山根幸夫教授退休纪念明代史论丛》,东京汲古书院1992年版,第1062页。按:中岛氏在文中分别引用了瞿同祖之说,以及房兆楹的不同意见。瞿通祖、房兆楹之论,分见:T'ung-tsu Ch'u, *Local Government in China under the Ch'ing* (Cambridge and London: Harvard University Press, 1988), pp. 258-259, note 9; L. Carrinyton Goodrich and Chaoying Fang (eds.), *Dictionary of Ming Biography*, 1368-1644 (New York: Columbia University Press, 1976), p.754.

③ 钱谦益:《列朝诗集小传》甲前集《刘左司仁本》,上海古籍出版社1983年版,第43-44页。

④ 钱谦益:《列朝诗集小传》甲前集《刘典签昺》,第37-38页。

⑤ 方孝孺:《逊志斋集》卷22《侍读唐君墓志铭》,收入《景印文渊阁四库全书》,台北商务印书馆有限公司2008年版。

朝廷掌管。但明初地方有司能自行延聘学官,堪当“自己用人”之例。[①] 这种现象至明代中期以后仍有发生。[②]

按照传统的说法,生员处馆与入幕,虽同属西宾,却有本质的区别。有学者指出,清代地方官员延聘之塾师,虽有专门的幕席,名曰“教读”,却仍将其摒斥于严格意义的幕宾之外。[③] 然倘若探究明代幕宾一称的起源,不能不将这些承担教读之职的馆师考虑在内。在明代幕宾与馆师之间,并无明确界限。馆师除了课业之外,也要参与主翁相关行政事务,事实上承担着幕宾的职责。即使到了清代,出现了以钱谷、刑名为专责的幕友,在馆师与幕宾之间,仍非畛域井然。

明代的一些府、州、县衙门中,专门设有一些“书馆”,“延儒彦教训僚属子弟”[④]。生员入衙训诲官员之子,在当时相当普遍。[⑤] 究其源,盖起于明初之“门馆先生”。如王行,凉国公蓝玉家教学秀才,就是一个门馆先生;周伯章,“洪武二十三年(1390),以老人秀才起取赴京。钦发景川侯家,教训本官孙男曹真受等读书”[⑥]。英国公家,亦专聘有“门馆”,以诗文应酬之事付之。[⑦] 有些门馆先生,也参与一些军政事务。他们或为朝廷钦发,或属私人雇用。若属朝廷钦发,似有与幕职相合处;若私人雇用,则属自己用人一类。

“师爷”得名,亦在明代。究其实,师爷与学官、馆师不无关系。下面两段记载和描述颇能说明问题:

> 太和县分守信地:一、南衙提兵二百名,守北门;一、曾巡司提兵二百名,守东门;朱师爷提兵二百名,守小南门……本县带领亲兵一百名,往来五城提督策应。[⑧]

---

① 钱谦益:《列朝诗集小传》甲前集、甲集《李广文延兴》《殷文懿奎》,第64-65、125页。按:关于元末明初地方官员自辟学官现象,其最新的研究成果,可参见李静:《元末明初地方自辟属官现象初探——以地方学官为例》,北京师范大学历史学院硕士论文(2006年5月),第1-38页。

② 周思兼:《胶东二高士传》,载黄宗羲编:《明文海》卷407,中华书局1987年版,第4240页。

③ 郭润涛:《官府、幕友与书生——“绍兴师爷”研究》,第8、11页。

④ 嘉靖《通许县志》卷上《城池》,收入《天一阁藏明代方志选刊续编》。

⑤ 李乐:《见闻杂记》卷3,上海古籍出版社1986年版,第232页。

⑥ 明太祖钦录:《逆臣录》卷1,北京大学出版社1991年版,第15页。

⑦ 陈洪谟:《治世余闻》下篇卷4,中华书局1985年版,第62页。

⑧ 吴世济:《太和县御寇始末》卷下,浙江古籍出版社1983年版,第93页。

此日，学师又差了门斗说道："第二剂药贴上，即时全愈，师爷甚是知感，特备了一个小酌，请相公过去一坐。"①

前一段史料中之"朱师爷"，指县学训导朱之彦。后一段小说中之"师爷"，指学中学师，既可以是教谕，亦可指训导。可见，师爷先是指地方学校之教官，后来又将在私学中从事授业的馆师也称作"师爷"。②

由上可知，在明代，馆师（或门馆先生）在私人府中授业，东翁将西宾视作心腹，并与其商量行政事务。而明代教官、馆师之均称"师爷"，亦可证实下面两点：一是"师爷"一称，源自学师、教师；二是在明代的馆师与幕客之间，并无明确的界限。

第三，至正统年间，朝廷大臣出征时，自辟幕下士，正式出现了所谓的幕宾。如周鼎，嘉善人，"博极经史，为弟子师，例当以掾曹得官，谢病归。正统中，大征闽寇，沐阳伯金忠参赞机务，辟置幕下，议进取方略，多见用"③。至弘治年间，总督也有自己用人之例。张瀚记其高祖介然公，"尝受知于潘中丞蕃，聘之入粤，赞画岭表。调兵望气，度彼度己，一出胜算。功成后，潘将荐公大用，辄夜离故所，间道奔归，变易姓名，无从寻见"④。据王世贞《弇山堂别集》记，潘蕃为浙江崇德人，弘治十五年（1502），以右都御史任总督两广军务⑤，其聘张瀚高祖入幕一事，当在弘治十五年（1502）之后。

各级衙门的聘幕之风

明代初年，各地方行政机构（即衙署）均设有幕属官，藉此起到佐长官之治的作用。然此类幕职，长官不能自辟，必由朝廷铨选⑥，这就限制了地方长官与幕职之间关系的融洽。自明代中期以后，地方衙署虽设有幕职，但地方有司并不倚重他们，反而自聘幕宾治事，或将具体事务付之胥吏。此外，新任的总督、巡抚或提学巡历地方，均无配属的

---

① 西周生：《醒世姻缘传》第62回，上海古籍出版社1985年版，第891页。

② 叶永盛：《玉城奏疏·戚畹杀师疏》，收入《丛书集成新编》，台北新文丰出版公司1985年版。

③ 钱谦益：《列朝诗集小传》乙集《周沐阳鼎》，第195页。

④ 张瀚：《松窗梦语》卷6《先世纪》，中华书局1985年版，第121页。

⑤ 王世贞：《弇山堂别集》卷64《总督两广军务年表》，中华书局1985年版，第1198页。

⑥ 至明代中期以后，知府、知州一类地方官已有自聘"从事"（幕官）者，然尚未形成惯例。参见吴廷翰：《吴廷翰集·文集》卷上《淮浦先生张公传》，中华书局1984年版，第293页。

衙署办事人员，无不需要自己聘请佐治人员。于是，幕宾应运而生。

明代幕宾的种类，若依其服务之衙门为区分的标准，则有内阁、太监衙门之幕宾，地方县衙、卫衙之幕宾。明中叶以降，各类衙门、各色官员聘请幕宾蔚然成风。

首先，在朝廷，从内阁大学士、太监，到六科，均有聘幕佐治之例。

内阁大学士有“入幕之宾”，这是明代的特例。如史载，陆伯生“久游吴门相公幕，除翰墨外，不谭一事，吴门最重之”[①]。所谓“吴门相公”，即申时行。又史载，刑科给事中钱梦皋，为沈一贯“入幕宾”。一日，与山人汪元洪共饮。钱戏云：“昔之山人，山中野人。今之山人，山外游人。”汪即应云：“昔之给事，给黄门事。今之给事，给相门事。”[②]

考相门幕客，应从夏言为首辅的时代说起。据史料记载，夏言多“门下客”[③]。其中一位幕客即顾仲言，后以荐授尚宝司少卿。[④] 严嵩取夏言而代之，其门下亦不乏幕客。除了吴扩之外，章文也是一例。又冠带医士王某，亦曾为严嵩门下客。[⑤] 袁炜门下有王稚登，任记室之职，“校书秘阁”；袁炜门下尚有一位王逢年，专门“草应制文字”。[⑥] 高拱门下有邵芳，为驵侩之豪，曾替高拱谋相，“市官爵见厌，把持守令长短”[⑦]。徐阶门下有吕需，为徐阶督学时的门生，徐阶入相后，延为幕宾。另徐阶幕下尚有杨豫孙、范惟丕等人，[⑧]及前引之沈明臣。张居正门下，有一袁姓幕客，曾谋营求杭、嘉、湖三府监兑一差。有贡士宋尧愈，华亭人。又有锦衣史继书，通过贿赂张居正门下奴仆游七，“夤缘

① 李延昰：《南吴旧话录》卷上，上海古籍出版社 1985 年版，第 116 页。

② 梁维枢：《玉剑尊闻》卷 9，上海古籍出版社 1986 年版，第 617 页。

③ 吴鼎：《过庭私录》卷 1《桂洲记》，收入《四库全书存目丛书》。

④ 刘献廷：《广阳杂记》卷 1，中华书局 1957 年版，第 7-8 页。

⑤ 王世贞：《章篔谷墓志铭》，载《明文海》卷 466，第 5023 页；徐学谟：《徐氏海隅集·文编》卷 14《冰厅杂记》，收入《四库全书存目丛书》。

⑥ 钱谦益：《列朝诗集小传》丁集中《王校书稚登》《玄阳山人王逢年》，第 481-482、519 页。

⑦ 张维枢：《静观轩琐言》，载《明文海》卷 480，第 5172 页；沈德符：《万历野获编》卷 8《邵芳》，中华书局 1980 年版，第 218-219 页。

⑧ 沈德符：《万历野获编》卷 8《吕光》，第 215-216 页；于慎行：《谷山笔麈》卷 4《相鉴》，中华书局 1997 年版，第 38 页。

得入江陵幕中”[①]。又如前引，申时行门下有陆应扬。周延儒门下，“私人如市”，有游客李元功、医官张景韶，以及蒋福昌、周素儒等，“夙夜入幕”。又有幕客董献廷，“凡求总兵、巡抚，必先通贿幕客董献廷，然后得之”[②]。幕客均为主官自己所用之人，属于“私人”。而在马士英幕下，亦多私人。[③]

这些游于相门之幕客，固然有些属于山人清客，既为“帮闲”，又能帮忙。当时有一些朝廷正式命官，也入相门之幕，成为幕客。如前述之钱梦皋，以刑科给事中的身份，成为沈一贯的“入幕宾”，“给相门事”。又如有一姓朱御史，为张居正“入幕之客”。此外，万历十二年(1583)，长安有“七子之目”，万历十三年(1584)，又有“八犬之目”，“皆时相入幕之宾也”。[④] 尤称奇者，像工部尚书李幼滋这样的朝廷大臣，也成为张居正的“入幕密客”[⑤]。可见，凡食朝廷俸禄而又奔走于权臣私门行幕宾之职者，在明代亦不仅见。于是，这些官不再为朝廷办事，不理公事，而为私人所用。他们也不像总督或府、州、县衙门之幕宾，专门佐治公府，在衙门帮办，而是给事私室，奔走于内阁大学士的私第，出谋划策。这当然尚不可完全将之与幕宾等同，但其给事私室的特点，应该视为明代幕宾制的一种变异。

明代太监亦多有聘请幕宾者。如张文冕，本华亭黜生，入刘瑾幕，“矫旨皆出其手”。又汪文言原为徽州库吏，“逃罪投王安幕下”，成为太监王安之幕客。[⑥]

在六科，亦有聘请幕宾，以掌书记之责者。譬如，徐丞，名良仁，宁波鄞县人，“幼业儒，孤而为族人冯凌，蹑屩入燕。习其能者，引入掖垣。掖垣诸给事爱其才，属掌书记，并侦内外机务事”[⑦]。

---

① 崇祯《嘉兴县志》卷10《食货志·赋役》，收入《日本藏中国罕见地方志丛刊》，书目文献出版社1992年版；谈迁：《国榷》卷70，神宗万历五年(1577)十月丙戌，中华书局1988年版，第4321页；周玄暐：《泾林续记》，收入《涵芬楼秘籍》，民国间上海商务印书馆影印本。

② 谈迁：《国榷》卷91，思宗崇祯四年(1631)六月戊申、思宗崇祯六年(1633)三月辛亥，第5565、5606页；计六奇：《明季北略》卷19《周延儒》，中华书局1984年版，第341页。

③ 夏完淳：《夏完淳集》附编1，中华书局1960年版，第164页。

④ 于慎行：《谷山笔麈》卷4《相鉴》，第45页。

⑤ 沈德符：《万历野获编》卷8《邵芳》，第219页。

⑥ 谈迁：《国榷》卷48、89，武宗正德五年(1510)九月辛巳、思宗崇祯元年(1628)正月，第2985、5418页。

⑦ 邹元标：《徐丞传》，载《明文海》卷403，第4202页。

其次，在地方衙门，上自督师、经略、总督、巡抚，下至府、州、县各衙门，均聘有幕宾，甚至武将、军卫也有聘幕宾的例子可寻。

督师开府一方，自辟幕府，在明末常见其例。如孙承宗督师，专设占天、察地、译审、侦谍、异材剑、大力六馆，招聘天下豪杰。[①] 其中入幕最著名者，当数诸生茅元仪，他充赞画一职，"留幕中"[②]。史可法督师、开府扬州，曾设礼贤馆，"招四方智谋之士及通晓天文、阴符、遁甲诸术者"[③]，一时幕客丛集，人才济济。万历二十年(1592)，日本侵占朝鲜，明廷兴师往援，命兵部尚书宋应昌为经略，武库郎中刘黄裳、职方司主事袁黄赞画军事。又访求奇士，"得山阴人冯仲缨、吴县人金相，罗致幕下"[④]。这又为经略幕府之例。

总督、巡抚为方面大僚，开府一方，却无衙署定设佐治人员，也需要临时聘请幕宾。譬如，胡宗宪总督浙江时，幕客数十人，较为著名者有沈明臣、王寅、徐渭。[⑤] 南明弘光朝，凌駉巡按河南，并兼巡抚事，聘宜兴诸生李三冈入幕。[⑥] 巡按、道臣也有聘幕宾之例。如吴甡奏疏中曾有"蒙按院唤参谋贡生俞咨伯进院详示剿贼情形"之句[⑦]，此即其例。又诸生沈自徵，磊落自负，兵备道张椿闻其知兵，"聘君幕府"[⑧]。

此外，督学道巡历各府、州、县时，也聘请"主文相公"随行，帮助批阅生童试卷。清初，学道有"阅文相公"，主考有"主文相公"。[⑨] 无论是主文相公，还是阅文相公，其责在主文、阅文，即主持文牍、判阅试卷。其身份为相公，多由生员出任。其实，主文相公即幕宾的别称。

---

① 茅元仪：《督师纪略》卷3，明末刻本。

② 茅元仪：《督师纪略》卷6。

③ 唐振常辑：《史可法别传》，载《史可法集》附录，上海古籍出版社1984年版，第145页。

④ 钱谦益：《初学集》卷25《东征二士录》，载氏著：《钱牧斋全集》，上海古籍出版社2003年版，第806页。

⑤ 钱谦益：《列朝诗集小传》丁集中《沈记室明臣》《十岳山人王寅》《徐记室渭》，第496、511、560页。

⑥ 抱阳生编著：《甲申朝事小纪三编》卷2《李三冈传》，书目文献出版社1987年版，第501-502页。

⑦ 吴甡：《柴庵疏集》卷10《边寇谋犯平固官兵夹剿有功疏》，浙江古籍出版社1989年版，第201页。

⑧ 赵吉士：《寄园寄所寄》卷1《囊底寄·经济》，清康熙三十五年(1696)刻本。

⑨ 魏象枢：《寒松堂全集》卷4《科场弊窦多端等事疏》《直纠浙江学道以申公论疏》，中华书局1996年版，第102、115页。

这种称呼至迟在嘉靖初年即已出现,至明季而普及。如冯继龙,年十四,选为弟子员,每试必高等。“学使鹤田蔡公、墨泉吴公望临一时,皆奇其文,往校他所,亦挈公与俱”。[①] 如巡抚都御史张文锦奏称:“本官不时将用意虐害,差心腹主文识字李义传说贾鉴。”[②]据史料记载,宜兴人吴湛以文章自豪,“尝随督学吴贞启游粤”[③]。又如闵声,曾主持复社湖州事务,“同郡潘曾紘督学中州,以君自辅,泾渭文艺”[④]。又如陶琰在湖广督学衙门中,为“幕从事”,专门从事替学道阅卷的工作[⑤],与主文相公如出一辙。

自明代中期以后,府、州、县一类地方衙门聘请幕宾佐治,也形成一时风气。明人李乐记:“近日友人作令,雇主文行者,十有四五。”[⑥]这种“主文”,显然已开启了清代钱谷、刑名师爷的先河。究其原因,主文随同有司上任,主要是弥补新上任者出身科举、不理会“民事”之缺陷,而所谓民事,无非钱谷、刑名二事,尤以刑名为主。明代地方行政,主要仰仗吏书,这就是明代地方衙门权在吏书的原因。后亦有依靠从原籍携带“主文”者[⑦],而这些主文主要由讼师、罢吏出任。

地方有司延聘幕宾,其例俯拾即是。如杨道亨任真定知府时,曾聘有幕宾。[⑧] 早在成化以前,就有知县聘请幕宾之例。[⑨]其后,相沿成习。正如上述,知县上任,十之四五多聘有主文随行。如陈震祥,被一知县延为客,“时新邑肇创,修城辟学,一切文记皆出其手”[⑩]。又龙泉

---

① 焦竑:《澹园集》卷27《蜀府纪善双山冯公墓表》,中华书局1999年版,第401-402页。按:冯氏生于正德十六年(1521),年十四,即嘉靖十年(1531)中秀才,嘉靖二十五年(1546)中举人,万历十五年(1587)卒。而他在学道幕中任幕宾应该是在嘉靖初年。

② 严从简:《殊域周咨录》卷19《鞑靼》,中华书局1993年版,第641页。

③ 《胜朝粤东遗民录》卷2,见谢正光、范金民编:《明遗民录汇辑》,南京大学出版社1995年版,下册,第695页。

④ 黄宗羲:《雪蓑闵君墓志铭》,载吴光整理:《黄宗羲南雷杂著稿真迹》,浙江古籍出版社1987年版,第204页。

⑤ 陶琰:《仁节先生集》卷11《岳州至荆州》,钞本。

⑥ 李乐:《见闻杂记》卷8,第706页。

⑦ 王肯堂:《王肯堂笺释》原序(万历四十年)(1612)。未见原书,此转引自[日]夫马进:《明清时代の讼师と诉讼制度》,载[日]梅原郁:《中国近世の法制と社会》,京都同朋舍1993年版,第481页,注(83)。

⑧⑨ 李延昰:《南吴旧话录》卷下,第173-174页。

⑩ 唐树义、黎兆勋等:《黔诗纪略》卷18《陈震祥》,贵州人民出版社1993年版,第709页。

知县刘汝谔聘生员顾所受为幕宾①,亦即其例。

明代武将聘幕也蔚然成风。显然,这是晚明武将尚文风气影响所致。正如谭纶所言,"乃各大小将官,不修实事,专尚虚诈,厚养刀笔之徒,至之帷屋之中"②。所谓"刀笔之徒",即主持刑名之幕宾。此外,武将幕中又多山人幕客。史称隆庆以后,"款市既成,烽燧少警,辇下视镇帅为外府。山人杂流,乞朝士尺牍往者,无不餍所欲"③。尤其是万历中叶以后,边镇专阃将帅以能诗名者居多,戚继光、萧如熏、杜文焕即其中之佼佼者。戚继光尤好延文士,倾赀结纳,取足军饷。萧如熏亦能诗,士趋之若鹜,宾座常满。

山人杂流多投奔边帅幕中,武将亦多以聘幕为荣,以便与文臣往还。④ 陈第、颜钧为著名的王门学者,均曾入俞大猷幕,成为参谋、军师。⑤ 至明季,武将多聘记室、幕客。当东平侯刘泽清开府淮阴时,贾开宗"掌其军书记"⑥。即使如卫所指挥,解粮进京,也要寻一个"通文理,管得帐"的幕宾⑦。聘幕宾,专为记账,这已与请钱谷师爷无多少差别。

综上所述,明代各级衙门,均有聘请幕宾之例。令人诧异者,有的举人也聘幕宾,⑧其实不过用作账房而已。

入幕人员出身

探究明代幕宾的身份,大致有致仕的官员,有举人、生员,也有山人、术士、布衣入幕,甚至还有出身巡捕、衙书做幕宾者。由此可见,就幕不同于出仕做官,做官需要讲求资格,而就幕"毋须任何之资格"⑨。

(一)官员入幕

如王思任,曾中过进士,又做过官。其后,闲住在家,他的同年好

---

① 计六奇:《明季南略》卷4《苏州顾所受投泮池》,中华书局1984年版,第254页。

② 谭纶:《谭襄敏公奏议》卷5《条陈蓟镇未尽事宜以重防秋疏》,清嘉庆重刊本。

③ 《明史》卷239《萧如熏传》,第6222页。

④ 孙静庵:《明遗民录》卷23,载《明遗民录汇辑》,上册,第43页。

⑤ 钱谦益:《列朝诗集小传》丁集中《陈将军第》,第542页;颜钧:《颜钧集》卷3《自传》,中国社会科学出版社1996年版,第28页。

⑥ 抱阳生编:《甲申朝事小纪初编》卷8《贾开宗纪》,第196页。

⑦ 华阳散人:《鸳鸯针》第2回,春风文艺出版社1985年版,第26-27页。

⑧ 谢肇淛:《小草斋集》卷9《送练中丞遗裔归家引》,收入《四库全书存目丛书》。

⑨ 缪全吉:《清代幕府人事制度》,第112页。

友川黔总督蔡敬夫,"思以帷幄屈先生,檄先生至"①。王训,宣德十年(1435)举人,曾任训导。正统十三年(1448),尚书王骥征麓川,王训被辟佐赞军事。次年,尚书侯琎总督贵州,"复辟至幕府,多所谋划"②。

(二)举人入幕

如周敏成,举人身份,屡上公车不第。后以兵事受知于孙承宗,承宗致书辽东巡抚方一藻,宁前兵备道陈祖苞遂辟周敏成"赞画辽东军务"③。据何龄修对史可法幕府100名成员科举身份的考察,幕府诸人科举状况已知者66人,其中举人出身者12人。④

(三)生员入幕

生员仕进无门,受私人聘请,游幕天下,亦属本色当行。譬如,徐渭,自称"间尝一佩笔操铅,以奉侍幕下"⑤,成了总督胡宗宪的幕宾。何心隐,少补博士弟子员,胡宗宪素知其才,"以礼聘之,赞谋帷幄,以平倭寇"⑥。张天复,为浙江山阴县学诸生。徐阶督学浙江,按临会稽,将张天复聘入幕中,助其阅卷。⑦ 显然,这属于主文相公一类。南明史可法督师幕府之中,更是聚集了很多出身生员的幕府人员。在已知的100名幕府人员中,出身生员(包括拔贡、恩贡、岁贡各类贡生及监生)者,有37人,占已知身份者66人之一半以上。⑧

(四)山人、术士入幕

如山人黄之壁,"自负其才,旁无一人。宋西宁延为记室"⑨。又山人胡思岩,屡次出入翁万达幕府。先同往交州,后至潮州,相助军

---

① 张岱:《琅嬛文集》卷4《王谑庵先生传》,岳麓书社1985年版,第193-194页。

② 唐树义、黎兆勋等:《黔诗纪略》卷1《王教授训》,第5页。

③ 归庄:《归庄集》卷7《周参军家传》,上海古籍出版社1984年版,第416页。

④ 何龄修:《史可法扬州督师期间的幕府人物(上)(下)》,载《燕京学报》新3期(1997年)、新4期(1998年)。

⑤ 徐渭:《徐文长三集》卷9《上督府公生日诗》,载氏著:《徐渭集》,中华书局1983年版,第319页。

⑥ 邹元标:《梁夫山传》,载《何心隐集》附录,中华书局1981年版,第120-121页。

⑦ 张岱:《琅嬛文集》卷4《家传》,第155页。

⑧ 何龄修:《史可法扬州督师期间的幕府人物(上)(下)》,载《燕京学报》,新3、4期。

⑨ 周晖:《金陵琐事》卷3《买太史公叫》,南京出版社2007年版,第128页。

事。[①] 术士入幕者可举下面二例：仝寅，安邑人，瞽而聪，“学京房《易》，占多奇中”。正统间，游大同，曾在镇守太监裴当府中，替裴当卜筮。后被石亨召至幕下。又有一鄱阳籍术士，凭堪舆之学游幕，先游茅坤幕，后又被茅坤荐至一按察副使幕中。[②]

（五）布衣入幕

如著名的王门后学颜钧，即凭布衣身份先入胡宗宪幕，继入俞大猷幕。[③] 又闽县人郑琰，以布衣任侠游遨，“词馆诸公争延致之。高文典册，多出其手”[④]。

（六）巡捕、衙书入幕

如常熟张景良，“少为巡捕、衙书佐，长而入人幕中，为主文。孙季公初第时，选刑部主事，景良实从至燕。陈尚书必谦之令辉县也，亦与之偕”[⑤]。陈必谦为万历年间进士，说明在万历时已有由衙书转化为“主文”之幕宾的事例。

考察明代入幕之宾的身份，其中以生员入幕者最多，举人入幕者亦不少。山人有很多具有生员身份，或者是一些弃巾的生员。可见，山人入幕，亦可视为生员入幕的另一种形式。至于进士、术士、衙书入幕，则是一种特殊形式，仅见少例，不足以反映广泛性。

主、幕关系及幕宾职责

明代私人聘请的幕宾，其特点为“合则留，不合则去”[⑥]。主宾之间并无牢固的基础，只是以互相需要而维系，即幕主需要幕宾佐治，幕宾需要得脩金而养家。主、幕关系大体可以概括如下。

首先，幕主与幕宾之间，是一种宾、师关系。若说“宾”，则幕宾称

---

① 翁万达：《翁万达集》卷1《赠胡思岩山人序》，上海古籍出版社1992年版，第39-41页。

② 何乔远：《名山藏·方技记》，明崇祯间刻本；茅坤：《茅鹿门先生文集》卷6《与姚华麓宪使书》，载氏著：《茅坤集》，浙江古籍出版社1993年版，第317页。

③ 颜钧：《颜钧集》卷3《自传》，第28页。

④ 钱谦益：《列朝诗集小传》丁集中《郑布衣琰》，第530页。

⑤ 冯舒：《虞山妖乱志》卷中，载《虞阳说苑》甲编，初园丁氏校印本。

⑥ 宋存标：《秋士偶编·送友之金陵序》，收入《四库禁毁书丛刊》，北京出版社2000年版。

幕主为“主公”“主家”“东山主人”“主人”[①]。由“东山主人”衍变而来，幕主又可称为“东翁”。幕宾被幕主所聘，馆于主家，犹如塾师处馆一样，被幕主称为“西宾”。另一方面，若说“师”，则幕主尊幕宾为“师傅”。无论是宾，抑或师，均是一种相互尊重关系的反映，也说明主、幕之间关系的不稳定性。

其次，主幕之间又是一种相互依存的关系。幕主需要幕宾，究其原因，由于科举导致的弊端，使一些出任地方有司的官员，刚放下“诗曰子云”，就戴上纱帽，穿上圆领，著了皂鞋，坐堂理民事（包括刑名、钱谷），着实令他们为难。这就需要聘幕宾，帮助他们处理具体的民事。另一方面，明代的官员又大多怠惰成性，不愿处理官场文牍的往来。这从前面揭示的以文词为职责的词馆中人也聘请幕宾的例子中，可以得到进一步的证实。而万历以后官场交往流行四六之文的风气，也迫使官员必须聘请专门的主文代笔之人。正如小说记载所言，“这做文官的幕宾先生，一定也就合那行兵的军师一样，凡事都要合他商议，都要替你主持哩”[②]。

当然，幕宾替幕主主文代笔或佐治民事，所图者是幕主支付的脩金，藉此养家糊口。幕主聘幕，需择一个好日子，写一个全柬拜帖，下一个全柬请帖，设两席酒，当面要送礼聘银，少者五六两，多者 20 两。[③] 幕宾每年束脩，少者每年 30 两[④]，中者 80 两[⑤]，多者高达二三百两[⑥]。幕宾脩金与馆师馆谷差别不大，只是稍优于馆师。

明代幕宾所尽职责颇多，细加概括，大抵包括以下四项。

一是典文章、主文牍。这是明代幕宾的常见职责。从这种意义上说，幕宾又称“记室”“书记”。替幕主写文章、贺启，登录信札，并代拟回函，举凡此类，均是幕宾分内之事。[⑦] 即以徐渭为例，在胡宗宪幕中，典文章凡五载，“记文可百篇”，后以《幕钞》为名刊刻行世。[⑧] 主文代

---

① 陶琰：《仁节先生集》卷 6、11、15《雪船述》《岳州至荆州》《游衡山走长沙》。

② 西周生：《醒世姻缘传》第 85 回，第 1207 页。

③ 西周生：《醒世姻缘传》第 16、85 回，第 234、1208 页。

④ 华阳散人：《鸳鸯针》第 2 回，第 26 页。

⑤ 西周生：《醒世姻缘传》第 84 回，第 1205 页。

⑥ 西周生：《醒世姻缘传》第 84 回，第 1202 页。

⑦ 幕客代写章奏、表章或主持信札，在宋代已有其例。如韩琦幕下有王彦霖、强圣，专司此务。见俞樾：《茶香室续钞》卷 4《韩魏公幕客》，中华书局 1995 年版，第 565 页。

⑧ 徐渭：《徐文长三集》卷 19《幕钞小序》，载《徐渭集》，第 536 页。

笔的延伸，即为幕客代幕主著书，或者幕客替幕主整理奏疏，再加梓行。幕客替幕主著书，众所周知的例子是胡宗宪之《筹海图编》，实出于其幕客郑若曾之手。又如《乌槎幕府记》一书，所记为“丰阳冯先生”就任广东时平倭、平海寇、峒贼事迹，为“乌槎营中幕客所记”[①]，亦出于幕客之手。幕客替幕主掌管文牍，整理幕主的奏疏，也是其职责之一。如汪道昆记道：“先是，大司马入朝，记室辑督抚奏疏授之梓。”[②]此即其例。又史可法幕中幕宾王之桢曾受命主持整理史氏奏议数十卷，其分任校雠者，则由另一幕宾顾阳宪承担。[③]

二是备咨询、当参谋。如张岱记其三叔张炳芳做幕宾一事道：“云间何士抑、金斗、许芳谷官于越，三叔居幕下，不咨询不敢理郡事。”[④]即是一例。尤其在一些戎幕中，幕宾除了替幕主处理平常宾客酬酢一类的事情外，韬钤机务之类，亦不时需要出谋划策，以尽参谋的职责。明代各边都御史幕下，多设参谋一职，为幕僚之选，由现任官员充任，补长官“谋议之缺”[⑤]。除此之外，私人招聘之幕宾，亦可起到参谋的作用，而此时则多称他们为“军师”“谋士”“谋主”。如颜钧在俞大猷之幕，自称“受聘为军师”[⑥]，而俞大猷在行聘牌文中，则称“欠缺谋士”“为参谋之用”[⑦]，云云。明末义军首领罗汝才聘山东举人玄珪为记室，言听计从，“为谋主，每事取决焉”[⑧]。

三是佐治民事。嘉靖以后，凡出任知县者，多雇“主文”随行。究其原因，即如上述，是因为初仕者“不理会民事”[⑨]，需要幕宾佐治。即使是那些久任地方长官之人，也需幕宾相助。譬如，吴钟峦这位老名士任长兴知县时，“每断大狱，幕中再四叮咛”[⑩]。显然也是得到了幕宾的相助。

---

① 钟兆斗：《乌槎幕府记》，收入《盐邑志林》，明天启刻本。

② 汪道昆：《太函集》卷25《御史大夫蹇公督抚奏略序》，黄山书社2004年版，第550页。

③ 王之桢：《跋师相乞闲咏叙》，见前揭《史可法集》附录，第131-132页。

④ 张岱：《琅嬛文集》卷4《附传》，第171页。

⑤ 储巏：《柴虚文集》卷12《题议防虏患》，收入《四库全书存目丛书》。

⑥ 颜钧：《颜钧集》卷3《自传》，第28页。

⑦ 尹继美：《颜山农先生遗集凡例》，载《颜钧集》卷9，附录1，第92-94页。

⑧ 抱阳生编著：《甲申朝事小纪初编》卷1《杀罗汝才》，第6页。

⑨ 李乐：《见闻杂记》卷8，第706页。

⑩ 李寄：《天香阁随笔》卷2，陶社校刊本。

四是帮闲。明人管志道言："每见吴越间缙绅燕会，即不张乐，幕客亦以曲声唱和为常。"[①]幕宾以"曲声唱和"，显然是门客行径。明代有很多以绘画技能游幕者，与门客实无多少区别。[②] 所谓门客，即善探主人所欲而巧于趋承事事如意者。相比之下，幕宾的职责为佐治，而门客则为狎客，俗称"陪堂"，或称"清客""篾片"，其职责是陪主人游戏文字、消闲，与主人相狎昵。然门客一旦入幕，与主人相狎，交接日近，难免也参与主人之政事或民事，渐近佐治职能。这样，门客亦就蜕变为幕客，几与幕宾无异。可见，山人、清客入幕，成为幕宾，这也是明代幕宾制度的一个特点。

结束语

幕属官在明代又称为"首领官"，其意盖为众吏之首领，亦即其职在"佐官检吏"。而在明代，将县典史也称作"幕宾"，说明幕属官其实也起到了"以代书记之劳"的作用，以及幕官与幕宾所共同具有的幕僚特性。

明代虽有一套完整的幕官制度，但事实上形同虚设。正如明人徐学谟所言，明代地方长官无自辟幕职之权，一切废置均由朝廷定夺，由此也就造成了以下不良后果：长官幕下幕官，皆无所别择而来，仅仅是朝廷分派的官员；而一些幽栖僻处的贤士，长官也无法自致于宾客之选。这就造成了长官在具体行政时无可以托心臂之人，[③]限制了长官与幕职之间关系的融洽。

这仅仅是问题的一个方面。而另一方面则是幕官地位、职权的下降，从本为"检吏"而至不被胥吏所看重。在明初，幕职均各配方印，"参与长官行事，使之无所忌惮，不敢逋荡"。其后长官视幕职如仆隶，夺印自配，"至使经历等衙门之吏，乃与本官相抗"[④]。而这些幕职多系杂流出身，在明代独重进士的风气下，幕职威权的下降也是必然的趋势。

---

① 管志道：《从先维俗议》卷5《家晏勿张乐》，收入《太昆先哲遗书》，民国七年（1918）俞氏世德堂影印明刊本。

② 茅坤：《茅鹿门先生文集》卷6《与赵麟阳中丞书》、《与许敬庵书》，载《茅坤集》，第318、391-392页。

③ 徐学谟：《徐氏海隅集·文编》卷2《赠金都事之任闽藩序》。

④ 陈益祥：《陈履吉采芝堂文集》卷13《木铖》，收入《四库全书存目丛书》。

一旦长官无法将朝廷钦发的幕官作为佐治的心腹,于是只好将此职权寄托在胥吏的身上。明代政治以胥吏为治,盖有其因。因胥吏之滥用职权,又需要有一种人对其加以检束,这样以"佐治检吏"为职责而又由长官私人聘请的幕宾也就应运而生。

幕宾的存在,在明代一般被视作"居官恶劳"或"书生不安贫"的产物。从儒家道德原则来看,书生因不安贫,才出去游幕,而书生入幕远游,又最易坏人心。可是,对于仕进无门而又有诸多家累的穷秀才来说,入幕又不失为一条维持生计的出路。

按照近人周作人的看法,在传统中国社会,生员当以中举、中进士而后出仕做官为正途,而不第秀才则只能走"叉路"。大体说来,叉路不外以下几条:一是做塾师;二是做医师,可以号称"儒医",比普通的医生要阔气些;三是学幕,即做幕友,给地方官"佐治",称作"师爷";四是学生意,但不外钱业、典当两种。[①] 所说虽属清代士人实况,然亦适用于明代士人。明中期以后,生员大量增加,仕路被堵,正途无门,只好从叉路中寻生活。明代幕宾大多来自生员,即此原因。显然,晚明生员社会流动的种种趋向,也是考察幕宾制度的关键。

幕宾的出现,当然是幕官制度陷于形同虚设以后的产物。同时,科举八股导致文官不学无术,缺少治理地方政务的经验与实际技能,也是幕宾制度得以形成的主要原因之一。可以这么说,清代的幕宾制度,大体均可以追溯到明代。下面几点可以成为最有力的佐证:一是清代幕宾中有教读一种名色,"系主官有子弟随任者,延聘入署教其子弟读书之幕友,与一般家庭教师无异"[②]。而主官署中有家馆,并聘请教师以教官员子弟,实形成于明代。二是清代有一种专门的"阅卷幕席",所司系考试时校阅试卷的工作,尤以学政衙门聘请为多。[③] 而提学院道衙门聘幕阅卷,至少在明代嘉靖年间即有其例。三是清代幕席中有"艺术"一种名色,此为官员私衙所招,藉琴棋书画、金石或星占医法之术,以充实自己精神生活的幕宾,这些人与政治无甚关系,不过是门下食客而已。[④] 正如前述,以艺术游幕在明代相当普遍,几成明代幕客游幕生活的最大特点。

---

① 周作人:《周作人回忆录》,湖南人民出版社 1982 年版,第 49 页。

② 缪全吉:《清代幕府人事制度》,第 51 页。

③ 缪全吉:《清代幕府人事制度》,第 52 页。

④ 缪全吉:《清代幕府人事制度》,第 131-133 页。

尽管明代的幕宾亦有辅佐长官理刑名、钱谷之例，然与清代相较，明代的幕宾更多的是“帮闲”，而不是“帮忙”。[①] 明代地方行政的佐治之责，多由胥吏承担，而不是幕宾。即使佐治，也多集中于主持书札、文牍一类的事务，而不是刑名、钱谷。换言之，明代的幕宾制度尚处于初创时期，并非如清代那样，已形成完整的幕学体系。进而言之，幕宾在整个政治体制中所起的作用及其影响，明代也不同于清代。明代更多地表现为临时的特点，其所起作用也是因人、因地或因时而异；而在清代，因幕宾职责的明朗化，其作用反而显得较为固定。值得指出的是，明代现任官员给事私门，成为相门入幕之宾，则对明代政治所起影响甚大，并在朝廷权力的更替上扮演了相当重要的角色。

幕宾俗称“师爷”，在清代因已成为绍兴人的专业，故时又称“绍兴师爷”。对此，缪全吉有自己的初步解释。[②] 而郑天挺却对“绍兴师爷”一称有所质疑，认为绍兴府属八县并非人人都学幕，而幕友也不仅仅限于绍兴附郭之山阴、会稽两县，更不是除绍兴以外无人学幕。[③] 此说无疑有一定的道理，但仍然没有解决“绍兴师爷”一称的起源问题。笔者认为，对此的考察，可以从以下两个方面予以阐释：一是从前述可知，“师爷”一称亦起源于明代，是主人仆役对任教读之职者的敬称。而至清代，也就演化为官署仆役对幕友的敬称。事实上，清代幕友中也有“教读”一席，而幕宾也确实“俨然以宾师自处”。二是在师爷前冠以绍兴，则应从下面的角度加以理解，即在明代，尽管绍兴（尤其是绍兴府属下的余姚）人处馆做塾师已遍布天下，[④]绍兴人在北京六部为吏亦成一时风气，绍兴人在京城郊外又形成了自己的居住社区或群

---

① 譬如郭建说：“就目前见到的各类史料来看，幕友佐治之风应起于明代，但其大盛并得到广泛承认当在清代。明代政府文件中尚未提到幕友在政务上的作用，明末的小说、戏剧也没有‘师爷’的形象。”见郭建：《绍兴师爷》，上海古籍出版社 1995 年版，第 8 页。此说大体正确。然应注意者，明代的幕宾已相当活跃，并值得作进一步的探讨。

② 缪全吉对“绍兴师爷”一称的起源有考察，认为“幕宾殆多京吏出身，谅与明代部吏独多绍兴人有关”。尽管可具一说，但并不全面。见《清代幕府人事制度》，第 10-11 页。

③ 郑天挺：《清代的幕府》，载《明清史国际学术讨论会论文集》，第 10-11 页。

④ 关于绍兴府属下余姚人在明代处馆成风问题，当另文考察。其初步的研究，可参见陈宝良：《明代儒学生员与地方社会》，中国社会科学出版社 2005 年版，第 305-307 页。

落,[①]甚至可以找到很多绍兴人做幕宾的例子。然若考察明代幕宾的籍贯,只可称集中于江南几省,而绍兴籍只是其中比例渐趋扩大的一类,尚不可称幕宾已成绍兴人的专业。

① 明代绍兴人陶望龄载,“越人以贫隘,轻去其土”,在北京齐化门外建有山会义庄,葬其客死而无归者。又在昌平,绍兴人聚居此地,“复不少也”。参见氏著:《陶文简公集》卷6《昌平州义庄记》,明天启七年(1627)陶履中刻本。

五、儒侠盗互动：知识人群体与侠盗之关系

前　言

究中国侠客史的演变历程，大抵可以唐宋为界，分为前后两个时期。在唐宋以前，战国、两汉“游侠”乃至魏晋南北朝时期的“轻侠”，应该说是侠客史的主流，进而形成一些游侠集团。换言之，前一时期的侠客史，相对比较纯净，其宗旨是崇尚义勇。自唐宋以后，纯粹的游侠已不复存在，而游侠集团亦日趋式微。代之而起者，则是侠客集团的内部分化。这种分化主要体现在以下两个方面：一是“儒侠”的崛起，[①]二是“侠盗”的勃盛。这种分化趋势，导致儒、侠、盗之间的界限日渐模糊，最终蔚为一股儒、侠、盗合流之风。

时至明代，侠客史的发展出现了以下三大转向：首先，随着“儒侠”与“儒盗”之类概念的出现，知识人日趋侠盗化。在明代，无论是一般的读书人，还是士大夫甚或道学家，无不都有尚侠之风。更有甚者，士大夫不仅“种盗”“养盗”亦即庇护盗贼，甚至亲身为盗，具有一段投身绿林的传奇经历。其次，侠、盗之儒者化，其具体的表现则是“侠盗”这一概念的出现，乃至随之而来的文人士大夫为侠、盗大唱赞歌，以及盗贼投身到儒家学者的讲学运动之中。第三，侠客与盗贼之间出现一种互动的征候。换言之，随着侠客之堕落，以及盗贼之尚义，在侠客与盗贼之间，仅仅只有一线之隔。

毫无疑问，无论是儒者之侠客化乃至盗贼化，抑或盗贼之儒者化，无不是明代“社会流动”加剧的明证，这是相当值得关注的现象。究其原因，除了社会变动的大背景之外，王学崛起以后导致讲学的平民化乃至士风的突变，显然是最为直接的因素。

---

① 关于明代儒侠的研究成果，前人的研究大多集中在士人的尚侠风气、李贽与侠之关系以及中晚明之山人侠诸方面。相关的研究成果主要有：王鸿泰：《侠少之游——明清士人的城市交游与尚侠风气》，载李孝悌编：《中国的城市生活》，台北联经出版事业有限公司2005年版；何宗美：《李贽与侠略论》《中晚明山人侠略论》，分载《西南大学学报》，2007年第1期、2009年第2期。

儒、侠、盗辨析

众所周知，始于韩愈的唐宋道统观念，无疑已经将道统观念与尧、舜、禹、汤、文、武、周公的统绪结合起来，并将"道"界定为这些古帝相互传授的脉络。至宋明两代，诸儒继续界说尧、舜所传之道的含义，最终确立了道统的权威。显然，先秦诸子将上古帝王系统理想化的努力，是唐宋道统权威最终得以确立的基础。在先秦诸子中，除了儒家的孔、孟之外，尚有墨子，共同参与了古帝理想化的工作。传统中国的理想化人格，可分为前后两个阶段：先秦诸子的理想人格追求是"圣王"，而自秦汉一统天下之后，知识人所向往的则是成为一个"人儒"。正如有的研究者所言，"前者以天下为志，但玄远难能企及。后者以修身立己为本，多属切实可行的行为规范"①。

儒者，柔也。汉代以后，"儒"与"士"已经合流，形成了成为"四民"（士、农、工、商）之首的"儒士"。于是，儒者已成文弱书生的典型。至明代，随着文、武两分，学校亦开始分化，进而演变成"儒学"与"武学"。进入儒学者，属于"文生"，其所读之书为儒家经典；进入武学者，则属于"武生"，其所读之书则为武学经典与兵书。考文弱儒者的演化历程，其典型之人格裂变，大抵有二：一为两汉之"经生"，其普遍的行为特征是皓首穷经、抱残守缺；二为宋明之"道学先生"，其群体之行为特征则是迂腐与伪饰。这显然是儒者人格的一种堕落，与原始儒者人格已相距甚远。

侠之定义，众说纷纭，但大抵可以归为两类看法：一是语言学家与文献学家的解释；二是历史学家的看法。就前者而言，无论是汉代许慎的《说文解字》，还是《史记集解》所引唐初司马贞之《索隐》，或将"侠"通于"俜"，或将"侠"通于"挟""持"，其意是说凡是具有轻财仗义又能强力雄霸地方这种行为特征的人，则可称之为"侠"。今人将侠之原义定为挟持大人物并供其役使之人②，亦由此引申而来。就后者来说，最为典型者有东汉末年荀悦与三国魏人如淳两家。如荀悦在《汉纪·武帝一》中云："立气势，作威福，结私交，以立强于世者，谓之

① 韦政通：《传统中国理想人格的分析》，载李亦园、杨国枢主编：《中国人的性格》，江苏教育出版社2006年版，第2-3、22页。

② 汪涌豪、陈广宏：《游侠人格》，长江文艺出版社1996年版，第3页。

游侠。”又《史记·季布栾布列传》集解引如淳之说云:“相与信为任,同是非为侠。所谓权行州里,力折公侯者也。”有学者综合上面两类之说,将侠解释为“是一种讲究意气交合而扬威天下江湖、逞强一方乡里的社会行为以及实施这些行为的人”①,大体上符合历史的真义。

从社会史的角度来说,“盗贼”通常是指“侵犯统治者威权及危害人民生命财产安全的行为”;是“国家公权力的挑战者,更是破坏地方治安最主要的一股势力”②。就法律的角度而言,魏文侯时李悝首制《法经》,其中就有“盗法”“贼法”,成为法律的篇目。自秦汉至后魏,亦皆称“贼律”“盗律”。至北齐,始将两者相合,称“贼盗律”。后周时期,一度将其改称“劫盗律”,后又出现了“贼叛律”的名目。至隋开皇年间,才合为“贼盗律”,并为唐代所承袭。③ 明代继承唐代的法律思想,在《大明律》中亦设“贼盗律”。

按照国家法律规定,再参之社会史的史实,大抵可知“盗”与“贼”之间在性质和意义上均有所区别:劫掠财物者为盗,窃取财物者为贼。两者相合,即可泛称“群盗”“盗贼”“盗匪”。若再作细微的区分,“盗”更多的是指“强盗”,亦即民间所谓的绿林土匪。在民间,一般将他们尊称为“太保”④。又因他们多喜占山为王,故民间又将其称为“山大王”。如明代成化年间的说唱词话《花关索出身传》中有云:“林前一捧[棒]罗[锣]鼓响,撞出强徒落草人。大王披了板红被[袄],一柄刚[钢]刀手内呈[擎]。向前把住咽喉路,你把黄金买路行。”又云:“大王披了金锁押[甲],手执刚[钢]刀似板门。山前栏[拦]住咽喉路,言把黄金买路行。说道半声言不肯,这张刀下没人情。”⑤可见,大王就是拦路抢劫的“强徒”,也就是落草为寇之人。在明代,最有代表性的强盗团伙,分别有北方的“响马”与广东的“飘马”。⑥ 而“贼”多指小偷小

① 韩云波:《中国侠文化:积淀与承传》,重庆出版社2004年版,第32页。

② 戴顺居:《明代的强盗案件:判牍中所反映的民间社会治安问题》,台湾明史研究小组2005年版,第2、4页。

③ 长孙无忌:《唐律疏议》卷17《贼盗律》,法律出版社1999年版,第348页。

④ 凌濛初:《初刻拍案惊奇》卷4,岳麓书社2002年版,第37页。

⑤ 《新编全相说唱足本花关索出身传(前集)》,载朱一玄校点:《明成化说唱词话丛刊》,中州古籍出版社1997年版,第4、9页。

⑥ 陈洪谟:《继世纪闻》卷4,中华书局1982年版,第93页;屈大均:《广东新语》卷7《盗》,中华书局1985年版,第246页。

摸之人,诸如“剪绺白撞、偷鸡钓狗”之类的各色“小贼”。[1]

《韩非子·五蠹》中所云“儒以文乱法,侠以武犯禁”,已经从根本上揭示了儒与侠二者之间最为重要的区别。从先秦时期的儒、墨、道三家学说来看,儒、侠之别亦是相当明显。在《论语》中,有诸多关于“勇”的论说。如《论语·为政》孔子云:“见义不为,无勇也。”《论语·阳货》子路云:“君子有勇而无义为乱,小人有勇而无义为盗。”细绎上述两段文字,前者无非是说,“勇”的界定,必须合义之行或依义而行;而后者则明确认为,唯有合乎“义”的行为才真正称得上是勇武,否则就流于悖乱。[2] 假若说勇武在某种程度上体现了侠客的气质,那么就儒而言,更多的则是考虑道德标准。正是在这一点上,儒、墨两家之辨相当清晰。如墨家言儒之“特立”为“劫之以众,沮之以兵,见死不更其守”;说“刚毅”为“可亲而不可劫也,可近而不可追也,可杀而不可辱也,其过失可微辨,而不可面数也”。这明显就是墨家的任侠之风。[3] 其实,从《庄子·说剑》所言“庶人之剑,无异于斗鸡”不难发现,最初的游侠剑士,并无多少道义可言。就此而论,无论是李亦园、杨国枢主编的《中国人的性格》,还是美国汉学家赖特(Arthur Wright)所著《儒者的人格》,他们所揭示的中国人以儒者为主体的传统人格,均与侠者的英雄、豪杰气质迥然不同。[4]

但值得关注的是,在随后不同的发展时代,儒家学者开始将自己所倡导的“义”的准则,施之于侠,诸如唐人李德裕在《豪侠论》中将侠“节义”化,以及宋代儒学复兴之后“义侠”的涌现,最终形成了中古时期的儒侠。[5] 当然,就儒侠的演进史来说,明代不能不说是一个相当关键的阶段。正如近人梁漱溟所说,真正的孔子精神,亦即“刚”的精神,或“刚毅木讷近仁”,在传统中国并未得到充分、切实的发展。他又认为,这种儒学真精神,已由明代“其人多能赤手以搏龙蛇”的王学左派即泰州学派所继承。换言之,泰州学派中人,多具豪侠之风。可见,明

---

① 陈龙正:《几亭全书》卷30《清盗》,收入《四库禁毁书丛刊》,北京出版社2000年版。

② 陈弱水:《说“义”三则》,载氏著:《公共意识与中国文化》,新星出版社2006年版,第161-162页。

③ 韦政通:《传统中国理想人格的分析》,载李亦园、杨国枢主编:《中国人的性格》,第22页。

④ 李亦园:《人类的视野》,上海文艺出版社1996年版,第64-65、73页。

⑤ 韩云波:《中国侠文化:积淀与承传》,第8页。

人的英雄、豪杰精神，当是孔子真精神的传衍。[①]

至于强盗与好汉之间的关系，有一个比较有趣的例子可以说明。在明末人沈自晋根据水浒故事改编的戏曲作品《翠屏山》中，身为强盗的黑旋风李逵，在听到桃花山也有劫盗时，不禁吐露了口风，称："吓，这里也有强盗?"还是神行太保戴宗机灵，及时纠正道："是好汉。"于是李逵就坡下驴，改称："吓，好汉！好汉！"可见，在这些梁山英雄当中，自己也并不讳言是"强盗"。[②]

事实上，在中国传统文化中，英雄豪杰与盗贼、光棍之间仅有一线之隔。在民间俗语中，既言"伶俐不过光棍"，又有"光棍不吃眼前亏"之说，这无不是说博徒、无赖之类的光棍，是一种"伶俐"人，他们能及时看透时机，不吃眼前之亏。与此同时，在民间又有"识时务者为俊杰"之说，可见，真正的英雄豪杰，其行径也是识得时务，不吃眼前之亏。事实确是如此。中国传统的文化观念中，在英雄与贼寇之间，也并非划分得相当清楚。《左传》云："克则为卿，不克则烹。"《庄子》亦云："窃钩者诛，窃国者侯。"侯之门，仁义存。中国自古以来兴衰成败，是非短长，大抵如此。可见，民间所流传的"胜则王侯败则贼"的说法，也并非空穴来风。

"儒侠"与"儒盗"：知识人之侠盗化

细究明代知识人的群体行为，有两大转向颇值得关注：一是知识人之侠客化，随之而来者则是"儒侠"的广泛出现，以及儒与侠之合流；二是知识人之盗贼化，而"儒盗"的出现，更是儒、盗互动的明证。

明代的知识人，无论是朝廷的命官，抑或布衣文人，大多带有一种侠客气，这已成一时风尚。为示说明，不妨详举一些例子。如武进人陈组绶，在兵部任职时，曾结交壮士千余人，全是"渔阳大侠，时劳以金帛"。组绶死后，有人拟将其门下侠客收为"列校"。但这些侠客却说："我等激于义为陈君效死，岂肯仰文吏鼻息耶?"哭丧之后，纷纷散去。[③] 这是朝廷命官豢养侠客之例。又大理寺评事常伦，多力，擅长骑

---

① 林毓生：《热烈与冷静》，上海文艺出版社1998年版，第163-164页。

② 沈自晋：《翠屏山》第16齣，载张树英点校：《沈自晋集》卷1，中华书局2004年版，第49页。

③ 谈迁：《枣林杂俎》圣集《先正流闻·陈组绶结客》，中华书局2006年版，第226页。

射,“时驰马出郭,与侯家子弟侠少较射”[①]。此即官员与侠少交往之例。

至于一般的下层知识人,亦无不崇尚侠义之举。如王寅,安徽徽州人。史称其少年时就英气勃勃,自负具有文武之才。他曾向少林僧人学习兵杖之法,尤其是“扁囤”一技最为精通。倭寇乱起,王寅投身胡宗宪幕府,却不得重用,抑郁而归。[②] 又如史忠,能诗,又能作新声乐府。其人性格豪侠不羁,不喜权贵之人,一有不合,就引去不顾;反之,若是遇到所善之人,则留连忘怀,无论贵贱,都能与他们相处款洽。如祁州人汤宝,雄武有才艺,喜与文人墨客游。因事到了金陵,听说史忠的名头,就夜造其门。时正值盛暑,史忠“散发披襟,捉葵扇而去[出],握手欢甚,不告家人,即登舟去”[③]。可见,诗人兼画家的史忠,同样不乏豪爽之气。又康从理,好客任侠。东南倭寇乱起,随同将军刘子高入吴,“闻关兵革间,濒死数四。子高谢遣之,终不肯去”。倭寇平定之后,子高官拜大将,幕下之士日众,从理于是辞归金陵。子高病后,思见从理,从理“驰赴与诀,经纪其丧,扶柩至武陵”[④]。侠义精神,跃然纸上。又莫云卿,亦是“负才气”,其人颇有武艺,能“穿靴舞剑,驰女墙上”[⑤]。还有一位陶伟坎,字大本,号甓斋,浙江秀水人。初为儒学生员,以博物洽闻名于当世。后弃去衣巾,专以诗酒自豪。其人“负节侠,立然诺,行必择地而蹈,斩斩然不失尺寸”[⑥]。

明代中期以后,道学家之侠客化,已是蔚然成风。道学之人具有豪侠性格,早在道学形成之初即已存在。韩愈作为道学的先驱,就其性格而言,就带有豪侠的因子。譬如韩愈《送董邵南序》,其中就有思念燕赵“屠狗士”之情;韩愈过田横墓,感慨田横高义,专门撰文祭之。如此种种,无不说明真正的道学之士,必然具有豪侠性格,唯有如此,

① 张怡:《玉光剑气集》卷17《豪爽》,中华书局2006年版,第561页。

② 汪道昆:《太函集》卷28《王仲房传》,黄山书社2004年版,第606-609页;张怡:《玉光剑气集》卷17《豪爽》,第655页。

③ 张怡:《玉光剑气集》卷17《豪爽》,第654页。

④ 张怡:《玉光剑气集》卷17《义士》,第639-640页。

⑤ 姚旅:《露书》卷11《人篇》上,福建人民出版社2008年版,第268页。

⑥ 茅坤:《茅鹿门先生文集》卷22《陶处士甓斋墓志铭》,载氏著:《茅坤集》,浙江古籍出版社1993年版,下册,第671-672页。

才不会堕入迂阔一途。[①] 然若细究明代道学豪侠之风的形成,不能不从大儒王阳明说起。综合诸多史料记载可知,阳明少时即“负奇气”[②]。如绍兴之香炉峰,绝顶之上,“复岫回峦,斗耸相乱,千丈岩陬牙横梧,两石不相接者丈许,俯身下视,足震慑不得前”。面对如此悬崖险境,王阳明在少年时就可以“跔而过”,人们不得不“服其胆”。[③] 从阳明的学术生涯来看,亦有一个从“任侠”到“归正于圣贤”的过程,即“游于任侠,再溺于骑射,三溺于辞章,四溺于神仙,五游于佛氏,而归正于圣贤。”为此,明人何乔远称王阳明“惟其事功,以用兵显其俶傥权变、百谲千幻于蹈险出危之间,不无异时任侠之气,而世学讥其霸儒”。[④] 毫无疑问,少年时期的任侠之气,对阳明一生影响至为深远。

这种任侠之气,在阳明后学中得到了很好的传承。以过去理学史著作所称王门“左派”与“右派”之两大弟子王艮与王畿为例,无不都具豪侠之气,而与传统意义上道学家之迂阔迥然有别。如袁宗道有一年见到李贽,问道:“王心斋之学何如?”李贽答道:

> 此公是一侠客,所以相传一派,为波石、山农、心隐,负万死不回之气。波石为左辖时,事不甚相干,挺然而出,为象蹴死,骨肉糜烂。山农缘坐船事,为人痛恨,非罗近溪救之,危矣。心隐直言忤人,竟捶死武昌。盖由心斋骨刚气雄,奋不顾身,故其儿孙如此。又王心斋一日与徐波石同行,至一沟,沟殊阔,强波石超。波石不得已,奋力跳过。心斋大呼曰:“即此便是!”[⑤]

可见,所谓阳明“左派”一脉,其学术的精髓仍不外“侠客”之气。王艮迫使徐波石跳阔沟,其实就是培养其胆气。至于王门“右派”的代表人物王畿,其拜入王门的经历亦是相当具有传奇色彩。史载王畿妙年任侠,日日在酒肆博场中厮混。阳明亟欲与他一会,王畿一概拒绝。于是,阳明每天让门弟子六博投壶,歌呼饮酒。久之,密遣一位弟子到王畿所至酒家,与他共赌。王畿笑道:“腐儒亦能博乎?”答:“吾师门下日

---

① 相关的阐述,可参见龚炜:《巢林笔谈续编》卷上《韩文公具豪侠性》,中华书局 1997 年版,第 196 页。

② 张怡:《玉光剑气集》卷 13《理学》,第 524 页。

③ 张岱:《陶庵梦忆》卷 5《炉峰月》,上海古籍出版社 1982 年版,第 43 页。

④ 何乔远:《名山藏》,《儒林记下・王守仁》,明崇祯间刻本。

⑤ 袁宗道:《白苏斋类集》卷 22《杂说类・杂说》,上海古籍出版社 1989 年版,第 308 页。

日如此。"于是，王畿大为惊讶，求见阳明，"一睹眉宇，便称弟子"。[1]可见，王畿之甘心归入王门，其起源仍在于共同的"六博投壶"之趣。

明代史学家王世贞专作《嘉隆江湖大侠》一文，说明当时的讲学家也开始向侠客转化。他记道："嘉、隆之际，讲学者盛行于海内，而至其弊也，借讲学而为豪侠之具，复借豪侠而恣贪横之私，其术本不足动人，而失志不逞之徒相与鼓吹羽翼，聚散闪倏，几令人有黄巾、五斗之忧。"[2]用一种比较准确的话加以概括，应该说是一种"儒心侠骨"。

若是将时间稍往后延伸，亦即从嘉靖以后一直到万历年间，此类"儒心侠骨"之人，则显然以传统史籍所称之四大"奸人"为代表。所谓四大"奸人"，分别为方与时、颜钧、何心隐、邵芳。细加分类，此四人又可分为两大类：颜钧、何心隐可归于儒生讲学一类，[3]却又与一般的讲学家不同，其所行多有侠义之举，而且行为亦多轶出儒行之外。如颜钧其人游侠，好急人之难。据黄宗羲《明儒学案》记载，赵大洲赴贬所时，颜钧随同赴行，大洲颇为感动。徐波石在沅江府战死，颜钧则寻找他的骸骨归葬。[4] 而何心隐所独具的危言危行，则被李贽形象地比拟为"见龙"，"终日见而不知潜，则其势必至于亢，其及也宜也。然亢亦龙也，非他物比也。龙而不亢，则上九为虚位，位不可虚，则龙不容于不亢。公宜独当此一爻者，则谓公为上九之大人可也"。[5] 无论是"见龙"之说，抑或"上九之大人"，无不说明在李贽的心目中，何心隐就是一位儒侠合一之人。明末清初人陈弘绪在《答张谪宿书》中，称"有明异人"，在嘉靖之末，当数何心隐与邓豁渠两人。两人相较，陈弘绪对邓豁渠尚有微言，而称何心隐"生平所为，皆忠孝大节；即其诡异箕巫，阴去分宜之相，不烦批鳞请剑，而大奸忽尔败觉，其作用最奇；真能以忠而成其侠者"[6]。"以忠而成其侠者"，确乎不刊之论。而方与时与邵芳则明显属于游士一类，他们并不熟谙讲学，而是更多地带有

---

① 袁宗道：《白苏斋类集》卷22《杂说类·杂说》，第307页。

② 王世贞：《嘉隆江湖大侠》，载何心隐：《何心隐集》附录，中华书局1981年版，第143页。

③ 颜钧、何心隐儒而侠之事迹，可参见张怡：《玉光剑气集》卷31《惩诫》，第1109-1110页。

④ 黄宗羲：《明儒学案·泰州学案序》，载《何心隐集》附录，第122页。

⑤ 李贽：《焚书》卷3《何心隐论》，中华书局1975年版，第90页。

⑥ 周亮工：《因树屋书影》卷3，上海古籍出版社1981年版，第81-82页。

一些江湖方士的习气。如方与时"自幼险黠,有才辩,学书不成,去而学道"。此外,方与时颇能谈"圣学"及禅宗,又自称知晓剑术,甚至"四方剑侠之客,辐辏其门"。[①] 又如邵芳凭藉权谲之术而纵游江淮之间,其为高拱重新出任内阁首辅而广泛奔走并运作之举,显然带有战国纵横家与说客色彩。[②]

除了上述四人之外,吕光午、周复、李贽、盛顺等人,亦可归于儒而侠之例。浙江人吕光午,少年时曾为生员,后成为何心隐的门生。从史料记载可知,吕光午作为一个书生,却具一人而击伤73个僧兵的技能,显然也是一位大侠。[③] 陈弘绪在《答张谪宿书》中也曾提及吕光午受何心隐指派,"使走四方,阴求天下奇士。光午携蒯緱,衣短后之衣,挟健儿数辈,放浪湖海;穷九塞,历郡邑,所至凡缁衣黄冠,与夫商贾、驵侩、佣夫、厮养,以至椎剽掘冢之流,备一节之用,擅一得之长者,皆籍记而周旋之"。[④] 上述记载已经详细道出了吕光午的游侠经历。令人称奇的是,吕光午曾打算劫狱,从华亭县监狱中救出一盗。华亭知县深惧光午多力,只好提前将此盗扑杀。光午"每大恨,以为失人"。[⑤] 又周复,字明所,也是"儒而侠"。[⑥] 在晚明知识界名噪一时的李贽,其实亦深负侠义之气。他自称:"仆隐者也,负气人也。路见不平,尚欲拔刀相助,况亲当其事哉!"[⑦]又称自己是一个可以抛却官位与名位的"真光棍"[⑧]。尤其值得关注的是,李贽在侠客论上,以"烈士"取代"剑侠"。他认为,"忠臣侠忠,则扶颠持危,九死不悔;志士侠士,则临难自奋,之死靡他"。又说:"侠士之所以贵者,才智兼资,不难于死事,而在于成事也。"基于此,他进而认为:"自古忠臣孝子,义夫节妇,同一侠耳。"[⑨]换言之,侠客凭借的是才智兼资,以及一股忠义节烈之气,而并

① 张怡:《玉光剑气集》卷31《惩诫》,第1108-1109页。

② 张怡:《玉光剑气集》卷31《惩诫》,第1110页。

③ 张大复:《吕光午记》,载黄宗羲编:《明文海》卷352,中华书局1987年版,第3611页。

④ 周亮工:《因树屋书影》卷3,第82页。

⑤ 张大复:《闻雁斋笔谈》卷3《吕光午斗僧兵事》,书目文献出版社1988年版,第3页下。

⑥ 陈士业:《答张谪宿书》;《金溪县志·周复传》。均载《何心隐集》附录,第139页。

⑦ 李贽:《焚书》卷2《与曾中野》,第52页。

⑧ 李贽:《焚书》卷2《复觉弱侯》,第47页。

⑨ 李贽:《焚书》卷4《昆仑奴》,第193-194页。

非高超的剑术技能。具有国子监生身份的盛顺，尽管以周旋于崇祯朝政坛闻名，却亦具一股侠士之气。如翰林黄道周被逮之时，盛顺"出千金佐行，一时推其义侠"①。

综上所述，明代的知识人确实存在着侠客化的倾向，由此而来的则是儒与侠之合流。在明代的儒家学者中，就儒、侠关系加以阐述的学者颇多，其较有代表性的意见当数汪道昆与黄宗羲。众所周知，自韩非首倡"排儒击侠"论之后，祖述其说却有所发展者则属司马迁。针对两家之说，汪道昆均有所辨析，他说："文则苛细，文而有纬则闳儒；武则强梁，武而有经则节侠。二者盖相为用，何可废哉！"随后汪道昆以方景真为例，藉此说明儒与侠可以合一。方景真最初习博士家言，治四诗、攻六书，应该说是一个儒者，但他又"出儒入商"，是一个成功的商人。不仅如此，景真"雅以然诺重诸交游，喜任侠"。在经商期间，甚至使用博徒叶宗鲁，替自己负责经营之事。正是从景真此人的行事中，汪道昆进而得出了下面的结论，即景真具有儒与侠的两面：说其是侠，却不是原、尝之类，既质有其文，又有儒行；说其为儒，却又能通有无，急缓急，解纷排难。② 司马迁在游侠列传中，曾作了两个比较：一是就"乡曲之侠"与"独行之儒"作比较，司马迁倾向于侠者；二是就"布衣之侠"与"卿相之侠"作比较，司马迁深感做布衣之侠更难。一至明代，由于时异势殊，黄宗羲对"儒者"之行侠仗义更是抱一种赞赏的态度，认为他们"抱咫尺之义，其所行不得不出游侠之途，既无有士卿相之富厚，其所任非复闾巷布衣之事，岂不尤贤而尤难哉！"③由此可见，儒而侠之行为已经得到了当时知识人的普遍认同。

尤其值得关注的是，明代的知识人存在着儒而盗的倾向。在明代，盗贼与士大夫交往已是相当普遍。如万历年间，南京有一个"飞贼"，出入王侯之家，如履平地。其人"冠带驺从，出入呵殿甚都，与缙绅交，人不疑也"。后因盗窃魏国公的玉带，为家人所告发。④ 假若说儒而侠尚属一种贤者之举，那么儒而盗则纯属儒行的堕落。明代知识人与盗贼之间的关系，大抵可以从以下三个方面加以考察。

---

① 李清：《三垣笔记》附识上《崇祯》，中华书局 1982 年版，第 190 页。

② 汪道昆：《太函集》卷 40《儒侠传》，第 856-860 页。

③ 黄宗羲：《南雷诗文集》，《碑志类 · 陆周明墓志铭》，载氏著：《黄宗羲全集》，浙江古籍出版社 2005 年版，第 10 册，第 304 页。

④ 谢肇淛：《五杂组》卷 5《人部》1，上海书店出版社 2001 年版，第 96-97 页。

其一，地方官员之纵盗养寇，已是蔚然成风。明人高拱明确指出，盗贼之泛滥，究其原因，“皆起于有司之养寇，而成于上官之不察”。他说：“盖不惟贼之故态，官皆知之；而官之本情，贼亦皆知之。彼此相款，安然无事。”[①]可见，“官”与“贼”之间已是彼此相安无事，习以成风。小说《豆棚闲话》亦有“种盗”之说，并借用番子之口，一语道出了实情：“这强盗多没有真的。近日拿来的，都是我们日常间种就现成的。所以上边要的紧，下边就有。”[②]于是，盗贼也就与瓜菜一样，可以“种得就的”。

上面之论，无不可以从明代的史实中得到印证。如在山东东平、安山、武德一带，盗贼、富有的窝家与地方衙门之间，已经形成了一张利益攸关的关系网。即以武德为例，因为其处于北直隶、河南、山东交界的特殊地理位置，颇易于盗贼窜匿。当盗贼来时，必有“富家窝引之”。更有一些地方官，将盗贼视为大侠郭解之流，甚至“折节下之”。[③] 又如天启年间，崔呈秀任淮扬巡按御史之时，凡是地方所获强盗，只要每人向他缴纳 2 000 两银子，即可释放。[④]

其二，明代的很多士大夫，或在发迹之前，有过亲身为盗的经历；或在跻身缙绅之列之后，亦是窝盗或亲身为盗，不乏其例。就前者来说，高捷、刘忝、尹耕三人堪称典型。从史料记载来看，高捷颇多传奇色彩，留下来的传说亦多。他是大学士高拱之兄，在家中排行第三，官至南直隶操江巡抚。此人自幼遍体赤毛，至 18 岁时更是髭鬚满颊，遂有“高大胡子”之号。其人食量相当之大，熟猪首一盘，馒首、馎饦数十枚，烧酒巨瓶，手撚而食，大杯倾酒，顷刻俱尽，一副豪爽之态。[⑤] 少年之时，高捷就有“轻侠”之称，而且武力绝人。中举人之后，他还与群盗一起剽掠行旅。盗贼被捕之后，所引时称“高三叔”，而匿去其名与居址。中进士之后，才稍改故态。从操江巡抚罢归之后，一直居住在乡

① 高拱：《掌铨题稿》卷 27《覆江西抚按官参处安义县强贼劫库失事官员疏》，载高拱著，岳金西、岳天雷编校：《高拱全集》，中州古籍出版社 2006 年版，上册，第 410 页。

② 艾衲居士编：《豆棚闲话》第 9 则《渔阳道刘健儿试马》，上海古籍出版社 1985 年版，第 95-96 页。

③ 顾炎武著，谭其骧、王文楚、朱惠荣等点校：《肇域志 · 山东》，上海古籍出版社 2004 年版，第 2 册，第 650 页。

④ 高攀龙：《纠劾贪汙御史疏》，载陈子龙等编：《明经世文编》卷 494，中华书局 1997 年版，第 5474 页。

⑤ 刘廷玑：《在园杂志》卷 1《高捷》，中华书局 2005 年版，第 35 页。

下。一天,有盗贼乘夜色前来抢劫。高捷下令洞开大门,自己手舞双刀,一个力士手持铁棒紧随其后,刃光如月,熛疾若风。数十名盗贼奔跌原野之间,俯首称臣,称道:“三叔尚雄武如是耶!”高捷大笑,招呼群盗入庄,“大作搥饼酒炙,饮食之”。其中亦有旧时相识之人,分别赠与钱帛,叩头别去。群盗中有三四个少年,甚至愿意委身为奴,服侍终身。[①] 刘焘与尹耕,均为嘉靖十七年(1538)进士。刘焘官至左都御史,尹耕官至兵备副使。两人皆有“武力”,擅长骑射,而刘焘尤其精通,却不修行检。史称尹耕中举人之后,前往北京参加会试,但囊中羞无一钱,于是与一群少年赌博,赢得10两银子,买一马,直奔北京。至百里之外,则得善马;抵达北京,更是“橐装满矣”。何以如此?其实,都是旅途中那些原本交好的“劫长”即盗贼首领所赠。刘焘任山东济南府推官时,一些中原的“劫长”纷纷投奔于他,一起饮酒食肉,殆无虚日。[②]

明代自南北多难以来,庙堂之上急于寻找知兵之士,所以一时用以御盗之人,往往就是昔日之盗。如刘焘、高捷、尹耕三人,虽发身科目,但他们原先就是盗首。尹耕为兵备,以黩货而罢;高捷为操江,以避寇而罢;刘焘则南北疆场巨任,靡所不历,庙堂虽知其贪黩,而最终不能将其罢黜。为此,清初史家万斯同不得不发出如下感叹:“嗟乎!士当承平之时,率相矜以文墨,一旦有事,遂使盗得志于天下,亦可慨已!夫天下方苦盗,而使盗得居吏民之上,盗何由息哉!顾其人诚足以御盗,用之亦何伤。乃彼自为盗则有余,为国家御盗实不足,亦安赖夫若辈而用之!”[③]

就后者而言,其代表性的人物则有陈九畴、何吾驺、陈子壮、马维铭。明代史料言:“盗贼之源,皆由富家巨室藏匿分赃,官兵莫之敢捕,遂至猖獗。”[④]如北直隶的鄚州,“响马”多盘踞其中,而任丘县之“各大家”,又“为之窝主,几不可诘”。[⑤] 上面所谓的“富家巨室”或“大家”,

---

① 张怡:《玉光剑气集》卷31《惩诫》,第1100-1101页。

② 张怡:《玉光剑气集》卷31《惩诫》,第1101页。

③ 万斯同:《石园文集》卷5《读国史刘焘传》,载张寿镛辑:《四明丛书》,广陵书社2006年版,第14册,第8409-8410页。

④ 《明孝宗实录》卷214,弘治十七年(1504)七月丁酉条,台北“中央”研究院历史语言研究所1966年校印本。

⑤ 沈德符:《万历野获编》卷24《外郡·鄚州》,中华书局2004年版,第616页。

虽不尽属于士大夫，却以士大夫家族为主。史载都御史陈九畴，凭借自己的将略，在宁夏建立功勋，而且最有声望。然因遭到王琼、桂萼的嫉妒，不能得到重用，所以晚年纵诞声酒。一次，因为宴客缺乏资金，“辄从一骑，出百里外，必有所获而归，人亦不敢问之”[①]。显然，已经堕落为“身为盗贼”。在岭南，巨宦何熊祥、黄士俊、何吾驺、陈子壮，家中均属巨富，但在乡里缺乏口碑。如何吾驺“专贩海”，其家族成员或许亦有为海盗之经历，而陈子壮之家，更是成了“窟盗”[②]，成为群盗的窝家。又在浙江平湖，马维铭自万历八年(1580)致仕之后，横行乡里之间，曾经藏匿大盗数人，盗贼所得财物，均得以分赃。[③]

其三，像生员一类士大夫的下层，不但窝盗，而且还成为盗贼的“谋主”。生员窝盗，明人佘自强已有“诸生中多有窝盗者”之说[④]，足以为证。生员窝盗的具体事例，则可举贺承家此人作为说明。史称其“甘为盗薮”，贪图王如言家之富厚，诱使李一澄等强劫其家，并将劫得的“珠宝贵细”，拿到自己家中“俵散”。[⑤] 至于诸生成为盗贼之谋主，亦有史实为证。如明末山东李青山占据梁山泊时，“诸生王某为谋主，分遣其众，据八闸，梗运道”[⑥]。

“侠盗”：侠、盗之儒者化

明代侠、盗的儒者化，主要体现在以下两个方面：一是盗贼群体的分流，其中的一部分盗贼尚秉持侠义之风，为此赢得知识人群体的赞誉。二是在盗贼群体中，开始分化出这样一批人，即通过劫盗生涯发家以后，将自己黑道印记洗白：或轻财好施，为此赢得乡里百姓的尊重；或挟重赀而经商，成为名副其实的富商；更有甚者，投身于知识人群体的讲学运动之中，力图成为一个衣冠楚楚的“儒者”。

从社会史的角度来看，明代盗贼群体的力量已经相当庞大，进而

---

① 张怡：《玉光剑气集》卷31《惩诫》，第1100页。

② 谈迁：《枣林杂俎》和集《丛赘·何吾驺》，第607页。

③ 赵维寰：《雪庐焚余稿》卷10《盗薮》，收入《四库禁毁书丛刊》。

④ 佘自强：《治谱》卷7《贼盗门·投鼠》，载《官箴书集成》，黄山书社2006年版，第2册，第164页。

⑤ 钱春：《湖湘五略》卷1《湖湘谳略·一起依强盗窝主律斩犯贰名》，收入《四库全书存目丛书》，台南庄严文化事业有限公司1997年版。

⑥ 李清：《三垣笔记附识》上《崇祯》，第181页。

引起当时一些学者的关注。如明人谢肇淛在论及北京游民人数之众时,有“绿林之亡命巨驵多于平民”之说[①],虽有夸大之嫌,但大抵可以说明当时绿林势力之大。又明人管志道在谈及各地已经引发社会问题的地方势力时,亦曾列举了下面三类:吴中之“打行”,齐、燕之“响马贼”,江、淮、楚、越之“豪侠巨盗”。[②] 众所周知,宋人王禹偁曾有“六民”之说,说明当时社会力量的分层尚未明显,而且盗贼尚未形成一个职业群体。入明以后,社会分层之说出现了巨大的转变。如姚旅对“响马巨窝”刻意加以关注,并对其作了如下定义:“游闲公子,侠骨豪民,家藏吞剑,户列飞霞,激游矢若骤云,探囊金如故物,里羡其杂,官何敢问。”[③]此外,姚旅在宋人王禹偁“六民”说之上,进而提出“二十四民”之说,并将“响马巨窝”归为“二十四民”之一。这一说法的形成,大抵说明,明代的响马强盗已经呈现出一种职业化趋势。

关于平民投身绿林的原因或盗贼的来源,明清两代诸家各有阐述。综合诸家之说,大抵可以概括为下面两类。其一,临时性盗贼。他们投身绿林有其不得已的原因,亦即被迫为盗,一旦具有脱身的机会,他们还是愿意回归朝廷统治下的编户齐民之列。当然,其中不得已的原因,亦可归为两类:一是“饥寒切于身”[④],即为饥寒所迫。清人孙时勋将此类盗贼的来源称为“饥民”,其目的是“求食”。[⑤] 二是“侵渔迫于外”,[⑥]亦即明人许国所谓的“有冤而莫伸,有资而见夺,皆驱之为盗者也”。[⑦] 其二,职业性盗贼。此类盗贼,明人王廷相称之为“得已而为之”之盗,如“无赖恶少,不事生业,习于下流”,[⑧]最后脱身为盗。明人许国亦云:“又有市井无赖,及恶少亡命者,吏不能养其民,以至游惰失业,荡而无归。方其平居,若宴然无事,一夫不逞,旦暮狂呼草泽之间,则踉跄四顾,而起者皆此辈也。”[⑨]在职业性盗贼中,明人佘自强更是将其细分为以下三类:一是“少年不事家人生业,恣意赌博,

---

① 谢肇淛:《五杂组》卷8《人部》4,第157页。

② 管志道:《直陈紧切重大机务疏》,载《明经世文编》卷399,第4328页。

③ 姚旅:《露书》卷9《风篇》中,第202-203页。

④ 王廷相:《王氏家藏集》卷26《上巡抚陈公治盗议》,载氏著:《王廷相集》,中华书局1989年版,第2册,第470页。

⑤ 孙时勋:《弥盗议》,载《皇朝经世文编五集》卷31,清光绪二十八年(1902)石印本。

⑥⑧ 王廷相:《王氏家藏集》卷26《上巡抚陈公治盗议》,载《王廷相集》,第2册,第470页。

⑦⑨ 许国:《条上弭盗方略》,载《明经世文编》卷392,第4238-4239页。

又三五成群,好争使气”,慢慢堕落为盗贼。二是“士夫子弟,亦有为盗者。或窥人子女,或杀人报仇,或嫖赌无赖,皆自士夫身后为之,亦有当其身为之者。且所劫者多亲属。其原皆自棍徒引诱始盗。棍徒欲引之入伙,以自为地”。三是“乡里豪杰,党与众多,不复为三尺所束缚,若纵之不问,养成大乱”,①最后亦窜身绿林。这些职业性的盗贼,清人孙时勋称之为“愚民”“奸民”,其为盗的目的则是“求福”或“求利”。②

至于强盗行状之区分,通常的观点是特别容易识别。譬如,“平时不安生理,出入无时”,或“往来多面生可疑之人”,或“常有牛马银钱,费用不经”,或“行凶使酒,气焰逼人”,或“以妻为娼,相聚嫖赌”,诸如此类,均可归为盗贼之行状,容易察觉。③ 当然,盗贼行状亦不能一概而论,因为就盗贼的情状而言,往往各不相同:“有极富之家,自身为盗者,或养盗分赃者”;有“在别处为盗,至本地方轻财好施,为乡里所推重者”;又有“别处大盗,挟重赀至此,假作富商者”。④由此可见,明代的盗贼很难从表面上加以判断,即使是那些“极富之家”“富商”,抑或在乡里有头有脸的人物,恰恰在背地里做一些盗贼之事。

在明代的盗贼群体中,固然不乏临时性的为饥寒所迫者,但由“健侠之徒”所构成的职业盗贼亦复不少。如明人高拱就明确指出,一些“健侠之徒,饮博宿娼,挥金如土,自相雄视,击剑杀人”,而且数千里外均可互相联络,“召呼之间,多可数千,少可数百”。⑤ 明末人吴甡亦认为,那些“闾左恶少、城市不逞之徒”,因为不肯忍饥待毙,所以“甘心为盗,东啸西聚,千百成群,以楔棹为矜戟,以帆樯为戎马,劫夺客商,焚掠村镇,杀人如麻,膏血川原”⑥。这些所谓的“健侠之徒”或“闾左恶少”,事实上就是侠客的末流,在民间百姓中除了扰乱社会、危害地方百姓的一面相之外,尚有崇尚侠义的另面相,因而被民间百姓视为“好汉”。如在凤阳府泗州,一些市井恶少,“动辄呼群引类,欺侮善良”,民

---

① 佘自强:《治谱》卷7《贼盗门・治盗四条》,载《官箴书集成》,第2册,第156页。

② 孙时勋:《弥盗议》,载《皇朝经世文编五集》卷31。

③④ 佘自强:《治谱》卷7《贼盗门・察盗三条》,载《官箴书集成》,第2册,第155页。

⑤ 高拱:《掌铨题稿》卷27《覆江西抚按官参处安义县强贼劫库失事官员疏》,载《高拱全集》,上册,第409-410页。

⑥ 吴甡:《柴庵疏集》卷4《水患日深生计日蹙民逃盗起两邑将废疏》,浙江古籍出版社1989年版,第85页。

间俗称“小好汉”。[1] 在小说中,同样将拦路抢劫者称为“好汉”。如明末清初小说《鸳鸯针》记载:“忽听一声哨响,几只柳木箭已到面前了,一齐慌张站住。只见十余筹好汉,将行李赶着就走。”[2]此即明证。此外,小说《鸳鸯针》所刻画的强盗“风髯子”,其实就是一个侠客。这位外号风髯子的强盗,与一般的强盗明显不同。就一般的劫盗而言,“连负贩的都不放松,破衣烂袜都收拾了去”。而他则有自己的行劫准则,即“做好人,有好人的勋业。就做歹人,也有歹人的品节。大丈夫,既投胎在这里,也要为天公留些仁爱,为朝廷效些忠悃,为自家立些声名”。所以,他遇着小本经营的行商坐贾,“眼也不看”,一概放行,专劫那些“带纱帽”的贪官污吏。[3] 可见,所做尽管是强盗的营生,却亦算得上此辈中的高人侠士。

正是因为盗贼群体中不乏侠义之举,因而得到了文人士大夫的普遍回应,甚至不乏赞誉之声。在这些士大夫中,李贽堪称其典型。关于强盗,历来就有不同的看法。其中最为传统的看法,无非就是将其视为动摇传统社会基础的一股反叛力量。至于稍微理性一些的看法,则是对强盗更多地带有一种同情。唐李涉有《赠盗诗》,其中有云:“相逢不用相回避,世上如今半是君。”明初人刘伯温《咏梁山泊分赃台》诗亦云:“突兀高台累土成,人言暴客此分赢。饮泉清节全寥落,何但梁山独擅名?”细绎两人诗意,均于盗之多,盗之擅名,或表示理解,或表示疑惑。其实,作为盗贼对立的一面,却是官,且不说官匪本有一家之说,即使盗之猖獗,究其根本原因,还是在于无好官,甚至官之行为本来就与盗如同一辙。如《史记》中就有“此皆劫盗而不操戈矛者”之说,《汉书》亦说“吏皆虎而冠”,云云。可见,官之夺民,决不比盗逊色。正是基于如此考虑,李贽更多地将批判的矛头指向那些披着衣冠之“虎”,认为他们全是“操戈矛而不畏官兵捕盗者”。为此,他专门引录盗赠官吏诗一首,其中有云:“未曾相见心相识,敢道相逢不识君?一切萧何今不用,有赃抬到后堂分。肯怜我等夜行苦,坐者十三行十五。若谓私行不是公,我道无私公奚取?君倚奉公戴虎冠,谁得似君

---

① 顾炎武:《肇域志》,《南直隶·凤阳府》,第1册,第447页。

② 华阳散人编辑:《鸳鸯针》第2卷、第1回,春风文艺出版社1985年版,第71页。

③ 华阳散人编辑:《鸳鸯针》第2卷、第1回,第68页。

来路宽？月有俸钱日有廪，我等衣食何盘桓！君若十五十三俱不许，我得持彊分廪去，驱我为盗宁非汝！”①对于那些衣冠强盗极尽讽刺之能事。

正是因为对衣冠强盗有了清醒的认识，才最终导致李贽对巨盗多有称颂，甚至将他们的聚义之举提升到可与儒家忠义并论的地位。如林道乾，是晚明的一位巨盗，横行于闽、广一带海上，长达30多年，但李贽却称之为“豪杰”“英雄”。他说：

> 嗟乎！平居无事，只解打恭作揖，终日匡坐，同于泥塑，以为杂念不起，便是真实大圣大贤人矣。其稍学奸诈者，又搀入良知讲席，以阴博高官，一旦有警，则面面相觑，绝无人色，甚至互相推委，以为能明哲。盖因国家专用此等辈，故临时无人可用。又弃置此等辈有才有胆有识者不录，又从而弥缝禁锢之，以为必乱天下，则虽欲不作贼，其势自不可尔。……唯举世颠倒，故使豪杰抱不平之恨，英雄怀罔措之戚，直驱之使为盗也。……吁！必如林道乾，乃可谓有二十分才，二十分胆者也。②

可见，正是因为科举、道学家讲学背景下士大夫的无才、无能，才促使李贽去寻求盗贼中的有胆有识之才。既然林道乾有二十分才、二十分胆，那么，林道乾的见识如何？李贽认为，从林道乾藐视“世间一切大头巾人”的行为中，可知其人有二十分的见识。

明代世俗之人骂人，动辄曰“强盗”，无论是骂人者，还是被骂者，都视之为极重之骂。但在怀林看来，世间强盗也有其不得已之处。他将强盗分为下面两种：“盖世上做强盗者有二：或被官司逼迫，怨气无伸，遂尔遁逃；或是盛有才力，不甘下人，倘有一个半个怜才者使之得以效用，彼必杀身图报，不肯忘恩矣。”③怀林时常伴随李贽身旁，听李贽说佛事，可见，他对强盗的理解，显然受到李贽的影响。而李贽关于盗贼之论的新识，主要体现在将水浒一百单八人聚义山寨称为“忠义”。这是一种别出心裁的见解，其理论结构大致分为以下三个层面：其一，正是因为现实社会中，“小德役大德，小贤役大贤”，或“小力”缚“大力”的不公正，才最终导致天下“大力大贤忠义”之人，尽数投归水

① 李贽：《焚书》卷5《读史》，第212-213页。

② 李贽：《焚书》卷4《因记往事》，第156-157页。

③ 李贽：《焚书》卷4《寒灯小话》，第190页。

浒。其二,在水浒一百单八人中,无不都是“同功同过,同生同死”,均具一颗“忠义”之心。其三,在水浒一百单八人中,李贽尤其看重宋公明“忠义之烈”。究其原因,李贽认为,宋公明虽然身居水浒之中,却能“心在朝廷之上,一意招安,专图报国,卒至于犯大难,成大功,服毒自缢,同死而不辞”。换言之,宋公明并非“不知”,而是坚信“见几明哲”,不过是“小丈夫自完之计,决非忠于君义于友者所忍屑矣”。① 由此可见,李贽已经将绿林聚义行为上升到“忠于君”“义于友”的层面,从而与儒家的忠义之说合而为一。

李贽之论,显然得到了当时很多文人士大夫的回应。如公安三袁之袁宏道有诗云:“莫交无义儒,宁交有心贼。”②这是通过儒、盗之辨,进而对“有心”之贼有所肯定,而所谓的“有心”,其实就是合乎儒家之义。明代文人谢肇淛曾对历史上之英雄,诸如项羽、关羽、张飞等人作了品评,认为关、张二人并非“独以勇力胜”,恰恰是因为身具“忠肝义烈”,才使他们有“国士之风”。鉴于此,他断言,真正的豪侠英雄,除了“勇力盖世”之外,尚应“本之以忠义,济之以智术”。假若“忠义”不明,则不过是一个“剧贼”而已;而“智术”不足,即使如关、张二人,也是尚有遗憾。③ 这是典型的侠、盗、儒合流之论。

明末清初文人魏禧通过《水浒传》一书,将那些读《诗》《书》、讲道德之士,与那些被称为“狗偷子”的盗贼进行了比较:在一个“君不择臣,相不下士”的社会里,必然会导致“士不求友”。尽管这些士人读的是儒家之书,满口讲的也是仁义道德,事实上却是“尔富我觊,尔功我忮。一父之子,截为二体。我贵尔輘,我能尔矜。一人之身,不相为亲”。恰恰是那些盗贼,却遵守着一种义气,相互交往之间,毫无骄吝之色,“寒曰衣尔,饥曰食尔。曰相为生,曰相为死”。完全是一种“生死”相托的异姓兄弟之间的义气。④ 明清易代,时移势易,社会的伦理道德亦发生惊人的变化,诸如“士大夫之正气刚肠,销亡殆尽,廉耻之防荡然矣,而义侠之举,廉介之操,乃见之于盗”,归庄亦不得不发出

---

① 李贽:《焚书》卷3《忠义水浒传序》,第109-110页。

② 张怡:《玉光剑气集》卷12《才能》,第508页。

③ 谢肇淛:《五杂组》卷5《人部》1,第95-96页。

④ 魏禧:《魏叔子诗集》卷1《读水浒》,载氏著:《魏叔子文集》,中华书局2003年版,第1207页。

“盗亦义士”的感叹。[①]

这种大规模称颂盗贼之论，在明末清初小说的编者中亦有不同程度的反映。如陆人龙在其所著小说《型世言》中，曾将盗贼广泛出现的责任归咎于地方官员。他认为，正是因为这些官员“平常日子不能锄强抑暴，缓征薄敛，使民不安其身，是驱民为盗；不能防微杜渐，令行禁止，使民敢于作奸，是养民为盗”[②]。凌濛初在小说《初刻拍案惊奇》中，将衣冠盗贼与绿林豪客作了很好的辨析：“做官的，误国欺君，侵剥百姓，虽然官高禄厚”，其实就是“大盗”；“有一等做公子的，倚靠着父兄势力，张牙舞爪，诈害乡民，受投献，窝赃私，无所不为，百姓不敢声冤，官司不敢盘问”，亦是“大盗”的行径；“有一等做举人秀才的，呼朋引类，把持官府，起灭词讼，每有将良善人家拆得烟飞星散的”，同样也是“大盗”。此外，在经纪客商、公门人役或三百六十行中，更是“尽有狼心狗行，狠似强盗之人”。与此相反，“倒不如《水浒传》上说的人，每每自称好汉英雄，偏要在绿林中挣气，做出世人难到的事出来。盖为这绿林中也有一贫无奈，借此栖身的；也有为义气上杀了人，借此躲难的；也有朝廷有用，沦落江湖，因而结聚的。虽然只是歹人多，其间仗义疏财的，到也尽有”[③]。至于那些“神偷”与“侠盗”，凌濛初也多持一种肯定的态度。小说《二刻拍案惊奇》引一诗云：“剧贼从来有贼智，其间妙巧亦无穷。若能收作公家用，何必疆场不立功?”其意是说天下寸长尺技，俱有用处。即使是贼，他们也有“贼智”，而且其间的巧妙也无穷尽。若能将这些贼人“收作公家用”，其实也可以让他们在疆场之上建功立业。接着凌濛初话锋一转，对当时的科举制度之扼杀人才作了下面的批评：“而今世上只重着科目，非此出身，纵有奢遮的，一概不用。所以有奇巧智谋之人，没处设施，多赶去做了为非作歹的勾当。若是善用人材的，收拾将来，随宜酌用，未必不得他气力，且省得他流在盗贼里头去了。”他在小说中刻画了懒龙这样一个穿窬小人中的“大侠”，认为这种侠盗，“反比那面是背非、临财苟得、见利忘义、一班峨冠博带的不同”[④]。此外，华阳散人在其编辑的小说《鸳鸯针》中，对强盗

---

① 归庄：《归庄集》卷7《书义盗事》，上海古籍出版社1984年版，第440页。

② 陆人龙：《型世言》第22回，北京燕山出版社1993年版，第299-300页。

③ 凌濛初：《初刻拍案惊奇》卷8，第68-69页。

④ 凌濛初：《二刻拍案惊奇》卷39，岳麓书社2002年版，第391、405页。

多有颂扬,认为他们“也有仗义疏财的,也有闻难相救的,也有锄强扶弱拔刀借命的,也有败子回头替国家效用的”。这些投身绿林的好汉,“负不可一世之志,既不肯卑污无耻,与虫蚁生死,又不肯做瞒心昧己的勾当,掠那黑暗钱财。宁可拼着一身品节不立,光光明明作个畅汉。做得来,横挺着身子;坏事时,硬伸个头颈。却比那暗中算计人东西的,觉得气象还峥嵘些”①。

这些小说的故事内容更多的来自民间,而小说的受众亦多为民间大众。就此而论,侠、盗、儒合流之论,作为一种新的是非道德学说,尽管倡自知识人群体,却开始渗透到民间的道德观念中。

在知识人的眼中笔下,盗贼已是忠义之人,远胜于那些衣冠强盗。而揆之明代社会史,由于王阳明心学崛起,倡导人人皆可为尧舜,主张“化恶进善”②。于是,在晚明的讲学会中,大多能见到诸多盗贼的踪影,或成为讲学会的忠实听众,或成为讲学家。如隆庆三年(1569),马思恕居住在白沙关,结社讲学,听者如堵。忽有48位“鵕冠佩刀”之人求见,道:“某等不幸为盗,习闻先生之教,愿自新归化,奈法不容何?”随之环拜而泣。马思恕从容语道:“律,自首者得免,尔果洗心无后悔,归熟思之,诘朝来。”经过三番求见,马思恕将此事上达知县,经过巡抚、巡按的批准,免除这48人的死罪。③ 这是盗贼参与讲学并最后皈依儒家道德的典型例子。又如胡涍任永丰知县期间,有一位盗贼“衣冠颇怪”,却能“谈性命学而辩有口,邑中从游者几千人,缙绅亦多往焉”。不久,附近之府下檄文捕盗,按貌索盗,竟在讲学之处将此盗捕获。④ 可见,盗贼不仅成为晚明讲学活动的参与者,而且成为其中的领导者。就此而论,明人谢肇淛云:“居家而道学者,大盗之薮也。”⑤所言堪称一语中的。

---

① 华阳散人编辑:《鸳鸯针》第2卷,第58-59页。

② 如明人胡锺云:“郭林宗门下士,皆前日绿林人也。圣贤化恶进善,不专在于诛责。”其意是说,绿林之人,同样可以化恶进善,甚至在道德上达臻圣贤的境界。参见陈弘绪:《寒夜录》卷上,收入《豫章丛书》,民国间南昌胡思敬退庐刻本。

③ 张怡:《玉光剑气集》卷13《理学》,第537页。

④ 张怡:《玉光剑气集》卷9《识鉴》,第394页。

⑤ 谢肇淛:《五杂组》卷14《事部》2,第277页。

结束语

流氓、强盗是侠客堕落以后的产物。换言之，真正意义上的侠客、剑侠一流人物，理应是秉天地之正气，能为人雪不平之事，霜锋怒吼，雨血横飞，最称得上是世间第一快人、第一快事。所惜者，后世所谓的侠客，已经很少得此真传。世人偶然学得几路拳，舞得几路刀，便俨然自命为侠客，不是贻祸身家，便是行同盗贼，最后还是把一个“侠”字弄坏了。

何以言此？这可以从《水浒传》的出现加以说明。清初人刘廷玑尽管承认《水浒传》一书，在刻画英雄好汉形象时有诸多成功之处，但最后还是不得不指出，《水浒传》的作者即使“才人如海”，然所尊尚者不过是“贼盗”，未免与司马迁《游侠列传》的立意相同。他进而指出，若是“不善读《水浒》”，难免会产生一种“狠戾悖逆之心”。[①] 清朝人龚炜亦说《水浒传》一书，“寄名义于狗盗之雄，凿私智于穿窬之手；启闾巷党援之习，开山林啃聚之端”[②]。乾嘉时期著名学者钱大昕也明确指出，自很多小说作品出来后，逐渐影响到民间百姓的一些伦理道德观念，亦即“以杀人为好汉，以渔色为风流，丧心病狂，无所忌惮”[③]。上面所谓的“以杀人为好汉”，其实即指《水浒传》一书而言；而“以渔色为风流”，则指《金瓶梅》一书。清末曾任江苏巡抚的丁日昌更是坦然承认，自从《水浒传》《西厢记》一类的戏曲、小说出来后，“几于家置一编，人怀一箧”。而其最后的结局，则会导致“少年浮薄”之人“以绮腻为风流”，而“乡曲武豪”之人，则“藉放纵为任侠”，甚至将“犯上作乱之事”视为寻常。[④]

上述四人的说法，不能不说有夸大小说戏曲功能之嫌，但有一点可以肯定，即自从《水浒传》出来以后，侠客确实不再是完美的正面典型，而是“以杀人为好汉”，“藉放纵为任侠”。简言之，侠客已经流为一种像梁山泊一百单八将那样的“贼盗”。用清代小说《仙侠五花剑》

---

① 刘廷玑：《在园杂志》卷2《历朝小说》，第83-84页。

② 龚炜：《巢林笔谈》卷1《水浒》，第27页。

③ 钱大昕：《正俗》，载贺长龄、魏源编：《清经世文编》卷68，中华书局1992年版，第1711页。

④ 丁日昌：《抚吴公牍》卷1《札饬禁毁淫词小说》，清宣统元年（1909）南洋官书局石印本。

的作者海上剑痴的话说，在《水浒传》一类小说中，尽管也说一些“义侠”的事，但确实已经将那种“顶天立地”的“大侠”弄得像是“做强盗一般”，所以所做的尽是一些“插身多事，打架寻仇，无所不为，无孽不作”的事。其最后的结局，不免会使一般的平民百姓将一个“侠”字与“贼”“盗”两字并在一起，再也很难区分。[①] 可见，在“强盗”与“好汉”之间，不过只有一线之隔。当他们行侠仗义之时，即为好汉；而当他们打家劫舍之时，则为强盗。

与侠客堕落为流氓、盗贼相应，知识人的人格典范亦开始出现两大转向：一是从“儒者”向“豪侠”之转向。照理说来，传统的“儒者”典范，其特点就是“择地而蹈，亦步亦趋；拟而后动，一俯一仰”。于是，“主一主静”，成为先儒之“嫡传”，而“中律中度”，更是为后生模仿的样板。值得关注的是，明代的知识人不再以传统的儒者为典范，而是崇尚“豪侠”。为此，他们不再“无非无刺”，甘愿做一个“乡之愿人”，而是气则欲爽，干霄直上，高蒐倜傥，磊磊落落，犹如霜鹰不受天网拘束。所以，或登诗酒之坛，自著倚魁；或游声色之场，聊抒肮脏。[②] 二是从“王儒”转向“霸儒”“盗儒”。与世俗从“霸”降而为“盗”相应，儒学亦开始从“皇儒”转向“盗儒”。按照明人王嗣奭的看法，从周公以至尧舜，属于“皇儒”，其特点就是“浑然不露”；孔子，属于“帝儒”，则已有所发挥；朱子，属于“王儒”，开始费尽唇舌。至阳明，则流为“霸儒”。嗣后，至罗近溪、颜山农、何心隐、李卓吾辈，则更是从“霸儒”降而为“盗儒”。[③]

知识人崇尚之人格典范，一旦从“王儒”流变为“霸儒”“盗儒”，必然导致他们更多地关注如何管理与使用流氓、盗贼力量。按照传统的观念，诸如像“天罡”“地煞”“打降”“把棍”之类的流氓，无疑是一种“恶人”，即良民的“蟊贼”。尽管大家一致认同，只有去除这些“蟊贼”，良民才得以安居乐业，但在如何管理这些流氓的问题上，明末著名学者高攀龙则提出了比较新颖的看法，亦即不再是除恶务尽，而是利用流氓中的首领，即那些所谓的“首恶”，由他们来管理与控制手下

---

① 海上剑痴：《仙侠五花剑》第1回，载《中国古代珍稀本小说》（五），春风文艺出版社1994年版，第424页。

② 张怡：《玉光剑气集》卷17《豪爽》，第648页。

③ 王嗣奭：《管天笔记外编》卷下《世道（兼治术）》，载《四明丛书》，第2册，第1187页。

的党类。他的具体主张是将那些天罡党中的首领登记在册，由地方政府提供他们的薪禄，平时则由他们“摄其徒党”，一有事情，则再使用这些流氓。若是党类中发生诈害良民之事，也是唯首领是问。[①] 吴甡亦是“用盗”论的支持者，主张任用盗贼中之“豪猾枭杰”者。他认为，这些枭杰之辈颇读史传，粗知兴亡，习学韬钤，张大胸于胆，却因仕进无路，往往郁郁思逞。如果对他们不加谨慎使用，豪民就会铤而走险，流于盗贼之首。为此，吴甡专门上疏，要求将“豪猾枭杰之流，分别验试，果有智谋超众，勇略过人者，荐之于朝，破格擢用”[②]。这样具有创新意义的见解，出自明代以讲儒家正统之学为主的知识人之口，不能不说流氓无赖和盗贼的势力在当时确实已是相当强大，以致儒家的正统人士也开始考虑如何适当管理和利用好这些势力。

值得引起关注的是，一至清初，知识人之“盗贼”论出现了波折。清初学者王夫之对“盗贼”的看法，既代表了他的一种政治倾向，也说明思想史的发展到了清初，显然处于一种逆转的状态。在如何使用“群盗”的问题上，他认为其中存在着“大利”与“大害”之别，必须加以辨析，亦即“盗可用”，而“渠帅不可用”。何以言此？王夫之认为，“为盗魁者，习与性成，终不能悛也”[③]。若与晚明知识人之“盗贼”论相较，以王夫之为代表的清初“盗贼”论，不能不说是一种倒退。这种倒退，固然是历史经验总结使然，但更多的则是为了适应清初统治秩序的重建。

---

① 高攀龙：《高子遗书》卷7、8下《申严宪约责成州县疏》《与筠塘二》，收入《乾坤正气集》，清道光二十八年(1848)刻、光绪十八年(1892)重印本。

② 吴甡：《柴庵疏集》卷1《御患莫如修备弭盗莫如安民疏》，第29页。

③ 王夫之：《宋论》卷10《高宗》7，中华书局2003年版，第182-183页。

六、光棍喇虎:无赖层的社会活动及其影响

前 言

从社会学的角度而言,无赖无疑是社会过剩的劳动阶级,也即没有劳动地位,或仅做不正规劳动的一股社会力量。而从中国的实际情况来说,无赖是从农村土地中分离出来的一股社会闲散力量,是不事劳作或仅从事不正规劳作的职业游手。① 在中国传统社会中,无赖层的起源颇早,而且在社会中的力量相当强大。而无赖力量的强弱,又能在某种程度上反映传统小农经济的稳定与否。

一至明代,无赖作为一个游离于土地的社会阶层,已基本形成,而且在地方社会中发挥其应有的作用,尽管这种作用是破坏性与建设性混杂在一起。过去对无赖的研究,已经取得了一些成果。② 但毋庸否认的是,过去的研究主要集中于对无赖种类的区分以及无赖层在社会中之诸多活动,而对地方社会的研究,也更多地注意绅士层的作用,缺乏对无赖层与绅士层两者的渗透关系的考察,以及无赖层在地方社会中所起作用的研究。鉴于此,若对明代无赖层的称谓、形成、组织、社会活动加以具体的探讨,则尤显必要。在此基础上,诸如明代绅士层的无赖化现象、绅士层与无赖层的互相渗透以及无赖层在明代地方社会中所扮演的角色,无不需要给以深入的研究。

无赖称谓举隅

明人吕坤将明代"幸乱之民"分为以下四种:一是"无聊之民"。他们"饱暖无由,身家俱困,安贫守分,未必能生,世变兵兴,或能苟活。

---

① 杜亚泉:《中国政治革命不成就及社会革命不发生的原因》,转引自王元化:《杜亚泉与东西文化论战》,载氏著:《清园近思录》,中国社会科学出版社 1998 年版,第 12-13 页。

② 关于明清无赖层的研究,日本学者的研究起步较早,而且取得较多的研究成果。主要有:[日]川胜守之《明末清初の讼师について——旧中国社会における无赖知识人の一形态》,载《东洋史论集》,1981 年第 9 卷;[日]和田正广之《明末窝访の出现过程》,载《东洋学报》,1981 年第 62 卷 1、2 期。中国学者的研究成果主要有:陈宝良之《明代无赖阶层的社会活动及其影响》,载《齐鲁学刊》,1992 年第 2 期,《中国流氓史》,中国社会科学出版社 1993 年版;蔡惠琴之《明清无赖集团之一——"打行"探析》,载《辅仁历史学报》,第 8 卷(1996 年 12 月)。

因怀思乱之心,以缓须臾之死”。二是“无行之民”。他们“气高性悍,玩法轻生,或结党而占窝开场,或呼群而斗鸡走狗。居常爱玉帛子女,为法所拘;有变则劫掠奸淫,惟欲是遂”。三是“邪说之民”。如“白莲结社,黑夜相期,教主传头,名下成千成万;越乡隔省,密中独往独来。情若室家,义同生死,倘有招呼之首,此其归附之人”。四是“不轨之民”。他们“怀争帝图王之心,为乘机起衅之计。或观天变而煽惑人心,或因民愁而收结众去,惟幸目前有变,不乐天下太平”。[①] 可见,明代的变乱之民极多,他们都是无赖的后备军。

“破落户”一称,起源于宋初,原本即指无赖。此称明代仍然存在,并作为无赖的专有称谓。如明人田汝成有这样一段话:“司县破落户底官,往往造盐酒曲,宰杀牛马,开阅总房,窝藏盗贼,横赛神社,记散酒食,不畏国法。”[②]在《金瓶梅》小说中,“破落户”的称呼更是时有所见。

“莠民”一称,也是明朝人对无赖的专有称呼。如明人顾起元专列《莠民》一篇,并说:“十步之内,必有恶草;百家之中,必有莠民。”[③]习于恶者曰“莠”。如《左传》襄公三十年:“(郑公孙挥、裨灶)过伯有氏(良霄),其门上生莠,子羽(公孙挥)曰:‘其莠犹在乎?’”据注:“以莠喻伯有。”至后,以“莠民”专指恶人、坏人,并成为无赖的专称。

在明代,尚有“市虣”一称。明代一般称“市井之刁恶者”为“市虎”。其实,应当作“市虣”,此“虣”字,与“暴”同。据明人田艺蘅的解释:“《周礼》司虣掌宪市之禁令,禁其斗嚣者,与其虣乱者,出入相凌犯者,以属游饮食于市者,若不可禁,则搏而僇之。”[④]

“光棍”一称,始于明代,是明人对无赖的专称。关于光棍,清《六部成语注解·刑部成语》作如下注解:“诈骗之匪也。”如明代史籍载:“有等凶恶之徒,三五成群,专恃仓场收放以为营生,号为‘搂扒’,或称为‘光棍’,或诈为‘小脚’等项名色。”[⑤]“光棍”一称,有时称“打光棍游食之徒”“打光棍浪子”,或叫“打光棍之徒”,或简称“打光棍”,

---

① 吕坤:《忧危疏》,载郑涵编:《吕坤年谱》,中州古籍出版社 1985 年版,第 93 页。

② 徐元瑞:《吏学指南》,《禁捕》第 5,元末刻本。

③ 顾起元:《客座赘语》卷 4《莠民》,中华书局 1997 年版,第 106 页。

④ 田艺蘅:《留青日札》卷 3《市虣》,上海古籍出版社 1985 年版,第 151 页。

⑤ 戴金编:《皇明条法事类纂》卷 15《禁革打扰仓场搂扒例》,日本古典研究会 1966 年影印本,上册,第 378 页。

不一而足。有一点显然值得引起关注,成书于明朝万历年间的公案小说《百断奇观重订龙图公案》(今本改为《包青天奇案》)中《贼总甲》一则,称专门在街上从事剪绺一类的小偷为“江湖光棍”。[①] 可见,光棍不但是诈骗之匪的专称,有时也指那些街上的小偷。

“喇唬”一称,也是明代无赖的专有称呼。据清朝人《六部成语注解·刑部注解》,所谓喇唬,亦当属“诈骗之匪也”。如明代史籍载:“照得京城内外,军民杂处,有等光棍喇唬之徒,止因小忿,辄发大酒,有斗殴杀人命,将尸扛抬图赖者。”[②]在明代小说《百断奇观重订龙图公案》中,同样出现了“喇虎”一称,主要是指靠渡船为生者,所做却是谋财害命的强盗之事。[③] 由此可见,喇唬既可以指无赖,也可以指强盗。那么,为什么称这些“诈骗之匪”为喇唬呢?清朝人的书籍没有解释,我们从明朝人的记载中则可以得到一个圆满的解释。据明朝人姚旅的解释,“喇唬”原本应该作“剌虎”,其中的“剌”字读若“喇”,意思是指恶少。剌虎是一种草名。此草一旦扎人皮肉,即如火烧,所以后来就用作比喻那些“极恶之人”,其意是说他们如同剌虎这种草一样,令人“不可近也”[④],只能敬而远之。

明朝人又称人“虚伪不检者”为“楼头”。“楼头”一称,源自宋。在宋代,杭州有一座何家楼,“下多亡赖,以滥恶物欺人,其时又有‘何楼’之号”。所以,所谓“楼头”,又指“何楼之恶魁也”[⑤],亦即无赖头子。

无赖层的形成及其组织

时至宋代,中国中世纪社会的无赖,确实已形成为一个具有广泛基础的社会阶层,并有了一定规模的组织团体。到了明代,无赖作为一个社会阶层也确是一个客观的存在,而且其势力至明中期以后,大有迅猛发展之势。

就无赖的组织而言,虽说不上有一整套严密的组织机构,但具有一些凝聚力的无赖团伙,却着实不少。尽管在唐代以前,无赖尚采用一种分散而且零星的方式加以活动,很难看到他们的群体性组织,但

---

① 无名氏撰、锦文标点:《包青天奇案》卷7,岳麓书社2004年版,第188页。

② 戴金编:《皇明条法事类纂》卷13,上册,第332页。

③ 无名氏撰、锦文标点:《包青天奇案》卷10《瓦器灯盏》,第257-258页。

④ 姚旅:《露书》卷9《风篇》中,福建人民出版社2008年版,第216页。

⑤ 田汝成:《西湖游览志余》卷25《委巷丛谈》,上海古籍出版社1998年版,第370页。

至少自宋代开始,讼棍已结成“业觜社”。而社会上的那些浮浪人、闲人更是结成自己社会性的群体组织“没命社”,说明无赖势力开始渐趋扩大,而其活动也更趋群体化乃至组织化。

常言道:物以类聚。明代的无赖继承了宋代无赖的习气,自然也会形成一些社会团体,并有自己的一套组织体制。至明代,无赖组织更趋增多,而且其组织日渐严密化。众所周知,明代北京的“把棍”以“会茶”作为联络团伙成员的组织纽带,而且还出现了打行、访行一类的同行组织。除此之外,尚有很多无赖组织,在过去的研究中尚没有被揭示出来,在此再稍作补充。

在说到明代的无赖组织之前,不妨稍对惯行于盗贼、土匪、无赖中的绰号(或称“混名”“外号”)加以简单的梳理。说到混号,事实上牵涉到以下两个问题:一是混号究竟起源于何时?二是正宗的史书是否可以书写人的混号而不提大名?

关于混号的起源,应该说清朝人赵翼在《陔余丛考》一书中已经作了详细的考证。他认为,一般世俗轻薄子互相品目之时,就常常会取一个“混号”。他又引《吕氏春秋·简选篇》文云:“夏桀好移大牺,谓其多力,能推牛倒也。”据此他断言混号始于夏桀。

清朝人方濬师对此提出了异议,认为混号不始于夏桀。他根据《左传》一类的经传,明确指出,诸如驩兜之为“浑敦”,共工之为“穷奇”,鲧之为“梼杌”,三凶之为“饕餮”,均属于混号的例子。此外,他又举出了在夏桀之后的混号例子,诸如“京城太叔”“斗谷於菟”,以及殷纣之为“独夫”,周灵王之为“髭王”,百里奚之为“五羖大夫”之类,均属混号之例。①

清末人魏源撰写《武事余记》时,在写到“教匪”如高天升、马学礼、魏学胜等人时,均书其本名,而不写成“高二”“马五”“魏棒棒”一类的混号。为此,魏源对吴伟业所著《绥寇纪略》及王横云所著《明史稿》提出了批评,认为正是因为他们的不加核实及不加厘正,才导致像“一丈青”“摇天动”“不沾泥”一类的混号进入了史传之中,使正史形同于《水浒传》一类的小说。其言外之意,即正史不应该书写人的混号,必须书写本名。对此,方濬师亦提出了异议。他列举了很多正史中关于混号的记载。如《汉书·王莽传》:“青、徐贼众数十万人,迄无

---

① 方濬师:《蕉轩续录》卷1《混号》,中华书局1995年版,第528页。

文号、旌旗、表识，咸怪异之，曰'无文号者'。"其意是说这些人乱书名目，如市俗之所谓混号。又东汉张角之乱，所在盗贼并起，如博陵"张牛角"、常山"褚飞燕"及"黄龙""左校""于氐根""张白骑""刘石""老髭文八""平汉大计""司隶缘城""雷公""浮云""白雀""杨凤""于毒""五鹿""李大目""白绕""眭固""苦蝤"，等等。关于其中几个混号的出典也大体可以考知，如"褚飞燕"，即"轻便者曰'飞燕'"；"于氐根"，出于《左传》之"于思于思"，所谓的"于思"，则是"多须之貌"。此外，骑白马者为"张白骑"，大声者为"雷公"。隋末起兵群盗，如王簿称"知世郎"，王须拔为"漫天王"，魏刁儿为"历山飞"；宋盗之"杨天王""透手滑""武胡""一窝蜂"；元盗之"芝麻李""定光活佛""戕命官""破头潘""大刀敖"；明成化时荆襄之盗有"刘千斤""李胡子"等，均是正史中关于人名混号的记载。[①] 正史中出现无赖的绰号，甚至开始被传统的史书体例所认可，说明无赖的势力确实已经引起一些士大夫的关注。

明代的流氓无赖，当然存在着不少比较松散的团体，这大抵从一些外号即可看出。如在湖广的蕲水县，"恶少群聚，纵横市邑，十虎、九龙之号，全无忌惮"[②]。这种"十虎""九龙"一类的称号，即代表了一种临时性的松散组织形式。又如在南直隶宜兴，也有一种"罡棍"。关于罡棍，祁彪佳曾有下面记载："又闻西乡五洞凤凰窠等处罡棍，以借米为名，拥众聚抢，复计擒其首恶陈光宇、黄寿七等，分别捆打，而乡中法纪始彰。……至该县张渚之罡棍潘义等，或擒或逸，势以鸟散。"[③]云云。说明这些罡棍，平常也是采用一些诸如"拥众聚抢"一类的群体性行动，而且存在着如"首恶"这样的无赖头子。

不仅如此，明代的无赖已经开始采用"饮血"这种形式结党。明代的史料已经显示，当时一些"凶暴游民"，通过"饮血"这种喝血酒的形式结成团伙，"三五成群，然香饮血，带刀持棍，一家有怨则同去报仇，

---

① 方濬师：《蕉轩续录》卷1《混号》，第528-529页。

② 嘉靖《蕲水县志》卷1《风俗》，收入《天一阁藏明代方志选刊》，上海古籍书店1982年版。

③ 祁彪佳：《宜焚全稿》卷1，载氏著：《祁彪佳文稿》（一），国家图书馆出版社2009年版，第4页。

上门乱行采打；见人财帛则设法抢夺，到官捏证扛帮”①。尤其是北京的把棍，所谓的“把”，不仅仅限于一种组织形式，而且也是无赖之间拜把子的证据。又据祁彪佳的记载，在苏州府昆山县，衙蠹、打行、讼师、豪奴等无不公然结党。起先经过巡按御史的访拿，再加之知县将这些人的恶名立在碑上，加以禁戢，算是暂时沉寂。但随后因为官员变得懦弱，这些无赖又“毁碑复出”，比较著名的有周贵、朱天逑等人结成之党，比起原来的势力更有大增。② 明末人祁彪佳，系统概括了当时苏州、常州亦即“三吴”一带的无赖团体的种类，乃至他们的所作所为，已经说得比较详细，不妨引述在下面：

> 从来地方棍徒，无有显著其名号者，独三吴则苏属有打行，在常属有天罡，其种类又有獭皮、蚂蚁、黑虎、秤槌之名，其团聚有百子、团圆、冬青、棒槌之会，其所为则曰放线、生蚤、放春、絷囤，而其流毒最甚，则曰造访、团赖、打抢、奸淫。③

这段史料已经清楚地说明，过去的无赖团伙，很少公开打出自己的称号，而到了明代，在江南的苏州、常州二府，则公开出现了“打行”与“天罡党”。从其种类上看，分别有“獭皮”“蚂蚁”“黑虎”“秤槌”之名；从其团体与组织看，则有“百子会”“团圆会”“冬青会”“棒槌会”。上面史料中所言的“冬青会”“棒槌会”，因为目前史料的匮乏，尚无法作深入的探讨。至于“团圆会”“百子会”，则或是打行无赖的团体，或为无赖之人所结的银钱合会。如清康熙《崇明县志》记载，崇明县早在宣德初年就出现了打行。至天启初年，有杨麻、大陈、梅二、郁文、昌桥陈二、熊帽子等人，更是结成了“团圆会”。崇祯年间，又有黄伦等人结成“地皇会”。④ 又清人赵吉士《寄园寄所寄》引《鹏升集》云：“今时邑无赖子，邀百人作百子会，人出银一两，摇骰子，点多者先收。每月一应，八九年乃毕，冀其不能终局，先收会者得图赖之耳。”⑤显然，无赖团伙内部，同样存在着一种在民间比较流行的经济互助组织。此外，在山

---

① 吕坤：《实政录》卷5《纪恶以示惩戒》，载氏著，王国轩、王秀梅整理：《吕坤全集》，中华书局2008年版，第1083页。

② 祁彪佳：《宜焚全稿》卷2，载《祁彪佳文稿》(一)，第52页。

③ 祁彪佳：《宜焚全稿》卷17，载《祁彪佳文稿》(一)，第621页。

④ 康熙《重修崇明县志》卷6《风物志》，收入《稀见中国地方志丛刊》，中国书店1992年版。

⑤ 赵吉士：《寄园寄所寄》卷1《技巧》，清康熙三十五年(1696)刻本。

东章丘县的颜神镇，一些恶少也结成“花心会”这样一种无赖团体，“每会必歃血誓天，数十人为死生交，各携娼妓，昼夜喧饮，以致富者就贫，贫者行劫”①。所有这些，无不证明明代的无赖阶层已经趋于团体化与组织化。

明代的无赖，不仅具有自己的组织团体，而且其组织结构已经相当严密。以盛行于江南常熟县的访行为例，其声势之大，乃至组织的严密性，大抵可以说已经达到了传统社会的顶峰。从史料记载可知，访行的头目称“大阿哥”，当时为邵声施。而在大阿哥的手下，显然有一些类似于金刚一类的中层头目，主要有邹鲁延、陆奉泉、宋云卿等人。这些人尽管被巡按御史捉拿归案，最后都惨死于苏州府的监狱中，但从当时官方对他们的判词中不难看出，访行权势的显赫确实已经出乎一般人的想象。如判词云：“虎狼蛇蝎，毒聚一团，羽翼爪牙，满张要地，阴握朝廷之政，明操生死之权。”云云。访行能够具有如此大的能力，甚至可以“阴握朝廷之政，明操生死之权”，这显然得益于邵声施这位大阿哥的活动能力。史载邵声施生性慷慨，挥金如土，凡是四方游客及女伎之流到了常熟，他全都加以结交，而且让他们“饱所欲而去”。这是以钱财进行拉拢。于是，即使是一些地方官员，也与这些流氓存在着频繁的来往，而且在某种程度上已经成为他们的保护伞。如常熟县一位姓瞿的知县，因为在辖区内发生一起囚犯越狱事件而遭到弹劾，即将面临被罢官的命运。正当此时，邵声施出来替他营求，才免于罢官，为此，瞿知县“甚德之”，对邵声施无不言听计从，甚至在与邵声施往来的书信中，全都自称“盟弟”。可见，地方官员已经与地方流氓团伙的大阿哥称兄道弟。又有一位姓骆的地方教官，还专门在地方学校的明伦堂设宴，款待邵声施。邵氏尽管是一位流氓头子，但从身份上说，仍不过是白衣布丁而已，却能得到地方官员如此的厚爱与款待，不能不说是一件罕见之事。正因为此，邹鲁延、陆奉泉、宋云卿等人，依靠邵声施的影响力，才开始在地方上“横行无忌”，甚至“归恶于邵，而邵多未之知也”。即使如此，尽管访行组织在地方上多所行恶，但因为通过团体的势力而取得了巨大的财富，所以当地人也大都害怕

① 李开先：《闲居集》卷12《足前未尽》，载氏著：《李开先全集》，文化艺术出版社2004年版，中册，第869页。

他们的势力,"莫之敢指"[①]。

无赖层的社会动向

无赖作为一个社会阶层,在明代的确是一个客观的存在,而且其势力至明代中期以后,大有迅猛发展之势。既然如此,他们必定会有代表本阶层利益的政治与经济要求,同时也积极地参与军事及文化活动。

(一)无赖参与政治与政治的无赖化

先来看明代无赖与政治之关系。明人黄凤翔曾对无赖冒充缙绅打扮,以期与缙绅为伍的实情作了如下深刻的揭露:

> 又有无赖子,家绝诗书世泽,目不识丁,日与椎埋屠沽为伍,而俨然妆首者,一如缙绅冠帽之制,恣情逾僭,慢无忌惮。[②]

其实,明代的无赖何尝只是僭用缙绅服饰,而是实际参与政治。诸如衙蠹之害及无赖与太监之关系,已足能说明无赖与明代政治关系之深。换言之,明代的胥吏专权、太监擅权,无可否认地与一个庞大的无赖阶层的客观存在大有关系。所以,在这里我们所要做的工作,仅仅是摘述无赖是通过何种途径,采取何种手段,对明代政府各级机构实行渗透的。

明英宗以后所实行的捐纳制度,为无赖参与政治提供了极便利的条件。明人骆问礼一语道破天机:"市井无赖,朝得十金,夕可舞文官府。"[③]无赖大多游嘴滑舌,所以又有"江湖上游嘴棍徒"的称呼。他们凭着自己的三寸不烂之舌,又藉着靠各种无赖手段得来的钱财,投机钻营,进入明朝中央政府的各级衙门中,虽不做大小官吏,张盖打伞,却也投充书办胥吏,在街上神气活现。

明代京城差官外出,事务不外乎计算钱粮与行移作稿、书写本章两项,但这些政事官员一般是不屑为,有时甚至是不能为,于是只好依靠书吏了。这些书办胥吏,本来就不是一些良善之辈,不过是一些"积

---

① 《后虞书》,载《虞阳说苑》乙编,初园丁氏校印本。

② 黄凤翔:《救时名实论》,载黄宗羲编:《明文海》卷 88,中华书局 1987 年版,第 1 册,第 852 页。

③ 骆问礼:《定经制以裕财用疏》,载孙旬编:《皇明疏钞》卷 40,明万历十二年(1584)刻本。

岁棍徒”而已。一旦听到有差官要外出办事,他们就多方钻刺,贿赂一些“有力者”,深相嘱托。等到当上了书办,就大摇大摆地跟随差官外出。到了地方,他们就唯思诈骗,不仅捞回了行贿此职的银钱,而且还额外取求,赚钱不少。诈骗方法,也是不胜枚举。有时是替人传递消息,有时则胆量陡增,直接篡改考察地方官员贤否的册籍。如果官员事先向他们行了贿,即使有罪,也能改罪为功;反之,假若事先没有打点,或者打点稍晚,那么这些书吏就会故意驳查申详,索其差错,即使有功,也被篡改为有罪了。此等由无赖充任的书吏之辈,“神奸秘计,玩弄差臣于掌股,而颠倒武臣,索之重贿,不厌不止,差臣固不能万目防之也”①。

这些无赖棍徒,又称“市棍”,俱系四方流民,长期潜住在北京城中,人数着实不少。仅据郎中赵世卿告示所开,就有黄毛、李秀等四五十人。这些市棍有时就连书吏也当不成,于是干脆投靠书吏之家,假充家人名色。一旦遇到王府赍奏到京,就三五成群,三四合伙,串通吏书,开立房户,设局诓骗。更有甚者,这些棍徒专门“指称打点,坏人名节”②。关于此,明朝人高拱在上疏中有相当真实的揭露。根据他的记载,当时的北京号称“辇毂之下”,是各行事衙门办公的所在,而且天下官吏、生儒、军民人等无不辐辏于此。正因为北京这种特殊的地位,所以就有一些“无籍光棍”,号为“走空之人”,专门指称可以到各衙门打点,藉此诓骗人财。明代六部中的吏部专门掌管官员的升选,所以这些无赖“指称吏部诓骗者尤多”。他们动辄十数成群,或假扮主人,或假扮仆役,或假扮宾客,或假扮亲朋,做成圈套,互相勾引,哄骗外来之人。有时说“有银若干,可补某官”;有时说“有银若干,可除某地”。拍着胸脯,说的头头是道,但一旦财物到手,即行诓骗。即使打点者日后一无所验,然皆系有官之人,谁敢声言索取;即使想声言索取,而他们早已搬移潜躲,莫可寻觅。等到官员领凭前去上任,这些无赖仍旧出来行骗。高拱在上疏中就称,他自己曾自行访获,拿获到王三聘等数人,这些人或称是高拱的外甥,或称是高拱的表侄,“诓骗人财,咸有

---

① 钟羽正:《条议阅视事宜以图实效疏》,载陈子龙等编:《明经世文编》卷413,中华书局1997年版,第4472页。

② 沈鲤:《酌议宗藩赍奏事宜疏》,载《明经世文编》卷418,第4535页。

证据”,最后都被高拱送到刑部问罪。[①] 为什么在明代流行这样一种假装替官员打点行骗的无赖?究其原因,还是因为当时官场风气不正、政治黑暗所致。正如高拱所言,明代的社会已是“黠狡成风”,当时不但有黠狡之民,而且还有黠狡之官。一些官员往往因为遭到论劾,或因为考语不佳,或因为左谪、劣处,于是就买通所在任上州县的“无藉棍徒”数人奏保,多写鬼名,称颂功德,以为公论。[②]

若要人不知,除非己莫为。这些市棍无赖的神奸之计,有时也会被官员察觉,打算将他们究治驱逐。每当遇到这种情况,市棍也有自己的办法对付官长。此法非它,即捏造匿名飞语,横肆诬谤,扰乱视听。如明人顾存仁就说到这些游食之徒,在北京“匿名投书,暮夜黏贴,纠习成风”[③]。众所周知,明代自成化以后,匿名飞语在京城的出现,似乎已是司空见惯。如天顺八年(1464),明宪宗刚刚即位,就有一些不逞之徒,由于政府的政策不便己私,造言生谤,写匿名帖子,“揭于内府及京城内外,指其姓名,明言伤害,沮挠朝政,败坏风俗”[④]。从某种程度上说,这种匿名帖子应属于民间舆论的一种变体,对揭露朝政的败坏起到一定的作用。但毋庸讳言的是,自明代中期以后,这些揭帖已为市棍无赖所操纵,所以仍会起到阻挠朝政的不良作用。

捐纳制度,归根结底就是卖官鬻爵。而卖官制度的存在,确实又为那些无赖奸棍行骗提供了很大的方便。明朝人方震孺在上疏中,已经将奸棍通过假印、假文书卖官的事实作了详细的揭露。其实,在方震孺以前,一些先贤就已经说:“国家大病,病在朝廷受鬻爵之空名,奸棍享纳官之实利。”又云:“千官不如一吏,千真不如一假。”这两句话的意思是说,假印、假官之为术甚巧、为途甚捷,但为害甚大。方震孺在巡视北京南城时,曾找到了一位叫陆培元的绍兴人。此人最为机巧,偶然因为赌博而被人告发。方震孺打算对他判杖责之罪,又考虑到其人还有利用的价值,就对他说:“尔能发一大奸,则宥尔杖。”培元再三

① 高拱:《掌铨题稿》卷10《禁奸伪以肃政体疏》,载氏著,岳金西、岳天雷编校:《高拱全集》,中州古籍出版社2006年版,上册,第247页。

② 高拱:《掌铨题稿》卷10《参处崇明县民黄善述等保官疏》,载《高拱全集》,上册,第248-249页。

③ 顾存仁:《陈愚悃以广天恩疏》,载《皇明疏钞》卷32。

④ 《明宪宗实录》卷3,天顺八年(1464)三月戊寅条,台北“中央”研究院历史语言研究所1966年校印本。

踌躇,不得不将相关造假文书的姓名告诉了方震孺。随后,方震孺带人先到了陈双泉家,从他家中搜得假印文书一箱。次至沈业家,又搜得假印文书一箱。搜查出的假印文书,自州、县以至藩司,自抚、按以至部堂,其中的印文无所不备,而其印亦无所不假。甚至太仓空印之库,收南京空印之办,票多至300余张,确实令人啧啧称奇。随后又到了王九家,搜得假长单一束,兵部原解印文一宗。又至董小江家,搜得假文书一束,假印八颗,共11面,有县、卫之印,有吏部之印,有后军都督府之印。又据陈双泉自己交代,他也曾有印一箱,今已毁弃,恬然不以为怪。假若想纳一官,参一缺,根本用不着巡抚、巡按,也不用银库、铨部,用上这些假印文书,即可将事情办妥,而这些奸棍也可以从中牟利。从搜查出来的文书可知,有些文书起自万历二十年(1593),说明这些奸棍“父子相传,以为世业”。而他们盘踞为奸,也已经长达31年。如果以此加以推算,他们所卖的假官,何止千万辈,而侵没内帑,又何止千百万。①

当然,捐纳制度所及,并不仅仅限于冠带出身,还包括私下行贿进入各级衙门办事,以及纳粟或纳马入监这些内容。捐纳出现的结局,则使无赖可以凭借纳粟而进入国子监,于是像朝廷太学这种学规谨严的清净之地,最后学风也变得喧嚣起来。换言之,从明代中期以后,在国子监中,着实也出了一些学棍,即无赖化的监生。对此,明朝人吴甡曾作了如下描述:“即如国学,去天尺五,而假生市猾,充斥其间,见于词臣姜逢元所参摘者。把棍得滥衣巾,而干禁私揭,肆行无忌,见台臣方大任所纠题者。”②这就是说,在明代,由于捐纳制度的存在,致使国子监生的身份随之变得鱼龙混杂,甚至一些无赖,也可以通过捐纳而堂而皇之地进入太学。正如陈仁锡所言:“四方罪罟,为乡里所摈,涂名改姓,俨然称上舍。首善之地,为首恶之薮矣。”③这绝不是危言耸听,而是当时的实录。如天启年间,北京国子监中,有章尚安、赵维清两位监生,就是名副其实的无赖。他们在监中结党养交,交结匪类,市

① 方震孺:《方孩未先生集》卷1《搜获假印疏》,清同治重刻本。

② 吴甡:《柴庵疏集》卷3《视学大典速赐举行疏》,浙江古籍出版社1989年版,第56页。

③ 陈仁锡:《无梦园集》驻集《署国子监纪事》,明崇祯六年(1633)刻本。

面上的无赖纷至沓来，成为他们的走狗。章尚安死后，赵维清继续行骗。[①]

由于捐纳监生的增加，晚明的士子已是鱼龙混杂，良莠不齐。这就导致当时的监生既无师生体统，又能横行霸道，终致士习败坏。如万历时期，监生茅迪吉、沈德谦等人恣行凶暴，笞辱祭酒殷迈的仆人，将他禁锢于深居，“榜掠无数，以绳系其足，继以水灌之，几于非刑”。当祭酒殷迈听说此事后，派遣皂隶叶萃等人往救，结果连皂隶也被殴打。司业周子义知悉此事，也命典籍持牌晓喻，不料这些监生敢于拒典籍于门外，让他吃了一个闭门羹，还“狂呼漫骂，无师生之体”。又如万历七年（1579）四月，鸿胪寺序班郭廷林僭乘四人大轿赴饮，道上正遇举人监生聂文贤、朱正色亦“肩舆而来”。廷林对他们不回避自己的大轿甚是忿恨，就捉拿其家奴笞打。当时两位监生未识廷林是何官，但已怀恨在心。过后，当打听到所遇不过是序班后，于是就踵门大骂，迫使郭廷林只好坚闭不出。第二天，聂文贤又纠集徒党百十余人，“直造其室，捉廷林，诣鸿胪，讼于寺卿张焕”。这位郭廷林囚首去冠，徒步随往，一市以为欢笑。[②] 晚明的监生，有些本来就是无赖出身，所以也将一些无赖习气带入监中，日常纵费淫荡，终致破败身家。有些巧制巾服，甘愿与优贱者为伍；有些嬉游街市，逞逆而殴辱职官；有些驰骋鞍马，恃众而犯大僚。更有甚者，同侪之间，也是互相陷害，刊刻诬谤文书，有时甚至将他人阴私编为戏文，诬毁及于他人妻子，显得流氓气十足。

国子监生如此，那么地方学校的生员呢？晚明士风恶薄，生员稍不得志于有司及乡官，就“群聚而侮辱之”，或造为歌谣，或编为传奇，或摘四书语为时义，极尽其中伤他人之术。如《二刻拍案惊奇》卷 4 中，就提到一位“学霸廪生”，名叫张寅。此人“赋性阴险，存心不善”。虽是小说之言，所言却是事实。在明末，曾留传着这样的笑话：凡是市井间阎有人互相争斗，动不动就说：“我雇秀才打汝。”[③]秀才本来温文尔雅，在此却被人雇去用作打手，一脸凶相，士风至此，已是可想而知。

---

① 黄儒炳：《续南雍志》卷 4《事纪新续》，收入《续修四库全书》，上海古籍出版社 2002 年版。

② 黄儒炳：《续南雍志》卷 4《事纪》。

③ 伍袁萃：《林居漫录》卷 3，收入《四库全书存目丛书》，台南庄严文化事业有限公司 1997 年版。

明代秀才之间互相斗殴厮闹，这已成了家常便饭。如许州学生王某，年少放肆，曾经因为一件小事而怒骂老秀才魏显。这位魏显，虽颇有学，然亦无行，同样对王某肆加詈骂。于是，"王某呼其族无赖数十人，殴显几死去，发殆尽，呕血伏枕"①。秀才行径，简直与无赖如出一辙。

士风败坏之极，使得皇帝赐给进士的"恩荣宴"，也有一些无赖棍徒参与。据载，在隆庆年间，礼部举行恩荣宴，每当进士拜大臣礼毕，席中所陈品物已是荡然一空，原来已被棍徒"用叉口抢去"②。不仅是礼部的恩荣宴为把棍所把持，即使皇宫禁地，无赖也是随意进出，如入无人之境。这种情况，至明末天启时尤甚。史载："偶因年来防卫废驰，出入无禁，遂使皇城之门，殿廷之前，凡游闲无赖贩夫乞儿，莫不摩肩掉臂于其间。每遇午门朝见，杂班行之中，闲人挨挤，往往拜起未毕，蜂拥而入，喧杂如市。"③这简直是明代朝会的一大奇景。

监生一途，是明朝用人的三途之一，而生员又是科贡、岁贡、选贡监生的来源。这些监生凭着自己的身份，资格一到，就可选官就职，而其中的部分监生，则重新参加科举考试，进入仕途。可见，监生是缙绅的后备力量。他们在做监生的时候，就已恣意妄为，横行街市，一副无赖相，那么一旦为官，怎能安分守己？如果我们了解到这些内容，那么对晚明广泛出现的武断乡曲的乡宦，如潮汹涌的"学变"以及刁横喧嚣的士习士风，如此等等，也就不难理解了。换言之，在探讨晚明"学变"的过程中，除了对晚明青衿阶层的自身变化作足够的研究之外，尚须注意无赖投入国子监以后，对改变士子阶层所起的不可估量的作用。

明代的无赖还将势力渗透到乡村政治中。在明代的乡村，具体的行政管理人员不外乎里长、甲长、粮长、耆老、保长等人。有明一代，这些乡村管理人员，也有不少由无赖充当。如在广东香山县，一些里长，就由"光棍包揽"。这些光棍当上里长之后，就借此"科派小民"，"一年所取之小民，又甚不赀也"④。又据史料记载，吴中之地有"三般粮长"，其中之一就是"光棍"⑤。早在宣德年间，在常、镇、苏、松、湖、杭

---

① 邵宝：《对客燕谈》，收入《丛书集成新编》，台北新文丰出版事业公司1983年版。

② 李乐：《见闻杂记》卷8，上海古籍出版社1986年版，第710页。

③ 沈国元：《两朝从信录》卷1，收入《四库禁毁书丛刊》，北京出版社2000年版。

④ 颜俊彦著、中国政法大学法律古籍整理研究所整理标点：《盟水斋存牍》一刻，《公移》卷1《议革香邑里长答应》，中国政法大学出版社2002年版，第320页。

⑤ 伍袁萃：《林居漫录》卷2。

等府,一些"无籍之徒"就开始营充粮长。当上粮长以后,他们就专门掊克小民,以肥私已。每当征收税粮之时,这些由无赖充任的粮长就在各里内置定仓囤,私造大斛与大斗,以此收粮,另外还有什么"样米""拾斛米"等名色,增收巧取。收民粮之时,已是五倍于额数,但输纳之时,却将平米正数付与小民,让他们去京仓输纳,沿途费用由其自行承担,至仓地以后,已是所剩无几,平民只好自己赔纳。① 到了弘治年间,无赖把持粮长一职,侵吞公粮之事,似乎在江南有增无减。据载,自弘治以来,一些刁恶之徒,纷纷营充粮长,肆无忌惮,浪费国家钱粮。这种弊端,有些地方官吏当然也是洞若观火。但官员大都接受了贿赂,害怕他们借此挟制,所以对这些无赖粮长也不敢更换,只得听任他们侵盗公粮。这些粮长,侵吞仓粮有时达到万余石,花费官银也有达千余两者。等到上司追比,这些无赖粮长也有应付的办法,只是让工人、义男顶名代追,苟延岁月,希望恩宥。如果确是上司追得太紧,他们就捏写本稿,雇请一些惯讼之徒,违例赴告奏扰。所行方法也极刁恶,诸如"有将远年还过私债而捏作原诈粮价,有将近月纳过租税而妄作系官钱粮,有将原还田价而捏作恐吓之数者",等等,共计 12 款,不一而足。一旦奏告,就牵连与此事无干的百姓三四百人。等到行对提问,粮长这些正犯又不出官,只是将家人搪塞,所以案子终年不得了结,而无干小民终被无端牵害。这些地方粮长,下有工人、义男,家人,显然已是有产有业,应属无赖头子。

在明初,乡村耆老原本由一些地方上德高望重的老人充任。但自嘉靖、隆庆以后,却由一些无赖充当。如按照明代祖制,除正月、十二月之外,每月朔旦,顺天府下属首领官都要在承天门桥南,向宛平、大兴两县的耆老面谕圣旨,宣谕君主重农之意。但至嘉靖、隆庆以后,畿民困敝,耆老就不再及时参加,只好"雇市井无赖充之",名曰"倒包"。② 无赖充任耆老,在明代屡见不鲜。即使在明初盛行一时的乡饮酒礼,自成化以后,其中的宾众,也已不是"甘贫守分、节义广廉之人",而是一些"强梁豪横、奸顽素著者",其实就是无赖。③

明中期以后,里甲制度败坏,保甲制度崛起。但就在保甲制中,这

① 《明宣宗实录》卷 6,洪熙元年(1425)闰七月癸丑条,台北"中央"研究院历史语言研究所 1966 年校印本。

② 沈榜:《宛署杂记》卷 1《日字·宣谕》,北京古籍出版社 1982 年版,第 1 页。

③ 《明宪宗实录》卷 60,成化四年(1648)十一月戊辰条。

些保长、保正，也都是“市井无赖人耳”。其中的强者，武断乡曲，“既恣睚而为奸”；其弱者，则“阘茸而无能为也”。[①]

(二)把持或垄断经济

虽不能说矿徒均是无赖，但在明代，聚集在矿山者，确实大多是一些“无籍之徒”，有些干脆就是无赖。在说到无赖参与开矿活动之时，不得不先提到南召、卢氏之间的矿徒。这些矿徒，又号称“毛葫芦”，“长枪大矢，裹足缠头，专以凿山为业，杀人为生”。他们武技强悍，千百为群，却受辖于“角脑”。所谓角脑，就是指头目。毛葫芦采矿全在深山大谷之中，人迹罕至，即使官采，也不敢至这些地方。[②]

矿徒中出现一些无赖，本不足怪。因为自明中期以后，农村人口逐渐分化，一些人从土地中分离了出来，成了“无籍之徒”。既然有了不受版籍约束的自由，而又不能空手吃饭，还要找份差使干，于是就想到了开矿。因为那些有矿脉的地方，多在深山老林，天高皇帝远，活得自由自在。如福建浦城地区，就有一些坊长大户招集四方“无赖之徒”，开设一些铁冶坊，“每一炉多至五七百人”。[③] 至嘉靖以后，无赖开矿更是兴盛不已。如嘉靖年间，在浙江淳安的山区一带发现了银矿，一下子聚集了“无赖百余人”[④]。又如边地倒马关以西百里一个名叫茨沟营的地方，出产矿沙，于是就在此地出现了“群聚亡命”的现象。“亡命”云云，就是无赖之流。朝廷为了维持地方治安，只好裁革巡检司，专门设立一员守备，招募土军 1 000 名，长期在此驻守。此后，矿徒聚集益多，最后形成了 3 000 余家的聚落。一些“恶少游民”也闻风乌合，动辄张打旗号，悬带弓刀。而原来招募的土军，实际上也是这些亡命恶少的同党，“阳则应名支饷，阴则结党同行”[⑤]。

无赖也染指盐业，不仅走私贩盐，而且还在一些盐场为非作歹。明中期以后，有一种“游手无籍之徒”，不务本等生理，十五成群，乘驾小船，出没在江上，充当贩盐的盐徒，即“盐枭”。他们多置篙楫，船中满载私盐，沿江上下，将盐卖给往来客商闲杂人等。当然，有时也会碰

① 张萱：《西园闻见录》卷 98《缉奸》，收入《续修四库全书》。

② 王士性：《广志绎》卷 3《江北四省》，中华书局 1981 年版，第 41 页。

③ 章懋：《与许知县》，载《明经世文编》卷 95，第 838 页。

④ 叶权：《贤博编》，中华书局 1997 年版，第 6 页。

⑤ 汪道昆：《保定善后事宜疏》，载《明经世文编》卷 338，第 3622 页。

到一些不愿买私盐的人，他们就大要无赖，将私盐一包丢入他人船内，自己口称巡捕，恐吓取财，得财以后，随之离去。盐枭将私盐卖完之后，不愿早早收船，而是在江中上下浮游，寻找可以劫掠的目标。如果凑巧，遇到客船遭遇风暴搁浅，不能航行，正好船中人少，孤舟无侣，这些盐徒就起了歹心，一下拥众上船，肆行抢劫。舟人看到他们气势汹汹，深知力不能敌，只好任其所取，不敢起而反抗，因为一反抗，就必遭伤害。盐徒掠得财物以后，就回到自己船上，众手举棹，启船即行，江面阔远，顷刻之间，就见不到船的影子，客船只得呼天痛哭而已。有时，商船在江中航行太晚，未及止宿，或者船行得太早，天色还未明亮，也都会遭到盐徒的劫夺。[①] 至于京东三河一带，更是盐徒横行，盐徒一半出自军卫。茅瑞徵诗云："漫道三河侠少年，轻弓短羽向人前。探丸杀吏浑闲事，沧海煎来作子钱。"[②]说明这些盐徒既属于"侠少年"，所干的事除了贩卖私盐之外，而且还将"探丸杀吏"当作等闲之事。

与此同时，在两浙盐场，也有一些"积年无籍之徒"，号称"长布衫""赶舡虎""白赖好汉"等，"纵横盐场，缉听长短，把持官府，诈害客商"。还有一些早年曾经问发口外摆站的囚徒，幸蒙朝廷宥免，重新回到盐场，但旧习未改，稔恶不悛，往往"又行挟诈"。[③]

把持钞关，染指朝廷税收，这是明代无赖参与经济活动的又一表现。明代各地方钞关中，凡是书手、门子、库子、皂隶等项人员，一般都由一些"积惯市民"充任，为害百端。更有甚者，各钞关附近还有一些"无籍之徒"，专门以招接船户、索骗银两为生。每当遇到船户到关，无赖就引船户写报单，指称打点纳料，多派银两，骗收在手，而实际上只将料银上纳。其中打点使用之费，也"倍干正料"。这些使用之费，无赖将一半分送在官人役，另一半就归入自己私囊。这样，当时就留传开了一句口头语，即"船户落铺户，一料成两料"。船户当然知道这些无赖包揽此事的奸弊，但因为自己经常要往来钞关，害怕与他们结怨，所以不敢声张，只好在揽载之时，向商人多取纳粮各项银两，甘心投托

---

① 章懋：《代题议处盐法利弊以裨国用疏》，载《皇明疏钞》卷42。

② 蒋一葵：《长安客话》卷6《畿辅杂记·古临洵》，北京古籍出版社2001年版，第132页。

③ 戴金编：《皇明条法事类纂》卷50《各处盐场光棍把持官府诈害客商情重者发边卫充军例》，下册，第478页。

这些无籍之徒。[①] 可见,最后受害的还是那些铺户与商人。

不仅如此,无赖还把持宣课司,任意拦截过往客商,勒索钱财。如在张家湾宣课司,一些无赖之徒就假借巡拦生事,有时徇私纵放客商,有时容情随数纳钞,而有时则勒令客商卸车,搜检箱笼,有时更是故意高估客商货物的价值,借此多收钞贯。[②] 运河是南北经济的命脉,明代无赖假称势要家人,把持沿途闸坝,诈骗漕军的财物,“或条刻关防私纪”,向过路漕军或客商横行索取,收受所谓的“条子钱”。[③] 又如河西务属于商旅官民船只汇集之处,但也已经被那些“无籍之徒”所把持。他们号称“喇虎”“光棍”“番子手”等名色,成群结党,专门在运河边等待那些来自江南的船户,“或诬赖偷盗官粮,或诈称欠少钱债,强诈财物,稍有不从,辄加绑打”。那些被害之人因考虑到离司法衙门穹远,而又无人看船,只得含忍,“有将船只变卖空身而回者,有将本船器物货卖不能前去者,无辜受害,情受可悯”[④]。

与此同时,一些商人、铺户慑于无赖的威势,也只好同他们互相勾结,共干坏事。如一些商船商货到了北京正阳门宣课司,商人为了逃税,勾结无赖,随之出现了“打光棍之徒行凶护送”一类的事情。[⑤] 此外,一些铺户“专一交通光棍”[⑥],靠恐吓诈取财物。有些商人也极无赖,他们专门雇用一种“应官市棍”,也即无赖,一遇朝廷商业政策有变,就“倡言病商”[⑦],故意罢市。

驿递是明代交通的主要设施,除了有公文传递的政治功能之外,也是明代经济的生命线。但这些驿递,也往往被一些无赖所把持。从明人郑晓的奏疏可知,运河沿岸的驿递,南起仪真,北至沛县,共计 27

---

① 梁材:《钞关禁革事宜疏》,载《皇明疏钞》卷 38。

② 孙原贞:《军民利病疏》,载《皇明疏钞》卷 30。

③ 申时行等纂:《明会典》卷 27《户部》14《会计》3《漕禁》,中华书局 1989 年版,第 204 页。

④ 戴金编:《皇明条法事类纂》卷 34《禁约通州至天津卫沿途光棍照依在京见行事例枷号充军》,下册,第 60 页。

⑤ 戴金编:《皇明条法事类纂》卷 19《权豪无籍之徒搅扰商税者枷号三个月满日发落例》,上册,第 484 页。

⑥ 戴金编:《皇明条法事类纂》卷 19《各处抽分厂不许私下受才卖放不法抽分者不敢擅取例》,上册,第 485 页。

⑦ 陈泰来:《陈节愍公奏稿》卷上《兑标还商疏》,收入《豫章丛书》,民国四年(1915)南昌胡思敬退庐刻本。

处。除仪真至淮安一带尚能应付之外，从临清口至泗亭各处驿递，因为地方灾害，钱粮短少，已经很少发挥其应有的作用。这当然仅仅是一个原因。最为主要的原因，在于有一些“积年光棍”，专门聚集凶徒，把持官吏，遇到一些公差人员到来，就关闭衙门，“团聚旷野，执持枪棍，堆积砖石，不接关文，不行应付，使客耽阁，稍有较论，即便赶打，甚伤人坏船”。等到差人去后，再“抄誊前路关文，黏投卷簿，填入循环，按季销算，官银发到，冒破侵用”。不仅如此，这些无赖还“聚众百余，酗酒行凶”①。到崇祯七年（1634），杨嗣昌曾巡历了迁安、卢龙、滦州一带，发现了诸多驿递之害。他在上疏中明确指出，因为驿递在佥报时存在着苦乐不均的现象，所以很少有人愿意承担驿递的差使，所以只好“凭市棍承揽代当”。这些所谓的“市棍”，其实就是无赖。当承揽了驿递差事后，就“遇差逃躲不出”，干拿朝廷与地方为驿递投入的饷银。②

开大店、放高利贷是明代无赖在经济领域中又一项活动。如在近畿地区，有些“无籍棍徒”，假称自己是势要的家人，私开大店，拦接小民生理，让商贩出店钱，“虽一菜一鱼，铢两必较，以致京师物价腾高，小民难以度日”。此外，又有一些“光棍”，专靠放高利贷赚钱。他们预先估计好这家百姓产业若干，就贷给钱若干，每天连本利十分之一，定在何日全部交完。如果过期拖欠，就没收借贷者家业，有时甚至还卖其儿女以赔偿原债。这种高利贷，一名“活应子”，一名“虎皮钱”。老百姓无知，往往堕于光棍的奸计，过不了一个月，家产就荡然无存。③

无赖从事经济活动，决不会像商贩一样，老老实实，安分守己，只赚地区差价与辛苦劳务费。而是白手起家，公然从事经济诈骗，有时甚至如劫夺一般。如苏州府买办年例有黄红罗、黄红绒、金箔、银朱、土朱、生漆、桐油、熟铜、熟铁、镜面、铝、锡等项，而四川布政司岁办有皮张、生漆、熟铁等项，按照惯例，一般均由朝廷出钱前往南京收买。但至后，这些岁办均由揽头光棍包揽，价银被诓骗花费，岁办物件却仍由当地百姓摊派。④

---

① 郑晓：《端简郑公文集》卷11《议处驿递疏》，收入《四库全书存目丛书》。

② 杨嗣昌著、梁颂成辑校：《杨嗣昌集》卷6《巡历海滨周咨民隐疏》，岳麓书社2005年版，第118-119页。

③ 李凤来：《因变陈言以实修省疏》，载《皇明疏钞》卷23。

④ 陈俊：《应诏陈言疏》，载《皇明疏钞》卷17。

无赖做的都是无本买卖,主要靠骗、抢过日子。这些无赖在江南市镇也日渐横行,对市镇经济产生了极大的破坏作用,有时甚至导致某些市镇的衰败。如嘉定的南翔镇,过去“多徽商侨寓,百货填集,甲于诸镇”。至后,由于无赖的蚕食,才使徽商“稍稍徙避,而镇遂衰落”①。

(三)军兵的无赖化

正如前述,在明代矿徒与盐徒中,有相当一部分人属于无赖阶层。在平常时期,这些人虽都是不逞之徒,干些见不得人的勾当。但都是暗地里为之,心存畏避,不敢明目张胆。一等地方上有事不太平,这些人都被“籍以为兵,应征调”,官府反而对他们有所依靠,于是就有恃无恐,为所欲为。碰到官府招募军兵,矿徒与盐徒可以不如期应召。不过,其头目的神通却极大,“某家有枪手若干,某家有梃手若干”,他一清二楚。一旦头目应召入伍,标下就立刻聚集数百人。② 这样,由于矿徒或盐徒的加入,使明代的军队中增加了不少无赖的成分,形成了所谓的“兵痞”。关于明代军队的无赖化,《隋史遗文》的作者袁于令一语道破天机:“盖因如今的兵,不似古时兵,就在农夫中间,都是招来的游手游食之徒”。③

明代初年,朝廷实行卫所制度,军屯遍布沿边与内地卫所,实行兵农合一。至明代中期以后,尤其嘉靖以后,由于卫所制的败坏,地方骚乱的增加,因而就有募兵制的兴起,兵农终而分离。这样,兵役不再由农夫担当,而是由游食无赖之徒充任。关于这一点,明人曾作过这样的描述:“时承平日久,民不习兵,招一切无赖,使纨绔将之以对敌,蔓延至是。”④当然,确有一些人对这种兵农分离深感困惑,并发现它带来的很多弊端,也希望重归兵农合一的制度,但终究没有实现。个中原因,明末人冯柯已一语道破。他认为,每当地方有事,一些英雄豪杰倡导护卫乡里,但土著之谨厚者、富有产业者都不愿意参加,只好纠合“市井嚣顽、游浪无赖子弟以集事”。一旦骚乱平定,这些无赖就无从

① 万历《嘉定县志》卷1《疆域考》上《市镇》,收入《中国史学丛书》,台北学生书局1987年版。

② 苏祐:《逌旃璅言》,载《说郛续》卷19,清顺治三年(1646)刻本。

③ 袁于令:《隋史遗文》第39回,北京大学出版社1988年版,第320页。

④ 叶权:《贤博编》,第9页。

安置。他们“素非能耕稼者也”,显然不能让他们归之南亩,但也不能让他们重新回到市井游荡。因为这些无赖子弟经历过战事,知道军事的道理,一旦再有豪杰“呼之而起”,对朝廷是个不小的威胁。无奈,只好支付这些无赖廪饩,“使之免耕稼之苦,有衣食之资”①,成为专职的军兵。

明代中期以后兵农分离的结果,导致了无数无赖流入军队中,有些甚至起身而成为将领。如明末较有名的田雄,“少年无赖,为暴于乡里”。后来投身行伍,凭着战功,超升为靖南伯黄得功的中军。② 又如曹州人刘泽清,“少无赖,为乡里所恶”。后来徙居曹县,遭乱离,就投入军伍,“积功至总兵官”,还被封为东平伯。③

更为值得关注的是,到了明末,一些“流棍”开始营充“游奕哨总”,使原本属于缉拿盗贼的地方军兵,自己也开始干一些无赖的勾当。如明末的广东,有一位叫陈熊英的“游奕哨总”,就犯下了很多诈骗之罪。诸如借助陈鉴初“接济奸徒”一案,“嚇诈”陈盛东,从中获银5两;在处理案子时,从王缵凤处得银钱12个,每钱重7钱5分,与李耀书、龚应魁私自瓜分,又从曾希祉、谢玉宇家属中诈银12两,从黄心台处诈银70两,与李耀书共分;从翁榜观处套骗银6两3钱,并在搜查村庄时,私自藏匿绸4匹、布17匹、火酒110埕、面65包、米30包。陈熊英所有这些骗诈活动,均有“同党居诈”之人,除了李耀书、黄番鬼、龚应魁、陈三省之外,还有中军许弘佐以及张把总、洪把总。除了借捕盗进行诈骗之外,这些“哨役”还公开抢劫。如有一位“闽棍”陈国英在营充了哨役之后,沿河劫掠,罪恶贯盈,真可谓是罄竹难书。如李玉从广西买米150石,到了广州沙角尾时,被陈国英整船抢去。④ 显然,他的诈骗活动得到了军队中的中下级官员的暗中支持。

在晚明,无赖普遍向军队渗透,上到京师的京营,下到地方的民兵、弓兵,无一不是游棍充斥其间。就京营而言,原期望其人人能战,

---

① 冯柯:《质言·经世篇》,收入氏著:《贞白五书》,载张寿镛辑:《四明丛书》,第22册,第13264-13265页。

② 顾公燮:《丹午笔记·田雄挟宏光出降》,江苏古籍出版社1985年版,第142页。

③ 抱阳生编:《甲申朝事小纪二编》卷10《刘泽清佚事》,书目文献出版社1987年版,第474页。

④ 颜俊彦著、中国政法大学法律古籍整理研究所整理标点:《盟水斋存牍》一刻,《谳略》卷1《贼哨陈熊英等》《掳米狼哨陈国英等》,第47-48页。

但后因承平日久，不见战阵者数百年，再加上积弊相沿，所以一等发兵剿贼，“皆沿路无籍游棍代领，本军正身并未出京一步。将领利扣其粮犒，游棍利恣其扰抢，饰败为功，冒功滥赏，归营则本军依旧充伍，代领者复沿路散亡”①。与此同时，在关中一带，地方官吏罢斥了原先设置的“壮夫”，招募一些“光棍游食者，食以精廪，给以利器。又汰不堪供役之户，征取银十两，资其装束”②。又如民壮，每遇编徭，“凭棍徒包当”，白白地成了“衙门市棍之薮”③。显见，无赖也成了地方民兵的主要来源。巡检司弓兵的设立，本是为了盘诘奸盗。但至后，各处巡检司弓兵，“皆系光棍包当，每日勒取过往商贾税课，索掯平人财物而已”④。弓兵本为安民，此时却是扰民。明代无赖不仅充任军兵，有时甚至靠冒滥军职之权发财。据致仕国子监祭酒李时勉言，在景泰初年，武臣子弟的袭职，所考者只有“走马跳涧射矢”，于是，一些京师的无赖，“多市快马规利”，着实发了一笔横财。⑤

杨嗣昌的说法，基本已经将明代末年募兵、民兵、土兵的无赖化倾向及其危害作了很好的概括。根据他的概括，以募兵为例，他们从各地被征召、募集之后，就会被分发调遣到发生动乱的地方。照理说来，他们辞去乡井是到战场上拼命的，可是所过之处，民间百姓因为害怕他们抢掠，只得“罢肆闭门”。这些人无法从市场上买来自己所需的物品，最后“翻成抢掠”。百姓遭到抢劫以后，到地方官员衙门泣诉，地方官员也只得隐忍容之。正如杨嗣昌所说：“一处兵来如是，别处又然；今日兵过如是，明日又然。”在这些募集之兵的骚扰下，农民、商人就会“不得安然作业，输纳租税”。以州、县的民兵为例，当然他们结队不满千百，比起那些募兵来，确实是“为害有涯”，但他们骚扰地方，让地方百姓担惊受怕则一。至于土兵，当时明末要求从六省一时征集四万之众，调遣之地计程又有数月之遥，而安家却无一钱之例，于是这些土兵就更是“数千为队，到处凶残”，一向就无纪律可言。民间的百姓因为言语不通，谁肯与之交易？即使他们不想抢掠，但为了“求遂其饥食渴

---

① 吴甡：《忆记》卷3，浙江古籍出版社1989年版，第420页。

② 康海：《与王秉衡》，载《明经世文编》卷140，第1392页。

③ 赵炳然：《海防兵粮疏》，载《明经世文编》卷252，第2654页。

④ 胡宗宪：《题为献愚忠以裨国计疏》，载《明经世文编》卷265，第2805页。

⑤ 谈迁：《国榷》卷29，代宗景泰元年（1450）三月癸酉条，中华书局1988年版，第1846页。

饮之常”，只好骚扰地方百姓，致使百姓苦不堪言。较之州、县民兵，这些土兵之害，确实“何啻什伯焉者”①！

明代军队的无赖化，在初期或许对纠正卫所的败坏有一定的作用。但就其最后的结果而言，并不能提高军队的军事素质，反而使军纪更加败坏，小民百姓更加遭殃，所以在明末流传着“贼过如梳，兵过如篦”的谣谚。这确是明末军队无赖化所带来的不良后果的实录。

(四)参与文化活动

在明代，大凡僧道寺观庵院，如果要在当地相安无事，首先是“必得一两个有势力的富户作护法”，其次是“常把些酒食餍足这些地方无赖破落户”②。否则，就不得安稳。此外，地方上各种庙会与香会，本来都是民间百姓娱神悦人的活动，却也多为无赖所把持。

在明初，朝廷严厉禁止迎神赛会，若有军民装扮神像，鸣锣击鼓，迎神赛会，将被处以“杖一百”，此外还要“罪坐为首之人”③。自明代中期以后，这种条法已形同虚设，民间的迎神赛会兴盛不衰。这不仅是因为此类活动是民间百姓的日常消遣活动，而且也为一些地方无赖所支持。如在三吴地区，每当春夏之交，地方上就妄言神降，兴办“社会”，“于是游手逐末、亡赖不逞之徒，张皇其事，乱市井之听，惑稚狂之见”。这种“社会”，其主持者“会首”之流，除了由一些“富人有力者”充任之外，一些“里豪市侠”，因为他们具有“以力啸召俦侣”，醵敛青钱、白粟的本事，也能充当“会首”。这种“社会”，大多要实行一种“打会”的仪式，这种仪式也由“手搏者数十辈为之前驱”。“手搏者”云云，说白了就是无赖打手。“凡豪家之阻折，暴市之侵陵，悉出是辈，与之角胜争雄，酣斗猛击，旁观之人，无不罢市掩屏，夺魄丧气。”④可见，无赖不仅是民间社会的组织者，而且是积极的参与者。又如浙江桐乡，原来只有老人婆子辈念佛的“佛会”。至万历二十九年(1601)，“恶少始创观音会”，费用在二三百两银子之上。⑤ 在广州，每年到了迎春之日，各街坊一些“游闲好事不务生理之人”，往往聚集在一起，

① 杨嗣昌著、梁颂成辑校：《杨嗣昌集》卷1《陈言兵饷疏》，第9-13页。

② 袁于令：《隋史遗文》第9回，第76页。

③ 熊鸣岐：《昭代王章》卷2《禁止师巫邪术》，明刻本。

④ 王稚登：《吴社编》，载王稼句点校编纂：《苏州文献丛钞初编》，古吴轩出版社2005年版，上册，第325-327页。

⑤ 李乐：《见闻杂记》卷5，第468页。

“多装扮台阁，填街塞巷，举国若狂”[①]。

更为令人称奇者，即使那些在明初相当严肃，其本意不过是尊老或教化百姓的活动如“乡饮酒礼”，一些无赖也开始滥竽充数其中。如王廷相记载：“安定一市井无赖，挟有司，每乡饮辄为正宾。”[②]这应该说是最好的一个例证。

无赖与民间节日庆典活动的关系也极深。每遇这种盛典，他们相当活跃，而且还举行纹身的仪式。据载，每当五月初五端午节，“无赖子弟以是日刺臂作字”，均为一些“木石鸟兽形”。[③] 在福州，一些无赖简直靠迎春社会混饭吃。每当此日，条陈百戏，“恶少辈多舞狻猊，求索尤甚，即藩臬长无奈之何”[④]。又如福州祈禳土神“五帝”时，居民也鸠集金钱，设醮大傩。在这一活动中，就有一些游手之徒，“或扮鬼脸，或充皂隶，沿街迎赛，互相夸耀”[⑤]。这种情况，在北京也是大致如此。明代北京民俗崇佛信佛，因此，一些无赖就手持神像，“悬人家门上，鸣鼓唱歌，蹈舞如神状，得施钱米，辄之他所，复如之，终日不厌”[⑥]。即使是民间的烧香活动，明代的无赖也不放过，时常参与其间。如松江府上海县有座崇福庵，俗名“三官堂”。每当春初，四方百姓，千里走集，前来此庵烧香，于是一些少年子弟和轻薄无赖，到了春日就以游荡为事，“三五成群，环观进香妇女，遇少艾者，甚至循途踪迹，偶语戏谈”[⑦]。此外，杭州之天竺、法相两寺，与苏州之虎丘、观音等寺庙，也是游人丛集。每当此时，一些“少年无赖子聚而观之，又肩相摩也”[⑧]。

有一点显然颇值得注意，即明代北直隶的一些乡村无赖，其平常的文化活动，以及所用的乐器，开始受到蒙古人的影响。这或许与明

---

① 颜俊彦著、中国政法大学法律古籍整理研究所整理标点：《盟水斋存牍》一刻，《公移》卷1《禁扮春色》，第339页。

② 王廷相：《王氏家藏集》卷32《明赠资政大夫刑部尚书许公墓碑铭》，载氏著、王孝鱼校点：《王廷相集》，中华书局2009年版，第587页。

③ 陈梦雷等：《古今图书集成》，《方舆汇编·职方典》第39《顺天府部》，清光绪三十年(1904)铅印本。

④ 陈梦雷等：《古今图书集成》，《方舆汇编·职方典》第1044《福州府部》。

⑤ 海外散人：《榕城纪闻》，载中国社会科学院历史研究所清史研究室编：《清史资料》第1辑，中华书局1980年版，第2页。

⑥ 沈榜：《宛署杂记》卷17《上字·民风》，第193页。

⑦ 叶梦珠：《阅世编》卷3《建设》，上海古籍出版社1981年版，第79页。

⑧ 伍袁萃：《林居漫录多集》卷2。

朝政府在北直隶大量安置元代遗留下来的“韃靼”或“韃官”有关。如史料记载，在北直隶的各府、州、县及镇店、乡村，有一些光棍，平日不务本等生理，专门沿街游荡。其中更有一些无赖化的快手、民壮骑在马上，“合打插儿机、紧急鼓，及弹琥珀词等项，殊乖中夏礼义之教”①。上面所谓的“插儿机”“紧急鼓”或“弹琥珀词”，从史料所言“殊乖中夏礼义之教”一句，基本可以断定是元代蒙古遗风。

概言之，无赖参与文化活动，一方面固然可以起到活跃民间文化的作用；另一方面，这些无赖尽管组织了这些活动，或者亲自习戏，参与其间，但他们的无赖本性难移，除了借此敛取钱财外，还抢掠财物，掳掠并奸污妇女，对社会秩序与风气均造成不良的影响。

结束语

毫无疑问，绅士无疑是地方社会的领导阶层，是可以调停地方各种利益集团，或者地方利益与朝廷利益的中间势力，对阻止各种斗争并保证行政决定的结果是有益的。然而值得注意的是，在明代的地方社会中，绅士集团并非仅仅是社会公益活动的主持者或地方利益的代表者，完全是一种荣耀的角色，同时也扮演着地方社会并不光彩的角色。这就不得不对地方社会中广泛存在的无赖层力量，无赖层对地方社会的渗透，以及无赖层与绅士力量的合流作一系统的考察。

正如清代史料所揭示，清代地方社会实际在起主导作用的社会力量，也即被地方官员视作危害地方社会稳定的集团，主要表现为“势宦挟制”“恶衿把持”“光棍肆恶”。② 可见，清代的地方社会，是绅士、无赖两大集团在起主导作用。其实，明代的实际情况大抵亦可作如是观。雷海宗认为，中国的士大夫与皇帝有共同的利益。皇帝利用士大夫维持自己的势力，士大夫也依靠皇帝维持他们的利益。太平盛世，他们可依靠皇帝与团体间互形的组织维持自己的势力。天下一乱，他们就失去自立自主的能力，大权就移到流氓的手中。而对流氓来说，在太平时代，流氓无论有组织与否，都没有多大的势力，但唯一能与士

---

① 嘉靖《威县志》卷2《地理志·风俗》，收入《天一阁藏明代方志选刊续编》，上海书店1990年版。

② 于成龙：《条陈粤西二事上金抚军》，载贺长龄、魏源等编：《清经世文编》卷20《吏政》6，中华书局1992年版，上册，第501页。

大夫相抗的却只有这种流氓团体。[①] 无论是士大夫与流氓的合流，抑或流氓与士大夫的相抗，无疑都为我们剖析中国地方社会的统治力量提供了有益的借鉴。

绅士是地方社会的领导者，是地方清流的代言人，这一点毋庸赘言。无赖流氓是地方社会劳动力量的过剩，是从土地中分离出来的游民势力。如果说绅士从某种程度上反映了要求维护、建设地方的愿望，那么，无赖层的出现，以及他们维持生计所采取的抢夺、讹诈的手段，正好说明他们扮演着地方社会安定破坏者的角色。就这一点而言，绅士层与无赖层无疑有冲突的一面。一旦无赖结帮成伙，操纵控制农村市场，威胁到地方社会的稳定，并进而危及绅士层的利益，那么绅士就会联合地方乡保（职员）、地主（粮户），共同向地方官员上禀，要求取缔无赖层赤裸裸的诈骗与控制市场的行为。但由于绅衿的无赖化，或者绅衿本身的行为与无赖一般无异，导致绅士层与无赖层之间，不仅仅是利益的冲突，而是利益的瓜分，更多的是两者的同流合污，甚至绅士成为无赖的幕后操纵者。从这一点来说，日本前辈汉学家宫岐市定对明代士大夫的敏锐观察，无疑有助于我们对绅士层作出更为合理的评判。宫岐先生将士大夫分作两类：一为“乡宦”，包括在任官僚及待命中、退休后的官僚，他们以乡里为根据地，在乡里厚殖资产，动辄利用自己在中央政府的地位及权力，横暴乡曲，招致民怨；另一类是“市隐”，他们拥有一定的学衔及官位，因为对仕途绝望而居于乡里，虽较一般民众有特权的地位，但热爱乡里，与民众共甘苦。[②] 绅士层的两面性于此一览无遗。

事实确是如此。绅士的活动，从“恶”的一面而言，绅士扮演着“豪强”的角色，这一点往往为西方学者所忽略，甚至不愿承认。而绅士层横暴乡里的所有活动，均与无赖层无法分离。在绅士层中，窝盗、窝赌之举，不乏其例，甚至出现有些绅士将不窝盗视若无体面的怪现象。而无赖层的活动，也确实得到了绅士或地方基层管理人员、衙役的包庇。由此可见，绅士为了自己的体面，一些势恶活动不便自己亲自出面，需要无赖光棍去张罗，于是流氓无赖成为绅士的爪牙、鹰犬；而流

---

① 雷海宗：《中国文化与中国的兵》，商务印书馆 2001 年版，第 104-107 页。

② ［日］宫岐市定：《明代苏松地方的士大夫与民众》，载栾成显、南炳文译：《日本学者研究中国史论著选译》第 6 卷，中华书局 1993 年版，第 232-233 页。

氓无赖的活动,也需要倚仗绅士的势力。这样,绅士也就成了流氓的靠山。明末广东的很多无赖活动,都是采用"冒宦"这样一种方式才得以顺利实施。所谓的"冒宦",其实就是假冒官宦的势力。不妨试举下面几例:一是广东香山、顺德二县,盛行一股"抢禾之风"。于是,就有潘海云、胡初阳两位无赖,聚众行凶,"冒势抢割田禾"。二是一些无赖棍徒,并非真正的官宦之仆,却"挂名某宦",而一些不肖官宦,也乘机将这些棍徒搜罗名下,成为自己的爪牙。如有一位叫吴福的棍徒,就假冒吴姓官宦的奴仆,"攘臂于市,掳温斗玄而勒赎"。三是假冒官宦势力,占取民间百姓的田产。如梁和、阮大佐、罗壮先、罗少谦等一伙"神棍",专门靠"依草附木跳诈人为事"。他们假冒一位姓梁的官宦,占夺苏隆有的山产,并抢割山中之禾。又有一位叫卢卓雄的"无赖土宄",假冒官生潘士桐的名色,影占孀妇吴氏之田。四是假冒官宦之势,强占百姓的房屋。如"市井无赖"蔡昆璧,惯于"串势跳诈为生涯"。当他发现徐氏母子孤稚可欺,就"冒宦封屋,肆其凭陵"。①

正如日本学者岸本美绪所言,"国家的审判"与"民间的调解"之间的关系,不是单纯的两者的对立,而是互相补充、互相纠缠的关系。②而且根据新的档案材料的发现,确实也正如黄宗智的研究所揭示,明代民事诉讼案件的增加,也并非"讼棍"或"衙蠹"所致,而是明代国家与官僚将讼案累牍的责任推加到讼师的头上的结果。③ 但值得指出的是,正如若过分强调绅士层在地方社会中的功能角色,难免会忽略绅士"豪强"行为一样,如果一概将明代民间民事诉讼案的增加仅仅视作社会流动频繁的结果,同样也会产生一些片面性,从而忽略"讼师"或"讼棍"在民事案件中所扮演的角色。事实上,明代讼师或讼棍的唆讼行为还是相当普遍的,而且有些讼棍其实就是由监生或生员这些绅士层中的下层所充任的。显然,这些讼棍例子的广泛存在,并非一句国家和官僚推卸责任所致即可搪塞,而是应引起更多的关注。换言之,

---

① 颜俊彦著、中国政法大学法律古籍整理研究所整理标点:《盟水斋存牍》二刻,《谳略》卷1、2《冒宦抢禾潘海云等》《假冒宦仆吴福》《冒宦占田梁和等》《冒宦占田卢卓雄》《冒宦占屋蔡昆璧》,第501、524-525页。

② 参见[日]岸本美绪:《清初上海的审判与调解——以〈历年记〉为例》,载《近世家族与政治比较历史论文集》,台北"中央"研究院近代史研究所1992年版,第241-257页。

③ 黄宗智:《民事审判与民间调解:清代的表达与实践》,中国社会科学出版社1998年版,第178-179页。

一方面，正是因为社会流动的加速、商业的繁荣、城市化的加速，才导致民事诉讼案件渐趋增加。这当然是事实，不容置疑。另一方面，因为民事诉讼案件的增加，才导致诉师、讼棍有了谋生之处，使他们的诉讼长技有了用武之地。不仅如此，这些专以诉讼为职业之人，不仅仅是适应诉讼案件的增加，被动地接受一些诉讼代理，而是采用一种"唆讼"的方式，主动地创造一些诉讼案件，甚至夸大案情，将民事案件上升为刑事案件。这显然也是一种客观的历史存在。毫无疑问，欲对明代地方社会有一更深入的了解、对绅士层有更全面的认识，无不需要考虑无赖层在地方社会中的作用。

从"善"的方面来说，地方社会诸多公益事业，举凡寺院、善堂、行业公所的兴建与维护，均与绅士有密切的关系。卜正民（Timothy Brook）对明末寺院的研究揭示出，佛寺的重建、修缮，主要来自地方绅士，绅士已成为寺院的"护法"。[①] 其实，这种认识带有部分的片面性。换言之，他同样忽略了无赖层在地方社会事务中的实际作用。从明代历史的事实来看，寺院固然需要绅士作为护法，但也无法抵制来自流氓无赖的骚扰。为了求得寺院的平安，寺院一方面以绅士为寺院的护法；另一方面，又不得不以一些酒食去满足流氓的私欲。而当寺院与绅士、流氓无赖达成某种默契以后，寺院才会平安，甚至成为名重一方的大香火。

在善堂、会馆、公所的建设中，也面临着相同的问题。善堂、公所除了获得来自官方力量的支持之外，绅董无疑成为这些公众事务最重要的管理者与保护者。但善堂、公所若不与地方流氓无赖层妥协，就无法取得体面的支持。从明代的史料中，大抵可以找到一些例子，说明很多城市的流氓无赖已经将会馆、公所作为自己平日活动的场所。如明代的史料证明，随着会馆的普遍设立，会馆的居住者，已不仅仅限于让那些绅士或公车岁贡之士寓居，而是被一些胥史游闲所盘踞，诸如专门替人居间说事的"撺牵"，即专门从事做中间人的社会闲散人员；到处指称朝内有人，替人买卖官爵的"撞太岁"，即在市面上行骗的无赖；专门从事勒胁的"拿讹头"，即那些城市中的"把棍"。在明代，

---

① Timothy Brook, *Praying for Power: Buddhism and the Formation of Gentry Society in Late Ming China* (Cambridge Mass: Harvard University Press, 1982), p.2-3.

此三类人号称京城“三奸”,也都聚集或者寓居在会馆之中。[①] 事实上,流氓无赖是社会上的闲民,这种社会公益事业的出现,自然也值得他们的关心。这倒不是说他们热心社会公益事业,而是藉此取财。当然,一旦这些地方公益机构与流氓无赖达成妥协以后,流氓无赖也就成为参与、保护其间一股不可忽视的社会力量。更何况流氓无赖成为一方头面人物之后,也促使他们参与社会公益事务,藉此改变自己在一般民众心目中的不良形象。

若是将视野再转向地方上的市镇与乡村,流氓无赖的势力之大,以及他们与绅士层的合流就更为明显。至明末,浙江湖州乌程县之无赖,开始与衣冠之族相结合,共同把持地方事务。换言之,在江南市镇中,其力量足以“领袖无赖子”的“魁猾”,已经开始与那些“衣冠之族”(即绅士家族)合流,而且掌握了绅士的把柄。[②] 绅士一旦留下把柄在流氓的手里,就只能与他们妥协。浙江秀水县濮院镇的事例进一步证明,在明代的镇级地域内,官方法律开始失去效力,其管辖权限逐渐被掌控在无赖恶少的手中。[③] 另外,从这一例子中尚不难发现,流氓无赖不仅是地方庙会的倡导者,而且是积极的参与者。即使地方官府出示禁止,流氓无赖同样一方面可以借助歌谣以中伤地方官员,另一方面又可以联合乡绅的力量,公开抗拒。

综上所述,明代朝廷的统治力量止于县衙门,维持地方社会之权,事实上操持在绅耆(绅士与耆老)、乡保与里正以及流氓无赖层的手里。绅士无疑是地方社会的领导者,但绅士“内结衙门,外通土豪”以及把持地方“墟务”(即地方性市场)的特点,决定了他们本身已是日渐无赖化。而流氓无赖势力的扩大,也使得他们可以更多地参与地方

---

① 刘侗、于奕正:《帝京景物略》卷4《西城内·嵇山会馆唐大士像》,北京古籍出版社1983年版,第180-181页。

② 崇祯《乌程县志》卷4《风俗》,收入《稀见中国地方志丛刊》,中国书店1992年版。按:县志所录上面这段记载,其实就是一位名叫陆呐斋的老翁所言。这位老翁为朱国祯的父执辈。其所说原话,与县志所载大抵相同,但亦稍有出入。引述如下:“假如今各镇市中必有魁猾,领袖无赖子,开赌博,张骗局。僧道念佛则挨入司香火,社节出会则奋身醵金钱,甚至贩盐窝盐,兴讹造言,无所不至。黠者又结衣冠人为助,把柄在手,头绪甚多。流棍异说可疑之人,因而附丽,显为民害,暗酿祸端。”参见朱国祯:《涌幢小品》卷32《小匡》,中华书局1959年版,第778页。

③ 李日华:《味水轩日记》卷2,万历三十八年(1610)庚戌四月二日条,收入《嘉业堂丛书》,民国间吴兴刘氏嘉业堂刻本。

性社会事务。至于那些乡村的准官僚性质的基层管理人员,因不过是负责杂事的职役而已,往往为一些具有特殊身份的绅士或有身家的庶民地主拒绝担任,反而把持在一些无家无业的无赖游民手里。可见,地方社会不是绅士层独自在扮演领导者的角色,而是绅士层与流氓无赖层互相妥协、互相渗透,共同管理或控制地方社会。

七、女山人、女帮闲:妇女的社交网络及其媒介

前　言

山人、清客、帮闲的出现,显然是商业化、城市化与科举制度的产物。商业化、城市化所直接导致的后果,则是农村人口的分化乃至流入城市,使城市聚集了一大批的"闲人"与"闲民",成为帮闲的后备力量。科举仕途的不畅,导致了大量失职之士的涌现,这些游士中的一部分最后也就成为山人、清客。[①] 当然,"女山人"与"女帮闲"的出现,则是明代社会的特殊现象。

就其本质而言,女山人与女帮闲均可归于职业妇女。然若细加比较,两者则又稍显差异:前者凭藉自己的文学或绘画才艺,在大家闺秀的闺房或官宦夫人的内室作伴;后者则凭藉自己的辩捷之口,或者说依靠自己特殊的职业,出入于官宦家庭的内室,从中帮闲。

女山人的出现,无疑与明代妇女的名士化倾向桴鼓相应。[②] 妇女的名士化,其所凭借的则为文学才艺。近人周作人对于中国古代女子与文学之间的关系,有一段较为精辟的阐述。他说:"中国古来的意见,大抵以为女子与文学是没有关系的。文学是载道的用具,然而吟风弄月也是一种文人的风流。……'女子无才便是德'。这句话即是这派思想的精义。纵使不如此说,也觉得这是很无聊的事情。我的一个长辈曾说:'妇女做诗,只落得收到总集里去的时候,被排列在僧道之后,倡妓之前',可以算是这派见解的一例。"[③]周作人之论,其实并非空穴来风,而是有事实依据的。换言之,即使是在明代的妇女之中,也并不以能诗自豪,而是羞于让人知道自己的诗才。如宛丘人王氏,15岁时就嫁给周亮工,并且以能诗歌著称。她所写《溪上》诗有云:"小雨匀溪縠,闲花落钓丝。"其《夜坐》诗云:"秋心增半夜,雨气满孤

---

① 关于明代失职之士的社会动向,可参见陈宝良:《晚明生员的弃巾之风及其山人化》一文,载《史学集刊》,2000年第1期。

② 明代妇女的名士化倾向,陈宝良所撰《女务外学:晚明妇女的名士化倾向》一文(载《福建论坛》,2008年第10期)论之甚详,可资参看。

③ 周作人:《女子与文学》,载陈子善、张铁荣编:《周作人集外文》上集,海南国际新闻出版中心1995年版,第428页。

灯。”所写诗句，多有思致。她作有诗歌200多首，并有小词数十首。当周亮工建议将这些作品刻印出来时，王氏则一口拒绝，甚至拟将其焚毁。她有自己的见解，说：“吾不欲他日列狡狯瞿昙后，秽迹女士中也。”她说这番话，也是事出有因。关于此，周亮工作了如下解释：“盖自来刻诗者，方外之后紧接名媛，而贞妇、烈女、大家、世族之诗，类与青楼泥淖并列。”[①]王氏说这些，无非是为使自己免于这样的结局，甚至羞与方外、青楼为伍。正是出于这样的考虑，周亮工并未将这些诗词刊刻出来，甚至连她的名字也不忍外露。话虽如此说，晚明大量有才女子的涌现及其群体化，显然已经颠覆了上面这些传统的见解。由此可见，有才女子的山人化，以及“三姑六婆”的帮闲化，显然是明代妇女社会独具的特点。

“女山人”：才女的名士化

在论及女山人之前，有必要对晚明有才女子名士化的倾向稍作梳理。毫无疑问，妇女的名士化倾向建立在妇女好文的风气之上。在这里，有一个非常重要的人物必须提及，他就是李贽（号卓吾）。李卓吾不但对晚明的思想界有很大的影响力，即使是对蕲、黄一带的地域人文风气的形成，其影响力也不容忽视。正因为他对妇女见识的肯定，才导致在蕲黄一带“女郎”辈出，而且很多都是能够作诗文的女中高手，甚至一些比丘尼辈，也形成了一股高谈禅理的风气。[②] 此外，根据张岱的记载，崇祯年间的一天晚上，陈洪绶与张岱一同在杭州西湖赏月，曾与一位女郎萍水相逢。这位女郎“轻纨淡弱，婉瘱可人”。当陈洪绶用酒“挑之”时，女郎还“欣然就饮”。[③] “女郎”现象的出现，从某种程度上也反映了晚明妇女已经开始趋于名士化。

晚明女郎辈出，其中尤以杨慧林、林雪、王微三人最为闻名。三人尽管身份各不相同，但无不凭借自己的才艺与文人士大夫交往，并深得男性文人的欣赏。

杨慧林，字云友，别号林下风，以诗、书、画三绝名噪杭州西泠。慧林专工山水画，曾在汪汝谦随喜庵中画《断桥秋柳图》，一时名流争相

---

① 周亮工：《因树屋书影》卷1，上海古籍出版社1981年版，第26页。

② 这方面的看法，初见于陶晋英《楚史》，转见于邓之诚：《骨董续记》卷1《李卓吾》，中国书店1991年版，第335页。

③ 张岱：《陶庵梦忆》卷3《陈章侯》，上海古籍出版社1982年版，第29页。

题诵。根据张朝墉《明女士杨云友墓志铭》的记载，慧林在父亲亡故以后，孝事其母，性格端谨，交际皆孀母出应，不轻易见人，由此得到士林的敬重。当时钱塘人汪汝谦，在浙西结诗社，一时胜流韵士、高僧名妓，觞咏无虚日。慧林亦时一参与，尤多风雅韵事。当时的名流如董其昌、高贞甫、胡仲修、黄汝亨、徐震岳诸贤，时一至杭，便与慧林相见。慧林至，"裣裙抑袂，不轻与人言笑。而人亦不以相嬲，悲其遇也。每当酒后茶余，兴趣洒然，遽拈毫伸绢素，作平远山水，廖廖数笔，雅近云林，书法二王，拟思翁能乱其真，拾者尊如拱璧。或鼓琴，声韵高绝，常不终曲而罢"[①]。

林雪，字天素，福建人，为"女校书"，在杭州与杨慧林俱以善画著名。根据《西湖遗事诗》记载，慧林逝世后，林雪寂处无侣，怅然有归乡之思，汪汝谦就将她送回福建。汪汝谦的后人仍保存着一幅《犀箧图》，系谢彬写像，蓝瑛补图。在画中，杨慧林与林雪俱宫妆，一吹竹，一弹丝，坐梧桐下，对面坐石而倾听者，则为汪汝谦。此画设色古雅，居然周昉笔意。[②] 女郎与文人交往生活已是跃然纸上。

与此同时，一些寡居在家的仕宦人家妇女，有时也通过诗文，或与士大夫唱和，或与士大夫来往。如南京吴交石尚书有一姊，老而寡，居住在吴家。这位老媪能诗文，一时士大夫多与她酬咏。有时一些士大夫登吴交石之门，正好吴交石外出，客人就请老媪出见，并与她一起议论，询问她近日又有哪些新作，供茗而去。[③] 嘉兴名家闺咏，在明季亦相当闻名，前有青峨居士所著之《玉鸳草》，后有白雪才人之《月露吟》。所谓青峨居士，为范君和妻姚氏，而白雪才人，则是黄学士家项氏。

在晚明以能诗著称的女郎中，其中最著名的当数吴中王修微，自号"草衣道人"。她与明末著名文人陈继儒、钟惺相善，并且有自己的集子行世。据记载，王修微曾经到过钱塘，在西湖中结一诗社，成为一时的韵事。[④] 王修微，又作王微，竟陵派文人谭元春称其人具多种角

① 胡祥翰辑：《西湖新志》卷9《冢墓·明女士泉塘杨云友墓》，上海古籍出版社1998年版，第501-502页。

② 胡祥翰辑：《西湖新志》卷9《冢墓·明女士泉塘杨云友墓》，第502页。

③ 顾起元：《客座赘语》卷8《吴媪》，中华书局1997年版，第248页。

④ 宋起凤：《稗说》卷1《近代诗媛》，载《明史资料丛刊》第2辑，江苏人民出版社1982年版，第3页。

色：其一，“香粉不御，云鬟尚存”，此为“女士”角色；其二，日与文人士大夫辈“往来于秋风黄叶之中，若无事者”，此为“闲人”角色；其三，“语多至理可听”，此为“冥悟人”角色；其四，人人均说其“诛茆结庵，有物外想”，此为“学道人”角色；其五，曾出一诗草，请谭元春删定，此为“诗人”角色。至于其诗，谭元春评其“有巷中语，阁中语，道中语，缥缈远近，绝似其人”①。谭元春在路过吴兴时，曾一访修微所居山庄，并作《过王修微山庄》诗，称王微为自己的“女伴”。②

在明末，云间王微、常熟柳如是、钱塘李因，堪称鼎足而三，全凭唱随风雅而闻名天下。继王修微之后，则有柳是，字如是，也是吴姬，以善诗著称，后来成为明末文坛领袖钱谦益之妾。柳如是也有集行世，当时如程孟阳与其他诸文士都与柳如是有唱和之作。③ 李因，字今生，号是庵，浙江钱塘人。据史料记载，其人生而韶秀，父母就让她学习诗歌、绘画，她很快就掌握了其中的奥妙。等到及笄之年，其艺术成就已经颇有盛名。当时有人流传她所作《咏梅诗》，其中有“一枝留待晚春开”之句。海昌葛光禄见及此诗，说：“吾当为渠验此诗谶。”将她迎娶为妾。④ 在明末，柳如是、王修微、李因三人之诗相当流行，即使如“伧父担板”，也无不将她们艳称为“玉台佳话”。

所谓山人，原本属于那些挟薄技、问舟车于四方之客的称号。在晚明，山人清客，遍布各地，甚至出现了“女山人”之名。汉代荀奉倩有论，妇女才智不足论，当以色为主。正是从王微身上，谭元春感到此论甚浅，不足以反映明代一些才女的真实情况。他认为，像王微这样的才女，就不可仅仅视之为“色”，也不应视之为“妇人”，而是经常周旋于男子之间，应该属于一种女山人。

明末竟陵派文人谭元春专写《女山人说》一篇，记载了一位名叫澜如的女山人，其中云：

> 澜如善貌兰，通书，粗知韵事，与一时素士交处，故一巷中相与“山人”之，似赞似嘲。此俱无足论。独念世之为山人者，岁月

① 谭元春：《期山草小引》，载氏著：《鹄湾文草》，岳麓书社 1988 年版，第 93 页。

② 谭元春：《谭元春集》卷 5，上海古籍出版社 1998 年版，第 208 页。

③ 宋起凤：《稗说》卷 1《近代诗媛》，载《明史资料丛刊》第 2 辑，江苏人民出版社 1982 年版，第 3 页。

④ 黄宗羲：《黄宗羲诗文集 · 文集》卷 5《李因传》，载《传世藏书 · 集库 · 别集》，海南国际新闻出版中心 1996 年版，第 12 册，第 239 页。

老于车马名刺之间，案无帙书，时时落笔，吟啸自得，而好弹射他人有本之语，口舌眉睫，若天生是属啮嗽人者。虽其中多贤者，然天下人望而秽其名久矣。而今以其名集澜如，澜如乐而受之。户外之屐，来求一观山人，各当其意去。退而省其私，或自厌其尾琐之言，轻其钱谷之好，陈其箧笥之书，亦有回旋其面目，曰："吾不如女山人。"①

元春另有一首《江夏女客行》诗，与上文相得益彰。其诗云：

昔年秋泊孤山趾，邻舟夜半一女子。空杯久坐厌明月，各掩船扉翻书史。雁过人绝无众声，不闻咳唾闻响纸。别后流落吴越间，好名卜宅梅花里。前日寄我江州书，我笑不答动其耻。不知何处得金钱，两三画舫游未止。近说江城有女郎，好访良朋移行李。往过其户芦帘惊，深心察客良有以。孤山女子清照物，同心虽结未可倚。不如坐此炉香消，细雨酸风街鼓起。②

从上可知，所谓的女山人，也需要有一些基本的条件，这就是善于绘画，兼通书法，而且粗知诗歌一类的韵事。在具备了这些基本的条件之后，再与那些士人相交，就可以成为一个女山人了。在晚明山人普遍丧失风雅之名的境况下，这位女山人澜如反而有山人之实，这也是她被竟陵派文人谭元春称道的原因之一。

据钞本《明事杂咏》云："山人一派起嘉隆，末造红裙幕此风，黄伴柳姬吴伴顾，宛然百谷与眉公。"注云："黄媛介常在绛云楼伴河东君，吴岩子常与横波夫人游，所谓女山人也。较之山人，尤风流可传。"③可见，当时的女山人、女清客者流，或以书画，或以诗词，均非幸致。上面所提及的黄媛介、吴岩子，就是明末著名的女山人，而她们经常相伴的则是"河东君"柳如是及"横波夫人"顾媚。

关于黄媛介其人，因为其名头几乎可以与当时的山人陈继儒与王稚登相比拟，所以在诸家记载中多有记录。黄媛介，字皆令，浙江嘉兴人，原本是一儒家之女，能诗善画。其夫杨兴公，聘后贫不能娶，黄媛介就只好流落苏州。其后，媛介诗名日高，曾有人出千金，愿聘她为名人之妾，但其兄坚持不肯。最后，媛介客于钱谦益之妾柳如是绛云楼

---

① 谭元春：《谭元春集》卷29，第789-790页。

② 谭元春：《谭元春集》卷4，第135-136页。

③ 谢兴尧：《谈明季山人》，载氏著：《堪隐斋随笔》，辽宁教育出版社1995年版，第241页。

中,成为一个女山人、女清客。[①] 从钱谦益的记载可知,黄媛介有集若干卷,姚叔祥曾为其作叙刊刻。后黄媛介又让其夫杨兴公到常熟,通过柳如是的关系,请钱谦益替其集子作序。钱谦益曾与其妾柳如是对明末的闺秀之诗作过评论,钱谦益认为王微之诗“近于侠”,而柳如是则认为黄媛介之诗“近于僧”。侠与僧,非女子之本色。作此评论,媛介之诗特点不难想见。[②]

入清后,黄媛介随其夫避兵播迁。因卞处士之妻吴岩子以诗名,于是就借馆卞家,留待数月,与吴岩子订为文字交。如吴伟业记道:“吴岩子偕女卞玄文皆有诗名,媛介相得甚。”[③]所记即为此事。根据施闰章的记载,媛介后来曾栖隐浙江绍兴府山阴县梅市,与诸大家名姝静女唱酬,作有《越游诗》。介媛年既垂老,正好石吏部有一知书之女,专门派人从北京聘请她为女教师。舟抵天津,她的儿子德麟溺死。第二年,女儿本善又夭折,媛介只好南归。到了南京,遇到佟夫人贤而好文,留媛介于留园养病,半年后去世。媛介遗诗千余篇,曾募人剞劂,她在自叙中云:“家世中落,生蓼长荼。饥不食邪蒿之菜,倦不息曲木之阴。天既俭我乾灵,不敢顽质,借此班管,用写幽怀。倘付诸蠹鼠,与腐草流电一瞬消沉,殊为恨恨。”[④]词旨酸妍,读者悲之。

女山人的风气,在当时的小说中也留下了部分的印记。如至迟成书于清顺治年间的小说《平山冷燕》,其中的女才子山黛,仿照当时著作名公聘请记室以代笔之风,也想寻找记室以代笔,以帮忙解决自己的应酬问题。[⑤] 这一记载,基本可以证明当时的大家女子亦有聘请类似女山人一类记室之例。

女山人的出现,大抵源于晚明闺秀诗人的普遍化。所以,明末文坛宗主钱谦益将女山人称为“粉黛山人”,他说:

> 近世闺秀之集,多于稻苇,花叶骈俪,金碧填砌,观者瞀乱眩运而不知所自来。其或投谒朱门,呈身绮席,膏蓬鬓以献笑,倚漆

---

① 吴伟业:《吴梅村全集》卷58《梅村诗话》,上海古籍出版社1990年版,第1143页。

② 钱谦益:《初学集》卷33《士女黄皆令集序》,载氏著:《钱牧斋全集》,上海古籍出版社2003年版,第967-968页。

③ 吴伟业:《吴梅村全集》卷58《梅村诗话》,第1143-1144页。

④ 施闰章:《施愚山集·文集》卷17《黄氏皆令小传》,黄山书社1992年版,第352-353页。

⑤ 佚名:《平山冷燕》第5回,人民文学出版社2006年版,第56页。

管以救饥。轻薄之子，交口訾謷，以为粉黛山人，笄帏乞士。吁！其可伤也已！[①]

可见，闺秀之诗，转而为“粉黛山人”，这是一种新动向。闺秀诗人一旦成为女山人，那么就如同“笄帏乞士”一般，整天靠诗歌投谒朱门，易头借面，完全失去了“闺门之本色”。

“女帮闲”：“三姑六婆”的帮闲化

在明代的城乡，民间专有这么一等妇女，周旋于富豪大族或小户人家的妇女中间，有一张利辩之嘴，从事买卖，说事传言。她们就是影响明代妇女生活极为深远的“三姑六婆”。[②] 小说《禅真逸史》第6回有一首诗，道出了三姑六婆的厉害：“老妪专能说短长，致令灾祸起萧墙。闺中若听三姑语，贞烈能叫变不良。”

古人将尼姑、道姑、卦姑称为“三姑”，而“六婆”则为牙婆、媒婆、师婆、虔婆、药婆、稳婆。明人已经将三姑六婆称之为“三刑六害之物”，认为“近之为灾，远之为福，净宅之法也。犯之勿恕，风化自兴也”[③]。为此，当时有人主张应将三姑六婆拒之门外，方才做得人家，对她们避之如蛇蝎，显然是因为厌恶她们会贻害无穷，败坏家风。

尼姑，在明代又称“女僧”。从小说《金瓶梅》中可知，这些尼姑通晓一些佛教经典，会讲说《金刚科仪》，以及各种因果宝卷。她们“专在大人家行走，要便接了去，十朝半月不放出来”。当然，这些尼姑也会替一些大族女子寻找符药，以便能及时怀上孩子。可见，她们在深宅大院中，整天与大家闺秀为伴，借着讲天堂地狱、谈经说典为由，背地里就干些说媒拉纤、送暖偷寒的事。[④] 卦姑，又称卦婆，其职业是替人“卜龟儿卦”。小说《金瓶梅》是这样描写卦婆的：“穿着水合袄、蓝布裙子，勒黑包头，背着褡裢。”这些卦姑通常也出入妇女闺房之门。其卜卦的方法，是求卜者先将属相、出生的干支相告。卦姑把灵龟一掷，

---

① 钱谦益：《牧斋外集》卷4《新安范勋淑诗草序》，载《钱牧斋全集》，第670页。

② 相关明代“三姑六婆”的研究成果，可参见陈宝良：《飘摇的传统——明代城市生活长卷》，湖南出版社1996年版，第284-285页。又台湾学者衣若兰所著《三姑六婆——明代妇女与社会的探索》（台北稻香出版社2002年版）一书，论之更详，可资参看。

③ 汪天锡辑：《官箴集要》卷上《正内篇·防出入》，载《官箴书集成》，黄山书社1997年版，第1册，第267页。

④ 兰陵笑笑生：《金瓶梅词话》第40回，人民文学出版社2002年版，第526、528页。

在停住之处,再来看卦帖。至于卦帖之上,上面会有一些卦画,卦姑再根据画面作一些推测。[①] 道姑又称"女冠",亦即女道士。

牙婆,又称"牙媪""牙嫂",主要是指以介绍佣工或买卖人口为职业的妇女。小说《喻世明言》第1卷中的薛婆,属于牙婆一类。她们能言快语,又逐日串街走巷,而且可以穿房入户。如果一些女眷感到冷清寂寞时,就会招致牙婆,与她们交往。从薛婆所从事的卖珠子的职业来看,所谓的"牙婆",又可以视为卖婆。[②] 媒婆,主要是指替人说媒撮合之人。在明代,媒婆虽已成一种职业,但也不是专职的,往往是一些妇女的兼职。如小说《金瓶梅》中的王婆,其正业是开茶坊卖茶的,但也兼做媒人。小说称其"积年通殷勤,做媒婆,做卖婆,做牙婆,又会收小的,也会抱腰的,又善放刁"。又说她也会"针灸看病",也会做贼。[③] 上面所谓的"收小的",即替人接生,属于稳婆的职业行当;所谓"抱腰的",即指接生时抱产妇之腰以助产。可见,王婆虽非专职的稳婆,但有时也充当稳婆的助手,甚至直接充当稳婆。于是,小说中的这位王婆已是媒婆、卖婆、牙婆、稳婆、医婆诸种职业集于一身。在明代有这样一个说法,说是天下有三种口嘴最是厉害:秀才口,骂遍四方;和尚口,吃遍四方;媒婆口,传遍四方。可见,媒婆之口是何等的厉害。所以,当时有人作了几句口号,专说媒婆之伶牙利齿,道:"东家走,西家走,两脚奔波气常吼;牵三带四有商量,走进人家不怕狗。前街某,后街某,指长话短舒开手;一家有事百家知,何曾留下隔宿口?要骗茶,要吃酒,脸皮三寸三分厚;若还羡他说作高,拌干涎沫七八斗。"究其原由,则是因为当时的人普遍知道世间最不可信的是媒婆之口。她要说是穷,石崇也变成了无立锥之地;她要说是富,即使是范丹也变成有万顷之财产。确乎是富贵随口定,美丑趁心生,根本没有一句实话。[④] 可见,媒婆不但替人保媒,还将闺房女子的秘事到处传播。师婆,主要是指那些巫婆。虔婆,即妓女的假母,俗称"鸨子""鸨儿"。药婆,又称医婆,通常出入大家之中,替妇女看病。如小说《金瓶梅》记潘金莲茶饭慵餐之后,吴月娘就让人请来了经常在家中走动的刘婆子

① 兰陵笑笑生:《金瓶梅词话》第46回,第609-612页。

② 冯梦龙:《喻世明言》第1卷,岳麓书社2002年版,第5、10页。

③ 兰陵笑笑生:《金瓶梅词话》第2回,第32、34页。

④ 冯梦龙:《喻世明言》第28卷,第231页;凌濛初:《初刻拍案惊奇》卷2,岳麓书社2002年版,第15页。

前来看病，刘婆子"一面打开药包来，留了两服黑丸子药儿，晚上用姜汤吃"[1]。这位刘婆子就是经常出入大家的医婆。稳婆，主要是指替人接生的妇女。

为了对三姑六婆的生活有更感性的认识，下面引两首关于卖婆、稳婆的民歌，以示说明：

货挑卖绣逐家缠，剪段裁花随意选，携包挟裹沿门串。脚丕丕无近远，全凭些巧语花言。为情女偷传信，与贪官过付钱，慎须防请托夤缘。（卖婆）

收生有年，五更半夜，不得安眠，手高惯走深宅院，几辈流传。看脉知时辰远近，安胎保子母完全。搧镘的心不善。刚才则分娩，先指望洗三钱。（稳婆）[2]

卖婆所从事的事情，主要是兑换金银首饰，或者贩卖包帕花线、包揽做面篦头，甚至假充喜娘说合。[3] 可见，有时卖婆也充当媒婆的角色。从上面两首歌曲中可知，卖婆沿门向闺房小姐兜售绣品，但同样也干一些替情女偷偷传信，或者为贪官说事过钱的事情。明人范濂也说这些卖婆"俏其梳妆，洁其服饰，巧其言笑，入内勾引，百计宣淫，真风教之所不容也"[4]。稳婆虽名为收生婆，专门替人接生，但也惯走深宅大院，难保不做一些替情女传信甚至偷偷替人打胎之事。刚刚才替人接生，就盼望着"洗三"这一天的到来，以便能得到洗三的赏钱。

再来看媒婆。小说《金瓶梅》在说到王婆的本事时，其实已经将媒婆的那套本领如数家珍地道了出来：

开言欺陆贾，出口胜随何。只凭说六国唇枪，全仗话三齐舌剑。只鸾孤凤，霎时间交仗成双；寡妇鳏男，一席话搬唆摆对。解使三重门内女，遮么九级殿中仙。玉皇殿上，侍香金童把臂拖来；王母宫中，传言玉女拦腰抱住。略施奸计，使阿罗汉抱住比丘尼；才用机关，交李天王搂定鬼子母。甜言说诱，男如封陟也生心；软语调和，女似麻姑且须乱性。藏头露尾，撺掇淑女害相思；送暖偷寒，调弄嫦娥偷汉子。这婆子端的惯调风月巧安排，常在公门操

---

① 兰陵笑笑生：《金瓶梅词话》第12回，第148-149页。

② 陈铎：《坐稳先生精订滑稽余韵》，载路工编：《明代歌曲选》，上海古典文学出版社1956年版，第6、14页。

③ 范濂：《云间据目钞》卷2《记风俗》，清光绪四年（1878）上海申报馆仿聚珍本。

④ 范濂：《云间据目钞》卷2《记风俗》。

斗殴。[①]

上面提到的封陟，出典是唐代裴铏的传奇，其中叙述唐代士人封陟太室山三遇仙女，不为所动的故事。麻姑的出典是曹丕的《列异传》与葛洪的《神仙传》，她是道教传说中的著名仙女，传说她十指如鸟爪，道行高深，不可测度。

什么是帮闲？明代史料有下面的解释："无藉之徒，不务生理，专帮富家子弟宿娼饮酒，以肥口养家而已。宋柳隆庆、胡子传是也。"[②]明代的帮闲，有男女之别，亦即除了男帮闲之外，尚有女帮闲。万历二十年(1592)，松江府最为著名的男帮闲为翟衍泉、朱沂川、朱良宰等人。这些人的特点就是"能坏人名节，破人家产"，被称为"一郡之蠹"。这几位男帮闲最后被巡按御史甘紫亭所擒获，并在通责以后加以问罪，为此"诸恶敛戢"。仅仅过了一年多，又死灰复燃。当时一丁姓宰相府家有两位奴仆，一姓包，一姓陆，又开始引诱相府子弟前去赌博，不到五年，"万金家业俱成乌有"。

至于女帮闲，当时以吴卖婆最为闻名。据史料记载，吴卖婆名木樨，是范长卿家的女奴，因为长卖给吴姓人家，所以又称吴卖婆。其人颇有姿色，凭借兑换首饰这一职业，得以出入大户人家，甚至大户人家的男主人"多狎之"。除了靠姿色迷惑男人之外，这位吴卖婆还另外有一种本领，吸引了很多大户人家女子的信任。她擅长制造一些淫具、淫药，以迎合那些好淫的妇女，藉此获财。一旦富足，吴卖婆就开始变得张扬起来，出入必坐轿，而且衣饰盛妆，平常的饮食也向富贵人家看齐，于是就招致一些人的嫉恨，甚至不能相容。至万历二十年(1592)，巡按御史甘紫亭按临松江府，有人向这位御史告发了吴卖婆的恶迹，称之为"女帮闲"，将其批送知府项东鳌处置。项知府对吴卖婆深恶痛绝，就将其剥去衣服，重重责打，并追罚赃款。[③] 由上不难发现，时至晚明，诸如吴卖婆一类的"三姑六婆"，已经开始帮闲化，进而出现了"女帮闲"一称。

---

① 兰陵笑笑生：《金瓶梅词话》第2回，第32页。

② 朱权：《原始秘书》卷10《俳优伎艺门》，收入《四库全书存目丛书》，台南庄严文化事业有限公司1997年版。

③ 李绍文：《云间杂识》卷1，民国二十四年(1935)上海瑞华印书馆据上海黄氏家藏旧本印行。

妇女的社交网络及其媒介

明代妇女的社会交往，基本有下面几种区别：一是城市妇女与农村妇女的社交之别。照理说来，城市妇女的社会交往，显然多于农村妇女，再加之城市妇女所见之事较多，眼界自然比农村妇女高出许多。二是江南妇女与北方妇女社交之别。在江南，妇女外出，参与各项社会娱乐之事，已是蔚然成风，于是江南妇女的眼界比起北方妇女来，又要高出许多。三是已婚妇女与未婚妇女的社交之别。黄宗智对清代华北乡村的研究表明，村落中已婚妇女通常来自村外，并与娘家和原来的村庄保持联系。在这方面，她们的眼界并不如男子般局限于一个单一的村庄之内。同时他也指出，既定的社会俗例对妇女社交的束缚，却较男子更为严厉。[①] 既然已婚妇女的眼界甚至较男子更为开阔，那么比起那些未婚的待字闺中的女子来说，就尤为胜之。清代妇女如此，明代妇女大体也可以常理推之。

明代中期以后，妇女在外抛头露面久已成一时风气。这首先起于那些所谓的“女郎”。正如上面所述，明代女郎的身份相当复杂，有些是寡妇，而更多的则是名妓，但她们都有一个共同点，就是有才识，可以与士大夫交往，并且以诗歌相和。

毋庸讳言，明代的妇女尽管可以外出，但传统的礼教毕竟规定了男女有别，所以一些官宦人家的女眷，即使是在元宵佳节外出看灯，也通常采用一种“帷幕”与人隔绝。这种帷幕在晋代称为“步障”，当时有“紫丝步障”“锦步障”之称。帷幕一般用绢缎或布匹制成，成长圈之形，其目的就是避免与街市上的游人挨挨擦擦，这些女眷就可以在帷幕里面自由走动，并观赏灯会。这显然是一种大家规范。[②] 对于众多的小户人家妇女来说，可能并不这么讲究。但即使像那些经常外出并与男人打交道的妓女，在外出时也会做一些预防措施。如明代的杭州女子金丽卿，有“家住钱塘山水图，梅边柳外识林苏”的诗句，说明她与文人学士多有交往。据史料记载，这位金丽卿，并不是一位“守礼法”的女子，经常外出游历。值得指出的是，即使是像金丽卿这样的女

---

① 黄宗智：《华北的小农经济与社会变迁》，香港牛津大学出版社 1996 年版，第 238 页，注(1)。

② 凌濛初：《二刻拍案惊奇》卷 5，岳麓书社 2002 年版，第 54 页。

郎,在外出时也“拥蔽其面”①,她们的脸是不愿轻易让人看见的。

在明代的很多家训中,事实上已经考虑到了“男女之别”,并将其视为“居家之要”,其实就是要内外界限严谨。如杨继盛在家训中就强调:“女子十岁以上,不可使出中门;男子十岁以上,不可使入中门。外面妇人,虽至亲不可使其常来行走。一以防谈说是非,致一家不和;一以防其为奸盗之媒也。”②这就不仅仅是限制妇女到大门以外的社会中活动,甚至将她们局限于中门之内,在家庭内部讲究一种男女之间的授受不亲。然从晚明的史实来看,妇女外出看戏已是较为平常的事情。明代著名文人汪道昆曾说自己家乡安徽徽州,每当里社演戏之时,“诸士女聚族观之”③。这就是妇女外出看戏的典型例子。即使是大家贵族,也不过是其间仅隔一帘而已,亦即所谓的“隔帘观剧”。当时的正统人士曾有下面的描述,基本符合实情:“粉气发香,依依帘中,罗袜弓鞋,隐隐屏下;甚至品评坐客,击节歌声,无所不至。优人之目,直透其中;坐客之心,回光其后。”④其极端的表现,难免会出现男女之间的心性荡漾。正因为如此,一些士大夫尤以此训诫家族内的妇女。如明末清初人申涵光曾说:“妇女台前看戏,车轿杂于众男子中,成何风俗!且优人科诨,无所不至,可令闺中女闻见耶?”⑤这段记载,事实上证明了下面三点:一是妇女外出看戏,已习以为常;二是即使外出看戏,一些大家闺秀还是不直接与男子接触,一般只是人在车轿之中看戏;三是看戏对妇女的影响相当之大,尤其是优人的科诨,直接影响到闺房女子。

妇女的社交圈,其实就是她们的关系网络。妇女最为熟悉的关系,首先应该是“对门隔壁”家的妇女,亦即邻里妇女之间的交往。她们之间通常有比较密切的交往,时日一久,就会变得无话不谈,甚至涉及男女之间的私情问题。于是,邻里女子之间的“学样”,也即邻里妇女之间的互相影响,这是明代妇女最为常见的一种现象。当时有一首

---

① 王士禛:《香祖笔记》卷1,上海古籍出版社1982年版,第11页。

② 杨继盛:《杨忠愍公遗笔》,载徐梓编注:《家训——父祖的叮咛》,中央民族大学出版社1996年版,第136页。

③ 汪道昆:《太函集》卷29《郑麒妻罗氏贞节传》,黄山书社2004年版,第633页。

④ 周亮工:《因树屋书影》卷1,第1-3页。

⑤ 申涵光:《荆园小语》,载张海鹏编:《借月山房汇钞》,民国上海博古斋据清张氏刊本。

题为《学样》的民歌，基本反映了这样一种现象。[①] 从中可知，邻里妇女之间的互相影响，确实很大，举凡为人、处事，到日常的饮食、服饰，无不如冯梦龙所言，妇女各自"学样"。至于男女之间的"私情"，妇女之间的相互影响则更为明显，无不一学就会。

其次，会茶结社，同样促进了妇女之间的社会交往。早在明初，一些地方官员的眷属，大多盛行一种"会饮"，即同僚的家属聚集在一起，通过饮酒的形式，互相沟通，交流情感。[②] 浙江吴兴邻里妇女之间的"会茶"，大体上也是相同意义上的妇女结社。每月朔、望两日，妇女就在家中堂上设茶果，茶多者达 30 碗，作为一种供奉土地之神的仪式。但在供神完毕之后，"或通饮啜于邻妪"[③]。显然，这是借供神的仪式以行结社之实。

这种会茶的仪式，在明代妇女中间相当盛行。从小说《金瓶梅》中可知，会茶的全称为"会茶倚报"，一般是指妇女中的友朋同道为聚资而举行的茶会。其参与者均为同一个进香会中的妇女，亦即小说所说的"道妈妈子"。她们聚集在一起，就是为了"进香算账"，即为了筹集进香时的资金，以便能赶在腊月里到"顶上"进香。小说说及张罗其事者为说媒的文嫂，说明此类会茶的组织者多为平常喜欢出头露面的妇女，如三姑六婆一类的人物。[④]

明代妇女的结社习俗，无疑扩大了妇女的社会交往，其流风余韵一直影响到清初。如清初的常熟，一些妇女"联其同侪八九人，作车轮会，以尼姑为陪堂。冬则乌靴、秃裾，貂皮作顶，夏则轻衫、短袖、嘉定凉鞋。至期，早集会所，或于园亭，或于画舫，游和掷色，大铜烟管不离于口，饮酒剧谈，终日而罢。见男子亦不甚相避，自以为风流放达，巾帼藉怜"[⑤]。

一般说来，大家小姐锁在深闺之中，缺乏与外界的联系与交往，这也是当时的一种实情。但值得注意的是，自明代中期以后，通过丫鬟、三姑六婆、篾头汉子这三类人为媒介，闺中小姐同样开始了与外界的

① 冯梦龙编：《山歌》卷 1《私情四句》，载《明清民歌时调集》，上海古籍出版社 1999 年版，上册，第 278 页。

② 陈继儒：《见闻录》卷 3，收入《陈眉公杂著十五种》，资益馆铅印本。

③ 徐献忠：《吴兴掌故集》卷 12《风土类》，明嘉靖三十九年(1560)刊本。

④ 兰陵笑笑生：《金瓶梅词话》第 68、69 回，第 978、983 页。

⑤ 戴束：《鹊南杂录》，载《虞阳说苑》乙编，初园丁氏校印本。

交往,尤其是与男子的交往。换言之,这三类人成为小姐与外界传情的媒介。尤其是尼姑,由于可以经常出入妇女之房,对妇女的影响尤为深刻。因此,在一些妇教书中,无不将“绝尼姑”一项列入其中,以规范妇女的社会行为。如明末清初学者陈确就说:“三姑六婆,必不可使入门,尤当痛绝尼人。虽有真修尼人,亦概绝之。盖容一真尼而诸伪尼亦随之而入,不可却矣。此肃闺门第一要义。”[①]在明代江南,一些大族内妇女的篦头,大多是由一些篦头汉子承担,亦使这些人得以出入小姐的闺房。[②]

其实,三姑六婆除了出入大家“宅司”,“搬挑奸淫,沮坏男女”之外,“官府衙院”亦时常“往来出入”,甚至“勾引厅角关节”。[③] 可见,她们不仅仅是大家闺秀与外界交往的媒介体,甚至成为官场行贿、受贿乃至说情面之类的关键性角色。

综上所述,丫鬟、三姑六婆、篦头汉子是明代妇女对外社会交往的主要媒介。一至晚明,女山人、女帮闲的出现,并进而取代丫鬟、篦头汉子,成为妇女社交的主要媒介群体,形成了更为新型的妇女社交网络体系。

结束语

按照传统的观念,妇女道德人格的理想化标准是“妇无外行”,亦即所谓的“声不出中壶,足不履阈外”。而揆之晚明的史实,显然已是另一番景象。不但“妇有外行”,甚至“声出中壶,足履阈外”。这不是空穴来风,而是可以从当时的史料中得到很好的印证。即以浙江温州府永嘉县为例,明代中期以前的妇女,“无故不出户庭,耻向官府与行鬻于市”。这是妇行淳美的典型例子。然自中期以还,“妇女之耽溺佛教者,十居七八,始惟寒微之家、衰迈之妪修斋诵经于室,或仅招一二尼子往还而已,未闻与奸僧、黠秃相结如家人妇子者也”。到了最后,则更是“无论贵贱之家,老少之辈,逾闲越度,匪但招之来家,且将亲身往就,浃旬经月,流荡忘返”。[④]妇道既失,礼法澜倒。

---

① 陈确:《陈确集·别集》卷10《补新妇谱》,中华书局1979年版,第519页。

② 李乐:《续见闻杂记》卷10,上海古籍出版社1986年版,第820-821页。

③ 汪天锡辑:《官箴集要》卷上《正内篇·防出入》,载《官箴书集成》,第1册,第267页。

④ 姜准:《岐海琐谈》卷7,上海社会科学院出版社2002年版,第120页。

所谓的女山人，又可别称“女郎”“女士”。女山人的广泛出现，与文人士大夫倡导与鼓励妇女之才大有关系。一至清初，施闰章对妇女之才提出了一些批评，并重新界定了“女士”的标准。他在著名女山人黄媛介的记载后面作了如此评论：“妇人以才见者众矣，鲜有完德，则无非无仪者尚焉。李易安无足论，即朱淑真作配庸子，意多怏怏，诗固可以怨哉！黄氏以名家女，寓情毫素，食贫履约，终身无怨言，庶几哉称女士矣！”[①]这种“女士”新标准的确立，显然是为了迎合清初礼教秩序的重建。

女山人的出现，是为了迎合当时士族家庭妇女好文的风气；而传统的三姑六婆的帮闲化，更是晚明妇女社交网络日趋扩大的最好佐证。如果说明代的女帮闲，尚不过是从“三姑六婆”一类人物中分化出来的角色，那么，清代的女帮闲已有演变为女流氓之势，而清代的女流氓，则更是属于职业的游民。从清代的小说中可知，在明清两代普遍存在的“三姑六婆”中的卖婆、媒婆，有从女帮闲转化为女流氓之势。这一转变的最重要标志，就是清朝人已经将这些媒婆称为“女无籍”。众所周知，自宋元以来，乃至明清两代，传统文献一直将流氓一类称为“无籍之徒”，而所谓的女无籍，显然即指此类人群中的女性人物。清代佚名所撰小说《山水情》记载了两位外号分别为“赵花嘴”与“包说天”的媒婆，为了争夺替宦家小姐做媒的生意，不但两人当场相骂，而且扭打在一起，骂的骂，打的打，真个热闹之极。[②] 一至清末，在江苏江都县境内，有一位陈大脚，“无恶不作，人所共知”。还有一位探花巷长源店的店主刘三娘，史料均称其为“女棍”，其实相当于女流氓。她们所从事的多为掠卖人口的职业，在自己的店里豢养妇女多人，以待出售。此外，东关德昌店店主“大脚蓝子”，三义阁巷豫隆昌店主“杨小瞎子”，都是她们掠卖人口的“软下处”。所以，史料又称她们“引诱良家闺阁，藏垢纳污”[③]。这已经就是典型的女流氓。

如果说从晚明的“女山人”到清初新型标准下的“女士”，可以说是妇女社交史演变的一大波折；那么，从晚明的“女帮闲”，演变为清末的“女流氓”，恰好说明妇女社会活动场域的更趋扩大。

---

① 施闰章：《施愚山集·文集》卷17《黄氏皆令小传》，第353页。

② 佚名著、王建华点校：《山水情》第17回《义仆明冤讲媛病》，中国文联出版社2003年版，第136-137页。

③ 丁日昌：《抚吴公牍》卷7《江都县禀访获地恶杨五瞎虎等分别讯办由》《加函》，清宣统元年（1909）南洋官书局石印本。

下编　文化的变迁

一、求真务实：士大夫精神史的内在转向

前　言

若欲对明代士大夫精神史的内在转向有一个更为形象的了解，那么不妨将视角转向当时的一些文学作品，尤其是寓言故事。先引述三则寓言故事如下。

刘元卿著有一则《猫号》的寓言，表达了他的"求真"思想。故事内容概述如下：有一位姓齐的宦官，家养一猫，自以为奇，向众人宣称是"虎猫"。其中一位门客道："虎诚猛，不如龙之神也，请更名曰龙猫。"另一位门客则说："龙固神于虎也，龙升天需浮云，云其尚于龙乎？不如名曰云。"又有一位门客说："云霭蔽天，风倏散之，云固不如风也。请更名曰风。"又有门客说："大风飙起，维屏以墙，斯足蔽矣，风其如墙何？名之墙猫可。"最后一位门客说："维墙虽固，维鼠穴之，墙斯圮矣，墙又如鼠何？即名曰鼠猫可也。"寓言的作者听了这些门客的献媚之言，嗤之道："噫嘻！捕鼠者固猫也。猫即猫耳，胡为自失本真哉？"[①]这则寓言以猫之起名为核心，犹如剥笋，层层向里，又如同逻辑中的归谬法一般，逐次揭示出图虚名、搞浮夸者之滑稽可笑，进而告诫人们，要务求实际，力戒虚名。[②]

陆灼所著《艾子后语》中，有《认真》一则寓言，就是为了批评当时认真执着不如圆通随和的弊端风气。寓言记艾子有两个弟子，一个名通，另一个名执。艾子带着两人去郊游，口渴想讨点酒喝。主人正在读书，指着"真"字说，认得这个字便给你酒喝。执说是"真"字，碰了

---

① 刘元卿：《贤奕编》第16类《应谐录》，收入《宝颜堂秘笈》，上海文明书局民国十一年（1922）石印本。

② 这则寓言之寓意分析，可参见陈蒲清：《中国古代寓言史》，湖南教育出版社1985年版，第245页。

壁;通说是“直八”两字,得到了美酒。[①] 由此可见,当时的社会已是不分是非善恶,圆通的人可以得到好处,执着方正的人则往往吃亏。作者借助寓言批评,实则是在倡导一种“认真”精神。

江盈科所著《雪涛小说》中有一篇《任事》,对明代官场吏治腐败作了相当尖锐的抨击。《任事》一篇包括两则故事。第一则故事记一位脚上生疮的人,痛不可忍。对家人说:“尔为我凿壁为穴。”穴成,伸脚穴中,入邻家尺许。家人问:“此何意?”答道:“凭他去邻家痛,无与我事。”第二则故事记一位医生,自称擅长外科。有位裨将从阵上返回,中流矢,深入膜内,就请这位医生治疗。医生持刀并剪,剪去矢管,跪而请谢。裨将责问:“簇在膜内者须急治。”医生答道:“此内科事,不意并责我!”在这两则故事后面,江盈科有下面的评语:“今日当事诸公,见事之不可为,但因循苟安,以遗来者,亦若委痛于邻家,推责于内科之意。”[②]作者所记两则笑话,各有侧重,前者是以邻为壑,后者是敷衍塞责。明代官僚政治特有的腐败现象之一便是因循苟安、敷衍公事、推责委过。这是一种不敢任事、不愿担当的陋习。

自明代中期以后,士大夫在政治人格上开始追求一种“认真”或“实心”任事的精神。与此相应,在学术思想史的层面,当时兴盛一时的理学讲学活动开始面临挑战,原始儒家的经典开始复兴,进而形成一股以“务实”为精髓的“实学”之风。若对明代士大夫精神史演进的内在理路加以简单的梳理,不难发现下面的两大转向:其一,从“虚与”(即虚与委蛇)到“认真”的转向;其二,从“空虚”到“务实”的转向。“真实”与“虚假”的对立与冲突,大抵可以证明唯真才能实,假者终究只能流于虚。由是言之,明代士大夫精神史的内在转向,用稍微现代的话说,这是一种“求真务实”的时代精神;若用当时的话语,则是“求精责实”“秉公尚实”的时代精神思潮。

从“虚与”到“认真”

朱元璋建立大明帝国之后,倡导务实之风,明初士大夫为国为民任事,蔚为一时风气。随着“三途并用”转而流变为科举一途独重,导致官场弊端丛生。其中最为流行的官场病,大抵有二:一为“软熟”之

---

① 陆灼:《艾子后语·认真》,清康熙刻本。

② 江盈科:《雪涛小说·任事》,上海古籍出版社2000年版,第8-9页。

病。儒家讲究“无欲则刚”。人一有了欲望,就难免显得“软熟”了。很多官员,为了保持自己的官位乃至富贵,对朝廷的弊政就不闻不问,表面上是通过谦卑逊顺之态,维持自己的一种“体面”,并藉此博取一种好的名声,实际上还是为了维护自己的富贵。[①] 二为“苟沿”之病。如号称“当世名流”之人,尽管大都褒衣矩步,边幅自持,但丝毫不为国为民做一实事,不过“间取一二迂节细目,无关纲维之事,不切名教之图”,[②]稍稍加以点缀,便翘然以千古自许。究其目的,还是为了保持官位。如此弊端士风,通过渐移暗转,已使士大夫的筋骨化为木石而不自觉,如同“中蛊”一般;即使心有所觉,但呼吸之地已为所制,心可得知,而声不能出,有若“中魇”。两者相合,终成一个“末法”世界。[③] 明代官场病的病根,还是在于士大夫仅仅“做官”,而不是“做人”,更不愿“做事”。

明代中期以后,士大夫群体中开始流行“认真”或“实心”任事的精神。这不仅仅是对孟子大丈夫人格的一种继承,更是对当时士大夫中所普遍盛行的“偷安苟沿”士风的一种反抗。概括言之,大抵包括以下三种精神:一是“实心”任事,“合并为公”; 二是“老实”“认真”的精神;三是“愚愚”“止止”精神。

(一)“实心”任事与“合并为公”

一代名相张居正凭借自己的政治地位,大力倡导“实心”任事之风,终成“实政”佳绩。他在解释《诗经》中“匪直也人秉心塞渊”句时,其中云:

> 此其实心为民谋衣食,而不为粉饰之文也。秉心可为塞矣,然非直于民而有是塞也。深思为民,图久远,而不为浅近之计,秉心可谓渊矣,然非直于民而有是渊也。[④]

细绎其意,无论是“秉心”之“塞”,抑或“秉心”之“渊”,最终必须由是否“直于民”加以检测,亦即必须“实心为民谋衣食”,才能导源出真正的“实政”。换言之,心为政事之本。若是心有怠倦,则政事必随之废

---

① 沈国元:《两朝从信录》卷 1,收入《四库禁毁书丛刊》,北京出版社 2000 年版。

② 鹿善继:《篋余·孙君兄弟庐墓序》,载氏著:《认真草》第 5 种,钞本(残)。

③ 鹿善继:《认真草》卷 16《送李元素提督操江序》,收入《畿辅丛书》,清光绪间刻、民国二年(1913)汇印本。

④ 张居正:《诗经直解》卷 1《国风·定之方中三章七句》,明末刊本。

弛。[①] 进而言之,张居正主张“惟心之勉”,这“勉”字,只是“纯”。

在明代的地方大吏中,能与朝廷倡导“实政”遥相呼应者,当数吕坤。究吕坤之“实心”任事精神,包括如下三个理论层面:其一,立身必须有“实见”,反对“傍人口吻,蹑人脚跟”。他认为,士君子一旦有了“实见”,就会“把捉得定”,甚至将“成败利钝,付之天人”。[②] 其二,以“躬行”而达臻“实效”。他认为,儒者最为快心之事,就是“以宇宙内事任之两肩,以万物得所期于实效,俾二帝三王学术稍试于躬行”。[③] 尽管吕坤明白“山不可移,海不可填”与“天之难回”的道理,但他仍有“移之填之之心”,决不以“无可奈何”四字塞责,希望“协众之力以回天”。[④] 其三,讲究“真实有用”之学。他认为,若是儒者聚会讲求,不过理会古人多年卷宗,拈起磨勘,深文细索,无了无休,那么,即使将此人置之庙堂,亦只成得一个“了得自家”的“迂腐之儒”。为此,他要将埋没已久的“不忍人之心”的念头发掘出来,“扩一体之义,大无我之公,将天地万物收之肚中,将四肢百体公诸天下,消尽自私自利之心,浓敦公己公人之念”,此即“真实有用之学”。[⑤]

徐光启同样肯定“任事”精神。他认为,凡事有利必有害,有成必有败。假若能一人独断,“成则任其功,败则任其罪,所谓执其咎也”。反之,若是人人各逞胸臆,而不顾国家之利害,或者口倡游言、心营脱祸,不但议论无定,而且终无成功。[⑥] 为此,徐光启又提出“为之自我”之说,无论什么事,是大,抑或是小,均必须有自己亲自担当的勇气。他相信:泰山之霤,不难穿石;匹夫匹妇,激厉至精;精诚所至,金石为开。愚公可以移山。唯有有此信念,有此精神,才能其势磅礴,所向披靡,“天人运命”亦将“后起而应之”,最终成就大业。[⑦]

东林讲学,并非远离朝局,而是更多地关注民瘼。此即由“实念”

---

① 张居正:《诗经直解》卷3《大雅·棫朴五章意》。

② 吕坤:《去伪斋集》卷4《答给谏马见素》,载氏著、王国轩等整理:《吕坤全集》,中华书局2008年版,上册,第181页。

③ 吕坤:《去伪斋集》卷5《寄巡抚李养愚》,载《吕坤全集》,上册,第207页。

④ 吕坤:《去伪斋集》卷4《与巡抚乔聚所》,载《吕坤全集》,上册,第163页。

⑤ 吕坤:《去伪斋集》卷5《答顾泾阳》,载《吕坤全集》,上册,第210页。

⑥ 徐光启:《毛诗六帖讲意》卷2《小雅·四四章》,收入《徐光启著译集》,上海古籍出版社1983年影印本。

⑦ 徐光启:《徐光启集》卷12《为之自我者当如是论》,上海古籍出版社1984年版,第511-512页。

导出“实事”。如东林党人高攀龙认为,士大夫的“实念”,就是“居庙堂之上,则忧其民;处江湖之远,则忧其君”。士大夫的“实事”,则是“居庙堂之上,无事不为吾君;处江湖之远,随事必为吾民”。就“实事”与“实念”的关系而言,则“实事本于实念”。①由此出发,高攀龙进而倡导“合并为公”的精神,认为“天下”原是“一身”,士大夫若能合并为公,那么天下就如一气呼吸。何谓“合并为公”?他作如下阐释:“人人真心为君为民也。为君民心真,则千万人无不一,故曰如一气呼吸。”②究其实,还是一种真心为君、为民任事的精神。

(二)“老实”“认真”精神

“老实”二字,从字义上看,确乎相当浅显,其实却蕴含着相当深刻的精神内涵。对此,吕坤有如下详细的阐释。他认为,与“老”相对者,是“少年气”;与“实”相对者,则是“夸鄙风”。有鉴于此,他断言:“夫存心老实,则心有余闲;持身老实,则身有余乐;治家老实,则家有余财;处人老实,则人有余爱;干事老实,则事有余稔。是故五谷必老实,然后可食;材木必老实,然后可用。”③概言之,就是“崇真尚朴,务质守俭”。这种“老实”之论,同样见诸明末清初学者陈确的阐述中。当有人问陈确所学为何时,他明确以“惟学老实”答之,认为“老实”是自己的老师。照理说来,老实本是为人之本分,何必上升到学理的高度,但陈确认为,所谓的老实,就是“分寸不得逾,事事贵寻绎。天地物不贰,陶虞道惟一”。其中还是含有“绳尺”,须人遵循。④

早在明代中期,朱英就讲究“认真”,并将自己的诗集命名为《认真子集》,⑤显然也是有所意属,体现了那种为人、为官讲究认真的精神。继朱英之后,吕坤、李贽、鹿善继等人,对“认真”之说均有阐述。正如前述,明哲保身的苟延之风已经弥漫明代整个官场,如当时有一人批评他人道:“渠只把天下事认真做,安得不败?”言外之意,做事不必认真,否则必败无疑。闻听此说,吕坤深感惊讶。他认为,天下之事,即

① 陈弘谋辑:《从政遗规》卷下《寒松堂集》,载《官箴书集成》,黄山书社1997年版,第4册,第284页。

② 高攀龙:《答刘心统侍御》,载周亮工辑:《尺牍新钞》卷1,岳麓书社1986年版,第2页。

③ 吕坤:《去伪斋集》卷3《老实会约序》,载《吕坤全集》,上册,第110-111页。

④ 陈确:《陈确集》,《诗集》卷3《五言古诗》2《学老实歌》,中华书局1979年版,下册,第667页。

⑤ 陈献章:《陈献章集》卷1《认真子诗集序》,中华书局1987年版,第6页。

使认真去做,尚未必做得好,假若只在假借面目上做工夫,成甚道理?他说:“天下事只认真做了,更有甚说?何事不成?方今大病痛,正患在不肯认真做,所以大纲常、正道理无人扶持,大可伤心。”①由此可见,天下之事,只怕认不真,所以导致人们依违观望,看人家的言为行止而定。假若认得真时,即使是“君亲”之言,亦不会甘心相从,更遑论“一国非之,天下非之”。②

李贽也是一个为事特别讲究“认真”的豪杰。梅国桢曾对李贽坦言,尽管自己与李贽从大处相较基本相同,但梅国桢又不得不承认,自己是“事过便过”,并不如李贽,凡事都讲究认真。李贽听到友人这样评价自己,当时深为感动。所以,他在给梅国桢的回信中,首先承认自己也知道世间万事,不过是一“戏场”而已,戏文演得好和歹,到最后总是要曲终人散,何必太认真?但李贽又认为,在自己天生的性格深处,就不是一个“讨便宜的人”,所以就不得不凡事认真。③

“认真”精神,至鹿善继而集其大成。细加概括,鹿善继之“认真”精神大抵有如下三点:其一,阐释“真”字出现的原因。鹿善继对古今人之精神世界及其行为特点进行了很好的梳理。他认为,古人情不外匿,行不久迁,善善恶恶,凫短鹤长。同是人,无论是儒者,还是忠臣、英雄,“无弗真”,根本用不着标榜“真”之名头。反观后之君子,则惭凫企鹤,窜端匿迹,已经流于不真。为此,他才提出一个“真”字,以纠其偏。④ 其二,“认真”之说的特点。明末人孙承宗在论定鹿善继其人时,称其众推独任,众趋独辞,唯是一副“真肝胆”;立身只为“公家”,而不敢有“私”;为国求“真才”,做“真事”。⑤ 大抵把握了鹿善继为人处事的真精神,堪称不刊之论。此可以鹿善继自己之论加以印证。他以“真”“痴”二字作为做事的标帜,并对其作如下释义:“真者,空而无私;痴者,顽而不解私。”又说:“夫真起于别赝,而认真又起于赝之笑真。”⑥鹿善继认为,在君臣之间,尤其是臣事君,或者说为君做事,应该“认真”。⑦ 其三,

① 吕坤:《呻吟语》卷3《内篇·射集·应务》,上海古籍出版社2001年版,第194页。
② 吕坤:《呻吟语》卷3《内篇·射集·应务》,第164页。
③ 李贽:《焚书》卷2《与弱侯》,中华书局1975年版,第63-64页。
④ 鹿善继:《答王昆璧》《再呈堂稿》,载《认真草》第2种《马房本末》,钞本(残)。
⑤ 孙承宗:《鹿忠节公十五种认真草总序》,载《鹿忠节公十五种认真草》前附,钞本(残)。
⑥ 孙承宗:《鹿忠节公十五种认真草总序》,载《鹿忠节公十五种认真草》前附。
⑦ 孙含:《金花本末序》,载《认真草》第1种《金花本末》前附。

英雄任事的精神。鹿善继的"认真"精神,归根结底还是一种英雄任事精神。所谓的英雄任事,就是别具一副肝胆。"肝胆既真,何分炎冷,何计险夷!即辞炎就险,肩举世莫胜之任,作国家莫大之维,使人人咋舌而俛首。"[①]为此,他愿意做一个认真为国为民做事的英雄豪杰,而不是畏首畏尾、不愿承担责任的"巧人"。他认为,作为一个"须眉""丈夫",生于天地之间,其价值所在就是"为之"而已。假若"不能为所可为,甚且为所不可为",那么,就会流于禽兽之行,或者与草木同腐。[②]因此,他对"巧人"多所贬斥,认为"人巧,则变局多为人之意外";"为人轻则计算少,好浅尝而不好深入,苟且其术,自足其智,且急于洁己之名,而重于实己之言"。[③] 换言之,他做事的原则,是"办一副真实心肠",先为国家,后为自己。在做事的态度问题上,为国与为己确实截然两分:为国家,则参伍原无成心;而为自己,则争执只凭盛气。[④]

(三)"愚愚""止止"精神

考"愚愚""止止"精神,均可以著名武将戚继光作为代表。若欲对戚继光的"愚愚"精神有一深入了解,最为理想的途径就是考察其为学经历。据其自述,直至中年以后,他才知晓从切实处用力,亦即形成"愚愚""止止"两种精神,作为自己终生践履的目标。[⑤]

所谓"愚愚"精神,戚继光自己作如下解释:

> 世之为武夫者,积金帛,广田宅,侈功名,保首领,与时迁移,今人谓之上智。竭心力,治职事,尽其在我,利钝付人,时运不齐,为国忘家,不能封侯,必期庙食,今人谓之下愚。谋不合,道不行,疲有限之精力,必欲维持职守,于必不可为之中,陷阱在前,斧钺不惧,今人谓为愚而又愚者。吾将为智乎?人欲之,而吾心之知不欲也。吾将为愚乎?吾心欲之,而人不与也。必不得已,吾宁将无违吾心,其为愚乎?愚而又愚乎?宜号曰"愚愚子"。吾侪当知所择矣。[⑥]

由上不难发现,戚继光将官场中人分为"上智""下愚""愚而又愚"三

---

① 鹿善继:《籽粒本末》卷3《张蓬玄启》,载《认真草》第3种。
② 鹿善继:《箧余·孙君兄弟庐墓序》,载《认真草》第5种。
③ 鹿善继:《箧余·赠李茂林叙》,载《认真草》第5种。
④ 鹿善继:《认真草》卷11《辩邹侍御疏》。
⑤ 戚继光:《愚愚稿》上《大学经解》,载氏著:《止止堂集》,中华书局2001年版,第244页。
⑥ 戚继光:《愚愚稿》上《大学经解》,载《止止堂集》,第245-246页。

类,而自己却愿意做一个"愚而又愚者",故自号"愚愚子"。

如果稍加阐释,"愚愚"精神包含以下两个层面:其一,倡导"诚"。他曾有言,天地之久,日月之明,无不都是"诚"而已。又"居深而服远,以一而听万,奸诈巧伪,纷沓不一之情,而卒莫逃吾轨域,终归于化者",亦不过是一个"诚"字。[①] 其二,弃"智"取"钝"。如鲧之治水,其人并非无才,但一心必欲"水之就道,以供厥职",最终没有成效,此即"以智迎智"之故。鉴于此,戚继光才弃"智"不用,认为"以智迎智,循乎无穷,智昏而滞斯随之"[②]。在智与愚的取舍上,戚继光宁取愚,而不图智。那么,在利与钝的关系上,戚继光所取者同样是钝。[③]

正如"愚愚"精神源于戚继光的别号一样,"止止"精神亦得自他的书房之名。"止止堂"是戚继光在蓟州总理署中的三间书房,兼作办公之用。"止止"之说,其实与"愚愚"精神遥相呼应。所谓"止止",具有以下两层含义:其一,"止止"之义,戚继光解释如下:"盖取之艮而止,忠之义在是矣。"[④]可见,"止止"之义来自《周易》艮卦"健而止"之卦意,其真正含义是"尽忠",但在尽忠的过程中,又能做到刚健而不妄行,可止则止,进退有度。其二,戚继光自己有言,道:"流行坎止,属之彼苍。"所谓流行坎止,语本《汉书·贾谊传》。可见,所谓的"止",就是"彼苍"所为,根据环境的逆顺而确定自己的进退行止。而自己则反其道而行之,即所谓的"止止",亦即"反人之欲以将身",其结果就是"鞠躬尽瘁,夕死何憾"?

智巧与愚钝之别,其实就是巧拙、乖觉与痴愚之别。若是落实到具体的行为做事上,就是"粉饰斗辩"与"实心实做"之间的对立。人之一身,拙与巧并存。人有所拙者,必有所巧;有所巧者,必有所拙。在拙与巧之间,必然有一个取舍。宋濂自称拙于言,并无巧舌如簧之能。[⑤] 尽管如此言拙,但宋濂并不以此为讳,并坦承自己言拙,在求得圣学方面却并不拙,而是巧。可见宋濂以自己之拙为乐,显然是为了"全吾之天,而不暇恤乎人也"。[⑥] 这是一种顺乎自己自然性情之乐。

---

①②戚继光:《愚愚稿》上《大学经解》,载《止止堂集》,第244页。

③　戚继光:《愚愚稿》上《大学经解》,载《止止堂集》,第254页。

④　戚继光:《横槊稿》中《重建三屯营镇府记》,载《止止堂集》,第162页。

⑤　宋濂:《朝京稿》卷3《拙庵记》,载氏著:《宋濂全集》,浙江古籍出版社1999年版,第1693页。

⑥　宋濂:《朝京稿》卷3《拙庵记》,载《宋濂全集》,第1693-1694页。

明人丘濬所记萧旺,别号“学拙先生”,就是行为取拙的代表人物。[①]从其言行来看,所谓的拙,并非在智力上真拙,而是拙于取利,而巧于取善,这正好与那些巧于取利、拙于取善者相对。其实,拙者心不累,巧者终日营营,其心太累。

民间又称巧者为“乖觉”或“乖角”之人。“乖觉”一词,叶盛在《水东日记》中有解释,认为“世称警悟有局干人曰乖觉”。陆容却别有一番见解,认为今之所谓“乖”,就是古之所谓“黠”,而“黠”并非美德。所以,凡是乖觉之人,必定与人背离。譬如乖觉之人与人相约一同谏君,劾奸死难,但随后稍计利害,“避而违之以自全”,反称谏君者为“痴”。此即所谓的“乖觉”。[②] 可见,所谓的巧、拙之辨,其实就是“粉饰斗辩”与“实心实做”之别。明末崇祯朝给事中辜朝薦在上疏中对此有很好的揭示。他认为,臣子任事,有“才辩”与“朴诚”之分:才辩者如杨嗣昌、张若祺等人,粉饰斗辩,以口舌相高,将全身精神不用于“实图职业”上,而是用来揣摩笔端;朴诚者如卢象昇、史可法等人,则是老诚练达,能克济时艰,只是“实心实做”。[③] 值得关注的是,自智巧、乖觉向愚钝、朴诚的转变,正好说明了明代士大夫精神史的内在转向。

天下之事,逃不过一个“真”字。明人李乐有言,人生天地之间,若能“真孝”“真忠”“真清”“真直”,或者说妇人“真苦守贞节”,天地报之,自然一毫不爽。[④] 这当然是因果报应的话头,却亦揭示出精神史转向的部分征候。即使是知识人的读书,原属其本分,但就其目的而论,亦有真假之辨。明代很大一部分的读书人,尽管所读仍是儒家之书,而其心中所想则是科目仕进。更有甚者,将圣贤仁义道德之言,一概视若文具,而讲“倡优盗贼之术”。究其原因,这是师所教者,不是真学术;而弟子所学,也不是真读书。换言之,读书不过是换取禄位的阶梯。明末东林名臣李应昇与他的老师吴仲峦之间的一番感慨之言,颇能说明在晚明的读书人之间,同样存在着真假之别。史载李应昇被逮北上,路经吴仲峦之家,吴氏命二子辍读侍左右。李应昇不禁感慨道:“此后亦勿令吾儿读书。”吴氏听后道:“书何必不读,特勿为学子真读

① 丘濬:《重编琼台稿》卷20《学拙先生传》,上海古籍出版社1991年版,第410页。

② 陆容:《菽园杂记》卷1,中华书局1997年版,第6-7页。

③ 李清:《三垣笔记》中《崇祯》,中华书局1982年版,第76页。

④ 李乐:《续见闻杂记》卷10,上海古籍出版社1986年版,第892页。

书耳。”应昇随之笑道:“还须勿令从真先生游也。”[①]此番对话,当然不过是两人的一时悲愤之言,但师弟间互相期许,以及欣然自喜之情,不难看出两人平日所讲、所习,确实是儒家真学问。这种求真的学术动向,或者说任事态度上从“虚与”向“认真”的转变,足以证明代士大夫精神史的内在转向。

明代士大夫精神世界中“认真”精神之崛起,其思想的渊源,当有远、近两大源头。就远的源头而言,又可析为两面:一是“认真”精神,来自《中庸》的“诚”。按照儒家的传统观念,“诚敬”是“进德”的基础。所谓“敬”,就是在日用之间“一念不敢忽易”;所谓“诚”,则是在日用之间“一念认真”。[②] 二是“认真”任事的精神,除了儒家的渊源之外,显然也与佛教的慈悲、献身精神大有关系。以倡导“实心”任事最为典型的张居正为例,根据袁中道的分析,显然与他少年时曾经读过《华严经》关系匪浅。正是从佛经中,张居正才悟得诸佛菩萨,以身为世间床座,经河杀劫,救度一切有情。从此以后,便有了“实心为国为民之志”,刀刀见血,不作世间吐哺下士虚套子,具有一种“大人相”。[③] 就其近的源头而言,则与阳明心学有关。以明季倡导“认真”任事最为热心的鹿善继为例,从其学术渊源上说,应该说是“学阳明先生之学者”。万历二十三年(1595),鹿善继得到了一部《王文成公全书》,就取其中的《传习录》阅读,寝食其中,慨然有必为圣贤之志,而一切着落,全都身体力行,以阳明所谓将本体只作一番光景玩弄者为戒。自少至老,在邦在家,只求事事不亏本分,时时不愧本心。正因为此,他才能崛起北方,倡明绝学,乃至教身成仁,舍生取义,成为有明一代的真儒。鹿善继反对“离心而论道”,已经足以证明他继承了阳明心学。他认为,天下之事,“还须有心人为之,何道不可作人,何事不可自见”。[④] 而他所谓的“心”,则是以“真”作为本体,认为“天下万事,皆从心起,不患事不就,但患心不真”。唯有“真”,方可称“有心人”。[⑤]

① 魏禧:《魏叔子文集外篇》卷8《端友集后叙》,中华书局2003年版,第375页。
② 张履祥:《杨园先生全集》卷42《备忘》4,中华书局2002年版,第1171页。
③ 袁中道:《珂雪斋近集》卷2《答钱受之》,上海书店1982年版,第175-176页。
④ 鹿善继:《篋余·赠嵩嵩上人序》,载《认真草》第5种。
⑤ 陈鋐:《鹿忠节公年谱》卷上,清康熙刻本。

从“空虚”到“务实”

明代士人的精神痼弊,集中体现在“制科之陋”与“道学之习”上。制科之陋以八股为学问,不知儒术为何物,其弊在于俚陋;[①]道学之习以讲学为学问,空谈无实,只占地步,其弊在于迂腐。[②] 两者相合,终成“俗学”,而习俗学者,则概为“俗儒”。[③] 明末清初人彭士望直揭明代学风弊端在于“伪”“虚”二病:“小人”中于“伪”,“君子”中于“虚”。君子以虚美相高,无实学以拨天下之乱,故小人益务于伪,终至不可救止。[④] 可谓一针见血。如此痼弊,大抵已经浸入士人骨髓而习以为常。

(一)虚实之辨

虚实之辨,李贽论之最详,下以其说作为讨论的起点。虚实之端,未易轻言。当然,并非虚实难言,而是一如李贽所言,“真虚”“虚实”之间,很难判定。换言之,由于真伪不同,才导致虚实异用,并不能简单地视“虚”为非、“实”为是。

揆诸李贽虚实之辨,其理论大致有下面三个层面:一是“学道贵虚”。所谓学道贵虚,其意旨在于唯有“虚”,方可“受善”。如若“不虚”,就会所择“不精”。二是“任道贵实”。所谓任道贵实,其意是说唯有“实”,才能做到“固执”,假如“不实”,则所执“不固”。三是“始虚而终实”。[⑤] 概言之,在虚实之辨上,李贽主张不可固执一端,而是应做一个出入虚实之间的“真人”。

虚实之辨,其理论的层面大抵如是,但就明代精神史的趋向而言,则已形成一股由“虚”趋“实”之风。概括言之,有“实行”“实用”二端。

儒家学者很多信奉赵普半部《论语》治天下之说。然理论即使如何是好,若只是在嘴头上说,并不落实到实事上,甚至不能身体力行,着实做去,即使有百部《论语》,又有何用? 反之,若是能身体力行,不用半部《论语》,仅其中“节用爱人”一节,就可以使万乘之国趋于大治。戚继光所批评的正是这种学术、理论停留于嘴头之人,认为圣贤

---

① 冯梦祯:《快雪堂集》卷2《序诊家补遗》,收入《四库全书存目丛书》,台南庄严文化事业有限公司1997年版。

② 张凤翼:《处实堂集》卷8《谭辂》,收入《四库全书存目丛书》。

③ 徐学谟:《徐氏海隅集·文编》卷32《处士方太古传》,收入《四库全书存目丛书》。

④ 魏禧:《魏叔子文集外篇》卷8《彭躬庵文集序》,第381页。

⑤ 李贽:《焚书》卷3《虚实说》,第102-103页。

真儒说过的话头，应该字字认真体贴，在自己身上加以实践，此即“身体力行”，[①]亦即道德自我践履的“实行”。

自宋代以来，儒家谈学往往是古非今，甚至托诸空言，而不能见诸实事，世人遂将理学家视为迂阔无当之人。自王阳明崛起，乃至其后学鹿善继，从他们的“儒烈不虚”的事实中，我们也不得不承认，儒家学术本就有内圣外王统一之说，而德性也同样可以转化为“用”，为外王，甚至其“用”无穷。此即“实用”。又如天启二年(1622)夏，茅元仪曾给徐光启一信，信中论及时局，直称当时士人之病，在于一个“庸”字。唯“雄”则“实”，唯“庸”则“虚”。为此，茅元仪抛弃“纵横短长之学”不习，投师徐光启门下，讲道论业，其目的就是“不敢为其虚者耳”。[②]此即由空虚而趋向实用的典型一例。

(二)名实之辨

明代士人，最为“好名”，蔚为一时风气。正如焦竑所言，士大夫之“高者”，“率刻情修容，依倚道艺，以就其声价”。其实，则名不副实。无论是他们“纂组于华彩”，还是“雕刻其词句”，其目的就是“哗众而取名”。[③] 此种好名之习，尤以江南的苏州一带为甚。史称苏州士人，“喜交游，事干谒，虽骚人不免”，[④]堪称实录。

这就牵涉到如何处理名实关系的问题。明代儒家士人，从王阳明，到李贽、张履祥等人，对名实之辨，均有讨论。王阳明深以世之君子“以名为实”甚或“务乎其名”为忧，将名不副实的原因归结为“学术之不明”。[⑤] 为此，他与弟子就名实关系展开讨论。讨论的起点是孔子“疾没世而名不称”一说。阳明认为，句中“称”字，应该作“去声读”，其意为“声闻过情，君子耻之”。引申开来，就是说如果“实”不称“名”，生犹可补，等人一死，就无可追及。鉴于此，阳明将“好名”视为“为学大病”。他进而解释道：“名与实对，务实之心重一分，则务名之

① 戚继光：《愚愚稿》上《大学经解》，载《止止堂集》，第259页。

② 茅元仪：《石民四十集·与徐玄扈詹事书三》，转引自梁家勉编著：《徐光启年谱》，上海古籍出版社1981年版，第147页。

③ 焦竑：《澹园续集》卷1《戴司成集序》，中华书局1999年版，第764页。

④ 周之夔：《弃草二集》卷2《王双凫先生瓢憎集序》，江苏广陵古籍刻印社1997年版，第1524-1525页。

⑤ 王阳明：《王阳明全集》卷7《语录》4《赠王尧卿序》，上海古籍出版社1995年版，第229页。

心轻一分;全是务实之心,即全无务名之心;若务实之心如饥之求食,渴之求饮,安得更有工夫好名?"[①]细绎其意,就是倡导弃名务实。

李贽虽被时人视为"异端"人物,但其政治理想仍是上有"英君"、下有"能臣",即"英君非能臣不使,能臣非英君不事"。李贽认为,"智能之臣"的可贵之处,在于他们"真才实学足以集事,断断乎不可以虚名胜也"。与此相对者,则是那些"盗声以窃位""伪学以欺世"之人,他们其实并无"一技",专门"媢嫉人之技"。当英君主政之时,这些徒有虚名者,除了"自然老死牖下"之外,最后的结局只能无免于"放流之诛"。[②] 显然,亦是倡导真才实学。

名与实对,这无可疑义。然名与实之间的关系究竟如何?张履祥将其定为"形"与"影"的关系,则值得引起关注。张履祥论道:"形生于此,影见于彼。吾未见今日生形,而明日生影;亦未见有影而形益,无影而形损。"他以《周易》之言作为譬喻,进而加以解析。如"潜龙勿用"一句,就好如人之身处幽室,并非影之不至;而"见龙在田"一句,则如日月之出,并非形之忽作。鉴此,他最后反问道:"不务其形,而务其影,得矣乎?"[③]换言之,人应该追求形之"实",而不是影之"名"。

若将名实之辨置诸为官的政治实践中,事实上亦存在着以下两层意思:一是"官不可好名"。究其原因,还是源于名实之原始关系,即"实者,名之形;形者,实之影"。假若为官者一味好名,则纯盗虚声,毫无实济,必至身败名裂而后已。[④] 二是"官不可无名"。这又可以从下面两点加以解构:一方面,譬如子夏有云:"信而后劳其民。"朱熹在《集注》中,将"信"字解释为"诚意交孚",颇有意思。自比间族党之法废弃之后,终致官民隔塞不通,官之诚意岂易家喻户晓,当然必无官员行一事而人人受惠之理。受惠者信之,此即诚意所感,容易理解。至于未受惠者亦能信之,显然是由于诚意之"声名"所感。[⑤] 另一方面,官声卓著,不特能干事,亦最能省事。假如官有廉洁之名,自然不敢有人前来行贿;官有正直之名,自然不敢有人前来以情相托;官有精明果决之名,自然不敢有人再以无情之辞轻为尝试。这就是说,对于为官者

---

① 王阳明:《王阳明全集》卷1《语录》1《传习录》上,第30-31页。

② 李贽:《初潭集》卷24《能臣》,中华书局1974年版,第419-420页。

③ 张履祥:《杨园先生全集》卷18《名说》2,第538页。

④ 方大湜:《平平言》卷1《官不可好名》,载《官箴书集成》,第7册,第617页。

⑤ 方大湜:《平平言》卷1《官不可无名》,载《官箴书集成》,第7册,第618页。

而言,其声名卓著,其实可以断却许多葛藤,省却许多心力。[①]

(三)"秉公尚实"与"求精责实"

明代士大夫精神中之"务实"之风,其典型的表达,可用"秉公尚实"与"求精责实"二语括之。

就"秉公尚实"而言,吕坤堪称这种精神的典型代表。综观吕坤的追求,其儒家道德的精神追求则是"实理",其外王的追求则是"实用",并将其归诸"实政"之政治实践。他曾说:"天下事皆实理所为,未有无实理而有事物者也。幻家者流,无实用而以形惑人。呜呼!不窥其实而眩于形以求理,愚矣。"[②]面对所谓的"清明世界"已经充塞"私""伪"二字,他为挽回世道所开出的精神良方,就是"秉公尚实"。[③]

就"求精责实"而论,则徐光启堪称典范。徐光启倡导一种"真道德""真事业"。他这样解释"真实":"夫真者,于物为本为实。本实者,其扶疏条散不如枝叶,其葩藻丽美不如华萼,而枝叶华萼者于此成始焉,成终焉,故扶疏葩藻者不能为本实,而能为本实者,即有扶疏葩藻,不与易也。"[④]可见所谓的"真实",究其实就是"真才实学"。[⑤]徐光启通过区分"真"与"伪",而从"真"中导出"用"。他认为,士大夫耗尽精神才力,却于国计民生,毫无干涉,其原因就在于"无真"。果若是"真",则必有"用"。[⑥]换言之,徐光启所倡导的是一种"富强"之术,即他所谓的"富国必以本业,强国必以正兵"。[⑦]尤其是其通过"实练实选"的"强兵"之论,无不体现为一种"务实"精神。[⑧]明末清初史家查继佐在《罪惟录》中有为徐光启所列的专传,将他的一生精神命脉概括为"求精责实"四字,以救"尚空之穷",[⑨]堪称确然之论。

无论是"秉公尚实",还是"求精责实",其终极目的还是追求"实用"的儒效。如叶春及以稻粱、荑稗、秕为比喻,藉此说明"行实"之重

---

① 方大湜:《平平言》卷1《官声卓著最省事》,载《官箴书集成》,第7册,第618页。

② 吕坤:《呻吟语》卷1《内篇·礼集·谈道》,第53-54页。

③ 吕坤:《去伪斋集》卷9《自纂墓志铭》,载《吕坤全集》,上册,第532页。

④ 徐光启:《徐光启集》卷2《大司马海虹先生文集叙》,第93页。

⑤ 徐光启:《徐光启集》卷10《与胡季仍比部》,第473页。

⑥ 徐光启:《徐光启集》卷10《复周无逸学宪》,第474页。

⑦ 徐光启:《徐光启集》卷10《复太史焦座师》,第454页。

⑧ 徐光启:《徐光启集》卷4《谨申一得以保万全疏》,第174页。

⑨ 梁家勉编著:《徐光启年谱》,第67页。

要性。他认为,凡“物”必有“实”,而“实”则是“物之所凝于天地之精,而有所用于天地之具也”。鉴此,他尤其鄙视“峨其冠、栩其服”的“儒稃”。至于为那些学士所轻视的诸子,诸如申不害、商鞅、墨翟、李悝、司马穰苴、孙武之徒,则称赞他们“言必信,行必果”,且“出于实而无辞,避虚诳以各求其事之必济”,与圣人正道无异。[①] 究徐光启之学,亦无不归于“实用”二字。为此,他摒弃一切应酬文字与无用诗文,将毕生精力置诸国计民生与富国强兵之事上。讲历算之学,似乎无用,却可以培养一种相关的数学、天文学,若渐次推广,更可以从中衍生出很多有用之学;讲水法、农政,大多是为了民事之便,其目的在于富国;讲火器、练兵,则更是为了强兵。[②]

结束语

概言之,求真务实的精神是一种英雄做事的担当精神。这就是说,但凡办大事,必须有担当,将功名置之度外,凡是理所当为之事,就径直去做,计不得成败。若无担当,必至误事。若不将功名置之度外,审势量力,做事只计成败,就不肯去担当,都是利害心害了是非之公。这种担当精神,无疑就是儒家真精神的复兴。就其源头来说,显然出自《中庸》之“诚”。[③]

明清易代,世事尽多变迁,士大夫求真务实的精神却得到了很好的延续。如魏象枢倡导以“真心”去做“真事”,若是无真心做事,就会流于大事不敢任、小事不屑为。[④] 陈弘谋倡导“居官”者必须有“脚踏实地”的精神,守理在“己”,自己认定有理之事,尽管去做,至于成败,则“听其数于在天”。[⑤] 施闰章、魏禧两人对“愚”均作了新的阐释。施闰章自号“愚山子”,其实就是不愿做一个“巧宦”;[⑥]魏禧则要做带有几分“愚意”在内的“好人”或“至情之人”,诸如忠臣、孝子、贞女、义士

---

① 叶春及:《石洞集》卷1《敦行实》,上海古籍出版社1993年版,第243页。

② 相关的阐述,可参见徐光启:《徐光启集》卷9、10《敬陈讲筵事宜以裨圣学政事疏》《与李存我太仆》,第438、456-466页。

③ 如谢铎任翰林院侍讲时,曾侍经筵,发明“诚者人之道”一节,有谓:“无虚名而不实用工夫,如汉武内多欲而外施仁义,唐太宗好行仁义而内多惭德,便是不诚。”此即其例。说见张怡:《玉光剑气集》卷2《臣谟》,中华书局2006年版,第65页。

④ 陈弘谋辑:《从政遗规》卷下《寒松堂集》,载《官箴书集成》,第4册,第282页。

⑤ 陈弘谋辑:《从政遗规》卷下《官鉴》,载《官箴书集成》,第4册,第268页。

⑥ 施闰章:《施愚山集·文集》卷25《梦愚堂铭》,黄山书社1992年版,第503页。

之类,而不愿做带有“私意世情”的“乖巧人”。[①] 诸如此类,说明以朝代更迭为外在形式的政治局势的变更,并无中断士大夫精神史演变的内在“理路”。

① 魏禧:《魏叔子日录》卷1《里言》,载氏著:《魏叔子文集》,中华书局2003年版,第1083页。

二、致富论:儒家伦理与商人精神

前 言

明代是一个社会转型的时代,是从传统的农业社会向商业社会过渡的时期。晚明商业化的浪潮,导致社会上出现了“弃农就贾”与“弃儒就贾”之风。在这种社会变动的背景下,传统的儒家伦理与商人精神之间产生了很大的冲突,并出现了新的历史转向。在如何看待儒家传统“五常”的问题上,明代基本存在着四种看法:一是全盘否定“五常”,并直接骂“五常”为“五贼”;二是并不否认“五常”,而是剖析“五常”里面存在的“五贼”;三是从正、反两个方面对“五常”进行重新评价;四是对“五常”逐条进行理智的分析,否定其中的仁、义、礼,肯定其中的智与信。与此同时,“悭吝”这种道德品质也得到了理性的认同。若是以致富论为考察中心,进而对传统儒家伦理在明代的历史转向加以基本的梳理与探讨,那么不难发现,从勤俭致富转向凭智慧才略、诚信致富,从力农致富转向经商致富,这既是一种社会变动,更是一种观念变革。在此基础上,商人开始建立起属于自己的新的伦理。

进而言之,儒家伦理只要得以创造性地转化,完全可以适应中国这样迥然不同于西方文化的近代化的需要,并由此建立起一条中国独特的近代化之路。换言之,既然近代化是一个过程,那么在这一过程中,儒家传统不免会与这一进程产生一些冲突,这已是不争的事实。然而无论是儒家阵营中所产生的异端力量,还是那些正统的理学家,在面对商业化浪潮的时候,无不都有应对这种社会转变而产生的冲动甚或理性的观念。这就是说,儒家传统在这一进程中同样在悄悄发生一些蜕变。传统致富论在明代的历史转向,显然证明了这种蜕变的存在乃至实际价值。

儒家“五常”与经商原则

众所周知,自明代中期以后,商业有了长足的发展,商贾势力大增,商帮众多。商人当然受到了传统儒家伦理观念的影响,信奉诚信待客、诚实经商、童叟无欺。可是,儒家伦理是否能落实为商业道德,这尚须打一问号。究其原因,如果真以儒家伦理为准绳,藉此而经商,并非能取得真正的成功。不妨举下面的例子：

甲与乙鬻毯太平街。甲坐肆不出户，货不饰，价不二。有来市毯者，以定价语之，偿不足，则使去。市者弗察，皆率而之它。故终日不鬻一毯，而甲之肆寂如也。乙所毯事整饬，染之而良，薰薰而馨，拂拭之而鲜明。日负数十，走河濡，遇往来人，辄出相示。人问之价，宜百钱，必曰五百，复之以其半，则佯怒，怒则复来，巧叠出，少增其直，即鬻去。顾而他适，得利亦如之。乙见甲，遇其故，勉使效也。甲笑而不答。夫两家居同地，艺同等，人与物不相上下，而所得大相远如此，岂不饰诈求售者易，存诚待价者难焉？①

撇开纯粹的商业运作原则不谈，商贾甲存诚待价，却招致经商失败；而商贾乙饰诈求售，却大获成功。显然，儒家所谓的诚、信已受人怀疑。

经商无疑是为了致富。致富何术？儒家倡导以仁、义、礼、智、信处理人际关系。那么，“五常”与致富相应吗？不妨再举一例：

有贫生与富翁比屋以居，清旦具衣冠，之邻翁，请所以致富之术。翁曰：“致富之术无他，在去其五贼而已。五贼者，仁、义、礼、智、信也。五者有其一，则穷鬼随之矣。”②

仁、义、礼、智、信是儒生安身立命之本，当然不愿去掉。而商人经商，讲究致富，势必与“五常”发生冲突，故而目其为“五贼”。“五常”与商人精神遂成水火。

明代商业经营中所存在的恶俗，显然可以证明中国商人的经商习惯与儒家伦理存在着不小的冲突。在商业日趋繁荣的同时，作假、诈骗的风气也开始流行开来。这是商业化以后必然会产生的一种恶薄风俗。下面两段史料记载，就对这种风气有所揭示：

最不可伪者，金也。二十年来，金丝有银心者，金箔有银里者。工人日巧一日，物价日贱一日，人情日薄一日。可慨也夫！③

今时市中货物奸伪，两京甚盛，此外无过苏州。卖花人挑花一担，灿然可爱，无一枝真者。杨梅用大棕刷弹墨染紫黑色。老母鸡挦毛插长尾，假敦鸡卖之。浒市货席者，术尤巧。大抵都会

① 祁顺：《巽川祁先生文集》卷16《观扁》，收入《四库全书存目丛书》，台南庄严文化事业有限公司1997年版。

② 赵世显：《芝菁丛谈》卷3，收入《四库全书存目丛书》。

③ 周晖：《金陵琐事》卷4《金丝金箔》，南京出版社2007年版，第164页。

往来多客商可欺,如宋时何家楼故事。[①]

这是明代城市商业经营中的恶俗,在明代称为“调把”。这种以次充好的调把之戏,当然骗不了惺惺伶俐之人,只能骗外地过路的客商,或者是当地的愚民乡老。[②]

清代徽州有一位老人,平常也就做点小经纪,但他关于致富的诀窍,却反映了一个时代如何看待儒家伦理。这位小买卖人认为,若要致富,首先是去掉“外贼”,其次再去掉“内贼”。

所谓的外贼,有下面五种:眼、耳、鼻、舌、身。按照他的意思,应该眼睛不视美色,耳朵不听好音,鼻子不闻好香,舌不辨好味,身上不穿美饰。唯有如此,才算是去掉外贼。显然,这是强调一种“俭啬”的品质。

所谓的内贼,就是仁、义、礼、智、信。他认为,在这“五常”中,“仁”是首恶,假若整天去博施济众,如何发家?所以他在神前发誓,永不妄行一善,这样就可以省却很多挥霍。匹夫仗义,破产倾家,这是自寻苦恼;而他自己则是见利则忘,落得一生享用。至于礼尚往来、献缟赠纻,在他看来,这都是相当麻烦的事;而他则是来而不往,先占人便宜一着再说。智慧、聪明看上去是好东西,却往往会遭到造物主的忌讳,最终导致空乏终身。一个人只需一味混沌,便可以常保庸福。至于像“千金一诺”这样的讲信义,则更属于无益。在他看来,不妨口中说一些慷慨之类的话,而内心存一种机械,使天下人知道失信之后,就永无造门之请。[③]

这段关于“五贼”之论,其中心思想是不爱脸、不惜廉耻,甚至不顾别人的笑骂。换言之,笑骂由得你们,但我自生活快乐。这不过是一种小买卖经纪人的精明自私之论,却无大志,只是以求得小小的富足为最终目的。与明朝人顾大韶对仁、义、礼、智、信所作出的理性分析相比,在致富论上,清人比起明人来,不能不说是一种倒退。毫无疑问,顾大韶对智、信的肯定,是在替商人经商致富找一条理智的出路。

仁、义、礼、智、信固然有与经商原则格格不入之处,然若仔细分析起来,相合者亦复不少。相比之下,顾大韶的说法就较为理性。他说:

---

① 叶权:《贤博编》,中华书局1997年版,第6-7页。

② 明人陈铎作有一首《调把》歌曲,专门描摹城市买卖人之假。参见路工编:《明代歌曲选》,上海古典文学出版社1956年版,第16页。

③ 沈起凤:《谐铎》卷7《鄙夫训世》,载《笔记小说大观》,江苏广陵古籍刻印社1983年版,第21册,第29页。

> 贫人问求富之术于富人。富人曰:“欲学吾术,先去五贼。五贼者,仁、义、礼、智、信是也。”此亦愤世之言耳。若五物尽去,则必丧家亡身矣,何能富哉!故为富不仁,为仁不富,诚可去也。义则多廉洁,多慷慨,有碍于富,诚可去也。礼则多辞让,多仗义,有碍于富,诚可去也。惟智与信则不可去。征贱征贵,知取知予,至于趋利避害,偎炎附热,非智其何以知之?凡富家,必有任用之监奴,凡巨贾必有行财之小商,非信其何以御之?故前三者,实富之贼;而后二者,乃富之翼也。求富者去其三贼,存其二翼可也。[①]

顾大韶之论,颇具真知灼见。他将儒家的“五常”作了理性的区分,即将其分为“富之贼”与“富之翼”,倡导存其翼、去其贼。

弃儒就贾或者士、商相混,无疑是明代社会风俗史与思想史真实的“一面相”,在这社会现象的背后,则是代表了士商互动及儒学新的转向。余英时对此问题已有深入的探讨,[②]而笔者在此的讨论,除了对此现象进行史料的补充,藉此证明这一现象在明代的深度之外,尚拟就此问题给以一些深入的研究。

士商关系的改变,最为重要的是来自士人对商人或经商态度的改变,尤其是当这种观点出自一些较为保守的理学之士之口时,就弥足珍贵。过去的研究者多喜引用李梦阳所记商人王现(文显)之说及李贽之说。如李梦阳《明故王文显墓志铭》云:“文显尝训诸子曰:夫商与士,异术而同心。故善商者处财货之场而修高明之行,是故虽利而不汙。善士者引先王之经,而绝货利之径,是故必名而有成。故利以义制,名以清修,各守其业。”[③]李贽论商人道:“且商贾何鄙之有?挟数万之赀,经风涛之险,受辱于关吏,忍诟于市易,辛勤万状,所挟者重,所得者末。然必交结于卿大夫之门,然后可以收其利而远其害,安能傲然而坐于公卿之门者!”[④]其实,在明代士人中,肯定商人或者不讳言

---

① 顾大韶:《炳烛斋随笔》,清孙胜雨抄本。

② 相关的研究与考察,可参见余英时:《士商互动与儒学转向:明清社会史与思想史的一面相》,载郝延平、魏秀梅主编:《近世中国之传统与蜕变:刘广京院士七十五岁祝寿论文集》,台北“中央”研究院近代史研究所 1998 年版,第 1-52 页。而对明代士商互动关系的考察,则又可参见余英时:《中国近世宗教伦理与商人精神》,台北联经出版事业公司 1987 年版,第 104-160 页。

③ 李梦阳:《空同先生集》卷 44,转见余英时:《中国近世宗教伦理与商人精神》,第 108 页。按:此论系商人王显之说,而非李梦阳的观点,这一点已由余英时刻意澄清。

④ 李贽:《焚书》卷 2《与焦弱侯》,中华书局 1975 年版,第 49 页。

富强者不乏其人，郭子章之说堪称一例："儒生讳言富，则孔子足食，《大学》生财，非矣。讳言强，则孔子足兵，《周易》除戎，非矣。立国以仁义为干，富强为枝，舍富强，专谈仁义，犹木有干而枝叶不附也，槁且立见。"①

而一些理学之士在这方面的新论，则更可说明明代士商互动之广泛性。明代理学家吕柟说："商亦无害。但学者不当自为之，或命子弟，或托亲戚皆可。不然，父母、妻子之养何所取给！故日中为市，黄帝、神农所不禁也。贱积贵卖，子贡亦为之。但要存公直信厚，不可刻薄耳。"②而东林党人理学家顾宪成亦言，"富"并不足讳。富而好礼，可以禔躬；富而好行其德，可以泽物。在此基础上，他又提出新的"义利"关系论："以义诎利，以利诎义，离而相倾，抗而两敌。以义主利，以利佐义，合而两成，通为一脉。"③如果说吕柟还有点扭扭捏捏，既要求利，又不许学者自己经商，而是由子弟、亲戚出面；那么，顾宪成则已明确将义、利"合而相成，通为一脉"。这大概与顾宪成出身于商人家庭有关。据史料记载，顾宪成之父顾学，字文博，曾"僦廛而市"，分别为酒人、豆人、饴人、染人，而且不喜"博士家言"，好读《水浒传》。④ 正是在这种观念的影响下，在山西的士大夫阶层中，已经形成了这样一种习俗："自搢绅以至诸生，皆习计子钱，惜费用。"⑤这是士人从商之习的实录。

在明代，生员层的社会阶层来源，除了官宦子弟以外，更多的是来自社会的下层，举凡农、工、商之类。商人子弟入学成为生员，这在明代已是屡见不鲜，成为一种普遍现象。这固然说明商人正如李贽所言，需要"远其害而收其利"，甚至"安然坐于公卿之门"，以提高自己的社会地位，但也与商人重视教育、鼓励子弟参加科举有关。如陈允德，家世受贾，而其本人"亦少行贾"。同时，陈氏也"好诗酒"，在自己

---

① 郭子章：《蠙衣生黔草》卷21《疾慧编·下编》，明万历刻本。按：明人相关之论尚有很多，可参见陈宝良：《悄悄散去的幕纱——明代文化历程新说》，陕西人民教育出版社1988年版，第139-157页。

② 吕柟：《泾野子内篇》卷27《礼部北所语》第35，中华书局1992年版，第277页。

③ 顾宪成：《泾皋藏稿》卷17《明故处士景南倪公墓志铭》，收入《景印文渊阁四库全书》，台北商务印书馆有限公司2008年版。

④ 顾宪成：《泾皋藏稿》卷21《先赠公南野府君行状》。

⑤ 傅山：《霜红龛集》卷15《汾二子传》，山西人民出版社1985年版，第447页。

独治生产、柄家政之下，而“诸弟皆儒生不任事”。[①] 商人不但与士大夫相交，[②]而且也讲究传统的儒家道德。[③] 于是，商人及商人子弟通过考试而进入生员层者，其例在明代俯拾即是。如苏州太湖洞庭之东山，因商业贸易而多高赀富人。有一翁氏家族，家世以商业而富。“其子弟多读书，好行其德，有闻于时”。尤其是翁彦博，成为一太学生。又金元复，吴县下保人。年十四，学贾，“逐十一息”，后补博士弟子员。更有一些商人，通过捐纳而成为国学的太学生。如汪元蠡，曾贾江淮间，后“入赀为太学”。[④]

在明代，尽管商而儒、儒而商，出商入儒或出儒入商，不乏其例，[⑤]但商人的理想目标仍然是中科举而后出仕。然明代科举仕途日窄，促使一些生员在仕进无门的窘况下，又不得不选择经商而维持生计。如濮阳人刘滋，少为庠生。后因家贫，不得已只好卖掉仅有的不足20亩田，“逐十一之利，十余年至数万金”。金楼，字龙翔，海阳五城里人。幼治经生业，沉浮庠序16年。后亲至学使衙门，谢去衣巾，“走扬州，寘一廛于瓜渚”。钱塘徐国宁，原为博士弟子员，“后累事为商”。[⑥] 所有这些，均可说明弃儒就贾已成一时风气。

在传统中国，商人虽拥高赀，但家不蓄书，“间有书，辄以覆瓿，或以拭劳盆”。[⑦] 由此可见，士之士恒为士，商之子恒为商，这是传统中国社会的基本特点。而“士商相杂”或“士商相混”现象的出现，不能不说是明代社会思想史的新动向。

---

① 陈子龙：《陈子龙集》卷13《绍南陈公传》，海南国际新闻出版中心1996年版，第119-120页。

② 李攀龙：《沧溟先生集》卷20《张隐君传略》，上海古籍出版社1992年版，第486-487页；李日华：《味水轩日记》卷4，万历四十年(1612)壬子七月十八日条，收入《嘉业堂丛书》，民国间吴兴刘氏嘉业堂刻本。

③ 李攀龙：《沧溟先生集》卷21《明封文林郎开封府推官汪公墓志铭》，第499-500页。

④ 钱谦益：《牧斋有学集》卷35、37《太学生约之翁君墓表》《金文学传》，上海古籍出版社1996年版，第1247-1248、1280页；李维桢：《大泌山房集》卷71《汪元蠡传》，明万历三十九年(1611)刻本。

⑤ 汪道昆：《太函集》卷28《朱介夫传》，黄山书社2004年版，第612-613页。

⑥ 上面所举之例，可分别参见谢肇淛：《小草斋文集》卷11《刘滋传》，收入《四库全书存目丛书》；程可中：《程仲权先生集》卷3《金山人传》，明程胤万、程胤兆刻本；郎瑛：《七修类稿》卷44《事物类·徐国宁》，上海书店出版社2001年版，第468页。

⑦ 周亮工：《赖古堂文集》卷14《陋轩诗序》，上海古籍出版社1979年版，第560-567页。

致富观念的变迁

儒家无论是治国,还是治家,无不崇尚一种"礼义",而不是"财货"。在儒家人士看来,财货的多寡有无,自有定分,不可强求。《论语》有"富不可求"之语,《大学》有"悖入悖出"之言,《孟子》有"为富不仁"之说,言之凿凿分明,无不都体现出一种贬斥"财货"的思想。

在致富论上,古人亦云:"本富为上,末富次之,奸富为下。"所谓的"本富",就是"农桑";所谓的"末富",就是"商贾";所谓的"奸富",就是"盗贼"。①

传统的劳作生活内容,无非就是男耕女织。《元仓子》云:"男子不织而衣,妇人不耕而食。男女贸功相资为业。"显然,男耕女织,男女互相依靠,则被称为一种"圣王之制",也是传统生活的主要内容。这不能不提到饮食在一般民众生活中所占据的重要位置,以及农业与民众饮食生活之间密不可分的关系。明朝人马一龙在《农说》中有言:"农为治本,食乃民天,天界所生,人食其力。"徐光启正是从这句话的意思中,化出了下面另一句话:"君以民为重,民以食为天,食以农为本,农以力为工。"②民以食为天,而农业显然又是维持民众之食的根本。这已将"农政"与传统的民众生活的关系容纳其中。

明代的男子不乏从事织事,妇人也从事耕作,其结果却是男不得衣,女不得食。对此,明朝人田艺蘅感到疑惑,他推测,这或许是"撙节爱养之道"尚有未尽。③ 他的推测有一定的道理。原因很简单,晚明的社会正好处于一个从农业社会向商业社会过渡的时期。在这一时期,由于社会分工的不同,其劳作的方式,显然已不是简单的男耕女织,即使是男织女耕,也是一种合理的存在。但更为重要的是,劳作生活开始从男耕女织的"本业"扩大到了工商一类的"末业"。而在商业社会中,衣、食的取得,已与传统农业社会的自给自足完全不同:在传统的农业社会,只要勤俭,男子一心耕作,女子一意纺织,完全可以维持男有衣、女有食的生活;而在商业社会中,并非勤俭即可维持生活,尤其是致富,或许需要更多的智慧。

---

① 梁绍壬:《两般秋雨庵随笔》卷2《财色》,河北教育出版社1994年版,第131页。

② 徐光启著、石声汉校注:《农政全书校注》卷2《农本》,上海古籍出版社1979年版,第44页。

③ 田艺蘅:《留青日札》卷3《男耕女织》,上海古籍出版社1982年版,第156页。

自明代中期以后,社会发生了相当大的变化。这种变化同样反映在农业领域乃至农民的生活之中。正如明人陈以勤在奏疏中所言:"百年以来,末利大兴,游惰成习。田多汙莱,数口之家室无余蓄,重以急征横敛,愈不堪命。"[①]这已部分道出了农村贫富分化的实际以及导致这种分化的原因。具体来说,大致可以概括为以下两条。

其一,勤、惰是决定农民贫富分化的主要原因,尤其是在社会安定、朝廷赋薄徭轻之时,这种因素的作用更为明显。在中国民间,一向信奉勤俭才可以持家,乃至发家。这是传统中国最重要的观念,事实上有它的合理性成分。我们必须排除这么一种误解,认为农民的贫困化,主要导源于朝廷的横征暴敛或土地占有者的剥削。这样说并非是要否定传统社会存在阶级差异乃至剥削这么一种客观事实,而是想说明社会的复杂性。这就是说,同样处于这样一种社会环境中的农民,却出现了不同的结局。这就不能不思考其别有一种原因,而传统的说法,或许就有其合理的成分。明人蔡羽的分析,很有道理,引述如下:

> 民之贫富,由来尚矣。富者必起于勤,而贫者必由于惰业。故勤者日众日樽,以至盖其藏;惰者日荒日废,以至于流亡。是故贫者役于富,流亡者庸于土著,此利其利,彼资其力,亦犹农末相资而不相病也。[②]

显然,蔡羽视勤、惰为决定贫富的主要因素。明人沈榜也有相同的看法,认为"民生在勤,勤则不匮,而民性至愚,愚则易惰"。[③] 而在贫与富之间,不是一种简单的对立与冲突关系,而是一种互相依赖的关系,正如农与末之间可以"相资而不相病",同为一理。蔡羽的看法,看似简单,却是道出当时实情的大实话。因为他深知,贫且不良者乐乱,富者乐治,而且更加惜身。有司的责任,是合理保护这些以勤致富的力农之人,进而整治那些豪猾,不使他们以暴凌弱。

按照一般传统的观念乃至做法,一旦碰到民日就贫、海内空虚的状况,首先想到的就是认为百姓趋贫,都是因为巨室大家吞并所致,并简单地采取"裁富惠贫,裁贵惠贱,裁大惠小"这样一种策略。所有这些,在明代思想家黄绾看来,无疑是不识时宜的做法。他认为,不论富

① 张萱:《西园闻见录》卷32《劝农》,收入《续修四库全书》,上海古籍出版社2002年版。

② 张萱:《西园闻见录》卷96《政术》。

③ 沈榜:《宛署杂记》卷1《日字·宣谕》,北京古籍出版社1982年版,第8页。

贫、贵贱、大小,都是"王民",都应该一体视之,平等对待。治理天下的关键,所患的是人不能富、人不能贵、人不能大,若是设意裁抑,即使算是至公之举,也不是"王道"所宜。① 显然,这是替富民说话。

其二,商业的发展,引发了"末利大炽"。与农业生产领域只靠勤俭或老天吃饭的特点不同,商业领域更需要人们的智慧,也就更能分出成功者与失败者。

正如前面所述,沈榜固然也知道"民生在勤,勤则不匮"的道理,但他更看到了人们致富之路的日趋多样化,而并不是单纯勤力于农、桑。他记道:

> 今观衢术之交,绣窗绮席,曳罗衬锦,累褥重裀,而鹑结者尚次诸途,彼何有于桑?钟鼎水陆,鲭五侯,调易牙,箜弦优俳,杂遝竝进,而枵罄者尚叹诸室,彼何有于耕?即使国门之外,画地而畦,围堑而庄,疑于农业矣,而所植非珍果奇花,则蓝蓼卉草。何者?彼一畦之入,货之固抵阡陌也。山壑之民,岩居谷汲,披裘舐犊,疑于农业矣,而所治非薪厂煤窑,则公侯厮养。何者?彼丝毫之利,岁计固致倍蓰也。②

可见,致富确实已非一途。公、侯、官宦,因为其特殊的地位而致富,则固可不论,即使在公侯之家做一名厮养,也比力农致富容易。当然,从事手工业,诸如薪厂、煤窑一类,也是很好的致富路子。即使还是从事农业之事,也不再是种植粮食,而是种珍果、花卉,因为它们的收益更快、更大。在这样的时势下,难免人们弃农就贾,不再勤力于农,而是游惰于市。正如明代史料所揭示,"如今京师土旷人稀,一城之中,两县编民百无一二,非禁旅军匠受廪于官,即江南游贾居奇于市,皆仰公家之利者也"。③

商业化的结果,当然是农村人口的分化,乃至弃农就贾风气的形成,进而形成一些靠经商而发家的新的富民层。那么,财富与儒家所倡导的仁义之间究竟是怎样一种关系?早在明初永乐年间,郑棠就看到了为富者多行不仁的现象,深知"富"与"仁"之间是一种冲突的关系。他的认识显然基于这样的现实基础,那些致富之人,事实上尽是

---

① 黄绾:《明道编》卷4,中华书局1983年版,第45页。

② 沈榜:《宛署杂记》卷1《日字·宣谕》,第8页。

③ 张萱:《西园闻见录》卷96《政术》。

一些侥幸者,即所谓的"幸民"。为富不仁而得容其身,堪称幸也。《春秋》传中就有"善人在上,则国无幸民"之说,而幸民的存在,显然是政治之失的一种反映。但郑棠又不得不承认"人莫不欲富""富可以好礼"的道理,所以他在对"礼"的解释上,分明具有一种适应于民众需要的特色。他说:"礼者,养也,足以养安也,足以养口体也。"①将"礼"解释为"养",是人们生活的一种必需,与将礼解释为规范人们生活的一种准则相较,无疑是一大进步。

在晚明,货殖求富显然已经成为一种风气。传统的等级制度,从礼制的角度规范了不同阶层的身份与体面。但人富以后,就不会安于原来的体面,难免需要求得一种别人对自己的尊重。下面的一则笑谈,说明了一个暴富者的心态:

> 甲问乙曰:"我有千金,子敬事我乎?"乙曰:"子有千金,于我何有,何为敬事子?"甲曰:"我与子中分之,子敬事我乎?"乙曰:"中分,则我与子等耳,何为敬事子?"甲又曰:"吾全以千金予子,子敬事我乎?"乙曰:"子贫我富,子敬事我可也,我何敬事子?"②

笑谈的作者无非是想说明,单纯靠财富无法获取别人的敬重。但事实并非如此,在一个社会普遍以求利为风尚的时代,财富有时就代表了一种体面。即使仍为等级制度所限,无法获取应有的体面,同样可以通过捐纳获官而享受朝廷明文给予的体面。

明代布衣沈鉴记览博洽,但生活并不富裕,当时有"沈落魄"之称。有人问他:"今之居大位享大福者,未必有学问。有学问者多是贫贱无福,何也?"沈鉴答道:"有学问便是福,何须富贵!"这是传统学者所持的基本观念,亦即学问重于财富。

在中国隋唐以后的科举社会中,地位胜于财富。按照正统的马克思或韦伯的定义,阶级是以经济力量而定义的,可见,地位同样胜于阶级。换句话说,不管一个人或其家族在地方上因土地、财富及婚姻而享有多大的势力,这个势力却必须依赖政治力量的保障。取得政治力量的保障便必须有人当官,而当官最重要或最方便的途径便是在科举中取得功名。③ 可见,在传统社会,人的地位又高于财富。

---

① 郑棠:《道山集》卷2《道山杂言》,清活字本。

② 归昌世:《假庵杂著》,上海古籍出版社1983年版,第203-204页。

③ 李弘祺:《宋代官学教育与科举》,中译本导论,台北联经出版事业公司1994年版,第1-3页。

面对晚明的商业化浪潮,传统的学问、地位无不受到了质疑,而儒家伦理无疑也遭到了前所未有的挑战。明代的富人,随着时代的不同而有所变迁。按照明朝人所说,大体如下:弘治时世臣富,正德时内臣富,嘉靖时商人富,隆庆、万历时游侠富。无论富人是如何变迁,然其主要特点是"流寓盛,土著贫"。可见,嘉靖年间是明代商人地位日渐提高的起始阶段。[①] 这种挑战来自各个方面,而在"悭"与"富"的关系问题上,其表现尤为突出。在如何看待这两者的关系上,晚明就存在着两种截然相反的意见:一种认为只有悭吝方可致富,人富了以后一定会变得更加悭吝;而另一种则主张,求富有道,悭吝者不一定会致富,而人富了以后也不一定要变得悭吝。针对这两种看法,谢肇淛、顾大韶都提出了新的"原富"论。我们不妨顺着他们的逻辑思路作一分析。

从传统的观念来看,如汉人扬雄就说:"富无仁义之行,犹圈中之鹿、栏中之牛也。"显然,扬雄是主张以仁义致富,而且要求富人富而好礼。这种观念在明代的流衍,就是"德以聚金"和"德以居禄"。如田艺蘅说:"善者,羞德之不积,不羞金之不积;善贵者,耻德之不伙,不耻禄之不伙。德以聚金,则满不扑;德以居禄,则鼎不颠。"[②]对扬雄的这种说法,谢肇淛似乎仍处于一种两难的抉择。一方面,历史上或者明朝人致富的事实已经清楚地告诉他,"富者多悭,非悭不能富也",而如此致富的人,在谢肇淛看来,确实诚如扬雄所言,是"圈鹿""栏牛"。另一方面,他也不得不承认,以一个匹夫的身份而能做到富敌王公、权侔卿相,那么其人必然有非同寻常的见解。正是从这种角度出发,谢氏对司马迁惓惓于"货殖诸子"给以充分的理解。不过,谢氏的最大特点似乎已不再局限于本富与末富之间的争论,而是将致富之人及其致富之法,理智地区分为下面三等:一是像陶朱、计然,属于上等,他们观天时,逐地利,取予趋舍,动合权变;二是如卓氏、程郑之类,属于次等,他们的致富靠的是铁冶力作、织啬射利,贾行而市心;三是如石崇、王元宝之流,属于下等,他们倚权怙势,纳贿行劫,简直犹如豺狼。[③]

传统中国的民间谚语就说:"一毛不拔,人情也。"所以,凡是遇到公事征发,"必捶楚而后集"。正是从这前提出发,明人李先芳才真切

---

① 刘侗、于奕正:《帝京景物略》卷7《西山下·甕山》,北京古籍出版社1983年版,第308页。

② 田艺蘅:《留青日札》卷7《玉笑零音》,第282页。

③ 谢肇淛:《五杂组》卷5《人部》1,上海书店出版社2001年版,第90-91页。

地体会到，“富者益吝，见利真耳”。富人如何致富，其实就在于他们吝啬，而吝啬的前提就是为了维持自己的利益。维持利益，甚至“一毛不拔”，也是人之常情。①

顾大韶认为这两种说法都有偏颇之处。富人为人没有不悭吝的，但为人悭吝就不一定能致富。譬如一个人对一件物品有所嗜好，一定想得到它，就会细大不遗、坚韧不懈，然后才能感动上苍，也就是“格天”，而此物终究归入他手。可见，人欲致富，必须具备“略”与“察”两大品质。所谓“略”，就是谋略与才具；所谓“察”，就是观察、调查，做到明察秋毫，及时把握瞬息万变的市场最新动态，是一种判断力。因此，凡是善于致富之人，他们的才略足以致巨万，必然有惊人之处，而观察市场信息又能做到不失毫厘，然后才能有所成功。他们的观察已经达到了“不失毫厘”的程度，还会不悭吝吗？不过，顾氏又进而指出，才略足以赚取巨万之富，则不是徒凭悭吝就能做到的，而是因为有了明察秋毫的洞察力。②

传统的儒家致富论，显然建立在农业社会之上。正是在此基础上，造成了传统的致富思想具有以下两大特点：一是宣扬“本富”。明人敖英在《绿雪亭杂言》中对“富”字的解释，无疑堪称传统致富论的典型。他论“富”字道：“古人惟贵务农，故富从田。田从一口者，有田之入，又贵食之者寡也。”毫无疑问，从文字学的角度来看，这种解释明显是一种牵强附会。如《说文》释富曰：“备也。”《广韵》释富则云：“丰于财也，厚也。”《礼记·祭义》注更是说：“臣能世禄曰富。”尽管敖英的解释从字义上说不符合规范，但从道理上来讲确实如此。传统的致富论，所坚持的就是力农致富，或者说做官致富，也就是“臣能世禄曰富”。欲保持富有，除了力农之外，就是“贵人口之寡”。在人口不断增长的情况下，更只能以俭朴（也就是寡欲）保持原先的富有状态。③ 明末学者陈龙正也认为，“金非财，惟五谷为财”④。显然，也是将土地、五谷作为唯一的财富。二是强调“勤俭”致富。按照传统的观念，勤劳

---

① 李先芳：《李氏山房集》，《传类·石珠传》，收入《天津图书馆孤本秘籍丛书》，中华全国图书馆文献缩微复制中心 1999 年版。

② 顾大韶：《炳烛斋稿·原富》，清康熙十年（1671）顾晶、顾森刻本。

③ 郎瑛：《七修类稿》卷 39《诗文类·富字非义》，第 416 页；田艺蘅：《留青日札》卷 3《富贵贫贱穷通寿夭》，第 135-137 页

④ 李清：《三垣笔记》上《崇祯》，中华书局 1982 年版，第 7 页。

不仅是致富之本,而且成为“政治之本”。如明成祖就说要天下百姓都富而不穷,最重要的一点就是皇帝的勤政,也就是他所说的“朕劳而天下逸也”。正是在此说的基础上,成祖之后仁孝徐皇后(即徐达之女)才得出如下结论:“勤劳,政治之本也。”[①]又其中之“俭”,就部分包括了“悭吝”的道德品质。但传统儒家之俭,也就是悭吝,是对自己之悭吝,是对自己的一种道德苛求;而对于他人,则是一种“仁”,是一种基于“民胞物与”的仁者胸怀。显然,顾大韶的“原富”论,是以商业社会为土壤。在肯定俭的基础上,更强调的是“才略”与“明察”,而不是一味的勤劳。

儒家“五常”中,有一“智”。究竟是“愚蠢”能致富,还是致富靠的是智慧?这在明代的学者中也有争论。世间所传伪书《六韬》中记载了周武王与太公论贫富的一段话,其中太公将人家不富甚至贫穷的原因归结为“十盗”,依此为:计之不熟、收种不时、娶妇无能、养女太多、弃事就酒、衣服过度、封藏不谨、井灶不便、举息就利、无事烧火。这种说法尽管出自伪书,却已被明朝的士大夫奉为“治家之戒”[②]。这段话中充满了传统与近代的诸多冲突。其中主张勤俭、农业为本或者放弃高利贷取利之类,无不是传统致富论的反映。但值得重视的是,它将计划、谋略不熟归为人们贫穷的原因之一,显然已经部分强调了智慧的重要性,从而与传统的见解有所区别。富者多愚,非愚不能致富。这是从扬雄以来的传统见解,似乎也为明人谢肇淛所引用。[③] 但从谢氏将致富的上者列为“观天时,逐地利,取予趋舍,动合权变”看来,显然他对“富者多愚,愚者多富”之论,并非完全信服。真正解决这一矛盾,并将儒家伦理作一种新阐释的是顾大韶。

与此相应者,是如何看待“贫贱”与“富贵”之间的关系。在传统的社会中,在处理这两者之间的关系上,显然存在着两种截然相反的意见。一种认为“富贵不如贫贱”。这种观念,出现于五代之时,当时的士大夫就有言:“贵不如贱,富不如贫,智不如愚,仕不如闲。”这明显是传统士大夫消极乃至逃避责任的一种说法。[④] 换言之,这种说法是那些享受着现实的富贵生活的士大夫,在遇到仕途暂时的挫折之后所

---

① 仁孝徐皇后:《劝善书序》,载氏著:《劝善书》卷首,明永乐间刻本。

② 田艺蘅:《留青日札》卷26《十盗》,第861页。

③ 谢肇淛:《五杂组》卷5《人部》1,第91页。

④ 田艺蘅:《留青日札》卷3《富不如贫》,第137-138页。

发出的愤世之言,不过是一种"矫语",并非是真实的内心之言,更非至当之论。而另一种则主张"贫贱不如富贵",这显然是基于现实社会世态之上的通俗之言,是一种"俗语",尽管是俗语,却是一种真心话。道理很简单,贫贱之士,奔走衣食,妻孥交谪,亲不及养,子不能教,其乐何从谈起!事实上,在传统的圣人典籍或者圣人的话语中,也并非一概排斥富贵。如《易》云:"崇高莫大乎富贵。"孔夫子也说:"富与贵,是人之所欲也。"可见,圣人之心与常人并无殊别,关键是如何获取富贵以及如何看待富贵。是否一定要富贵至于极处,才可真正享受到生活的乐趣?在晚明的士大夫看来,也并非如此。明人谢肇淛就提出了一个介于"世俗"与"矫情"之间的一种折衷看法,也就是建立在一种基本的生活保障乃至富足之上的乐趣。他对这种乐趣作了如下形容:"惟是田园粗足,丘壑可怡;水侣鱼虾,山友麋鹿;耕云钓雪,诵月吟花;同调之友,两两相命;食牛之儿,戏着膝间;或兀坐一室,习静无营;或命驾扶藜,留连忘反。"①他认为,这才是真乐,与寻常的富贵之乐不同,也与贫贱人整日劳作奔走的生活有别,其乐不减真仙。毫无疑问,这还是有传统士大夫闲适生活观念的影子,却不能不说是晚明士大夫生活观念的一种转向。

在明代,最为百姓困苦的是徭役的繁重,这一点毫无疑问。但在如何处理或者均平赋役的问题上,显然也存在着两种不同的见解:一种是向着小民的利益,讲究均平徭役,甚至提出裁撤寄庄户的兼并,禁止质铺(即典当铺)的罔利;而另一种则是从深思远虑出发,不同于一般的浮见,认为应该扶植"富户"。后一种言论的广泛出现,事实上牵涉到一个如何致富以及如何看待富人的问题,显然是社会进步的一种新动向。

从社会的公正性原则出发,贫穷的小民百姓有他们生存的权利;与此相应,富民同样也有在遵守国家法律的前提下发家致富的权利。在明代这样一个正从传统的农业社会向商业社会过渡的社会里,由于传统法律制度本身所蕴涵的等级特点,事实上存在着诸多的不公正性。当然,也不排除富民在土地的兼并上以及致富的过程中利用特权非法获取"非利之利"的情况。在这种情势下,出现像海瑞这样的清官,也是理所当然的事。海瑞的人品已有公论,不必赘言。但海瑞在

---

① 谢肇淛:《五杂组》卷13《事部》1,第256、258页。

巡抚吴中之时所行的政策,其结果正如明人所言:“贫民有告富家者,必严法处之。一时刁讦四起,富户之破亡者甚众。”如何看待海瑞这一政策?这无疑是一种锄强抑弱、铲富扶贫之举,过去的论者显然给了其较高的评价。其实,这不过是一种儒家大同、平均思想的绪余以及梁山好汉的行径。换言之,海瑞之举,由绿林行之则可,由朝廷大员行之则不可;行之北方则可,行之江南则不可;行之明初这样的传统社会则可,行之明中期以后商业发展中的社会则不可。

明人何良俊出身于祖上几代担任粮长一职的富民家庭。他对海瑞的评价,显然代表了江南一些守法富户的基本看法,过去很不受到重视甚至忽略,这一点实在让人疑惑。何良俊承认海瑞的两大优点:一是个人品质的优点,即不怕死,不要钱,不吐刚茹柔,“真是铮铮一汉子”;二是政策上的本意,是“为民”,也是为了朝廷。但同时他对海瑞也提出了严厉的批评,主要也有两点:一是说他有些疯癫,寡深识,动辄要撒癫,殊无士大夫之风;二是海瑞虽爱民,但只是惯了“刁恶之人”,而不是那些善良百姓。海瑞审理案子的一贯方针,就是小民与富民打官司,不问其中理由,总是断小民获胜。这就导致了奸讦之风在江南一度盛行。而此风一起,“士大夫家,不肯买田,不肯放债,善良之民,坐而待毙,则是爱之而实陷之死也”①。

这种批评具有相当的代表性,它无疑代表了一大批生活在工商业相对发达的江南地区富户的意见。海瑞所行最大的失误,就在于“寡深识”,也就是不明白江南社会的具体特点。那么与海瑞之辈相反的“深识”,在明代又是如何?究其实,就是培植富户,而不是摧折富民。所以,当时也出现了很多重视富民的见解。主要表现在以下三个方面:一是肯定“寄庄户”一类富民的功绩,认为寄庄户是无田之人的“父母”,不但无害于民,而且有利于民,即使他们田连阡陌,有兼并之嫌,事实却成了无田者倚命、仰给之“父母”。二是肯定质铺是穷民的“箢库”。当小民有旦夕缓急之时,上既不能赉之,邻里乡党也不能助一臂之力,在这样的窘境下,小民可以从典当铺中取得一时的救急。三是肯定富民的存在,是地方社会稳定的主要力量。地方上有富民,小民可以从他们那里获得衣食。一旦遇到水旱之灾,朝廷可以向这些富民劝借,暂时济小民的缓急。尽管一村中有一富民,近村的田房不免慢

① 何良俊:《四友斋丛说》卷13《史》9,中华书局1983年版,第108-109页。

慢为其所占有,但其前提则是贫民自愿卖产,而卖给富民与卖给别人,其理相同。只要富民不是豪恶,不是非法夺取与占有,就应该肯定他们对田产或财富的合理占有。① 这是在对待富民问题上的一种新见解,显然与晚明社会的转向是桴鼓相应的。

商人伦理的建立

商业的繁荣以及由此而来的商人势力的增大,必然导致商人社团的出现。明代商人为了应付朝廷的税收及其相关事务,上自绮、缎、布帛,下至鱼、肉、果、菜,每行大多有自己的行业组织。无论是额定必须交纳的官税,还是在场、务现纳之税,商人均通过自己推举的"总办"一二人负责其事。因此,其惯行之例是地方官向行总要税,而行总再向各行摊派。② 商业行会组织的功能就在于此。

明代中期以后,商人社团已经跳出了原先简单的行会特色,进而成为商人保护自己利益的自觉性的团体。如委吾山在上河经商的商人,已达20家,虽是同行,且又同乡,但一直是处于一种相对涣散的状态,无法形成互相帮助的团体力量。于是,在周柱峰、殷三洲两人的倡导下,他们通过"会银"这种传统的合会之法,将这20家商人结成一会,使资金可以"圆转流通"。此会每年三次聚会,会时有饮,中有约制数条,而其宗旨则以"佑掖之义"相劝。③

商人社团一出现,就明显体现出一种不同于传统的文人、士大夫结社或民间社团的特点。它首先证明了这样一个相对通俗的道理:义以利兴,而利更可以资义。其次,在传统的社团中,每当聚会时,座次的排定,往往遵循的是尚齿或尚爵两条准则。而明代商人社团中座次的编排,则完全体现了一种赤裸裸的金钱特色,也就是以资产的多少来排座次。如真州"诸估为会,率以赀为差。上贾据上坐,中贾次之,下贾侍侧"。④ 这就是最好的例证,同样说明商人伦理在很大程度上不同于传统的儒家伦理。

---

① 相关的见解,可参见顾起元:《客座赘语》卷5《三宜恤》,中华书局1997年版,第162-163页。

② 张潮:《遵明旨陈时政以答天戒疏》,载孙旬辑:《皇明疏钞》卷22,明万历十二年(1584)刻本。

③ 严果:《天隐子遗稿》卷8《上河义举录序》,明悟澹斋刻本。

④ 徐学谟:《徐氏海隅集》卷34《潘汀州传》,收入《四库全书存目丛书》。

综合上面所论，在如何看待儒家传统"五常"的问题上，明代基本存在着四种看法：一是正如上文所言，全盘否定"五常"，并直接骂其为"五贼"。二是并非否认"五常"，而是剖析"五常"里面存在着的"五贼"。如吕坤对"五常"的看法颇为中庸，他不直接否定"五常"，而仅仅是承认"五常"中确实存在着"五贼"："私恩煦感，仁之贼也；直往轻担，义之贼也；足恭伪态，礼之贼也；苛察岐疑，智之贼也；苟约固守，信之贼也。"[①]显然，他将这"五贼"仅仅视为后世儒者用来训世的东西，而不是圣门之正。三是从正、反两个方面对"五常"进行重新的评价。如庄元甫就对仁、义、礼、智、信"五常"，提出了新的看法，从正、反两个方面给以重新的剖析。他说："仁、义、礼、智、信，犹天之五材也，能生人，亦能杀人。"[②]四是对"五常"逐条进行理智的分析，否定其中的仁、义、礼，肯定其中的智与信。

毫无疑问，商人伦理的重建，显然无法绕开对儒家伦理的重新审视。那么，对传统儒家的"仁义道德"与富、贫之间的关系，究竟应作如何看待？明人李乐的看法，显然颇能揭示出两者之间的紧密联系。他说：

> 家有仁义道德，则其富不骤，其贫不促，自然气象悠长。若无仁义道德，则其富也勃焉，其贫也亦忽焉。[③]

李乐之说既保留了传统的成分，也即重视仁义道德，轻视致富。但他所提出的这种社会现象，也是明代商业发达以后一些工商业者必须思考的问题，这就是如何在传统的儒家伦理之上建立起一种符合商人精神的新伦理。

李乐所思考的问题，其实已经由他的老师唐枢作了回答，这就是商人应该建立起自己的信用。据史料记载，唐枢有一位同宗的侄子打算经商，苦于没有资金，就与唐枢商量。唐枢就对他说："汝往市中问许多业贾者，其资本皆自己有之，抑借诸富人者乎？"他的宗侄就去了一趟市场，并作了调查，回来告诉唐枢："十有六七是从富人那里借来的资本。"唐枢就说："富人有本，只欲生利，但苦人失信负之尔！未暇求本，先须立信；信立，则我不求富人，而富人当先觅汝矣。"[④]这一段记

① 吕坤：《呻吟语》卷1《内篇·谈道》，上海古籍出版社2001年版，第55页。

② 庄元臣：《叔苴子内篇》，载伍崇曜辑：《粤雅堂丛书》，清道光、光绪间南海伍氏刻本。

③ 李乐：《续见闻杂记》卷8，上海古籍出版社1986年版，第711页。

④ 李乐：《续见闻杂记》卷9，第745页。

载充分说明,富人资本,只求生利,这是一种必然。经商之前,在资本的获取上面,首先就应该建立起一种信用。显然,唐枢见解的可贵处,就在于他已经清楚地认识到信用在借贷制度上的重要性。所谓的信用,原本只是儒家仁、义、礼、智、信五常之一,而在此已被提高到商人的一种精神,并成为重建商人伦理的基础。

明末以来善书与功过格的流行,显然也证明了善行、美德与致富之间,尽管存在着矛盾,但亦有相合之处。包筠雅在《功过格:明清社会的道德秩序》一书中,对明清时期所广泛流行的善书尤其是功过格进行了系统的研究。她认为,17 世纪的善书与功过格反映出一种对加强基于互惠观念的社会等级制度理想的极度关心。[①] 功过格所反映的是一种对财富与善之间关系的矛盾情感。这种矛盾情感体现在下面两个方面。

首先,功过格的思想逻辑显示,财富是对善的奖励,而功过格作者在把要求大量花钱(并且经常获得很高的功德分)的事例包括进功过格时,他们承认,对于富人来说,行善通常更容易,而且行善可以带来在财富上更大的回报。

其次,他们又不得不怀疑富人的道德能力,特别是那些以商致富的人。如清初陈智锡著有《劝戒全书》。在书中,他有两个基本的观点:一是商人们应该凭慷慨或小心诚实而获得奖励,这虽然很高尚,却很不利于做生意。二是他明确承认金钱可能具有道德价值的同时,也明确强调了商业与美德的不相容性。这就是说,即使商人职业与实践美德不是互相排斥,也是不容易协调的。显然,商人行善便是一种奇迹,因为对致力于牟利的商人来说,对他们的善行不可能要求太高。

总体上说,功过格当然并没有公开鼓励为了商业投资而积累资本,相反,财富只有当其被投资到道德上时,即用于积功时,才是有价值的。事实上,在晚明商业化浪潮的冲击下,“成人”与“自在”之间确实已成为一对相当突出的矛盾。明代的俗语就说:“成人不自在,自在不成人。”其意无非是说,人生在世,哪个是自在受用的?这正好与明代普遍崇尚的“人生自适”的观念成一鲜明的对比。在中国流传的佛

---

① [美]包筠雅(Cynthia J. Brokaw)著,杜正贞、张林译:《功过格:明清社会的道德秩序》,浙江人民出版社 1999 年版,第 212-213、224-227 页。

书，其中就有言："积财不散者，自己无份，五家子有份。"[1]佛家所谓的"五家子"，就是指水、火、盗贼、县官与恶子。从其本意来看，佛家显然也是主张"散财"，藉此积善。此外，明代普遍流行的佛教善、恶观念也无不是为了支持一种"成人"之美德。如月峰和尚就说："有益于人是善，有益于己是恶。"如何在成人与自在之间找到一个均衡点？明末学者陈龙正以三句比较粗浅的话给以表述，这就是："富贵的，大家放宽些；贫穷的，各人要安分；中等人家，不要奉上欺下。"[2]这显然是基于明代社会阶层的基本分布以及由此而来的不同社会阶层的心态差异而说的。传统社会的分层，无非就是三等：富贵、贫穷、中等人家。各自的社会境况，决定了他们各自的心态以及为人处世的态度。富贵的除了骄人之外，甚至为了追求更大的富贵，可以做出刻薄人的行为；贫穷的看到那些富贵人的生活，总会生出一些不安分的想法，甚至产生那种"王侯将相，宁有种乎"，或者"彼可取而代之"的念头与行为；而那些中等人家，见了比自己强者就奉迎，而在那些贫穷者的面前，又是一副盛气凌人的样子。

在晚明，"人生适己"的观念正在蓬勃发展，而"成全他人"的观念也是如火如荼，两者虽然有重大的冲突，却又都在适应着当时的社会现状，并全都落实于社会的实践之中。晚明社会在各个层面的世俗化特点，以及以行善为目的的"同善会"的广泛盛行，[3]无不说明了晚明社会的复杂性。所有这些善观念及其实践，显然又与传统的财富观念是桴鼓相应的。传统的观念认为，人从禀受之初，他所该得的财帛、金宝都是有"分限"的，也就是命中财物皆有"定数"的观念。这犹如载重量为万斛的船只，只可容纳万斛，如果超载，船就会沉没。于是，像唐朝人的小说中，就出现了"掠剩使"这样的说法，如果一个人的财物稍过其分限，上天就会派一个使者下来，将其多余之财掠去。而明代民间一直也流传一种"散财获福"的说法，其目的无非是倡导一种"好

① 佛书之说，可参见朱升：《朱枫林集》卷3《跋静山遏籴歌》，黄山书社1992年版，第47页。

② 陈龙正：《政书·乡筹》2《同善会讲语》，载《几亭全书》，收入《四库禁毁书丛刊》，北京出版社2000年版。

③ 陈龙正：《政书·乡筹》2《同善会讲语》。

义而疏财”的风气。[①] 善书之盛行,善会之建立,以及商人普遍参与这些慈善活动,无不证明明代的商人阶层在致富发家之后,同样希望在与传统伦理获得妥协的前提下,建立属于自己的伦理。

结束语

费孝通将社会区分为下面两种:一是“礼俗社会”,二是“法理社会”。前者并没有具体的目的,只是因为在一起生长而发生的社会;而后者则是为了要完成一件任务而结合的社会。[②] 明代正处于从礼俗社会向法理社会转型的过渡阶段,如何看待作为礼俗社会思想基础的儒家伦理,这无疑牵涉到中国近代化历程的具体走向。

儒家思想与中国近代化历程之关系,前人的研究成果基本表示了两种截然相反的意见。一种意见认为,儒家思想完全阻碍了中国近代化的进程。如马克斯·韦伯认为,理学(Neo-Confucianism)是把传统奉为神圣不可侵犯的教规。[③] 费正清也认为,理学是“桎梏中国人思想的枷锁”,是一套“僵死的价值观念”,根本无法使中国近代化。[④]

沟口雄三研究中国思想史,有其独特的视角。他一方面以亚细亚主义的立场,另一方面从多元的世界主义的立场来理解相对于欧洲文明而言、具有独特性的中国文明的固有价值,并努力阐明中国之内在的、独特的历史发展过程。[⑤] 沟口雄三同样主张儒家思想对资本主义生产关系起到一种阻碍作用。他认为,儒家思想深深地渗透到官僚、知识分子阶层中,其传统之深厚阻碍了对欧洲近代法契约思想的吸取。此外,儒家否定“私”及“专利”而重视“公(二均)”的大同思想,与宗族、血缘的共同关系,阻碍了个人主义与私有财产权的确立,推迟了资本主义生产关系的确立。总而言之,儒教思想与伦理成了近代资本

---

① 相关的记载,可参见何良俊:《四友斋丛说》卷10《史》卷6,第84页。

② 费孝通:《乡土社会》,北京大学出版社1998年版,第9页。

③ 关于韦伯这方面见解的评述,可参见[美]柯文(Cohen, Paul A.)著、林同奇译:《在中国发现历史——中国中心观在美国的兴起》,中华书局1991年版,第72-73页。

④ 关于费正清这方面见解的评述,可参见[美]柯文(Cohen,PaulA.)著、林同奇译:《在中国发现历史——中国中心观在美国的兴起》,第72-73页。

⑤ [日]沟口雄三著、赵林译:《中国的思想》,中国社会科学出版社1995年版,第2页。

主义输入的阻碍者。①

另一种意见认为,儒家思想有利于中国的近代化。如狄百瑞坚持认为,理学并非"始终不渝地为维持现状服务",它"也能成为对现存秩序的一股批评力量"。展望未来,狄百瑞满怀信心地预测:"中国人民的新经验最后将被认为在很大程度上是从内部涌现出来的事物,而不仅仅是由外部激发的革命。"②

如何看待这两种观点,无疑需要对传统及近代化问题进行一些理性的分析。首先,近代化本身不是一蹴而就之事,而是有一个过程。正如赖泽涵在《我国社会科学研究的未来趋势:以儒家思想与近代化为例》一文中所言:"近代化是一个过程,它应该不是终点。"③其次,儒家传统不是一成不变的死物,而是一个动态的变迁体。王赓武在《中国的历史学家与中国早期对外关系的性质》一文中,恰恰发现了下面有趣的现象:人们往往认为,中国人对外国有一种传统的看法,它是固定的、一成不变的。然而,仔细研究一下有关这方面的中国著作,就会发现并非如此。中国与其他国家的实际关系,很多是与儒家理论背道而驰的。重要的是要注意到,有关对外关系的儒家理论也曾经经过长时期的演变发展。④ 赖泽涵在上文中也认为,中国的传统并不是单纯的,"它是一个复杂且富有动态的现象"⑤。乔健在《中国文化中的计策问题初探》一文中更是认为,中国社会和别的社会一样,应该像维克多·吐勒(Victor Turner)所说,"是一个变形的世界(a world in becoming),而不是一个定形的世界(a world in being)"。事实上,任何社会的存在永远只是一个持续不停地变动的过程(process),任何想从"社会结构"的静态研究中获得一个社会的真相的努力都似刻舟求剑,必然都是徒劳无功的。⑥

---

① [日]沟口雄三著、赵林译:《中国的思想》,第79页。

② 关于狄百瑞这方面见解的评述,可参见[美]柯文著、林同奇译:《在中国发现历史——中国中心观在美国的兴起》,第72-73页。

③ 杨国枢、文崇一主编:《社会及行为科学研究的中国化》,台北"中央"研究院民族研究所1982年版,第63页。

④ 王赓武著、姚楠译:《历史的功能》,中华书局香港有限公司1990年版,第87页。

⑤ 杨国枢、文崇一主编:《社会及行为科学研究的中国化》,第63页。

⑥ 李亦园、乔健合编:《中国的民族、社会与文化》,台北食货出版社1981年版,第1页。

正是基于上述事实，再综合参考诸家之说，从中不难发现，儒家传统的伦理道德，固然与商业经营存在着诸多的冲突，但明朝人也清醒地认识到，儒家“五常”中之智、信，同样适合经商的实际需要。换言之，儒家伦理只要得以创造性地转化，完全可以适应中国这样迥然不同于西方文化的近代化的需要，并由此建立起一条中国独特的近代化之路。进而言之，既然近代化是一个过程，那么在这一过程中，儒家传统不免会与这一进程产生一些冲突，这已是不争的事实。与此同时，却又不得不承认，无论是儒家阵营中所产生的异端力量，还是那些正统的理学家，在面对商业化浪潮的时候，无不都有应对这种社会转变而产生的冲动甚或理性的观念。这就是说，儒家传统在这一进程中同样在悄悄发生一些蜕变。传统致富论在明代的历史转向，显然证明了这种蜕变的存在乃至其实际价值。

三、自我与社会:以自传文为例

前 言

按照文化人类学的观点,个体的人格有无意识与意识两个部分,而意识部分尚包括人们对自己整体观点,即“自我观念”(self cocept)。自我观念以别人对自己的看法为基础。在自我观念的形成过程中,个体通常会选择与强调他们的一些人格特质,而个体所强调的人格特质往往与社会中常见的文化价值观念一致。① 社会则是依成员们的互助形态来定义的团体,凡是拥有相同的、特定的文化共识及行为模式的人,就属于同一个社会。② 而社会又可细分为两种:一种并没有具体目的,只是因为在一起生长而发生的社会,即所谓的“礼俗社会”;而另一种是为了完成一件任务而结合的社会,也即所谓的“法理社会”。③

众所周知,儒家学说一直被认为是道德教化的灵魂源泉,而且也是中国各派学说理想与实践的知识根本。儒家学说的根本原则,就是一个好的社会必须是一个和谐协调而又等级分明的社会,而其实现则是纪纲、礼治的维持与稳定。④ 如果按照上述文化人类学或社会的理论来剖析传统中国社会,那么正如费孝通所言,从基层上看去,中国传统社会具有一种“乡土性”特征。⑤ 在家族、乡党、行会等这些面对面团体里,个人被紧紧束缚着,而且得到官府的支持。⑥ 换言之,在乡土社会这种富于伸缩性的网络里,一切价值是以“己”作为中心的主义。这不是个人主义,而是自我主义。⑦

---

① [美]Michael C. Howard 著,李茂兴、蓝美华译:《文化人类学》,台北弘智文化股份有限公司 1997 年版,第 380 页。

② [美]Michael C. Howard 著,李茂兴、蓝美华译:《文化人类学》,第 30 页。

③ 费孝通:《乡土中国》,北京大学出版社 1998 年版,第 9 页。

④ 相关见解,可参见李弘祺:《宋代官学教育与科举》,台北联经出版事业公司 1994 年版,第 3-4 页。

⑤ 费孝通:《乡土中国》,第 6 页。

⑥ 林端:《儒家伦理与法律文化——社会学观点的探索》,台北巨流图书公司 1994 年版,第 29 页。

⑦ 费孝通:《乡土中国》,第 28 页。

传统中国的文化,“社会优先性”无疑是其文化的根本性内蕴。在这种文化里,个人的价值在于他能够牺牲“自己”,顾全“社会”。但正如有些研究者所指出,只要是“人”,就会有“自我实现”“自我完善”或“出人头地”的个人成就动机。① 若欲考察传统中国人之“自我”以及与“社会”的互动关系,无疑“自传文”就是一个最好的范例。自传是使自我进入历史的方式。在一些自传中,传主认同于社会或藉由此一社会所定下的规范,丧失了自我。自传在描摹或回顾自己的个人生活或心路历程时,这是主体化的过程,也是自我丧失的过程。② 这仅仅是问题的一个方面。事实上,一部分的自传作者鉴于与现实社会的矛盾冲突,只好在自传的回忆与叙述中逃避社会,从而凸显自我。

尽管传统中国的历史进程步履缓慢,但到了明代,无疑出现了一些新的气象。朱元璋建立大明帝国以后,以汉代的刘邦为榜样,并与历朝统治者一样,尝试着为子孙后代建立稳固的江山基础。明初改制,初期沿用元代之制,不久逐渐加以改变,进而形成了新朝自己的特色。③ 明太祖朱元璋在重建专制主义中央集权的过程中,与浙东诸如刘基、宋濂等儒家学者有着相同的眼光与看法。换言之,一方面,这些浙东儒家学者为专制权力的建立作了理论上的准备;另一方面,明太祖对专制的看法则比儒家学者更甚。④ 于是,明初的儒学呈昭苏之象。自1380或1390年以后,由于方孝孺等新一代儒学精英的崛起,儒学发生了极大的转变。他们修改明初儒学的理论错误,摧毁极权主义者赖以生存的道德和政治结构,并创建了一个新的规范秩序。⑤

---

① 杨中芳:《本册内容简介》,载杨中芳、高尚仁编:《中国人·中国心——人格与社会篇》,台北远流出版事业股份有限公司1991年版,第10-11页。

② 陈玉玲:《寻找历史中缺席的女人》,台湾南华管理学院1998年版,第17页。

③ Albert Chan, *The Glory and Fall of the Ming Dynasty* (Norman: University of Oklahoma Press, 1982), p.12.

④ John W. Dardess, *Confucianism and Autocracy: Professional Elites in the Founding of the Ming Dynasty* (Berkeley: University of California Press, 1983), pp.133, 184.按:关于明太祖朱元璋与儒家知识分子之关系,可参见钱穆:《读明初开国诸臣诗文集》,载《新亚学报》,6卷2期(1964年),第245-346页;赵令扬:《论明太祖政权下之知识分子》,载《寿罗香林教授论文集》,香港万有图书公司1979年版,第191-194页。

⑤ John W. Dardess, ibid, pp.264-290. 相关的阐述,亦可参见萧公权:《圣教与异端——从政治思想论孔子在中国文化史中的地位》,载氏著:《迹园文录》,台北联经出版事业公司1983年版,第48页。

自明中叶以降，在经济、社会与文化诸领域，更是出现了突飞猛进的历史性转变。这已为众多的历史学者的研究所证实。明代自传文的大量出现，固然是中国文学传统的延续，但也与明代社会与思想、文化风气的转变桴鼓相应。尤其是自王学崛起以后，明人自我意识、主体意识逐渐向自传文渗透，更是明代自传文的一个重要特征。下面以自传文为例，探讨明代思想与文学中的自我与社会，以及社会、思想、文化与文学的互动关系。

自传文及其演变

自传是传记的一种。从文学的角度来说，中国传记体的文章，大体可以分为三类：一是史书上的传记，称为“史传”，以《史记》《汉书》为代表；二是史书之外，一般文人学者所撰写的散篇传记，简称“散传”，如传、状、碑、铭、自序等；三是用传记体虚构的人物故事，实际上是传记小说。① 在此三类以外，也有学者将以下两类文体归入传记的范畴，使其分类更趋严谨化：一是杂传，也可以称之为“类传”，如《古列女传》《唐才子传》②；二是专传，指篇幅较长的中篇以上的单人文学传记，如《大唐三藏法师传》。

在古代希腊，传记也是一种年轻的文学体裁。它和肖像、雕塑一样，也是直到公元4世纪才产生，而且长期被认为是一种无足轻重的文学体裁。普鲁塔克是最早撰写常人传记的作家，他的《希腊罗马名人传》，按照公民的标准挑选人物，对人物的行为作出道德的心理判断。英国伟大的戏剧家莎士比亚的名剧《儒力斯·凯撒》和《安东尼与克丽奥巴特拉》直接取材于这部名人传记。不过，这部传记的出现，已

---

① 褚斌杰：《中国古代文体学》，台北学生书局1991年版，第443-444页。

② 韩兆琦：《中国传记文学史》，河北教育出版社1992年版，第3-5页。按：这种类传，在西方的传记史中也存在过。如在中世纪的西方，就出现了不是描述圣者的生活而是描述圣者圣洁的“圣者传”。这正好与传统中国之《儒林传》与《理学宗传》一类如出一辙。当然，传统中国的类传，在明代也发生了一些细微的变化，亦即以人物个性特征分类并详细记述此类人物个人生活的传记的出现，其最具代表性的著作，就是阎秀卿的《吴郡二科志》，以狂、简二科分述人物，使传主的个性稍显活泼。相关的资料与介绍，可参见［苏］伊·谢·科恩（И.С.КОН）著、佟景韩等译：《自我论》，生活·读书·新知三联书店1986年版，第132页；陈宝良：《悄悄散去的幕纱——明代文化历程新说》，陕西人民教育出版社1988年版，第51页。

比中国的司马迁晚了200多年。[①]

从语义来看,西方autobiography(自传)一词,其产生也是近代以后的事。罗伯特·弗尔肯夫利克(Robert Folkenflic)在他所编的《自传文化》一书中,对此语汇的出现作了深入的探讨。按照他的观点,1786年最早出现了Autobiographical Narrative这一形容词;18世纪后半叶,在英国、德国已偶或可见autobiography以及它的同义词self-biography;而在法国,则更是迟至19世纪30年代才开始使用这一词汇。显见,这一语汇于1 800年前后出现,无疑与自传的概念本身在当时已得到确定有关。[②] 日本学者川合康三在对中国自传文学的研究中,也引用了罗伯特·弗尔肯夫利克的说法。[③] 又据日本学者中川久定的研究,以卢梭为先导的欧洲近代自传,形成于18世纪末至19世纪前半叶,正好与autobiography一词的出现相吻合。[④]

由上述分析可知,从英文autobiography一词的词源来看,自传其实包括三个方面的要素:一是"自我"(self),二是"生活"(life),三是记录(writing)。[⑤] 换言之,自传是"自己"(auto)对于个人生平(bios)的"书写记录"(graphia),即自述生平的著作。自传真正的核心是"自我",是"现在的自我"对"过去的自我"的诠释,透过所选择的事件、角度以及想象力的包装,描绘出"自我的形象"。[⑥] 换言之,自传是以编年史的结构叙述外部的和内部的生活事件。所有这些形式都以或大或小的真实性和准确性,叙述过去的生活,刻画往事。作者的思想和感情当然与过去相连,而自传内容的精髓无疑是以自我为中心。[⑦] 追溯中世纪以来自传的发展,无不说明它是人类精神的历史,反映了人

---

① 萧关鸿:《中国百年传记经典》第1卷,编者序,东方出版中心1999年版,第1页;[苏]科恩:《自我论》,第115页。

② Robert Folkenflic, *The Culture of Autobiography* (Stanford: Stanford University Press, 1993), pp.1-20.

③ [日]川合康三著、蔡毅译:《中国的自传文学》,中央编译出版社1999年版,第6页。

④ [日]中川久定:《自传の文学》,东京:岩波书店,1979年版。

⑤ James Olney, "Autobiography and the Cultural Moment: A Thematic, Historical, and Bibliographical Introduction," in James Olney (ed.), *Autobiography: Essays Theoretical and Critical* (Princeton, New Jersey: Princeton University Press, 1980), p.6.

⑥ 陈玉玲:《寻找历史中缺席的女人》,第2-3页。

⑦ [俄]尼·别尔嘉耶夫(Nikolaj Berjajew)著、雷永生译:《自我认识——思想自传》,序言,上海三联书店1997年版,第5页。

类从教条到更大的个人价值的上升过程。

威廉·马修斯(William Matthews)对英国计7 000余部自传文献进行了系统的分析,从中发现其中超过90%的作品是19世纪或20世纪的产物。18世纪大概有400部,17世纪约为200部,17世纪以前几乎没有。鉴及此,他得出这样的结论:当自传成为近代社会和知识趣味势不可当的反映时,它在英国的开端应断在17世纪。[①] 当17世纪时,在西方自传文学中出现了大量的加尔文派传教士作品(写于1725年前的清教徒自传有220余部传世),这是一些宗教性质的忏悔录和回忆录,以自传作者的"改宗"为中心。[②] 换言之,17世纪那个时代的自传,仅具宗教性、说教性的性质,或者另外作为家族史的私家记载。正如亚伯拉罕·考利(Abraham Cowley)所指出:"欲让一个人写他自己,确实是一个困难而又须慎重的话题。这会刺激他自己内心说一些贬低自己的话,或者读者可以听到一些赞扬他自己的话。"[③]这就是说,假若以"自我"与"主体"的凸显作为标准,那么自传无疑应起于18世纪后半叶。

值得指出的是,自传文学的历史远非自我意识发展史的同义语。除了社会历史和心理方面的差异而外,自传文学还有自身的但依然是历史的体裁的规律性。从这种观点出发,来追溯西方自传文学史的发展轨迹,同样也可以发现,自传文学在西方具有悠久的传统。相较而言,传统传记作品中的性格是"展示的",不是在时间中形成的。但是,对行为动机的兴趣也引起了"可否用同样的态度对待自己的生活和他人的生活,亦即对己对人的问题",从而使自传文学这种不同于传记的另一种特殊体裁的产生创造了心理条件。在古代希腊或罗马,个人自传性的著作,主要有奥维德和普罗佩提乌斯的诗体自传,大马士革的尼古拉的《著述自传》,公元1世纪犹太史家约瑟·弗拉维的《生平》和加伦的自传体札记。但在这些自传中,自传不是目的本身,而是作者生平主要事业的继续、完成或补充。而在米什写的大部分作者文学专史中,从公元6世纪到15世纪(意大利部分到1350年止),这时期内仅有七部较有分量的作者著作,即使再把标准放宽一些,为数也不

① Doireann MacDermott (ed.), *Autobiographical and Bibliographical Writing in the Commonwealth* (Sabadell: Editoril AUSA, 1984), p.7.

② [苏]科恩:《自我论》,第175页。

③ Doireann MacDermott, ibid., p.8.

过八至十部而已。[①]

反观中国自传文学的历史,固然与西方的自传文学存在着很多的相异性,但就自传文中自我主旨的变迁而言,也有一些共同之处。关于中国自传的起源,一般认为屈原的《离骚》可以作为中国自叙体自传的滥觞。[②]《离骚》被人誉为一首自传式的长篇政治抒情诗。诗中所述,既有作者的服饰、爱好和志趣的描写,又有作者的心灵世界,无疑具备了自传文性质的自省精神。由于全诗以抒情为主体,而且诸如生平事迹、诗人自己的政治活动及其他生活内容着墨不是太多,尚无法称为严格意义上的自传文。[③] 又据刘知几的《史通》,其后有司马相如的自叙。然因司马相如的"自叙"已失传,于是司马迁的《太史公自序》也就成为现存最早的自序。

自序是旨在反映史书作者有关情况的一种体例,显然它是有别于普通列传的一种特殊列传。[④] 司马迁《太史公自序》一篇的出现,事实上开创了中国自传文的一个传统。透过司马迁以书籍形式自述生平的这种描述主体,蕴藏在其背后的无疑是司马迁父子被自己所属世界否定的特殊体验。继司马迁之后,以"自序"形式叙述自己生平者,有班固的《汉书·叙传》,王充的《论衡·自纪》,曹丕的《典论·自叙》,葛洪的《抱朴子·自叙》,江总的《自叙》,刘知几的《自叙》,李清照的《〈金石录〉后叙》以及文天祥的《〈指南录〉后叙》。这种自传文体,影响及于近、现代,如顾颉刚之《〈古史辨〉自序》,冯友兰之《三松堂自序》,确乎可谓一脉相承,从中可以考知传统中国的学术与文学传统。

除自序体自传外,以第三人称述志书怀的自传文体,则由陶渊明《五柳先生传》开其先端。继此篇之后,后世多有仿作,如唐代王绩的《五斗先生传》和白居易的《醉吟先生传》。[⑤]

自撰墓志,也是中国自传文学的一种特殊体裁。据传统的说法,自

---

① ［苏］科恩:《自我论》,第115-116、138页。

② ［日］川合康三著、蔡毅译:《中国的自传文学》,第9页。

③ 陈海兰主编:《中国传记文学发展史》,语文出版社1999年版,第13-14页。

④ 关于自序此类文体,可参见王锦贵:《中国纪传体文献研究》,北京大学出版社1996年版,第167-168页。

⑤ 韩兆琦:《中国传记文学史》,第176-177页。

撰墓志始于汉代杜邺。[①] 不过,按照日本学者川合康三的观点,杜邺这篇临终绝笔,仅仅属于“遗言”性质,与自撰墓志尚有一定的区别。[②] 照理说来,墓志铭、哀辞、祭文、吊文一类文体,究其功能,是生者用来哀悼死者,并追述死者生平足迹、事业功绩。而自撰墓志,即作者必须设想自己已经死了,是以一个死者的身份并用死者的眼光,来回顾、观照自己的一生。从杜邺的临终所为文来看,尽管尚未自名其文为“自撰墓志”或“自祭”,却正好符合用死者眼光观照自己一生的特点,无疑可以视之为自撰墓志、自祭文的雏形。其后,晋陶渊明有《自祭文》及《拟挽歌辞》三首,可以说是最早的自我凭吊之文。真正以自撰墓志为名,较早者有隋代之李行之,而较为著名的自撰墓志,则为唐王绩的《自作墓志文》。[③] 一至明代,自撰墓志蔚然成风。后当详细申论,在此不赘。

除上述这些自传文外,还有一种带有自传性质的自传诗。据谢思炜的考察,蔡琰的《悲愤诗》是世界上最早出现的自传诗。[④] 在白居易之前,已有一些“写真诗”,即吟咏照镜感想的诗作。一至中唐,请画工为自己画像,亦即写真的风气,在士大夫中颇为流行,导致写真诗的盛行。这些诗虽不能说是完整意义上的自传,但确乎可以视之为与自传毗邻的“自画像”(autoportray)。它的出现,无疑与这一时期自传文学新的胎动声息相通。[⑤]

在中国的自传文学传统中,有些虽未题写“自传”的名称,实际却是自传文。如曹操的《让县自明本志论》,自叙了他大半生的经历,并坦率地表明了他志向的发展过程,生动地画出了他的自我形象,因此也可归属于自传性作品一类。又如明末清初黄宗羲之《怪说》一篇,名

---

① 清人王士禛云:“《西京杂记》云:杜子夏临终作文曰:‘魏郡杜邺,立志忠款,犬马未陈,奄先草露。骨肉归于后土,魂无所不至,何必故丘。然后即化,封于长安北归,此焉宴息。’此即后人自祭文、自撰墓志之始。”见氏著:《香祖笔记》卷 7,上海古籍出版社 1982 年版,第 123 页。

② [日]川合康三著、蔡毅译:《中国的自传文学》,第 118-119 页。

③ [日]川合康三著、蔡毅译:《中国的自传文学》,第 120、131-135 页。

④ 谢思炜:《论自传诗人杜甫——兼论中国和西方的自传诗传统》,载《文学遗产》,1990 年第 3 期。

⑤ [日]川合康三著、蔡毅译:《中国的自传文学》,第 167-169 页。按:中世纪的西方,同样流行一种对个人感兴趣的肖像画。见[苏]科恩:《自我论》,第 143-144 页。

之为“说”,然究其内容,实亦可视之为自我写照的自传。①

尤堪注意者,一至中唐时期,由于“我就是我自己”观念的出现,随之也就产生了对自己以及对所有人类新的认识方式。这种观念、认识的产物,就是“自传”这一用语正式出现于作品的标题上。这种以“自传”命名的自传文,陆羽《陆文学自传》可称开风气之先,继之者有刘禹锡的《子刘子自传》。②

宋代以后,由于理学的出现及其定型,使士大夫的人格越来越类型化。道学之士,大多为人拘谨,规行矩步,甚或迂阔,完全是一副行若土偶或道貌岸然的样子。他们过的是一种严肃、乏味的生活,从而与活泼泼的风流生活无缘。受这种理学禁欲思想的影响,使宋代以后的自传文也日趋类型化,亦即大多把自己归属于某种已经固定的人物模式,而其描摹手法,也是承继有余、创新不足。③ 宋代以后,尽管如自序、《五柳先生传》或自撰墓志一类的自传文仍不绝如缕,但一如陆羽、刘禹锡自传中所反映的独具面目个性而自殊体段的人物形象,则已寥若晨星。

物极必反。理学生活的过分压抑以及对自传文活泼之性的摧残,无疑预示着一个具有多样化的自传文的黄金时代即将来临。明代自传文的勃盛及其丰富多彩,无疑已经证实了这一点。

明代的自传文

从自传文学变迁规律来看,明代无疑是中国自传文学史上的兴盛时代。尤其是晚明,更堪称“中国自传的黄金时代”。④ 毋庸讳言,内地已经出版的一些有关传记或自传文学的论著,对明代的自传文的价值缺乏足够的重视。韩兆琦所著《中国传记文学史》、陈海兰主编之《中国传记文学发展史》,尽管已经注意到明代传记文学的新特点,举

---

① 韩兆琦:《中国传记文学史》,第167、423-424页;褚斌杰:《中国古代文体学》,第448-449页。

② [日]川合康三著、蔡毅译:《中国的自传文学》,第170-172页。

③ [日]川合康三著、蔡毅译:《中国的自传文学》,第206页。

④ Pei-Yi Wu, *The Confucian's Progress: Autobiographical Writing in Traditional China* (Princeton: Princeton University Press, 1990), p.xii, 207. 按:Wu Pei-Yi所谓的晚明,其时间的限定为1566年邓豁渠编成《南询录》始,到1680年王时敏去世。尽管下限所定已延宕至南明或清初时期,但从张岱的《自为墓志铭》等独具个性的自传文来看,清初的自传文对晚明确乎有一种继承性,理应将其视为一个延续的时代整体。

凡散传出现新的繁荣,传记文学更多地注意商人和下层平民,野史传记空前繁盛,艺术塑造上形象更为真实、更接近生活,描写更细腻、语言更为明达通俗。但对明代大量出现的自传文,或略而不论,或语焉未详。日本学者川合康三所著《中国的自传文学》,虽多获创见,但所述亦以宋代为下限,而对明代自传文,仅涉及张岱的《自为墓志铭》,似乎至明以前已戛然而止。说到对明代自传文的注意,杜联喆所辑录的《明人自传文钞》一书,可谓功不可没。正如房兆楹(Chaoying Fang)为此书所作序中所言,此书虽名为钞书,是一种资料的辑录,但确乎"自己方便,与人方便",甚至可以引起"各种深博的探讨"。[①]

明代(尤其是晚明)自传文的繁盛,究其原因,可概括如下:一是历史的承袭。自司马迁创《太史公自序》此类自传文体以后,其脉一直延续不断。至明,此类自传文已是瓜熟蒂落。明代自传文的泛滥,不能不考虑到这种历史的承袭性。二是明代士人好名之习,导致自传文广泛出现,而且影响及于一般的僧人甚至商人。明人李乐记明代文士互相标榜、言过其实之例道:"文士各成一家言,其足耀今垂世者不少,然互相标榜,或至失实者,亦有之。李于鳞集雄视海内,不待言。汪司马道昆序之曰:前汉两司马,昭代一攀龙。斯二言也,其可为千古不磨之论乎?"[②]明人好名之习,这从明人文集的泛滥已可见一斑。自传文之作,尽管传主大多申明仅仅是为了传给子孙后代,但此类自传文,大多刻之文集,未尝不是为了使自己的大名垂之青史。三是自传文的特点,说明了个性价值和对自己的"自我"兴趣的提高。有论者认为,在东方专制主义的桎梏下,传统中国出现了三次注重个人、自我的浪潮:在六朝,产生了新的文学类型,发展了肖像艺术,产生了自画像,个体的自我成为哲学分析的对象;在唐代,由于人的问题引起重视,佛教大大超过了儒家;在明代,则以王阳明、王艮尤其是李贽等主观唯心主义派哲学家为代表。[③] 自明中期以后,个性趋于解放,人格趋于独立,难免会对文学造成一些渗透性的影响。

随着时代的递嬗演变,士大夫形象也日趋多样化。在明代,理学

① 杜联喆辑录:《明人自传文钞》,房兆楹序,台北艺文印书馆 1977 年版,第 1 页。

② 李乐:《见闻杂记》卷 5,上海古籍出版社 1986 年版,第 451-452 页。

③ [苏]科恩:《自我论》,第 85-86 页。

家已不再成为士人的典范。[①] 离经叛道者反而成为新的典型，一些超然物外、放浪形骸的文人更是领导着社会的时尚。而晚明所出现的很多个性张扬的自传作品，无疑是这种社会时尚的产物。

明代自传文的作者，已经扩大到社会的各个阶层，而已非知识阶层的专利。在一些自传文的作者中，有皇帝、文臣、武将，也有僧人、布衣，甚至商人；有文人，也有理学家。在有科名的文人中，也是进士、举人、贡生、生员各色俱全。更引人瞩目的是，明代出现了妇女所作的自传以及妇女自己所画的自画像，[②]这不能不说是一个新的动向。为示明晰，下据杜联喆《明人自传文钞》，再加之其他资料，[③]列表统计如下：

明人自传文传主身份统计表　单位/人

身份	皇帝	武将	布衣	僧人	商人	进士	举人	贡生	生员	荫	不详
人数	1	1	6	6	1	83	16	4	15	2	17

明代的自传文，除了继承自古以来自传文学传统以外，其种类更趋繁多，具体可以区分为下面几类。

(一)自传

这是传主生前替自己所作的传记，多采用第三人称的手法。如王师道，号寻阳子，作有《寻阳子传》；宋濂，有《白牛生传》；杜文焕，有《元鹤逸史传》；胡应麟，有《石羊生小传》；张大复，有《病居士自传》；陈中州，有《太鹤山人传》；陆树声，有《九山散樵传》；黄省曾，有《临终自传》；钱世扬，有《畸人传》；释智旭，有《八不道人传》。[④]

---

① 明代理学之士生活拘谨，反对“戏谑”，可举吕柟为例：“先生曰：‘今之戏谑者，皆好名嗜利之徒也。’何子柏斋曰：‘奚至是乎？’曰：‘既欲谄乎俗，又欲献乎敏。献其敏则欲有闻，谄俗则思固位。误天下苍生者，皆此夫也。’”见吕柟：《泾野子内篇》卷1《云槐精舍语》第3页，中华书局1992年版，第13页。

② 如贵州布政使马拯之妻邢慈净，写有《自述诗》，描写了她与马拯宦游，乃至马拯死后自己与孩子的流离生活，大体上可以视为她本人的自传。又明末江夏女子周照，精于绘画，绘有一幅自画像，名《坐月浣花图》，画中周照双鬟如雾，烘染欲绝。参见厉鹗：《玉台书史》，载虫天子编、董乃斌等校点：《中国香艳全书》五集卷1，团结出版社2005年版，第1册，第522页；汤漱玉：《玉台画史》，载《中国香艳全书》十集卷1，第2册，第1169页。

③ 杜联喆辑录：《明人自传文钞》；《自志》，载王国平、唐力行主编：《明清以来苏州社会史碑刻集》，苏州大学出版社1998年版，第92-93页。按：这篇自志，就是一位商人的自传。

④ 均见杜联喆辑录：《明人自传文钞》。下所引出自此书者，不再注明。

(二)自叙

以自叙为题,回顾自己一生的自传文,在明代仍十分普遍,包括自叙(序)、自述、六十自序、自状等。如王时敏,有《自述》;文元发,有《清凉居士自序》;李廷机,有《自状》;李堂,有《堇山居士自述》;张洪,有《自序》;钱有威,有《自叙》;释大善,有《溪巢自述》。

(三)自寿文

每遇生辰诞日,传统的中国人均有做寿之习。而在文人的交往中,例有贺寿序文,甚至贺寿之诗。这是他人对主人的论评,在贺寿的气氛中,当然不乏献颂之辞。而在明代,则流行一种自寿文、自寿诗,亦可归入自传一类。如陈献章,有《六十自寿》诗。[①]

(四)自撰墓志铭

按照中国人的传统观念,人活一世,生、死乃两件大事。生有做寿之习。死后,在明清两代同样流行做冥寿,[②]而生忌之祭,则为做冥寿之流亚。

在明代,无论文士,抑或一般民众,多崇尚达生之说,在生前即自备棺椁,行丧礼。如杭州有一曾姓人,中年"备棺椁,凡魂轿、明旌、鼓乐,皆悉营办。诸子衰执杖引棺,已肩舆随后,至西湖之别墅,至棺中庭,遣诸子归"。[③] 相同的活人出殡之例,在明代尚有很多,不妨再引一例以说明之:

> 史痴翁常预出生殡,已杂宾客中,步送出南门,一时传为奇事。万历中,齐府一宗人仿而行之,治丧七日,宾客往吊,命其婢妾号哭,恸者赏之以金,不则詈而挞之,曰:"我在尔尚且不哭,矧异日身后耶?"殡日,极仪物之盛,已自乘笋舆随其后而观之。虽事出不经,要之达生玩世,异之世之老病而讳言死亡者矣。[④]

可见,活人出殡,即所谓的"生殡",在明代颇为风行。明人之达生玩世,于此可见一斑。从某种程度上说,自撰墓志在明代的盛行,其实就

---

① 陈献章:《陈献章集》卷5,中华书局1987年版,第443页。

② 祝冥寿之说,在明末清初即有其例,而在清代已相当流行。分见俞樾:《春在堂随笔》,新文化书社1934年版,第77-78页;徐珂:《清稗类钞》,《风俗类·冥寿》,台北商务印书馆1983年版,第9页。

③ 袾宏:《竹窗三笔·今日方闲》,台湾印经处1958年版,第177页。

④ 顾起元:《客座赘语》卷7《生殡》,中华书局1997年版,第221页。

是这种达生观念的产物。关于明人自撰墓志之风，史料有如下揭示：

> 自撰墓志，示不求于人。自卢苑马壁、黄吏部甲、杨太学希淳外，如王佥宪宪麟，年八十三，王太守可大，年七十九，皆自草志，而太守之铭文尤为奇伟。许奉常毂亦自草行述。至刘清惠公，又预求王公廷相作墓铭，此公惯作此出尘外事也。[①]

其实，自草墓志，及自撰生圹、自为生志、自志或自制塔铭，在明代相当风行。举例来说，方鹏，有《矫亭先生生圹志》；朱纨，有《自撰圹志》；邵经邦，有《弘斋先生自志铭》；孙艾，有《西川居士自为生志》；释真一，有《自制塔铭》；刘野亭，有《自制墓志》；[②]卜舜，有《自为墓志铭》；[③]罗钦顺，有《罗整庵自志》；[④]张岱，有《自为墓志铭》。[⑤]更有甚者，吴明卿自作生穴，旁边盖上一座祠庙，并题其柱曰："陶元亮属自祭之文，知生知死；刘伯伦荷随行之锸，且醉且醒。"[⑥]

（五）自祭

祭文、吊文、哀辞、诔，均属于死者生前友好及门生弟子对死者的一种哀悼、怀念，奉于灵前。归属于悼念性质者，尚有挽诗。按照一般的说法，挽诗盛于唐，而寿诗则至宋方盛。[⑦]明人风气，一等人死，死者子孙均会请一些当朝显宦或文坛大佬作祭文，于是明人文集中此类祭文、吊文陈陈相因，遂成一应酬俗套，失去了死者功名实绩、个性成长的真实。而死者生前自作祭文、吊文，虽未盖棺，却对自己作一论断，无疑更多地带有一些活泼泼的个性。

在明代，属于此类自祭性质的自传文，亦复不少，如方鹏，有《自祭文》；王祎，有《自述诔》。

（六）自赞

自画像，始于六朝。而写真及写真诗，则盛行于唐朝。明人画像，或称朝服像、喜容像、待漏图像，或称小像、小影。写真像尽管亦有自画之例，然以请画工描摹居多。像成以后，自作赞辞一篇，或题于画像

---

① 顾起元：《客座赘语》卷7《自草墓志》，第215页。

② 何良俊：《四友斋丛说》卷8《史》8，中华书局1983年版，第68-69页。

③ 钮琇：《觚賸》卷2《泥无身》，上海古籍出版社1986年版，第29页。

④ 罗钦顺：《困知记》，附录，中华书局1990年版，第199页。

⑤ 张岱：《琅嬛文集》卷5，岳麓书社1985年版，第199-201页。

⑥ 朱国祯：《涌幢小品》卷6《圹对》，中华书局1959年版，第131页。

⑦ 平步青：《霞外攟屑》卷7上《寿文入集不始震川》，中华书局1959年版，第477页。

上,或录于文集中,此即所谓“自赞”,亦属自传文之一种。

明人以自赞为题之自传文,分别可列举如下:丁奉,有《朝服像自赞》《喜容像自赞》;于谦,有《小像自赞》;支大纶,有《自题小像》三首、《自题待漏图像》;王直,有《自赞小像》;徐渭,有《自书小像赞》;冯梦祯,有《自赞小像》;释德清,有《自赞》31 首;胡世宁,有《自赞》;[①]郑晓,有《自赞》一篇。[②]

(七)自讼

画像之赞词,虽多称“自赞”,有对过去的自己作一肯定的一面,然亦有对过去行为的忏悔,甚至否定。如胡世宁自题其像曰:“信而未孚者,多言也;正而未谅者,多戏也;周而若比者,好称人之善也;恕而若刻者,多发人之奸也;过而有甚于此者,轻贱粗疏也。然而无一长可取欤?曰瞒人之事弗为,害人之心弗存,有利于国之事虽死弗避,三者吾将持是以终身焉。”[③]换言之,在解剖过去的自我的过程中,自己之长,当然要持之终身;而自己气质之偏,亦尽可悔改。

毫无疑义,这种具有自责意味的自赞文的发展,必然导致自讼、自诅、自责、自誓一类自传文的广为出现。讼者,责备也。自讼之意,出典于《论语·公冶长》:“吾未见能见其过而内自讼者也。”说得通俗一些,就是今天的我与过去的我打笔墨官司。诅者,意即祝诅。以言告神曰祝,请神加殃曰诅。所谓自诅,这是一种自我的忏悔,请求神灵惩罚。可见,此类自传文,是对过去自我的忏悔,以及通过内心的自我省察,发现自我中的不是处,进而在神前立誓悔改。

在明代,以自讼、自诅命名的自传文,可举例如下:王畿,有《自讼长语士儿辈》;黄道周,有《自诅》;释袾宏,有《大师自责篇》。

在西方,曾经普遍流行忏悔录式的自传。欧洲早在 11 世纪初就已经有以第一人称撰写的忏悔性圣歌和祈祷词。在 12 世纪,由于“外部”忏悔和“内心”忏悔的区分,个体忏悔(区别于集体忏悔)逐渐推行

---

① 李诩:《戒庵老人漫笔》卷 1《胡端敏自赞》,中华书局 1982 年版,第 40 页。

② 郑晓:《端简郑公文集》卷 8,收入《四库全书存目丛书》,台南庄严文化事业有限公司 1997 年版。

③ 李诩:《戒庵老人漫笔》卷 1《胡端敏自赞》,第 40 页。按:明人画像自赞中,多含有自责的意味在内,说明明人有进取的一面。如于谦《小像自赞》云:“遭时明盛,滥厕缙绅,上无可以黼黻皇猷,下无以润泽生民。噫,若斯人者,所谓生无益于时,死无关于后,又何必假粉墨以写其神邪!”见杜联喆辑录:《明人自传文钞》,第 3 页。

开来。到了17世纪,又出现了带有大量宗教性质的忏悔录。[①] 就以忏悔录为形式的自传文而言,显然奥古斯丁与卢梭为这种形式提供了最出色的典范。[②] 在明代,大量出现此类自讼、自诅性质的自传文,不能不说是明代思想史与文学演变进程中的一种新动向。

(八)自撰年谱

在明代的自传文中,有一种《履历记》,与年谱颇有相似之处,但比年谱更为简略。弘治十五年(1502),王恕作《石渠老人履历略》,其言曰:"予以菲薄荷蒙列圣知遇,得行其志,历官一十九转,食禄四十五年,宠锡如此,始终保全如此,感激莫既,补报无由。敬述履历受恩之略,以寓不忘之意云。"[③]罗钦顺亦作有《整庵履历记》一篇,自述其缘起曰:"余平生无可称述,惟是履历之概,不可不使吾后人知之。居闲无事,时追忆其一二,识之于册,事物系于其年,辞则悉从其实而已。"[④]显然,履历略、履历记一类,也属以年系事。然所记之事,不过追忆其一二,当然不及年谱之详。

年谱为个人编年史的一种。以年系事,概述谱主一生之行事与业绩。自撰年谱,或为谱主夸耀成就、宣扬业绩;或为自记生平以垂告子孙或希望载入家谱,藉以传流;或为一生遭遇坎坷,志不得伸,藉自编年谱以发泄自己胸中的郁闷不平之气。[⑤] 不论出于何种目的,自撰年谱无非是为了求得表现的目的,自我意识较为浓厚,亦属自传文的一种。

在明代,自撰年谱者,主要有如下几人:杨继盛,作《自著年谱》;魏大中,作《廓园自订年谱》;郑鄤,作《天山自叙年谱》。

(九)日记与尺牍

日记与尺牍,是最能反映作者个性的作品之一。日记不属于自传,但在西方一般也归于以自我中心论为特色的自传文之列。[⑥] 明人

---

① [苏]科恩:《自我论》,第138、175页。

② [俄]尼·别尔嘉耶夫著、雷永生译:《自我认识——思想自传》,序言,第5页。

③ 杜联喆辑录:《明人自传文钞》,第41页。

④ 罗钦顺:《困知记》,附录,第200页。

⑤ 来新夏、徐建华:《中国的年谱与家谱》,台北商务印书馆1994年版,第8、14-16页。

⑥ [苏]科恩:《自我论》,第176页。按:在法国,最为流行的是阿米尔(Henri Frederic Amiel)、纪德(Andre Gide)的日记。见[俄]尼·别尔嘉耶夫著、雷永生译:《自我认识——思想自传》,第5页。

王志坚认为，日记是“真性所流，便是世间真文字”。[①] 就尺牍而言，虽从中可以发现作者活泼泼的个性，同样是以自我为中心的文体，但尚不可归于严格意义上的自传文。

明代的日记，可举李日华之《味水轩日记》、潘允端之《玉华堂日记》为例。而尺牍，当以清初周亮工所辑反映明末清初文人实况的《尺牍新钞》为集其大成。

正如鲁迅所言，一个人的言行，总有一部分愿意让人知道，或者不妨给人知道，但有一部分却不然。欲了解“这人的全般”，就不能不注意尺牍，因为从中可以看出这人“社会的一分子的真实”。[②] 原因很简单，诗文小说戏曲都是做给第三者看的，尽管艺术更加精练，但似乎多少有一点做作的痕迹，而尺牍只是写给第二个人，日记则是给自己看的。因此，与别的文章相较，日记、尺牍可以更鲜明地揭示作者的个性，“自然是更真实更天然的了”。[③]

(十)其他

在明代，有些文章，虽不自称“自传”“自叙”“自祭”之类，然从其内容来看，自亦可归于自传文一类。如方鹏《更号顺受翁记》，记自己原本号“矫亭”，后因自己的人生经历，举凡少年“不利于场屋”，壮年“不利于仕宦”，退而再召，又“不利于当道”，得悟人生新真谛，萌发出对天命逆来顺受的思想，于是改号“顺受翁”。[④] 可见，此篇虽记个人别号的更改，然亦可从中窥见其人格的变化，自可列于以自我为中心的自传文。此外，如何孟春的《别号燕泉说》，袁黄的《立命之学》，严嵩的《别号志》，甚至前述黄宗羲的《怪说》，均可等同视之。

以自我为中心的自传文，其最大的价值无疑在便于后人考察明代文学中自我的演进。关于此，在后面将以专节详细讨论。值得指出的是，此类自传文尚具丰富的史料价值，分别胪列如下。

其一，从自传文可以考见明代豪族势力与地方社会的关系。文元

---

① 张大复：《梅花草堂集》卷10《日记》，收入《笔记小说大观》，江苏广陵古籍刻印社1983年版。

② 鲁迅：《孔另境编〈当代文人尺牍钞〉序》，载吴子敏、徐迺翔编：《鲁迅论文学与艺术》，人民文学出版社1980年版，下册，第906页。

③ 周作人：《日记与尺牍》，载刘应争编选：《知堂小品》，陕西人民出版社1991年版，第107页。

④ 杜联喆辑录：《明人自传文钞》，第13页。

发《清凉居士自序》记：

县(指金华府浦江县——引者)多豪大家，每持县事。县官至，先以利尝之，不可则以势劫之，又不可，则讦之于上，而构去之。以故县官稍下者遂食其饵，断断者不能善罢。①

这篇自序，真实地反映了明代豪强把持地方事务的实况。

其二，虽说文人好言贫，但确实也与文人生活的艰窘有关。朱一是《欠庵传略》，真实地揭示了明季士人处馆生活的窘况：

吾馆于葛氏，一日归，橱无握粟，仅余糠秕三升，杂以鹅肠菜作饼，余及妻妹对食，味苦涩，妻且咽且吐。惟食母以四粉果，母半以幼妹，易饼食之，曰儿诚孝，是亦甘旨矣。②

下层士人吃糠咽菜的生活，于此可见一斑。当然，上层士人因有较为雄厚的经济基础，就可免于哭穷，甚至做到"口不言贫"。譬如，文徵明之孙文元发，以恩贡任浦江知县，其《清凉居士自序》记其生活来源道：

有田三百亩，足以供朝夕，草堂一区，岁时伏腊，烹鸡刍酒，足以备祭祀，此其家不贫。③

其三，在自传文中，亦可考见明代思想史的实际面貌。李廷机《自状》言："穿衣吃饭夜眠晓起便是道，便是仙佛。"④足见王学崛起以后，其学说向深层次发展。杜文焕《元鹤逸史传》，自述其有《三教会宗》一书，又有意"函三为一"，说明晚明三教合流已相当盛行。⑤冯梦祯《自赞小像》，记其曾得达观禅师所赠白衲一袭，为此常披白衲，自号"真实居士"，⑥于此亦不难发现晚明士人的信禅之风。

其四，自传文的内容，多有涉及民间风俗与生活者。譬如，文元发《清凉居士自序》记其母钱孺人殁死一节，言："俗云：若亲子饮澡水(即浴尸后之水——引者)者，即死无地狱之苦。"⑦可见，当时民间丧礼，基本受到宗教风俗的影响。王祎《自述诔》一文，记算命之事道："日者以支干推定祸福生死，谓吾年日皆庚，迪千丙，岁在阏逢，丽于鹑

① 杜联喆辑录：《明人自传文钞》，第7页。

② 杜联喆辑录：《明人自传文钞》，第65页。

③ 杜联喆辑录：《明人自传文钞》，第9页。

④ 杜联喆辑录：《明人自传文钞》，第106页。

⑤ 杜联喆辑录：《明人自传文钞》，第125页。

⑥ 杜联喆辑录：《明人自传文钞》，第285页。

⑦ 杜联喆辑录：《明人自传文钞》，第6页。

火，其弗延矣。”[①]陈际泰《陈氏三世传略》，记其小字“三婢”：“从女，贱者之称。以老年得子，故贱之甚，爱之甚也。”[②]从中可以考见明代小名之命名习俗。又陈际泰《陈氏三世传略》，记其儿时读《三国演义》而忘食挨打之事，说明通俗小说在儿童中已相当流行。又从《三国演义》“书上截有人马相杀事”的人物，而“人物下截”则为文字，[③]更可证实明季已有专为儿童设计的上图下文的连环画一类小人书。钱世扬《畸人传》，记其母夫“奉竺乾之教，喜檀施，倾赀弗吝”；又记其母夫人从刘家河渡海去普陀进香，[④]反应了明代妇女与宗教之关系。

思想中之自我

自传文的历史演进固然是文学史的组成部分，然自传文以自我为中心的特点，说明它同样是思想史发展的重要内容。换言之，文学中的自我与思想中的自我，别具一种互相渗透的关系。唯有彻底探讨文学中的自我，方可对思想中的自我有更深入的了解。而明代自传文的繁盛，从思想史的背景来看，适值自我逐渐觉醒、主体意识日渐高涨之时，无疑提供了解剖自我及其与社会互动关系的一个很好的范例。

一般论者认为，在儒家的学说中，个人意志与自我从属于基本的家庭关系和社会关系，而黄老思想则将个人意志和自我认识从属于自然进程。两者均消除个人意志，把自我放在次要的位置。[⑤] 狄百瑞(Wm. Theodore de Bary)从“为人之学”与“为己之学”的理性区分中，确立了中国儒家思想内在逻辑意义上的“自由”传统。[⑥] 这是狄百瑞见解的高明处。然揆诸明代思想、文化的实况，其自由的传统，一方面是反理学保守主义、蒙昧主义，恢复孔子、孟子以来原始儒学的传统，亦即狄百瑞所谓的“自由”传统。但这仅仅是思想更新乃至解放的第一步。另一方面，明代思想演进接下来的一步，也是真正关键的一步，

---

① 杜联喆辑录：《明人自传文钞》，第 49 页。

② 杜联喆辑录：《明人自传文钞》，第 246 页。

③ 杜联喆辑录：《明人自传文钞》，第 249 页。

④ 杜联喆辑录：《明人自传文钞》，第 350 页。

⑤ [美]宋格文(Hugh T. Scogin Jr.)著、李明德译：《天人之间：汉代的契约与国家》，载梁治平编：《法律的文化解释》(增订本)，三联书店 1998 年版，第 324 页。

⑥ [美]狄百瑞著、李弘祺译：《中国的自由传统》，香港中文大学出版社 1983 年版，第 13、16-17 页。

则是走出儒学的藩篱，跨向更具实质意义的“自由”，举凡人格的独立、思想的活跃。但正如萧公权所说，中国文化的多源性，无疑决定了异端学说的重要性。在中国思想中，固然以儒家思想为主潮、正宗，但仍不乏“持之有故，言之成理”的次流、小宗。[①] 明代“自由”思想的演进历程，同样可以证明儒家以外各种思想的影响力。究其原因，一方面在于明人兴趣之广泛，正如清初李光地所言：“明朝人样样皆求通，故皆不透。”[②]这固然说明明朝人学问有浅薄的一面，却正好证实明人兴趣相当广泛。另一方面，随着晚明诸子学的复兴[③]，明人学问更趋驳杂，“务旁求百家杂撰”，尤其喜读《世说新语》，终于养成一种“简傲”[④]。显见，晚明自我意识的高涨，同样受到了“百家杂撰”之学的熏染。

明代思想史的演进证明，只有冲破程朱理学的藩篱，自我意识才能崛起甚至高涨，人性方可获取部分的自由。明初朱元璋立国，重新建立了统治全国的专制主义中央集权，对思想文化的钳制尤为严厉。与这种严密的政治统治相适应，在思想文化领域内，学术上承袭元代，尊重程朱理学，处于一种“述朱”时期，缺乏个人的新颖发挥。明成祖藉修《五经大全》《四书大全》《性理大全》以赢得“正统”的地位，而正如有的学者所指出，三部《大全》的纂修，其中多少保留了一些汉、唐的古义。[⑤] 但值得指出的是，三部《大全》的正统地位一旦确立，并成为士子科举仕进的必读之书，无疑也就最终奠定了以程朱为代表的宋学的官学地位。

尊崇传统的伦理规范，亦步亦趋，这在传统的道德之士看来，堪称“质行之士”。在明初文化专制强盛的时代，“共学之方”是文化保守最显著的表现。而一旦出现“同异之说”，设立“颛门之学”，就表明文化剧变行将来临。这种学术风气的转变，实肇端于陈献章，集大成于

---

① 萧公权：《圣教与异端——从政治思想史论孔子在中国文化史中的地位》，载氏著：《迹园文录》，第 36 页。

② 李光地：《榕村续语录》卷 16《学》，中华书局 1995 年版，下册，第 782 页。

③ 关于晚明诸子学的复兴，可参见陈宝良：《悄悄散去的幕纱——明代文化历程新说》，第 140-143 页。

④ 薛冈：《天爵堂文集笔余》卷 1，载《明史研究论丛》第 5 辑，江苏古籍出版社 1991 年版，第 328 页。

⑤ 相关探讨，可参见林庆彰：《〈五经大全〉之修纂及其相关问题探究》，载氏著：《明代经学研究论集》，台北文史哲出版社 1994 年版，第 33-59 页。

王阳明。[①]

陈献章学术思想的精髓,在于蔑视一切已有的经典规范,甚至糟粕六经,一切自我得之,以提高匹夫匹妇的地位。这不但有对宋人怀疑态度的承袭,更是将学问直接孟子,甚至将“己”或“我”提高到作为判别学术是非的准则。陈献章认为,道应该“自我得之,自我言之”。不然,“辞愈多而道愈窒,徒以乱人也,君子奚取焉?”[②]这种学问中“自我”的力量扩大,就是一种“觉”的状态:“人争一个觉,才觉我大而物小,物尽而我无尽。”[③]“吾自信吾”,这是一种“为己”之学。[④] 既然学须“为己”,那么,一切均须以“自心”为学问的安顿处,于是难免会对过去的经典持有一种怀疑的态度。这就是陈献章所谓的“学贵知疑”,小疑则小进,大疑则大进。而疑者,“觉悟之机也”。[⑤] 其结果,是将过去的经典载籍视为陈迹、糟粕,[⑥]进而肯定匹夫匹妇,承认他们“胸中自有全经”。[⑦]

陈献章的出现,无疑打破了明初程朱理学一统的沉闷局面,使自我意识得到了部分的扩张。而王学的崛起,则将证明在明代学术史上出现一个“颛门之学”的时代已成定局。换言之,自王阳明出,明代学术始成“一家之言”“颛门之学”。在“我”中希求主体,将本来的人间状态发挥到更具体的自我的现在状态之中,从而将本来性引入到自己的现实之中。这种自我的努力,从思想史的角度而言,无疑至王阳明已达到顶峰。王学的出现,成就了明代学问的一个最大特点,也即自出机杼。关于此,清初学者李光地揭示道:

> 有明一代学问,凡前人说过的话,便不屑说,却要另出意解。郑世子、韩大司马、杨椒山讲乐,一无承受,直接虞舜;王阳明讲

① 日本学者岛田虔次、沟口雄三的研究证明,在明初,如宋濂、吴与弼、陈献章之辈,均将“我”当作圣人的具体表现,具有心学的部分色彩。见[日]沟口雄三著、陈耀文译:《中国前近代思想之曲折与展开》,上海人民出版社1997年版,第56页。

② 陈献章:《陈献章集》卷2《复张东白内翰》,中华书局1987年版,第131-132页。

③ 陈献章:《陈献章集》卷3《与林时矩》,第242-243页。

④ 如陈献章诗云:“人非为己终无得,我与先生似有缘。”载《陈献章集》卷5《代简答林蒙庵,用前韵》,第435页。

⑤ 陈献章:《陈献章集》卷2《与张廷实主事》13,第165页。

⑥ 陈献章诗云:“千卷万卷书,全功归在我。吾心内自得,糟粕安用耶?”载《陈献章集》卷4《藤蓑》,第288页。

⑦ 陈献章:《陈献章集》卷1《夕惕斋诗文集后序》,第11页。

学,便似从孔子后,到他方明白。[1]

王阳明虽是正统的讲学家、道学之士,决定了他的理想也是以继承道脉为宗旨,然在为人方面,王阳明却不乏“机智”的一面,与一般理学家的拘谨、方正迥然不同。[2] 这是自我意识的表现,从而与正统理学家在大事前一筹莫展、只会尽愚忠者有本质的区别。

阳明学的历史作用主要体现在以下两个方面:一是尊重自我之悟,较之孔子之是非更重视吾心之是非,否定经书超历史的绝对化、权威化,从而导致了价值观的多样化;[3]二是满街都是圣人的乐观主义人性论,促进了一切愚夫愚妇(明末甚至奴仆)承担秩序的自觉性,以致平民在秩序的形成上所起的作用,至明末以降具有飞跃性的发展。一方面,这是执政者将民众纳入上下秩序中;另一方面,在秩序形成中民众开始具有主体性。

李贽的出现,使儒学自我在明代思想史的发展中开始滑向个人主义。一方面,李贽崇尚“狂狷”的人格,[4]承袭了王艮以来那种认为自尊、自我甚至于私利俱为一切道德根源的传统,也继承了泰州学派所崇拜的那种勇于自任、以拯救世界的英雄,即勇于殉难的豪杰;另一方面,李贽一切所为,均以自我、自己为中心,甚至自私自利。譬如,他著书,无藏之名山、垂名后世或者藉此救国、挽救世风的理想目的,而是“求以快乐自己,非为人也”[5];自称生就一副“大胆”,读书也自具心眼[6];他甚至宣称,自己“以自私自利之心,为自私自利之学”[7]。李贽对自己的才、胆、识也相当自许,自认为有“二十分才,二十分胆,二十分识”[8]。正是基于对自我有深刻认识之上的自信。从这些方面来看,

---

① 李光地:《榕村语录》卷22《历代》,中华书局1995年版,上册,第404页。

② 清人李光地云:“姚江机智却有,若姚江为武穆,恐十二金牌召他不回。”(《榕村续语录》卷8《历代》,下册,第667页)这不是李光地以小人之心度君子之腹,而是说明王阳明虽身为正统的讲学家,却在行为上又有为人“机智”的另一面,即“正”与“谲”并行。

③ 林庆彰认为,阳明讲“经学即心学”,说明阳明的思想理路,直接契会先秦的孟子,从而对朱子的权威确实造成了不少的冲击。参见林庆彰:《王阳明的经学思想》,载氏著:《明代经学研究论集》,第61-77页。

④ 李贽:《焚书》卷1《与耿司寇告别》,中华书局1975年版,第61-77页。

⑤ 李贽:《焚书》卷2《寄京友书》,第79页。

⑥ 李贽:《焚书》卷6《读书乐并引》,第226页。

⑦ 李贽:《焚书增补》卷1《寄答留都》,第265页。

⑧ 乐纯:《雪庵清史》卷2《清供》,收入《北京图书馆古籍珍本丛刊》,书目文献出版社1988年版。

狄百瑞将李贽称为王阳明与王艮弟子中最个人主义和最放纵不羁的一个[①],无疑是符合历史事实的真知灼见。正是在这些方面,李贽的个人主义,与王阳明及泰州学派的人道主义便有了明显的区别。

一至明季,虽有朱健对这种个人主义有所继承,但显然已成为这一思潮的尾声,而朱健也就成为明代个人主义的殿军。[②]

上述仅仅以明代思想史的演进历程为例,从几个主要思想家的思想出发,考察明代思想中自我的发展。然若以观念的演进为角度,则又可以看出,明代思想中尚有下面两个自由或自我的传统。

其一,明人思想中,弥漫着一股疑故的思潮。这种思潮,先由"疑传"开其端,进而发展到"疑经"。一至"翼经""续经"说的提出,更是说明明人已具一种"经自我作"的思想。已有的研究成果表明,对于自己所继承的传统加以怀疑的态度,始于宋代的新儒学,顾颉刚从宋人司马光的《论风俗札子》中,发现北宋时期疑古思潮已极澎湃;[③]狄百瑞通过对程颐、张载、吕祖谦等人思想的考察,也证实宋人的读书方式使学者对于其所承受的传统有所怀疑,并能由此对道的掌握作全盘的衡量和积极的实践,而这种怀疑方法是新儒家为学的特殊法门;[④]林庆彰引宋人王柏所作《书疑》《诗疑》二书为例,认为宋初以来疑经、改经之事层出不穷,经书随之成为学者逞意妄作的试验场。[⑤]

值得指出的是,宋人之疑,多是后人对经义的义疏,较少涉及经典原文,而明人继承并突破了这种怀疑的特殊治学法门。这种怀疑的态度,先是由"疑传"开始的。明初立国,以科举取士。科举经书之义,多取宋人之说,故在当时形成一种"易于叛经,难于违传,宁得罪于孔孟,毋得罪于宋儒"[⑥]的风气。明人林大春云:

> 学必有疑哉!明不至,则疑生焉,无以为也。学不必有疑哉!小疑则小进,大疑则大进。疑固所以求进也。此皆有成论已。彼

---

① [美]狄百瑞著、李弘祺译:《中国的自由传统》,第 95 页。

② 关于朱健及其思想,可参见陈宝良:《朱健思想研究》,载《江西社会科学》,1989 年第 1 期,第 75-79 页。

③ 顾颉刚:《膏火书》《北宋疑古思潮》,载氏著:《顾颉刚读书笔记》第 6 卷,台北联经出版事业公司 1990 年版,第 4514 页。

④ [美]狄百瑞著、李弘祺译:《中国的自由传统》,第 69-70 页。

⑤ 林庆彰:《晚明经学的复兴运动》,载氏著:《明代经学研究论集》,第 100-104 页。

⑥ 何良俊:《四友斋丛说》卷 2《经》2,中华书局 1983 年版,第 21 页。

> 立论者，非固为两可之辞，终于相抵牾而已，盖必斟酌于疑不疑之间，以求其所谓的然无疑而后可者。①

这是疑不疑之间，求其所谓的的然无疑。而所谓之疑，首先是从传注开始。正如明人韩锡所言："经之失，自传注始也。经，常也，正也。常而晦之，正而迂之，实传注为之。"②如吕坤之《四礼疑》，就是针对汉儒"好儒好礼之君子"使"仪度日繁"之弊端加以一一辨析。③ 这是疑后人之传之例。臧顾渚对朱熹的《论语》经解，也提出了怀疑，其看法与"朱夫子有悖"④。一旦清理了传注，而后才及于疑经。在明代，相关的疑经之作颇多。如嘉靖时，太仆寺丞陈云章就著有《大学疑》《中庸疑》《夜思录》等书，对"先儒具有定论"的经传提出了质疑。⑤

继疑经之后，明人又有"续经""翼经"之说。吕坤论"翼经"道：

> 道非圣人所得专也，圣人亦未尝专道。亘古今，盈六合，瓦砾厕牖间，何莫非道。……夫道，人人能言之，人人得言之矣。……苟发其所欲言，补其所未及，皆前圣之所乐取也。坐井守株者，见后人之翼经者，辄嗔目吐舌，指而罪之，曰："拟经"，曰："僭圣"，鸣鼓而声其罪，俾不容于天地间。是圣人不专道，而学者为之专也。⑥

吕坤之论的理论依据一是道为天下古今公共之理，人人都有份的；而且道无津涯，也非圣人之言所能局限。⑦ 二是万籁之声都是自然，而自然均是"真"的反映，只要"各鸣其自得"之语，就不必言言、事事都与圣人相同。⑧ 这种"续经"之论，同样为陈于陛所承认。他认为，五经

---

① 林大春：《井丹林先生文集》卷9《疑略序》，香港潮州会馆董事会据香港大学冯平山图书馆藏本影印。

② 韩锡：《榕庵集》，《乙卯集·手写五经正文序》，广陵古籍刻印社1997年版，第53页。

③ 吕坤：《四礼疑·序》，载氏著，王国轩、王秀梅整理：《吕坤全集》，中华书局2008年版，第1285-1286页。

④ 《论语·乡党》云："亵裘长短右袂"，朱熹注云：私家裘主温，短右袂，便作事。长后断开。而臧顾渚则认为，古人右字与有字通用，"亵裘长而短右袂"，宜作一句读。见李乐：《见闻杂记》卷3，上海古籍出版社1986年版，上册，第284页。

⑤ 《明世宗实录》卷99，嘉靖八年（1529）三月甲子条，台北"中央"研究院历史语言研究所1966年校印本。

⑥ 吕坤：《去伪斋集》卷5《易广序》，载《吕坤全集》，第82页。

⑦ 吕坤：《呻吟语》卷1《谈道》，上海古籍出版社2001年版，第49页。

⑧ 吕坤：《呻吟语》卷1《谈道》，第55页。

除《易》《礼》外,《诗》《书》《春秋》皆可续。[①] 毫无疑问,怀疑并采用质问的态度只是学术探究的一个起点,而不是目的,目的应在更兴或重建学术体系。"续经""翼经"说的崛起,实是为了适应这种新的学术体系。而从这种说法的背后,也隐约可以窥见明人自我的扩张之势。

其二,通过为人、为己之学的历史辨析,一至明代,更加提高了"为己"之学的地位,以致"我"在明代思想中占据相当重要的地位。

明代"为己"之学的发展,也有一脉络可寻。在陈献章那里,仍然是继承孔子、程子之说,即"古之学者为己,今之学者为人",以及"古之仕者为人,今之仕者为己"。在此基础上,提出"学之道,其要在于为己;古之名世者,舍是无以成德"[②]。高拱也说,"学只为己,心便虚,气便平,志便逊"。他的理论依据是"吾心自有本",吾心之虚明平妥处,或人心平处,便是"天理之公"。[③] 随着为己之学的发展,到了吕坤、李贽那里,已具脱胎换骨之势,亦即提高了"自我"的地位。不妨引吕坤之说为例:

> 人问:"君是道学否?"曰:"我不是道学。""是仙学否?"曰:"我不是仙学。""是释学否?"曰:"我不是释学。""是老、庄、申、韩学否?"曰:"我不是老、庄、申、韩学。""毕竟是谁家门户?"曰:"我只是我。"[④]

"我只是我",决不依旁门户。这种思想,与前面所提出的道自我得、经自我作之说,有异曲同工之妙。李贽的"士贵为己,务自适"[⑤],事实上可以作为"我只是我"的注脚。

由自传文看明代的自我

文学中的自我,归根结蒂是精神作品中所反映的精神活动。[⑥] 这是文学中的自我与思想中的自我的合一性。需要指出的是,自明中叶

---

① 陈于陛:《意见·续经》,收入《四库全书存目丛书》。

② 陈献章:《陈献章集》卷1《新迁电白县儒学记》,第39页。

③ 高拱:《本语》,载氏著:《高拱论学四种》,中华书局1993年版,第25-26页。

④ 吕坤:《呻吟语》卷1《谈道》,第82页。

⑤ 李贽言:"士贵为己,务自适。而不自适而适人之适,虽伯、叔同为淫僻;不知为己,惟务为人,虽尧、舜同臆尘垢秕糠。"见氏著:《焚书增补》《答周二鲁》,第258-259页。

⑥ Robert E. Hegel, "An Exploration of the Chinese Literary Self," in Robert E. Hegel and richard C. Heseney (eds.), *Expressions of Self in Chinese Literature* (New York: Columbia University of Press, 1985), p.3.

以降,尽管文化变革已具山雨欲来之势,但当经济和政治气候尚没有成熟到足以导致一种历史性的突变时,文学总是走在时代的前列,反映时代最丰富的生活。换言之,文学以思想解放为先导,同时能给思想解放以有力的推动,从而成为历史转折时期的晴雨表。与此同时,每一时代人们的行为,往往受到时代思想史的共性特征的制约。无论是个人的行为,抑或群体的行为,均可视作一个时代思想史演进的基本反映。从这种观念出发,来反观明代自传文学中自我的历史演进,以及这种自我在人们行为中的具体反映,就可以清楚地发现,明代文学中的自我,同样呈现出一个历史的演进过程,从而与明代思想史、与具体的社会行为呈现出部分的一致性。这就是说,明人追求人格的独立,以及自我或主体性的发展,通过对自传文学的具体剖析,同样可以得到清晰的发展脉络。

明初是程朱理学大一统的时代,人们的行为无疑受到了"共学之方"的制约。在明初的宋濂那里,他为自己的画像所作的赞辞,个性被有意压抑,心地并不坦诚。他对自己提出了这样的希望:"千载之长,一世之短。前武俨然,吾敢不践?"①以前人为楷模,一心实践,说明宋濂只能是传统的践履者。这从王祎的《自赞画像》中同样可以看到:"读古人之诗书,被今人之冠服。其见于外,或乃谓为有余。然存诸中,吾自知为不足。"②这是以自己与古人的行为楷模相较,看出自己在道德践履方面的不足。杨荣生来就继承祖宗的余荫,出仕时又逢国家太平盛世,所以他在替自己穿着朝服的画像题自赞时,一股因"叨沐恩荣"以后的感恩戴德之情,就不自觉地溢于言表,所具者仅仅是一种太平宰相的风度。在这种境况下,他的自我个性被有意压抑,有的只是一种报效圣明之世的虚假之情:"盖将鞠躬尽力,效忠贞以报称于圣明者也。"③

当然,明初也有一些人格独立、在个人行为上争取自由之人。如宣德年间,浙江湖州府同知李迪,"嗜酒狷狂,蔑弃礼法,或衣亵服,袒

① 宋濂:《宋学士先生文集辑补·自题画像赞》,载氏著:《宋濂全集》,浙江古籍出版社1999年版,第2163页。

② 杜联喆辑录:《明人自传文钞》,第50页。

③ 杨荣:《杨文敏公集》卷16《朝服像自赞》,明正德十年(1515)刻本。

裸公堂,每事任己,不肯从公”。[①] 显然,李迪颇有自己的个性,是一个不守礼法之士。又如伍贞,自号“渔读居士”,取适于“渔”,“尝读书遇良夜,皓魄当空,水天上下一色,居士手持竿线,呼童冠三五,高歌走舴艋,遨嬉于江”[②]。全然是一副个性直露、颓然真率之态。还有伍云,“自少轩整有志,于世无所屈让,与人语惟其所欲语,辄语必竭乃已。或忤之,争必务胜。人有善,好之若出诸己。己所欲为,必以强人为之”。[③] 这种争强好胜、为所欲为的行为,显然也与传统的儒家人格格格不入。但在明初程朱理学大旗的笼罩下,这种个性的张扬,仅仅是个别人的行为特征而已,尚无法认为是人们普遍的行为特征。何况在这些具有个性特征的人中,同样不乏与社会性的合一,或者个性渐趋消退,从而为社会性所掩盖。如前面提到的伍贞,尽管有颓然真率的一面,但他仍然行必顾义、言必顾道。临死时,对诸子的遗言,也是念念不忘忠信、礼义、《诗》《书》,以及先其义、后其利。又如前述之伍云,开始虽唯务意气胜人,无所不为,行为尽出藩篱,但随后就痛自惩艾、幡然悔悟,竟成另一种人格特征。

明人个性的自由,个人生活的放荡不羁,早在弘治、正德年间就已初露端倪。桑悦、徐威、唐寅、祝允明、张灵,都是弘治、正德年间“狂简”之士的代表人物。他们或佻达自恣,不为乡党所礼;或玩世自放,惮近礼法之士;或闳肆吊诡,行事出人意表之外。成化、弘治年间是一个被晚明知识分子所百般称颂的时代。当时程朱理学盛行,士尚质行,学无异端。但正是在这样一个时代,在江南恰恰形成一个追求个性自由的文化氛围。他们放浪形骸,互相交游,互相影响,在人格上开始摆脱传统,趋于独立。这样,行事“狂简”就成了他们共同的个性特质。当然,弘、正年间江南才士的个性解放,只是整个思想解放的先兆。由于理学势力的强大,这股追求独立人格的风潮仅仅限于江南一隅,不久也就渐趋沉寂。只有王学崛起,在理论上实实在在地解决了圣人与个人之间的关系之后,才使思想解放成为客观的现实。随后在晚明出现的追求人格独立的思想家,诸如徐渭、李贽、袁宏道、张岱,又

① 《明宣宗实录》卷71,宣德五年(1430)冬十月己巳条,台北“中央”研究院历史语言研究所1966年校印本。

② 陈献章:《陈献章集》卷1《渔读居士墓志铭》,第95-96页。

③ 陈献章:《陈献章集》卷1《伍光宇行状》,第103-104页。

远远超越了弘、正年间的江南才子,他们不但有佻达放诞的实际行动,而且在思想观念上也有不同程度的更新与开拓。

晚明的自传文学,事实上也体现了这一自我演进的历程。徐渭为自己所作的《自为墓志铭》,对自己的性格作了坦率的直言不讳的解剖。他自述道:“渭为人度于无所关时,辄疏纵不为儒缚,一涉义所否,干耻垢,介秽廉,虽断头不可夺。”[①]这样活泼有个性的文字,只有在个性张扬的时代才能出现。反传统斗士李贽的《自赞》,同样全面概括了他自己的个性特征:“其性偏激,其色矜高,其词鄙俗,其心狂痴,其行率易,其交寡而腼亲热。”[②]显然,李贽替自己作的评判中,对自己性格的狂僻,不作丝毫的隐讳,对自己“口与心违”的缺陷也不加任何的讳饰,而是将自己的为人处事的矛盾处大胆地展示在人们面前,并给以深刻的剖析。屠隆的《自赞》,与个性自由的风潮相适应,也是一篇解剖自己形迹的真实文字,不为虚伪的道德所束缚,体现出活泼泼的个性。[③] 他自称“流浪四十年,行类滑稽”,而将自己的性格概括为“疏”,更是一语道出。[④] 吕坤的自撰墓志铭,也对自己贪财、爱贵、贪位、爱身甚至好名之心,不作丝毫的掩饰。他自我揭示道:“余本贪财也,而爱贵甚于爱富,故忍于见得以远污辱之嫌。本贪位也,而爱身甚于爱君,故不辨雌黄以遗詈获之祸。本好名也,而尤好不名之名,故矢公任怨,投此身于风波之口。”[⑤]爱身甚于爱君,这显然与泰州学派以来明哲保身思想有继承性的一面。明末的张岱,仿照陶渊明与徐渭,也自作墓志铭,非常坦率地承认自己“少为纨绔子弟,极爱繁华。好精舍,好美婢,好娈童,好鲜衣,好美食,好骏马,好华灯,好烟火,好鼓吹,好古董,好花鸟。兼以茶淫桔僻,书蠹诗魔,劳碌半生,皆成梦幻”[⑥]。他的《自题小像》也是襟怀袒露:“功名耶落空,富贵耶如梦,忠臣耶怕痛,锄头

---

① 徐渭:《徐文长三集》卷26,载氏著:《徐渭集》,中华书局1983年版,第639页。

② 李贽:《焚书》卷3《杂术·自赞》,第130页。

③ 从诸多的史料记载来看,屠隆其人,行为佻达不羁。他曾向友人求“侍儿”,为此而赋《梅花诗》百首。又因在宋西宁家狎饮而被罢官。后屠隆在游西湖时,词客曾问及此事,他竟大言:“宋夫人真绝色也。”甚至在众人面前大言不惭地说:“吾一夜可度男女十人。”云云。其鲜明而且张扬的个性,已是跃然纸上。参见谈迁:《枣林杂俎》和集《丛赘·梅花诗百首》,中华书局2006年版,第587页。

④ 屠隆:《白榆集》卷19,明万历二十二年(1594)刻本。

⑤ 杜联喆辑录:《明人自传文钞》,第90页。

⑥ 张岱:《琅嬛文集》卷5《自为墓志铭》,岳麓书社1985年版,第199-201页。

耶怕重，著书二十年耶仅堪覆瓮，之人耶有用没用？”[①]所反映的虽不免世家大族大少爷醉生梦死的生活情趣、往事如梦的感伤情调及功名落空的幻灭感，但曾经作过如此坦率自白的人，除张岱外，很难找到第二个。

到了晚明，中国的自传文学也变得易受富于想象力的文学魅力的影响。这种变化显然与晚明知识风气的一些特征桴鼓相应。向往不朽、不满世俗与习俗、流行怪僻与异议，在其他领域固然不乏其例，但在自传采纳的主题以及神话、通俗文学的主题中也同样得到很好的体现。[②] 而其中心内涵则无疑是个性的张扬。这主要表现在三个方面：自传所反映的个人样貌，自传所刻意强调的个人的别号，以及自传内容所显示的个人癖好。

儒家文化的浇灌，使传统知识人的行为性格特征具有一些普遍性，以致个人的样貌也似乎变得千篇一律，亦即一副正襟危坐、道貌岸然的样子。尽管样貌仅仅是个人性格的外在表现，并不代表内在性格的全部，但从明代自传文中所反映的形形色色的个人样貌，也不难发现丰富多彩而又风格各异的内在性格。如支大纶《自题小像》三首描绘自己体貌：“体也癯然，色也苍然，颡颡也耸然，目也炯然，髯也戟然，准也隆然。”[③]方鹏《自题小像》言其面貌：“潘生貌此像，瘦怯如不胜。”[④]朱一是《欠庵传略》，记其貌初时“颀而丰，韶丰仪”，继而“其面瘦黑，其鼻赤，其目单眇”。[⑤] 宋濂记自己之貌，“躯干短小，细目而疏髯”。[⑥] 胡应麟《石羊生小传》，自记其貌，具一副懒散狂态：“生疏眉长身，望之癯然野鹤姿，长经月不梳栉，科头松下。”[⑦]徐渭《自书小像赞》自述其貌：“吾生而肥，弱冠而羸不胜衣，既立而复渐以肥，乃至于斯图之痴痴也。”[⑧]自传所记，或肥或瘦，或俊或丑，或科头散发，或髯须如戟，体貌虽各不相同，但一概不加遮饰，无疑是为了表明我就是我。

别号在明代的泛滥，固然是明代文人风雅生活的具体反映，但也

---

① 张岱：《琅嬛文集》卷5，第246页。
② Pei-Yi Wu, ibid., p.163.
③ 杜联喆辑录：《明人自传文钞》，第4页。
④ 杜联喆辑录：《明人自传文钞》，第15页。
⑤ 杜联喆辑录：《明人自传文钞》，第67页。
⑥ 杜联喆辑录：《明人自传文钞》，第92页。
⑦ 杜联喆辑录：《明人自传文钞》，第172页。
⑧ 杜联喆辑录：《明人自传文钞》，第192页。

与文人的好名之习休戚相关,而且在某种程度上体现了个人心灵的变迁历程,可以藉此观明人强调自我的一面。在明代的自传文中,多记录自己的别号及此别号产生的原由。如朱一是《欠庵传略》自记其别号,以地迁,以时迁,初自号"近修",变而为"林居士""养明子""梅溪旅人""欠庵"。[①] 吕坤记自己恨旧染之予污,故自号"新吾",[②]即欲有一个全新的自我。张大复,因多病,而自号"病居士"。[③] 袁黄,初号"学海",后改号"了凡",[④]其意盖欲不愿落凡夫窠臼。

俗语云:"穿衣戴帽,各有所好。"所好之不同,在某种程度上亦可发现自我之差别。明代自传文中,对自己个人生活癖好甚至怪癖的津津乐道,无疑也可视作明朝人自我扩张的产物。如王时敏,尽管为人性拙,生活拘谨,凡象弈樗蒲诸戏,一无所好[⑤],但也老实地记下,并不让人觉得有丝毫的造作。此外,如张大复自言"好书及色",陆树声自言"性嗜茶",杨廷桢自言"性固嗜酒,日以痛饮为事",钱世扬说自己"性好饮,时有狭邪之游",都是一些直露个性、毫无掩饰的性情之言。[⑥]

结束语

以上以明代自传文为例,对明代的自我发展作了系统的梳理,藉此说明若从自我的角度而言,中国的自传文学尽管源远流长,但在其发展过程中,自唐代一度盛兴之后,在宋代无疑遇到了波折。究其原因,则与理学的兴起有关。而一至明代,自传文学重新得到了迅猛的发展,这与思想史上王学的崛起,以及随之而来的自我的张扬、个人主体意识的发展有着内在的因由关系。在此,除了对明代的自传文学以及由此所反映的自我作一归纳之外,尚拟就以下三个问题进行一些探讨:一是中西自传文学的差异;二是在分析自传文学中的自我时,如何将自我、自由主义以及个人主义等概念,置诸中、西不同的社会与文化背景下,给以适当的辨析;三是明末清初社会状况的转变,如何导致了明代一度相当兴盛的自我逐渐趋于终结,从而为新兴起的社会责任感之说所取代,以致各具

① 杜联喆辑录:《明人自传文钞》,第67页。
② 杜联喆辑录:《明人自传文钞》,第88页。
③④ 杜联喆辑录:《明人自传文钞》,第215页。
⑤ 杜联喆辑录:《明人自传文钞》,第45页。
⑥ 杜联喆辑录:《明人自传文钞》,第216、256、305、349页。

风采的自我性被重新淹没在统一的社会性之中。

自传无疑是从传记中分化出来的一种记述文体。传记与自传此类文体通常意味着人类生活的真实记录。一个严肃的而且单独的叙述者,或者一种或多或少的有次序的年代排列,这是它们本身所具有的共同性特征。但在过去众多的研究者看来,中、西传记文学从一开始,就具有一些相异性。这正如钱穆所言,西方传记文学都是个人性的、英雄性的,而中国传记的传统则是集团性的,集团虽有一领导,但每一集团中的领导人,往往不易见其英雄性。[①] 胡适在《传记文学》这篇札记中,也认为中国之传记,唯以传其人之人格,而西方之传记,则不独传此人格而已,又传此人格进化之历史。而中国之自传,几乎都是盲目地模仿传记,因而使自传同样具有了传记所具备的诸多特性。

概括言之,中、西自传文学在下面两点上具有相异之处。

一是西方自传注重的是文学性,甚至虚构性,而中国的自传则关心历史的真实性。西方许多名人,如卢梭、托尔斯泰、契里尼、歌德,均写过一些名称忏悔录、自叙传或是回忆的文章,但其中多是虚实混淆,其价值不全在事情的真实方面,而是作为艺术作品,留供后人的鉴赏。譬如歌德的自传称《诗与真实》,将原本属于"造作"的艺术,与个人的生活真实有机地结合在一起,亦即将客观的真实通过主观的幻想叙述出来。可见,其中所述不完全是真实或真理,而是包含了诗人的创造。而中国的自传作为一种从传统的杂传中分离出来的文学体裁,更多地带有一些原本就具有的历史叙述的真实性。尽管胡适学贯中西,对中、西传记文学均有深刻的了解,在作自传时,原本也有意模仿西方的自传文学传统,但最后也不自觉地堕入中国自传文学的窠臼,也即回到了谨严的历史叙述的老路上去,不过是给史家做材料而已。[②] 周作人在写回忆录时,也抱同样的宗旨,即"只就事实来作报道,没有丝毫的虚构"[③]。从这里不难发现,中国自传文学传统是何等根深蒂固,但这同样也是中国自传文学不同于西方的一个传统。

其实,关于过去的回忆永远不可能是精确的复制,其中难免会有创造与改造的成分。在回忆过去时,许多东西则被遗忘,有时是无意识的,而有时则是有意识的。但正是在这种有意识的遗忘中,由于中、

---

① 钱穆:《从中国历史来看中国民族性及中国文化》,台北联经出版事业公司 1982 年版,第 51-52 页。

② 胡适:《四十自述·自序》,载萧关鸿编:《中国百年传记经典》,第 1 卷,第 301 页。

③ 周作人:《周作人回忆录》,湖南出版社 1982 年版,第 545 页。

西文学传统的差异,从而显示出对真实性的不同理解。西方文学基本建立于想象虚构,而中国文学则建立于日常生活。在西方文学传统中,自传既然是记述自己人生的“真实”,它就和文学的基本性格也即虚构性有异,是依据另一原理的另一品类。而在中国,自传与其他文学品类一样,都立足于现实生活。[①] 换言之,西方的自传文学传统,固然具有有意识遗忘的一面,使自传具备了虚构性的文学的特点,但在记述个人的人格演进时,却是诚实地解剖自己,包括自己的缺陷、丑陋。而中国的自传文学传统,尽管在大事的叙述上具备真实的一面,但在对个人的人格或生活揭示方面,却又具有意识地遗忘的特点,缺乏对自己的真实解剖。正如詹姆斯(Louis James)所指出,客观资料的文字记录,不应属于一种较好的自传艺术,而应属于传记辞典的事。[②] 这反映了自传文学在近代以后新的演进趋向。

二是中、西自传文学中的自我传统,同样具有一些异质性的东西。西方的自传,注重的是自我的省察,有意识地解剖或追踪从过去的我到现在的我的变化轨迹,也即讲求从旧我到新我的变化,在时间上是纵向性的演进流程。而中国的自传则以自我辨明为其特点,不表现自己的变化,过去之我和现在之我,容颜无改,血脉贯通,自我形象是固定的、恒常的,其座标是横切式的同一平面的展开。[③]

自传文学中中、西自我的不同,事实上也可以反映两者本身所存在的自由传统的差异。正如真正的自传文学,在西方产生于17或18世纪,而这种文学的观念,也是从西方逐渐传入东方,但并不因此即可断言中国缺乏自传文学或者自由的传统,而仅仅是两者的自传文学或自由的传统具有某些相异性。这就需要对自我、自由主义或个人主义这些观念作一些辨析。

根据韦氏字典的定义,“自我”(self)泛指“一个可以与他人分开来的个体”,或者“一个人对自己的认实,一个人的人格及特点”[④]。可见,“自我”始终表示人称,亦即主体性。它是独有的、第一性的东西;它同心灵或者某种实体性的积极性载体相联系,但是只有在同某个人的交往中才具有存在的实在性。传统中国儒家自我的修养包括小我

---

① [日]川合康三著、蔡毅译:《中国的自传文学》,第9页。

② Louis James, “Wole Soyinka's Aké: Autobiography and Limits of experience,” in Doireann MacDermott(ed.), ibid. pp.113-116.

③ [日]川合康三著、蔡毅译:《中国的自传文学》,第201-203页。

④ 杨中芳:《回顾港台“自我”研究:反省与展望》,载杨中芳、高尚仁主编:《中国人·中国心——人格与社会篇》,第19页。

的发展,而且在这方面展现自我的完善。于是,公共的社会角色的表述,更多于每一个个人的价值。儒家学说的中心含义就是“礼”,而遵礼就是“克己”与“非礼勿动”。这是一种“无自”的自我观,而所谓的无自就是要放弃一切不见容于现存关系范围内的东西。这样,中国人以礼为准则的行为方式,很容易使“自我”的内容趋于社会规范化。换言之,中国价值体系中的“自我”,不像西方价值体系中的自我,是以表达、表现及实现“个己”为主,而是以实践、克制及超越转化的途径,以使自我与社会结合。①

关于自由(liberty 或 freedom)或自由主义(liberalism),在西方事实上也是一个多重关系上的特殊概念。有学者从伦理、经济、人性、历史四个层次对其作一概括性的定义,也即在伦理上主张“性恶论”和个人主义,强调人的自私以及利益追求是驱动历史发展的动力;经济上主张私有财产神圣不可侵犯,视经济自由是个人自由的必要条件,甚至视“财产权高于生命权”;人性观强调人主要是经济人的一面,人是利益的动物;历史观主张所谓的自然演进。② 狄百瑞也借用佛兰克(Charles Frankel)的概念,从七个层面上来诠释自由主义。③ 按照狄百瑞的看法,重视个人的重要性,个人有责任存其良心,个人在对传统作创造性的解释上具有或多或少的自主性,这些价值都可以视为西方自由主义传统的价值。④ 而中国儒家传统的价值观,永远是社会高于个人。换言之,自我认识的主体是理性的,而他的认识对象则是一般的人、一般的主体。传统儒家人格的自我认识过程,往往会使人对自我进行的认识变得模糊不清,而在认识中所保留下来的只有一般的特征,非一般性的个人特征则消失殆尽。这样,自己变成仅仅是代理人,而不是活动的主体。

按照杜威的看法,西方个人主义也可析为两派,一是假的个人主义,就是为我主义(egoiam);二是真的个人主义,即个性主义(individualism)。⑤ 这种西方的个人主义观念,19 世纪传入中国,所强调的是互不相关而孤立的个体,这正好与儒家的人格主义(personalism)形成鲜

---

① 杨中芳:《试论中国人的“自己”:理论与研究方向》,载《中国人 · 中国心——人格与社会篇》,第 105 页。

② 李少君:《通向毁灭之路》,载《天涯》1999 年第 5 期,第 83 页。

③ [美]狄百瑞著、李弘祺译:《中国的自由传统》,引言,第 8-9 页。

④ [美]狄百瑞著、李弘祺译:《中国的自由传统》,第 13 页。

⑤ 胡适:《非个人主义的新生活》,载丘桑主编:《大宇宙中谈博爱》,东方出版社 1998 年版,第 107-108 页。

明的对比。[①] 进而言之,西方意义的“个人”(individual),当为天赋人权之个人,而儒家伦理意义下的个人,则仅仅是五伦关系中的个人、亲近中的个人、相互依赖关系中的个人,而不是西方意义下“独立”的个人。[②] 换言之,传统的中国个人主义特色,有滑向利己主义的倾向。

从自传文学的兴盛以及思想中自我观念的流行等方面来看,晚明无疑是一个极具变化的时代。正如周作人所言,明朝人即使别无可取,他们的狂至少总是值得佩服的,“明人对于礼法的反动则又很有现代的气息了”[③]。其实,所谓的自由,亦可分上、下两个层次:下焉者是免于束缚的生活上的自由,放浪形骸之外,自魏晋以来,不乏其人,尤以明代为甚;上焉者莫过于内心选择的意志的自由。明人屠隆对“形狂”与“心狂”的有效区别[④],说明在晚明,不但追求生活上的自由,而且也出现了内心选择的意志的自由。

明代(尤其是晚明)自传,或主体过于关怀自己的对象,对它既有热情又有酷爱,倾向于自我推崇,甚至把那个自己的“我”理想化;或具有自我贬低的热情,将自己抛在外面的客观化。而贯穿于其中者,无疑是自我意识的觉醒、主体意识的提高,使个体性压倒了客体性、主观性高于客观性。自魏晋以后,比起历史上的任何时代,晚明更注重自我。从思想史的背景来说,这当然得益于王阳明心学的崛起以及泰州学派的大行其道。但万历以后明代社会日趋动乱以及衰落的形势,不能不使一部分思想家从过分强调自我、个体的盲目和冲动中清醒过来,随之而来的则是对泰州学派空谈性命之学的批评,从而兴起一种重视客观、社会而又专门注重实际民生的有用之学,亦即“实学”[⑤]。

---

① [美]狄百端著、李弘祺译:《中国的自由传统》,第43页。

② 傅伟勋:《儒家思想的时代课题及其解决线索》,载杜念中、杨君实编:《儒家伦理与经济发展》,台北允晨文化实业公司1989年版,第145页。

③ 周作人:《〈陶庵梦忆〉序》,载刘应争编选:《知堂小品》,陕西人民出版社1991年版,第162-163页。

④ 明人屠隆言:“善狂者,心狂而形不狂;不善狂者,形狂而心不狂。何以明之?寄情于寥廓之上,放意于万物之外,挥斥八极,傲睨侯王,是心狂也。内存宏伟,外示清冲,气和貌庄,非礼不动,是形不狂也。毁灭礼法,脱去绳检,呼卢轰饮以为达,散发箕踞以为高,是形狂也。迹类玄超,中婴尘务,遇利欲则气质昏,遭祸变则神怖,是心不狂也。”参见氏著:《鸿苞集》卷44《辨狂》,收入《四库全书存目丛书》。

⑤ 晚明实学的理论内涵固然以经世致用为特点,但其理论渊源及层面,实在要丰富许多。相关的阐述,可参见杜维明:《“实学”的含意》,载氏著:《儒家自我意识的反思》,台北联经出版事业公司1991年版,第85-87页。

这样,个人价值逐渐被湮没于社会价值,而客体性也开始重新高于主体性。甲申、乙酉之际,由于满族进入中原,两朝鼎革,像王学中的泰州学派所允许的自由终于达到了终结,自我的精神热情和异端的观点受到了阻抑与压制,取而代之的是程朱理学重新高踞庙堂以及独裁主义的准则的得以确立。

四、英雄崇拜:英雄豪杰观及其新动向

前　言

从源头来说,英雄豪杰观自然不起于明代,仅是儒家的一种传统人格崇尚,或可称之为精神传统,亦即孔子的真精神"刚",以及孟子所谓"大丈夫""豪杰之士"。按照传统的道德观念,世上的人大体可以分为圣人、众人、恶人三种。恶人名声太坏,人们避之犹恐不及;圣人则是人格的极致,至善的化身,近乎高不可攀;而大多数人只好流于众人,平平凡凡、庸庸碌碌。于是,一些人希望从圣、凡之间寻找到一种新型的人格,这就是英雄或豪杰。

恶者,当指罪过,与善相对。而所谓恶人,则指品行不端,性格凶暴、凶险之人,也就是世俗所谓的坏人。圣者,则为无事不通之谓,是君主时代帝王的专称。所谓圣人,除了指帝王之外,即为人格品德最高的人。在传统中国,尧、舜、禹、汤、文、武、周公、孔子,方堪此称。圣人不是神,彻底是人,是道的本身。① 众者,多也。无论是物,抑或人,一旦变得多了,甚或泛滥,就不值钱,流于一般化。所以,众人者,即凡人,也即平庸、世俗之人,不过是一些具有凡心、俗骨的凡夫俗子。

豪杰者,自然是指才智出众之人。照中国传统的说法,才过百人曰"豪"、千人曰"杰"。可见,豪杰是圣、凡之间的中间人格。在中国,常常是英雄、豪杰并称,两者无意义上的严格区分。而在西方学者看来,英雄是人类诗化的投影,因为他们不可避免地要面对生命的意义,或者失去生命的价值。一个英雄在生理机能的程度上不同于另外一些人。在一些英雄诗中,英雄是一群特殊的人,他们可以超越人类一般的局限性,而且有超自然的力量。一个英雄最需要的是展示他的勇猛。为了一些与他个人丝毫无关却又能吸引他的事,随时准备挺身而出,因为这给了他一个显示自己的机会。② 在西方的历史或文学中,英雄当然是人类的领导者,是一群伟大的人物;他们是人类的塑造者、典范,或者更广泛意义上的创造者。③ 可见,英雄首先是一个主角;其次,

---

① [日]中村元著、徐复观译:《中国人之思维方法》,台湾学生书局1991年版,第135页。

② Victor Brombet, "Introduction: The Idea of the Hero," and C. M. Bowra, "The Hero," in Victor Brombet(ed.) *The Hero in Literature* (Greenwich, CT: Frawcett, 1969), pp.12, 22, 29.

③ Thomas Carlyle, *On Heroes*, *Hero-Worship*, *and Heroic in History* (London: Oxford University Press, 1925), p.1.

英雄又是一个在行动中扮演令人钦佩的角色的中心人物,是一种被人们视为典范的人物。① 正是在这一点上,中西英雄观倒颇有一些相同之处。

在明代典籍中,与豪杰相关的称谓颇多,或称"英雄",或称"好汉",或称"英灵汉子"。尽管称呼不一,但在人格的指代上却归趋一致。换言之,豪杰大多属于知识阶层所崇尚的人格,而英雄、好汉则更多地为一些绿林粗鲁汉子或一般民众所仰慕。然因明代的儒家学者多少带有一些豪侠气概、绿林气息,于是英雄、好汉也同样成为一部分士人所崇尚的理想人格。概括言之,英雄、豪杰、好汉等人格特征,从其共同点而言,则为强横任侠、狂放恣肆、豪放爽快。

自先秦以来,虽然圣人是最崇高的理想人格,但英雄、豪杰也一直被人称颂。如《孟子·尽心上》曰:"若夫豪杰之士,虽无文王犹兴。"中国的俗语也说:"生为人杰,死为鬼雄。"一至明代中叶,王氏心学崛起,改变了整个思想史进程。这就是一方面圣人人格的大众化,人人皆可以为尧舜;另一方面,无论是知识界人士,抑或一般民众,却均在人格上崇尚英雄、豪杰。于是,也就赋予英雄、豪杰一些新的内涵,从而形成了明朝人独具特色的英雄、豪杰崇拜。鉴于此,有必要对传统的英雄、豪杰观念进行适当的梳理,尤其需要注意这种观念在明代所发生的种种变化以及这种变化所反映的明代思想史的实际状况,并对清代、民国时期著名思想家的影响。

传统中国的英雄豪杰观

尽管英雄、豪杰观念起源于先秦,然这一观念在知识界的得以普及,实有赖于理学的兴起。正是因为理学家对英雄、豪杰给以新的阐释,并赋予其新的内涵,方使其具备作进一步探讨的必要性。换言之,宋代理学家的英雄、豪杰观念,明显是人生道德修养、践履过程中的一环,其终极的归趋是圣人。于是,英雄、豪杰也就成为圣人的人格附庸。正是在这一点上,明人才得以区分于宋人。这就是明朝人眼中的英雄、豪杰,是一种游离于圣人的独立人格,而不仅仅是圣人的附属物。职是之故,英雄豪杰不仅是一种活生生的人物性格,而且成了至真、至诚生活的代名词。

理学兴起以后英雄、豪杰观念的演变,以及中国传统英雄观的基本特点,梁启超、钱穆、费孝通、狄百瑞等前辈学者均有系统而又具开

---

① Robert D. Hume, "Concepts of the Hero in Comic Drama, 1660-1710," in Robert Folkenflik(ed.) *The English Hero*, 1660-1800 (Newark: University of Delaware Press, 1982), p.61.

拓性的阐述,而且基本反映了中国传统英雄、豪杰观念的历史真实,无疑值得给以系统的总结、介绍。

在戊戌时期名噪一时的杰出政治家梁启超,后来渐渐转向于学术研究,将中国传统文化置于与西洋对比的境遇下,给以深刻的反思,留下了许多不朽的学术成果,并颇多真知灼见。他在给晚清名人李鸿章所作的传记中,就对中西英雄观进行了颇具借鉴意义的对比。他认为,天下只有庸人无咎无誉。如果一个人为天下之人所痛骂、厌恶,那么此人必是非常之"奸雄"。反之,一个人被天下之人普遍称扬、赞誉,于是此人也就成了非常之"豪杰"。尽管如此,大体说来,天下之人,常人居其千百,而非常人不得其一。那么,以常人而论非常人,其是非岂尽允当?故誉满天下,未必不为乡愿;谤满天下,未必不为伟人。在此论点基础上,他以李鸿章为例,对中西英雄观念作了如下比较:

> 西哲有恒言曰:时势造英雄,英雄亦造时势。若李鸿章者,吾不能谓其非英雄也。虽然,是为时势所造之英雄,非造时势之英雄也。时势所造之英雄,寻常英雄也。天下之大,古今之久,何在而非时势?故读一部二十四史,如李鸿章其人之英雄者,车载斗量焉。若夫造时势之英雄,则阅千载而未一遇也。此吾中国历史,所以陈陈相因,而终不能放一异彩以震耀世界也。①

由上可知,梁启超将英雄分析成时势所造和造时势两种。在传统中国,恒多时势所造之英雄,罕见能造时势之英雄。而真正的英雄,"恒不假他之势力,而常能自造势力"②,亦即造时势。

钱穆以对中国历史、文化别具真知灼见而闻名。他认为,西方人

---

① 梁启超:《李鸿章传·绪论》,载萧关鸿编:《中国百年传记经典》,东方出版中心1999年版,第1卷,第9页。按:中西方英雄观念确实存在着相当大的差异。譬如有两个特点深深植根于希腊的英雄观:一是自我毁灭。在大多数神话中,英雄首先是无人可以摧毁他们的,但在希腊,他是一个不得不毁灭自己的人;二是与众神的亲密关系。而在西方神话原型的研究中,英雄往往一出世便成为孤儿,不论是身份上或是心灵上的孤儿。坎贝尔(Joseph Campbell)在其名著《千面英雄》中,将英雄的追寻区分为三个阶段:离家、入世、回返。所有这些,均与中国上古时期的英雄崇拜迥然不同。关于西方人的英雄观念,其详细介绍可参见:Cedric H. Whitman, "The Matrix of Herosim: Ajax," in Brombert, *The Hero in Literature*, pp. 62-63;陈玉玲:《寻找历史中缺席的女人:女性自传的主体性研究》,台湾南华管理学院1998年版,第152-153、182-183页。

② 梁启超:《李鸿章传·绪论》,第99页。

讲历史比较偏重事,中国人讲历史比较偏重人。[①] 当然,这不是绝对的区别,仅是一种分数的关系。在此基础上,他又指出,西方较为重视领袖,中国较为重视集团。于是,他在英雄观方面对中西历史作了下面有趣的对比:

> 我看西方历史似乎近是一种"英雄性"的。如讲政治,古代从亚历山大到罗马凯撒,到了近代法国的拿破仑,这不过是举几个代表性的例子讲。这是由一领袖,领导一个集团,而成功了那时的一番事业。这都带有一种英雄性。而中国呢?"集团性"更重于英雄性。所以好像不见英雄性。[②]

为使自己的论点得以成立,钱穆又分别引证历史、传记文学、小说为例,使其论点更具普遍价值。他以楚汉之际的项羽、刘邦为例,从颇具英雄气概的项羽之失利以及不太具英雄性的刘邦之成功,看出中国历史重视集团性、轻视英雄性。从中国的历史传统来看,大凡成就了一番大事业的领导人,往往均无法显示出其英雄性。尤其是在小说《水浒传》与《西游记》中,这种文化观念特点更为明显。如《水浒传》中的晁盖,为初创梁山泊七人中的领袖。尽管如此,与其他六人相比,晁盖反而显得最为无用,很难看出他有英雄的气概、豪杰的手段。随后宋江上山,接替晁盖而成为梁山上一百零八条好汉的头领,然宋江的特点也不是个人的英雄性,似乎是一个一无所用的人,却能结纳众位好汉,为己所用。[③]

以上种种,无不牵涉到传统中国对英雄的认知。换言之,中国的领袖,大体上缺乏一种英雄性,而是更多地表现为一种圣人性,也即利用仁义或宽厚仁德笼络英雄、豪杰,然后再成就一番大事业。成就大事业以后,儒家知识分子同样以仁义一类的道德内涵规范一个君主所必备的圣德。这就需要考察中国的英雄崇拜问题。说中国的历史更多地表现为重视集团,而不是领袖,并不否定传统中国有英雄崇拜,而是所崇拜的英雄与西方相比,也表现为一种相异性。举例来说,在中国古代,凡是英雄死后,无不受到人间的俎豆,百姓大多将他们奉为神

---

① 钱穆:《从中国历史看中国民族性及中国文化》,台北联经出版事业公司 1982 年版,第 47 页。

② 钱穆:《从中国历史看中国民族性及中国文化》,第 48 页。

③ 钱穆:《从中国历史看中国民族性及中国文化》,第 52-53 页。

圣,并加以崇拜。按照《礼记》中祭法的规定,被人崇奉并得以享受俎豆者,大体不外"法施于民""以死勤事""以劳定国""能御大灾""能捍大患"五种人。[①]

事实正如前述。英雄可以表现为两种:一是消极的,二是积极的。消极的英雄仅仅可做一些维持既成现状的事,让人民过上平安的日子,并使他们免受天灾人祸的伤害,甚至到不得已时献出自己的生命。积极的英雄则能为人类发明或发现新事物和新法度,以使人民在停滞的生活中得到进步,在痛苦的生活中减少苦痛。换句话说,积极的英雄可以改造世界和增进人间的幸福。若与前述梁启超之说加以对照,那么消极的英雄可视作时势所造的英雄,而积极的英雄则为能造时势的英雄。在传统中国,人们崇拜的英雄,多半局限于消极的英雄,甚至是消极英雄中很窄的一种,也即那种为保护人民而不惜生命的战士。于是传统中国的英雄崇拜也就被局限于下面两点:一是英雄等同于圣人。如后稷能植百谷,后土能平九州,后世人将他们崇拜为圣人。而这里所谓的圣人,其实也是英雄的别名。[②] 二是英雄人格的局限性,也即英雄的独立人格性往往受制于文化上的集团性,使英雄崇拜仅仅限于消极的甚至不过是为保护人民而不惜生命者。这就是说,如果说英雄、豪杰本应更多地体现个人人格的独立性,但在传统文化的熏染下,圣人被视为人格的至善,追求的也不过是普遍的伦理价值。于是,英雄、豪杰的锋芒遂为圣人光辉所掩,个人独立的人格价值也就被湮没于普遍的伦理价值中而不甚彰显。

说到传统中国的英雄观,在此适当穿插介绍周作人的看法,无疑很显必要。从中可知,中国人的英雄观不仅仅是受到文化的制约,而且个人的认知、甚至在这种认知背后的价值观,显然也对英雄观起着支配的作用。周作人首先肯定英雄的意义。不过他对英雄的行为又附加了两个条件,也即一是他们的确让人佩服,二是可以做模范。在他看来,关羽、岳飞在社会上颇有名望,被当作英雄崇拜,其实他们不过是尽职的武将罢了,他们的闻名还是得力于《三国演义》与《岳飞传》的鼓吹。而对当时颇被人崇拜的文天祥与史可法,他又认为,文、

---

① 许地山:《英雄造时势与时势造英雄》,载高巍选辑:《许地山文集》,新华出版社1998年版,下册,第746页。

② 许地山:《英雄造时势与时势造英雄》,载高巍选辑《许地山文集》,下册,第747、746页。

史二公确是有第一项的资格了，但说到模范似乎又不免稍有疑问。那么，在他的价值观中，中国历史上有哪些人配当英雄呢？周氏举出了越王勾践与范蠡两人，认为“但看那种彻底的泼辣，也即是坚忍的一面相，不由得不低首称叹，这实在是难能可贵的事”①。由上不难发现，传统中国的英雄观仍然局限于下列两端：一是武力崇尚的产物，二是救亡扶危精神的一脉相承。此文作于1936年，撇开其背后寓含的政治意义不谈，作为一种新的英雄观，也即将泼辣、坚忍归纳为英雄的基本品质。周氏此说，未尝不别具一格。

作为一个社会学家，费孝通从社会学的角度对中国传统文化的观察以及由此而对中国人的英雄观作出一些归纳，无疑有益于我们对此问题作更深入的研究。费孝通承认，在一个社会的新旧交替之际，人们不免会感到惶惑、无所适从，心理上充满紧张、犹豫和不安，于是文化英雄脱颖而出。这种英雄既能提出办法，又有能力组织新的试验，还能获得别人的信任。文化英雄一旦出现，随即也就形成一种不同于长老权力的权力，即时势权力。而这种英雄的产生，往往是在初民社会，或者像战争一类的非常局面。尽管如此，费孝通还是主张传统中国是一个乡土社会，而乡土社会的权力结构是长老统治。换言之，在乡土社会中，当它的社会结构能答复人们生活的需要时，是一个最容易安定的社会，因此它也是很少有领袖和英雄的社会。②

狄百瑞通过对自宋以后理学精神的有效梳理，从中发现了中国的自由传统。而他在对此脉络的把握上，也找到了儒家学说中英雄、豪杰观念的历史演变。他首先是从《孟子》中寻找传统中国豪杰观念的出处，也即将《孟子·滕文公下》所谓的“富贵不能淫，贫贱不能移，威武不能屈”这样的大丈夫，作为儒家豪杰人格崇拜的起源。其次，他也不得不承认，在宋、明理学家的人格崇拜中，圣人仍然占据重要的地位。他在引用程颐关于圣人观的系统议论后，对圣人观念作了自己的阐释，认为“圣人不只是一般人理想的象征性价值而已，它特别是个人修身的典型”。理学人士也讲英雄、豪杰，而且不同于传统的看法。如传统所说的英雄之士，不外是指那些善武功、能饮酒的人。这种英雄

① 周作人：《英雄崇拜》，载陈子善、张铁荣编：《周作人集外文》，海南国际新闻出版中心1995年版，下集，第445-446页。

② 费孝通：《乡土中国》，北京大学出版社1998年版，第77、78页。

在元代理学家吴澄看来，只能自表现于人而已，他们并不能真正通达人之为人的本质。那么，吴澄所百般宣扬的豪杰之士又是什么呢？举例来说，就是维持道统不堕并使其一脉相承之人，包括孔子之后的孟子、韩愈、周敦颐、二程、张载、邵雍、朱熹。狄百瑞将其概括为："替圣贤之学作英雄的宣扬，以之为一己之责任，尽一己之力量在世道日衰的日子坚守不已。"①

可见，理学家眼中的豪杰，仍然不过是一种圣贤的附庸，不可能对圣贤有丝毫的偏离。相同的观念也存在于明代理学家吴与弼的思想中。如果说圣人代表的是一种理想的自我，作为个人的模范，那么吴与弼所追求的角色便是孟子的"大人""大丈夫"——以个人成就道德的英雄。这里，大人与圣人的关系犹如菩萨与佛的关系一样。这样的豪杰观，还是不脱圣贤的光环。值得指出的是，狄百瑞将明代的东林学者视作一种个人的英雄，也即在政治良心上树立了牺牲自我、耿直忠贞的高超典范。② 这是狄百瑞见解的高明处，说明到了明代，英雄、豪杰观念已趋于复杂、多样化。

明朝人的英雄豪杰观

思想、文化观念的传衍，当然有其内在的规律。毫无疑问，明朝人的英雄、豪杰观是对儒家传统观念的继承。然思想、文化观念在往后传衍的过程中，或由于时移势易，或因为思想家个人的主观努力，常常会赋予传统观念许多时代特色甚至新的内涵。对明朝人的英雄、豪杰观念，亦当作如是观。

明代，尤其是晚明，是一个产生巨人的时代。在这样一个时代，思想趋于活跃，观念越发新颖，这是必然的现象。于是，一方面，圣人趋于凡人化，也即出现了圣凡关系的平等；另一方面，在人格崇尚上，英雄、豪杰不仅为知识阶层所普遍接受，而且成为一种较为大众化的人格。换言之，明朝人赋予英雄、豪杰崭新的内容，并在一定程度上反映了某种新的时代风尚。

明朝人英雄、豪杰观的内容丰富多彩。在明朝人眼里，英雄、豪杰

---

① ［美］狄百瑞著、李弘祺译：《中国的自由传统》，香港中文大学出版社 1983 年版，第 51-52、80-81 页。

② ［美］狄百瑞著、李弘祺译：《中国的自由传统》，第 83-84、96 页。

既不同于圣人,也与凡人、庸众有诸多相异之处。英雄、豪杰并不像圣人,是至善的化身;而是活生生的人,有自己的理想、自己的生活,甚至喜怒哀乐。但英雄、豪杰又不同于凡人,他们仍然是一时的精神领袖,具有很大的号召力。概括言之,其内容包括下面几点。

(一)英雄、豪杰应当刚柔并济

英雄、豪杰当然是至刚、至直的化身。唯其如此,才在一些与国计民生相关的大事上,敢于担当,而不是计较个人的利害得失,虚与委蛇、苟且从事。显然,这是一种勇于任事的精神。在这方面,从古直至明代,豪杰精神一脉相承,真所谓"英雄所见略同"。如三国时诸葛亮曾说:"臣鞠躬尽瘁,死而后已,至于成败利钝,非臣之明所能逆睹也。"宋人范仲淹言:"为之如我者当如是,其成与否有不在我者,虽圣贤不能必。"宋人韩琦也说:"人臣当尽力事君,死生以之。至于成败,天也,岂可预忧其不济,遂辍而不为哉!"宋人李纲更是直言:"吾知事君之道,不可则全进退之节,祸患非所恤也。"这是不顾利害,不计个人得失,事实上是儒学的真精神。而具有这种真精神的人,在明代往往被视作豪杰之士。

明人李乐、黄淳耀曾就豪杰之士的任事精神发表过精彩的阐述,不妨引述如下:

> 夫所谓担当者,即任事之谓也。才任事,便要任劳任怨,任天下万世之重。如伊尹放太甲,直把商家天下挑在身上,何尝有些小顾虑。才顾虑,便任不成。①
>
> 能为流俗人所不敢为,能不为流俗人所不敢为,才是豪杰。所谓豪杰者,见得定后,猛力做去,更不顾人是非毁誉,韩魏公是也。②

可见,所谓的豪杰,就是敢于担当,勇于任事。唐顺之、李贽也有相同的见解,③说明在明代已是一种普遍的看法。当然,正如屠隆所言,所

---

① 李乐:《续见闻杂记》卷10,上海古籍出版社1986年版,下册,第884页。

② 黄淳耀:《陶庵全集》卷20《陶庵自监录二》,上海古籍出版社1993年版,第859页。按:黄氏还将刚直与执拗作了较好的区分。

③ 譬如,唐顺之曰:"自古豪杰,皆是忘身以为世界。忘其身者,毁誉利害一切尽忘之谓也。"李贽论"出格丈夫"道:"世上人总无甚差别,唯学出世法,非出格丈夫不能。今我等既为出格丈夫之事,而欲世人知我信我,不亦惑乎?既不知我,不信我,又与之辩,其为惑益甚。"可见,我行我素,不求人知,这是豪杰的基本人格特点。分见唐顺之:《唐荆川先生文集》卷9《答万世节参政》,收入《丛书集成新编》,台北新文丰出版公司1983年版;李贽:《焚书》卷2《与明因》,中华书局1975年版,第62页。

谓任事,并非是卤莽之谓。不度理之是非,几之成败,遇事风生,贪功开衅,谓之卤莽。而真正的大英雄则兼具忠、智、胆,做到殉大事以忠,料大事以智,任大事以胆。换言之,"大英雄于事体之必不可为与可为,而时势之未之者,坚以持之,屹如山岳,利诱之不动,威愓之不摇,天下非之而不顾。一遇所当为,分臂而起,计安社稷,造福苍生。如操刀必割,如弓满必发,是非毁誉,成败利害,置之弗问,是之谓任事也"①。反映在个人性格上,也就是刚、直。海瑞、张居正就是此类豪杰的典型代表。海瑞之学,以刚为主。其在朝"气象岳岳,端方特立,诸臣僚多疾恶之,无与立谈"。他任学官时,拜见知府,长揖不跪,人呼"海笔架"。刚、直之性,跃然纸上。海瑞认为,"今之医国者只有甘草,处世者只知乡愿";又言孟子恶乡愿,"其功不在禹下"。其实,在海瑞之前,湛若水就说过,老子、乡愿,同出一途,乡愿多一"媚"字。② 于是,豪杰、乡愿截然两分:一为刚、直,一则柔、媚。海瑞号"刚峰",死后谥"忠介",其意亦在此。③ 张居正为改革赋役、朝政,我行我素,尽管有专断之嫌,但勇于任事的精神,则勿庸置疑,故被人称为"一世豪杰"④。

正因为豪杰能实心为国任事,不计个人的利害得失,故其身后或结局也不脱下面两种状况:或身后一败涂地,被人目为奇货,大肆攻击,如张居正即其例也;或因性刚直,被人排挤,郁郁不得志,只好以醇

---

① 屠隆:《鸿苞集》卷9《大英雄》,收入《四库全书存目丛书》,台南庄严文化事业有限公司1997年版。按:晚明实心任事的精神,其观念各有不同,如张居正之"实心",戚继光之"愚愚",鹿善继之"认真"。相关阐述,可参见陈宝良:《论晚明实心任事的精神》,载《社会科学研究》,1993年第1期,第77-83页。

② 屈大均:《广东新语》卷7《海忠介》,中华书局1985年版,上册,第226页;李乐:《见闻杂记》卷2,上海古籍出版社1986年版,上册,第169页。

③ 海瑞一心为民,其刚直之声震动天下,民间视海瑞的书法作品有"辟邪"的功能,以致赝作不断。照理来说,书法应该是书家性格的反映。为此,那些造假的赝品,也纷纷将海瑞的作品做成"粗硬奇崛之态",藉此以求与其为人相肖。其实,按照清代乾嘉学者卢文弨的考证,海瑞书法的特点为神采秀发,光艳动人,并无"峭厉不可犯之色"。这应该说是一个例外。参见卢文弨:《抱经堂文集》卷16《海刚峰墨迹跋》,中华书局2006年版,第225-226页。

④ 沈德符:《万历野获编》卷9《三诏亭》,中华书局1980年版,第230页。按:李贽认为,何心隐是布衣之杰,故有杀生之祸;张居正是宰相之杰,胆如天大,故有身后之辱。宣称:"二老者,皆吾师也。"而袁中道尽管也称张居正有"大人相",但又说他"脚跟下带得一种无明习气,及富贵声色情欲甚重,所以事业不光大",不是"真正英雄",不过是"健狗豪猪"而已。从李贽到袁中道对张居正的不同评价,事实上是明代思想史的一大转变。分见李贽:《焚书》卷1《答邓明府》,第15-16页;袁中道:《珂雪斋近集》卷2《答钱受之》,上海书店1982年版,第176页。

酒美女为结局。至于退而求神仙之术,也算得上英雄的另一种退步。[①]

尽管英雄、豪杰当以刚、直为基本品质,而且影响及于明季之佛教,使刚也成为一种“禅真”,亦即佛教的真精神[②],然明朝人在英雄、豪杰观方面已有刚柔相济并将刚柔熔于一炉之趋势。如明太祖朱元璋曾对御史台臣说:

> 为人不可太刚,亦不可太柔。刚则伤物,柔则废事。往见贪饕之徒,常执谦下,不拂人意。盖缘所守不正,恐举劾其奸,故为此取媚之态。人喜其媚己,以为贤,则堕其术中矣。其不贪者,自谓操守廉洁,故与人言,议稍有不合,辄起争端。此虽刚强,人恶其拂己,以为不屑,则失人矣。夫与中而处刚,则必无矫激之情;以正而处柔,则必无畏佞之态。[③]

在明人看来,刚属于阳德,出世入世,皆无不可。然按照传统的观念,圣人大多“体刚而用柔”[④]。显然,刚柔一旦相济,那么无论委曲从事,还是虚与委蛇,均不妨其为豪杰作用。这是豪杰向圣人的滑落。如周忱在明代有清官的美誉。他巡抚江南最久,功绩亦最大。然究其为人或治术,却正、谲并用。太监王振专权时,周忱委曲事之。史载:“时王振新建私第,文襄(周忱谥号——引者)密令人规度其厅事内阁,广狭长短,命松江府织绒地衣以馈。振铺之不爽分寸,因大喜,凡有奏请,其批答无不如意,以此得便宜展布。”后王振家产被籍没时,有一金观

---

① 如李贽自述其性云:“又性刚不能委蛇,性疏稍好僻静,以此日就鹿豕,群无赖,盖适所宜。”这是豪杰的另一种末途。清朝人汤传楹就认为,“神仙是英雄退步”。当然,此中也可概见英雄一种寄托所在,如张子房晚年,用不着黄石公,“不得不借赤松子为好结果”,这显然是英雄自欺欺人,是英雄的另一种末路。分见李贽:《焚书》卷1《复周南士》,第14页;汤传楹:《闲雨笔话》,载虫天子编、董乃斌等校点:《中国香艳全书》二集卷4,团结出版社2005年版,第1册,第220页。

② 如明季清溪道人所著小说《禅真逸史》,已是“以奇侠而合禅真”。又明人认为,“节烈豪雄,便是禅真真面目”。载《禅真逸史》,诸允修《序》,齐鲁书社1986年版,第1页。

③ 余继登:《典故纪闻》卷3,中华书局1981年版,第46页。

④ 如吕坤对圣贤与大丈夫作了如下区别:“平生不作圆软态,此是丈夫。能软而不失刚方之气,此是大丈夫。圣贤之所以分也。”载吕坤:《呻吟语》卷4《圣贤》,上海古籍出版社2001年版,第224页。在英雄、豪杰观方面,相关的刚柔问题,一直也影响到近人。如张学良曾与想叛离的军官老师郭松龄探讨做人的原则,郭松龄说自己“宁折不弯”,这是刚的一面;而张学良则说自己“宁弯不折”,又何尝不得儒家刚柔相济的真精神,也是英雄、豪杰的真面相。说载周锐鹏:《张学良:没想到自己能活这么大岁数》,载新加坡《联合早报》,2000年7月4日,第19版。

音,背镂云:“孝孙周忱进。”[①]又如明季都给事中徐耀,平日以声气自矜,属于声气中的正人君子,然亦时有委蛇之举。当谢陞将被起用时,言官多阻之,唯徐耀一人婉言相解。李清曾密问徐耀:“何推异己耶?”徐坦然曰:“彼羽翼已成,知其必不能遏而故阻之,此正人君子他日隐忧也,不如从而玉成,犹昔人所云宽一分则受一分之赐耳。”[②]由上不难发现,英雄、豪杰也有委曲从事或虚与委蛇之举。即使如此,亦不妨其为豪杰作用。究其原因,豪杰与臭偈小人的区别,往往不在具体的行为特征上,而在心、性一念之间。换言之,豪杰委曲从事,是为国为民,无一丝一毫的私心杂念;而小人的虚与委蛇,无非是出自一己的私利。

(二)豪杰与圣人、常人之别

英雄、豪杰的人生品质修养及人格特点,固然自具特色,然也需要与圣人、常人作一些适当的比较,方可对其有一完整的认识。在这方面,明朝人作了相当多的阐述,值得加以梳理。

在明朝人看来,英雄、豪杰或圣贤均具有与常人不同的品格特征,“俱非肉眼所能尽”。[③] 大体说来,明朝人将人格等次分为如下几种,即圣人、贤人、众人、小人,“圣人做出来都是德性,贤人做出来都是气质,众人做出来都是习俗,小人做出来都是私欲”[④]。从某种程度上说,圣贤可以并称。而吕坤将其作更细的区分,说明贤人已等而下之,降为与豪杰相同的等次。可见,在人格等次方面,即使极其细微的差别,也可看出一个思想家在人格崇尚上的基本特点。而明人将豪杰人格给以重新的两分,以及将常人分出众人、小人,无不显示出明人的人格崇尚具有相当丰富的内容。为示说明,可引明季熊开元之说为例:

> 圣贤、豪杰,奸雄、盗贼,人恒言之,鲜有笃论。窃谓以圣贤为心,行圣贤之事者,圣贤也,尧舜是也。以圣贤之心,行盗贼之事,豪杰也,汤武是也。以盗贼之心,行圣贤之事者,奸雄也,操、莽是也。以盗贼之心,行盗贼之事者,则盗贼而已矣,巢、温是也。更有一类奸而不雄者,宵小也;盗而不贼者,鄙夫也。此其恶不至如

① 沈德符:《万历野获编》卷3《周文襄》,第893页。

② 李清:《三垣笔记》,《崇祯》,中华书局1982年版,第28页。

③ 沈德符:《万历野获编》卷26《明臣通书画》,第653页。

④ 吕坤:《呻吟语》卷4《品藻》,第233页。

奸雄盗贼公行篡逆,然古今以国与人者,皆此辈为厉阶。①

熊开元的区分与吕坤大体相同,即在豪杰中又分出上、下两品:上者为豪杰,下者为奸雄。而吕坤则称之为“君子豪杰”和“小人豪杰”:“君子豪杰,战兢惕励,当大事勇往直前。小人豪杰放纵恣睢,拚一命横行直撞。”②很显然,明人的目的在于将豪杰与常人、圣人作适当的区分,从而在区分过程中确立豪杰的人格地位。其区分的标准,则是内心的是否战惕、妥当,而不是外在的行为特征,甚或由心而流于外的事业。

首先,明人对圣人与豪杰、常人作了如下区别:“夫惟圣人不凝滞于物,而能与世推移。自非圣人,必有所寄藉而后克展。”③可见,圣人是道德心性修养的最高境界。一臻于此,就不会滞凝碍于外物,而是随时与世推移。若非圣人,无论是豪杰,还是常人,那么均需要一种“寄藉”,其实就是凭藉,才能有所成就。假若从见识上作一些分别,那么,“寻行数墨,是头巾见识;慎步矜趋,是钗裙见识;大刀阔斧,是丈夫见识;能方能圆,能大能小,是圣人见识”④。在此,将宋儒与明人的英雄观作一适当区分显然是很有必要的。宋儒曾有言:“真正英雄,必从战惕中来。”而宋代女词人李清照却言:“生既作人杰,死亦为鬼雄。至今思项羽,不肯过江东。”直将项羽认作英雄。其实,宋儒所谓的英雄,不过是圣贤的转化形式,而非真正的英雄。职是之故,明人江盈科断言:“一妇人之见,反出宋儒之上。”⑤这是明人与宋儒在英雄观上的不同点。

其次,豪杰与凡民(或庸众)之别,简言之,则为:“待教而兴者,为凡民;兴不待教,谓之豪杰之士。”⑥说得复杂一点,天生豪杰,并降大任于斯人,必使其困穷拂郁,多所抑之。唯其如此,“盖学以栽培,所积日

---

① 熊开元:《鱼山剩稿》卷2《与冯渐卿徵君》,上海古籍出版社1986年版,第247-248页。

② 吕坤:《呻吟语》卷4《品藻》,第570页。按:明人屠隆论曹操道:“曹操为万古奸雄之魁,余所最腐心切齿。偶想及其处关公一段,开张心胸,大自豁达,留则厚礼,去则勿追,真有英雄局量,宜其能笼罩四海,奔走群材,卒成奸人事业也。”尽管称曹操为“奸雄之魁”,然亦不得不承认其有“英雄局量”。说见屠隆:《鸿苞集》卷9《英雄局面》。

③ 文元发:《清凉居士自序》,载杜联喆辑录:《明人自传文钞》,台北艺文印书馆1977年版,第10页。

④ 吕坤:《呻吟语》卷4《品藻》,第247-248页。

⑤ 江盈科:《雪涛阁集》卷6《古论·项羽》,载氏著:《江盈科集》,岳麓书社1997年版,上册,第321页。

⑥ 王畿:《慕蓼王先生樗全集》卷2《两浙学政十六条》,收入《四库全书存目丛书》。

盛,则智足以通天下之变而不轻视,量足以纳天下之汙而不绝人,故其任重成功果异于庸众也”①。这是孟子大丈夫说的明代翻版。

第三,豪杰不同于众人,是众人中的异人。如李贽就说:“人犹水也,豪杰犹巨鱼也。欲求巨鱼,必须异水;欲求豪杰,必须异人。此的然之理也。”这是将豪杰之士与众人作了必要的区别。虽然豪杰不同于圣人,但圣人均由豪杰做成。故李贽又说:“古今圣贤皆豪杰为之。非豪杰而能为圣贤者,自古无之矣。”②在传统理学家的心目中,圣贤是至善的化身,而追求的豪杰人格也不过是圣人的另一种表现形式。如薛瑄说:“大丈夫心事,当如青天白日,使人得而见之可也。”③而李贽则认为,欲成圣人,必先做豪杰,无疑提高了豪杰在人们心目中的地位。

(三)豪杰之品

从才略、气魄、望和学问诸方面对豪杰作出一些规范,这是明人豪杰观的又一基本特点。如明人于慎行言:

> 古豪杰用世,求其才略,固亦可企可及,惟气魄与望不可强。何谓气魄?与人同恩,而能使天下感其恩,与人同威,而能使天下畏其威,此必有出于庆赏刑法之外者,所谓气魄也。何谓望?位有与之齐而其势独尊,功有与之并而其名独著,求其故,而不可得而指,此所谓望也。人臣之望有三:有德望,有才望,有清望。④

显见,豪杰的品格不在于才略,而是气魄与望。中国传统有立德、立功、立言之说,而圣人是立德的楷模,文人则为立言的代表,至于立功者,反而常常属于那些豪杰之士。有鉴于此,明人有将三者合一而称豪杰者。如张瀚言:“夫士人惟出处两途,出则荦荦,处则冥冥,求志达道,无二义也。古称三不朽,曰:太上立德,其次立功,其次立言。……兼之者,则命世之豪杰乎!”⑤豪杰之士,称雄天下,“必有渊源之学,而后有光伟之政;必有卓荦之材,而后有超越之志也”⑥。三者合一,方称豪杰,毕竟只是一种理想。事实上,豪杰往往流于偏致一路。明季归昌世之季父曾说:“人谓吾矫情,吾已甘之。大都今世人品,须就性之

---

① 季本:《季彭山先生文集》卷1《送沈子刚起复赴京序》,清初钞本。
② 李贽:《焚书》卷1《与焦弱侯》,第3-4页。
③ 李乐:《续见闻杂记》卷10,第784页。
④ 于慎行:《谷山笔麈》卷5《臣品》,中华书局1997年版,第49页。
⑤ 张瀚:《松窗梦语》卷4《士林记》,中华书局1985年版,第65页。
⑥ 林炫:《林榕江先生集》卷14《送平墅沈先生参知江藩序》,清范氏天一阁钞本。

所近,从偏致一路做去,方易成就。今人动必曰中庸、中庸,谁是中庸哉?”①换言之,豪杰、英雄不同于圣人,无论学问,还是品性,均四平八稳,也不同于乡愿,动称中庸,而是走向偏致一路,一切按照性之所近,甚至不妨矫情。

事实确是如此。按照明朝人的观点,英雄、豪杰并非至正、至善,而是偏致、有瑕。刘邦、曹操二人,无疑提供了这方面最好的范例。照常理说来,与项羽相较,刘邦更带有一些无赖习气,缺少英雄气。② 但事实并不尽然。如项羽与刘邦争天下时,项羽一度以刘邦之父为人质,要挟刘邦,而刘邦却说出“分一杯羹”的名言。自宋以后,这一段故事常常引起后人的争论,或载诸论议,或形诸诗咏,总体上还是对刘邦加以诋毁者居多。当然,从这些争论中,我们恰恰可以看出英雄观的不同。如杨维祯作有《栝羹辞》,郑玉作有《索羹论》,尽管多为项羽惋惜、设处,然还是指出刘邦“为天下者不顾其家”,可以不尽孝道,而项羽则有“妇人之仁”。子美之说,被明人陆容称为“识见高,议论当”③。又如曹操,曾下过《求贤令》《敕有司取士毋废偏短论》《举贤勿拘品行令》,其宗旨是士即使有“偏短”,甚至“不仁不孝”,只要有治国用兵之术,都不妨重用。曹操在戏台上是大花脸,却很坦直。他因误会而杀了吕伯奢全家,事后并不为自己辩护,反而发出了“宁使我负天下,勿使天下人负我”的坦率宣言。所有这些,均被今人评为光明坦荡、心口

① 归昌世:《假庵杂著》,上海古籍出版社 1983 年版,第 207 页。

② 明人江盈科曾对刘邦、项羽作了颇有意思的比较:“以成败论,则王者英雄也,死者非英雄也。若略成败论英雄,则请以棋喻:项羽者,棋中之国手也;汉高祖,最低棋,然善悔善耐久;惟其善悔善耐久,所以能制国手如项羽者,而反能取胜。”不过,江盈科还是认为,项羽“虽失天下,虽丧其躯,终不失为英雄第一”。可见,明人之说,各无定见,反从侧面反映出明代思想界之活跃。说见江盈科:《雪涛阁集》卷 6《古论·项羽》,载《江盈科集》,上册,第 321 页。

③ 邓士龙辑:《国朝典故》卷 79 引《菽园杂记》7,北京大学出版社 1993 年版,下册,第 1697 页。按:清末人汪康年对刘邦此举也作了较为理性的分析,所表达的意思大致与杨维祯、郑玉相同。一方面,他认为,要成就大事业之人,大致“不能顾家”。另一方面,他又认为,刘邦此举确实是吃透了项羽的心理。项羽即使是“至愚”之人,也不会一听刘邦此语,即杀其父,为人落下口实。所以,刘邦表面上是“急之”,其实则为了达到“缓之”的效果。若不如此,项羽以刘邦之父作为要挟,刘邦遣使求释,正好使项羽以此作为要挟的资本,反而会影响大业。所以,汪康年认为,凡是对刘邦此举加以诋毁者,不过是宋人不识“情势”的“迂论”。参见氏著:《汪穰卿笔记》卷 5《杂记》,中华书局 2007 年版,第 196 页。

如一,不失英雄本色。[①]

“偏致”说是明代的新特点。将此观点应用于文章的评论,往往也有异曲同工之妙。如左氏、庄周、屈原、司马迁,其文章各自成一家,不事蹈袭,不失豪杰之士的本色。但按照儒家传统的观点,却称左氏“浮夸”,庄周“荒唐”,屈原“怼怨”。[②] 可见,从文学的角度来说,只要自成一家,即使有瑕疵,也可称之为豪杰。正是在这方面,明人的观点与传统儒家的观点截然两分。如司马光《资治通鉴》认为,才德全尽,谓之“圣人”;才德俱望,谓之“愚人”;德胜才,谓之“君子”;才胜德,谓之“小人”。[③] 换言之,豪杰、英雄与端人、正士之间,人格上是迥然有别的。而明人的长处在于吸收两者之长,创出“达节通儒”这样一种新人格[④],亦即在端人正士之中,加入一些英雄豪杰的气质。

(四)豪杰争天下

每当一朝之末,天下大乱之时,必然豪杰分争,群雄并起,英雄有了用武之地。秦末刘邦之起,元末朱元璋之起,即其例也。明人屠隆认为,自古英雄、豪杰出山,“皆有卓识定见,非漫然者”。他举例道:“孔明一出茅庐,即以三分鼎足许先主。伯温望建业五色云起,乃引太白慷慨谓人曰:此王气也。后十年,有真主出,吾当辅之。卒酬其言,若合符契。”当然,英雄之成败,实取决于时势,即所谓的“虽有神龙,必乘风云。虽有英雄,必资时运。英雄得时,故重耳不以齐薑害霸,沛公不以秦子女妨帝。英雄失时,故孔明夭,文丞相败。”[⑤]

按照传统儒家知识分子的观点,豪杰之起,当为救世。这仅仅是儒家知识分子中豪杰辈的志向。至于那些乘乱而起的布衣之杰,尽管也打着救民于水火的旗号,而内心想着的尽是一些“彼可取而代之”的念头。明太祖朱元璋即位后,在祭祀历代帝王庙时,有感于与刘邦均为布衣而得天下,于是称刘邦为“好汉子”。而在传统统治者看来,这些乘乱而起的布衣之杰,事实上与盗贼无多少区别。但在明代,如顾

---

① 黄裳:《反封建离不开旧戏》,载氏著:《掌上烟云》,华东师范大学出版社 1998 年版,第 142-143 页;李国文:《空心大老》《曹操若健在》,载氏著:《苦瓜苦瓜》,陕西人民出版社 1995 年版,第 83、88-89 页。

② 邓士龙辑:《国朝典故》卷 79 引《蓬轩类记》4,下册,第 1567-1568 页。

③ 转引自李国文:《苦瓜苦瓜》,第 81 页。

④ 吕坤:《呻吟语》卷 4《品藻》,第 262 页。

⑤ 屠隆:《鸿苞集》卷 11、9《赝英雄》《英雄》。

允成、李贽者流,对盗贼的出现,已不再持排斥的态度,而是指出他们中很多就是英雄、豪杰,即所谓的“唯举世颠倒,故使豪杰抱不平之恨,英雄怀罔措之戚,直驱之使为盗也”①。对那些号称大圣大贤之人,反而颇多微词,认为他们“平居无事,只解打躬作揖,终日匡坐,同于泥塑,以为杂念不起,便是真实大圣大贤人矣。其稍学奸诈者,又搀入良知讲席,以阴博高官。一旦有警,则面面相觑,绝无人色,甚至互相推诿,以为能明哲”②。显然,这是对豪杰的称赞,对号称圣贤者的贬斥。

由上可知,圣人与豪杰之间的区别颇为明显。豪杰的目的是登上皇帝的宝座,自己贵为天子;而圣人的目的则是使天下之人人格趋于完善。正如明末清初人魏禧所言:

> 古今圣人庙祀之尊,未有盛且久于孔子者,只是身为圣人,天欠他一个天子耳。然则德厚而报薄,正自福祉远大,世切莫眼小性急也。后世英雄图度天命,残生命,害忠良,弑逆君父,皆所不愿,只要争一个天子,究至短祚灭宗,子孙惨秽不堪,而身受恶名于万世,亦何为哉!③

当然,也不可过分强调两者的区别。其实,孔子也有“素王”之称,而豪杰、英雄当上天子后,也想做圣人,即所谓的“圣上”。相较而言,天子要做圣人,很容易;倒是布衣要做圣人,颇难。④

(五)英雄与情色

在西方中世纪晚期,已有很多行为使爱情提高到悲剧性的尊贵。“爱和英雄”由此而成为一个颇值得研究的课题。但在西方中世纪,似乎以下观念占据主导地位,亦即真诚、爱情有碍于典型的英雄道德品质。⑤ 就中国而言,圣人是人格的至善,是做人的楷模,自然有定准而

---

① 顾允成:《小辨斋偶存》卷3《札记》,收入《景印文渊阁四库全书》,台北商务印书馆股份有限公司2008年版。

② 李贽:《焚书》卷4《因记往事》,第156-157页。

③ 魏禧:《魏叔子日录》卷3《史论》,收入《四库禁毁书丛刊》,北京出版社2000年版。

④ 清初理学名臣李光地曾说:“天子要做圣人,狠容易。汉光武、明帝成甚么文教,不过略有一层皮,在体面上略略行些,然天下文风之盛,超轶前后。况文、武、成、康,而济之以周、召乎?倒是布衣做圣人难。孔夫子若有走一步路不是,门人便不敬他。天子好处不耑在细事,大事皆做得来,便是圣人。”见李光地:《榕村续语录》卷18《治道》,中华书局1995年版,下册,第855页。

⑤ Brombert, ibid. p.14.

不可轻易,甚至可以“不近人情”[①]。而英雄、豪杰在道德上无一定的标准,这就是过去的人常说的“不拘小节”。既无定准,那么无论是多情好色,抑或寡情远色,均不失为英雄、豪杰的气魄。举例来说,于谦功在社稷,勋业在朝廷,无疑是世人所共仰的英雄。但他生性淡泊,“旁无姬妾”[②]。这是情色方面保持克制与矜持态度的英雄。而与此相反的例子则是东林党的顾宪成与赵南星。正如狄百瑞所说,东林学者中不乏个人的英雄,“这些英雄在政治良心上树立了牺牲自我,耿直忠贞的高超典范”[③]。而正是这些被传统视作楷模并具有英雄气的学者,却在情色方面不乏越轨之举。顾宪成是东林魁首,道学宗主,立朝大节岳岳,然其乡里人“每言其有桑中之事”。据钱谦益这位“颇渔于色”的老东林说,宪成曾“置一妾于别所”,“时就之居”。[④] 赵南星抗节中朝,身为东林党魁,人但见其门庭高峻,不可梯接,其实他也有轩牖阔辟、通侠纵酒、风流跌宕的一面。如在赵氏的相关尺牍中,多次提到菊子、翠柳、黄二姐,均为与他时相往还的乐妓。[⑤] 这是生活潇洒、惑于情色的豪杰。

值得指出的是,明代思想史的进程无不说明,从说理转向讲情,已是时代的必然趋势。[⑥] 而从人物性格来看,晚明人多崇尚“狂狷”。换言之,豪杰多带有狂狷的气质。如李贽就说:“求豪杰必在于狂狷,必在于破绽之夫。若指乡愿之徒遂以为圣人,则圣门之得道者多矣。”[⑦] 东林党人高攀龙也将“狂狷”与“庸俗”作了必要的区分:“取人要知圣人取狂狷之意。狂狷皆与世俗不相入,然可以入道。若憎恶此等人,

---

① 如清初理学大家李光地说:“圣贤有似不近人情处。朱子断妓女,施以严刑,判使从良。其实罪不关妓女也,人至今以为口实。孔子将景公梨园子弟付之极刑,太公蒙面而杀妲己,何妨同道。”见氏著:《榕村语录》卷19《宋六子》,中华书局1995年版,上册,第335页。

② 张瀚:《松窗梦语》卷4《士人记》,第65页。

③ [美]狄百瑞:《中国的自由传统》,第96页。

④ 归庄:《归庄集》卷10《随笔二十四则》,上海古籍出版社1984年版,下册,第518页。

⑤ 邓之诚:《骨董续记》卷1《赵忠毅尺牍》,中国书店1991年版,第309页。

⑥ 如明朝人高拱言:“圣人以人情为天理,后儒远人情以为天理。”显为肯定人情的又一例证。说见高拱:《本语》,载氏著:《高拱论著四种》,中华书局1993年版,第14页。按:日本学者沟口雄三认为,人情这一概念开始流行,并作为规范的理的非人情性由此而被暴露,理亦因此而向情靠拢,这种现象的出现,则是进入清代以后的事。而揆之明代事实,这一论点却有颇可商榷之处。说见[日]沟口雄三著、赵士林译:《中国的思想》,中国社会科学出版社1995年版,第35页。

⑦ 李贽:《续焚书》卷1《与焦弱侯太史》,第16页。

便不是好消息。所与皆庸俗人,己未有不入于庸俗者。”[①]公安派之袁中道同样对狂与圣有较好的区别:“狂者,是资质洒脱。若严密得去,可以作圣。既至于圣,则狂之迹化矣。必谓狂即是圣,此无忌惮者所深喜也。”[②]袁氏圣、狂之别,其实就是圣人、豪杰之分。细言之,人常有一种从胎骨带来的习气,即释家所谓的“俱生惑业”,入于骨髓,贯于老少而不可解。这就是人容易为豪杰,但不能成圣人的原因。但正是这种具有狂、傲特性的豪杰,如小说《醒世恒言》第29回所塑造之卢柟,恰恰与儒家传统如孟子所标举的“威武不能屈”“说大人则藐之”的大丈夫有了内涵上的差别。如果说孟子所标榜的是一种在传统的道统与政统命题下,士所具有的坚持正义、勇于批判的真精神,那么,明末所显露出来具有狂傲特性的豪杰人格,可视作新的价值观、人生观所构成的性格的外露,是晚明追求自我这种新趋向的真实反映。[③]

豪杰多少带有一些狂者或豪侠的习气。侠气也并非与情矛盾冲突,而是可以合而为一。明季人宋懋澄有诗句曰:“举世无英雄,谁与言奇事?举世无任侠,谁与言情死?”[④]施绍莘亦有诗句云:“但能痛饮便名士,解得惜花真丈夫。”[⑤]细玩诗旨,无非是说英雄有奇行,侠者最讲情,名士能痛饮,而真丈夫却懂惜花。花从某种程度上代表了“红颜”,所谓的惜花,其实就是怜香惜玉的转语。显然,这与他们对圣贤的蔑视有异曲同工之妙,无不都是明代英雄、豪杰观念的新趋向。[⑥] 然按照传统的说法,如若儿女情长,势必就会英雄气短。于是,在晚明思想界出现了一股对儿女情与英雄气之关系进行重新梳理、辨正的新趋向。譬如,《醉古堂剑扫》言:“儿女情,英雄气,并行不悖,或柔肠,或侠骨,总是吾徒。”而晚明一位博学者,即周铨更是著《英雄气短说》一文,

---

① 高攀龙:《家训》,载徐梓编注:《家训——父祖的叮咛》,中央民族大学出版社1996年版,第182页。

② 袁中道:《珂雪斋近集》卷2《示学人》,上海书店1982年版,第205页。

③ 关于此,王鸿泰作了细微的比较研究,并指出这种细微差别所显现出来的特别含义以及时代特征。这是颇具真知灼见的新论断。说见王鸿泰:《“三言二拍”的精神史研究》,台湾大学出版委员会1994年版,第146-155页。

④ 宋懋澄:《九籥集诗辑录·咏史其二》,载氏著:《九籥集》,中国社会科学出版社1984年版,第298页。

⑤ 施绍莘:《瑶台片玉甲种补录》,载《中国香艳全书》十七集卷2,第4册,第2068页。

⑥ 宋懋澄有诗句曰:“醉剧轻天地,痴真小圣贤。”显然也是对有“醉剧”生活,并具“痴真”之性这样一种豪杰人格的崇拜。见《九籥集诗辑录·近况》,载《九籥集》,第301页。

对两者的关系进行了重新的论辩。他认为，"情之所在，一往辄深。移之以事君，事君忠。以交友，交友信。以处世，处世深。"他进而断言："惟儿女情深，乃不为英雄气短。"①

英雄、豪杰讲情，甚乎可以溺于情，也不失其英雄事业、豪杰气概。这是晚明思想界在英雄、豪杰观方面的新动向。英雄溺情，其始无不给人一种有不屑之事的错觉，但究其终极，却反而有不测之功。一旦乘时大作，他们往往义无反顾，触白刃，死患难，均不乏其人。狄百瑞认为，宋明理学的盛行，使受教育的上层分子产生了新儒家个人主义。他们只专注自己，不再以服务百姓或阐扬真道为职志，其中有些人从自我牺牲的殉难行为，成就他人的英雄事迹，从而自得其乐。虽然狄百瑞没有列出证据，但他的说法还是可信的。有学者以明末殉国的吴锺峦为例②，说明王学的流行，对明末士大夫的殉难行为同样产生了一定的影响。

英雄气与儿女情可以并行不悖。于是，《水浒传》中的矮脚虎王英有好色的行为，在李贽看来也是情有可原的英雄行径。③ 这是晚明知识界人士对情色问题的新看法。然而吊诡的是，当在晚明知识界普遍存在着为情欲唱赞歌的时候，在民间百姓中广泛流传而又对英雄、好汉刻意歌颂的《水浒传》，其塑造的英雄、好汉形象，却反而远离女色、情欲，这是颇值得注意的动向。在《水浒传》中，众英雄好汉对女色多持一种漠然甚或无动于衷的态度。譬如，宋江所喜结交者，多为绿林好汉，除衙门公务外，整日应酬者都是一群须眉男子，反而冷落了身边的美貌妻子阎婆惜；武松面对风骚嫂子潘金莲的百般勾引，却似视若未见，一如坐怀不乱的柳下惠；即使有"浪子"雅称的燕青，面对绝色艺伎李师师，绝无风流倜傥的派头，反而好像有点缩手缩脚，不见其有半点邪念。倒是像西门庆、张文远辈无赖小人，嗜好女色犹如苍蝇逐臭，显得本色当行。

这是相当奇异的现象。换言之，在明代，关于英雄、豪杰观念，在

---

① 相关资料的介绍与评述，可参见王鸿泰：《"三言二拍"的精神史研究》，第174页。

② 殉国者吴锺峦在《霞舟随笔》中言："或问：'当此之时，何以自处？'答云：'见危临难，大节所在，惟有一死。其他随缘俟命，不荣通，不丑穷，常养喜神，独寻乐处，天下自乱，吾身自治。'"相关资料的介绍及评述，参见何冠彪：《生与死：明季士大夫的抉择》，台北联经出版事业公司1997年版，第12页，注(33)。

③ 王鸿泰：《"三言二拍"的精神史研究》，第172页。

知识阶层与民间百姓之间出现了两分现象：当知识阶层在情色问题上对英雄、豪杰持相当宽容的态度时，而在民间，在情色方面对英雄好汉却反为苛刻。尽管梁山泊众草莽英雄可以大碗喝酒、大块吃肉，尽显风格粗鲁、豪爽，但在情色方面却谨小慎微。同是一本通俗小说《水浒传》，属于知识阶层的李贽，看到了好色的矮脚虎王英，肯定其不失英雄本色；而在民间百姓那里，看到的却是不近女色的好汉，对好色的西门庆之流却持贬斥的态度。从这种角度来说，知识阶层与民间百姓之间，在道德观念方面确乎有截然不同之处。[①] 就民间道德观念而言，只有轻色重友，方不失英雄好汉的本色。而英雄为成就大事业，甚至不妨狠心杀掉自己的亲人，以断退路。关于此，明代说唱词话中流传的有关关羽、刘备、张飞三结义之事，提供了一个颇值得注意的例证。词话记关、刘、张三人在姜子牙庙结拜为兄弟事道：

> 刘备道："我独自一身，你二人有老小挂心，恐有回心。"关公道："我坏了老小，共哥哥同去。"张飞道："你怎下得手，杀自家老小？哥哥杀了我家老小，我杀了哥哥底老小。"刘备道："也说得是。"[②]

最后的结局，是张飞提了青铜剑，杀了关羽全家 18 口。尽管如此，却不失英雄本色。这是全新的民间道德观念。

（六）豪杰在于"破绽之夫"

在明朝人眼中，英雄、豪杰除了有狂狷的性格并可纵情声色外，豪杰还是一种破绽之夫。换言之，豪杰在人格上并非十全十美，而是有缺失的破绽之夫。

既为破绽之夫，那么，无论是生活清俭，还是华楚，均不失为一个豪杰的本色。若将熊廷弼与冯梦龙作一对比，那么英雄豪杰与江南才子的生活风尚则迥然不同。冯是熊的门下弟子，文多游戏，所撰《挂枝儿》小曲与《叶子新斗谱》，浮薄弟子，靡然倾动。平日生活，"晨选佳肴，夕谋精粲"，一如吴下书生之风。而熊廷弼却主张，"丈夫处世，不

---

① 这种上层的精英文化与下层的民间文化的区别，美国人类学家芮斐德以"大传统"与"小传统"给以适当的区分。相关介绍可参见李亦园：《人类的视野》，上海文艺出版社 1996 年版，第 143-145 页。

② 《新编全相说唱足本花关索出身传前集》，载朱一玄校点：《明成化说唱词话丛刊》，中州古籍出版社 1997 年版，第 2 页。

应于饮食求工,能饱餐粗粝者,真英雄耳"[①]。又如南昌知府丁应壁,"淡薄自持,衙内经月进豕肉不过二三度"[②]。这是苦节之士被定为豪杰品格。名相张居正也被人称为豪杰,但他的生活则正好相反,是以"性喜华楚"闻名。史载张居正,"性喜华楚,衣必鲜美耀目,膏泽脂香,早暮递进,虽李固、何宴,无以过之"。居正宴客,饭间由侍从持鬃刷"刷双鬓者在,更换所穿衣服数四"。[③]

显而易见,豪放不羁之士,自不当以常理责之。换言之,三代教养之法,"可以御常民,不可以御豪杰"。豪杰不同于讲学者,"讲学者多规行矩步,瞑目拱手示深远"[④],而豪杰却粗犷阔略、豪放爽快。一至明代,豪杰多近于文学之士,与道学之士迥然有别:"高朗之士,以通脱为豪杰,以摆落为寥廓,负气节,工文章,识综玄旷趣兼风流,往往非薄道学先生拘局绳尺,曰:是裹青布头巾者,是贪生猪肉吃者。固哉迂儒,何适于用!而道学之士佩服周孔,动遵礼法,屋漏是谨,细行必严,深恶文学放达,狂而无当。"[⑤]豪杰也不同于书生,即所谓的"豪杰当事作用,断与书生不同"[⑥]。明人心目中的豪杰,常常是不拘泥于小节的。试举下面一例:

> 姚江理斋诸先生当嘉靖癸卯,寓慈净寺,其乡新举子十数辈共谒之。先生冠带出见,然自员领以内,绝无衬衣,莹然一玉体也。数君口不言,心谓先生慢客至此。坐间报学宪张公来访,数君谓先生必更衣也。先生以此迎学宪如故,殊不踌躇不安之意。数君于是心服先生之旷达焉。[⑦]

可见,豪杰在个人行为方面大多旷达疏阔,不拘小节,无道学气,也无头巾气。他们不喜欢掩饰自己的喜怒哀乐。即使是一些不为传统道

---

① 钮琇:《觚賸续编》卷2《英雄举动》,上海古籍出版社1986年版,第195-196页;

② 李乐:《见闻杂记》卷9,下册,第734-735页。

③ 沈德符:《万历野获编》卷12《士大夫华楚》,第316页。

④ 王锡爵:《王文肃公文集》卷3、8《万历癸酉顺天策问》《参议惠鹿吴公墓志铭》,收入《四库全书存目丛书》。

⑤ 屠隆:《鸿苞集》卷9《是非》。

⑥ 王锡爵:《王文肃公集》卷14《刘守有锦衣》。按:书生即读书人,原本含有清高的意味,如"一介书生""书生本色"之类。后衍变为被人嘲讽的专称,如人们常说的"书呆子""迂夫子""腐儒""学究"等。相关的探讨可参见朱自清:《论书生的酸气》,载氏著:《朱自清古典文学论文集》,上海古籍出版社1981年版,上册,第163-170页。

⑦ 李乐:《见闻杂记》卷2,第118页。

德所称,或不符合自己身份的事,如科名之类,他们也不能不直言自己的膻嗜之情。罗洪先因中状元而面路喜色,说明豪杰为人,只是“不欺人”,而国家科名,也“不能不膻嗜”①。天下之得失,一些君臣往往讳莫如深,忌讳轻易言及于此。而元世祖方得天下,即问失天下之日;刘秉忠亦不以失天下为不祥,侃然致对。为此,李贽发出如下感慨:“视亡若存,真英雄豪杰,诚不同于时哉!”②

英雄豪杰观之传衍

明朝人的英雄、豪杰观念大体如上所述,对儒家传统观念的承袭和革新,也是显而易见的。一至明末清初,由于两朝鼎革,时人经历了天崩地陷的一幕,必然会对明代久已存在的思想观念作出一些梳理、总结甚至反思,而英雄、豪杰观念也不例外。在此,可举有清初三大家之称的顾炎武、王夫之、黄宗羲之说为例。③ 顾炎武论及豪杰道:“天生豪杰,必有所任,如人主于其臣,授之官而与之职。今日者拯斯人于涂炭,为万世开太平,此吾辈之任也。”顾炎武有鉴于神州陆沉,明朝灭亡,于是以豪杰自任,希望通过明道而经世。顾氏时揭“明道救世”之帜,主张“凡文之不关于六经之旨,当世之务者,一切不为”。显然,顾氏所谓的豪杰,是一些以明道救世为职责者。以当时人而论,他认为黄宗羲、吕留良,均堪当“一代豪杰之胤”④。

王夫之的豪杰观也大体顺应明末清初的社会变化,对明人观念作

---

① 江盈科《谐史》第56则记其事云:“罗念庵中状元后,不觉常有喜色。其夫人问曰:‘状元几年一个?’曰:‘三年一个。’夫人曰:‘若如此也,不靠你一个,何故喜久之?’念庵自语人曰:‘某十年胸中,遣状元二字不脱。’”见《江盈科集》,下册,第878页。

② 李贽记其事云:“元世祖初平江南,问刘秉忠曰:‘自古无不败之家,无不亡之国。朕之天下后当何人得之?’秉忠对曰:‘西方之人得之。’及后定都燕京,筑城掘地,得一石匣,开视,乃一匣红头虫,复诏问秉忠。秉忠对曰:‘异日得陛下天下者,即此物也。’”见《焚书》卷2《又与周友山书》,第56页。

③ 关于英雄,有人作如下定义:“英雄是把当前的社会问题解决,并且躬行实践新思想的人。当前的社会问题来自旧思想的流弊,新的思想家必须提出解决这些问题的根本理念,像这样的思想家对社会的影响力是无与伦比的。”而黄宗羲正是这样的思想家,不失是一位文化英雄。参见李东三:《黄梨洲及其〈明夷待访录〉之研究》,台湾大学中国文学研究所硕士论文(1983年),第23页。而相关黄宗羲豪杰精神的介绍,又可参见季学原、桂兴沅:《〈明夷待访录〉导读》,巴蜀书社1992年版,第13页。

④ 顾炎武:《亭林文集》卷3、4《病起与蓟门当事书》《与人书三》附《答李子德》,载氏著:《顾亭林诗文集》,第48、91、74页。

了适当的调整。他说：

> 有豪杰而不圣贤者矣，未有圣贤而不豪杰者也。能兴即谓之豪杰。兴者，性之生乎气者也。拖遝委顺当世之然而然，不然而不然，终日劳而不能度越于禄位田宅妻子之中，数米计薪，日以挫其志气，仰视天而不知其高，俯视地而不知其厚，虽觉如梦，虽视如盲，虽勤动其四体而心不灵，惟不兴故也。圣人以《诗》教荡涤其浊心，震其暮气，纳之以豪杰而后期之以圣贤，以救人道于乱世之大权也。①

王夫之提出以"兴"作为区分豪杰与庸人的标准，这是其突出处。所谓"兴"，即性之生乎气者。这是说豪杰之性不纯，尚带有"气"的特色。在王夫之看来，豪杰应具有俭、勤、慎三大品质，"能俭、能勤、能慎，可以为豪杰矣"。他进而解释俭、勤、慎道："俭者，节其耳目口体之欲，节己而不节人。勤者，不使此心昏昧偷安于近小，心专而志致。慎者，畏其身入于非道，以守死持之而不为祸福利害所乱。"在此基础上，又将俭、勤、慎与吝、鄙、懦作了必要的区分，认为后者均因庄子"死其心"之说所致，藉此在道德品质上将儒、道岐为两橛。在个人心性修养上，王夫之也举孔子、王畿为例，以说明圣人与豪杰之间的道德差别。王畿也算学道好修之士，以豪杰自命。当他的家为火所焚毁后，"其往来书牍，言之不置，平生讲良知，至此躁气浮动，其所谓良知者，非良知也"。而孔子厩焚不问马，恻怛之心专注于人，"人幸无伤，则太和自在圣人胞中，以之事亲则底豫，以之立身则浩然，以之治人则天下归之，此之谓良知"。②

由上不难发现，一至清初，在英雄、豪杰观方面出现了两大倾向：一是继承孟子以来的儒学真精神，发扬明代英雄、豪杰观方面所刻意渲染的实心任事精神，而后将其引申为明道救世。二是有鉴于明代王学盛行以后，良知说泛滥，豪杰多流于狂狷、任侠一路③，希望通过圣

① 王夫之：《俟解》，载《梨州船山五书》，台北世界书局1988年版，第3页。按："州"当作"洲"。下同。

② 王夫之：《俟解》，载《梨州船山五书》，第8页。

③ 关于此，明末学者黄淳耀有很好的揭示。他说："尝读王伯安、罗近溪、王龙溪一流语录，怪其高远之过。此后一变而为任侠，颜山农、何心隐之流，种种迂怪，世或指为大盗，而流弊极矣。"载《陶庵全集》卷22《陶庵自监录四》，第867-868页。

人、豪杰之辨,以圣贤之学补豪杰之不足。王夫之的学说是一例证。而魏礼也采用相同的方法,以对圣贤、豪杰作必要的区分:“豪杰之任事,任之以才;圣贤之任事,任之以学。任以才者,横发而跅弛;任以学者,拟议而纯粹。”比较而言,豪杰尽其才于所为,故其事恒阙;圣贤得其学于所不为,故其事恒周。有鉴于此,魏礼主张豪杰也要务学,不但要务“穷理精义之学”,而且要务“有体有用之学”。①

这仅仅是问题的一个方面。事实上,明人的英雄、豪杰观念在清代也得到很好的流衍,甚至发扬光大。直至民国年间,尚有许多学者在英雄、豪杰观念上,与明人有惊人的相似之处。这当然是文化观念传衍的必然结果。细析之,清人在下面两个方面承袭了明人之说:一是继续理顺儿女情与英雄气之关系,使英雄与情色并行不悖;二是将英雄、豪杰定为刚柔并济的人格典型。

英雄必无理学气,这是清人比较普遍的看法。清人认为,凡观历代史书人物,“跅弛不羁之士建立奇功者有之,至号为理学者却少概见”②。理学家说理而不谈情。英雄无理学气,则英雄又何尝无情。清初人魏禧就从“情”字上区分贤人与圣人。他说:“天下无不矫情贤者,无不近情之圣人。然不曾矫情,未易便说近情二字。”③这是对矫情的肯定。福格也认为,“好声伎未尝为人品之累”。他从谢太傅东山丝竹,文信国声伎满前,寇莱公好柘枝舞,乃至康对山工琵琶、耽伎乐,悟出一个基本的道理:只要宅心于诚,勿假伪饰,即使有好声伎情色之事,也不失豪杰的气概,胜过理学家表面上敝衣恶食、面尘齿垢,而实际上较量锱铢、问舍求田的假养德、假高洁。④ 道光、咸丰年间民间儒学派别之太谷学派,其学派中人蒋文田也说:“若夫豪杰之士,只是真情发露,而由仁义,行真心,即发真气,斯充直养,自性自度即在此。”⑤

清代理学家在待人处事或情色问题上不再刚方固执,而是尚圆行权,自清初乃至清末,均可找到不少例子。如汤斌巡抚苏州时,当时苏

---

① 魏礼:《魏季子文集》卷7《黄松溪六十序》《公事牍序》,收入《四库禁毁书丛刊》。

② 欧阳兆雄、金安清:《水窗梦呓》卷上《英雄必无理学气》,中华书局1984年版,第13-14页。

③ 魏禧:《魏叔子文集》卷1《里言》,收入《四库禁毁书丛刊》。

④ 福格:《听雨丛谈》卷8《好声伎未尝为人品之累》,中华书局1984年版,第176-177页。

⑤ 蒋文田之说,转引自陈辽:《周太谷评传》,南京大学出版社1992年版,第165页。

州娼妓繁伙。与一般传统士大夫出于风化考虑而禁止娼妓不同，汤斌则“但有劝戒，从无禁捉”。何以如此？汤斌在对属下官员的谈话中已直言道出：“世间之有娼优，犹世间之有僧尼也。僧尼欺人以求食，娼妓媚人以求食，皆非先王法。然而欧公《本论》一篇，既不能行，则饥寒怨旷之民，作何安置？今之虐娼优者，犹北魏之灭沙门、毁佛像也。徒为胥吏生财，不揣其本而齐其末，吾不为也。”①这是理学名臣所说的大实话。随后的杭州人陆梯霞，信奉汤斌之说。他为人德行粹然，终身不二色。这是他严于律己的一面相。但在与人交际时，却并不拘泥。当有人以戏旦、妓女劝酒时，他则无喜无愠，随意应酬；有人因犯小罪而求他关说，他则“唯唯”。这是他宽于待人的另一面相。正因为此，有人訾议他是“自贬风骨”，他听后笑道：“见米饭落地，拾置几上，心才安，何必定自家吃耶？凡人有心立风骨，便是私心。”②这已经与传统的理学家大相径庭。此外，清末同光中兴中起关键作用的曾国藩也是最好的例证。曾氏号称理学名臣，但相传他在两江时，曾纳一妾，“其事暂而秘，不过确有其事”③。

当然，最为著名者还数文康所著小说《儿女英雄传》。传统观念往往将儿女、英雄看成两种人，认作两桩事，即把那些使气角力、好勇斗狠者视为英雄，而把那些调脂弄粉、断袖余桃者看成儿女，于是就有了“英雄气短，儿女情长”“儿女情薄，英雄气壮”的说法。④ 而文康则认为，“有了英雄至性，才成就得儿女情长；有了儿女真情，才做得出英雄

---

① 袁枚：《子不语》卷9《裹足作俑之报》，重庆出版社2005年版，第108页。

② 袁枚：《子不语》卷9《裹足作俑之报》，第107-108页。

③ 黄濬著，许宴骈、苏同炳编：《花随人圣庵摭忆》，台北联经出版事业公司1979年版，第67页。按：根据吴光耀《庚戌文钞》的记载，曾国藩晚年在江南所娶之妾，为一千总之女。当时彭刚直听说此事后，扬言要将此妾斩首，并仗剑入总督衙门，“索诸上房”。曾国藩无奈之下，将此妾遣还。按照一般的看法，谢公乐游，文山声伎，这是一种“人情”，即使是贤宰相也很难避免。曾氏作为一个理学大家，当纳妾之时，可能所持的也是这种念头。彭刚直却并不作如此想，他将自己的老师曾国藩视为“有入圣庙资格”，所以要求在个人的行为上能做到一尘不染。这反而证明了圣贤与豪杰在人格上的差异。吴光耀的记载，可参见汪康年：《汪穰卿笔记》卷8《附录·纪曾文正彭刚直轶事》，第294页。

④ 这方面最典型的例子是项羽。项羽无疑是气吞山河的英雄，但经司马迁龙门笔法的渲染，项王夜闻汉军四面楚歌之声，活脱脱一段英雄末路，有声有色，千载而下读之，犹为感慨。项羽儿女情长，英雄气短，已是不言而喻。参见方濬师：《蕉庵随录》卷11《虞美人》，中华书局1995年版，第425-426页。

事业”。他举汉高祖刘邦、唐明皇李隆基为例,认为汉高祖没有儿女真情,枉做了英雄事业,才贻笑千古英雄;而唐明皇没有英雄至情,空谈些儿女情肠,才哭坏世间儿女。[①] 英雄气与儿女情的相合,尚可举林则徐为例加以说明。林则徐气节之盛,天下人无不宗仰。但或许有一点却并全为世人所知,林氏还善于词章,且尤笃于夫妻之情。他的夫人亦通翰墨,夫妻常相唱和。林则徐所著除政书外,尚有《云左山房诗钞》,其荷戈出塞时作,尤雄杰沉郁。史称林则徐的夫人曾赋七古二章赠林,林则徐返报之诗云:“廿年凫雁镇相依,万里鸳鸽怅独飞。生别胜如归马革,壮游奚肯泣牛衣?只怜瘦骨支床久,想对残脂觅镜稀。忽得诗筒狂失喜,珠玑认是手亲笔。”[②]儿女言长,英雄情挚,无不合于一处,亦可见林则徐英雄情真。

这种新的儿女英雄说,至民国年间尚有一定的影响力。如鲁迅曾高吟“无情未必真豪杰,怜子如何不丈夫”。吴虞认为,“英雄若是无儿女,千古河山漫寂寞”,深信大好河山若离开了英雄、儿女、历史人物的点染,就不能不失色。[③] 如此等等,均可为例。

毋庸讳言的是,尽管很多清朝人还是认为英雄气概与儿女之情可以并行,但他们同时也指出“英雄血泪”与“儿女情长”毕竟有所差别。所谓的英雄血泪,此乃人生不可不备的三副痛泪:一副哭天下大事不可为,一副哭文章不遇识者,一副哭从来沦落不遇佳人。此三副痛泪,才称得上是真正的英雄血泪,是“真事业”“真性情”,而非那些“儿女情长”“执手涕泣”之类可以比拟。[④]

清人对豪杰人格的要求,往往也是刚柔并济。从中国历史事实来看,重臣很少能大行其志者。不得于君姑且不论,至于那些为君重用的大臣,更是得君愈专,则谤者愈众。如王安石、张居正之类,几乎是天下士大夫争相毁谤之,务令堕其志业而后快。有鉴于此,清初理学名臣李光地,一方面承认“临大节而不可夺”是大丈夫行径,但又看到

---

① 文康:《儿女英雄传》,人民文学出版社 1983 年版,第 4-5、6-7 页。

② 邱菽园:《菽园赘谈节录·林文忠寄内诗》,载《中国香艳全书》八集卷 3,第 2 册,第 964 页。

③ 分别参见柯灵:《情话乱弹》,载氏著:《燕居闲话》,学林出版社 1997 年版,第 101 页;黄裳:《掌上烟云》,第 192 页。

④ 汤传楹:《闲余笔话》,载《中国香艳全书》二集卷 4,第 1 册,第 220 页。

了此话背后所蕴涵的另一层意思，即“非大节便可夺”。不但自己不是之处，理应改以从人；即使自己是对的，但于人情不便，也需要曲全，不必固执。而委蛇迁就，虽非君子之道，“然苟徒恃义理之正，一任激烈做去，以致偾事，甚且贻患无穷，只是为血气所驱耳”[①]。这事实上是豪杰向圣贤的转化，而其明显的特征则是刚柔之相济。又譬如，曾国藩为清末一时人杰，自言欲著《挺经》，世多知之。此是其刚处。但他在大功告成之后，常常认为是“多由天幸”，所以告诫后人替他作墓志铭，应该缀上下面四语：“不信理，信运气，公之言，告万世。”[②]显然，曾氏晚年受尽毁谤，又有鉴于王安石、张居正之结局，始悟以柔道行之之语，善用其刚，以柔全之，藉以维持全局。这是他的柔处。于是，刚柔合一遂成为传统中国英雄、豪杰精神的精髓。

结束语

从源头来说，英雄、豪杰精神当然是孟子大丈夫之说的流衍，是儒家“士”之真精神的真实反映，[③]而又与《中庸》的“诚”有渊源关系。[④]中国的文化传统当然具有社会优先性的特征，而个人的价值也正是在于他们能够牺牲自己、顾全社会。但只要是人，就会有自我实现、自我完善或出人头地的个人成就动机，而这种所谓个人成就的定义，就不一定是以个人的成败为目标及评定标准。[⑤] 明人英雄、豪杰观念中的“刚”，抑或“实心”任事精神，显然也是这种文化积淀中个人成就感的

---

① 李光地：《榕村语录》卷3、24《上论》2、《学》2，上册，第40、435页。

② 汪康年：《汪穰卿笔记》卷2《杂记》，第66页。按：《花随人圣庵摭忆》（第47、49页）称此为曾国藩自撰墓铭，其中“不信理”作“不信书”。

③ 近人梁漱溟认为，真正的孔子精神，亦即“刚”的精神，或“刚毅木讷近仁”，在传统中国并未得到充分的、切实的发展。他又认为，这种儒学真精神，已由明代“其人多能赤手以搏龙蛇”的王学左派即泰州学派所继承。正如我在前面所述，泰州学派中人，多具豪侠之风。可见，明人的英雄、豪杰精神，当是孔子真精神的传衍。梁氏之说，参见林毓生：《热烈与冷静》，上海文艺出版社1998年版，第163-164页。

④ 笔者在《论晚明实心任事的精神》一文中，曾指出晚明这种精神导源于《中庸》的“诚”。对晚明提倡这种精神的人来说，只要意图（或心志与目标）是对的，他的行为就是对的，结果如何，则不是他的责任。这种精神，实可以韦伯的“意图伦理”学说给以合理的阐释。关于韦伯学说，参见林毓生：《热烈与冷静》，第280-284页。

⑤ 杨中芳：《本册内容介绍》，载杨中芳、高尚仁编：《中国人·中国心——人格与社会篇》，台北远流出版事业股份有限公司1991年版，第10-11页。

反映,以及儒学真精神的回复。但是,明朝人崇拜的英雄、豪杰,又与中国人的传统民族人格或儒者的人格有别,[①]亦即更多地带有理性自我的价值实现。值得指出的是,在明代,一种新的思想观念的提出,往往借助于对传统儒学的回复或诸子学的复兴,然后在此基础上形成一种基于时代土壤而又与传统有别的新说。职是之故,明人(尤其是晚明人)的英雄、豪杰观不仅是历史传统的继承,而且蕴涵了丰富的时代文化内容,是明代思想文化的真实反映,并与时代精神思潮桴鼓相应。

究其实,英雄、豪杰观念既是人格崇尚的反映,同时也可藉此以观人们的历史观念。从人格崇尚来说,明代自王学崛起以后,鼓吹"满街都是圣人","人人皆能为尧舜",导致圣人的凡人化,形成圣、凡关系的平等,亦即一种所谓的"德性民主",进而汇成晚明蔚为风气的平等观念。[②] 如所周知,宋代理学家心目中的圣人形象相当严肃、高远,近乎高不可攀。朱熹所言的"圣人万善皆备,失之一毫,不足为圣人",即是其例。换言之,在宋代的理学体系中,道心(即本来性)比气质之心(即自然)更具优越性。可见,在凡人(亦即众人)与圣人之间,存在着很远的道德距离。这就是说,中国自我的发展就是修养功夫的功力,亦即自我内化社会规范的程度,同时也是自我与个己融合为一的程度。而这个修养发展的过程却是漫长而又艰辛,并且永无止境。[③] 一至明代,圣人观方面随之也发生了一些变化。据有的学者研究,这种变化始于元末的宋濂。他倡导"我"自可为圣人,"我"之言可以成为经典。此后,吴与弼、陈献章之流,均是将"我"当作圣人的具体表现。在"我"中希求主体,亦即把本来的人间状态发挥到更具体的自我的现在状态中,把本来性诱发到自己的现实之中,而王阳明则正好代表了当时这种努力的顶峰。[④] 至于满街都是圣人这种颇具乐观主义的人性论,无

---

① 无论是李亦园、杨国枢主编的《中国人的性格》,还是美国汉学家赖特(Arthur Wright)所著的《儒者的人格》,他们所揭示的中国人的传统人格,均与明清之人所崇尚的英雄、豪杰迥然不同。关于中国人的性格,可参见李亦园:《人类的视野》,第64-65、73页。

② 关于晚明的平等观念,可参见陈宝良:《论晚明的平等观念》,载《社会科学辑刊》,1992年第2期,第74-79页。

③ 杨中芳:《试论中国人的"自己":理论与研究方向》,载《中国人·中国心——人格与社会篇》,第104-105页。

④ 相关的阐述可参见[日]沟口雄三:《中国前近代思想之曲折与展开》,上海人民出版社1997年版,第56页。

疑促进了一切愚夫愚妇(明末直至奴仆)承担秩序的自觉。而明末以降,平民在秩序的形成上所起的作用,显然也得到了飞跃性的发展。①

不仅如此,明人还指出了圣人的局限性。如聂豹、归有光,分别从义理、事变之间的关系,以及四海之广、兆民之众、风气之异、嗜好之不同、刚柔善恶之殊性等,指出圣人的局限性。② 圣人有了局限,那么英雄、豪杰就在圣人羽翼下脱颖而出,成为为时人所普遍崇尚的独立人格,并在某种程度上反映了明朝人主体意识的自觉。③ 而豪杰人格崇尚的异军突起,事实上又造成了知识阶层的两分现象,亦即豪杰与道学之士的对立。

中国传统的历史观事实上是一种正统观。④ 中国史学上之正统论,始于《春秋》之作。正统说的理论依据有二:一为采用邹衍的五德运转说,计其年次;二为依据《公羊传》加以推衍。正统说诸家立场各有不同:欧阳修、司马光重实而轻名,但以史实为鉴戒,不惜减轻道德观念;章望之一分而为正统、霸统,方孝孺一分为正统、变统,兼顾名实,又并不放弃道德观念;而纯以《春秋》书法为褒贬者,则朱熹一人而已。一方面,正统说的特点,据《大戴礼·五帝德》所描写之黄帝、颛顼诸帝王,可见只有与天地合德的人物,方符合帝德的标准,方堪称大圣。这是以圣人的统绪,代替英雄统绪的排列,如《史记》之称汉高祖刘邦为"天下雄",又许其为"大圣",⑤于是英雄遂在圣人的羽翼之下,而不复独立存在。换一个角度说,就中国远古传说的英雄人物而言,

---

① [日]沟口雄三:《中国的思想》,第93页。

② [日]沟口雄三:《中国前近代思想之曲折与展开》,第62页。

③ 关于英雄、豪杰观念与主体意识之间的关系,其实相当复杂,有待另文作进一步的分析。不妨先举明人屠隆之说为例。屠隆论古今真正大英雄道:"古今真正大英雄事业,无他,调心而已。……故世所称英雄,皆粗才浮气也。"与此同时,他又从心、形两者对"狂"作了必要的区分。这显然是心学思想向英雄、豪杰观念的渗透,反而与明季普遍崇尚的个性通脱者有细微的区别。说见氏著:《鸿苞集》卷36、44《真正大英雄》《辨狂》。

④ 自1982年至1983年间,内地史学界就民族英雄问题展开讨论,亦即在汉族与少数民族战争中,为本集团利益而牺牲者是否堪称英雄。其结果是众说纷纭,莫衷一是。这事实上牵涉到"中国"的含义问题。而再往上追溯,则又与中国史学上合法与正统问题相关。相关评述,可参考王赓武:《宋史研究中的几种倾向》,载王赓武著、姚楠编译:《历史的功能》,中华书局(香港)有限公司1990年版,第188-190页。

⑤ 饶宗颐言:"正统之确定,为编年之先务,故正统之义,与编年之书,息息相关,其故即在于此。"显然也同意欧阳修关于正统论始于《春秋》之作的观点。说见饶宗颐:《中国史学上之正统论》,上海远东出版社1996年版,第1、15、74-76页。

尽管自正统论兴起后，后人把这些英雄人物当作后世的帝王一样看待，但事实上远古传说里所宣扬的英雄人物，大多是为大众服务的劳动者形象，亦即反映了在私有制出现以前的杰出的领袖人物的形象。①而正统论的崛起，无疑改变了远古传说中英雄的形象，使其更多地与符合帝德标准的大圣相近。另一方面，正如明人江盈科所言，正统论常常以成败论英雄，王者为英雄，败而死者则非英雄；②或如近人梁启超在《新史学》中所说，"成即为王，败则为寇"，已被正统论史家奉为月旦法门。③

一至明代，就英雄、豪杰观来看，明人的历史意识更趋理性化。换言之，一旦直言指出圣人的局限性，必然导致不以圣人的是非为是非的合理性。明代史家，如丘濬、李贽之流，在史识上往往能独裁以卓识灵心，别出己见，道人所不敢道。譬如李贽之称秦始皇为千古一帝。④丘濬为秦桧翻案，认为"宋至是也不得不和。南宋再造，桧之力也"。论范仲淹，则以为"生事"。论岳飞，则以为"未必能恢复"。在正统人士看来，他这种说法是"是非颇谬"。⑤ 反映在英雄、豪杰观念上，明人也多具理性色彩。如论英雄可以有儿女私情，两者并行不悖；不以成败论英雄，仍推项羽为英雄第一；即使已公认为奸雄的曹操，也推许其有英雄的局量；越王勾践虽败于吴，然因其有卧薪尝胆的坚韧相，也被

---

① 关于中国远古时代英雄传说及其所反映的历史观念，可参见白寿彝：《远古的传说》，载氏著：《中国史学论集》，中华书局 1999 年版，第 1-5 页。

② 江盈科：《雪涛阁集》卷 6《古论 · 项羽》，载《江盈科集》，上册，第 321 页。按：以成败论英雄的观念，在中国人中根深蒂固。不妨再举一例：众所周知，以和尚而称皇帝者，其最为成功的典范是明太祖朱元璋。其实，从《唐书 · 高开道传》中可知，早在唐初，就有一位和尚高昙晟曾自称"大乘皇帝"，并封尼姑静宣为"耶输皇后"，建元"法轮"。只是其后为高开道所并，与朱元璋的成功结局不同。这种成败的不同，事实上也就造成了他们在民间影响力的差异。正如清朝人沈涛在《上谷咏怀古迹》诗中云："纷纷割据到怀戎，妫水萦回绕故宫。不见龙潜皇觉寺，漫将成败论英雄。"参见沈涛：《瑟榭丛谈》卷上，载《清人考订笔记》（七种），中华书局 2004 年版，第 286-287 页。

③ 朱维铮：《序》，载饶宗颐：《中国史学上之正统论》，第 2-3 页。

④ 关于李贽思想及其价值，参见李焯然：《论李贽在明代思想史上的地位》，载氏著：《明史散论》，台北允晨文化实业股份有限公司 1987 年版，第 153-168 页。

⑤ 郑仲夔：《偶记》卷 7《丘濬愧其夫人》，载《明史资料丛刊》第 3 辑，江苏人民出版社 1983 年版，第 171-172 页。有趣的是，丘濬一方面在史识上能独抒己见，但另一方面，却又是正统论的坚决拥护者，著有《世史正纲》，"以明夫统之正也"。见丘濬：《世史正纲序》，载饶宗颐：《中国史学上之正统论》，第 163-165 页；又李焯然《丘濬之史学——读丘濬〈世史正纲〉札记》一文对此有很好的梳理，载《明史散论》，第 1-58 页。

称为英雄。如此等等,不一而足。

西方学者普遍认为,英雄的时代已经过去,我们今天所处的时代,其实是一个充满残酷无情的、自觉的并令人沮丧失望的这种非英雄化的英雄的时代。[①] 按照南方朔的看法,在现代社会里,欲寻找出真正的英雄,一种对人民有关怀,对世界抱希望,而又不失机会主义、不教条主义的思想家暨行动家,已经越来越困难了。于是,英雄也就成了稀有动物。究其原因,现代社会已不再浪漫,而是一味追求新的功利主义,甚或虚无的时代。当然,每一个时代都有自己崇拜的英雄、豪杰,其间只是因时代而造成观念的差别而已。换言之,现代社会已不再崇尚旧时代的英雄,而是有一种新的英雄人物的出现,亦即一些迥异于前代的角色。他们都是知识分子性格的人物,他们都是新典范的创造者。而相对于前代,他们都是破坏者,同时也是建设者。他们都有着清清楚楚的知识与道德的一致性,能理性地区分英雄与枭雄。这无疑已是另一种英雄,亦即那些能增益人们思想及实践向度的反主流之士。任何社会,主流多属统治支配者,反主流才是进步的推动者。[②] 如果将明人的英雄、豪杰观念与现代人的观念作一对比,不难发现,明人的英雄、豪杰观无疑是传统儒家观念的继承,又具有明代社会的新特点,而其理性色彩倒与现代人的观念有诸多若合符节之处。

毋庸讳言,明人心目中的英雄、豪杰,仍不脱时势所造者,并无像西方那样,具有能造时势的英雄。明朝人屠隆认为英雄"必资时运";清朝人曾国藩也从自己成就一番事业的实践中,悟出经验之谈,即英雄尚须靠运气。诸如此类,无不说明中国人英雄、豪杰精神仍具有一定的局限性,而明朝人的观念也不例外。

---

① Brombert, "Introduction: The Idea of the Hero," p.11.

② 南方朔:《另一种英雄》,《代序》《再版前言》,台北大久文化股份有限公司 1990 年版,第 1-6 页。

五、三教合一:儒、佛、道的合流及其世俗化

前 言

儒、佛、道三教合一的思想,初起于唐,至宋,宋儒援佛入儒,革新儒学,形成理学;及明,尤其是晚明,三教合一的思想更成一代思潮,蔚为风气。

王阳明心学不但与科举紧密联系,而且促进了晚明三教合一的发展。根据柳存仁的研究,晚明三教合流是道教对明代理学精英的一种渗透,而从嘉靖年间王阳明以及他的后学诸如泰州、江西学派中,道家的因素得到更明显的反映。①

晚明士大夫醉心于佛、道,倡导儒、佛、道三教合流。② 早在东汉桓帝时,佛教刚刚传入中国不久,佛与孔子就已经一起被崇拜,共同供奉于黄帝与老子崇拜的庙宇中。在三教合一观念的变迁中,有两个观念值得予以重视:一是“三教一源”(Three Teachings- One Source),二是“殊途同归”(Different Paths-Same Ending)。尽管明代以前相关的三教合流传统作为一种象征性的资料不容否认,但正如有些研究者所言,不能简单地将晚明的三教合一视作对前者的继续,晚明的三教合一,无论是强度与含义上,均是独一无二的。③ 换言之,在儒、佛、道这三种传统思想中,无论哪一个流派,均会同时受到来自另外两派的影

① Liu Ts' un-yan, “The Penetration of Taoism into the Ming Neo-Confucian Elite,” T' oung Pao (1971), 57(1-4):31-102. “Taoist Self-Cultivation in Ming Thought,” in Wm. Theodore de Bary (ed.), *Self and Society in Ming Thought* (New York: Columbia University Press, 1970), p. 308.

② 关于明代儒、佛、道三教合流,可参见柳存仁《明儒与道教》《王阳明与道教》《王阳明与佛道二教》诸文,载氏著:《和风堂文集》,上海古籍出版社 1991 年版,第 809-923 页;李焯然:《焦竑之三教观》,载氏著:《明史散论》,台北允晨文化实业股份有限公司 1987 年版,第 109-140 页。按:晚明士大夫出入于讲学、谈禅之间,其境遇各不相同:萎靡不利时则讲学,肮脏不得志时则谈禅。可见,实有其不得已之处。说见戴君恩:《剩言》卷 1,收入《四库全书存目丛书》,台南庄严文化事业有限公司 1997 年版。

③ Edward T. Ch' ien, *Chiao Hung and the Restructuring of Neo-Confucianism in the Late Ming* (New York: Columbia University Press, 1986), pp.2-5.

响,这无疑已成为不争的事实。[①] 这种合流的倾向,到林兆恩创设“三一教”,而且三一教教徒迅速增加,说明已发展到了顶点。[②]

概括言之,明代儒、佛、道三教之合流,是以儒家学者为中心,并由众多名僧、方士参与其间,互相交游、互为影响,最终导致佛、道的世俗化及儒学的通俗化。

儒、佛、道合一观念的变迁

(一)三教合一思想

毫无疑问,若追溯明代儒、佛、道三教合一思想的渊源,明太祖朱元璋堪称开此风气之先。太祖以曾经入寺为僧的经历,洞悉佛、道阴翊王化之玄机,并深知佛、道二教内部的弊端,力行整顿,纯洁佛、道二教门风。[③] 太祖论佛教道:“以世俗之说,斯教可以训世;以天下之说,其佛之教,阴翊王度可也。”[④]为此,当他封自己十子为王时,“每王择一名僧辅之”。[⑤] 佑佛之心,于此可见一斑。与此同时,朱元璋又欲抛弃世俗之说,还道家之本来面目。他认为,老子之道,非金丹、黄冠之术,而是“有国有家者日用常行”,不可或缺。“其老子之道,密三皇五帝之仁,法天正己,动以时而举合宜,又非升霞禅定之机,实与仲尼之志齐,言简而意深”。[⑥]

鉴于此,太祖进而提出了三教并用之说。他说:

> 若绝弃之而杳然,则世无神鬼,人无畏矣。王纲力用焉。于斯三教,除仲尼之道,祖尧舜,率三王,删诗制典,万世永赖。其佛

---

① Chü-fang Yü, *The Renewal of Buddhism in China: Chu-hung and the Late Ming Synthesis* (New York: Columbia University Press, 1981), p.1.

② 已有的研究成果表明,三一教在1550年仅有少数信徒,自1579年始,林兆恩在游学过程中,将教徒的人数发展到数千人。到他80岁生日时,则已达到7 000人。1598年,在他的葬礼上,参加的信徒更是超过1万人。见Kenneth Dean, *Lord of the Three in One: The Spread of a Cult in Southeast China* (New Jersey: Princeton University Press, 1998), p.96.

③ 参见陈宝良:《明太祖与儒佛道三教》,载《福建论坛》,1993年第5期。

④ 葛寅亮:《金陵梵刹志》卷2《钦录集》,洪武二十四年(1391)辛未,天津人民出版社2007年版,第60页。

⑤ 蒋一葵:《长安客话》卷1《皇都杂记·姚少师影堂》,北京古籍出版社2001年版,第20页。

⑥ 朱元璋:《御制文集》卷11《三教论》,载张德信、毛佩琦主编:《洪武御制全书》,黄山书社1995年版,第155页。

仙之幽灵，暗助王纲，益世无穷。[①]

明太祖曾自制僧律26条，颁于皇觉寺，内一款云："凡有明经儒士，及云水高僧及能文道士，若欲留寺，听从其便，诸僧得以询问道理，晓解文辞。"[②]这种儒流参"二氏法度"的做法，其目的无疑是使僧人藉此了解儒家之说，进而促进儒、佛、道三教的逐渐融合。

上有所好，下必应之。明太祖朱元璋提倡三教并用，其臣下随之极力鼓吹、发扬。宋濂号称明初文臣之首，侍奉太祖左右，明瞭太祖旨意，故对禅学亦深信不疑。正如明人罗钦顺所言："国初，深于理学者，殊未多见，禅学中却尽有人。……当时宋潜溪为文臣之首，文章议论，施于朝廷而达之天下者，何可胜述？然观其一生受用，无非禅学而已。"[③]当时宋濂精于释，而名僧宗泐又通儒，以致明太祖每称之曰："泐秀才，宋和尚。"[④]

事实确是如此。宋濂与佛僧关系颇为密切。如天界寺僧恕中和尚，工诗。宋濂每遇休沐，必访恕中。[⑤] 宋氏尚与梵琦和尚有交往，"相与谈玄"，梵琦叹为"不意儒者所造，直至于此"！[⑥] 宋濂精于内典，儒、释精通，对佛教的作用亦多持肯定的态度。他说："大雄氏之道，不即世间，不离世间，乌可岐而二之？我心空耶？则凡世间诸相，高下洪纤，动静浮沉，无非自妙性光中发现。苟为不然，虽法王所说经教，与夫诸祖印心密旨，皆为障碍矣。"[⑦]过去论者均认为，明初程朱理学兴盛，高踞庙堂，宋濂亦属程朱一派。若就此段文字而论，明初心学已具萌芽，并与王阳明心学实多渊源关系。[⑧]

在明初学者中，除了宋濂以外，其他主张三教合一并肯定佛、道功能者颇有人在。乌斯道、张孟兼、陈琏即为其例。乌斯道称颂佛教之功道："余惟圣天子以先王之道教化万民，学校以先王之道赞天子教，民罔不惟礼法是从。然有轶礼法而纵焉者，或化于佛氏，免戾于罚，是

---

① 朱元璋：《御制文集》卷11《三教论》，《洪武御制全书》，第156页。

② 管志道：《从先维俗议》卷5《儒流参二氏法度》，收入《太昆先哲遗书》，民国七年(1918)俞氏世德堂影印明刊本。

③ 罗钦顺：《困知记》卷下，中华书局1990年版，第33-34页。

④ 焦竑：《玉堂丛语》卷6《品藻》，中华书局1997年版，第198页。

⑤ 徐㶿：《徐氏笔精》卷5《恕中谒》，收入《碧琳琅馆丛书》，清宣统元年(1909)刊本。

⑥ 宋濂：《慧辨琦禅师志略》，载葛寅亮：《金陵梵刹志》卷3《钟山灵谷寺》，第138页。

⑦ 宋濂：《圆辨顺禅师志略》，载《金陵梵刹志》卷3《钟山灵谷寺》，第135页。

⑧ 陈宝良：《明初心学钩沉》，载《明史研究》第10辑，黄山书社2007年版。

佛亦赞天子之教化者也。"[①]张孟兼则将道教世俗化，进而使儒、道相融。他说："道家以清净无为为教。所谓太极焉者，岂名其所不可名而一归之于天者乎？虽然，圣人有作，治具毕举，将跻亿万生民于仁寿之域。生斯世者，莫不遂其生养作息之期，熙熙皞皞，晏然乐于闾阎井陌间。则太极者，何往而不在乎！以是求之天，亦无不在矣。"[②]而陈琏则更将道、俗合而为一："予惟老氏之教，以清净为本，而未尝以捐绝世务为高。"[③]

建文年间，大儒方孝孺为宋濂弟子，力主宋学，学术有偏于保守的一面，甚至不乏斥佛、道为异端之论。尽管如此，他也不得不承认释氏的教化作用。他说："况释氏设教，一本乎善，能充其说，虽不足用于世，而可使其身不为邪僻，不犹愈乎愚而妄行者乎？故儒之于释，纵不能使归之于正，姑容之，恕之，诱之以道，传之以文，然后可使慕入焉。"[④]

明成祖朱棣起兵靖难，夺取宝座，得释教名僧道衍（姚广孝）之力不小。于是，即位之后，对佛教多有佑护。朱棣有乃父之风，深知乃父太祖皇帝"于佛法上多用心"[⑤]。成祖崇奉佛教，无以复加。永乐十八年（1420）三月初七，成祖颁御制经序13篇，佛菩萨赞跋12首，写各佛经之首。相较而言，他对道教却并不喜欢，指斥道士刘渊然是"该杀的"，道教经典"好生纰缪"。请看下面记载：

> 又奉旨："道家的经好生纰缪。且老子称净乐国王，在于何时？……"又右讲经琮奏曰："道家有《太上实录》谤佛。"奉旨："向年间着收来，还也不曾？这刘渊然该杀的。"有道士袁奏曰："《太上实录》多有好言语在内。"奉圣旨："我敬佛，他谤佛，留了我心上不喜。"[⑥]

当然，成祖在崇佛黜道的同时，更多注意的则是佛教的善化功能，而善化功能亦为道教本身所具，所以他仍不可避免地要利用道教。这可以

---

① 乌斯道：《春草斋集》卷6《重建水月观音寺记》，载张寿镛辑：《四明丛书》，广陵书社2006年版，第10册，第5624页。

② 张孟兼：《白石山房逸稿》卷下《太极宫碑记》，收入《续金华丛书》，民国十三年（1924）刊本。

③ 陈琏：《琴轩集》卷4《长春刘真人祠堂记》，收入《聚德堂丛书》，民国间东莞陈氏刊本。

④ 方孝孺：《逊志斋集》卷14《送浮图景畔序》，收入《景印文渊阁四库全书》，台北商务印书馆有限公司2008年版。

⑤ 葛寅亮：《金陵梵刹志》卷2《钦录集》，永乐十七年（1419）己亥，76页。

⑥ 葛寅亮：《金陵梵刹志》卷2《钦录集》，永乐十八年（1420），第76-77页。

从他亲自撰写的《孝顺事实》一书中得到充分的反映。按此书搜罗历代孝子事实,其体例为一则事实,一段议论,最后系之以诗。如在《蔡顺桑椹》一则中,成祖在评论中,显然已将儒家的孝道与道教的感应思想结合在一起。他说:“呜呼!孝感之事,信不偶然。若蔡顺之事亲,而获昭昭之报,冥冥之应者,由其孝之诚笃之所感也。且顺之孝,出于本心自然,故明能感于人,幽能感于鬼神,是以多有异征。”[①]正是因为具有这样的认识,再加之出于维系统治的需要,朱棣才将儒家的孝道观与释老观念相混,要求释、道出家而不绝孝道这一“大伦”。他在《道丕负母》一则后评道:“人之性一也,奚以所处而有异哉!盖为士大夫,与混迹于释老者,皆受形于父母,而具天地之理矣。”[②]毋庸置疑,这“天地之理”仍不过是孝亲大伦。

除《孝顺事实》外,明成祖又敕撰《为善阴骘》一书。[③] 通过“阴骘”观念,教化民众行善积德,从而使儒、佛、道三教趋于融合。而仁孝徐皇后所撰之《劝善书》,[④]更是对成祖《为善阴骘》一书的回应。此书“间采三教劝善惩恶之言,类编成书,举言以提其要,因事以著其实”。[⑤] 显然,这是将儒、佛、道三教劝善之言熔于一炉。此外,明宣宗尚敕撰了《五伦书》[⑥],万历年间慈圣皇太后曾命一和尚亲手抄录《宝善卷》[⑦],无不说明官方一直在倡导三教合一。

所有上述御制书或敕撰书,均以儒家的五伦甚或孝道观为中心,别采佛、道劝善之言,以为佑护、佐证,使儒、佛、道融而为一。众所周知,这些书籍陆续被颁发于天下学宫,成为天下士子所必读的书籍。由此可见,它们对儒、佛、道的合流起了推波助澜的作用。

王阳明在明代学术、思想史具有举足轻重的地位。前辈学者雷海宗对王阳明推崇备至,称他是“人类历史上少见的全才”,是“一个惊人

① 朱棣:《孝顺事实》卷1,明永乐十八年(1420)内府刻本。

② 朱棣:《孝顺事实》卷5。

③ 《为善阴骘》一书,为明成祖敕撰。其体例为一则故事,一段议论,系之以诗两首。有明永乐间刻本。

④ 《劝善书》,20卷,明仁孝徐皇后撰,有明永乐间刻本。

⑤ 仁孝皇后:《劝善书·序》。

⑥ 《五伦书》一书分君道、臣道、父道、子道、夫妇之道、朋友之道五门,每门下又分嘉言、善行。明宣宗敕撰,有明景泰间刻本。

⑦ 《宝善卷》一书,中国社会科学院历史研究所图书馆藏有明钞本,其价值有待于进一步发掘与认识。

的天才，打破了沉寂的理学界”①。在儒、佛、道三教合一观念的变迁历程中，王阳明显然也起到了至关重要的作用。在他以前，固然明太祖、明成祖倡导三教合一，亦有学者宣扬三教合流，然究其本质，不过是藉佛、道的威慑作用，暗助王纲，所注意的是佛、道的善化功能，所采用的方法亦不过是流于表面的援佛、道助儒。而王阳明则不同，他是援佛、道入儒，创制了心学，其影响及于整个晚明思想界。尽管王阳明集子中亦不乏辟佛之言，而其根本原因则由王门后学陶望龄道破了天机，即“阳抑而阴扶也。使阳明不借言辟佛，则儒生辈断断无佛种矣。今之学佛者，皆因良知二字诱之也”。②

阳明学术，根源于佛、道二氏。如阳明自述有言：

> 吾亦自幼笃志二氏，自谓既有所得，谓儒者为不足学。其后居夷三载，见得圣人之学若是其简易广大，始自叹悔错用了三十年气力。大抵二氏之学，其妙与圣人只有毫厘之间。③

事实上，阳明学术得益于二氏之处颇多，尤其与禅宗关系更深。他的心学，即由禅宗“即心见佛”发展而来，而禅宗关于定与慧的关系问题，更为阳明寂与照的关系所取代。此中关系，明末清初学者张履祥已洞察秋毫：“三教合一之说，莫盛于阳明之门。察其立言之意，盖欲使墨尽归儒。浸淫至于今日，此道日晦，彼说日昌，未有逃释以入儒，只见逃儒而入释，波流风煽，何所底极！”④

事实确乎如此。王门后学，大多逃于禅释，主张三教合一。在晚明，以王门后学为中心，再有其他一大批学者与之呼应，三教合一之说一时甚嚣尘上，甚至影响及于科举考试的八股文字。为叙述方便，不妨以人为类，逐一加以阐述。

1. 罗汝芳与王畿

王门后学罗汝芳讲学，其对象不分衙役、皂隶、门子，抑或盗贼，以成全“人人皆可为尧舜”之志。罗汝芳深嗜禅学，如史称：“罗近溪大参酷好禅学，方僧常满座。两子皆为所诱，一旦弃父母妾孥去，莫知所终。”⑤据万历二十六年（1598）南京通政使杨时乔疏称，汝芳二子，“从

---

① 雷海宗：《中国文化与中国的兵》，岳麓书社 1989 年版，第 146-147 页。
② 陶望龄：《歇庵集》卷 16《辛丑入都寄君奭弟十五首》，明万历三十九年（1611）刻本。
③ 王阳明：《传习录》上，见氏著：《王阳明全集》，上海古籍出版社 1992 年版，第 36 页。
④ 张履祥：《杨园先生全集》卷 28《愿学记》3，中华书局 2002 年版，第 764 页。
⑤ 伍袁萃：《林居漫录畸集》卷 2，收入《四库全书存目丛书》。

丹师毙于广”①。又据史载，罗汝芳与方士、僧人均有交往。他与养生师胡清虚过从甚密，在一起谈论“烧炼、采取、飞升”；又与僧人关系非同一般，相互讨论“因果福益”。②

从大处来看，王畿曾区分儒、佛之异，更深究王学与养生家言的差别，然无论从其为学过程抑或部分宗旨来看，他又不得不借路佛、道。王畿曾说：“吾儒极辟禅，然禅家亦有不可及者。”③基于此，王畿更是提出了三教合一的观念：“吾儒未尝不说虚，不说寂，不说微，不说密。此是千圣相传之秘藏，从此悟入，乃是范围三教之宗。自圣学不明，后儒反将千圣精义让与佛氏，才涉空虚，便以为异学，不肯承当。不知佛氏所说，本是吾儒大路，反欲借路而入，亦可哀也！”④

2.袁黄与李贽

袁黄、李贽，在明末均是妇孺皆知的人物。袁黄生前在任时，民间已私绘其像，饮食必祭，家家尸祝；李贽弃官出家，削发为僧，亦曾轰动一时。毫无疑问，他们两人的学说已经深入人心。而两人的学术特点，事实上也是“混佛老于学术”，儒、佛、道三教熔于一炉。明末学者张履祥所言：“近世，袁黄、李贽混佛老于学术，其原本于圣人之道不明。洪水猛兽，盖在于人之心术也。”⑤可谓一语道破。

据杨士范记载，袁黄幼习禅观，已得定慧通明之学，欲弃人间之事，追从方外而游。“入终南山，遇异人，令其入尘修炼，谓一切世法皆与实理不相违背。遂复归家应举，四方从游者甚众。”⑥袁黄教通内外，学极天人，儿童妇女，无不仰慕其名。袁黄之出名，更是因为他所作《功过格》一类的善书，而此类善书的中心思想，则是报应、阴骘，其根本仍是儒、佛、道三教合一。

早在万历五年至八年(1577—1580)，即任云南姚安知府期间，李贽就对佛学有过系统的研究，且在簿书之暇，日与名僧论玄虚、谈佛旨。尽

---

①② 谈迁：《国榷》卷78，神宗万历二十六年(1598)十二月甲寅条，中华书局1988年版，第4824页。按：两说不知孰是？俟考。

③ 王宗沐：《龙溪王先生集序》，载王畿著、吴震编校整理：《王畿集》，凤凰出版社2007年版，第1页。

④ 王畿著、吴震编校整理：《王畿集》卷1《三山丽泽录》，第15页。

⑤ 张履祥：《杨园先生全集》卷27《愿学记》2，第748页。

⑥ 杨士范：《刻了凡杂著序》，载袁黄：《了凡杂著九种》前附，明万历三十三年(1605)余氏刻本。

管李贽落发为僧，出于种种原因，然终究给人以崇佛的表面印象，更何况李贽论学，确实亦主三教合一。他在《三教品》中说："三教圣人，顶天立地，不容异同明矣。故曰：天下无二道，圣贤无两心。"为此，李贽断言："儒释道之学一也，以其初皆期于闻道也。"[①]闻道的根本，在于抛弃假道学、追求真道学，而真道学之获取，则在于剃发做和尚。

袁黄、李贽是晚明学术史上儒、佛、道合流过程中极其重要的两位学者。两人生前学说颇为相近，荣耀亦同，而其结局颇不相同。正如张履祥所言："万历以来，袁黄、李贽之说盛行于世。然贽已死刑狱，而黄之子俨，复举天启乙丑进士。门生故旧，益扬诩之，家藏其书，人习其术，莫知非也。"[②]其原因决不是因为袁黄之子中了进士，而是李贽锋芒太露，触及朝纲、时忌，而袁黄之《功过格》一类善书，与朝廷所倡导的孝道、阴骘颇有相合之处。

3.王学派文人：陶望龄与袁宏道等

在晚明，有一大批文人深受王阳明心学的影响，他们互为交游，谈道论禅，出释、入道、做官，将儒、佛、道三教融而为一。其著名者，有屠隆，陶望龄、奭龄兄弟，公安三袁（宗道、宏道、中道），以及竟陵钟（惺）、谭（元春）。

屠隆自称，"余好谈二氏"[③]。为此，他对佛教也持肯定的态度，认为佛教"宣教淑人，亦辅儒者之不逮"[④]。与此同时，他又写了《十贤赞》一篇，首列老庄，称老子为"吹万布德，真人是储"[⑤]。有人曾问屠隆，儒、佛、道三教之间是否有相异之处，他说："无有异也。今夫儒者，在世之法也。释道者，出世之法也。儒者用实，而至其妙处，本虚；释道用虚，而至其现处，本实。……故儒者譬则谷食也，释道譬则浆饮也。以释道治世，若以浆济饥，固无所用之。欲存儒而去释道，若食谷而不饮降，如烦渴何？故三教并立，不可废也。"有人又问释与道，"亦有异乎"？他解释道："无有异也。释贵虚静，道亦贵虚静；释贵无为，道亦贵无为。释之所重在神，故但修性而不言命，灵明之极，万劫不坏，是性自该命也。道之所重在形，故多修命。然必性命双修，以性立

---

① 李贽：《初潭集》卷11《释教》，中华书局1974年版，第143页。

② 张履祥：《杨园先生全集》卷31《言行见闻录》1，第888页。

③ 屠隆：《白榆集》卷4《彭钦之北征录序》，明万历二十二年（1594）刻本。

④ 屠隆：《白榆集》卷5《重修首山乾明寺观音阁记》。

⑤ 屠隆：《由拳集》卷2《十贤赞·老聃》，收入《四库全书存目丛书》。

命，而后超凡度世。是命不能离性也。”[①]显然，其宗旨亦为三教合一。

陶望龄、奭龄兄弟对佛、道二教揄扬甚力。陶望龄在参禅方面追求的是“真参默识”，并对当时京城官场中以“攻禅逐僧”为风力名行很不以为然，说：“吾辈虽不挂名弹章，实在逐中矣。一二同志皆相约携手而去。”[②]陶奭龄在学术上受其兄影响颇深。他在三教思想上最著名的论断就是对儒、佛、道三教不作优劣判断，断定是同为日月。他说：

> 或问三教优劣。李士谦曰：“佛日也，道月也，儒五星也。”余意不谓然。三教者，皆日，但冬、夏有畏爱之殊；三教亦皆月，但弦望有半满之异耳。[③]

陶奭龄对出世与入世之关系认识颇深。一般指斥出世之士为遗弃伦物，而他则认为，“不知学得出世法，才能入世”[④]。基于此，他的佛学思想才更具特色，曾言：“宝志公云：终日拈香择火，不知身是道场。余亦谓：‘终日起寺造塔，不知心是宝坊。’”[⑤]“心是宝坊”，明显带有禅学与阳明心学的色彩。

在公安三袁中，长兄袁宗道学佛、道二氏最深。他有诗自述在京学佛生涯：“与君三载游燕市，方内共结烟霞侣。清夜焚香礼法王，临风挥尘谈玄理。”[⑥]宗道认为，三教主人，门庭各异，本领却同，这就是学禅而后知儒。他的目的当然是“借禅以诠儒”[⑦]。袁宏道儒、释、道合一思想，得力于其兄宗道颇多。他关于儒与老庄同异之论，实具儒、道合一因子：“问：儒与老、庄同异？答：儒家之学顺人情，老、庄之学逆人情。然逆人情，正是顺处。故老、庄尝曰因，曰自然。如‘不尚贤，使民不争’，此语似逆而实因，思之可见。儒者顺人情，然有是非，有进退，却似革。夫革者，革其不同，以归大同也，是亦因也。但俗儒不知以因为革，故所之必务张皇。”[⑧]袁中道同样也是三教合一的信奉者，他认

---

① 屠隆：《冥寥子游》卷下，载《宝颜堂秘笈》正集，上海文明书局民国十一年（1922）石印本。

② 陶望龄：《歇庵集》卷16《辛丑入都寄君奭弟书十五首》。

③ 陶奭龄：《小柴桑喃喃录》卷下，明崇祯八年（1635）刻本。

④⑤陶奭龄：《小柴桑喃喃录》卷上。

⑥ 袁宗道著、钱伯城标点：《白苏斋类集》卷1《送吴尚之太史谒告归桐城》，上海古籍出版社2007年版，第2页。

⑦ 袁宗道著、钱伯城标点：《白苏斋类集》卷17《说书类》，第237页。

⑧ 袁宏道著、钱伯城笺校：《袁宏道集笺校》卷44《德山麈谈》，上海古籍出版社2008年版，第1290页。

为:“道不通于三教,非道也。学不通于三世,非学也。”①

袁氏三兄弟信佛,对其子弟及亲属影响很大,以致袁氏一门,大多信佛。如袁宗道子登年,“小时闻修静业,则喜好,以十气念佛法,镌图施人”,最后念佛而死;宏道女禅那,“性沉静,闻佛法欲受戒”,亦是念佛以死;中道子海年,“生一年余,即知膜拜趺坐,自后专以念佛为戏”,后病,“以念佛代呻吟”,死。② 诸如此类,无不说明晚明士大夫家庭中确实具有一种信禅念佛的氛围。

竟陵派文人也主张三教合一。钟惺至年49岁时,始念人生不常,“以为读书不读内典,如乞丐食,终非自爨”。③ 而谭元春论佛,则取其治化作用。他说:“苟有人焉,身、口、意能净,贪、嗔、痴能减,杀、盗、淫能息,而太平之治,官司之守,可以不劳而化矣。予以为全藏者,佛所以辅帝王治天下之书也。”④

4.李元阳与管志道

在晚明倡导儒、佛、道三教合流的思潮中,李元阳与管志道是两位颇引人瞩目的人物。他们虽非王氏后学,但论学与陆学相近,显然与王学亦相契合。

据史料记载,李元阳“颇究心释典,以参儒理”;其学“以佛入,以儒出”。⑤ 因此,他主张儒、佛、道合一:“天地之间,惟此一道,初无儒、释、老庄之分也。”⑥同时,他又将道学、性命合为一家,惟求“灵知到手,即可了事,初不分为孔、为释、为老也”⑦。

管志道的学术特点,就是希望以佛教西来之意,密证六经东鲁之矩,并收摄二氏。正如焦竑所作概括,管志道“意将囊括三教,熔铸九流,以自成一家之言”⑧。隆庆三年(1569),志道应选贡入北京,在西山碧云寺阅《华严经》,读至《世主妙语品》,顿悟《周易》“乾元统天,用

① 袁中道:《珂雪斋近集》卷2《示学人》,上海书店1982年版,第208页。

② 袁中道:《珂雪斋前集》卷16《袁氏三生传》,台北伟文图书出版社1976年影印本。

③ 谭元春:《谭元春集》卷25《退谷先生墓志铭》,上海古籍出版社1998年版,第682页。

④ 谭元春:《谭元春集》卷22《洪山四面佛庵建藏经阁募疏》,第590页。

⑤ 施汝钦:《重刊中溪汇稿序》;李根源:《重刊重溪家藏汇稿序》。均载李元阳:《中溪家传汇稿》卷首,民国间云南图书馆刊本。

⑥ 李元阳:《中溪家传汇稿》卷5《重刻法华要解序》。

⑦ 李元阳:《中溪家传汇稿》卷10《答龙溪王年兄》。

⑧ 焦竑:《澹园续集》卷14《广东按察司佥事东溟管公墓志铭》,中华书局1999年版,下册,第1045页。

九无首”之旨，与《华严》性海，浑无差别。故志道三教合一论有云：

教理不得不圆，教体不得不方。见欲圆，即以仲尼之圆，圆宋儒之方，而使儒不碍释，释不碍儒，极而至于事事无碍，以通并育并行之辙；矩欲方，亦以仲尼之方，方近儒之圆，而使儒不滥释，释不滥儒，推而及于法法不滥，以持不害不悖之衡。①

毋庸讳言，在管志道的思想中，仍以儒学为正宗，佛、道只是为儒所用，正如他自己所说：“愚尝谓儒者不透孔子一贯之心宗，不见乾元用九之天则，断不可护持如来正法。”②尽管如此，他还是将佛、老与孔子并称，称之为“三大圣人”“三大宗师”，并说：“释迦，圣之圣者也。老子，圣之智者也。孔子，圣之仁者也。”③其儒、佛、道合一之论，与整个晚明三教合流风气仍是合拍一致。

管志道的三教合一论，在明末具有深远的影响，并由其弟子瞿汝稷一脉相承。自管志道之后，对王学末流颜钧、李贽之后的狂禅习气，已开始排击，而其职责则由瞿汝稷完成。瞿汝稷博综释典，酷嗜宗门诸书，亲手摘录其中主要者，著为《指月录》一书。他认为，“圣人六艺之精蕴，诸所训诂，非读竺坟不能得其真”④。对儒、佛、道三教，不问形式，只求内容为真。他说：“无问学儒学佛学道，苟得其真，不妨唤作一家货，否则为三脚猫，终无用处。”⑤

5.焦竑

焦竑堪称王门后学中最朴实的学者。他对各种学术兼收包容的胸怀以及所独具的大文化观，无不证明其在明代学术史上的独特地位，显然与明初的宋濂有一脉相承之处。一方面，他不辟佛、道，认为“人之未知性命，强诃佛老者，以孔子有攻异端之语也。斯时佛未东来，安知同异？且令老子而异也，何孔氏不自攻？而今之人乃攻孔氏之所不攻者耶？”为此，他断言，释氏诸经，“即孔孟之义疏也”⑥。尽管

---

① 钱谦益：《初学集》卷49《湖广提刑按察司佥事晋阶朝列大夫管公行状》，载氏著：《钱牧斋全集》，上海古籍出版社2003年版，第1259页。

② 管志道：《从先维俗议》卷5《金汤外护名义》，收入《太昆先哲遗书》，民国七年(1918)俞氏世德堂影印明刊本。

③ 伍元萃：《林居漫录》卷2。

④ 瞿汝稷：《水月斋指月录序》，载黄宗羲编：《明文海》卷324，中华书局1987年版，第4册，第3335页。

⑤ 钱谦益：《初学集》卷72《瞿元立传》，载《钱牧斋全集》，第1610页。

⑥ 焦竑：《支谈》上，载《宝颜堂秘笈》汇集。

道家之学,歧出多端,而对道家,焦竑也不是采取简单的排斥,而是分门别类,以恢复道家的本来面目。[①] 在此基础上,他又将儒、佛、道三教统一于"性命之理"上。他说:

> 性命之理,孔子罕言之,老子累言之,释氏极言之。……故释氏之典一通,孔子之言立悟,无二理也。张商英曰:"吾学佛然后知儒。"诚为笃论。[②]

这大抵可以说是明代儒、佛、道三教合流的总结之言。

6.林兆恩与三一教

在三教合流之风中,有一个人值得注意,他通过向民间进行活动,将儒、佛、道合而为一,创立了独特的"三一教"。他,就是林兆恩。林兆恩,福建莆田人,本名家中,人重意气,能文章,博极群书。他"以艮背之法教人疗病,因稍有验,其徒从者云集,转向传授"。后著《三教会编》,"授徒讲学,颇流入邪说而不自知"[③]。这是一种看法。至于那些主张儒、佛、道合一的人士,则对林兆恩推崇备至。如管志道弟子顾大韶就曾评论道:"龙江之学,以儒为表,以道为里,以释为归,故称三教也。"林兆恩作有《易外别传》,顾大韶专为之作序。[④]

三一教的影响并不局限于福建莆田一隅,而是流传到了江南。如张乐田,莆田人,林兆恩之徒,于万历三十年(1602)任松江仓大使,专门传授三一教之道。"凡入道者,馈银五分为贽,誓不滥传他人,然后受教。口念三教先生不辍,工夫在艮背。一时多从游者,举国若狂,互相称许。"[⑤]

7.其他

除了上述这些人之外,在明代尚有许多学者、文人,主张儒、佛、道三教合一,不妨简单列举如下。

顾璘,喜爱老氏之言,其诗"吾爱老氏言,良贾善深藏"[⑥]句,即为明证。戴士琳认为竺乾氏之书,"有功于圣门也。辟之者,非深于其书

---

① 焦竑:《国史经籍志》卷4上《子类·道家》,清曹琰钞本。

② 焦竑:《支谈》上,载《宝颜堂秘笈》汇集。

③ 谢肇淛:《五杂组》卷8《人部》4,上海书店出版社2001年版,第164页。

④ 顾大韶:《炳烛斋稿·易外别传序》,清康熙十年(1671)顾晶、顾淼刻本。

⑤ 李绍文:《云间杂志》卷1,上海瑞华印书局1935年据上海黄氏家藏旧本影印。

⑥ 顾璘:《顾华玉集》卷39《遗思》,收入《景印文渊阁四库全书》,台北商务印书馆股份有限公司2008年版。

者也”。[①] 董说很看重佛教之言,认为象教之功,高于泰山。他甚至欲辑《大乘气象》一书,内容包括圣贤遗言“与佛祖相发明者”,六经之外,还包括《老子》。[②] 费尚伊则说:“盖佛之教,与吾圣人之道,无以异也。”[③]王祖嫡也主张三教合一,说见其诗:“人世有殊途,至教无二理。昧者泥其流,攻排恣诋毁。卓哉蒲坂豪,寻源析诸子。静定悟竺乾,中正承阙里。书受柱下玄,气识关门紫。”[④]

儒家文人、学者主张儒、佛、道三教合一,很快得到释、道二教人士的回应。如释清上人常对徒弟说:

> 道一也。天下之为道者,曰老,曰释,曰儒。儒者常非释老,而释老二氏又常自以为是,不少屈,每与之相抗相诋。……吾尝读儒者之书,有曰无极而太极,与吾之所谓万法归一、一归于何处者似矣。读书不如静坐,与吾之所谓不立文字,直指明心见性成佛者似矣。毋意毋必,毋固毋我,与吾之所谓真空绝相、事事无碍者似矣。[⑤]

很显然,这是佛、儒合流之论。而这种认识的取得,与其阅读儒书有关。而在晚明,佛僧习读儒书者,亦不乏其例。如释戒征,“喜读儒书,而词翰俱妙,有前人风”[⑥]。太仓海宁寺僧善定能讲四书,里中子弟多从之游。他曾与人言:“为人不可坏了大题目,如为子须孝,为臣须忠之类是也。”此外,太仓淮云寺僧惟僧亦能讲解儒书。[⑦] 身披袈裟的释子,喜读儒书,与人讲孝、讲忠一类的“大题目”,甚至还有地方子弟追随他们游学。这是晚明特有的现象,不能不引起注意。

道教人士亦如此。冲阳子宋曮,曾有一段说道新论,反映了道士在动、静关系上,已与儒家有相同之处。不妨引述如下:

---

① 戴士琳:《释论》,载《明文海》卷98,第1册,第967页。

② 董说:《丰草庵后集》卷2《答人问老子同异书》,民国三年(1914)吴兴刘承幹嘉业堂刻本。

③ 费尚伊:《市隐园集》卷19《赠澧陵上人序》,民国十二年(1923)沔阳卢氏慎始基斋刊本。

④ 王祖嫡:《师竹堂集》卷1《感怀赠十洲杨先生》,收入《三怡堂丛书》,民国十二年(1923)刻本。

⑤ 庄昶:《定山集》卷6《赠禅老清上人授僧录左觉义序》,收入《金陵丛书》,民国间铅印本。

⑥ 吴宽:《匏翁家藏集》卷4《雨庵宗谱序》,明嘉靖间刻本。

⑦ 陆容:《菽园杂记摘抄》1,载《纪录汇编》卷180,影印明刻本。

夫学道，守之欲其静，动之欲其和。惟静，故能与天地同其体；惟和，故能与天地同其用。一动一静，未尝离乎天地体用之妙，是曰自然之道。以自然之道养自然之生，此古之圣贤所同也。①

在佛教人士的回应中，一些佛教名僧起了至关重要的作用。如达观禅师，其佛学观一向不持门户偏见，“不以释迦压孔老，不以内典废子史，于佛法中不以宗压教，于教中不以性废相，不以贤首废天台”，以致被顾大韶称为“其见地融朗，圆摄万法，无罣碍，无偏觉”。② 说白了，仍然是包纳儒、佛、道三教。憨山大师则在广东普及放生会，“凡丧祭大事、父母寿日，或祈祷，或拜忏，放生斋素。未几，则放生会在在有之，而为佛法转化之一机也”③。事实上是用佛法改良民间风俗，从而使佛法深入民众之中。还有莲池大师，同样亦从佛寺的放生池中，引申出三教合一的思想，即将佛之三福慈心与儒之好生大德合而为一。④

（二）三教堂的出现及祠庙中僧俗界限的混淆

孔子、释迦、老子并祀于一堂之类的三教堂，至迟在元代已经出现。如镇江有三教辩正院，为至元二十七年（1290）永嘉徐苏孙舍宅为之，“塑孔、老、释像于内”，并由右丞相史弼书额为“三教辩正院”。⑤元末，在黄子久家，亦设有三教堂，“三教高朋就谈不能难，而独以画传”。⑥

孔子祀于学，佛氏祀于寺，老氏祀于观。原本俱有定制，各不相混。可是，在明代，却流行将孔子、佛氏、老氏并祀于一堂。于是，朝廷只好下令禁止。永乐三年（1405），朝廷颁布禁令，“禁祀孔子于释老宫”⑦。然而禁犹未止。至正统年间，四川重庆府永川县儒学训导诸华上言，“有等无知僧辈，往往欲假孔子以取敬信于人，乃绘有三像，并列

---

① 陈琏：《琴轩集》卷 8《冲阳子传》。

② 顾大韶：《炳烛斋稿·书紫柏禅师集后》。

③ 福善记录、福征述疏：《憨山老人年谱自叙》卷下，收入《嘉兴谭氏遗书》，民国元年（1912）刊本。

④ 袾宏：《放生池记》，载吴之鲸：《武林梵志》卷 1《城内梵刹·长寿庵》，收入王国平主编：《西湖文献集成》，杭州出版社 2004 年版，第 22 册，第 9-10 页。

⑤ 至顺《镇江志》卷 9，收入《宋元方志丛刊》，中华书局 2006 年版，第 3 册，第 2747 页。

⑥ 孙汧如：《释冰书》，载《昭代丛书别编》卷 13，清道光吴江沈氏世楷堂刻本。

⑦ 徐学聚：《国朝典汇》卷 121《文庙》，明天启刻本。

供奉”。即如永川县有一座三圣寺,“坐佛氏于殿中,老子居左,孔子居右”①。为此,明英宗再次重申,禁天下祀孔子于释老宫。可是,三教合流毕竟已是大势所趋,尽管朝廷一再申禁,禁令似乎仍是一纸具文。不妨请看下面这些例子。

明人曹安辑《谰言长语》曾载佛寺供奉傅大士,有云:

> 凡寺中有输藏者,供一傅大士。问之僧者,皆妄说无稽。少时闻一诗云:袈裟新补片云寒,足蹑儒鞋戴道冠。欲把三家归一辙,捻沙终是不成团。盖讥之也。俗云其人道冠、儒履、释袈裟,正此。《搜神记》谓其名翕,义乌人,幼通三教书,自云善慧大士云云,又不知何据?此不足论,姑识之,以警愚俗。②

在明代,世之人多以儒、释、道为图,或者塑像于寺观。释以佛居中,道以老子居中。出现穿戴为道冠、儒履、释袈裟之傅大士,毫不足怪。

这种行为并非只盛行于佛、道,同样为一些儒家人士所恪守。如陈白我,新安休宁人。至襄州,“开馆延接名士,所交十人,相得欢甚。治槐林社,植槐千本。建三教堂,奉孔子暨二氏”③。又宾州治南70里银溪水之滨,有一座三教阁,居人杨凤云所建。“阁中有孔子、释迦、老子三像,与一乡奉之。岁时祈报就焉,诸生肄业即焉。”④既然受过儒家传统良好教育的诸生对在三教阁中肄业坦然处之,那么在那些不识字的民间百姓的家堂中,并绘三教诸神,就更不是稀奇之事。时人载:“今人家多设家堂神位,而画以三教诸神,既淫而不雅,又泛而不切,似宜改正,于牌位书本宅司宅之神,而配以灶。”⑤

在明代,还有儒、释、道并合于一图之画。如蔡清《题三教一图》云:“三人者,一曰孔子,一曰老子,一曰释迦。其邂逅徜徉,事之有无,无庸论矣。然观其画意,亦似有二三其趋而不尽同者,岂画之有意乎?”⑥而虞淳熙所作《全孝图》,固然以儒家孝道说为主,却亦不得不

---

① 《明英宗实录》卷40,正统三年(1438)三月庚戌条,台北“中央”研究院历史语言研究所1966年校印本。

② 曹安辑:《谰言长语》卷上,载《宝颜堂秘笈》汇集。

③ 费尚伊:《市隐园集》卷24《槐林社记》。

④ 李元阳:《中溪家传汇稿》卷8《三教阁记》。

⑤ 吕维祺:《四礼约言》,附论,清刻本。

⑥ 蔡清:《虚斋集》卷4《题三教一图》,上海古籍出版社1991年版,第872页。

将释氏、老氏安排在图中。[①]

一旦儒、佛、道三教圣人共聚一堂、一阁甚至一图,那么三教之间的界限已是混淆不清。这在一些民间的祠庙中反映尤为明显。这可以分析为以下三种情形:一是儒家人士的祠庙,却由僧、道管理。如徐州祭祀汉高祖刘邦的祠庙,其香火由僧人管理。明人程敏政诗"汉楚兴亡那复门,一龛灯火属僧家"[②]句,即可为证。又松江顾侍郎祠,祀陈黄门侍郎顾野王,设在宝云寺。[③] 显然,这是佛教僧人依附儒家之例。这同样可以从佛教寺庙中供奉万岁龙牌的例子中得到印证。如隆庆五年(1571)十二月,在杭州崇兴寺,佛广建立小屋三间,"供奉万岁龙牌"[④]。二是原本应为道教系统的神祠,却亦由僧人住持。譬如,太仓刘家河天妃宫,永乐初建,"以僧守奉香火"[⑤]。福建寿宁县的马仙宫,亦由僧徒住持。[⑥] 泰山长春观,女道士废绝久之,"禅僧寄焉"[⑦]。三是儒家的祭祀人物附设于道观中。如苏州广陵王祠,祀吴越中军节度使钱元璙及其子文举,即设于城内三茅观。[⑧]

上述种种,固然与当时思想界儒、佛、道合流的趋向桴鼓相应,也与朝廷祀典、礼仪的含混不清有关。明帝国以儒教立国,这毋庸置疑。然而堂堂帝国每次遇到大朝会时,百官习仪,却不在国子监孔庙,而是在佛寺或道观。[⑨] 朝廷如此,地方官员也只好照章办事,不必去追究是否符合儒家信条。如杭州钱塘县,每岁造土牛,均在灵芝崇福律寺迎春。[⑩] 而在福建崇武所,各官员拜贺圣寿及元旦、冬节,先一日在东岳

---

① 李诩:《戒庵老人漫笔》卷8《全孝图说》,中华书局1982年版,第346-347页。

② 嘉靖《徐州志》卷8《人事志》3《祀典》,收入《中国史学丛书》,台北学生书局1987年版。

③ 嘉靖《南畿志》卷17《祠墓》,收入《中国史学丛书》。

④ 吴之鲸:《武林梵志》卷4《北山分脉·崇兴寺》,载《西湖文献集成》,第22册,第83页。

⑤ 施显卿:《奇闻类纪·奇遇记》,清光绪九年(1883)山阴宋泽元忏华馆刻本。

⑥ 冯梦龙有"余因与马仙宫僧徒不和"一句,此其明证。见冯梦龙:《寿宁待志》卷上《香火》,收入中国科学院图书馆编:《稀见中国地方志汇刊》,中国书店1992年版。

⑦ 汪子卿撰、周郢校证:《泰山志校证》卷2《灵宇》,黄山书社2006年版,第241页。

⑧ 嘉靖《南畿志》卷13《祠墓》。

⑨ 明代史料载:"国家正旦、冬至、圣节,凡大朝会,百官先期习仪二日。国初或在庆寿寺,或在灵济宫。宣德间,建朝天宫于阜成门内,始为定所。"见蒋一葵:《长安客话》卷2《皇都杂记·朝天宫》,北京古籍出版社2001年版,第22页。

⑩ 吴之鲸:《武林梵志》卷1《城内梵刹·灵芝崇福律寺》,载《西湖文献集成》,第22册,第18页。

庙习仪。而这座东岳庙中所设之神，祀青帝、地藏大士、地祇司（祀前代忠臣），儒、佛、道并祀。[①]

（三）士大夫结“方外交”

士大夫从小接受的是一套良好的传统儒学教育，理应是儒学的维护者。可是明代的士大夫，无论是阁部大臣，抑或州县小吏；无论是在职，抑或乡居，均是佛、道的倡导者，甚至成为佛、道的护法。即使如杨溥、徐阶、张居正这样的内阁大臣，也多少与佛教发生过关系。如杨溥尝以母病，“有集庆寺之祷”[②]。松江府佘山慧日院佛像落成，徐阶入山中，“奉世庙钦赐蟒衣一袭，付僧圆实。因赋一绝云：单衣露冷宿昙华，误绾宫袍傍亭车。指有山门君莫笑，细看还是旧袈裟”[③]。而张居正少时，便有气魄，曾读《华严经》，“悟得诸佛菩萨，以身为世间床座，经河沙劫，救渡一切有情，便有实心为国为民之志，刀刀见血，不作世间吐哺下士虚套子”[④]。可见，张居正“实心”为国为民的精神，同样源于佛祖“以身为世间床座”的精神。即使正统如理学大家刘宗周，后来亦多看禅书。[⑤]

当时的士人风气，其实就是以与释、道二教人士交往为雅。所以，对佛教的贡献，正如明人所言：“夫近时之士大夫，皆诵法孔氏者也。所望创僧庐，市僧田，以招致拨草瞻风诸龙像者，亦惟诵法孔子诸贤是赖，则儒之能庇释也，不信然哉！”[⑥]儒能庇释，信乎诚然。这可以从明代士大夫礼佛、讽诵佛书、交接僧人的习俗中得到印证。又如蒋德璟言：“故今世士大夫无不礼《楞严》，讽《法华》，皈依净土。”[⑦]明末人陈弘绪的概括，可以作为蒋德璟之说的补充。他说：“今之仕宦罢归者，或陶情于声伎，或肆意于山水，或学仙谭禅，或求田问舍，总之为排遣不平。然不若读书训子之为得也。”[⑧]张凤翼亦记载：“近来士夫谢病，

① 《崇武所志·庙祀》，收入《中国地方志集成》，上海书店1992年版。

② 徐学聚：《国朝典汇》卷247《仙释考》。

③ 陈继儒：《见闻录》卷2，收入《陈眉公杂著十五种》，益资馆铅印本。

④ 袁中道：《珂雪斋近集》卷2《答钱受之》，第176页。

⑤ 明人陶琰载：“念台刘先生以病谢客，两及门而阍人辞焉。绍兴门第极雄，先生萧然敝庐也。适吾门下士钱钦之，知先生近亦看禅书。”云云。见陶琰：《仁节先生集》卷6《雪船述》，钞本。

⑥ 瞿汝稷：《荆州天皇护国寺募接待檀文》，载《明文海》卷140，第2册，第1408页。

⑦ 蒋德璟：《理学经纬十书序》，载《明文海》卷229，第3册，第2368页。

⑧ 陈弘绪：《寒夜录》卷上，收入《豫章丛书》，民国四年（1915）南昌胡思敬退庐刻本。

多挈一僧出游,以表见其高。人见之,便谓是苏长公、佛印作用。”①

“学仙谈禅”尽管只是士大夫仕宦罢归以后生活内容之一,却又显得相当重要。正如明人叶权所言:

> 古名贤多与僧徒往返,然必通禅理、有戒行、知文翰者方与之交。如今俗僧治家供设,酒色无赖,比常人尤甚,士大夫喜其应接殷勤,遂与之狎。且不论其深意莫测,但默睹其炎凉体态,桀骜形状,已极可厌恶矣。谚云:“不交僧与道,便是好人家。”②

这固然是极端之论,却从一个侧面反映了当时士人生活的实况。

事实确是如此。早在明代初期,就有一些僧人善于词翰,与士人交往密切。如福严寺僧至讷、无言,擅长词翰,所交皆一代名人,如赵松雪、冯海粟、柯丹丘、郑尚左、陈众仲、钱惟善等。至讷的诗歌真迹藏在孙叔英家,而无言的诗卷则留存于寺中。③ 又如福严寺老僧景夔,“颇能诗”,曾与叶盛的先人相当交好。景夔人长得瘦削,且有寒士之气。另淀山僧人宗潮则丰厚而凝重,二僧均为一时乡里所推,且被叶盛先人称为“潮外而夔内”④。

明代中期以后,以至明季,由于儒、佛、道三教合流渐成气候,士人与僧、道相交更是成为一时风气。这种风气主要反映在以下两个方面:一是僧、道不守清规,不在僧寺、道观清戒受持,而是到处游荡,游方僧道遍地皆是,尤以京城为甚。明人言:“京师僧海也。名蓝精刹甲宇内,三民居而一之,而香火之盛,赡养之腆,则又十边储而三之,故十方缁流咸辐辏于是。”⑤二是士大夫师事沙门,大族中的妇女、子弟甚至拜高僧为师。陈龙正载:“或曰:近见大族妇人,入寺拈香听经,拜高僧为师。”⑥云云。张履祥亦说:“近世,士大夫多师事沙门,江南为甚,至帅其妻子妇女,以称弟子于和尚之门。”⑦在这种风气的影响下,一些士

---

① 张凤翼:《谭辂》,载《说郛续》卷20,清顺治三年(1646)刻本。

② 叶权:《贤博编》,中华书局1997年版,第22页。

③ 叶盛:《水东日记》卷3《僧无言》,中华书局1997年版,第26页。

④ 叶盛:《水东日记》卷3《僧景夔宗潮》,第26-27页。

⑤ 王元翰:《凝翠集·文集》,《书湛然僧卷》,收入《云南丛书》,民国间云南图书馆刻本。

⑥ 陈龙正:《政书·杂训》,载《几亭全书》卷22,收入《四库禁毁书丛刊》,北京出版社2000年版。

⑦ 张履祥:《杨园先生全集》卷27《愿学记》2,第748页。

人为佛书所诱,自是遂不复言学。①

这种风气显然是儒、佛、道合流的综合反映,而其具体的表现,则为士人与僧道相交,恬为怪,甚至引为风雅。

先说士人与僧人相交。这种事例,不胜枚举。明人盛时泰所著《牛首山志》载,嘉靖初年,“顾司寇、陈侍讲致政家居,数来牛山,于是祝禧寺僧福全、崇明寺僧寄芜,每随之。……陈侍讲有句云:‘相随一童子,作伴两山僧。’”②又载:“内江赵大洲先生自谪所起为南铨,深嗜禅理,多所访问。是时嘉州毛起元善,宝应朱曰藩子价,嘉陆光祖仁和、王子卿原案,华亭何良傅叔昆,南海黎民表惟敬,先后俱在郎署,而云谷老禅住摄山团瓢,号曰古佛庵。时入城,则群公各迎于家,或与同游牛山,清谈雅论,杂以诗句。”③又苏州竹堂寺僧人福懋,文墨标雅,诗画兼工,“吴之名公巨卿,皆折节与交,而郡使一方之尊,亦礼遇之,缁衣莫不啧啧称羡”④。再如公安派文人袁宏道,喜与不知其名、不识面貌之怪僧交游。而当时的僧人冷云,过柳浪时,“出茂才张君时艺若干求评”⑤。僧士交游,于此可见一斑。

到了万历年间,在士大夫中形成了一股狂禅习气,而在佛僧中也崭露一批名僧,诸如紫柏、憨山、达观、雪浪、莲池几位大师,士僧相交,更成一时佳话。⑥ 尤堪注意者,士大夫不仅与僧人相交,而且与僧人结成诸如“放生社”“澹社”一类的团体。⑦

---

① 譬如,明末人张尔岐有一好友自为佛书所惑之后,即不复言学。“一日,取《朱子文集》四册贻之,冀有感悟。不数日,发回,作《中庸说》一卷,约有万余言,皆极力辨驳朱子之失,大率引佛氏之说,以解《学》《庸》《论语》。”参见张尔岐:《蒿庵闲话》卷2,收入《笔记小说大观》,江苏广陵古籍刻印社1983年版。

②③盛时泰:《牛首山志》卷下,明万历刻本。

④ 万表:《玩鹿亭稿》卷3《送天池山侍者行山还山卷引》,载《四明丛书》,第27册,第16848页。

⑤ 袁宏道著、钱伯城笺校:《袁宏道集笺校》卷10、3《碧晖上人修净室引》《张茂才时艺小引》,第468、1115页。

⑥ 关于紫柏、憨山、达观、雪浪、莲池事迹,参见沈德符:《万历野获编》卷27《紫柏祸本》《憨山之谴》《雪浪被逐》《禅林诸名宿》,中华书局2004年版,第690-691、692-694页。

⑦ 如冯梦祯,“以时与僧莲池、邵重生、虞淳熙兄弟、朱大复诸公结放生社,人以为无愧太白傅苏长公云。”万历三十九年(1611),吴之鲸与佛石禅师、胡木仲、卓去病“共订澹社,为无言清坐之会”,参加者尚有一些“有韵衲子”,主持其事者仍为冯梦祯。分见万历:《钱塘县志》,《纪献·冯梦祯》,收入《武林掌故丛编》,江苏广陵古籍刻印社1985年版;吴之鲸:《澹社序》,载《武林梵志》卷3《城外南山分脉·理安禅寺》,载《西湖文献集成》,第22册,第70页。

一至明季，又出来一位名僧三峰大师，名法藏，字于密，无锡苏氏子。三峰性高旷，不事事，留心笔墨之间，阄题拈韵，与同里薛敷政辈相倡和。“宰官居士，皈依遍天下，其最醉心法乳者，文文肃、姚文毅、周忠介、蔡忠襄、金太史声、熊黄门开元、刘孝廉道贞，而孝廉犹称入室。”①

再来看士大夫与道士（尤其是方士）之交。如南京牛首山清源观道士唐景虞，住雨花台旁，“与高座释道寂庵交往，山房中种竹艺花，以待游人。一时清雅之士，多与之游”②。士大夫所喜交往之道家人士，尤为一些方士。举例而言，如徐中舍喜延方士，高南州喜烧丹。③ 究其原因，一方面，“今世方士，大率创为性命双修之说以哄人，而士大夫往往信之”④。另一方面，方士专讲采战一类的邪僻不经之术，对于生活糜烂的士大夫颇有吸引力，正所谓“士大夫好与方士游，多冀其传此法”。当时游历南京且与缙绅往还的著名方士，有闫希言、李彻度、醒神子、彭仙翁四人。⑤

综上所述，士大夫与僧、道的交游，是儒、佛、道三教合流的一个侧面反映。而事实上，当时的士大夫亦视此为雅事，成为一时风尚。晚明士人之赏心乐事，其中不乏与僧人谈禅的内容。⑥ 所以，在当时的士人中，有关名士的标准有如下说法：“一友问：‘士何如，斯可以称名矣？’曰：‘笥无佛书，室无侍姬，门无食客，居然有名士之风矣。’”⑦这当然是有感于士风而发的愤激之论。然从晚明士人崇尚的风气来看，倒是笥中佛书满筐，室有侍姬环侍左右，门下食客满座，才算得上是名士风度。

佛、道的世俗化

尽管明太祖朱元璋倡导三教合一，但他又深知佛、道一旦深入民

① 计六奇：《明季北略》卷11《三峰大师传》，中华书局1984年版，第190-191页。

② 盛时泰：《牛首山志》卷下。

③ 李绍文：《云间杂识》卷2。

④ 何良俊：《四友斋丛说》卷22《释道》2，中华书局1983年版，第201页。

⑤ 顾起元：《客座赘语》卷8《孔复》《四羽士》，中华书局1997年版，第262页。

⑥ 如高濂《冬时幽赏·雪夜煨芋谈禅》载：“雪夜宿禅林，从僧拥炉。旋摘山芋，煨剥入口，味较市中美甚，欣然一饱。”参见高濂：《遵生八笺》，巴蜀书社1988年版，第247页。

⑦ 伍袁萃：《林居漫录别集》卷5。

间，与世俗混淆，并成立带有浓厚世俗色彩的民间宗教，就会对传统统治构成极大的威胁。因这一点已被元末红巾军的历史所证实，所以朱元璋对此抱有清醒的认识。因此，明帝国一建立，他就开始整顿僧、道门风，严禁僧、道与世俗混同。洪武二十七年(1394)，明太祖颁布了一系列整顿佛教门风的法令，其中有三条规定，值得予以介绍。一是“凡住持并一切散僧，敢有交结官府，说俗为朋者，治以重罪”。一是“僧有妻室者，许诸人捶辱之，更索取钞五十锭。如无钞者，打死勿论”。一是“有妻室僧人，愿还俗者听，愿弃离修行者亦听。若不还俗，又不弃离，许里甲邻人擒拿赴官。徇私容隐不拿者，发边远充军。”①

自正统以后，随着僧、道人数的日趋增多，佛、道清净门风荡然无存。《明实录》载：

> 近年以来，释教盛行，满于京师，络于道路，横于郡县，遍于乡村，聋瞽士民，诱煽男女，廉耻道弃，风俗扫地。②

正统以后，僧徒冗滥，已是不争的事实。而在这些僧徒中，很多没有取得国家的合法度牒，多为私自剃度，“其间有因户内丁多求避差役者，有因为盗事发更名换姓者，有系灶丁、灶户负盐课而偷身苟免者，有系逃军、逃匠懼捕而私自削发者”。③ 僧徒的成分既是如此复杂，而出家为僧的目的又各不相同，再加之商业发达以后所导致的城市生活繁华对僧徒的诱惑，难免使僧徒耐不住寺院的寂寞，向往享受世俗的生活。与此同时，无论寺院的修斋、礼忏、募疏，无不需要与檀越打交道，又会与世俗生活发生接触。不妨看下面的例子：

> 凡僧寺各有房分，每房占定邑人户若干，谓之门徒，凡修斋作福之类，他僧不得而预焉。私请私赴者，僧必兴讼。遇岁时节序，则印经咒，书其祖先姓名，送与烧化。其家则酬以斋粮，自一斗以至一、二石为率，贫者则杂犊柴薪豆麦之类与之。④

这是苏州府吴江县的事例。从中不难看出，僧人以民间百姓为门徒，垄断民间修斋作福之类的佛事，并在岁时节序至民间打秋风，获取斋粮。如此等等，无不都是佛教与世俗发生联系的反映。

明中期以后，佛教的世俗化，主要表现在以下几个方面。

① 葛寅亮：《金陵梵刹志》卷2《钦录集》，洪武二十七年(1394)甲戌，第68页。
② 《明英宗实录》卷248，景泰五年(1454)十二月辛卯条。
③ 《明英宗实录》卷250，景泰六年(1455)二月戊戌条。
④ 弘治《吴江志》卷5《风俗》，收入《中国史学丛书》。

(一)佛教伦理与儒家孝道观的合流

何为佛？何为佛事？在儒、佛、道三教合流过程中,明代士大夫对这些问题的回答无不带有世俗化的倾向。

首先,父母是佛。早在明初,明太祖就定下了僧道拜父母的法令:“凡僧尼道士、女冠并令拜父母,祭礼祖先,丧服等第皆与常人同,违者杖一百,还俗。”[①]一至晚明,更是出现了父母是佛的观念,将佛教伦理与儒家孝道观合而为一。不妨引述下面一个例子:

> 一日,(杨黼)闻蜀有无际大士悟道,因辞亲往访之。半途,遇一老僧。问曰:“何往?”曰:“欲访无际。”僧曰:“见无际不如见佛。”曰:“佛安在?”曰:“汝但曰,如见着某色衣履者,即是佛也。”遂曰:“数日无所遇。”暮夜,至家,扣门,其母闻声喜甚,即披衿倒履出户,乃向来僧所言佛状也。自此知父母是佛,不用远慕。[②]

这则记载,看似禅家顿门,其本质却是不折不扣的儒家伦理。换言之,孝友即佛。陶奭龄亦曾言:

> 余尝揭示家人曰:堂前有活佛,即是汝辈之敬田;坐上有穷家,即是汝辈之悲田。何必入塔庙而虔慕,见僧尼而布施,如流俗儿女子所为哉![③]

这种说法,不止陶奭龄一人。如袁中道即以儒家的孝道观为中心,将儒、佛、道三教融合在一起。中道言:

> 儒者言孝详矣。孔子《孝经》作而卿云现,动天地、感鬼神,莫大于是。三教门庭异耳,其重孝等也。考之道书云:居日中为仙,壬月中为明,壬斗中为孝弟,壬斗中真人。……独释氏出家人,疑其逃戚属而匿影空谷。作此解者,未深读贝叶耳。授戒者,不听长子,不听父母不许可者,岂以强世？故经云:大孝释迦文累劫报亲恩,积因成正觉。予欲采贝叶中言孝者,辑为《释氏孝经》,未暇也。[④]

这是中道就佛僧三和真公搆养母堂孝亲而发的议论。而钱谦益亦将忠孝归结为佛性、佛种。他说:“呜呼！忠孝,佛性也。忠臣孝子,佛种

---

① 熊鸣岐:《昭代王章》卷2《僧道拜父母》,明刻本。

② 李元阳:《中溪家传汇稿》卷10《杨黼先生传》。

③ 陶奭龄:《小柴桑喃喃录》卷上。

④ 袁中道:《珂雪斋近集》卷3《三和上人养母堂诗序》,第37-38页。

也。未有忠臣孝子不具佛性者,未有臣不忠子不孝而不断佛种者。”①而黄润玉亦认为:“娶妻生子而出家,释迦之教门也。臣周友孔而出关,老聃之行径也。孰谓释老灭绝君臣、父子、夫妇、朋友之伦乎?”②

更有甚者,明朝尚有人将地狱之说与孝道结合起来,以地狱之说佐证孝道。请看下面一则记载:

> 范廷晖,字君实。兄弟四人,孝子居次。年二十七,父遘疾几危,孝子愿以身代。先一夕,将私积金分遗诸姐妹弟侄,封识既定,复书嘱遗妻女。次日,沐浴,秉香炉一具,先诣城隍庙,次谒马仙,再次谒关圣。祝已,遂登城南山巅,号天恸哭,自经于树。家人迹及之,已不救矣。父时正绝,梦至幽府见冕者语曰:“而有孝子,放回十四个月。”越十四日竟卒,始知幽府以日为月也。③

其次,心即佛。明人万表言:

> 夫佛者,心也,心即佛也,心外固无佛也。外心以求佛,是废畎亩而望雨谷于天,终必饥亡而已。今人见灵像异人,则传呼而竞礼之,曰此某佛也,过则想望追忙之不及。至遇本色至人,则当面蹉过。闻实际理地语,则漫不加省,岂非厌常喜异,外心以求佛哉?夫一切奇特之相,易以起人之信向,而不知皆从吾心真实而生。盖真实者,本也,求在我者也。奇特者,末也,求在外者也。吾心与佛,岂有二耶!④

从禅宗、王阳明到万表,这种思想可谓一脉相承。事实上,心即佛,即王阳明心即良知一说的翻版,似乎无甚新意,而实际意义却不容忽视,最终导致了佛光的消散,佛教的世俗化。

再次,禅是刚。明人李廷机云:

> 禅只是割得断。尧舜不以天下与子,周公为王室诛其兄,皆禅也。又云:禅即圣人所谓刚也。士大夫处是非恩怨之地,能得些禅意,将胸中葛藤一切割断,良为爽脱。若不得其意,口谈何用?⑤

李廷机谈禅,最为切实,且与说龙肉而不能饱人者迥异,然将禅定为

---

① 钱谦益:《有学集》卷22《赠双白居士序》,载《钱牧斋全集》,第911页。
② 黄润玉:《海涵万象》,载《学海类编》,清道光十一年(1831)六安晁氏木活字本。
③ 冯梦龙:《寿宁待志》卷下《劝戒》。
④ 万表:《玩鹿亭稿》卷3《明州三佛传序》,载《四明丛书》,第27册,第16846页。
⑤ 陈弘绪:《寒夜录》卷上。

"割得断""刚",从中所包涵的底蕴仍是实心为国为民任事这种世俗的实用价值。此与张居正从佛中悟得任事,倒是一脉相传。

第四,世事即佛事。这一说法来源于王阳明哲学,即王阳明学说中为学不离官事,从官事、簿书中求良知。这类思想,可以李贽之说为代表。他说:

> 天下宁有人外之佛,佛外之人乎?若必待仕宦婚嫁事毕然后学佛,则是成佛必待无事,是事有碍于佛也。有事未得作佛,是佛无益于事也。佛无益于事,成佛何为乎?事有碍于佛,佛亦不中用矣,岂不深可笑哉?①

李贽曾有言:"阿弥陀佛,亦只是寻常孝慈之人而已。"钟惺由此作出推论:"所谓佛事、菩萨行,亦不能舍寻常慈孝之事之行,而别有所谓事与行也。"②

世事即佛事,晚明很多文人士大夫均持此说。譬如,袁中道就曾言:"近来悟得世事即是佛事。一切处之得宜,可以庇荫人,即是菩萨行。"③李元阳认为,"得此编(指《法华经要解》——引者)而受持者,在家出家,皆可入圣,九流百工,莫非佛事,其机在迷悟之间而已。"④既然世事即佛,那么,无论是做官、做冶客,抑或治举业、治家业,均可以归于佛教的"净业"。袁宏道在《答梅客生》书中云:"来书云:'实实有佛,实实有道,实实要学。'甚妙,甚妙。仆谓官与冶客,即佛位也,故曰实实有佛。解作官作客,即佛道也,故曰实实有道。然官之理无尽,冶客荡子之理亦无尽,格套可厌,气习难除,非真正英雄,不能于此出手,所谓'日日新,又日新'者也,岂卤莽灭裂之夫,所能草草承当者哉?故曰实实要学。"⑤王思任亦说:"一薙发佛矣,若能解佛否?佛以慈悲众生为法者也,僧则奉法之法,以慈悲众生者也。佛犹君也,僧犹官也。朝即寺也,衙门即庵也。寺歧出曰庵,朝歧出曰衙门,此中大好修行,

---

① 李贽:《焚书》卷1《答周西岩》,中华书局1975年版,第2页。

② 钟惺:《隐秀轩文秋集》,《疏一·募盂兰盆施食念经礼忏疏》,陕西教育图书社民国间铅印本。

③ 袁中道:《珂雪斋前集》卷23《答无迹》。

④ 李元阳:《中溪家传汇稿》卷5《重刻法华要解序》。

⑤ 袁宏道著、钱伯城笺校:《袁宏道集笺校》卷21《答梅客生》又,第738页。

古人岂谬我哉?”①显然,王思任也主张从官业、衙门中修行佛法。而袁中道更是认为,“作举业,即净业也,即菩萨行也”;“治家也是净业”。②

(二)僧人娶妻

僧、道号称出家人,自应六根清净,一切世俗的享受,均在摒弃之列。据上述,明初朱元璋亦曾从法律条文上限制了僧人娶妻行为的发生。可是,一至晚明,在佛、道世俗化的过程中,僧人娶妻已不乏其例。先看下面一首民歌:

天上星多月弗多,和尚在门前唱山歌。道人问道:“师父那了能快活?”“我受子头发讨家婆。”③

山歌所反映的就是“和尚讨家婆”的事实。究其实,就是色欲难戒,身在佛门,而心却向往世俗人的生活。所以,明朝的僧人也有从《西厢记》中悟道者。下面这段记载就能说明这一事实:

丘琼山过一寺,见四壁俱画《西厢》。丘讶曰:“空门安得有此?”僧曰:“老僧从此悟禅。”丘问:“何此得悟?”答曰:“是‘怎当他临去秋波那一转’。”④

僧人娶妻之例,并非源自明代。僧人有室有家,则称“火宅僧”。据唐代郑熊《番禺杂记》载,广东僧人“有室家者,谓之火宅僧”。又陶穀《清异录》载:“京师大相国寺僧有妻,曰梵嫂,亦曰房老。”显然,自唐宋以来,僧人有妻已不乏其例。

在明代,僧人有妻室,已是习以为常。如凤阳大龙兴寺,原本称皇觉寺。在明初,太祖敕谕,只有前辈老僧,可以有妻室。其他后进僧人,如果也有妻室,即使在寺中辈分较高,下面的僧人也可以加以凌辱。但是到了明末,僧人一概“荤娶”,也无差累。福建邵武、汀州的僧人,也都娶妻。寺僧数百,推一人削发,“余如民俗”。云南大理府僧人也有妻子,“亦谈儒书”。⑤

和尚耐不住山林寺庙的清静寂寞,而那些女尼又如何呢?显然,

---

① 王思任:《杂记·秃影庵记》,载氏著:《王季重十种》,浙江古籍出版社 1987 年版,第 211 页。

② 袁中道:《珂雪斋前集》卷 22《答陈布政志寰》。

③ 冯梦龙:《山歌》,载蒲泉、群明编:《明清民歌选》甲集,上海出版公司 1956 年版,第 114 页。

④ 冯梦龙:《情史》卷 15《情芽类·画西厢》,岳麓书社 1986 年版,第 508-509 页。

⑤ 谈迁:《枣林杂俎》义集《僧娶妻室》,中华书局 2006 年版,第 302 页。

女尼还俗嫁人现象同样在明代广泛存在。有一例子,可以说明这种现象。史载:

> 饶州有女尼,与士人张生私,因嫁之。有赠之诗者曰:短发蓬松绿未匀,袈裟脱却着红裙。于今嫁与张郎去,赢得僧敲月下门。[①]

如此看来,僧人娶妻或女尼嫁人,在当时已成一个社会问题,以致御史胡鳌在嘉靖十六年(1537)上疏言:“京师天下之本,京师淫纵,则天下式之。请敕礼部禁约,凡僧人娶妻无度牒者,令自还俗,免其本罪。”[②]

(三)僧人治生求利、喝酒

“僧习为市”,固然与释家本色凿枘不合,却是晚明僧人的实录。先录一则近乎笑谈的记载:

> 予犹记陶学士石篑为予言,村落中有老僧,居积致富。后其孙往云棲寺听讲。老僧闻之不悦,告石篑曰:“近日孙辈不守治家本业,舍正崇邪,往听讲经,真可怪异。”石篑闻之绝倒,尝举以为笑。[③]

且不说老僧有孙,或许他是成家以后才削发出家,但从他所愤愤不平的事情来看,倒是将佛门中人以“居积致富”视为“本业”,反而将听讲佛经视为邪道。

身处村落中的老僧尚且如此,居于城市之僧就更不免为市习所染,日为治生而计。据载,苏州虎丘山寺,“其师澄公洎二三僧徒,日为治生计。而苏俗缁流,市酤以为常。师不得已,偕众之海虞市井,不二价,远近归之,息颇赢”[④]。这是佛寺僧人治生发家之例。不仅如此,一些寺庙净地,更是与民居相杂。“而僧习为市,已不复知薙发为何事?大士之堂,每以客豕,而客僧至者,不得取一粲,是何今昔之悬绝也!”[⑤]

此外,杀生酗酒,也成为禅门众僧的本色当行。举例而言,“杭之天竺,香火甚盛,而寺僧无不杀生酗酒。寺之外,屠家甚多。俗传大士

---

① 赵吉士:《寄园寄所寄》卷10《驱睡寄·二氏》,引《驹阴冗记》,清康熙三十四年(1699)刻本。

② 徐学聚:《国朝典汇》卷133《礼部》,卷36《风俗》。

③ 袁中道:《珂雪斋近集》卷1《游龙泉山九子诸胜记》,第103页。

④ 祝以豳:《虎丘悟宗禅师传》,载《明文海》卷420,第5册,第4392页。

⑤ 袁宏道著、钱伯城笺校:《袁宏道集笺校》卷40《众香林疏》,第1199页。

有灵,凡寺僧养猪,即遭火焚,无敢犯者"[①]。而河南的僧人,"从来不纳度牒,今日削发则为僧,明日长发则为民,任自为之。故白莲教一兴,往往千百为群随入其中,官府无所查核,为盗者亦每削发变形入比邱中,事息则回。无论僧行,即不饮酒食肉者百无一人"[②]。僧人不念经礼佛,整天陶陶然而醉,却为一些士人所宽恕,认为只要能够"见性",即使左持酒杯,右持蟹螯,亦无妨于悟道。[③]

(四)僧人交结官府

僧人与士人相交,事实上已是交结官府的开端。这是僧人参与朝廷政治的表现。尤其是一些京师大刹,因多为太监所建,官员们就通过交结僧官,再通过太监这层关系,使自己官运亨通。陆容《菽园杂记》记道:

> 京师巨刹大兴隆、大隆福二寺,为朝廷香火院。余有赐额者,皆中官所建。寺必有僧官主之。中官公出,必于其寺休憩。巧宦者率预结僧官,俟其出则往见之,有所请托结纳,皆僧官为之关节。近时大臣多与僧官交欢者以此。[④]

僧人与官场打交道一多,势必亦会受到官场习气的影响,甚至模仿官场称谓,于是在僧人中间也开始流行起诸如"老爷"一类的称呼。时人载:"更有可怪者,禅、讲二家之缁流,其徒并不守本师和尚之称,而借宦途尊官之称,不但呼爷,而兼呼老,不经孰甚焉!"[⑤]

(五)道教的世俗化

回头再来看道教的世俗化问题。与佛教的世俗化相应,明代的道教经过三教合流之后,同样有趋于世俗化的倾向。从明人李天木之论中,可以看出其中的端倪。归庄记道:

> (吕)贞九之师李天木先生,久闻其名而未识面。癸卯冬十一月,偶至甫里,则先生在焉,因访之。叩以玄理,先生之言,简易平实,大抵谓道不离日用饮食,不必绝俗离世,长往深山也。[⑥]

---

① 陈龙正:《政书·乡筹》5《僧规》,载《几亭全书》卷22。

② 王士性:《广志绎》卷3《江北四省》,中华书局1981年版,第44页。

③ 徐㶿:《徐氏笔精》卷6《僧饮酒》。

④ 陆容:《菽园杂记》卷5,中华书局1997年版,第59-60页。

⑤ 管志道:《从先维俗议》卷2《缘父子师徒名义以订隶属胥徒童仆称呼议》。

⑥ 归庄:《归庄集》卷5《与集勋》,上海古籍出版社1984年版,第309页。

道士一旦流变为方士,其世俗化的特征就更为明显。明代方士大多游于公卿之门,有些甚至受到皇帝的宠幸,如成化年间的李孜省、嘉靖年间的陶仲文。而其下者,则流为巫公、师婆,从事民间的宗教信仰活动。如明人叶春及言:“禁止师巫邪术,律有条矣。今愚民自称师长、火居道士及师公、师婆、圣子、神姐之类,大开坛场,假画地狱,私造科书,伪传佛曲,摇惑四民,通交妇女。或烧香而施茶,或降神而跳鬼,设斋则糜费银钱,建醮则喧腾闾巷,暗损民财,明违国法。”①

上述火居道士,即道士中有妻室者。而道士之妻,则称“道嫂”。明代火居道士、道士的动向,尤其值得注意,即他们已开始蠢蠢欲动,一有机会即参与其中,成为反叛朝廷的力量。②

儒学的通俗化

儒学并无神秘内容,本来就是世俗的东西。一至宋代理学,援佛入儒,将天理推至自然法则这一定理,好高骛远,顿成玄虚,似乎多少带有一点神秘化的因子,而与世俗相去渐远。王阳明心学的崛起,其最重要的意义,是将玄虚的“天理”,回归为人本心内的“良知”,由此也就导致了儒学的世俗化与通俗化。

明代儒学的世俗化及通俗化,主要表现在以下这些方面。

(一)业中求道

王阳明心学的最大特点,就是求道不离却世事、人伦物理。不妨引述下面这则记载:

> 前辈为余言:阳明接人,每遇根性软弱者,则令其诣湛甘泉受学。甘泉自负阳明推己,欢然相得。其实阳明汰去沙砾,直寻真金耳。于是王龙溪妙年任侠,日日在酒肆博场中,阳明亟欲一会,不来也。阳明却日令弟子六博投壶,歌呼饮酒。久之,密遣一弟子瞰龙溪所至酒家,与共赌。龙溪笑曰:“腐儒亦能赌乎?”曰:“吾师门下日日如此。”龙溪乃惊,求见阳明,一睹眉宇,便称弟子矣。③

---

① 叶春及:《石洞集》卷7《惠安政书》9《乡约篇·禁邪七条》,上海古籍出版社1993年版,第496页。

② 如火居道士李珍、武当山道士魏玄冲,当“苗贼作乱”时,珍、玄冲参与其事。参见《明英宗实录》卷268,景帝七年(1456)秋七月壬申条。

③ 袁宗道著、钱伯城标点:《白苏斋类集》卷22《杂说类》,第307页。

毋庸讳言，王氏师弟子之人格及讲学特色，已跃然纸上，而其世俗化的特点也是不言而喻。

王氏后学论学，大多具有这种特色。如王畿就主张即业成学：“人人各安其分，即业以成学，不迁业以废学，而道在其中。”①李贽认为，“穿衣吃饭，即是人伦物理”②。这种思想在晚明的影响甚广，从下面两段记述中，可见儒学世俗化已蔚为风气。袁黄言：

> 进德、修业，原非两事。士人有举业，做官有职业，家有家业，农有农业，随处有业。乃修德日行，见之行者，善行之，则治生产业，皆与实理不相违背。不善修，则处处相妨矣。③

显然，袁黄主张业中求道，而且将“治生产业”亦视作求道之业。而万表则说：

> 今人言吏隐者，以其官之地位清闲谓吏隐也。殊不知所谓吏隐者，以吏为隐也。商隐者，以商为隐也。有道之士，混迹于名利之场，而中之所存，固众人之所不识，斯可谓之隐也。故曰大隐居朝市，以此耳。④

（二）人人皆可成圣——儒学的大众化

自从王阳明创立王氏心学并主张人人皆可为尧舜之后，王氏后学一直在寻找使儒学大众化的道路。下面两段记载，颇能说明王门后学罗汝芳的讲学特点：

> 罗近溪先生守宣城日，虽衙役门皂，皆与讲学。一日，问门子曰：“尔近日功夫若何？”对曰：“守心。”先生笑曰：“心是太爷，汝乃是门子。”
>
> 盱江有从姑山，近溪先生建书院其上，集四方学者。有大盗依托众中。或知之，以告先生，急掩其口曰：“渠今已学好，盗宁不可为圣贤耶？”⑤

显然，在罗汝芳看来，衙役、门子、皂隶大盗，只要真心向学，均可以成为圣贤。

---

① 王畿著、吴震编校整理：《王畿集》卷7《书太平九龙会籍》，第172页。

② 袁宗道著、钱伯城标点：《白苏斋类集》卷22《杂说类》，引《答邓石阳书》，第313页。

③ 袁黄：《训儿俗语》第5《修业》，载《了凡杂著九种》。

④ 万表：《玩鹿亭稿》卷5《九沙草堂杂言》，载《四明丛书》，第27册，第16881页。

⑤ 陶奭龄：《小柴桑喃喃录》卷上。

正是因为有了这种观念，晚明学者讲学，多不区分参加者的身份，目的就是使儒学通俗化。譬如，王畿在太平创立的"九龙会"，开始只有举业子参与其中，"既而闻人皆可以学圣，合农工商贾皆来与会"①。吕坤给初学者讲学，教诲弟子，为了使一般民众能听懂儒学的道理，"先将该讲之书理会一遍，方与讲解。讲解只用俗浅，如闾阎市井说话一般"。他曾言："讲《中庸》《大学》，须令仆童炊妇一听，手舞足蹈，方是真讲书。"②冯从吾与同志在西安宝庆寺讲学，旬日一举。"越数会，凡农工商贾中有志向者，咸来听讲，且先问所讲何事。"从吾深怕所制会约难为农工商贾辈所解，专作《谕俗》一篇，以俗语解释，云："千讲万讲，不过要大家做好人、存好心、行好事三句，尽之矣。"③

儒学一旦通俗化，与民间农工商贾、仆童炊妇辈结缘，并得到这些民众的认可与支持，难免会出现俗化的特色。民间出现称孔子为"孔圣人老爷"，事实上就是晚明儒学通俗化的必然结果。④

(三)士人之山人化

在晚明儒、佛、道合流过程中，从士人中游离出来山人这一特殊的社会阶层，其实并不足怪。原因很简单，随儒、佛、道合流而来者，为儒、佛、道的世俗化，而其世俗化的特点，无非就是啖名、求利。即以禅宗为例，在明末已成为"文士之变相"，而其特点，正如张尔岐所言：

> 禅宗者，在昔为佛法之干虫，在今为文士之变相。唯其为干虫也，故直指心性，不立文字。今则标奇选遗，炫耀世俗，依然啾名积习耳。⑤

士人啾名积习难移，然而他们谈禅说玄，难道仅为了啾名？事实并非止此。随着儒、佛、道世俗化的深入，所谓的"名士"，亦并非清慎干净，更多的带有世俗化以后的俗利因子。正如明末清初人陆文衡所言：

> 二十年前，老友邱峻如戏语余曰："今所矜重者，名士也。然

---

① 王畿著、吴震编校整理：《王畿集》卷7《书太平九龙会籍》，第172页。

② 吕坤：《四礼翼·冠前翼·养蒙礼》，载《清麓丛书》外编，清光绪二十五年(1899)刻本。

③ 民国《长安县志》卷19《风俗志》，民国间排印本。

④ 如郑仲夔记道："俗人称官长，必曰某爷。至宣圣，止称孔夫子，或曰孔圣人，从未有以爷称者。余在浙舟中，闻一商偶谈宣圣，连称曰'孔圣人老爷'，亦可谓知所尊矣。"可谓典型事例。说见郑仲夔：《隽区》卷8《通隽》，载《明史资料丛刊》第3辑，江苏人民出版社1983年版，第227页。

⑤ 张尔岐：《蒿庵闲话》卷2。

不难也。我若有数十金入手,亦可作名士矣。”余问何故?曰:“请看礼忏会中、赌博场中,名士毕集焉,以为韵事,不择贤愚贵贱也。我以数金为忏醵,以数金为赌赀,逐队成群,往来笑语,若辈皆相知也。我独非名士乎?”此言虽谑,切中世情。其人往矣,思之一噱。①

由此看来,成为“名士”并不难,只要有数十金,出入于礼忏会、赌博场即可。正如作者所言,此言虽谑,却是切中世情。那么,当时的世情又如何呢?这可以黄宗羲的一段话作为概括:“余尝言今日士大夫,大概多市井之气。”②所谓“市井气”,说白了,仍然不过是求利意识太浓。

从这种角度而言,山人的出现,则是最好的反映。何谓“山人”?冯柯作如下回答:

不贪以为富,不辱以为荣,不汙以为洁,不诎以为高,不毁以为名,不梏以为寿,枕流涤耳,漱石坚牙,吸风扫胃,蹈根稳足,寂用于莫用,敛知于无知,飘飘乎隔世而不相闻,惚惚乎遗人而造物游。此困心之士,浪然发愤以自放形骸之外,而求自在者也。此之谓山人,而仙在其中矣。③

那么,明代的山人又如何呢?恰如明人董斯张所言:“古岩泽有宰相,今市井皆山人;古簪珥有丈夫,今冠裳多婢妾。”④细分起来,晚明山人的特点,可以沈德符之言为证:

山人之名本重,如李邺侯仅得此称。不意数十年来出游无籍辈,以诗卷遍贽达官,亦谓之山人。始于嘉靖之初年,盛于今上(万历——引者)之近岁。

此辈率所儇巧,善迎意旨,其曲体善承,有倚门断袖所不逮,宜仕绅溺之不悔也。⑤

由此可见,晚明所谓之“山人”,不过是一群“挟诗文奔走公卿之门”⑥的布衣,且多有市井气。

---

① 陆文衡:《啬庵随笔》卷4,清光绪二十三年(1897)刻本。

② 黄宗羲:《孟子师说》卷7《自范之齐章》,载沈善洪主编:《黄宗羲全集》,浙江古籍出版社2005年版,第1册,第157页。

③ 冯柯:《质言·杂议篇》,收入《贞白五书》,载《四明丛书》,第22册,第13256页。

④ 董斯张:《吹景集》卷1《朝立阁杂语四十则》,清钞本。

⑤ 沈德符:《万历野获编》卷23《山人名号》《山人愚妄》,中册,第585页。

⑥ 徐应雷:《读弇州山人集》,载《明文海》卷253,第3册,第2647页。

结束语

起源于明初的儒、佛、道三教合流思潮，经过明代中期的发展、演变，至晚明而成一时风气，并开始向世俗化方面演进，其影响已是相当深远。倘若说倡导三教合流者，多为士大夫的上层，而究其影响，则已及于一般士子，最终导致士子时文，“不用六经，甚取佛经、道藏，摘其句法口语为之”。[①] 顾炎武指出：“当万历之末，士子好新说，以庄、列、百家之言窜入经义，甚者合佛老与吾儒为一，自谓千载绝学。”[②]儒、佛、道合流的思潮一旦渗入八股文字，说明其影响已相当深远。制义关系士子一生功名，非上有所好并形成一时风气，绝不敢轻易窜入经义之中。正如赵南星所指出：“此其初不过一二好异之士，拾僧家之唾余，以入篇中，主司从而取之。后遂以时尚在此，翕然同风，不知乃尔丑也。”[③]此外，儒、佛、道合流之风，也开始向小说等文学作品渗透。此当另文说明，此不具论。

儒、佛、道合流的一大结局，就是导致儒、佛、道的世俗化。所谓世俗化，就佛、道而言，就是从远离人情物理的虚寂、玄远，回归充满人情意味的尘世、人间；而从儒家学说来看，就是从程朱理学那种极端化的“天理”，回复到颇有人情味的“良知”，从而与近代社会的进程桴鼓相应。这可以从“情”与“理”以及“纵欲”与“执理”两对矛盾的演变中窥见一二。

先引袁黄之说加以剖析。如袁黄认为，自古以来的“圣人”，无论是“治身”，还是“治天下”，“唯用吾情而已”。这就是说，人生于情，理生于人，“理未尝远于情”。后来的学者，却将情与理之间的关系加以颠倒，一味“远情而骛于理，矻矻讲究，图史塞胸，其于理愈明”，反而不思其情。为此，袁黄断言：“是故情深者为圣人，能用情者为贤人，有情而不及情者为庸人。若畸人、迂士，往往窃理以自饰，而无情之人也。”换言之，不应将“理”与“情”有所“觭分”。[④] 这显然可以视之为儒学的世俗化。它已经不是“远情而骛于理”，而是符合世俗的一般心态，无丝毫不食人间烟火之气。在晚明，这种看法相当流行，形成一时的风

---

① 《明神宗实录》卷183，万历十五年(1587)二月戊辰条，台北“中央”研究院历史语言研究所1966年校印本。

② 顾炎武：《亭林文集》卷5《富平李君墓志铭》，载氏著：《顾亭林诗文集》，中华书局1983年版，第119页。

③ 赵南星：《梦白先生集》卷2《寄桂征室掌科》，清咸丰间重刻本。

④ 袁黄：《情理论》，载《明文海》卷97，第1册，第959页。

气。而冯梦龙则将此说发挥得淋漓尽致。他说:“人知惟圣贤不溺情,不知惟真圣贤不远于情。”[①]即使如忠孝节烈之事,也需要从“情”上做出,方才是真,否则即假。他说:“自来忠孝节烈之事,从道理上做者必勉强,从至情上出者必真切。夫妇其最近者也,无情之夫,必不能为义夫;无情之妇,必不能为节妇。世儒但知理为情之范,孰知情为理之维乎?”[②]为此,他要创立“情教”,并自称佛号为“多情欢喜如来”。

至于“纵欲”与“执理”之间的关系,祝世禄亦自出机杼,加以重新论定。他认为,通常人们只知道“纵欲之过”,反而忽略了“执理之过”。究其原因,“执理是是非种子,是非是利害种子。理本虚圆,执之太坚,翻成理障。不纵欲,亦不执理,恢恢乎虚己以游世,世孰能笺之”[③]。这也是融通世情的平常话,却与宋儒的好高骛远已大相径庭。

儒、佛、道世俗化的极致,则为圣人之凡人化,以及阿弥陀佛、神仙头上神圣光环的消逝,进而被还原为平平常常的人。

王阳明创“人人皆可为尧舜”之说。其后学大多恪守此说,并有不同程度的发展。袁宏道可谓其中的代表。他认为,儒、佛、道“三教之至”,即使是“途之人”,亦是人人俱备。何出此论?袁宏道说出了自己的理由,诸如:饥餐倦眠,夏絺寒裘,实则“仙之摄生”;遇于途则揖,遇于门则徐,实则“儒之礼教”;呼之即应,引之即行,实则“禅之无住”。[④]三教之至,途之人均具。换言之,就是人人皆可为尧舜,也可以成为佛与神仙。而欲达到这一境界,又是如此容易,这就不会不对民众具有很大的诱惑力。从儒学的角度来说,圣人之凡人化,同样可引祝世禄之说为证。他认为,所谓的“圣人”,其实亦不过是“人”而已。每一个人只要“取足人之本色而止,不加毫末”,就可以成为“圣人”。所惜者,后来的人“因圣起名,因名起念,因念起功”,无不都想成为“圣人”,于是在人的“本色”之上有所加添,反而远离了“圣人”。为此,他断言:“不为圣人也者,然后可以为圣人;为圣人也者,不可以为圣人。”[⑤]由此看来,圣人亦不过是人,只需取足人的本色,即为圣人,不必刻意追求。圣人如此,佛又如何?李贽认为:“天下宁有人外之佛,佛

① 冯梦龙:《情史》卷15《情芽类·孔子》,第498页。
② 冯梦龙:《情史》卷1《情贞类·朱葵》,第37页。
③ 祝世禄:《祝子小言》,载《宝颜堂秘笈》汇集。
④ 袁宏道著、钱伯城笺校:《袁宏道集笺校》卷2《寿曾太史封公七十序》,第1533页。
⑤ 祝世禄:《祝子小言》,载《宝颜堂秘笈》汇集。

外之人乎？"[①]既然人外无佛，那么，正如前述钟惺所言，阿弥陀佛亦只是寻常孝慈之人而已。至于道家之道，按照郑鄤的看法，它亦不过是家常吃饭事。他认为，一嘘一吸，天地之常；一往一来，万物之故。所以，所谓的"神仙之道"，其实不过是"全其性命而已"。既然"含生之类"，无不都有"性命"，那么，所谓的"道"，实不过"家常吃饭事耳"[②]。

毋庸讳言，随着儒、佛、道三教的合流，儒、佛、道世俗化的深入，不免会产生一股"狂禅"之风，从而导致士人逾越礼教的规范，以及纵欲主义思潮泛滥。而佛、道二教，随之亦败坏清净门风，僧人、道士流于无赖化。

狂禅习气的形成，纵欲主义思潮的泛滥，王阳明显然难辞其咎。王阳明讲学有特色，这一点不必多说，然细究其说，尤其是被王阳明时时称道的"座中有妓，心中无妓"一语，显已为他的门人蔑弃行检开启了路径。[③] 正是这种说法，对于那些积学未深的王氏门人来说，未尝不是找到了一个蔑弃行检的借口。如颜钧就曾有过这样的说法，称"贪财好色，皆性生，天机所发，不可阏之，第弗留滞胸中而已"[④]。而何心隐更有下面的说法："天地一杀机也，尧不能杀舜，舜不能杀禹，故以天下让。汤、武能杀桀、纣，故得天下。"[⑤]袁黄在科举文字"我亦欲正人心"一题中，其结语云："韩愈谓孟子之功不在禹下，愚则谓孟子之罪，不在桀下。"[⑥]显然，王门后学之说，非王阳明学说所能局限，这一点亦为阳明始料未及。

与此同时，王氏后学中尚形成一种狂禅习气。正如袁宗道所揭示："甚至以火性为气魄，以我慢为承当，以谲诈为机用，以诳语为方便；以放恣为游戏，以秽言为解粘。"[⑦]袁中道亦批评狂禅道："战兢惕厉，日慎一日，乃人之生路，道之命脉。比来误认本体，现成者专言乐而不言惕，故逸自恣，任情纵欲。即在凡民不可，何况有志证圣成佛者

---

① 李贽：《焚书》卷1《答周西岩》，第2页。

② 郑鄤：《峚阳草堂集》卷3《参同契序》，民国二十一年（1932）重刊本。

③ 如伍袁萃揭示道："王阳明极喜'座中有妓，心中无妓'之语，时时称道之。故其门人多有蔑弃行检者。或诮之，则曰：'吾心原未尝动也。'"参见伍袁萃：《林居漫录畸集》卷5。

④ 赵吉士：《寄园寄所寄》卷6《焚麈寄·遗闻》，引《朝野异闻》。

⑤ 赵吉士：《寄园寄所寄》卷6《焚麈寄·遗闻》，引《辨学遗编》。

⑥ 伍袁萃：《林居漫录畸集》卷3。

⑦ 袁宗道著、钱伯城标点：《白苏斋类集》卷22《杂说类》，第320页。

乎？”[①]这股狂禅之风，到了后来，更是毫无遮拦，一切以了心、率性为得，最终导致“反道乱德，败俗伤化”[②]。荡检逾闲，毫无顾忌。可见，晚明士风败坏，不能不归咎于王氏后学之狂禅习气。

倘若说僧道娶妻是对佛道清净门风的逾越，那么，一至晚明，僧、道更是行同无赖，并无二辙。这方面的例子不胜枚举，择其要者，稍加叙述。如“异僧”陈宾竹，“挟采战术甚奇”。当时上海县有一位姓康的吏员，其妻妾无不淫妬成性，并与陈宾竹私通。后事情败露，蒋姓通判将其“严刑毙之”。为此，民间对这位“异僧”有“削发复犯法，出家又带枷”之诮。[③] 又嘉兴新行镇净相寺的狡僧，趁着民间多疾，阴施诡计，借助“活观音出现”之说，对民间百姓百端诳惑，“赚取骗银钱万计”。[④] 相同的情况，也出现于杭州的昭庆寺[⑤]，无不证明，僧人之无赖化，在当时已成一种趋势。道士也与无赖无异，甚至替“顽鄙”富翁助纣为虐，帮闲获利。[⑥]

综上所述，从明代儒、佛、道三教合流观念的变迁来看，初期合流，不过是藉此维系礼教秩序下的传统统治。而至明中期以后，士大夫或逃释，或趋玄，三教合流已成定势，无不说明理学已陷入穷途末路，一无可用。[⑦] 值得注意的是，一些儒学异端分子从儒家阵营中游离出来，举起三教合流的大旗，从而使这一思潮更加深入民间，并在晚明各个文化层面烙下深浅不同的印记。

---

① 袁中道：《珂雪斋近集》卷2《寄王章甫》，第156页。

② 明人余继登对王学末流有如下揭示：“曰吾学直捷，不烦修为；曰吾道广大，无所障碍。公然谓传注为支离，谓经书为糟粕，谓躬行实践为迂腐，谓人伦物理为幻妄，谓纪纲法度为桎梏，谓礼义廉耻为虚伪。惟一了此心，则市金可攫，处子可搂，荡检逾闲，皆为率性，总谓无伤，反道乱德，败俗伤化。”堪称一针见血。参见余继登：《淡然轩集》卷2《覆杨止庵疏》，明万历间刻本。

③ 范濂：《云间据目抄》卷2《风俗》，清光绪四年(1878)上海申报馆仿聚珍版印本。

④ 光绪《嘉兴府志》卷87《丛谈》，收入《中国地方志集成》，上海书店1993年版。

⑤ 如陈确过昭庆寺，“窃见寺僧泼横，无复人理，彝酒冒色，渔利无穷。”见《陈确集·文集》卷15《投太府刘公揭》，中华书局1979年版，第361页。

⑥ 关于此，可以明人陈良谟所记一事加以说明：“南京王冠顽鄙，一富翁也，绝不与士人往来，而方外修炼之士应接无虚日，拜为父师，配以妻室，自置婢妾十余人，恣意淫毒。俟有脤，将产未产，辄以药功之，孩一下，即捉入臼中，和药杵烂为丸。或购别家初生幼童烹之，其惨酷所不忍言。”参见陈良谟：《见闻纪训》卷下，清初钞本。

⑦ 如江天一云：“吾儒称说书穷理，而日逃遁于佛。夫天下有避危趋安、避苦趋乐者，而吾儒如此，儒真不可用，不必用之物矣。”参见江天一：《江止庵遗集》卷7《世衰说》，收入《乾坤正气集》，清道光二十八年(1848)刻、光绪十八年(1892)重印本。

六、秀才学问与举业文章:学术史一隅

前　言

已有的研究成果显示,晚明学术思想呈现出以下三个方面的特点:一是"信仰合流"(syncretism),这种合流倾向尤其是在理学家中盛行;二是理学派别中程朱与陆王两派的历史论战;三是考据学(evidential research)的出现,并成为一个新兴的学术流派。[①] 而余英时则基于士商互动的关系,以考察当时的儒学转向,举凡知识分子主动参与所谓的通俗文化,儒学宗教化的过程,尤以三教合一运动为其主要表现形式;晚明文人、学者对戏曲、小说的重视,以及戏曲、小说与商业文化的紧密关系。[②] 鉴于此,有学者将这一时期的思想界称为最具"活力"(vitality)与"多样性"(diversity)的时代。[③]

晚明秀才学问的特点,事实上部分反映了上述的社会与文化变迁。换言之,三教合一的观念也开始向科举渗透,而晚明考据学的兴起,事实上是对以秀才学问为内容主体的科举俗学的一种反动。在以考证见长的清代汉学学者看来,以"高头讲章"为其基本特色的明代经学当然是经学史上的"积衰时期",但正如有些学者所言,明代经学无疑是历代经学史研究中重要的一环,"更是由理学家的经学转变为考证学家经学的关键时期"[④]。

从普遍性的角度来说,"秀才学问"实在令人难以恭维。生员学

---

① Edward T. Ch'ien, *Chiao Hung and the Restructuring of Neo-Confucianism in the Late Ming* (New York: Columbia University Press, 1986), p.1. 据李威熊的研究,明代经学可以分为初期、中期、晚期三个阶段,而晚明主要是指从武宗正德(1506)至思宗崇祯十七年(1644)。笔者藉此界定为准则,以论断"晚明学术"。参见李威熊:《明代经学发展的主流与旁支》,载林庆彰、蒋秋华主编:《明代经学国际研讨会论文集》,台北"中央"研究院中国文哲研究所筹备处1996年版,第77-92页。

② 余英时:《士商互动与儒学转向——明清社会史与思想史之一面相》,载郝延平、魏秀梅主编:《近世中国之传统与蜕变:刘广京院士七十五岁祝寿论文集》,台北"中央"研究院近代史研究所1998年版,第1-52页;余英时:《明清变迁时期社会与文化的转变》,载余英时等著:《中国历史转型时期的知识分子》,台北联经出版事业公司1992年版,第35-42页。

③ Chü-fan Yü, *The Renewal of Buddhism in China: Chu-hung and the Late Ming Synthesis* (New York: Columbia University Press, 1981), p.2.

④ 林庆彰:《导言》,载《明代经学国际研讨会论文集》,第1-3页。

问,主要来自以下三个方面的影响:一是八股习气,即不读经史原文,唯读坊间时文选本;二是自王学崛起以后,开始向科举领域渗透,生员学问也部分受到王学的影响;三是晚明儒、佛、道三教趋于合流,生员学问受其熏染,以致在八股文中也多有夹杂佛、道之语者。上述种种,又形成生员的八股习气,从而对明代学术、文化产生至为深远的影响。

探究晚明学术,存在着两大弊端:一是科举之习,以八股为学问,不知儒术为何物,其弊在于俚陋[1];二是道学之习,以讲学为学问,空谈无实,只占地步,其弊在于迂腐[2]。两者合而为一,即构成"俗学",而习俗学者,则概为"俗儒"。[3]

秀才学问

明代学者吕柟相当看重"秀才学术",认为秀才学术所系不浅,"善则足以福斯民,不善则足以乱天下"[4]。生员一般学问浅陋低劣,尤其自中期以后,因捐纳而导致大批无学之人获取生员头衔,从而使其素质更加低落,这一点毋庸置疑。

那么,秀才学问又是什么? 简言之,就是"举业科目"[5]。关于生员学问,明代史籍多有揭示,不妨先引一则笑谈,以观生员学问的真谛:

> 昔有一僧人与一士子同宿夜航船。士子高谈阔论,僧畏慑,卷足而寝。僧听其语有破绽,乃曰:"请问相公,澹台灭明是一个

---

① 明人冯梦祯曰:"今儒术久衰,周孔之书尽为俚儒及科举之学所坏。"所指即为制科之习。说见冯梦祯:《快雪堂集》卷2《序诊家补遗》,收入《四库全书存目丛书》,台南庄严文化事业有限公司1997年版。

② 明人张凤翼批评道学之习道:"士人空谈无实、只占地步者,足以酿成世俗之陋。"说见氏著:《处实堂集》卷8《谭辂》,收入《四库全书存目丛书》。按:道学之高妙玄远,与道学家之迂阔,可以吴与弼为例,作一说明。史载:吴与弼被召至京师,"常以两手大指、食指作圈,曰:'令太极常在眼前。'长安浮薄少年竟以芦菔投其中戏侮之。公亦不顾。"参见杨仪:《明良记》卷1,收入《四库全书存目丛书》。

③ 明人方太古曰:"世之丧道者二:其一俗学,其一俗儒。大言既希,徒呻佔毕,以比里耳,则俗学也。雅道不作,徒藉濂洛关闽为口实,以傅同声,则俗儒也。"说见徐学谟:《徐氏海隅集·文编》卷32《处士方太古传》,收入《四库全书存目丛书》。关于明末俗学,可参见陈宝良:《明末清初"俗学"小考》,载《清史研究通讯》,1986年第4期,第30-60页。

④ 吕柟:《泾野子内篇》卷22《太常南所语》第29则,中华书局1992年版,第226页。

⑤ 明代史料载,有一秀才向吕柟问学。吕柟问:"不知尔心下所欲在何处?"对曰:"平生务区区举业科目耳。"此即其例。参见吕柟:《泾野子内篇》卷7《鹫峰东所语》第12则,第57页。

> 人,是两个人?"士子曰:"是两个人。"僧曰:"这等,尧舜是一个人两个人?"士子曰:"自然是一个人。"僧人乃笑曰:"这等说起来,且待小僧伸伸脚。"①

平日不勤读书,腹中空空如也,这是明代生员学问的基本特点。正因为如此,才导致在夜航船中高谈阔论时,闹出种种笑话,以致亦为僧人所不屑。②

明代生员学问,大体可以概括为以下几个特点。

其一,生员不读书,导致生员浅薄无学。随着纳粟入监的展开,更是使监生无文,甚至出现了一些不学无术的曳白监生。③ 正如钱谦益所言:"正、嘉以还,以剿袭传讹相师,而士以通经为迂。万历之季,以缪妄无稽相夸,而士以读书为讳。"④

一旦士子"以通经为迂",或"以读书为讳",其结果必然会造成"束书不观,游谈无根"。⑤ 生员自童时开蒙,读完《百家姓》,再读《千字文》。这是明代教育的基本程式。可是,明代生员却有《千字文》亦未能详知者,下例即可为证:

> 又公(指韩雍——引者)巡抚江西,每对生员称说《诗》《书》。时江西科目方盛,生员私相谓曰:"巡抚,《千字文》秀才耳,安得称说《诗》《书》!"公闻之,命提学送诸生来看,以"律吕调阳"为论,以"闰余成岁"为策。诸生皆不能详。公曰:"我们做秀才时,读了《百家姓》,便读《千字文》,诸生如何连《千字文》也不知?"闻者绝

---

① 张岱:《琅嬛文集》卷1《夜航船序》,岳麓书社1985年版,第49页。

② 与此形成鲜明对比者,是明代僧人中却多有颇具学问之人。尽管一些生员自恃聪明,好为滑稽,欲讨僧人便宜,但终究不得不为僧人的学问所折服。据史载:"有一年少庠士,吻流也。一日遇所善僧,戏曰:'秃子之秃若为写?'僧应声曰:'即秀才之秀字掉转尾去。'士为折服。"见沈德符:《万历野获编》卷4《侮人自侮》,中华书局1980年版,下册,第917页。

③ 沈德符:《万历野获编》卷26《太学不文》,下册,第675页。

④ 钱谦益:《初学集》卷28《苏州府重修学志序》,载氏著:《钱牧斋全集》,上海古籍出版社2003年版,第853页。

⑤ 按:批评明人"束书不观,游谈无根"一说,起源颇早,至少在嘉靖以前即已存在。明人戴有孚记:"近时儒者有曰:束书不观,游谈无根,酒醴未成,而恶糟粕者也。记诵不遗,玩物丧志,筌蹄徒设,而不获鱼兔者也。"又明人袁黄也批评明代学风道:"士人不屑者,类束书不观,游谈无根。间有读书者,又汩没于帖括,专事饾饤,拘牵讲说以合注,又拘牵训诂以合经,而圣贤之意远矣。"分见戴有孚:《著疑录》卷1《儒》,收入《四库全书存目丛书》;袁黄:《宝坻政书·训士书》,载氏著:《了凡杂著》,明万历三十三年(1609)建阳余氏刻本。

倒。[1]

《千字文》尚且不读,更遑论经书了。照例说来,明代以明经取士,生员理当烂熟经义。可是,实际上在明代已养成一种"以通经为迂"的风气,生员并没有下功夫去研究经典原文。[2] 其最明显的例子就是在晚明经生士子中声名颇著的钟惺,其论及《左传》之《郑伯克段于鄢》一篇,"句读之不析,文理之不通,而俨然丹黄甲乙",以致闹出不详句读,而乱加评点、论衡的笑话。[3] 经学史的事实一再证明,朴实的经学考证,无法抛弃注释的梳理与总结,如果直读经典白文,难免会有"凿空"之讥。可引下面二例,以见晚明经生士子"土苴六经,不读传注"之病。一是崇祯三年(1630),浙江乡试题:"乂用明,俊民用"章,上文"岁月日时无易"。传曰:不失其时也。当时取中第三名龚广,误以为历家一日十二时之时,却被取中为本经之冠,且刻为程文,示范天下。二是崇祯九年(1636)应天乡试题:"王请大之",至"文王一怒而安天下之民",内有"以遏徂莒"之语。据注曰:莒,《诗》作旅,众也。其意是说"密人侵阮徂共之众也"。但取中第23名周天一文,误以为《春秋》莒人之莒,亦得中式。[4] 如此不通经义、不读传注之士,一旦督学以经义加以考试,生员难免丑态百出。明人姚旅记道:

> 曩耿督学以"干戈戚扬"问士,士或以一器对,或以二器对,其知为四器者,数百人中数人而已。近郑督学以"端章甫"试士,

---

① 韩邦奇:《苑洛先生语录》卷6,收入《四库全书存目丛书》。

② 据史料载:"《四书》《五经》,先儒传注发明,最宜熟读。近时父兄志在速成,令子弟只读白文。亦有盲师,不通文理,妄为删抹,十去七八,谓小子岁月无几,已望完经书,斗捷居功,不知将来胸中毫无把柄,误莫甚焉。"可见,生员读书,经书仅读白文,不读注文,甚至经文亦十去七八而不读。此史料所言虽是清初史事,基本可以反映明季实况。见陆文衡:《啬庵随笔》卷4,清光绪二十三年(1897)刻本。

③ 钱谦益记钟惺不详句读道:"钟之评《左传》也,它不具论,以'克段'一传言之,'公入而赋','姜出而赋',句也,'大隧之中'凡四言,其所赋之诗也。钟误以'大隧之中'为句断,而以'融融''泄泄'两句为叙事之语,遂抹之曰:俗笔。"《左传》杜注曰:"赋,赋诗也。"以赋字为句,则"大隧"四句,显为所赋之诗。钟惺不详句读,误认为是《左传》叙事之辞。其学问粗浅,而又敢于訾议古人,于此可见一斑。钱氏批评之言,也被顾炎武引用。钱、顾二氏,在私人关系上尽管有一些恩怨波折,但在学术上颇多相通之处。此又可为一例。其说分见钱谦益:《初学集》卷29、83《葛端调编次诸家文集序》《读左传随笔》,载《钱牧斋全集》,第872、1747页;顾炎武著、黄汝成集释:《日知录集释》卷18《钟惺》,中州古籍出版社1996年版,第440页。

④ 顾炎武著、黄汝成集释:《日知录集释》卷18《科场禁约》,第435页。

"端"皆训作"正",谓"正章甫"。一邑之中,如是者半。[①]

熟知儒经者都知道,干、戈、戚、扬为四种兵器:干为盾,戚为斧,扬为钺,再加上戈。至于"端章甫",章甫为古冠名,即缁衣布冠;而端为古诸侯祭服,有玄端、素端之别,不当训作正。但实际情况则是,数百生员中只有几人将干、戈、戚、扬解释成四种兵器;而将端错训作正者,一邑生员中更是达到半数以上。

明初开科,诏求博古通经之士。一时士子,多以通经学古为高,即使《通鉴纲目》一书卷帙浩繁,不能遍览,但诸如《通鉴节略》一类,必熟读默记。唯其如此,才能对历代治乱兴衰之故了然于胸,又能辨别贤奸邪正,及至当官任职,尚有所持循。然自明中叶以后,习尚日非,生员名为经生,实则未知稽古;满腹所贮,除熟烂时义外,茫无一物。[②]叩以前代故实,即使近如唐、宋两代史事,亦缩舌不能对,以致闹出忠奸不分的笑话。试举下面一例:

> 某督学试吾郡,诸生论题为"范仲淹请营洛阳"。一生不省题旨,云:"范仲淹,奸人也。"督学大诧,曰:"范公一代伟人,而奸称之乎?"此生被黜。[③]

其二,生员多喜高谈阔论,不务实,以致形成秀才文章,亦作不得数。明代史料载:

> 先生(指吕柟——引者)因人专务高谈,曰:"在陕有一秀才,不肯读书,每日高大议论。则诲之曰:'可读《五经》。'对曰:'此是记诵之学。'"[④]

生员虽不读书,却喜发高大议论。尤其平日在窗下作策论,或论及古人,"提笔便指斥某也廉,某也贪,某也贤,某也不肖,何耿耿不轻放过"。可等他官一到手,却"往往以墨以酷败"[⑤]。近人周作人颇不以

---

① 姚旅:《露书》卷8《风篇》上,福建人民出版社2008年版,第193页。

② 明人郑晓云:"圣祖开科,诏务求博古通经之士。乃所试仅有判语及一二时务策,生徒竟未识。《大明律》所谓'时务尽掇拾帖括',以故士乏通今之学。其于政体得失、人材优劣且不论,只历朝纪年及后姓陵名,知者亦鲜。"郑氏所论,无疑可以部分反映晚明士人学问浅陋的实况。见氏著:《今言》卷1,第74则,中华书局1984年版,第40页。

③ 李绍文:《云间杂识》卷2,上海瑞华印书局1935年据上海黄氏家藏旧本印行。

④ 吕柟:《泾野子内篇》卷7《柳湾精舍语》第11则,第51页。

⑤ 邓球:《闲适剧谈》卷2,收入《四库全书存目丛书》。

策论为然，将其称之为“秀才气质”，认为仍是八股的遗风。[①] 揆之明代生员策论事实，可见这种看法颇有见地。生员议论，一如秀才文章，实在作不得数。

其三，生员学问的来源，不是经史原文，而是取自《浅学后进》《韵府群玉》之类的类书，以供“秀才好趁夜航船尔”。换言之，生员平日所取，不过“破碎摘裂之学”[②]。学问浅陋，只可于旅行途中在夜航船上供笑谈而已。

尽管学问浅陋，生员却喜咬文嚼字，掉书袋，全然一副酸秀才形象。下面一则笑话，颇能说明问题：

> 一秀才买柴，曰："荷薪者过来。"卖柴者因"过来"二字明白，担到面前。问曰："其价几何?"因"价"字明白，说了价钱。秀才曰："外实而内虚，烟多而焰少，请损之。"卖柴者不知说甚，荷担去了。[③]

秀才咬文嚼字，养成一股酸腐之气，干不了甚事。读书误人，于此可见。

举业文章

生员平日所务，唯举业科目而已。于是，做举业文字，也就成了生员学术的主要内容。

何谓“举业”？举业者，又称“举子业”，亦称“制义”。有破题、承题、起讲、提股二、小股二、中股二、后股二，谓之“八股”；最后为结题、大结。[④] 故俗又称举业文字为“八股文”，或称“时艺”“时文”，以与古文相别。

关于举业文字的价值，在明代存在着两种截然不同的看法。誉之者将“举业”与“圣人之学”等量齐观，认为只要立志坚定，随事尽道，不以得失动念，“则虽勉习举业，亦自无妨圣贤之学”[⑤]。甚至有人认为，举业文字若达到最高境界，其文绝不用圣经、内典、真儒语录之语，

---

① 周作人：《谈策论》，见刘应争选编：《知堂小品》，陕西人民出版社1991年版，第342-343页。

② 叶盛：《水东日记》卷2《趁航船》，中华书局1980年版，第17页。

③ 赵南星：《笑赞》第45则《秀才买柴》，载《明清笑话四种》，人民文学出版社1983年版，第20页。

④ 朱之瑜：《朱舜水集》卷10《答安东守约问八条》，中华书局1981年版，第372页。

⑤ 王阳明：《王阳明全集》卷4《寄闻人邦英邦正》，上海古籍出版社1992年版，第168页。

其心却与圣经、内典、古今真儒语录相合。[①] 毁之者认为,举业文字不过是“纱帽文章”,“百年只用一张纸,盖棺却无两句书”[②];是获取功名必不可少的“敲门砖”,“门一辟,即弃而不用”。[③] 时日一久,举业文字就会被人厌薄、揶揄,“且为覆瓿用矣”[④]。由此可见,举业文字在明代即处于觭重觭轻的状态:士子一旦释褐,人出时艺一策,付之坊刻,如十八房有总刻,有选刻,有分刻,何等被人看重!然扬芳飞采之后,即捐置若弃,即使藏之名山大川、缄之金匮石室的高文大集,未尝有将时艺收入其中,又是何等被人轻视!

明代八股时艺具有以下三大特征:一是变化迅速,八股文字,朝出而暮厌之,从而形成了独特的八股文风;二是具有地域特征,不同地区的八股文字,往往具有不同的风格特征,从而形成了一些时文的地域派别;三是时文的年龄特征,不同年龄段作者的时文,往往会有不同的风格。

明代史料载,“近时梓制义者,率朝出而暮厌之”[⑤]。这是明代举业文字的最大特点。正如冯梦祯所言:

> 余自燥发习举业,迨成名至今,不及三十年,而天下之文凡几变矣。一变而为嘉靖晚年之华靡,再变而为隆、万之刻画,三变而为今日之吊诡。[⑥]

在三十年间,举业文字凡三变:从华靡变为刻画,转而为吊诡。唯其如此,才使一个时代有自己的举业文字,形成了独特的八股文风。

明代八股文风的变迁,正德年间是一大关键。正德以前,科举颁有定式,非经书不以命题,非传注不以解经,“为文章必典则而数扬,其词理俱优者,则录以出,间多造首之言,蔼然而治世之文”。正德以后,一二好奇之士出于其间,始挟负才智,倡为新说,簧鼓后学,后学靡然从之,“作为文章,往往弃传注为长物,其词支离背叛,恍惚汗漫,而无所于归”[⑦]。究八股文的特征而言,具体变化如下:洪武、永乐年间,即

---

① 顾天埈:《顾太史文集》卷3《毁余稿序》,明崇祯刻本。
② 董说:《西游补》第4回,上海古籍出版社1983年版,第17-18页。
③ 冯梦祯:《快雪堂集》卷3《皇明四书文纪序》。
④ 陈所蕴:《竹素堂稿》卷2《周子中菉蘋斋草序》,收入《四库全书存目丛书》。
⑤ 李尧民:《雍野李先生快独集》卷17《与魏东明》,收入《四库全书存目丛书》。
⑥ 冯梦祯:《快雪堂集》卷3《皇明四书文纪序》。
⑦ 姚镆:《东泉文集》卷2《与岁考录序》,收入《四库全书存目丛书》。

宣德以前，八股文风，太素而不藻，虽无彩色的装饰，但亦免除雕镂之病。换言之，“简而质”是明初时文的普遍特征，其表现则为其衷有余、言似不足。宣德以还，迨乎成化，甚至弘治以前，八股文风的特征是“牵泥成迹，几于墨守”，其下者“茹秽藉枯，无复馨焰”。换言之，“雅而畅”是此时期时文的普遍特征，其表现则为文达乎衷。正统、景泰年间，士以专经为隘，学博古为名，文质相扶。正德以后，八股文风转而为“蔚以昌”，其表现则为“文溢乎衷”。蔚而昌，可谓八股文风之极。然自此以后，俗尚刻削，论以讦持，八股文之弊亦“靡焉将不可止也”[①]。万历以后，时文日变。“始承禅学之余，继以庄、列、管、韩之险涩，已乃效苏、曾而流于浮冗，迨后则齐、梁浮艳，益趋淫曼”。[②] 晚明八股文风，基本是在此大范围下变化而各呈风采。

八股文的形成，无疑得益于坊刻时文选本的流行甚至泛滥。成化以前，世无刻本时文。其后，杭州府通判沈澄刊《京华日钞》一册，甚获重利，“后闽省效之，减至各省刊提学考卷也”[③]。自此以后，“书坊非举业不刊，市肆非举业不售，士子非举业不览”[④]。

晚明坊间流行八股文选本，名色繁多，分别有墨卷、程文、窗稿、房书、考卷、拟程、行卷、社稿。[⑤] 房稿盛行，自崇祯初年始；而社稿的流行，则在万历末年。[⑥] 明代制科取士，乡试京省，会试礼部，初场试经书举业，这就是“墨卷”。乡、会试由总裁定作为式，中式之文，刻录奏御，即为“程文”，又称“程墨”。士子肄业拟制，传览海内，称为“窗稿”。举人既隽，选举人文刊布，称“行卷”。[⑦] 每科分校诸公各选定本房佳篇刊刻行世，称为“房书”。故房书有进士之文与举人之文之别。提学官岁、科二试考校之文，称为“考卷”。诸生征文汇选，称为“社稿”。

① 田汝成：《田叔禾小集》卷2《岁考文优录序》，收入《四库全书存目丛书》；蔡汝楠：《自知堂集》卷10《四书名儒雅意录序》，收入《四库全书存目丛书》。

② 王夫之：《王船山诗文集》卷2《石崖先生传略》，中华书局1983年版，第19页。

③ 郎瑛：《七修类稿》卷24《时文石刻图书起》，上海书店出版社2001年版，第259页。

④ 李濂：《嵩渚文集》卷43《纸说》，收入《四库全书存目丛书》。

⑤ 黎景义：《二丸居集选》卷8《历科制义选序》，旧钞本。

⑥ 任源祥：《读墨小序》，载贺长龄、魏源等编：《清经世文编》卷57，中华书局1992年版，第1456页。

⑦ 明季行卷流传之广，当推倪元璐之《星会楼稿》。其书“盛传国内，市人因之贾刻，摹印至三万余板，字漫灭重锲者再”。见倪会鼎：《倪文正公年谱》卷1，万历三十七年(1602)己酉条，中华书局1994年版，第5页。

名公巨卿,或预闱政,或秉文衡,或闲居讲学,或翰苑司成,闻题而撰,称为“拟程”,又称“拟墨”。这些坊间印行的八股文选本,在明季风行一时,成为生员必读的举子业范本。“至一科房稿之刻,有数百部皆出于苏、杭,而中原北方之贾人,市买以去。”[①]北方尤其是西北地区的士子,由于书贩来迟,阅读到坊间时文刻本较晚,虽争相仿袭,“不知此中之新样,已是彼地之陈言,不兀穷年,徒劳心力”[②]。

明代举业之盛,当推吴、闽、浙、赣、楚数省。明人汪道昆言:

> 自近世经术兴,则闽士为嚆矢。我国家令诸博士授业,非闽士说者不传。于是四方之士屈首受成,不啻功令。彼都人士斐然,与江左、浙右同风。[③]

由此不难发现,福建的举了业在全国士人中的影响力,不亚于江左、浙右。

不同地区的八股文,无不各具自己的风格,形成一定的地域特色。下引明人董其昌、陶望龄二人之说,基本可以反映明代不同地区的时文特征:

> 方内制义各有偏至,吴以韵致,越以色泽,楚以才情,闽以结构,中州以蕴藉,其大都也。[④]
>
> 今时经生之文,莫尚于吴、闽。闽以绮丽,吴以风裁。四方文卷之行于市者,虽错糅其简,抹杀其姓氏,而为闽与吴,要可以悬辨。[⑤]

尽管上述两段记载就各地时文风格特征的概括稍有出入,然无不强调时文的地域性美学特征。不同地域内的时文一旦形成固定的风格特征,相应也就形成了时文的体裁或派别。在吴地时文中,有松江、娄东(即太仓)诸体;在楚地,有竟陵一派;江右,有豫章(即南昌)一派;在山东,则有莱阳一派。

举业文字也有年龄特征。不同年龄段的人所作的八股时文,其风格迥然有异。举例来说,“凡为沈雄,为纡谲、古色、驳荦,望之闇然者,必尊宿也。凡为慓悍,为英鲜、生韵飞动、芳艳照人者,必韶茂也”[⑥]。

---

① 顾炎武著、黄汝成集释:《日知录集释》卷16《十八房》,第382页。

② 李维桢:《大泌山房集》卷134《陕西学政》,收入《四库全书存目丛书》。

③ 汪道昆:《太函集》卷3《赠黄全之序》,黄山书社2004年版,第69页。

④ 董其昌:《容台文集》卷3《方旦心平平草题词》,收入《四库全书存目丛书》。

⑤ 陶望龄:《陶文简公集》卷4《王慕蓼制义序》,明天启七年(1627)陶履中刻本。

⑥ 钱士升:《赐余堂集》卷3《赵驭初稿序》,清乾隆四年(1739)钱佳刻本。

换言之,尊宿之文,凭藉的是法,而韶茂之文,则以才取胜。

八股举业是明代生员士子普遍习学的学问,自然有其在中国文学史上存在的地位。假若仔细剖析明代举业文字,事实上亦可分为上、中、下三乘:讲明心学,道理流出,是为上乘;淹贯全经,旁通血脉,是为中乘;标题强作,剽窃时作,是为下乘。[①] 在试牍文字中,其实多为下乘之作,举凡墨卷体之庸俗化,考卷体之无理无法,均是其具体反映。

举业文字虽不过是生员获取科名的敲门砖,却与明代学术风气休戚相关。明初朱元璋确立制科取士,其经书举业皆以程朱之注为本。其时士守传注,学风同文崇正。明中期以后,王学崛起,势必对举业文字形成极大的影响。其时士子不再守传注,甚至破律拂经。《两浙学政》记载了这一前后变化:

> 理学至宋儒大明,故其经书传注一以宋儒为宗。朱紫阳集诸儒大成,其训诂真核明切,家传户诵久矣。迩来伪学乱真,邪说蚀正,创为新说,以买名声于天下,甚至改纂朱注、删涂程传,刊为帖括者。[②]

细析之,王学影响及于举业文字,主要表现在以下三个方面:一是有些学者公开倡导"举业"与"心学"可以合而为一,认为"未有举业而不本诸心者,亦未有治心而夺于举业者"[③]。二是阳明学已成为部分考试官取士的标准,"诸生中有能为良知言者,皆置高等"[④]。而晚明诸多讲学会中,其参与者的主体则为生员层。[⑤] 三是嘉靖中,王阳明之书虽盛行于世,而士子举业,尚谨守程朱,无敢以禅窜入举业。自叶向高、徐阶执政,尊重王学,于是隆庆二年(1568),《论语》程义,首开宗门。此后浸淫无所底止,"科试文字,大半剽窃王氏门人之言,阴诋程朱"[⑥]。

---

① 徐燦:《阳溪遗稿》卷6《柬双川黄先生》,收入《四库全书存目丛书》。

② 毕懋良:《两浙学政》,明万历三十八年(1610)刻本。

③ 程文德:《程文恭遗稿》卷22《岭表书院谕学下》,收入《四库全书存目丛书》。

④ 叶向高:《苍霞续草》卷15《大廷尉华阳宋先生传》,明天启刻本。按:生员学问,唯考官马首是瞻。自嘉靖以后,尽管朱学仍然高踞庙堂,但王学对明代科举的渗透,无疑亦可说明朱学的官学地位受到部分的动摇。在晚明的提学官员中,讲良知之学,颇成一时风气,不免会对生员造成影响。如当时坊刻中有伪托罗伦所作《致良知在格物》一篇,其破题曰:"良知者,廓于学者也。"良知之说,显已入八股之文。见顾炎武著、黄汝成集释:《日知录集释》卷18《举业》,第433页。

⑤ 吕妙芬:《阳明学讲会》,载《新史学》9卷2期(1998年6月),第45-87页。

⑥ 顾炎武著、黄汝成集释:《日知录集释》卷18《举业》,第433页。

明代中后期,学术史上存在着两大思潮:一是儒、佛、道三教合流;二是诸子学开始复兴[①],一至晚明,已是“天下子书横流”[②],子书也成为士流的一大嗜好。学术史这两大思潮的兴起,尽管有其特殊的原因与社会土壤,然其影响难免会及于诸生的八股举业。简言之,在晚明的八股举业中,出现禅言、子史语,并不足奇。对此,冯梦祯、顾炎武揭示道:

> 今之操觚者,竞以禅语入文,而文病;又以文字说禅,而禅亦病。[③]

> 当万历之末,士子好新说,以庄、列、百家之言窜入经义,甚者合佛老与吾儒为一,自谓千古绝学。[④]

显见,自明中叶以后,士子厌常喜新,慕奇好异,视六经之言为陈言。陈言既不可用,势必归绝于空谈;清空既不可常,势必又求于子史。子史不餍,则宕而入于佛经;佛经又同,则又旁蒐小说家言。相对说来,晚明诸生士子的学问相当驳杂,而受佛经、诸子家言的影响尤为深刻。一方面,他们“旁求百家杂撰,尤沈酣《世说》以为奇”;[⑤]另一方面,他们不仅喜禅诵,而且“喜发兰台石室之藏,而儒道杂”。[⑥] 在地方学宫尊经阁所藏书籍中,不乏佛、道经典及杂家类书,就颇能说明这一学术倾向。

将佛经之语引入举业,当始于万历五年(1577)科,其始作俑者为王氏后学杨起元。[⑦] 而老庄之语入于举业,则始于隆庆二年(1568)。当时会试主考李春芳厌五经而喜老庄,黜旧闻而崇新学。其首题《论语》“子曰:由诲汝知之乎”一节,其程文破云:“圣人教贤者以真知,在

---

① 关于晚明诸子学复兴,可参见陈宝良:《悄悄散去的幕纱——明代文化历程新说》,陕西人民教育出版社 1988 年版,第 139-148 页。

② 单思恭:《甜雪斋文》卷 3《四书窥序》,收入《四库全书存目丛书》。

③ 冯梦祯:《快雪堂集》卷 3《序郑元夫举业近草》。

④ 顾炎武:《亭林文集》卷 5《富平李君墓志铭》,载氏著:《顾亭林诗文集》,中华书局 1983 年版,第 119 页。

⑤ 薛冈:《天爵堂文集笔余》卷 1,载《明史研究论丛》第 5 辑,江苏古籍出版社 1991 年版,第 328 页。

⑥ 万历《广东通志》卷 7《学官弟子》,收入中国科学院图书馆编:《稀见中国地方志汇刊》,中国书店 1992 年版。

⑦ 顾炎武著、黄汝成集释:《日知录集释》卷 18《举业》,第 432 页。

不昧其心而已”。[①] 按“真知”说者，即出于《庄子·大宗师》。其后，举业所用，无非释老之言，诸如道家之“真修”“真诠”“玄通”“玄览”，佛家之“实际”“悬解”“本来面目”“大彻大悟”，[②]蔚为一时风气。

秀才文章评析

所谓秀才文章，即八股文。八股文的特点无非是代圣人立言，忌讳个人心性的发挥，或杂引诸家之说。在明人看来，若生员所作八股文“能肖圣贤口气，能发圣贤神髓，一禀于大雅，乃足术耳”[③]。

如何评述八股文或科举之学？过去的论者大多贬多于褒。事实上，在明代，无论是不习举业的灯窗老儒，抑或藉此进身的经生士子，无不视八股文为空言无当，不足流传。至其极者，则视明亡于八股，而八股之害，甚于焚书、坑儒。[④] 这种看法无疑忽略了八股文风或科举之学在晚明的突变，以及由此带来的社会意义。

人莫不饮食，然鲜能知味。诚哉斯言！笔者当然无意夸大八股文的学术价值，甚至称之为“大物”“妙物”[⑤]，而是仅仅关心八股文在晚明的显著变化，并揭示出这种变化所带来的社会价值。

毋庸讳言，八股文代圣贤立言的特点，显然制约了作者个人心灵的张扬。而字数的限制，如经书义“每篇限五百三十字，照发格眼，大字誊写，违者虽工不录”[⑥]，无疑又限制了作者文思的发挥。然明代近三百年以此取士，士皆致力于此，其卑鄙者固不足论，而高者发明经义，矩矱先民，亦堪称文章之一格。其实，明代叶盛所著《菉竹堂书目》中，其集部已有举业类一门。入清，黄虞稷著《千顷堂书目》，亦辟制举一门，所收皆明代举业之文。[⑦] 这无不说明八股制义亦应有其自己的

---

① 顾炎武著、黄汝成集释：《日知录集释》卷18《破题用老庄》，第434页。

② 徐寅：《宦历漫纪》卷4《申明正文体以凭解卷》，明天启元年(1621)刻本。

③ 毕懋良：《两浙学政》。

④ 姜广辉：《颜李学派》，中国社会科学出版社1987年版，第108页。

⑤ 明人薛冈言：“制举义口代圣贤，今以取士，士三年一举，文体亦稍一更，日新月盛，大物也，妙物也，岂有一代取士之大物、妙物，而后世不传者乎？”此即其例。说见氏著：《天爵堂文集笔余》卷3，载《明史研究论丛》第5辑，第346页。

⑥ 毕懋良：《两浙学政》。

⑦ 俞樾：《九九销夏录》卷3《论语孟子与四书并列》，台北广文书局1979年版，第63-64页。

地位,值得加以适当的重视。

晚明秀才文章之价值,表现在以下三个方面:一是八股文尽管是代圣贤立言,并受字数的拘束,却亦有自己的一定之体。这种体裁或与其他文体结构有相通之处,甚至在某些方面有益于文学创作。二是八股文不再局限于代圣贤立言,不但引入佛、道、诸子之语,而且有将戏曲人物入论者。三是有些士子将八股文作为讽议朝政或地方政治的工具,甚至出现了将"自然之学"引入策论的现象。[①]

文章各有定体,这是普遍现象,毋庸置疑。随旨赋形,相题下语,这更是创作的一般规律。就八股文来说,且不说诡词琐谈被视作伤体,即使"假宣尼口吻,而入以秦汉之词;唐虞儆戒,而参以盘诘之文;前贤语录,而寘以艺文中,皆非体也"。[②] 而实际的情形则是一些才人哲士,穷工极巧,纵横变化,其文体结构的精妙,亦自有其独到之处。八股文的创作,其实亦并非简单的代圣贤立言,亦有匠意、命词、炼气、铸格之分。细究起来,匠意有正、诡之分,命词有雅、谲之别,炼气有恬、躁之殊,而铸格更有冠冕与决裂之异。[③]正如启功所言,"八股文是陆续积累古代各种文体中的技法,拼凑而成的一种文体",而八股文的技巧,则"都是从古代文学传统中学来的"。[④] 换言之,八股文是中国古代文体的集大成者,"它吸收了长行文字的所有表达技巧,熔散行骈体于一炉"[⑤]。

八股文的结构,与律诗颇有相同之处。于是,即有人以八股说诗,认为"经义之破题,即律诗之起句也。承题,即其第二句。小、大讲,即中二联也。结题,即末二句也。"[⑥]换言之,尽管经义与诗在内容上迥然有别,然结构上的某些相通,再加之经生士子对八股经义的熟谙,无疑也会给诗歌创作提供一些方便。

晚明八股文风,不再限于代圣贤立言,而是大量引用佛经、道藏、诸子之语。不仅如此,生员士子过分沉醉于度曲、狎妓的风流生活,同

---

① [美]艾尔曼:《晚明儒学科举策问中的"自然之学"》,载《中国文化》第13期(1996年6月),第132-148页。

②③毕懋良:《两浙学政》。

④ 启功:《说八股》,北京师范大学出版社1992年版,第72-79页。

⑤ 张中行:《闲话八股》,辽宁教育出版社1998年版,第66-90页。

⑥ 黎久:《黎子杂释》,收入《四库全书存目丛书》。

样也会给晚明八股文烙下印记。在晚明,人们相信这样一种说法:

彼"临取秋波那一转",正今时举业宗门,能穿透者,文无头巾气,诗无学究气,禅亦无香火气。①

满纸头巾气,这是八股文的通病。而从《西厢记》曲文中悟出做八股之秘,势必使晚明的八股文崇尚活泼泼的个人性灵。从这一角度来说,晚明八股文风中此派的崛起,倒与公安、竟陵性灵说的流行桴鼓相应,而其影响,则及于清初之八股文风。清初尤侗曾以《西厢记》曲词"怎当他临去秋波那一转"为题作八股文,在士人中不胫而走,流传一时,堪称一例。②

《西厢记》一类杂剧不仅成了举业的宗门,而且曲文、人物时时挂在士子的嘴头,以致在作策论时,一不小心,使莺莺、杜丽娘亦入了时务策中。如王圻,性好优。会试时,"七艺俱为主司所赏。阅至论,忽见用莺莺、杜丽娘,主司大骇,置之"③。此即其例。

科举之学并非一味代圣贤立言,从而与当朝政治绝缘,而是藉此进言,或颂扬,或讥刺,与政治关系密切。无论是八股经义,抑或策论,均是如此。譬如,张居正当政时,外省乡试,试官为阿谀逢迎居正,破题便说"众臣效其能,相臣擅其美"④,将居正比为郑国子产。明末天启年间,太监魏忠贤擅权,人情拥戴,几于莽、操。天启四年(1624)之试,有士子忧忠贤其势方盛,"而借策对以入告"⑤。此外,科举考试题目,多有规切时事者。如天启四年(1624),应天乡试题"今夫奕之为数"一节,以切魏忠贤始用事。浙江乡试题"君之视臣如手足,则臣视君如腹心",是暗示杖杀工部郎中一事。⑥ 当时太监权势显赫,"群小"有鉴于前榜试录之议,惧怕招致后人议论,于是矫诏悬挂主司:"诽谤朝政之令,坐无赦。"然倪元璐不顾禁令,仍于天启七年(1627)以"孝慈则忠,皜皜乎不可尚矣"命题。⑦ 其中,"忠"即触及太监魏忠贤的名

① 天放生:《悦容编评林》第11则《借资》,载闵于忱辑:《枕函小史》,收入《四库全书存目丛书》。

② 启功:《说八股》,第68-71页;张中行:《闲话八股》,第81页。

③ 王应奎:《柳南续笔》卷2《王圻》,中华书局1983年版,第161页。

④ 李乐:《续见闻杂记》卷11,上海古籍出版社1986年版,第1040-1041页。

⑤ 艾南英:《天佣子集》卷4《刘亦枼先生稿序》,清道光刻本。

⑥ 顾炎武著、黄汝成集释:《日知录集释》卷16《题切时事》,第388页。

⑦ 倪会鼎:《倪文正公年谱》卷1,天启七年(1627)丁卯条,第8页。

讳,“不可尚”则讥刺魏忠贤进爵上公、翼祠文庙。至于在地方上,尤其是苏州,士子更是“工四书集句,作时文以讥官长”[①]。由此可见,八股文亦并非纯粹的无用之物,同样可以作为一种舆论工具。

尤堪注意者,自天启以后,一些士子与二三同志结成文社,“缘经术以饰时文”,号为“新体”。此类时文,多及于有司之好尚,“往往以为清议”[②]。文社操持明季选政,一如汉末之“清议”。

当然,秀才文章对明代学术、文化的消极影响颇大。这一点也毫无疑问。细言之,此类消极影响主要表现在三个方面:一是士子习举子业,多流于俗套,个人性灵,反为八股所禁锢。二是生员士子安于八股习气,不读经史,导致明季学问流于空疏。三是士子多热衷于藉时文而猎取科名,以时文为正业,诗文则为“外作”。可见,明代诗歌、散文水平有欠发达,不能不注意到八股习气的消极作用。

科举之学必然导致经生士子流于各种俗套。关于此,明人杨慎《升庵集》揭示道:

> 近时举子之学,冗赘至千有余言,破题谓之“马笼头”,处处可用。又谓之“舞单枪”,一跳而上也。起语百余言,谓之“寿星头”,长而虚空也。其中例用“存乎存乎”“谓之谓之”“此之谓此之谓”“有见乎无见乎”,名曰“救名索”。不论与题合否,篇相袭。师以此授徒,山以此取士,不知何所底止也。[③]

这就是明代时文恶习。概言之,即一切以俗格限之,遵循此格者,即为“中墨”,稍异,则否。而其法则为上述种种之“套”。这些套语又从坊间时文刻本而来。举子习熟这些时套,即可取便于场屋。在明代,坊间流行一本《锦囊集》,士子“得其片纸只字,不啻大贝南金,率以厚赂购至”[④]。所有这些,正如李贽所言:“烂熟百篇时文,入场学一誊录生缮写,此是也”。[⑤] 由此可见,经生士子所作八股帖括,一方面要仰寄鼻息于主司,另一方面又要俯循步趋于时彦,百不吐胸中之一,多为随手

---

① 沈德符:《万历野获编》卷26《苏州谑语》,下册,第668页。

② 黄宗会:《缩斋文集》,《刘瑞当先生存稿序》,上海古籍出版社1983年版,第61页。

③ 转引于俞樾:《茶香室续钞》卷14《明代时文恶习》,中华书局1995年版,第2册,第748页。

④ 田艺蘅:《留青日札》卷37《非文事》,上海古籍出版社1986年版,第1172-1173页。按:未得第,名之曰“撞太岁”;已得第,则称之为“敲门砖”。

⑤ 陈锺琠:《与友人》,见周亮工辑:《尺牍新钞》卷10,岳麓书社1986年版,第351页。

朽腐之篇，既锢心灵，又费纸笔。

经生士子欲取科第，别有捷径。捷径之一，即用俗套作文，寻一卷枕秘之书，或烟熏《指南》《浅说》数帙而已。捷径之二，以重金聘请名师，精拟乡、会试题，再将所拟题作文背熟，即可入闱。

生员冒滥之弊，至明季而极，“求其省记四书本经全文，百中无一”。[①] 一旦有了捷径，生员不再熟读经史，而是以五经七纬为仇雠，诸子百家、二十一史为敌国。即使读点经史，亦专取简便、浅陋，诸如经读“节文”，史读“略本”，百家诸氏读“纂集”（即类书），专以苟且速成为便。可见，八股学问显然有害于经术，这就是顾炎武所谓的“八股盛而六经微，十八房兴而廿一史废”[②]。

区别来说，八股为时文，而散文则称古文。八股又称“八比”，是比偶之文；古文其名得于学古，是言心情（或载道）之文。尽管在晚明不乏将古文、时文合一之论，然古文、时文之间，仍是畛域井然，不可混淆。换言之，明代以八股取士，士工八股文，难免多不能工于古文词。[③] 其实，不仅仅限于此，习八股者往往排斥古文词。下面一例颇能说明问题：

> 始余束发时，游于乡校，见诸先辈，类以举业知名，间有谈说古文词者，则群聚而讳之，目为怪物，漫不省视。[④]

时文与古文体裁虽异，但为古文并非就会妨碍做八股。事实上，德行、文学原先是合一的，汉以后方儒林、文苑别为二途。一至明代，“士趣愈卑，所就愈小。其学自二三宋儒训诂之外，不复省记；其文非举子业不讲，有取科第、都卿相而终身不识词赋为何物者”[⑤]。

八股对古文的消极影响已如上述，而对诗歌的影响亦如此。按照明代的风气，经生士子多以习诗为诫。譬如，袁宗道一日偶感兴，赋小

---

① 顾炎武著、黄汝成集释：《日知录集释》卷16《经文字体》，第391页。

② 顾炎武著、黄汝成集释：《日知录集释》卷16《十八房》，第382页。按：顾炎武又言：“今之为利禄者，其无藉于经术也审矣。穷年所习，不过应试之文，而问以本经，犹茫然不知为何语。”引自顾炎武：《亭林文集》卷3《与友人论门人书》，载《顾亭林诗文集》，第47页。

③ 关于此，傅山已指出其原因：“本朝二百七八十年，凡称古文大家者，皆不登峰造极，不免吃用心于时文之亏。”见傅山著，刘贯文、张海瀛、尹协理主编：《傅山全书》卷22《半可集跋》，山西人民出版社1991年版，第1册，第419页。

④ 陈尧：《梧冈文正续两集合编》卷2《江怡泉文集序》，收入《四库全书存目丛书》。

⑤ 李维桢：《大泌山房集》卷12《梦玉堂稿序》。

诗题壁斋，招来塾师大骂："尔欲学成七洲耶？"[①]因当时公安一县，只有七洲此人能诗，人争嫉之，故特举为诫。究其原因，则是"诗能穷人，制艺能富人"。[②] 即使那些习诗的山人，也大多是举业不足以取青紫，方改习诗歌，希冀藉此走高门而干有司。显见，八股习气对明代古文、诗歌造成了不良的影响。换言之，明代古文、诗歌成就不如唐、宋，固然是文学发展规律使然，但八股习气实在难辞其咎。

结束语

由于明代捐纳制度的存在，生员的来源，已是鱼龙混杂，导致生员学问低劣[③]，而秀才文章又受到八股之习与道学之气的影响，完全是一种科举"俗学"。正因为此，何炳棣将生员排斥在绅士以外。[④] 显然，上面的探讨，已证实了这一点。但值得指出的是，这仅仅是明代生员学问的一隅，也是明代学术史的一隅，并非明代生员学问的全部。尽管这些评判，更多地带有一些负面的倾向，而且不乏受到四库馆臣的过分渲染，但无疑也真实地反映了明代秀才学问的实况。换言之，正因为科举导致了生员学问的鄙俗，才引发了为纠正科举俗学之"实学"的出现。

生员因为社会地位较低，处于缙绅的下层，使其无法成为地方社会的领导层。值得引起注意的是，绅士社会中政治地位的取得，所凭藉的是科名学衔，而学术成就和地位的取得，科名学衔固然可以提供一定的助益，但并非决定性的关键因素。换言之，学术地位的高低、学

---

① 袁宗道著、钱伯城标点：《白苏斋类集》卷10《送夹山母舅之任太原序》，上海古籍出版社2007年版，第128页。

② 梅磊：《与儿耘》，见《尺牍新钞》卷9，第337-338页。

③ 日本学者渡昌弘曾指出，明代的捐监生固然不乏民间俊秀，然大多为官宦和富商子弟，因而多不学无术。而林丽月也认为，例监的流品混杂导致了明代监生的整体素质趋于低落。分见[日]渡昌弘：《明代捐纳入监概观》，《集刊东洋学》第56号（1986年11月），第20-35页；林丽月：《明代的国子监生》，台北私立东吴大学中国学术奖助委员会1978年版，第116-124页。关于捐纳制度，详细的阐述可参见许大龄：《清代捐纳制度》，《燕京学报》专号之22（1950年）。

④ Ping-ti Ho, *The Ladder of Success in Imperial China* (New York: Columbia University Press, 1962).关于何炳棣观点的评述，可参见：Frederic Wakeman, Jr., "Introduction: The Evolution of Local Control in Late Imperial China," in Frederic Wakeman, Jr. and Carolyn Grant (eds.), *Conflict and Control in Late Imperial China* (Berkeley: University of California Press, 1975), p.3, note 9；吕妙芬：《阳明学讲会》，第49页，注(13)。

问成就的大小,需要关注的是实际的学术成果。事实上,由于科举仕途的不顺,往往促使很多生员转而一心进行学术的研究与考察,穷穷矻矻,心无旁骛,倒反而成就了他们的学业。如在学术上对王学有部分继承性的陈第,少年聪颖,曾为万历年间的生员。后投笔从戎,受知于名将谭纶、俞大猷、戚继光。尽管陈第在科名上只获得生员的资格,但他精通经学,尤长于《诗》《易》,一生撰著颇富,有《毛诗古音考》《屈宋古音义》《尚书疏衍》。其中《毛诗古音考》一书,在古音研究上占有极其重要的地位,被一致推为对清代朴学具有"开除先路"之功。① 王阳明后学何心隐,虽不过是生员身份,但在中国思想史上的地位却毋庸置疑,被人称为"孔慕而侠行",是"狂人""布衣之杰"。② 王稚登、陈继儒,一为贡生,一为弃巾诸生,但他们作为山人层的领袖人物而在晚明文学史上的地位,也不容忽视。至于像傅山那样出身生员的大学者,或者像吕留良那样的八股文选家③,显然也与明代的科举之学有着千丝万缕的联系。

尽管捐纳制度的出现,导致很多学问庸劣而家中富有钱财的铜臭之夫堂而皇之地进入生员层的行列,但对这些捐纳者也不可一概而论。如罗玘,七试有司不录,只好"入赀北雍",但最终还是凭自己的实力连中解元、会元。④ 而明末清初朴学大师顾炎武,其生员出身的获得,也不过是"纳谷寄学"而已。⑤ 上述种种,无不说明,在凭藉捐纳出身的生员层中,也并非尽是不学无术之辈,而是多有像顾炎武那样的朴学之士。

尤堪注意者,关于明人之"束书不观"以及"以类书为学问"之说,

---

① 焦竑:《毛诗古音考序》;张钊裕:《重刊毛诗古音考序》;《钦定四库全书提要》。均见陈第著、康瑞琮点校:《毛诗古音考》卷首,中华书局 1988 年版,第 2-5 页。

② 耿定向:《里中三异人传》,载黄宗羲编:《明文海》卷 339,中华书局 1987 年版,第 4148-4149 页。

③ 清人王应奎云:"本朝时文选家,惟天盖楼本子风行海内,远而且久。尝以发卖坊间,其价一兑至四千两,可云不胫而走矣。然浙中汲古之士如黄梨洲、万季野辈,颇薄其所为,目为'纸尾之学'云。"说见王应奎:《柳南续笔》卷 2《时文选家》,第 163 页。按:天盖楼者,即吕留良出时文选本的书坊。尽管吕氏之学被黄宗羲等讥为"纸尾之学",然吕氏在读书士子中的影响力,实不可等闲视之。

④ 朱国祯:《涌幢小品》卷 11《民生》,收入《四库全书存目丛书》。

⑤ 陈舜系:《乱离见闻录》卷上,载中国社会科学院历史研究所明史室编:《明史资料丛刊》第 3 辑,江苏人民出版社 1983 年版,第 238 页。

理当从以下几个方面给以理性的分析：一是明人不观之“书”，仅指他们将儒家经典束之高阁，因而在正统的经学之士看来，是一种学问鄙陋的反映。证之以举业选本、类书为学问的秀才来说，此说确实也道出了明代学术的部分实情。当然，明人并非不读书，而是所读之书多为杂书，而非正统的儒家经典。[①] 二是有明一代，推重科举，对经义考证，确乎无大发明。士子赴考，须撰时文，于是只好求之于有关科举的类书。换言之，类书在知识人中具有相当的权威性。[②] 然若换一角度而言，在明代，一些文人教育家与书贾，开始参与类书的编纂与刊刻，并将类书推广为通俗教育的工具。当时的“日用类书”，如《万宝全书》及一些书翰启札方面的类书，显然已渐渐偏离科举，是为了适应庶民教育的需要。[③] 三是从清人考证学的立场来看，自然会产生一种“明人空疏”的评价。但正如饶宗颐所言，与考证学为求真而着力于文字训诂上的注释不同，明人“治经尽量避开名句本身的纠缠，而以大义为先，从义理上力求得，争取切身受用之处，表面看似蹈虚，往往收到行动上预期不到的实效”[④]。换言之，明代秀才学问之不读注释，唯读四书或本经原文，反而成全了他们自身学问的特点，亦即解粘去缚，甚而独裁以卓识灵心。而晚明思想文化界的多样性，其因盖得于此。四是八股习气导致士人仅读“高头讲章”[⑤]。不过，即使如《四书》一类的讲章，正如周启荣的研究所揭示，一至万历末年，同样出现了一些新的气象，亦即由空疏、不讲名物训诂到恢复朱熹章句集注，同时呈现对宋以

---

① 如福建建阳县儒学，就藏有很多拆字、算命、相面、地理、风水一类的杂书，诸如《卜筮元龟》《拆字林》《子平渊海》《地理大全》《千金风水》《麻衣相法》等，说明生员的学术已趋于鄙俗、博杂。参见嘉靖《建阳县志》卷5《学术志·图书》，收入《天一阁藏明代方志选刊》，上海古籍书店1982年版。

② ［日］酒井忠夫：《明代の日用类书と庶民教育》，载［日］林友春编：《近世中国教育史研究》，东京国土社1958年版，第27-28页。

③ 关于儒家学说与明代通俗教科书之间的关系，可参见 Tadao Sakai（酒井忠夫），“Confucianism and Popular Education Works,” in Wm. Theodore de Bary and Conference on Ming Thought (eds.), *Self and Society in Ming Thought* (New York: Columbia University Press, 1970), pp. 331-366.

④ 饶宗颐：《明代经学的发展路向及其渊源》，载《明代经学国际研讨会论文集》，第15页。

⑤ 关于“高头讲章”一类书籍的含义，启功有很好的分析，见氏著：《说八股》，第37-38页。

前，尤其是汉人著述的兴趣。[①] 概言之，明代的秀才学问是一个相当复杂的多面体，既有庸俗、鄙陋的一面相，又有自出机杼、治学驳杂的另一面相，甚至蕴涵着考证学逐渐崛起的契机。

① 周启荣：《从思想史的角度看晚明坊刻〈四书〉讲章中的考证活动》，载陈荣照主编：《学丛》（新加坡国立大学中文系学报），2000年第5期，第399-418页。

七、观念、生活与风俗:基于社会文化史的考察

前　言

生活与观念密切相关。人们的日常生活,除了受到他们本身所具的经济条件的制约之外,其中渗透于人们内心的观念也在很大程度上左右着人们的生活。

“发现生活”是学术界在研究社会史方面提出的最新观点,其特点就是从思想史的领域考察生活与社会的变迁。[①] 中国古代思想家早就提出过“百姓日用即道”的观念,这事实上是将日常生活提高到了伦理的高度。明朝人的生活观念,同样继承着这一命题,但又在基于新的社会土壤之上,对这一命题作了创造性的发展,使生活观念有了一些新的转向。

所谓风俗,理当应指风、俗两部分。在传统社会里,凡是天下之民,无不包含着五常之性,其中刚柔、缓急与声音的不同,均系于水土之风气,所以称之为“风”。天下之民的好恶、取舍甚至动静,并无常态,无不随君主的情欲而变,所以称之为“俗”。[②] 相较而言,风偏于地域;俗偏于人之上下,也即倡于上,成于下,上下相染,以成一代习惯。显然,风俗的构成,一取决于人,一受制于土。取决于人者,谓之“风声”;受制于水土,谓之“风气”。

说到风俗,不能不注意到“风尚”一词,以及它与风俗之间的区别与联系。从目前诸多的研究成果来看,“风尚”更多的是指“风气”,而“风俗”显然是指“历代相沿积久形成的风尚、习俗”[③]。风尚一旦形成,势必带有群体性乃至社会性,并进而形成一种影响力更为广泛的社会风尚。于是社会风尚的特殊意义也就随之凸显出来。正如有的研究者所论,社会风尚大体上是指特定时期内流行的价值观念、民情风习、审美心理及其所表现的社会与生活的行为。它不仅反映了这一

---

① 刘志琴:《发现生活(代序)》,载薛君度、刘志琴主编:《近代中国社会生活与观念的变迁》,中国社会科学出版社 2001 年版,第 1-8 页。

② 这方面的见解,可参见明人叶春及:《石洞集》卷 11《风俗论》,上海古籍出版社 1991 年版,第 601 页。

③ 严昌洪:《关于社会风俗史的研究》,载《江汉论坛》,1984 年第 2 期,第 70-71 页。

特定时期政治、经济、思想意识诸方面的风貌，而且也是同一时代一种“群体行为”的表现。从整体的角度来看，一旦社会风尚发生了变异，就意味着社会关系与社会秩序的同步变动。①

风俗与人心密不可分。风俗，是人心之所为，人心一趋，可以造成风俗。然风俗既变，也可以移易人心。② 可见，人心、风俗，交相环转。

所谓的人心，其最后的落脚点则在“六经”。按照明朝人的观点，六经不明，则人心不正；人心既然不正，则国家安得善治，乡闾安得有善俗？③ 所以，风俗又不可能离开一代学术风气。

人心与世道大有关系。照传统的观念看来，盛世人心多厚，愈厚则愈盛；衰世人心多薄，愈薄则愈衰。④ 以一家来说，祖宗创业之时，必是长厚待人，到了子孙辈就变薄，乃至于家业逐渐衰替。天下风俗，一家兴替，莫不如此。

在学术、人心、世道与风俗之间，显然也是一种互为因果的关系。尤其是学术，直接对人心、世道起着决定性的作用，并最后影响到风俗。孟子说“生于其心，害于其政，发于其政，害于其事”，这是本心术而言；又说“作于其心，害于其事，作于其事，害于其政”，这是本学术而言。可见，学术一变，心术随之而变；而人们的心术一旦起了变化，世道、风俗同样随之而变。这似乎也是风俗演进的必然之理。

观念与生活变迁

(一)生活观念的转变

“生活”一词，按照传统的观念来看，大多含有劳作之义。从生活一词之偏重于劳作之义，到其义更多地包含享受之义，这不仅仅是一个词汇的意义变迁，其间所反映的则是明人生活观念的历史性转变。

---

① 关于“风尚”与“风俗”之间的关系，以及相关的前人研究成果及其评述，可参见林丽月：《世变与秩序：明代社会风尚相关研究评述》，载台北《明代研究通讯》，第4期(2001年12月)，第9页，注(1)。

② 人心与风俗之间的关系，明人宋应星有极好的见解。参见宋应星：《野议·风俗议》，载《宋应星佚著四种》，上海人民出版社1976年版，第40页。

③ 相关的见解，可参见何乔新：《何文肃公集》卷1《经科·六经》，清康熙三十三年(1694)重刻本。

④ 相关的阐述，可参见张履祥：《杨园先生全集》卷27《愿学记》2，中华书局2002年版，中册，第745页。

从劳作这一层含义来看，明朝人的语言中，很多就将"生活"一词与所做的事情联系在一起。关于此，吕坤有一段话：

> 流传俗语最有深意，事业谓之"生理"，勤者谓之"做活"，懒者谓之"没营生"。或谓"做生活"，言奔走营运则生活，安逸惰慢则死亡也。①

可见，在宋、元以来尤其是在明代民间所流行的俗语中，"生理""做活""做生活"都是同一含义，也就是将它当作一种"事业"、一种"生计"。在传统的民间生活观念中，生活是需要"做"的，必须勤劳，必须奔走营运。唯其如此，才能"生活"。假若安逸懒惰，只会"死亡"。

在明代的俗语中，将生活视为一种劳动的例子，同样俯拾即是。如将人干事不干净、不利索者，称作"猫儿头"，或称为"猫儿头生活"。② 这里的"生活"一词，就与"干事"有关。在人们的日常生活中，无论是做事，还是干活、劳作，无不需要工具，离不开一些必备的器物或者器用。在明代的方言俗语中，一般将家中日常所用的器物或器用称为"家生"，或称"家火""家私"。③

自明代中期以后，传统的观念已开始面临挑战。"生活"的内涵已不仅仅是耕织，而是扩大到了商业买卖。明朝人已经将商业买卖视为一种"治生"合法的手段，甚至是致富的手段，于是在"生活"一词之外，在小说中出现了"生意"一词。

按照传统的观念，生活就是"家常"加上"身常"。换言之，纲常始终贯穿于生活的各个角落。所谓家常，就是一门之内，父子兄弟与长幼尊卑之间，各有条理；所谓身常，就是饮食起居、动静语默，都要守一"中正"的原则。正是在这种意义上而言，所谓的家长，就是一家之君。家长被称为"严君"，就是因为他们必须担当起既使一家之人欢爱而敬重他，又使一家之人对他有所畏惮的职责。这是传统的齐家之道，也是将生活贯穿于家常之中。到了晚明，齐家之道发生了根本性的转变，生活的观念与内容随之也发生变化。从"家常"来看，出现了一种从"齐家"向治生的历史性转向。这就是说，很多家长已不再讲过去所

---

① 吕坤：《实政录》卷2《小民生计》，载氏著，王国轩、王秀梅整理：《吕坤全集》，中华书局2008年版，第949页。

② 田艺蘅：《留青日札》卷3《猫儿头》，上海古籍出版社1985年版，第155页。

③ 李诩：《戒庵老人漫笔》卷5《今古方言俗语》，中华书局1982年版，第198页。

一直奉行的齐家之道，而是转而以治生为急务。①

中国的传统文化，无论是儒家之戒声色货利，佛家之戒色声香味，还是道家之戒酒色财气，其终极的归宿都是要达到“无欲”这么一种境界。从本质上说，儒家也是一种快乐文化，如将“仁”当作己任，死而后已，这是一种大担当；希望达到老者衣帛食肉、黎民不饥不寒的理想境界，并视此为自己的一大快乐。但儒家所谓的“大快乐”，是一种利他主义的东西，而不是利己。从明朝人的生活观念来看，所谓生活的享受，从其观念的层面来看，则完全是一种享乐主义，而这种享乐或者说快乐，其实也可以析为“世乐”与“世外之乐”两种。正如公安派文人袁中道所言，一个人如果处于繁华之中，还能做到不忘清净之乐，或者说处于寂寞之中，却又能断繁华之想，这当然属于上根之器，但实在很难做到。而对于一般的人来说，假若“世乐”可得，就享受这种世间之乐；如果世乐不可得，就只好去寻“世外之乐”。②

从物质的层面来看，晚明生活的享乐化，又可析为俗、雅两个层面：世俗百姓所谓的愉快，无非就是喝酒、赌博，有二八佳人作伴，也即一些物质的享受与娱乐，诸如兰膏明烛、二八递代，徘徊于觞俎之间，穷日夜而不能自休；叫枭盱卢，挪手交臂，离合于一枰之上，掷百万而不满其一睨。稍为清雅并喜欢鉴古玩物之人，看到这些，就会说：“此何其垢且浊也！”于是，就追求一种清雅、旷达的生活享受，无非就是收藏书画、古董，弈棋、弹琴，甚至招邀一些游伴，与名山胜水为侣，过一种清适的生活。尽管生活的享受有清、俗之别，但其根本的特点却是一致的，这就是明人焦竑所说，都是“狥物”，“丧己以逐物”。③ 这是明代生活内容趋于享受化、世俗化的最大特点。

(二)穿衣吃饭与人伦物理

按照传统的观念，神龙灵变不测，见首不见尾，但不免也有被人可制之处。究其原因，还是因为“有欲”。只有圣人才能做到“无欲”，所以世间一切可喜可爱之物，莫能将它牵引、笼络，即使造化也无法将他“范围”于内，更不用说人与鬼神了。而所谓的“欲”，也不仅仅是指

---

① 关于这种历史性的转向，其史料记载可参见吕坤：《呻吟语》卷1《内篇·伦理》，上海古籍出版社2001年版，第45页。

② 袁中道：《珂雪斋近集》卷2《答钱受之》，上海书店1982年版，第174页。

③ 焦竑：《澹园集》卷18《李如野先生寿序》，中华书局1999年版，第206-207页。

"声色货利"之类,凡是心意有所偏好,如花、木、禽、鱼、书画之类,只要一溺于其中,都会损神丧志。①

自明代中期以后,在儒家士大夫的观念中,却并未遵循这种儒家的训条。如李贽就说:"穿衣吃饭,即是人伦物理;除却穿衣吃饭,无伦物矣。世间种种皆衣与饭类耳,故举衣与饭而世间种种自然在其中,非衣食之外更有所谓种种绝与百姓不相同者。"②焦竑也从"人非食不生,非菽粟不食"的常理中,悟出这样一个道理:"日用饮食,靡之而非道。"③穿衣吃饭,日用饮食,就是人伦物理,也即宋儒所谓的高深玄远的"道"。④ 这是一种道德通俗化的见解。

按照传统的观念,诸病皆可医,只有俗病不可医。正如钱谦益所言,"盖俗之为病,根乎胎性,成于熏习,实多生异熟所为,非气力学问所可驱遣"⑤。食、色、利、名四字⑥,无疑是一种相当世俗的东西,公安派文人袁中道已经采用了比较中庸的说法。一方面,他不得不承认,这四个字已经入人膏肓,每个人只要认真检查自己念头起处,无不都是这四个字,所以所谓的"道"也绝不可轻视"食、色、利、名"。另一方面,袁氏又强调,只要是"达道之士",则完全可以忘情"食、色、利、名"四字。⑦ 而唐枢则说,圣人对于"声色货利"四字,绝不可以将它们曲解为"货财不入手,声色不入耳目",而是应该顺其所当为,不营心于"声色货利"之间。⑧ 这也是一种相当平和的说法,已与宋儒大相径庭。

"名利"二字,究竟如何看待?是一味地趋之若鹜,还是一概加以排斥?明朝人显然也有了自己的理智见解。首先,他们从儒家的经典文献中发现,孔子说过"君子疾没世而名不称焉"的话,也有"变而通之

---

① 骆文盛:《骆两溪集》卷13《南埜杂谈》,收入《四库全书存目丛书》,台南庄严文化事业有限公司1997年版。

② 李贽:《续焚书》卷1《答邓石阳》,中华书局1975年版,第49页。

③ 焦竑:《澹园集》卷22《庸言跋》,第282页。

④ 明末王思任的《饮食》诗,其中就内含生活观念世俗化的特点。参见王思任:《避园拟存》,载氏著:《王季重十种》,浙江古籍出版社1987年版,第344页。

⑤ 钱谦益:《牧斋有学集》卷31《萧伯玉墓志铭》,上海古籍出版社1996年版,第1127页。

⑥ 与食、色、利、名四字对应者,则是酒、色、财、气四字。晚明学者李乐就已经敏锐地观察到了这四字对士人生活的渗透已是相当严重。他指出,当时的士人不但伤酒,而且有伤色、伤财、伤气诸病痛。有人问起所得何症,就一概用"脾胃不佳"四字给以搪塞。参见李乐:《续见闻杂记》卷10,上海古籍出版社1986年版,第826-827页。

⑦ 袁中道:《珂雪斋近集》卷2《示学人》,第205页。

⑧ 唐枢:《一庵杂问录》,载《宝颜堂秘笈》,上海文明书局民国十一年(1922)石印本。

以尽利"的说法。显然,"名利"二字,人所同好,即使圣贤也不能自异,而名利之好也不能算是士习之弊。其次,他们明显地要将"大道"下所容许的"名利"与一般的"世俗之名""锥刀之利"作一区分。在他们看来,诸如以奢为华、以僭为雄、以傲为高、以诞为通、以黠为智、以暴为豪,均属世俗之名,是大道之辱;举凡取数从多、与数从少、阴计为窃、阳计为夺、怨与财俱、惠与廉匹,都是锥刀之利,是危害大道的东西。①而明人庄元臣认为,趋利避害,圣人与众人"同情",仅是在见识上有所差异。就众人而言,不过是径行直前,直接就是"趋利避害";而圣人则在趋避中有所回折。② 细玩其言外之意,显然也是承认趋利避害是人之常情。

晚明士人行为及其生活实践,无不证明了这些观念的出现有着深厚的社会生活土壤。即以名为例,当时的士人在年才俱盛之时,往往以游冶放佚为倜傥,挥金挟妓,使酒骂人,自谓"无损于其名也"③。天下之人一旦唯利是趋,其最直接的后果就是造成了对仁、义的蔑视,即所谓的"视仁义如土芥,不复顾"。人们既然将蔑弃仁义之事视为惯常,随之而来的则是蔑弃君亲。这一点毫无疑问,也确实为晚明社会的演变事实所证实。所有这些,都被传统的人士视作"大乱之兆"④。相对于传统的伦常而言,晚明社会中所出现的这些言论与行为,无不是大乱之兆。但若细究明朝人的生活及其观念的演变,却又能找到其内在的规律,是一种适应社会、时代的新观念乃至新的生活方式。

(三)人生自适的观念

毫无疑问,李贽开创了人生自适观念的先河,使这种生活的观念一时风起云涌,并在晚明社会中掀起轩然大波。他说:"士贵为己,务自适。如不自适而适人之适,虽伯夷、叔齐同为淫僻;不知为己,惟务为人,虽尧、舜同为尘垢秕糠。"⑤他甚至公开宣称,"我以自私自利之心,为自私自利之学,直取自己快当,不顾他人非刺"⑥。这是适应晚明时代的真正的"自由"精神,而且与狄百瑞通过区分宋儒以来"为人"

---

① 庄元甫:《叔苴子外篇》卷 2,载伍崇曜辑:《粤雅堂丛书》,清道光光绪间南海伍氏刻本。

② 庄元臣:《叔苴子内篇》卷 1,收入《粤雅堂丛书》。

③ 吴仁度:《吴继疏先生遗集》卷 11《杂说》,收入《四库全书存目丛书》。

④ 伍袁萃:《林居漫录别集》卷 3,收入《四库全书存目丛书》。

⑤ 李贽:《焚书增补》1《答周二鲁》,中华书局 1975 年版,第 258-259 页。

⑥ 李贽:《焚书增补》1《寄答留都》,第 265 页。

与“为己”之学而得出的所谓的“自由传统”[①]，迥然不同。这种观念显然得到了当时一些士大夫的响应。如梅国桢也说：“人生自适耳。依凭轨迹，外张名教，酷非所屑。”[②]这当然是一种个人自私的见解，而其极端的发展就是一种“不知足”的精神追求。

事实上，在晚明商业化浪潮的冲击下，“成人”与“自在”之间确实已成为一对相当突出的矛盾。明代的俗语说：“成人不自在，自在不成人。”其意无非是说，人生在世，哪个是自在受用的？这正好与上面的“人生自适”的观念成一鲜明的对比。在中国流传的佛书中，其中就有言：“积财不散者，自己无份，五家子有份。”[③]佛家所谓的“五家子”，就是指水、火、盗贼、县官与恶子。从其本意来看，佛家显然也是主张“散财”，藉此积善。此外，明代普遍流行的佛教的善、恶观念也无不是为了支持一种“成人”之美德。如月峰和尚就说：“有益于人是善，有益于己是恶。”如何在成人与自在之间找到一个均衡点？明末学者陈龙正以三句比较粗浅的话给以表述，这就是：“富贵的，大家放宽些；贫穷的，各人要安分；中等人家，不要奉上欺下。”[④]这显然是基于明代社会阶层的基本分布以及由此而来的不同社会阶层的心态差异。传统社会的分层，无非就是三等：富贵、贫穷、中等人家。各自的社会境况，决定了他们各自的心态以及为人处世的态度。富贵的除了骄人之外，甚至为了追求更大的富贵，可以做出刻薄人的行径；贫穷的看到那些富贵人的生活，总会生出一些不安分的想法，甚至产生那种“王侯将相，宁有种乎”，或者“彼可取而代之”的念头与行为；而那些中等人家，见了比自己强者就逢迎，而在那些贫穷者面前，则又是一副盛气凌人的样子。

在晚明，“人生适己”的观念正在蓬勃发展，而“成全他人”的观念也是如火如荼，两者之间虽然存在着相当大的冲突，却又都在适应着当时的社会现状，并全都落实于社会的实践之中。晚明社会在各个层

---

① ［美］狄百瑞著、李弘祺译：《中国的自由传统》，香港中文大学出版社1983年版，第51-52、80-81页。

② 袁中道：《珂雪斋近集》卷3《梅大中臣传》，第49页。

③ 佛书之说，可参见朱升：《朱枫林集》卷3《跋静山遏籴歌》，黄山书社1992年版，第47页。

④ 陈龙正：《政书·乡筹》2《同善会讲语》，载氏著：《几亭全书》，收入《四库禁毁书丛刊》，北京出版社2000年版。

面的世俗化的特点以及以行善为目的的“同善会”的广泛盛行，[①]无不说明了晚明社会的复杂性。所有这些善观念及其实践，显然又与传统的财富观念是桴鼓相应的。如在明代民间，一直流传一种“散财获福”的说法，其目的无非是倡导一种“好义而疏财”的风气。[②]

(四)自我的张扬与生活的个性化

自古以来，就有成就大事者不拘小节一说。但从理学的人格修养来看，一个完美人格的取得乃至达到圣人的境界，其实必须从小节做起。

王阳明心学的崛起，显然改变了明代人们对个人“行检”的看法。换言之，明朝人已从时代的需要出发，对“大节”与“细行”之间的关系作了重新的阐释与定位。如骆文盛就说：“士君子立身行己，大节俱可观，虽一二细行不无可议，然亦多为之解救。《春秋》为贤者讳，此意须要识得。”[③]请不要为后面的“《春秋》为贤者讳”一句所迷惑，以为骆文盛之说仅仅限于《春秋》的史观。如果将这种说法置诸晚明这一特殊的时代，再结合明中期以后儒家士人种种个性张扬的做法，就不难看出这些说法的时代特色以及其本身所蕴涵的深厚的时代土壤。正是从这种见解出发，骆氏才重新肯定了“特立独行”与“狂狷”的行为。他认为，特立独行、矫矫自好甚至狂狷之人，尽管不尽符合儒家的“中道”，但“中道”只有圣人才可践及，在世无圣人的时代，如果再一味以“中道”来苛责“特立独行”，这无疑就是大言罔人。原因很简单，特立独行之人虽不可说是符合“中道”，但他们是贤知之过，与那些“愚不贤之不及”诸如随波逐流者以及市井眊隶之辈相比，却不可同日而语。[④]

自明代中叶以后，明朝人有一个逐渐凸显自我的变化历程。自我扩张表现在社会生活的方方面面，而其理论的依托则是“自具心眼”，不以前人的是非为是非；而其行为的方式乃至特征则是“大胆”。其实这也很容易理解。如果一个人的是非观念“大戾昔人”，尤其与先圣、先贤相左，在当时的时代无疑是一种“大胆”的行径。李贽对自己有很理智的剖析，他说：“天幸生我大胆，凡昔人之所忻艳以为贤者，余多以

---

① 明末学者陈龙正就指出，同善会在杭州、苏州、松江、北京及其他各省得到了很好的仿行。说见陈龙正《政书·乡筹》2《同善会讲语》，收入《几亭全书》。

② 相关的记载，可参见何良俊：《四友斋丛说》卷10《史》6，中华书局1983年版，第84页。

③ 骆文盛：《骆两溪集》卷13《南埜杂谈》。

④ 骆文盛：《骆两溪集》卷13《南埜杂谈》。

为假,多以为迂腐不才而不切于用;其所鄙者、弃者、唾且骂者,余皆以为可托国托家而托身也。其是非大戾昔人如此,非大胆而何?"①这些话绝非李贽大言欺人,而是有他自己的行为可以为证。谓予不信,不妨看一下李贽所著的《藏书》与《续藏书》,不难看出其中的是非确乎颇谬于古人。

从李贽的"童心"说,到江盈科的"真我"说,不难发现明朝人自我扩张的演变轨迹。江盈科的"真我说",同样建立在赤子之心上,正是在此基础上,他才主张:"人生自有真我,徇其非真我者,而真我乃丧。"②而李贽的"童心"说,确实对晚明思想界的思想解放起到了相当重要的作用。这可以从这种观念的反对者的反驳中得到印证。正如吕坤所言,一旦人人追求一种"童心",那么,诸如炎热念、骄矜念、华美念、欲速念、浮薄念、声名念之类的天生欲求,就会在"童心"的外衣下得到合理的肯定与发展。③

欲凸显自我,就必须面对如何看待"圣人之成迹"和过去之"成法"诸问题。而在处理这些问题时,最为关键的是"我为主"还是"我为役"。换言之,对待过去之人或事,究竟是为了"取人为善",还是仅仅是一种"践迹"。顾大韶是一位在晚明具有相当代表性的思想家。他在《自题像赞》中,坦然承认自己的思想或行为处于儒、佛、道之间,既有取于儒、佛、道,又不同于儒、佛、道。④ 顾大韶的看法显然最具代表性。他认为,如果目的是"取人为善",就必须是"以我为主",那么过去之"万万善"都可以为我所役使;既然以我为主,那么无论是过去圣人之"成迹",还是刍荛、工瞽以及禽兽、草木之"成迹",假若有当于我心,就可以直接取来为我所用,不必一定要标新立异,以示"我"之大、"我"之异。反之,假如目的本来就仅仅限于"践迹",那么就是以"成法为主","我为役"。既然以我为役,那么无论是过去贤人之"成迹",还是圣帝之"良法",素王之"格言",假若无当于我心,就不必一定要趋同,以示与圣贤一致。他进而认为,如果有人说"取诸人"就是

---

① 李贽:《焚书》卷6《读书乐并引》,第226页。

② 江盈科:《雪涛阁小说·丧我》,上海古籍出版社2000年版,第15页。

③ 吕坤:《呻吟语》卷1《内篇·存心》,第24页。

④ 顾大韶《自题像赞》对他自己作了如下解剖:"谓汝为释,汝不能断腥;谓汝为道,汝不能啬精;谓汝为儒,汝不能成名。而奚取乎?"见氏著:《炳烛斋稿》,清康熙十年(1671)顾晶、顾森刻本。

“践迹”，那么舜之“好问好察”，何处有“践刍荛、工瞽之迹”？[1] 这是继公安、竟陵肆意扩张自我以后，对自我的一种极好的总结。毫无疑义，在对待前人之“成迹”方面，顾大韶并非偏于一种态度，也即“我为主”或“我为役”，而是两者皆可。但即使是“我为役”，对前人有所因袭，也应该问之于自己的心，也就是明末人常说的“独裁于卓识灵心”，以判定当或不当。

新名词与新生活

在明代，出现了许多新的名词，反映了飞速发展与变化的社会生活。从这些新名词中，同样可以发现明代风尚的特点及其新动向。

明代有一句俗谚，道：“苏州样，广州匠。”关于“苏州样”，在此暂且不说，先来看“广州匠”。明代的广东人颇为崇尚“奇器”，而番舶贸易的存在及其发展，同样也为这种社会风尚提供了社会基础，这就是广州人可以充分享用来自东、西洋的金银之器。事实并非仅限于此。当地的奇异特产，一经广东人的巧手加工，就成为一种普遍为当地人所喜好的“奇器”。就拿酒器为例，诸如“蠃杯”“椰杯”“香杯”之类，不但大小形殊，其状更是千姿百态。[2]

当然，广州还是以其所具备的能工巧匠为当时的世人所知，这就是“广州匠”一语的出典。其中最著名的就是锡器、铁冶、陶业。广州所造锡器，号称天下最良；广州佛山镇所产的铁锅，更是行销天下；至于广州石湾所产的陶器，也是为天下人所喜爱，不但遍及两广，而且旁及海外诸国。所以，当时又有一句谚语说：“石湾缸瓦，胜于天下。”[3]

再来看“苏州样”。所谓“苏州样”，在明代还可以用另外一个新名词加以表述，就是“苏意”。这个名词背后所透露出来的信息，就是苏州已经成为领导当时天下时尚的时尚之都。“上说天堂，下说苏

---

① 顾大韶：《炳烛斋稿·复冯嗣京书论践迹》。

② 所谓蠃杯，就是用海螺壳磨制而成的酒杯；椰杯，则是用产于琼州文昌铺前的一种特殊的椰子壳制成的酒杯，小的只有拇指般大，小巧玲珑；香杯，则根据沉香木大小方圆挖成，再用金银镶嵌。这些器皿不但在当地颇为流行，而且成为一种奇器，为明代各地所崇尚。参见屈大均：《广东新语》卷16《酒器》，中华书局1985年版，第456页。

③ 屈大均：《广东新语》卷16《锡铁器》，第458页。按：这一谚语，在当时又作“石湾瓦，胜天下”。参见杜文澜辑：《古谣谚》卷83《广州物产谚五则》，中华书局1984年版，第925页。

杭。”[1]这句话是在明代流传甚广的谚语。在闲暇时间日多、旅游之风日盛的今天，这句话已是妇孺皆知。殊不知，在明代，苏州的得名，却并不是人造的园林之胜，而是这座城市中的人。据说，当时的苏州人聪慧好古，善于模仿古法制物，造假古董，所临摹的书画、冶淬的鼎彝，能令人真赝难辨。苏州又操持着当时全国各地的流行风尚，举凡案头清玩、几案、床榻，苏州人都喜欢选用紫檀木、花梨木为质料，式样尚古朴，不尚雕镂，即使需要做一些雕镂，也多采用商、周、秦、汉的古式，以致为海内所效尤。苏州人善于操持海内上下进退之权，凡是苏州人认为雅的东西，很快就会被四方之人所模仿；反之，苏州人以为俗的东西，四方之人也就鄙之不行。[2] 当时流行两个新名词，这就是“苏样”与“苏意”。凡服装式样，新鲜、离奇，一概称之为“苏样”；见到别的希奇鲜见的事物，也径称“苏意”。这可以下面一则笑谈予以证实。如史载，时有一人刚到杭州上任做官，笞打一个身穿窄袜浅鞋的犯人，枷号示众。这是当时的一种时尚穿着打扮，这位官员一时想不出如何书封才好，灵机一动，写上“苏意犯人”四个大字，人以为笑柄。所行虽属可笑，但在背后正好反映了苏州时尚在明代社会生活中的影响力。

所谓“苏样”，明人沈弘宇在《嫖赌机关》卷上曾有这样的解释：“房中葺理精致，几上陈列玩好，多蓄异香，广贮细茶。遇清客，一炉烟，一壶茶，坐谈笑语，穷日彻夜，并不以鄙事萦心，亦不以俗语出口。这段高雅风味，不啻桃源形境。”至于“苏意”，可引明人吴从先在《小窗自纪》所释为例：“焚香煮茗，从来清课，至于今讹曰‘苏意’。天下无不焚之煮之，独以意归苏，以苏非着意于此，则以此写意耳。”可见，同是焚香、煮茗，一般的人重在其中的内容，也就是实用的价值，而苏州人则重在这么一种形式，不过是写意，表达一种意境，也就是重视其中的美学价值。文震孟在《姑苏名贤记·小序》中亦言：“当世言苏人，则薄之至用相排调，一切轻薄浮靡之习，咸笑指为‘苏意’。”显然，所谓的“苏意”，就是“做人透骨时样”。改用今天的时髦话，就是走在时代的前列，永远是时尚的弄潮儿。那么，怎样的人才算得上“做人透骨时样”？明末清初著名诗人吴伟业在《秣陵春》传奇中，借用纨绔子弟真

---

① 郎瑛：《七修类稿》卷22《辩证类·苏杭湖》，上海书店出版社2001年版，第230页。

② 王士性：《广志绎》卷2《两都》，中华书局1981年版，第33页。

琦之口,说出了这种生活的基本特点,也就是“玩古董、试新茶”。[①] 正如有的研究者所说,所谓的“苏样”,就是苏州人生活中累积的文化样本,而此“苏样”所具体呈现出来的生活态度、行为,则被时人指目为“苏意”。[②]

古玩、古董(一作“骨董”),是历代常见之词,人们崇尚古玩,甚至将其当作清雅之物,并不奇怪。按照一般的常理,玩好之物,理应以古为贵。但明代出现了“时玩”这一新名词,倒是颇为令人瞩目,而且吸引了众多收藏家的注意。诸如永乐之剔红、宣德之铜器、成化之窑器,虽说都是出于明代的时玩,但其价格已经可以与古玩相匹敌。这股好时玩之风,始于一二雅人的赏识摩挲,随后流行于江南的好事缙绅,最后经徽州那些巨商大贾的推波助澜,在全社会形成了一时风气。于是,沈(周)、唐(寅)之画,文(徵明)、祝(允明)之书法,无不成为人们收藏的抢手货。[③] 时玩之风,完全建立在明代诸多能工巧匠的基础之上。正是因为那些能工巧匠的辛勤劳动,才使得明代的诸多器物精益求精,完全可以与古时的名器相媲美,以至于被保守人士称为“物妖”。可见,明代是一个产生“物妖”和“奇技淫巧”的时代,明代也是崇尚“时玩”的时代。“物妖”“时玩”这些新名词的出现,并能迅速传遍大街小巷,无不说明了明朝人所崇尚乃至所享受者完全是一种不同于过去的新生活。

“杭州风”一词,显然也是明代各地相当流行的新名词。明代的杭州俗尚浮诞,轻誉而苟毁,道听途说,无复裁量。如某地有稀奇之物,某家有古怪之事,某人有丑恶之行,一人倡之,百人和之。当面质疑,信誓旦旦,犹如亲眼目睹,其实如风一般,起无头、过无影,寻无踪迹。外地人抓住这一点,毫不客气,嗤之为“杭州风”,加以嘲弄。谚云:“杭州风,会撮空,好和歹,立一宗。”又杭州人喜欢掺假,如酒掺灰,鸡塞沙,鹅、羊吹气,鱼、肉注水,织作刷油粉,外面漂漂亮亮,里头却是空心甚至腐败。所以,谚又云:“杭州风,一把葱,花簇簇,里头空。”[④]在“杭

① 吴伟业:《吴梅村全集》卷61《传奇》1《秣陵春》,上海古籍出版社1990年版,第1236页。

② 关于“苏意”“苏样”方面的资料及相关的探讨,可参见吴智和:《明人饮茶生活文化》,台湾明史研究小组1996年版,第74页;陈万益:《晚明小品与明季文人生活》,台北大安出版社1988年版,第37-83页。

③ 沈德符:《万历野获编》卷26《时玩》,中华书局2004年版,第653页。

④ 杜文澜辑:《古谣谚》卷64《方外人为杭州人谚两则》,第738-739页。

州风”这一新名词下,事实上反映了明代城市风尚最重要的两个特征:一是讹言、谣传传播速度之快,这是民间舆论空间扩大的证据;二是城市风尚的虚伪,甚至作假。

传统社会有一种最为流行的说法,叫做“开门七件事,柴米油盐酱醋茶”。当然不能否认,这开门七件事,在明代大众日常生活中仍然占据着重要的位置。但更应注意的是,在明代的社会生活中,在基本的物质生活得到满足、闲暇时间日增的前提下,人们的日常生活也在悄悄发生一些转变。新名词的出现,就是一种新生活的反映。而这种新生活,如果加以概括,同样可以归纳为七点,姑且称之为“新开门七件事”。这种新开门七件事,当然其享受者并非一般民众,而是有深厚财力基础的士大夫与商人,但也确实渗透到了当时大众的生活之中。

传统的开门七件事,仅限于对基本的物质生活的追求,而且只是落实到一个“吃”字。其实,基本的物质生活,虽以满足口腹之欲为根本,但也应包括衣、住、行诸多方面。即使是在基本的物质生活需求方面,自明代中期以后,藉于生产力发展、商业繁荣之后,也有一个从温饱向奢华的过渡。这里姑且不论。这里所说的新开门七件事,是一种在满足了基本的物质需求之后的新生活,属于“傍花随柳”一类的精神生活层面,是一种闲暇与休闲生活。

何谓“新开门七件事”? 简言之,就是谈谐(即说笑话),听曲,旅游,博弈,狎妓,收藏(包括书籍、古董、时玩),饲养花虫鱼鸟。其中既有大众百姓逗闷的乐子,也有文人士大夫打发闲暇的雅趣。说白了,就是生活的享乐化与艺术化。

明人风俗论

在明代士大夫的精神世界中,“风俗”乃至“士风”是一个相当关键性的词汇,因为它们牵涉到一代社会秩序的变动。在风俗这一概念中,蕴涵着相当丰富的历史内涵:其一,风俗具有多样性的的特征。古人所谓的“百里不同风,千里不同俗”的说法,其实就是这种多样性的最好注脚。如果换一种角度来看,中国古人在讲到风俗时,又主张“移风易俗”,其最终目的还是以普遍的立场(其理想化的极至就是天下“大同”)来谋求天下万民的幸福。其二,风俗所反映的是具体的地方性习惯。地方志中“风俗”一门,其中关于岁时、冠婚丧祭、占候、方言一类的记载,其目的就是证明地方性习惯的存在。需要指出的是,风俗的内涵并不仅仅限于这些人们行为的具体方式。前人观察风俗,无论是历代帝王之诏令,还是士大夫的训诫,其眼光所关注者,大体不外奢俭、劳逸、贞淫、忠孝、廉节、信实、仁让等方面,时常兢兢于去奢崇俭、教忠教孝,藉此作为改良风俗的先导。① 这就是说,从某种意义上说,风俗这一概念的深层含义,在于透过人们的行为方式以观察人们的精神品质。其三,风俗的中心是人。社会中每一具体的人,尤其是社会的上层人物或者说一些地方的精英人物,他们在形成风俗乃至移易风俗的过程中,起到了至关重要的作用。这就是说,风俗的形成,起源人心的变动;而人心的变动,则又时常有其代表性的人物可寻。然风俗一旦形成以后,就会成为社会化的东西,转而移易人们之心。②

(一)风俗与礼制、法制

风俗与礼制之间存在着一种相当密切的关系:礼制约束了风俗,而风俗的变迁实与礼制的盛衰休戚相关。在人们的日常生活习惯中,常用"礼俗"一词,其实就是合礼仪与风俗两者而言。通常说来,礼是属于宗教或者说是仪式的,而俗则是属于习惯或者说是经济的。风俗与礼仪,均是国家、民族生活习惯的产物。相比之下,礼仪显得较为强迫,而风俗则较显自由。③

礼之起,礼之立,固然需要因俗。但礼一旦形成以后,就会对人们的生活与行为起到强制性的规范作用。换言之,在一定时期内,礼是不变的,而生活是多样化的。生活在多样化的社会中的人们,他们的习惯与行为,固然会受到礼的制约,但又不会完全照礼而行。按照现有的礼制生活,并让各个社会阶层的人们都按照各自的等级而安分守己,这当然是一个王朝的建立者的主观愿望。但事实并非如此简单。动辄依礼而行,行为刻板拘谨,这样的人在现实生活中不是没有,很多理学家就是这样要求自己的个人修为的。不过,若果真如此去做,就会被人视作呆板,甚至迂腐。

---

① 关于这方面的见解,张亮采有较好的阐述,值得引起注意。参见张亮采:《中国风俗史·序例》,东方出版社1996年版,第2页。

② 风俗、历史以及风俗乃至相关的"风俗"史观,自古以来就有这方面的讨论,近期具有相当启发性见解的讨论,可举日本学者岸本美绪《"风俗"与历史观》一文为例,载台北《新史学》,第13卷第3期(2000年9月),第1-19页。

③ 许地山有这方面的阐述,而且相当精彩。参见许地山:《礼俗与民生》,载高巍选辑:《许地山文集》,新华出版社1998年版,第707页。

尽管在明代的学者中,就礼与道之间的关系存在着不同的观点,或将道等同于礼,或将礼当作道的器物。但道与俗或者说礼与俗之间,按照传统的看法,理应是一种相反的关系。正如陈确所言,道则不俗,俗则非道。道之中存在着礼,但这种礼并非就等同于日常盛行的民间生活习俗,即所谓的"世俗"。事实上,明代民间的日用生活,根本不是按照礼制的规范执行。这就是说,即使以最常见的日用之礼如冠、婚、丧、祭来说,无不都有"俗化"的倾向。姑且不说冠礼,因为明代的民间已很少有家庭认真举行冠礼的仪式。以婚礼来说,婚姻论财,本是"夷虏之道",但民间无不争财,即使贤者也不能幸免,只好"姑俗而已"。以葬礼来说,按照礼制的要求,理应不作佛事、不设乐部,但事实上即使是那些读书人家,也是作佛事、设乐部,甚至惑于风水之说,而他们的借口无非就是"吾犹未能违俗也"。以祭礼来说,从重宗的观点出发,理应支子不祭,祭则从宗子;而事实上却是人自为祭,即使读书士子,也是人自为祭,甚至奉俗祭惟谨。[①]

王阳明心学的崛起,为人们从自己内心处找到自然之礼提供了理论依据。于是,面对久已流传于民间并且已经深入一般民众之心的习俗,明代的学者、思想家固然感到恢复礼制的必要性,但也不是一味让人们的生活或者习俗去适应一成不变甚至已经僵化了的礼仪,而是让礼仪适应已经形成的习俗,适应人们已经习惯了的生活。

正是洞悉了这种情势,在礼与俗的关系问题方面,明代的思想家出现了两种比较适应时代的观念:一是礼因俗制,二是将礼简单化。

所谓礼因俗制,首先必须肯定礼的规范意义。礼是用来"制行"的,也即规范人们的行为。人们的行为必须有所制约,才不敢放肆,甚至恣情任意。而要做到这一切,抛开法制这一层面的意义(即"畏法"的功能)不说,"循礼"则必然是一大前提。[②] 其次,礼应该尽可能地适应变化了的时代,适应民间习以为常的习惯。毫无疑问,礼只有"因俗",才能便于百姓遵循,并最终达到将礼推广于民众的目的。在明代

① 陈确:《陈确集·文集》卷5《道俗论》上、下,中华书局1975年版,第169-171页。按:尽管陈确对晚明民间礼之缺、俗之兴颇为担忧,而且认为墓祭不符合古礼,不过是一种"野祭"。但他又不得不承认,在那种"不可止"的时势下,也只能"就俗言俗",以致他自己也不免行墓祭之礼。参见《陈确集·文集》卷7《宗祠末议》下,第194页。

② 相关的见解,可参见吕坤:《四礼翼》之《冠后礼·成人礼》,收入《清麓丛书》外编,清光绪二十五年刻本。

出现的许多关于家礼的著作中,无不将“因俗”放在相当重要的位置。如墓祭,按照朱熹所定《家礼》,应该是在农历三月上旬择日举行。但明人宋纁所定《四礼初稿》,就完全“如乡俗”,定在清明、七月十五及十月朔日祭祀。[①] 又按朱熹《家礼》,应该是四时祭四代。而明人吕维祺在其所著《四礼约言》一书中,除了遵行《家礼》之制外,同时也对“俗节”给以适当的尊重,如规定在上元、端阳、中秋、重九之日,“献以时养”。[②] 又如丧礼方面,明朝人所定丧礼,也大多遵行一种“从俗”“变通”的原则。在明代,凡是不是客死于外,士大夫家已经多不用小殓(指死后第二日),仅仅是使死者手足伸舒、巾服端正。这是当时民间对待“小敛”(敛通殓)的习俗。明人宋纁认为,“从俗可也”,说明在丧礼上也以“从俗”为准。按照礼制,大殓是在小殓之后一日。假若时值炎暑,再若照例而行,岂非已是尸臭熏天?所以,宋纁主张当此之时,就应该“变通行之”[③]。

所谓将礼简单化,其实就是礼之从俗的进一步发展,其目的是将礼通俗化,以便能顺利普及到民众之中。什么是“四礼”?按照吕坤的说法,就是“人道之终始”。换言之,冠、婚、丧、祭四礼,伴随着“人道”的始终。在中国传统观念中,“人道”这一词无非包括人类社会的道德规范、社会的等级差别以及夫妻交接之道三个层面的意义。可见,从夫妻交接之道这一层面来看,礼本身就有人的本能(性冲动)或自然状态下的意义与价值,只是后来的儒家学者更多地将它看成一种道德规范和等级名分。什么是“人生”?简单地说,人生就是人的一生,也就是生、老、病、死。这是着眼于长的时段而言,如果将它局限于一天之内,就是吃、喝、拉、撒,或者说就是衣、食、住、行。两相比较,人道与人生确实是密切相关。明朝的学者正是理智地看到了这一点,才将礼建立在民间日用常行、浅近鄙俗乃至家喻户晓之上。如丘濬的《家礼仪节》一书,就是有鉴于朱熹《家礼》中的礼文比较深奥,导致家礼难以向民间贯彻这一事实,才将家礼的本注约为仪节,并将它改为浅近之言,以便民间百姓可以轻易知晓。[④] 这是为了使礼能面向社会大众。

---

① 宋纁:《四礼初稿》卷3《丧礼》,清乾隆三十八年(1773)博雅堂刻本。

② 吕维祺:《四礼约言》卷4《论祭》,清刻本。

③ 宋纁:《四礼初稿》卷3《丧礼》。

④ 丘濬:《重编琼台稿》卷9《家礼仪节序》,上海古籍出版社1991年版,第182页。按:关于这一层意思,吕坤也已经着重点出。参见吕坤《四礼翼》之《原序》。

为了达到使礼通俗化的目的,最直接的做法无疑就是礼的的简单化。以婚礼来说,古有六礼。朱熹制《家礼》时,已经略却问名、纳采、请期,以从简便。而明人宋纁在《四礼初稿》中,更是将问名并入纳采,而以纳吉、请期并入纳币。而婚礼中的“亲迎”一节,也是将其简化,以便于人们的遵行。① 吕维祺也深知在礼制的制定上,“繁不如简之易镜也,泛不如切之挈要也,骤革不如相因之默喻也”。所以他在制作《四礼约言》一书时,除了遵行“相因”乡俗这一条外,就是奉行简易、切挈两条准则。②

明初《大明集礼》的制定,无疑确定了有明一代规范人们行为的普遍准则。明代中期以后,一代典礼受到来自现实生活和习俗的冲击,导致晚明一些学者重新根据变化的社会制定适应时代的礼制。这不排除有他们理想化的成分,但他们新定之礼是因俗的,其目的是使礼下于庶人,或者说是使礼大众化和通俗化。

风俗与法律之间也存在着不可分割的关系。多年来一些法律史研究者的成果,无疑可以使后来的研究者从以下两个方面认识风俗与法律的关系:其一,风俗本身具有的地域特点,以及随着时代不同而导致人心变诈,或者说“健讼”现象的出现,其间所反映的是人们对法律认识的一个变化过程,或者说各地的人们对法律的认识具有某种差异,说明风俗与法律具有同步性的变化关系,而风俗则制约着人们对法律的认识与法律习惯。其二,正如日本学者滋贺秀三所说,尽管在中国有“风俗各处不同”之说,但不能因此而断定不同地方存在着不同的习惯法。换言之,中国传统话语系统中所谓的“土俗”“土例”“俗例”“土风”等类似的词语,显然也不等同于西欧法律传统意义上的习惯或习惯法。③

(二)风俗的上行下效

嘉靖九年(1530)三月,御史周释就认为:“今都城之中,衣轻乘肥,

---

① 宋纁:《四礼初稿》卷2《昏礼》。

② 相关的阐述,可参见吕维祺:《四礼约言》之《原序》。

③ [日]滋贺秀三:《清代诉讼制度之民事法源的考察》,载滋贺秀三等著:《明清时期的民事审判与民间契约》,法律出版社1998年版,第76页。按:关于中国法律中的习惯法问题,以及习惯法与风俗之间的关系,学术界存在着一些争论。如张亮采就与滋贺秀三的观点不同,认为中国的成文法,不外户役、婚姻、厩牧、仓库、市廛、关津、田宅、钱债、犯奸、盗贼等事,习惯法已是居其大半。参见张亮采:《中国风俗史》,第1页。

非贵戚之臧获，即貂铛（应作珰——引者）之仆夫。”而其结果，则是导致“远近效尤，恬不畏法”[①]。嘉靖二十四年（1545）正月，礼科给事中查秉彝看到当时风俗趋奢的现象，也曾“因事而求其故”，认为是下面两个原因所致：一是“世禄之家好作无益，崇尚虚糜，以荡民心”；二是“四方罢闲无籍之徒，聚党游食，变乱黑白，以愚黔首”。[②] 从上述两段简单的记载中，可知明代风俗变化的基本线索与脉络：就地域而言，是先城市，后乡村；在城市中，又是先都城，而后才及于一般城市。[③] 当然，就城市风俗的地域性而言，尽管都城（明代为南、北两京）可以领风气之先，但因为江南经济发展与商业化程度远远高于其他地区，所以，在明代又出现了苏州、杭州两座城市领导天下风气之先的特殊现象。[④] 就社会阶层而言，当然是先贵戚、貂珰、士大夫[⑤]，而后才及一般民众；而在一般民众中，也是先城市平民，尤其是商人，而后才是乡村的农民。在风俗的变化过程中，上行者当然是关键，是他们的行为才导致社会下层的模仿，但也不能否认那些游食之徒的作用，正是这些人在风俗的变化中推波助澜。

其实，上面有一点还是没有点出，即在风俗的上行下效方面，皇帝的表率作用尤其至关。正所谓“人主好尚，所系甚重”。按照明人陈仁锡的看法，有关风俗的变化，其本原之处，还是在朝廷。原因很简单，有尧、舜在上，下面的臣下岂敢效魏晋风流，甚至犯禁逾限？[⑥] 明代名

① 《明世宗实录》卷111，嘉靖九年（1530）三月乙未条，台北“中央”研究院历史语言研究所1966年校印本。

② 《明世宗实录》卷295，嘉靖二十四年（1545）闰正月己丑条。

③ 在明代中期整个社会崇尚奢侈的风气中，京城已是奢靡成风，风俗浇漓。究其原因，正如正统年间御史陈鉴所言，其故有五：（一）事佛过甚；（二）营丧破家；（三）服食靡丽；（四）娼优为蠹；（五）博塞成风。而京师既然是天下之根本，其风俗必然也会成为“四方所取则”。参见龙文彬：《明会要》卷51《民政》2《风俗》，中华书局1998年版，第949、951页。

④ 关于明代的城市经济及其生活，主要可参见下面成果：陈宝良：《飘摇的传统——明代城市生活长卷》，湖南出版社1996年版；王正华：《过眼繁华——晚明城市图、城市观与文化消费的研究》，载李孝悌编：《中国的城市生活》，台北联经出版事业股份有限公司2005年版，第1-58页。

⑤ 明代史料就对士大夫阶层与风俗之间的关系有明确的阐述，其中云：“士大夫之邪正，关风俗之美恶。士人有廉耻，则天下美风俗矣。”明人何良俊也说：“今之仕宦，有教士长民之责者，此皆士风民俗之所表率。苟一倡之于上，则天下之人群趋影附，如醉如狂。”分见王懋德：《金华府志》卷5《风俗》，收入《中国史学丛书》，台北学生书局1987年版；何良俊：《四友斋丛说》卷4《经》4，中华书局1983年版，第31页。

⑥ 陈仁锡：《无梦园集》有集《日讲讲章》，明崇祯六年（1633）刻本。

相张居正在给皇帝讲《资治通鉴》一书时，在讲章中也是主张人君应该崇尚“俭德”，“时时朴素，不可少萌侈心，以启无穷之害也”。[①]

从史料记载来看，也确乎如此。洪武之初，僭乱方平，明太祖朱元璋创制立极，专门在“名分”上进行整顿。一至宣德年间，承平渐久，习俗已起了变化，明宣宗也就尤其注意起弊维风。所有这些，无非都是要达到一个目的，就是将当时的社会整顿成一个“截齐世界”。自明代中期以后，尤其是到了晚明，皇帝也开始崇尚奢侈。明初诸帝，数行俭约，这是众所周知的事实。与此相应，在《会典》中所开载者，凡是各省的课程，仅仅只有钱钞、金帛，并无采纳珍宝玩好之物。到了嘉靖末、隆庆初，尽管也降谕户部，暂时收买一些珍宝玩好之物，但不过是偶一为之，并未形成定例。然到了万历初年，明神宗已接受尚衣监太监崔敏的奏本，下旨要求户部将宝石、珍珠、香品“作速买进”[②]，再以皇宫中所用油蜡为例，其数量增加之速，已不难看出宫中生活也正发生着一个由俭到奢的变化过程。宫中所用油蜡，洪武、永乐、洪熙、宣德年间所需之数，因年代久远，已无法考知。正统年间，是每年黄蜡3万斤，白蜡5 000斤。正统十四年(1449)，增黄蜡1万斤，共计4万斤。景泰二年(1451)，黄蜡又添1万斤，共5万斤。景泰四年，黄蜡又添3.1万斤，共达8.1万斤。景泰七年，黄蜡又添4 000斤，共8.5万斤。天顺年间，继续保持8.5万斤之数。至成化十一年(1475)，黄蜡又添3.5万斤，共12万斤。这个数字，与正统年间相比，已经增加了整整三倍。[③] 这是一个很大的变化，难免会影响到臣下乃至民间的生活与风俗。

移风易俗

自明初以后，诸多改善风俗的措施，无不得力于明太祖朱元璋关于风俗的一些基本观念。他曾说：“移风易俗，礼为之本；敷训导民，教

① 张居正:《通鉴直解》卷2《商纪》，明崇祯四年(1631)刻本。按:有趣的是，张居正虽然在讲章中要求皇帝崇尚俭朴，但自己显然也无法摆脱当时的奢侈之风，性好华楚。

② 《明神宗实录》卷74，万历六年(1578)四月丙午条，台北“中央”研究院历史语言研究所1966年校印本。

③ 戴金编:《皇明条法事类纂》卷49《弘治元年(1488)三月初七日都察院题》，日本古典研究会1966年影印本，第396页。

为之先。故礼教明于朝廷,而后风化达于四海。”[①]可见,他将礼制、教化作为“移风易俗”措施的理论基础。治民固然以教化为本,但“身”又为教化之本。只有地方官员、地方乡绅身体力行,以身作则,以身为教,才能影响及于一般百姓。

(一)改善风俗的措施

明代官方移风易俗的措施,主要包括下面几条。

1.礼制的规范

建立一代的礼制,以礼制规范人们的行为,并进而形成一代善俗。明代很多理学家无不重视风俗的改良,将改善风俗视为“为政”的第一要务。在他们看来,后世为政,当以转移风俗为急。善人进,则风俗自淳;风俗淳,则天下百姓受其福。[②]

嘉靖二十四年(1545),有一位礼科给事中曾就风俗趋奢现象提出过解决方案。他说:

> 臣窃以为欲安天下,在息盗贼;欲盗之息,在保良善;欲民之善,在明礼制。礼制明,则人之节俭,节俭则无求,无求则廉耻立,而礼为之心生,奸盗之原塞矣。[③]

可见,他仍然把“明礼”看成解决问题的万能之药。但在商业化日益加剧,并越来越对传统的礼制、等级造成冲击的晚明社会,这种看法一方面显示了部分传统的士大夫在社会大变动时期已显得束手无策;另一方面也确实不合当时的时宜,很难实实在在地解决问题。

2.教化的倡导

在明代,在礼的基础上,建立了一套教化系统,通过教化,净化人们的心灵、规范人们的行为。而这套相对完整的教化系统,同样包括以下几方面的内容。

其一,设立木铎之制。洪武三十年(1397),明太祖下令,每一乡里都置办一个木铎,选择一些年老之人或瞽者,每月六次,持铎巡于道路,宣讲明太祖的教民榜文。其文云:“孝顺父母,尊敬长上,和睦乡里,教训子孙,各安生理,毋作非为。”此外,又下令每村置一鼓,凡是遇

---

① 朱元璋:《宝训》卷2《崇教化》,载张德信、毛佩琦主编:《洪武御制全书》,黄山书社1995年版,第469页。

② 吕柟:《泾野子内篇》卷14《鹫峰东所语》第19,中华书局1992年版,第140页。

③ 《明世宗实录》卷295,嘉靖二十四年(1545)闰正月己丑条。

到农种时月，清晨鸣鼓集众。鼓鸣以后，农民都在田头集中，及时耕田。由里老督责农民的勤惰，如果里老纵其怠惰，不加劝化，那么里老也要受到责罚。①

其二，建立旌善亭、申明亭、榜房。洪武五年（1372），明太祖下令，在内外府、州、县及乡之里社，都设立申明亭，“凡境内人民有犯，书其过，名榜于亭上，使人有所惩戒”②。

在洪武、永乐、正统年间，均有颁发到民间的榜文，内容都涉及兴利除害、禁约革弊、奖善惩恶等事，并令地方官起盖榜房，置立板榜，经常张挂，其目的就是使官吏、军民有所禁惧。③

其三，设立乡饮酒礼。洪武五年（1372），明太祖下诏举行“乡饮酒礼”。在内，应天府及直隶府、州、县，在每年的孟春正月和孟冬十月举行此礼，由地方官、学官率领士大夫中的老者行于学校；在外，行省所属府、州、县，取法京师；而乡间里社，则百家为会，由粮长或里长主持，每季行于里中。④

洪武十四年（1381），明太祖命礼部申明乡饮酒礼。究行此礼的目的，显然是为了“叙尊卑，别贵贱”，以此教民，使其“隆爱敬，识廉耻，知礼让”。此礼的举行，在府、州、县则由长官主持，而乡间里社则由“贤而长者”主持。行礼之时，年高有德者居上，年高淳笃者次之，完全以齿为序。至于那些违条犯法之人，则只能列于外座，同类成席，不允许

---

① 《明太祖实录》卷255，洪武三十年（1397）九月辛亥条，台北“中央”研究院历史语言研究所1966年校印本。按：在直隶威县，亦为每里设“木铎老人”一人，各给牌面，上面缮写教民榜文，每月六次巡视，“谕众劝俗”。见嘉靖《威县志》卷3《职官志·役法》，收入《天一阁藏明代方志选刊续编》，上海书店1990年版。

② 《明太祖实录》卷72，洪武五年（1372）二月丁未条。按：申明亭建立后，原本是为了劝善惩恶，但实际的执行情况却是一些地方官，“以百姓杂犯小罪书之”，断了他们改过自新之路。鉴于此，洪武十五年（1382）重定，申明亭只书“犯十恶、奸盗、诈伪、干犯名义、有伤风俗及犯赃至徒者”。见《明太祖实录》卷147，洪武十五年（1382）八月乙酉条。

③ 戴金编：《皇明条法事类纂》卷44《各处修理榜房及誊写洪武以来榜文张挂》，第280-281页。

④ 《明太祖实录》卷73，洪武五年（1372）三月戊戌条。按：关于乡饮酒礼实施的时间，据《余干县志》所载，分别有行于洪武五年（1372）、八年（1375）二说，而考之曾任吏部尚书昆山人余忭所撰《乡饮礼序》，似乎又始于洪武十二年（1379）。然按《实录》记载，当始于洪武五年（1372），再申于洪武十四年（1381）。至于八年（1375）、十二年（1379）之说，谅也是重新申明实行乡饮酒礼的时间，而非创设时间。相关的记载，可参见叶盛：《水东日记》卷21《乡饮酒礼》，中华书局1997年版，第209页。

这些人与善良之人坐在一起，藉此达到“家识廉耻，人知礼让，父慈子孝，兄友弟恭，夫和妇顺”。至洪武十六年(1383)，正式将乡饮酒礼的图式颁发天下，以便遵行。[①]

其四，设立乡贤祠。中国自古以来就有乡先生没而祭于社之例，乡贤祠的设立，就是从此义延伸而来，其目的就是崇德报功，藉此维持地方风俗。

乡贤祠的设立，应该说是朝廷的公典，不但地方官不当“私其人”，即使是子孙也不当“私其祖、父”。原因很简单，假若祖、父根本没有明德，无造福于乡梓，而凭借势力列入乡贤俎豆，这不是给祖宗增添荣耀，而是让祖宗受辱。所以在明初或中期，一些明智的士大夫，轻易不让自己的祖、父列入乡贤祠。如刘健为内阁大学士时，当时河南的地方官就想将他的父亲供奉进当地的乡贤祠，事先将此事告之刘健。刘健说：“吾乡贤祠，有二程夫子在，吾父何敢并焉。”[②]谢去地方官的美意。

其五，颁发教化之书。从洪武一直到正统年间，明朝廷相继颁发一些教化民间为善的书籍，其目的无非是“教训正俗”。洪武年间御制并敕撰了一些书籍，以教化臣民百姓，如《务农技艺商贾书》《大诰》《资世通训》《臣戒录》《醒贪简要录》。永乐年间，颁发到天下学校的书籍，有《为善阴骘》《孝顺事实》，教民以善、德。宣德年间下令，每月朔、望，地方官行香，率领里老到学校明伦堂听讲《为善阴骘》《孝顺事实》二书，化导乡民，并成为定例。正统年间，又颁降《五伦书》于天下学校。[③]

其六，实行乡里互助。洪武三十年(1397)，明太祖下令，民间有婚姻、死丧等吉凶之事，一里之内，应互相帮助，不论贫富，各随其力资助，以使民间百姓互相亲爱，达到风俗淳厚。[④]

天顺元年(1457)，明英宗也下令推广乡村民间互助。凡是民间男女年过30岁以上，而且无力备礼婚娶者，依洪武年间教民榜文之例，由里

---

① 《明太祖实录》卷135，洪武十四年(1381)二月丁丑条；卷157，洪武十六年(1383)冬十月癸巳条。

② 刘献廷：《广阳杂记》卷1，中华书局1957年版，第28-29页。

③ 戴金编：《皇明条法事类纂》卷11《讲说大明律及御制书例》，第265页。

④ 《明太祖实录》卷255，洪武三十年(1397)九月辛亥条。

老劝令民间互相资助,以成婚配。如家贫不能举丧,也依此例执行。[①]

明朝廷以教化为先,地方官也大多照此执行,把教化民间百姓、改善地方风俗置于首位。如洪熙年间,李信圭出任清河知县时,就设"教戒"13条,让百姓写在牌上,每月朔、望"儆戒之"[②],为此风俗大变。又如新会县知县丁积刚上任,就著《礼式》一编。有鉴于风俗奢靡,他又择立乡老数人统领此事,借助礼制扭转地方风俗。[③]

传统的观念认为,君子的职责在于"维风善俗",表正乡闾。而欲维风善俗,就必须以身作则,因为士大夫的一举一动,乡里百姓都用为楷式。换言之,如果平时存心以厚,待人有恩,即使那些平日为非作歹之人,也会因而感化;反之,若倚势仗财,贪图谋算,那么,那些市井无赖之人更会忌富嫉贫,莫不幸灾乐祸,甚至群起为盗。[④] 于是,士大夫也莫不以教化乡里作为自己的职责。如万历三十九年(1611),嘉兴府的乡绅、吏民集中在天宁寺,"讲圣谕六言"[⑤]。这就是最好的例证。

乡里风俗的善恶,对一方社会的影响相当深远。而在乡里社会中,邻里之间的关系又是最主要的构成因素。古代中国的故事中有"孟母三迁"的说法。谚语也说:"邻舍好,辅家宝。"可见,邻里之事关系匪浅。于是,在明代的家训中,就出现了教导子弟"择邻"的说教,其中的原因就是考虑到了习俗的熏染问题。其实,其中的原由也很简单。邻里之间朝夕相处,熏陶渐染,其功用不在朋友之下。居仁里之中,孝友和睦,人性就会向善;而居恶薄之俗,身多邪行,口无善言,人性就会变恶。[⑥]

明代自中期以后各地方官举行的"乡约"制度,从其所包括的内容来看,其实也是为了达到改善乡里风俗的目的,即所谓的"道德可一,风俗可同"。这可以吕柟在河南许昌县所行的乡约为例,给以具体的说明。乡约之制,大多辟有乡约所一区。其职有约正一员,以治政教

---

① 《明英宗实录》卷277,天顺元年(1457)夏四月丙辰条,台北"中央"研究院历史语言研究所1966年校印本。

② 龙文彬:《明会要》卷51《民政》2《风俗》,第950页。

③ 陈献章:《陈献章集》卷1《丁知县庙记》,中华书局1987年版,第34页。

④ 相关的阐述,可参见明人涂时相:《养蒙图说·表正乡闾》,清乾隆十三年(1748)刻本。

⑤ 李日华:《味水轩日记》卷3,万历三十九年(1611)辛亥十一月十六日条,收入《嘉业堂丛书》,民国间吴兴刘氏嘉业堂刻本。

⑥ 相关的见解,可参见明人陈其德:《垂训朴语·保家五要》,清嘉庆十八年(1813)刻本。

德者充任，用来统率约士；约副二员，以闲礼者充任，用来掌管约仪；约史一员，以才识公正者充任，用来监督约事。此外，还以乡间六行克敦的耆民充任耆老，以及年长且娴熟礼仪的生员充任礼生。每月朔、望，大家会于乡约所，听约正、约副宣讲圣谕，并将“四礼”条式明白地颁示给约民，举善纠过，“又申之告戒，明之宪章”。凡是入约人家，遇到冠、婚、丧、祭，全都在乡约所举行，定为章程。①

3.礼法并重

按照儒家教化先行或者德治主义的原则，礼教化俗于先，法律惩治于后。一般说来，失礼仅仅是德行之亏，而毋须受到法律的惩处。明初所定《大明律》颁布后，其中“礼律”条款的出现，说明失礼这种行为，从根本上说也是一种违法的行为，同样会受到法律的严惩。

明太祖深知“世之治乱，本乎人情风俗。故忠信行，则民俗淳朴；佻巧作，则习尚诈伪”。所以，他为了改变“情日肆而俗日偷”的弊端，倡导教化先行。② 但为了达到改善风俗的目的，必须礼、法并重，教化与刑罚双管齐下。

永乐年间，考虑到朝廷颁布的法制禁令，仅仅到达地方官这一级，而一般闾巷小民却自幼至老不知朝廷法令，因此明文规定，凡是朝廷有条例榜文下达，地方官必须转行里老，在本处申明亭召集乡民，逐一告谕。③

传统的帝王治理天下，首先采用的就是定下一代礼制，以辨贵贱，明确等威。而对一代礼制冲击最为明显者，就是民间风俗流于奢侈。自洪武乃至崇祯，明代诸帝的风俗政策，无不以禁止逾侈为首务。如洪武元年(1368)十二月，明太祖在给中书省的上谕中，就要求明立禁条，颁示中外，通过禁止百姓流于奢侈，以使社会各阶层“各有所守，以正名分”。洪武三年(1370)八月，申禁官民器服僭用。宣德四年(1429)二月，宣宗下谕给礼部尚书胡濙，要求重新申明内外官员士庶的“服饰仪从”，使他们能遵守定制，不再越礼犯分。嘉靖二十七年(1548)四月，因给事中的奏请，明世宗重新申明礼制，举凡饮食、宴会、服舍、舆马、器用之类，全都定为等第，下令不得逾越。万历十五年

① 吕柟：《泾野先生文集》卷19《许昌新建乡约所记》，收入《四库全书存目丛书》。

② 《明太祖实录》卷66，洪武四年(1371)六月戊申条。

③ 《明太宗实录》卷39，永乐三年(1405)春二月丁丑条，台北“中央”研究院历史语言研究所1966年校印本。

(1587)六月，明神宗下令，禁止朝廷众臣追求奢僭的生活。[①] 如此等等，无不说明朝廷在礼、法两个方面对社会风俗加以规定与整顿。

(二)改善风俗的政策措施流于形式

自明代中期以后，民间的百姓受到了商品社会的洗礼，民间风俗也随之受到了商业的冲击，导致原本朝廷用来规范人们行为或改善风俗的政策措施，无不流于形式。

以乡约为例，其所带来的负面影响以及随之而来的败坏，也是不容小视的。乡约之设，原本是为了培植一种“孝悌”的精神，而事实却正好相反。如果家中出了不孝不悌的子弟，乡约出面整治，不但罪其子弟，而且还归罪于父兄失教，就连父兄也受牵连。其结果则是，家有逆子，做父亲的不敢告于乡约，否则就会逆子未惩而父兄先得祸，无奈之下只好听之任之。正如史料所揭示，“是谓讲乡约而不孝不悌益多”[②]。

以乡饮酒礼为例，一方面是逐渐流于形式，有钱却并不德高望重之人，可以堂而皇之地登上宾席；另一方面，国家的典礼却又成了地方学校师生“肥身报怨之具”，一旦登上宾席，必会造成破产百金。于是一些年近50岁的老人，一听说将举行乡饮酒礼，无不携家逃匿远避，甚至有些人刚接到礼请，就“悬梁仰药以求死”。正如史料所言：“是谓行乡饮酒礼而父老益卑贱，颠连失所。”[③]尤其是一些因犯赃罪革职为民的官员，通过捐纳而重新获得冠带，想法回到原籍。回到原籍后，他们买通儒学教官，每当遇到乡饮酒礼时，预先让生员出面邀请，“安坐正宾”。[④] 于是，朝廷重视年高有德耆老之制，却被一些德行皆无的罢职官员所掌握。

以旌善亭、申明亭、榜房为例，明初旌善、戒恶或张挂教民榜文之处，自中期以后已徒具形式。如正统三年(1438)，顺天府宛平县的旌善、申明二亭，年远废弛，“其基址皆沦为民居”[⑤]。自正统以后，“木铎之教不行，民俗之偷日甚”[⑥]。至于榜房，自成化以后，由于年久失修，

---

① 上面所引，均见龙文彬：《明会要》卷14《礼》9《禁逾侈》，第239-241页。

② 魏禧：《日录杂说》，载《昭代丛书甲集》卷12，清道光吴江沈氏世楷堂刻本。

③ 魏禧：《日录杂说》，载《昭代丛书甲集》卷12。

④ 戴金编：《皇明条法事类纂》卷22《禁约滥与乡饮》，第574页。

⑤ 《明英宗实录》卷43，正统三年(1438)六月己未条。

⑥ 《明英宗实录》卷101，正统八年(1443)二月乙卯条。

“榜房倒塌,板房损坏,有司视为泛常,不行修理”①。

乡贤之祀,原属盛典,但后来演变的事实却是只有有财有势之人,才可入乡贤祠。至于那些真正的卓行君子,“往往厄于贫而不能上达”②,已经完全失去了原先崇奖前贤、风励来学的本意。只要是在外做过官,无不供入当地的乡贤祠,乃至“木主委积,至列之案下”③。于是,乡贤祠所祀,已不再是“乡贤”,而仅仅是“乡宦”,乡贤祠成了名副其实的“乡宦祠”。

(三)改良风俗不易

改良风俗,实际上是一项牵涉到社会方方面面的大事,看起来容易,实行起来却很难。明代士大夫提出了许多改良风俗的措施,实际上却是不合时宜,有些甚至逆潮流而动。禁止奢侈,常常被一些士大夫挂在口头,作为改善风俗的一大良策,其实却会带来新的问题。如湛若水任南京兵部尚书时,下令百姓不得在酒肆中吃大鱼、不得在市上从聚饮酒,在除岁时,老百姓家不得焚纸祀天。姜宝任南京礼部尚书时,也申明宿娼之禁,“凡宿娼者,夜与银七分,访拿帮嫖之人,责而枷示”。两者的目的当然是为了抑制淫放之弊,维持一种良好的社会风气,但其结果却出人意料,民间纷纷感到不便,甚至怨声载道,最后“法竟不行”④。又万历年间,苏州大荒,一些当事者就主张禁止游船。但其后果不但奢侈难以禁止,富家儿都跑到僧舍治馔为乐,靠游船生活的数百百姓却因此失业流徙。⑤

正是在面对民间日益趋奢的习俗时,晚明开始出现了两种截然不同的意见。一种意见认为,奢侈是导致民贫甚至社会不安定的主要因素,因此主张禁止这些奢侈的民间岁时节序的娱乐活动。而另一种意见则认为,民间习俗所尚,不必强为禁止,如竞渡、游春之类,事实上有很多小民就是靠此获取衣食、维持生计。在他们看来,这是损富家之

---

① 戴金编:《皇明条法事类纂》卷44《各处修理榜房及誊写洪武以来榜文张挂》,第281页。

② 焦竑:《澹园续集》卷5《又与金观察》,中华书局1999年版,第862页。

③ 刘献廷:《广阳杂记》卷1,第28页。按:明人沈德符也说:“今乡绅身都雄贵,其父必登俎豆,至有生前屡罹胥靡之罚,暴著耳目者,亦俨然当春秋两祭。”说明乡贤祠在地方上的教化意义,在晚明几乎荡然无存。见氏著:《万历野获编》卷13《乡贤》,第354-355页。

④ 顾起元:《客座赘语》卷3《化俗非易》,中华书局1997年版,第79页。

⑤ 顾公燮:《丹午笔记·救荒相异》,江苏古籍出版社1985年版,第132页。

羡镪以度贫民之糊口，恰恰有利于社会的安定。[①] 这种观念的出现，无疑是适应了晚明社会变动的新转向。

在整顿礼教风俗或者禁奢抑浮之时，传统的卫道者无不把娼优视为“最伤风化”的事情，力求颁行天下，将其禁绝、汰除。但事实上，这些风化或者娱乐行业的存在，显然也是迎合了一时的社会需求，很难加以禁绝。正是鉴于这样的社会实情，晚明有一些比较开明的士大夫就主张，对娼优之类，一是不能禁止，二是也不必禁止，完全可以“存而不问”[②]。如谢肇淛就明确指出，国家的兴亡，与游人、歌妓无关。只要国家升平，管弦之声不绝，反而可以点缀太平。[③] 这显然是在社会进步过程中出现的一种对所谓的“陋俗”的宽容见识，也就是救俗讲究一种“微权”。

随着时代的不同、经济发展水平的差异，以及人们观念的变化，风俗是厚，还是薄，或者是奢侈，还是俭朴，确实很难一概而论，也不可能有定论。如宋人《癸辛杂识》云：“今时风俗薄甚。昔日投门状有大状、小状。大状则全纸，小状则半纸。今时之刺，大不盈掌，足见礼之薄矣。”晚明的情况却正好与宋代相反：宋代所非者，正是明代所是乃至所尚；而宋代所谓的“薄俗”，却正好是明代的“厚俗”。有鉴于此，公安派文人袁宗道不由发出如下感慨：“是非厚薄，宁有定论？”[④]确乎道出了风俗随时代变迁的实情。

结束语

习俗可以“溺人”，这已是明代学者大多数人认识到的事情。正如罗伦所言：“大抵习俗溺人，如醉者之酣于酒，寐者之酣于梦也。”[⑤]而作为读书识礼的“君子”，他们的职责就是醉而能醒，寐而能觉。不但

---

① 谢肇淛：《五杂组》卷2《天部》2，上海书店出版社2001年版，第20-21页。

② 明人于慎行对娼优这一行业，就发表了下面的看法：“自古以来，有此一类，先王以礼防民，莫之能废，必有以也。天地六气，自有一种邪污，必使有所疏通，然后清明之气可以葆完，辟如大都大邑，必有沟渠以疏其恶，否则，人家门庭之内，皆为秽浊所留矣。先王救俗之微权，有不可以明喻者，存而不问可也。”代表的就是这样一种宽容见识。说见于慎行：《谷山笔麈》卷3《国体》，中华书局1997年版，第31页。

③ 谢肇淛：《五杂组》卷3《地部》1，第49页。

④ 袁宗道著、钱伯城标点：《白苏斋类集》卷21《杂说类·杂说》，上海古籍出版社2007年版，第302-303页。

⑤ 罗伦：《一峰文集》卷8《与刘素彬书》，清康熙间刻本。

自己独醒、独觉，还要醒人、觉人。在传统社会，“俭德”是人所共仰的美德。明代中期以后，风俗的最大问题无疑就是奢侈已经成为当时的风气。正如明人李乐所言，在晚明，只要有人以俭朴自持，过一种俭朴的生活，立刻会遭到人们的“诮让轻鄙”①。如何解决这一风俗问题，在当时引起了各种争论。嘉靖二十四年(1545)，礼科给事中查秉彝就上奏论当时“崇尚虚靡”之风。他在给明世宗的上奏中，提出了解决这一风俗问题的具体构想，即将明礼、节俭作为解决风俗问题的两大法宝。嘉靖二十七年(1548)，当时的礼科给事中姜良翰曾有一个上奏，对风俗的影响力作了一些概括。他认为，当时的天下之患，诸如吏治之不清、豪强之玩法、农夫之失业，究其根源，均“自风俗侈纵始”②。

风俗的力量，决不可小觑。纵观古今学者，在这方面的阐述，当数方孝孺、顾炎武两家之说最为精辟，也最具代表性。方孝孺说：“行于一人之身而化及四海之内，观于数百年之前而验于数百年之后者，风俗是也。”③这段话包含了下面两层意思：一是风俗的上行下效，乃至始于一人而后遍及四海的风俗流行历程；二是风俗从时序上有前后乃至历史的继承性。前朝乃至几百年前的风俗，其影响力却仍在后世发生着巨大的影响。尤其是顾炎武，更是将学术之变、人心之机诈、风俗之坏，上升到远远大于“亡国”这样一种“亡天下”的高度加以认识。④

正是基于对风俗力量的重视，凡是传统的统治者，无不明白以下的道理：“世之治乱，本乎风俗。”⑤有时侯风声气习的感召力，要远远大于甚至快于朝廷禁令、刑法的驱使。福建、浙江沿海的“通倭”贸易以及由此而带动起来的沿海走私贸易，就是最好的例证。尽管朝廷不断禁止私人对外进行贸易，但走私贸易可以很快致富这一实际利益的存在，使当地之民无不奔走，闻风争至。而这种对外贸易的存在及其发展，其结果就是造成了中国民间百姓的生活与习俗开始受到了一些日本风习的影响。如在中国市场的交易中，“倭银”已经流通；走在街上，可以看到人人手摇日本所产之扇，日本人的扇子也成了时尚之物；

① 李乐：《续见闻杂记》卷8，上海古籍出版社1986年版，第707页。

② 《明世宗实录》卷340，嘉靖二十九年(1550)九月庚子条。

③ 方孝孺：《正俗》，载黄宗羲编：《明文海》卷85，中华书局1987年版，第1册，第829页。

④ 顾炎武著、黄汝成集释：《日知录集释》卷13《正始》，中州古籍出版社1990年版，第307页。

⑤ 龙文彬：《明会要》卷51《民政》2《风俗》，第949页。

在街上，有时也能见到几个会说日本话的人；甚至一些豪富之家，以身上能佩上一把日本刀为荣。[①] 诸如此类，无不都是风俗影响力的明证。

① 洪朝选：《洪芳洲先生摘稿》卷4《瓶台谭侯平寇碑》，台北洪福增1986年重印本。

余论　明清易代与社会文化的波折

一、社会秩序变动及其重建

明清之际，最为值得关注的社会变迁，当为秩序变动。这又牵涉到以下两个问题：一是“地域社会”及其与之相应的社会秩序变动的多样性；二是“社会流动”及其影响。

追溯明末以来社会秩序的变动，尽管已经萌芽于明代中期，但还是以万历以后最为明显。所谓秩序变动，按照较为传统的唯物史学理念分析，当属一种“封建土地关系的松解”，与此相应者，则是“长幼尊卑、贵贱等级关系的松弛化”。[①] 明代中期以来的阶级关系，已呈错综复杂的态势。这种阶级关系的复杂性，大抵体现在“阶级斗争”已具各种不同的类型，呈现出多样化的趋势。换言之，在反对统治者及其所代表的“地主阶级”利益的斗争中，其参与者的身份更趋复杂，既有农民、富农和城市平民，又有部分从传统统治集团内部分化出来的下层士绅，甚至不乏原本属于“剥削者”的豪奴参与其中。基于此，前辈学者傅衣凌提出了一个传统“封建社会”中“阶级斗争”的基本“公式”：“一是农民反抗地主的斗争，这是阶级斗争的最高形式；一是地方割据势力反对中央专制主义者的斗争，这是统治阶级的内部斗争。”[②]进而言之，当社会结构处于大动荡、大分化的关键时刻，各社会集团的势力无不蠢蠢欲动，而农民与地方割据势力自必趋于合流，共同参与到夺取经济利益和政治地位的斗争中去。

这种基于阶级分析之上的社会秩序变动原因的分析，尽管有其时代的局限性，但大抵还是把握了社会变迁的脉络。这就是说，阶级关系的复杂性，至少说明社会秩序变动的多样性色彩。假若转换理论的

---

① 相关的研究成果，可参见李文治：《明清时代封建土地关系的松解》，中国社会科学出版社 1993 年版，第 22-37 页。

② 傅衣凌：《明清时代阶级关系的新探索》，载氏著：《明清社会经济史论文集》，人民出版社 1982 年版，第 294 页。

视角，借用“地域社会”的理论来重新审视明末清初的社会秩序变动，无疑将使研究引向深入。在日本明清史研究中使用“秩序”这一概念，[①]大抵可以追溯到1977年。正是在这一年，森正夫发表了《关于一六四五年太仓州沙溪镇乌龙会的反乱》一文，首次强调在研究中不应忽略既存的社会秩序、社会上诸种关系以及价值观的“古今未有”的变化。[②] 他认为，在明清之际维持着以乡绅和士大夫为顶点的多元的、交错的诸种社会关系中最为薄弱的环节不是“地主—佃户”关系，而是“主人—奴仆”的关系。[③] 森正夫根据明末清初地方志的资料，卓有成效地将当时所出现的秩序颠倒现象概括为如下多种对应关系：尊—卑、贵—贱、良—贱、长—少、老—少、前辈—后辈、上—下、上等—下等、富—贫、强—弱、主—仆、衣冠—营匠（巫祝）、衣冠—市井（里夫、贱胥）、缙绅—绳枢（瓮牖）、缙绅—无赖（黠胥）、宦室—编氓、乡绅—小民，等等。[④] 这些社会秩序的变动，显然存在于“场”（即作为人们生产和生活过程的基础单位——地域社会）之中。如何认识“地域社会”，首先涉及的就是地理分界线的问题。森正夫将明清时代的地理分界线限定于以下四个层面：省—府—县—都（区）—里（图）—甲等的行政区分；城—镇—村等的聚落形态；墟、市、集等以市场为中心的市场圈；江南—江北、东南—西北等对比性称呼的地理风土（近年也表述为“地域性”）。[⑤]

在明清交替之际，若从地域社会的视角出发，尤其需要关注如下

---

① 关于日本明清史学界对“秩序”问题的研究，可参见伍跃：《日本明清史学界关于“秩序”问题的研究——从〈中国近世社会的秩序形成〉说起》，载《中国史研究动态》，2006年第2期，第24-28页。按：下面相关阐述的引文，除注明出处者外，均转引自伍跃所撰文，特此说明。

② 此文原载于《中山八郎教授颂寿纪念明清史论丛》，东京燎原书店1977年版，后又收入《森正夫明清史论集》第2卷，东京汲古书院2006年版，第269-303页。

③ ［日］森正夫：《民众叛乱史的现状与课题——关于小林一美的论点》，原刊《讲座中国近现代史Ⅰ：中国革命的起点》，东京大学出版会1978年版。又收入《森正夫明清史论集》第2卷，第3-40页。

④ ［日］森正夫：《关于明末社会关系中的秩序变动》，原刊《名古屋大学文学部三十周年纪念论集》，名古屋大学文学部1979年版。又收入《森正夫明清史论集》第3卷，第45-82页。

⑤ 森正夫：《中国前近代史研究中的地域社会视点——中国史研讨会“地域社会的视点——地域社会及其领袖”基调报告》，原刊《名古屋大学文学部研究论集》83，1982年版。又收入《森正夫明清史论集》第3卷，第5-44页。按：此文之中文译本，收入［日］沟口雄三、小岛毅主编，孙歌等译：《中国的思维世界》，江苏人民出版社2006年版，第499-524页。

三个问题:一是社会秩序的变动,亦即以尊卑、贵贱、长幼为特征的明朝旧有秩序的解体与清朝政府所主导的新秩序得以重新建立的历史变动[①];二是乡绅(士大夫)力量在地域社会中的支配问题;三是带有地理性的江南区域问题。若是将三者合一,进而考察明清易代给江南士大夫家族衰替所带来的直接影响,显然对此一问题的研究大有裨益。

社会流动无疑包括纵向流动和横向流动两部分。而纵向流动又包括"向上流动"(upward)和"向下流动"(downward)两部分。若以明代留都南京作为考察的例子,社会流动的加速相当明显:一是外地人大量进入南京城内。史称南京城内自"薪粲而下,百物皆仰给于贸居",导致诸多赚钱的买卖,均拱手让给"外土之客居者"。如典当铺,在正德以前,尚大多为南京本地人所开;至嘉靖以后,典当铺与绸缎铺、盐店,均为"外郡外省富民所据矣"。客居之人大量流入南京城内,陆续把持城市的经济命脉,这显然是横向社会流动加速的明证。二是城市贫富分化日趋明显。这些流入南京城内的客居商人,同样受到"俗尚日奢"这种城市风气的影响,尤以妇女为甚。"家才儋石,已贸绮罗,积为锱铢,先营珠翠。"其结果则是商人之家发迹未几,就"倾覆随之,指房屋以偿逋,挈妻孥而远遁者,比比是也"[②]。这又是上下流动频繁的有力佐证。

根据社会学的社会理论,社会流动还可以分为"剧烈的社会流动"(high social mobility)和"平和的社会流动"(low social mobility)两种[③],而且社会流动与革命潜力也密不可分。尤其是"剧烈的社会流动",更是以暴力革命为其主要形式。可见,运用这方面的社会学理论,并就晚明以来的社会流动(包括科举导致的社会流动以及农民革命所产生的社会流动)进行更为深入的探讨,无疑将成为研究的新趋向。

(一)明末以来社会秩序之变动

揆之明代的社会史,基于科举家族之上的传统的士大夫力量开始出现了较为明显的转变。这种转变固然建立在生产力的发展与商品

---

① [日]岸本美绪:《明清交替と江南社会——十七世纪中国の秩序问题》,东京大学出版会1999年版。按:关于此书主要观点的评述,可参见[日]森正夫:《岸本美绪〈明清交替と江南社会——十七世纪中国の秩序问题〉》,载《森正夫明清史论集》第3卷,第659-668页。

② 顾起元:《客座赘语》卷2《民利》,中华书局1997年版,第67页。

③ William J. Goode, *Explorations in Social Theory*.(New York: Oxford University Press, 1973), pp.299-311.

经济的繁荣、土地渐趋商品化、国家户籍控制的松弛以及农民通过反抗而使自己阶级力量增长等诸多因素之上[①]，但由此也导致了士大夫力量的改变，亦即从世代簪缨的书香门第进而演变为染指乃至把持各个经济领域的"豪绅"。这可以从以下两个方面加以观察：一是农民的土地开始向官绅大量集聚。据明人顾起元的记载，自嘉靖中叶以后，由于朝廷的田赋日增，"细户不支，悉鬻于城中"[②]。换言之，原系自耕农的"细户"，迫于赋役的压力而将土地转卖给城内的官绅之家，最终导致"寄庄户"逐渐增多。其结果，则使江南一带，一些"富家豪民"可以"兼百室之产"，而他们的宅第田园，更是"僭于王侯"[③]。二是官绅家族开始染指工商业并进而控制城乡各级市场。史称吴人以"织作为业"，即使士大夫家族，"多以纺绩求利，其俗勤啬好殖，以故富庶"。值得注意的是，徐阶贵为内阁首辅，却亦"多蓄织妇，岁计所积，与市为贸"[④]。不仅如此，士大夫的势力已经控制了地方各级市场。以明代至清初的华北市集为例，虽有"城集"与"乡集"、"官集"与"义集"之分，但在市集的创设过程中，绅士或豪民均扮演了相当重要的角色。市集一旦创立，其具体的管理过程，尽管相当复杂，诸如寄生于市集、搞不法勾当的刁民、市棍、宦仆等，其作用似亦不容忽略。然从根本上说，他们也无非是"作为绅士、豪民的代理人而介入市场的经营的"[⑤]。而在广东，诸如埠、墟一类地方市场的税收，均已为"私家"所把持。这些所谓的"私家"，其实就是由"宦家""春元""监生""生员"等构成的地方乡绅。根据自己所控势力的大小，各类乡绅分别控制各级市场：较为繁华且收税较多者，理当属于宦家；稍次者，则属于春元；只有那些较为偏僻的"小墟"，才由监生、生员控制。更有甚者，甚至一个生员之父，亦可凭借儿子的身份，在一个村落中"设公座，陈刑具，俨然南面而抽税"[⑥]。"豪右"把持地方市场，藉此抽税，使原本属于"公家"的税收，纳入私囊之中。如当时广东一个小墟，一年可收的税收达百两银

---

① 李文治：《明清时代封建土地关系的松解》，第6-22页。

② 顾起元：《客座赘语》卷2《户口》，第60页。

③ 归有光：《震川先生文集》卷11《送昆山令朱侯序》，清光绪元年(1875)常熟归氏刻本。

④ 于慎行：《谷山笔麈》卷4《相鉴》，中华书局1997年版，第39页。

⑤ ［日］山根幸夫：《明及清初华北的市集与绅士豪民》，载刘俊文主编，栾成显、南炳文译：《日本学者研究中国史论著选译》第6卷《明清》，中华书局1993年版，第341-366页。

⑥ 王临亨：《粤剑编》卷2《志时事》，中华书局1997年版，第70页。

子,而交纳“公家”者,仅仅八钱银子而已。至于大的集市,其所收更是可想而知。[①] 明末清初学者顾炎武曾言:“自万历以后,水利、碾硙、渡场、市集,无不属之豪绅,相沿以为常事矣。”[②]可见,官绅大量购买土地或兼营工商业之风的形成,并进而操纵城乡经济大权,固然说明了明末以来城镇经济缺乏独立性,但更应关注者则是士大夫力量所发生的根本性转变。

晚明以来直至明清易代,社会秩序正处于大的震荡之中,尤以江南地方社会为甚。这种社会秩序的变动,其最为明显的表现形式就是“兵变”“士变”“民变”“佃变”“奴变”不断,并由此对传统的礼教等级秩序造成极大的冲击。以浙江为例,在万历三十九年至万历四十年(1611—1612)之间,兵变、民变、士变接连而起。先是因为月粮留难,导致驻扎在杭州城内的罗木营兵变,军兵闯入督府,“拉吴中丞出而窘辱之”;接着因为编派火夫不均,酿成一场民变,杭州城内的“奸民”聚集一处,“劫夺城中,烧毁陈都谏等家”;其后,号称“青衿士”的地方学校生员又“屡屡不逞”,如嘉兴、湖州二府的生员“围挫有司,学使者不能制”。[③] 至崇祯朝,天下“多故”,军输租调只能依赖于江南地区的赋税。箕敛既烦,民力卒殚,再加之凶荒疾疠不断,致使“吴民亦几嚣然不靖矣”。[④] 南人一向号称柔弱,这些发生在江南地区接连不断的社会动乱,尽管旋起旋定,但是已证明世道“多故”,“乱萌”已起。

考察晚明以来的社会秩序变动,需要从以下两个方面加以考察:一是士大夫力量的内部分化,以及由此而引发的诸多士变、民变;二是以李自成、张献忠为主要代表的农民革命运动,最终导致佃变、奴变一时甚嚣尘上。就社会流动理论来看,两者均属“剧烈的社会流动”。

晚明以来,士变、民变不断。士变虽以学校生员闹事为主要表现形式,但足以证明生员群体在地方上已经形成一股不可忽视的政治与

① 王临亨:《粤剑编》卷2《志土风》,第76页。

② 顾炎武著、黄汝成集释:《日知录集释》卷13《贵廉》,中州古籍出版社1990年版,第322页。

③ 王士性:《广志绎》卷4《江南诸省》,中华书局1981年版,第68页。

④ 徐枋:《居易堂集》卷7《张征君德仲先生七十寿序》,华东师范大学出版社2009年版,第160页。

社会力量。[①] 按照已有的研究成果，自万历末期至天启初年的20多年中，较大的民变达20多起。[②] 民变以反对矿监税使为主旨，将其视为晚明城市中初期的"市民运动"，可具一说。然若转换探讨的视角，借用西方社会史学家梯利(Charles Tilly)所使用的名称"集体行动"(collective action)，将此类城市民变视为"人们为追求共同的利益而聚集行动的行为"，或者将这类集体行动带有暴力行为的事件，称之为"集体暴动"(collective violence)[③]，则更为合适。

尤其值得注意的是，在很多民变中，一些地方官吏与缙绅士儒均参与其间。士变、民变两种形式通常交织在一起，使社会秩序变动中的阶级关系更趋复杂。过去的研究者，简单地将其视作"统治阶级内部的皇权与绅权之争"[④]，事实上是对士大夫力量作为朝廷与地方之间的媒介体的忽视。生员层联合士大夫的上层，共同参与一些晚明城市的民变，说明了士大夫力量的整体一致性。但这仅仅是一个方面。在晚明的士变中，有两种现象尤其值得注意：一是生员殴辱官吏或父母官，导致纪纲颓坏；二是生员与乡宦之争，最终导致绅、衿对立、分化。可见，晚明纷纷出现的士变，却正好说明士大夫的力量也处于日益分化之中。换言之，生员层渐渐从士大夫中游离出来，成为相对独立的一股社会力量。

从史料记载可知，在明代嘉靖初年，江南尚可称"古风犹存"。然

---

① 关于明代士变最有建设性的研究成果，可参看日本学者夫马进所撰二文：《明末反地方官士变》，载《东方学报》，第52册(1980年3月)，第595-622页；《明末反地方官士变补论》，载《富山大学人文学部纪要》，第4号(1981年3月)，第19-32页。相关的研究成果，亦可参见陈宝良：《明代儒学生员与地方社会》，中国社会科学出版社2005年版，第403-412页。

② 刘炎：《明末城市经济发展下的初期市民运动》，载存粹学社编集、周康燮主编：《明代社会经济史研究》第1集，香港崇文书店1975年版，第190-220页。又有学者认为，明末城市民变，至少有25次。参见 Tsing Yuan, "Urban Riots and Disturbances," in Jonathan D. Spence and John E. Wills, Jr.(eds.), *From Ming to Ch'ing: Conquest, Region, and Continuity in Seventeenth-Century China*(New Haven and London: Yale University Press, 1979), pp. 279-320. 按：关于晚明城市民变，亦可参见刘志琴：《城市民变与士大夫》一文，原载《明清史国际学术讨论会论文集》，天津人民出版社1981年版；又收入氏著：《晚明史论——重新认识末世衰变》，江西教育出版社2004年版，第133-158页。

③ 巫仁恕：《明清城市"民变"的集体行动模式及其影响》，载郝延平、魏秀梅主编：《近世中国之传统与蜕变：刘广京院士七十五岁祝寿论文集》，台北"中央"研究院近代史研究所1998年版，上册，第230页。

④ 刘炎：《明末城市经济发展下的初期市民运动》，载《明代社会经济史研究》第1集，第217-218页。

自万历以后，风习大变，从而导致统治者与被统治者之间的秩序颠倒。根据明人李乐记载，在当时的江南发生了五大之变，分别为“董氏之变”“范氏之变”“闵潘之变”“华亭徐氏之变”“僧士之变”。这五大事变，既包括农民针对绅士压价买地而组织起来的退地之争，亦包括下层士人针对上层乡绅之争，无不表明“世道”显得“乖张诧异”，“气象人心”发生巨大转变，而士大夫家族不再可以高枕无忧，不得不为世道人心担忧。① 从上面五个事变可知，当时的民变已经与士变混合在一起，进一步证明明季阶级关系的复杂性。

随之而来者，天启年间则有“民抄董宦”之事的发生，说明“乱民”四起已成一时风潮。崇祯十三年(1640)夏，因为米价腾贵，致使苏州府“饥人汹汹”，抢掠之风顿起。至六月二十日夜，百姓首先焚劫巡抚陆文献家，“居第悉为灰烬”。陆氏“富于财，秽于行”，故百姓藉此“纾忿”。至二十三日，太仆寺卿徐泰之家亦被劫，“白昼千人涌入，杂器齐毁，囊积半空”②。清顺治元年(1644)四月三十日晚，江阴县的百姓获知京城被李自成农民军攻破之后，一些市井不逞之徒，乘机生乱，“三五成群，各镇抢掠焚劫，杀人如草”③。

清人于墉所著《金沙细唾》论及金坛县的乱源时有云：“余纪三案，先叙闯、献流毒之颠末，以见吾邑之祸所由酿者，其来有自矣。”④可见，明末乱祸之源，士大夫力量之衰落，无不需要从“闯、献流毒”说起。明代崇祯末年，确实已是“萑蒲伏莽在在窃发”⑤，社会秩序已经处于动荡飘摇之中。入清以后，如在苏州，顺治二年(1645)五月十四日，新任巡抚霍达将“抢夺乱民四人斩于泊舟水次”。十七日，又将“乡间乱民

---

① 李乐：《见闻杂记》卷5，上海古籍出版社1986年版，第455-461页。按：李文治疑史料所云“董氏之变”似为大学士华亭县董其昌家，并将此事发生的时间断为天启年间(参见氏著：《明清时代封建土地关系的松解》，第23页，注1)。此显为误读，其实应为浙江湖州府乌程县尚书董份家族之变，时间确在万历年间。相关的考证及其探讨，可参见[日]佐伯有一：《明末董氏之变》，载刘俊文主编，栾成显、南炳文译：《日本学者研究中国史论著选译》第6卷《明清》，中华书局1993年版，第304-340页。

② 佚名：《研堂见闻杂录》，上海书店1982年版，第245页。

③ 韩菼：《江阴城守纪》上，上海书店1982年版，第42页。

④ 于墉：《金沙细唾·三案唾雾》，载中国社会科学院历史研究所清史研究室编：《清史资料》第2辑，中华书局1981年版，第156页。

⑤ 于墉：《金沙细唾·湖寇》，载《清史资料》第2辑，第156页。

一人枭斩”。即使如此，还是“群心日久惶惶”。[①] 明末清初学者陈确所著《盐州篇》一诗，生动地记录了明清易代之际，浙江嘉兴府海宁县社会秩序的变动。细绎诗义，大抵可以说明以下两点：一是在崇祯末年至弘光元年（1645）这一“世乱”时期，已经演变成为“贫儿骤饱富儿馁，凶人久活善人死”的失范时代。世乱的反映，则是是非的混乱，不但捍卫乡里的“乡兵”杀人如麻，而且所谓的“义军”，亦是“焚家劫藏”。在此失范时代，“大第高门尽煨烬”，士大夫家族受到很大的冲击。二是所有这些动乱，究其根源，还是因为“昔日承平风俗恶”，不仅“乡官”豪横，而且任由“群仆”恣肆，“沿邨扑捉吏不呵”，地方官吏不加整肃。如此之“纷纷报复”，终归空虚，一旦清兵南下，其结局则是无论是“大家”，还是“小家”，一同归于沦没。[②]

究奴变的兴起，还是源于明季士大夫不加自爱，其所蓄养的仆隶相当之盛。如湖广麻城的梅、刘、田、李四姓，“家僮不下三四千人，雄长里闬”[③]。可知盛极必衰，士大夫家族大量蓄养奴仆，甚至任由他们恣肆，最终导致奴仆势力大增。自崇祯末年至清初，奴变四起。如崇祯十五年（1642）十二月，张献忠攻打黄梅之时，麻城的绅士希望组织队伍捍蔽地方，让手下奴仆纠率同党，砍牲为盟，结成“里仁会”，藉此与张献忠的义军相抗衡。然至崇祯十六年（1643）四月，当张献忠攻破麻城之后，群奴反戈一击，“炮烙衣冠，推刃其故主，而投献忠”，成为献忠义军的“新营”。至于“里仁会”的首领汤志，亦杀死诸生60余人，与周文江一同呼应义军。[④] 自崇祯十七年（1644）至弘光元年（1644—1645）之间，江南的嘉定、金坛、溧阳诸县及太仓州，亦纷纷发生奴变。崇祯十七年（1644）五月，嘉定县一位姓华的生员之家，家奴发生变乱，“合他姓奴客同时起，缚主杖之，踞坐索身契，所至数万人”[⑤]。在金坛县，缙绅家奴潘某于崇祯十七年（1644）五月号召群奴谋弑主人，组织“削鼻班”，自称主帅，下面所聚达数万人。至清顺治二年（1645）六月十三日，金坛县的豪奴趁着动乱，再次组织“削鼻班”，在城隍庙中聚盟，约合一县奴仆“叛主，勿执役”，“缚故主，胠其囊箧，索身契，横行剽

---

① 佚名：《吴城日记》卷上，江苏古籍出版社1985年版，第201页。

② 陈确：《陈确集》，《诗集》卷4《七言古诗·盐州篇》，中华书局1979年版，第684页。

③④⑤于埔：《金沙细唾·僮变》，载《清史资料》第2辑，第159页。

惨”,“去主从乱凡四五万人”。[①] 弘光元年(1645)五月,溧阳彭氏仆人潘茂亦组织了“削鼻党”,将县中仆隶悉数招入党内,“其主有不还券契者即杀之”。又据《莼羹堂集》,当时江宁、常州等处的奴仆亦各相仿效,组织“削鼻党”。[②] 弘治元年(1645)五月,太仓州的奴仆倡为“索契”之说,一呼千应,各至主人家门,逼还卖身之契。主人应付稍慢,“即举火焚屋,间有缚主人者,虽最相得,最受恩,此时各易面孔为虎狼,老拳恶声相加”[③]。其最著名者,则是徐氏家奴顾慎卿所组织的“乌龙会”,甚至太仓州沙溪镇的学校生员吕之模亦“跳入其中,手执牛耳,呼召群小”。[④]

明末清初,佃农为了反抗土地所有者的过分剥削,亦开始有组织地进行暴动,是即“佃变”。如崇祯年间,福建泉州府属南安县的农民组织了“斗栳会”;同安县苎溪十八保的佃农,则倡为“平斛”之说。顺治三年(1646),福建宁化县的黄通,首以“较正斗斛”为名,起而反抗;其后,赣南宁都的闽佃,亦组织“长关”,创立“千总”“万总”等名号,起而响应。至于闽西北诸县的佃农,更是群起响应,纷纷创立“田兵”[⑤]。

(二)明清易代与社会变迁

俗语云:“宁作太平犬,莫为乱世民。”明清易代,一种看似寻常的朝代更替,却带来了诸多社会性的后果:一方面,烽烟四起,百姓身处乱世之中,夫挈其妻,父携其子,整天为逃难而疲于奔命。这种乱世的生活,对百姓来说是一种灾难。另一方面,对士大夫来说,世态沧桑,旧朝覆亡,新朝初立,旧的政治特权已经失去,而且时刻面临着来自两大力量的威胁。在明代势力颇盛的士大夫家族,经易代之后因为失去了原先在政治上的权势,逐渐走向衰落。这基本可以体现士大夫社会的一些特点,即士大夫家族与科举功名乃至政治权势的合一。这是来自新朝政权的威胁。除此之外,到处风行的“奴变”“佃变”,亦对旧秩序社会中占据领导地位的士大夫是一个不小的冲击,并使之逐渐丧失

---

① 于墉:《金沙细唾·僮变》,载《清史资料》第2辑,第159-162页。

② 周廷英:《濑江纪事本末》,载《清史资料》第1辑,中华书局1980年版,第139-141页。

③ 佚名:《研堂见闻杂录》,第274-275页。

④ 佚名:《研堂见闻杂录》,第247、249、250页。

⑤ 关于明末清初的佃变,可详细参见傅衣凌:《明末清初闽赣毗邻地区的社会经济与佃农抗租风潮》《明末南方的“佃变”“奴变”》,载氏著:《明清社会经济史论文集》,第367-370、390-392页。

传统秩序领导者的地位。

明清交替之际，兵燹连绵，战祸不断，百业凋敝，晚明以来的经济兴盛暂时陷入一个衰退期。当时全国，尤其是江南，这种由盛至衰的社会变迁，无不充斥于清初士人的历史记忆中。以下从全国与江南两个方面加以考察。

其一，全国性的萧条景象。如北方的山东临清，当明盛之时，其繁华几乎可以与扬州、苏州相比拟。但自崇祯十六年（1643）之后，已是"大半焚毁，缙绅驱车而过者寥寥"。弘光元年（1645），魏裔介曾从家乡南游，路过山东临清，发现仅仅"隔河青帘摇摇，犹闻歌声呜呜然"。①

至于南方的广东、福建，战乱给当地经济的冲击亦相当明显。地处岭南的广东，尽管有"地僻"之称，但在明代已称"饶乐"，"多象犀珠玑、翡翠毒冒之物"。入清以后，即使清廷平定五岭超过十年，但由于广泛执行海禁政策，"番舶贾易之货不以时至"，最终导致广东百姓日益贫困，"盖已非前代饶乐之比矣"。尤其是清廷所严厉实施的迁海政策，更使沿海居民，"以饥寒踣死道路者累千万户"。至于平江、杨梅、青婴珠池之中，亦不再出产珍珠。② 清初，广东吴川县的变化就是明证。据史料记载，顺治四年（1647）正月，吴川士民知悉清兵入广之后，就家家杀六畜，请食相辞，称"世界不可知"，等到元宵节后再入山逃难。一时人心大变，"至亲瓜葛俱私通兵贼劫掠"。等到清朝知县到任，无论是钱粮的征收，还是徭役的编派，无不按照明代所定则例，致使"富者倾家，贫者典妻鬻子，流徙逃窜，民不聊生"③。早在顺治四年（1647），福州因发生饥荒而导致百姓四处逃窜，所见百姓无不鸠形鹄面，甚至四五十家的街巷，难以见到一个行人，"死亡十之八九"④。清兵进入福州之后，军需之外，凡官府所用，公私所给，一切皆取之民间。故正供之外有马草，径跕之外有民夫，用无定额，取无定数，日烦一

---

① 魏裔介：《兼济堂文集》卷15《南游记》，中华书局2007年版，第392页。

② 汪琬：《钝翁前后稿》卷23《文稿》11《序》1《送屈介子序》，载氏著、李圣华笺校：《汪琬全集笺校》，人民文学出版社2010年版，第2册，第543页。

③ 陈舜系：《乱离见闻录》卷中，载中国社会科学院历史研究所明史室编：《明史资丛刊》第3辑，江苏人民出版社1983年版，第249页。

④ 海外散人：《榕城纪闻》，载《清史资料》第1辑，第7页。

日。[①] 如顺治十二年(1655)十月,清兵驻扎于福州南门、水部、东门各郊外,"住人家,索酒肉金帛,役使主人饲马,稍违即捶楚交加,虽小小厮卒呼唤一声,惟其指挥,靡敢逡巡"[②]。为了应付清兵,地方官府向民间百姓征粮派夫,导致"百色生业俱废"。其中最苦者,当数夫、草二项。稍有违误,即身家不保,或被殴踢,血肉淋漓。[③]

其二,江南地区由盛转衰。清人汪琬言:"自国家抚定江浰,而吾吴又更湖海寇盗之虞,公私庐宇其废为丘墟灌莽、狐鸣鸱啸之区者,十将三四。"[④]堪称当时实录。

先来看南直隶之苏州、松江两府。明代苏州之盛况,多为史料所揭示,无需赘言。然入清之后,苏州趋于衰败,则是相当明显。如顺治三年(1646),苏州吴江县的宝带桥、白龙桥均被拆断,"上搭木牌而渡兵马,盔甲照耀,锦绣华彩,水中浮起死尸,有无头无手者、砍坏身体者,种种无数"[⑤]。松江府城,虽不及苏州之大,但在明代已有"棉都"之称,百姓生活殷富。自明朝过来的清初人曾羽王、姚廷遴两人,对明代松江府之繁华,均有回忆。据曾羽王记载,松江府城的东西南北,"非官家栉比,即商贾杂居,市物列陈,无一隙地"[⑥]。姚廷遴幼年时曾到过松江城,所看到的城中风俗,则是"名宦甚多,旗杆稠密,牌坊满路。至如极小之户,极贫之弄,住房一间者,必有金漆桌椅、名画古炉、花瓶茶具,而铺设整齐。无论大家小户,早必松萝芫荽,暮必竹叶青状元红。毋论贵贱男女,华其首而雅其服焉;饮食供奉,必洁其器而美其味焉"[⑦]。如此看来,松江确乎可称江南锦绣之地。入清之后,由于松江府发生沈犹龙起义守城之举,最终致有屠戮之惨。从曾羽王、姚廷遴两人的记载可知,李成栋率兵攻破松江城之后,"横尸遍路,妇人金宝捆载而去"。城中东南一带,房屋宅第均为官兵所占,后来又被兵卒拆毁,乡绅之楼台亭榭,尽属荒丘。此外,清兵破城之后,焚烧城市,火

---

① 海外散人:《榕城纪闻》,载《清史资料》第1辑,第6页。

② 海外散人:《榕城纪闻》,载《清史资料》第1辑,第9-10页。

③ 海外散人:《榕城纪闻》,载《清史资料》第1辑,第13页。

④ 汪琬:《钝翁前后稿》卷33《文稿》21《记》2《重修慧庆寺正殿记》,载《汪琬全集笺校》,第2册,第700-701页。

⑤ 姚廷遴:《历年记》上,载《清代日记汇抄》,上海人民出版社1982年版,第63页。

⑥ 曾羽王:《乙酉笔记》,载《清代日记汇抄》,第14页。

⑦ 姚廷遴:《历年记》上,载《清代日记汇抄》,第59页。

从秀野桥烧起,直烧至东门外。又从南门烧起,直烧至府前谯楼,俱为灰烬。“北门四周俱烧尽,存者只有十分之二。”[①]经此劫难残毁,松江昔日繁华,已减十分之七。云间锦绣,顷刻化为瓦砾之区。

再来看浙江各地在清初所遭致的兵燹之祸。自宋代以来,民间就有“上说天堂,下说苏杭”之谚,说明杭州之繁华足以与苏州并驾齐驱。在明代,杭州西湖已经成为官宦、富商的销金窟。如钱塘宝石山,踞西湖之背,山上有保叔塔,成为当地人的登临胜处。僧寮佛阁,参差窈窕,朝霏夕霭,松风铎语;下视六桥,烟波如画;倚栏而揽凤凰之山,楼台雉堞,蔽亏云日,万井千逵,灿然在目。在盛明之时,士女嬉游,踏青拾翠,岁无虚日。而当地的官员,亦“往往挈壶觞,却驺驭,以为登高避暑之地”。然入清兵兴以来,渐失旧观,相轮缺折,廊殿摧颓,狐狸昼啸,鼪鼯夜号。世尊有尘埃之叹,僧徒乏营缮之资。其结果,则是“游人旅宦,蜡屐亦因而不前矣”[②]。面对西湖的盛衰,清初人陈确不胜感慨,写下一首《西湖书感》诗,藉西湖变迁以抒写个人情怀,其中云:“西湖春望不胜嗟,宛转南城牧马遮。三竺云封迷客屐,六桥苔滑蹶行车。泉声自咽忠臣庙,草色全荒处士家。痛哭孤山徐孝子,虚亭寂寂拚梅花。”[③]杭州南城,成清兵牧民之场,而西湖游览胜地,更是成为清兵饮马之池。嘉兴府的萧条景象大抵相同。在盛明之时,嘉兴烟雨楼游客丛集,一片繁华。至清顺治三年(1646),姚廷遴到了嘉兴烟雨楼,尽管垂杨弄烟、波光带雨,景色依旧,但经历了“兵马之后”,“惟见寂静无人”,“绝无游人”。[④] 嘉兴海宁县,在明清更迭之际,饱受战乱之祸。世事翻覆,不可度测;昔日衣冠,今已成盗贼。陈确诗句云:“夜深贼火彻天红,出门窃望弥西东,顷刻千邨净如洗,平明听说心怔忡。”[⑤]这是指乡村遭到盗贼的洗劫。陈确又有诗句云:“君不闻钱塘江上炮声哀,日日夜夜轰如雷,潮水退后沙岸上,死人百万舂成堆?又不见盐官城

---

① 曾羽王:《乙酉笔记》,载《清代日记汇抄》,第 14 页;姚廷遴:《历年记》上,载《清代日记汇抄》,第 59 页。

② 宋琬:《安雅堂文集》卷 2《重修宝石山山门殿宇碑记》,载氏著:《宋琬全集》,齐鲁书社 2003 年版,第 64 页。

③ 陈确:《陈确集 · 诗集》卷 8《西湖书感》,第 775 页。

④ 姚廷遴:《历年记》上,载《清代日记汇抄》,第 63 页。

⑤ 陈确:《陈确集》,《诗集》卷 4《七言古诗 · 世事篇寄丁两表兄》,第 688 页。

里高楼台，连云耀日无纤埃，前年造作工未毕，去年烧尽惟寒灰?”[①]在战祸之下，海宁城内连云耀日的士大夫楼台，已被烧毁殆尽。至于湖州山水，号称秀绝东南。当明代太平无事之时，优游闲适，极登临燕赏之娱，风流遗事，宛在耳目之前。入清之后，时移势殊。先是兵燹，继以大狱，致使湖州“鸡连鱼烂，井屋榛墟”[②]。

此外，诸如安徽与江西，在战火的冲击下，亦是士大夫园林被毁，经济衰落，一片萧条景象。以池州府为例，在明季时，士大夫多在万松山下置立亭馆。清兵攻克池州之后，则已是“荡为墟莽久矣”[③]。安徽徽州府，自古就有“膏腴地”之称，尤以徽州商人著名。兵兴以来，一些“素封巨贾”，均挟资走四方，导致“阛阓空虚，村落凋敝”，但“实去名存，供亿支吾，尝救过不给，复何文墨之暇为”[④]？文墨聚会，实为太平景象的点缀。一旦战乱不断，经济萧条，应付日常生活尚成问题，哪有余暇去舞文弄墨？江西的情况亦不容乐观。如江西南安府，素称雄郡，水路通衢，自应阛阓喧阗、商贾辐辏，成一派繁盛景象。但到了清初，“一二残黎万死一生，相率携持妇子，荡析离居。兼之兵马云扰，心怀疑惧，即绅衿巨姓，亦皆星散远方”。于是，祖遗房屋，任其倾圮。南安城内，“一望萧条，惟有败瓦颓垣，寒烟衰草”[⑤]。康熙年间，曾任江西昌化知县的陶元淳经过实地咨访，深感当地百姓，“坠于涂炭”。一入县境，所过“田畴芜秽，村落邱墟，竟日行榛莽间，不见一人”。而在县城之内，更是“城垣颓敝，学校废弛，士无弦诵之声，家鲜瓶罍之积，物产萧条，商贾不至”[⑥]。

“孑黎何辜，斩艾未厌?”生活在明清之际的人们，无不有此设问。明清更迭，给饱受战乱之苦的士民造成了很大的心灵创伤，使清初士人有“天之不仁”之叹。何以言此？简言之，就是两朝更替导致剧烈的社会变迁，诸如，过去的高门阀里，会通大都，已是烬冷烟飘，无复存

① 陈确：《陈确集》，《诗集》卷4《七言古诗·君莫愁》，第686页。

② 宋琬：《安雅堂文集》卷1《吴菌次艺香词序》，载《宋琬全集》，第26页。

③ 钱澄之：《田间文集》卷20《陟园题词》，黄山书社1998年版，第393页。

④ 施闰章：《施愚山集·文集》卷4《曹氏一家言序》，黄山书社1992年版，第76页。

⑤ 汤斌：《汤子遗书》卷8《招徕流亡修复故居以奠民生》，载氏著，范志亭、范哲辑校：《汤斌集》，中州古籍出版社2003年，上册，第461页。

⑥ 徐栋：《牧令书》卷15《保息·饬吏正俗四约》，载《官箴书集成》，黄山书社1997年版，第7册，第335页。

在。无奈之下,只得选择一片荒裔之地,暂且偷生,且亦不得安宁,仍不时会遭到祸衅的威胁。世道如此,人力无奈,天亦无救,可见“天之颓惰恇怯,狥势委利,与人无异”①。清初遗民徐枋对天的质疑,确乎道出了当时士人的心声。

(三)社会秩序的重建

随着晚明礼教藩篱的分崩离析,传统的等级秩序亦处于风雨飘渺之中,并受到来自各方社会力量的冲击。明清易代之后,经过新朝的多方努力,社会秩序得以重建。揆诸清初士大夫的言论,无不为了迎合社会秩序的重建。即以“奇士”为例,晚明士大夫所崇尚的奇士,大多“矫尾厉角,四目两口,崭然自异”,显与平常之人不同。入清之后,钱谦益已将奇士进行了改造,将其定为“经天纬地”“守先待后”“谋王断国”之人。换言之,就是要求“官守职,士守道”。那么,士人如何守道?在钱谦益看来,就是必须保有“经学”。士人有经学,就好像耕夫“有畔”、织妇“有幅”一样。从“良农不失畔”“红女不失幅”的道理出发,士人理应不失经学。唯有如此,方可回到“士之士恒为士”的老路上去。以“士服旧德”为基础,进而“工用高曾”,使“四民各得其所”,重新建立“教化行而风俗美”的社会秩序。②

在晚明礼教失范、秩序失衡的时代里,言论的重要性被上升到相当高的位置,其结果则造成以下两大结局:一是士大夫言论不再以孔子的是非为是非,而是直抒胸臆、张扬个性;二是士大夫敢于直言,甚至能做到犯颜直谏,并对君权形成一定的冲击。入清之后,士大夫为了适应社会秩序的重建,对晚明盛极一时的言论自由倾向多加匡正,使之回到传统的轨道上来。

与王阳明倡导重视匹夫匹妇之是非不同,到了清初,重新出现了一种重视君子之是非甚或圣人之是非的思潮。王夫之、魏禧就是其中典型的代表。如王夫之认为,天下存在着“大公至正之是非”,尽管“匹夫匹妇”有时也能知道这种是非,而且圣人也不能违反。但从根本上说,“君子之是非”,终究不同于“匹夫匹妇”之是非,甚至不与匹夫匹

---

① 徐枋:《寄绥安聂桂侯》,载周亮工辑:《尺牍新钞》卷6,岳麓书社1986年版,第204-205页。

② 钱谦益:《有学集》卷22《赠谷愧莪序》,载氏著:《钱牧斋全集》,上海古籍出版社2003年版,第894-895页。

妇“争鸣”。君子“以口说为名教”,所以君子的是非一出,“天下莫敢不服”,就可以重建“君子”言论在社会上的权威性。[①] 魏禧作有《平论》四篇,究其本意就是为了“平己之情以平人之情”。换言之,他欲将明末是非、好恶、毁誉、赏罚之混乱,重新加以清理,以定于“平”。然而,他所谓的“平”,绝非是一种平等,而是通过“平情”的过程,使晚明以来社会的混乱现象重新趋于稳定。于是,他就不得不以圣人作为是非的标准。他认为,由于是非的混乱,必须“衷之以圣人之说”[②]。这是重建圣人在社会上的权威。

与晚明重视个人言论的时代风气相较,清初士大夫开始对言论作了很好的反思,其反思的结果,就是反对“轻言”,倡导“不乱说”,藉此维系社会秩序的稳定。如王夫之认为,替人谋国之人,即使有了“一罅之知”,也必须“慎密以俟之,毋轻于言”[③]。与明代士大夫重视言官不同,清初的士大夫开始对言官的职责加以反思。反思的结果,一方面,出现了反对台谏的言论,如杨彭龄,在追摘明代旧事时,谓“明末大臣畏台谏,台谏树朋党,终误社稷”[④]。即为典型一例。另一方面,更是对设立专职的言官表示怀疑。如王夫之认为,在上古之时,人人得以向君主进谏,并无设立专职的言官,这是因为“不欲天下之以言为尚”。然而,王夫之所信奉的,则是《易经》中的说法,即“乱之所由生,则言语以为阶”,藉此希望回复到原本言无专官的时代。[⑤]

王夫之当然也肯定“公论”在朝政中的重要性,但他同时认为公论应该是“朝廷之柄”,而不应由外臣掌握。[⑥] 从上面所说不难看出,王夫之就连外臣的议论都有所否定,更遑论在野士人的“清议”甚或党社“声气”了。所以,在对待党社结盟的态度上,王夫之也持反对的态度。这显然与其父王朝聘的影响有关。[⑦] 与此同时,陈确也在反思人们的言论,所以他将“不乱说”三字,提到相当高的层面,以便对士人有所约束。[⑧]

---

① 王夫之:《读通鉴论》卷末《叙论》2,中华书局 2002 年版,第 951 页。

② 魏禧:《魏叔子文集外篇》卷 1《平论》1,中华书局 2003 年版,第 78 页。

③ 王夫之:《读通鉴论》卷 2《文帝》23,第 43 页。

④ 施闰章:《施愚山集·文集》卷 21《文学杨子商贤墓志铭》,第 437 页。

⑤ 王夫之:《宋论》卷 4《仁宗》,中华书局 2003 年版,第 86-87 页。

⑥ 王夫之:《读通鉴论》卷 14《安帝》2,第 388 页。

⑦ 王夫之:《薑斋文集》卷 10《家世节略》,载氏著:《王船山诗文集》,中华书局 1983 年版,第 107 页。

⑧ 陈确:《陈确集·别集》卷 1《辰夏杂言》,第 414 页。

元代儒家学者许衡提出学者以“治生为急”,此说在明代引起了广泛的反响,以致有人肯定儒家学者以经商“治生”,最终出现了“士商相混”的现象。一至清初,治生之说开始进行了新的调整,以适应当时重建社会新秩序的需要,这就是将治生层面局限于以“稼穑”为先。① 面对晚明职业混淆的局面,清初学者张履祥重新对职业的高低进行了区别。其说有两大特点:一是人必须固守“恒业”,唯有恒业,才能使人有“恒心”;二是在恒业之中,也必须有所选择,只有“士农”二业才算正业,其他如商贾、工技、医卜之类,则一概视之为贱业。此外,他还告诫人们,不能堕入娼优下贱,以及市井“罡棍”、衙役里胥之类。② 与晚明很多学者对大众的肯定与重视正好相反,王夫之将农民与商人均归入“小人”之列,称农民为小人中之“拙”者,而商人则为小人中之“巧”者。③

二、礼教的重建与文化史的转向

正如研究者周启荣所言,为了改变自己的历史境遇,清初的儒家学者在探讨道德、经典知识和社会秩序时,更强调礼的中心作用。礼开始影响各种各样的思潮,诸如纯粹主义和古典主义,试图重新解释儒家传统,以便更好地应付一大批自晚明以来不断困扰人们的问题。在清初,思潮的主流是与绅士试图改革文化紧密相连的,而这种文化已在16世纪因受商业化和都市化的影响而出现戏剧性的转变。于是,清初强制取缔都市化文化的各种形式。清初的礼教主义者通过扩大家族关系的束缚以强调道德修养或增加社会团结,目的是为了有助于重建绅士作为地方社会中思想、道德和社会的领导者。④

(一)礼教的重建

满洲入关,以及随之而来的明清两朝易代、鼎革,势必会对士大夫的生活史造成很大的冲击,而其结果则是清初礼教秩序的重建。在清初,保守的文人学士力图把僵硬的道德准则强加于社会生活的方方面

---

① 张履祥:《杨园先生全集》卷36《初学备忘上》,中华书局2002年版,第993-994页。

② 张履祥:《杨园先生全集》卷47《训子语》上《子孙固守农士家风》,第1352页。

③ 王夫之:《读通鉴论》卷14《哀帝》3,第372页。

④ Kai-wing Chow, *The Rise of Confucian Ritualism in Late Imperial China: Ethics, Classics and Lineage Discourse* (Stanford, California: Stanford University Press, 1994), p.1.

面。正如周启荣所言,在16世纪与17世纪的大部分时间,江南地区来自绅士和商人家庭的妇女不仅是文学、文化的消费者,而且是创造者。但自清初以后,妇女已被告诫不要阅读白话小说,不要看戏,不要在街上行走或者在公众场合男女混杂。[①] 康熙年间严查禁止小说、戏曲的行动,已经足以证明,清初的统治者从"正人心,厚风俗"的目的出发,将小说、戏曲视为"败俗伤风"的"非圣之书"而加以禁绝。[②]

清初重建礼教的过程,大抵体现在以下三个方面。

其一,在"礼"与"情"的关系问题上,重新转向以"礼"抑"情",导致士大夫的妇女观开始趋于保守。晚明妇女自我意识增强以及士大夫女性意识的改变所带来的妇女解放的一线光明,至清初已被理学的乌云完全遮盖,妇女仍然落入礼教的重压之下。这可以从以下两个层面加以讨论。一是在"礼"与"情"的关系问题上,清初重新转向以"礼"抑"情"。这可以清初文人学者张尔岐、杜濬两人的相关之说加以讨论。就"礼"论来说,张尔岐对"礼"进行了重新诠释。这种新诠释,主要集中于以下两点。首先,张尔岐说:"夫礼,抑人之盛气,抗人之懦情,以就于中。天下之人质之所不便,皆不能安。不安,恐遂为道裂,指礼之物而赞以坦易之辞,以究其说于至深至大至尽之地,所以坚守礼者之心而统之一途也。"尽管有将"礼"归于原始的"中庸"的色彩,但其最终目的还是想让人心"守礼",进而"统之一途"。其次,张尔岐又说:"礼者,道之所会也,虽有仁圣,不得礼,无以加于人。则礼者道之所待以征事者也,故其说不可殚。圣人之所是,皆礼同类者也。圣人之所非,皆礼之反对者也。"[③]与晚明学者不以圣人是非为是非不同,张尔岐不得不又重新回到礼教最为传统的老路,亦即以圣人的是非作为确立礼教的准绳。就"情"论而言,杜濬尽管强调"情"的重要性,但他所谓的"情",已与汤显祖为之大唱赞歌的"情"迥然不同。换言之,虽然杜濬仍提倡"情贵与壹",然而这种"情"已经流变为"忠""孝""贞"的同义语[④],其目的还是维系传统的纲常伦理秩序。二是在妇女观上,与晚明诸多学者开放的心态与意识迥然不同,清初学者的妇女观转而趋于保守,随之而来的则是男尊女卑的观念在清初重新甚

---

① See Kai-wing Chow, ibid, p.4.

② 刘廷玑:《在园杂志》卷2《历朝小说》,中华书局2005年版,第85页。

③ 张尔岐著、张翰勋整理:《蒿庵集》卷1《中庸论》上,齐鲁书社1991年版,第23-24页。

④ 杜濬:《变雅堂遗集》卷3《华山畿拟古题词》,清光绪二十年(1894)刻本。

器尘上。如王夫之云:“不可拂者,大经也。不可违者,常道也。男正位乎外,女正位乎内,既嫁从夫,夫死从子,妇道之正也。”[①]清初学者陆世仪亦认为,教育女子,“只可使之识字,不可使之知书义”。究其原因,就是妇女识字以后,可以治理家政、治理货财,藉此免除丈夫的劳累。然如果知道书义,亦即知晓读书的道理,不但没有用武之地,反而会出现“导淫”的恶果。随后,陆世仪以李清照为例加以说明,认为如果李清照不知道书义,就未必不是一个好女子。[②] 所有上述言论,无非为了强调妇女从一而终,男女内外有别,以及反对妇女从政乃至干政。就清初妇女观而言,与晚明相较,无疑是一种退步。

其二,与晚明士大夫自我意识渐趋高涨不同,清初士大夫的自我意识开始趋于衰落。同时,与明代士大夫对异端持一种宽容的态度不同,清初士大夫重新开始在正统与异端之间确立一道水火不相容的鸿沟。王夫之就是其中的代表人物。王夫之对异端持一种排斥的态度,他所谓的异端,矛头已直指儒家内部的异己分子,进而将“辟异端”归结为“学者之任,治道之本”。至于“异端”所论治国之术,诸如“黄老”“申韩”之类,王夫之均持一种否定的态度,认定它们“与王者之道相背戾”。[③]

随之而来者,则是士大夫在人格追求上实现了两大转变:一是从“奇异”转向“平易”;二是从“狂狷”转向“完人”。

与晚明士人崇尚“怪人”“奇士”不同,清初士大夫对“怪人”“奇士”作了重新的论定。王夫之对“怪士”殊无好感,他说:“怪士不惩,天下不平。使明主戮之,而天下犹惜之。大经不正,庶民习于邪慝,流俗之论,以怪为奇,若此类者众矣。”[④]尽管魏禧承认天下的“大节奇功”,绝非那些“寻行数墨之人”所能辨别,然奇士的举动、议论,不单惊心骇目,实有一种“大言嚣气”。这就容易被“轻浮险躁之徒”所假借,不但为老成人所抛弃,而且其弊至于“祸身”。[⑤] 至清初李塨,在《富平赠言》中,专列一条“戒奇异”,主张从“至平之易”的“仁心”“仁政”,

---

① 王夫之:《宋论》卷4《仁宗》1,第76页。

② 陆世仪:《思辨录辑要》卷1《小学类》,清同治五年(1866)刻本。

③ 王夫之:《宋论》卷14《理宗》2、6,第240、249页;王夫之:《读通鉴论》卷7《和帝》8,第181页。

④ 王夫之:《读通鉴论》卷5《王莽》4,第122页。

⑤ 魏禧:《魏叔子日录》卷1《里言》,载氏著:《魏叔子文集》,中华书局2003年版,第1101页。

导引出“平地成天”的“至奇”“至变”，而不是“假鬼神、好元虚、说梦幻”，甚至去讲“六壬、奇门、南宫、剑客”。果若如此，不但无益，而且容易“杀身祸世”[①]。至此，最终确立了从“奇异”向“平易”的转变。

众所周知，晚明是士大夫追求个性狂放的时代，也是一个产生“狂人”的时代。明清易代之后，士大夫开始对“狂人”产生质疑。如王夫之提出一个“懼”字，与其说是藉此规范人君的行为，倒不如说是通过“懼”“慎”来规范士人的行为。[②] 而张履祥则通过“恭俭”二字，而对士人之“傲”与“狂狷”提出批评。[③] 尤其是“狂狷”，张履祥认为，假若士人“狂”而不能“进取”，就会“轻世肆志”，最终流为“荡”；假若士人“狷”而不能“有所不为”，就会“齷齪拘谨”，最终沦为不如“踁踁小人”。如此狂狷，实与“乡愿”无异。[④] 至于钱澄之眼中的“完人”形状，更可证明晚明士大夫人格开始从偏于一端的狂人、怪人、僻人、痴人，转向中庸的“完人”。[⑤]

值得注意的是，清初士大夫的自我意识也开始趋于式微。这可以钱谦益与归庄为例加以说明。钱谦益将“无我”与“有我”作了很好的区分：所谓无我，就是“至公”，也就是“公其身于天地万物，而不以天地万物与于吾身；公其身于天地万物，则吾之身即天地万物也”。反之，“以天地万物与于吾身”，就是“有我”。“有我”之人，即使“摩顶放踵，迂其身以为天下”，其最终的目的还是自私。[⑥] 其言外之意，就是要从“有我”回归“无我”。归庄则将自己的居住之处称为“已斋”，从中就牵涉到他对“己”的重新理解。根据他自己所言，“已斋”的命名，实际上含有下面两层意思：一是所谓己斋，就是自已之斋，犹言我之所居。这看起来很简单，但结合清初之史实，同样蕴涵深层的意义，体现了一种民族气节的独立性。其二，所谓己斋，就是恪守孔子所言的“古之学者为已”[⑦]。可见，归庄所谓之“己”，最后又不得不回到了儒家传统的老路上来。

---

① 徐栋辑：《牧令书》卷1《治原》，载《官箴书集成》，第7册，第13页。

② 王夫之：《宋论》卷1《太祖》1，第2-3页。

③ 张履祥：《杨园先生全集》卷39《备忘》1，第1052页。

④ 张履祥：《杨园先生全集》卷40《备忘》2，第1109-1110页。

⑤ 钱澄之：《田间文集》卷6《家尔斐七十初度序》，第346页。

⑥ 钱谦益：《初学集》卷90《志伊尹之所志》，载《钱牧斋全集》，第1860页。

⑦ 归庄：《归庄集》卷6《己斋记》，上海古籍出版社1984年版，第351-352页。

其三,对“士气”加以重新反思,进而强调“去气”“平气”。明代士气“躁竞”,无疑是清初士大夫的普遍看法。为此,导致清初士人对明代的“士气”进行了反思。如王夫之认为,“士气”之说的出现,恰好代表了“世降道衰”①。事实确实如此。晚明士人结合,往往是“声气相应”。可见,王夫之对明代士人的结社颇有微词。

陈确更是著有一篇《去气说》,提出了“去气”之说。陈确“去气”说的根基,显然建立在品茶与品酒的道理之上。譬如径山、龙井茶,并无多少味道,松萝茶却香味很佳,然论茶品的高低,松萝茶明显不如径山、龙井。品酒的道理大抵也是如此。一个真正擅长酿酒的高人,在他的眼里,举凡酿出的酒,有酸、甜、苦之病,还算不得失败,唯有“满口是酒气”,才算得上是酿酒失败。由此说明,酒之至者,没有“酒气”;茶之至者,同样没有“茶气”。以此来看时文、诗歌、古人,无论是“名士”,还是“善知识”,他们的作品“人必望而知之”。究其原因,还是因为“有气故也”。当然,陈确所要除去之“气”,并不是孟子所谓的“吾善养吾浩然之气”的“气”,而是一种“习气”,进而达臻一种“人自所不见”或“上天之载,无声无臭”的境界。②

明代士风颇显“躁竞”之态,这是人所共识。究其原因,还是因为明代盛行陆王心学。大体说来,在程朱的门下,多恭敬撙节、退让之士;而在王阳明讲学的门下,却不乏“躁竞”之徒。明代士人得此之病,尤以姚江、东林两派为甚③,最终导致士大夫群体中蔓延一种“气傲心浮”之病。清初学者张履祥对“气傲心浮”提出了批评,认为“傲”的毛病可以流变为“戾”“狠”,而“浮”的毛病,则会流变为“薄”“轻”,最后趋于“邪佞”。④

当然,清初礼教的重建,不仅仅要求妇女、士人遵守礼教,而且还体现在丧礼的恢复上。有一个事实值得再提出来加以讨论,就是在晚明时期,竟陵派的钟惺,在丁忧去职之后,枉道游览了武夷山,还写了一篇游览武夷山的游记。照理说来,钟惺为人严冷,具有至性,不应如此“昧礼”。即使如宋代的苏轼兄弟,号称为人放旷,也能在居丧期间,禁断文字。然让人奇怪的是,当谭元春为钟惺撰写墓志时,对于钟惺

---

① 王夫之:《宋论》卷24《理宗》7,第251-253页。

② 陈确:《陈确集·文集》卷11,第268页。

③ 张履祥:《杨园先生全集》卷42《备忘》4,第1202页。

④ 张履祥:《杨园先生全集》卷40《备忘》2,第1155-1156页。

所为的这一件事,不唯不加隐避、没有微词,反而称赞钟惺哀乐奇到,并非俗儒所能蠡测。这是晚明士大夫的风气,即对传统礼教多有蔑视。入清之后,像阎若璩这样的大学者,同样也被礼教重建的历程所迷惑,对钟惺违反丧礼之举提出批评,认为三年之丧,属于“天下之通丧”,理应为天下之人所共同遵守。[①]

传统礼教得以重建的结局,就是“君臣”“父子”“夫妇”的儒家“三纲”重新得到加强。为臣当忠,为子当孝,为妇当节,这已为传统社会的大众所共知。至于读书通古今的士大夫,畏于“名义”,更应该知道如何选择。然让归庄感到惊讶的是,当甲申、乙酉之际,士大夫在面临忠孝、节义的选择时,与传统儒家的“名义”相当悖戾。[②] 随之而来者,则是士大夫重建“三纲”之说甚嚣尘上,进而与清朝廷的政策桴鼓相应。

(二)文化史的转向

明清易代,思想文化产生了巨大的变动。与之相应,揆诸士大夫的精神世界,同样发生了诸多的转向,甚至出现了不小的波折。

1.重新确立儒学一统

在晚明时代,随着诸子学的缓慢复兴,申韩、黄老之学,其价值均得到了肯定,学术从某种程度上呈现出多元化的倾向。入清之后,随着新的社会秩序的稳定,儒学重新趋于一统,诸子学随之多被排斥。

仔细考察传统中国政治的统治之术,尽管明为儒学,但正如明人熊开元所言,实际上在治术上大多受到申商之说的影响,“或杂用申商,或专用申商,或学申商而不逮”[③]。这是熊开元在隆武元年(1645)所上奏疏中所言。其实,早在崇祯四年(1631),崇祯帝为了筹措军饷,对官场因循之习稍加综核,于是就遭到来自一批儒家学者的反对,请求行宽政,以致被崇祯皇帝斥责为“迂阔之谈谭”。在熊开元看来,这些迂阔儒臣之说,确实不是符合时事的“对症之药”。但并不能因此认定熊开元主张行综核的申商霸道,而是希望在综核之中,仍能保持一种儒家之“道”。他劝戒崇祯,在对待臣下之时,应该“惟辟作威有道

---

① 阎若璩:《潜邱杂记》,载贺长龄、魏源等编:《清经世文编》卷3,中华书局1992年版,第98页。

② 归庄:《归庄集》卷3《哀重其字序》,第219-220页。

③ 熊开元:《鱼山剩稿》卷1《去兵食以存信去信以求兵食事理昭然谨冒昧备陈得失伏愿恭默深思用臻上理疏》,上海古籍出版社1986年版,第79-80页。

焉。先其大,而后其小;详所重,而后略所轻;密于故,而疏于过”。若能如此,“虽疾风怒雷,时一震叠,贤人君子止觉其宽之可乐,而不见其严之可忧。故四体展舒,厥功自集”①。从熊开元与崇祯帝的对话中不难发现,至明末之后,已经有人不满于王霸并用之说,进而对申韩之说加以审慎的质疑。

与晚明学术界重视诸子之说并主张王霸并用不同,清初学者开始重新摒弃霸道、重视王道。于是,诸如申商一类的学说,重又被置于排斥之列。这样的思想倒退,即使王夫之也很难幸免。如他说:“为君子儒者,亟于言治,而师申、商之说,束缚斯民而困苦之,乃自诧曰:‘此先王经理天下大公至正之道也。’汉、唐皆有之,而宋为甚。……圣王不作,而横议兴,取《诗》《书》《周礼》之文,断章以饰申、商之刻核,为君子儒者汩没不悟,哀我人斯,死于口给,亦惨矣哉!”②显然,王夫之重新拾起了“君子儒”的大旗。但他所要恢复的君子儒,不是宋代以后所谓的“君子儒”,而是原始意义上真正以仁术治天下的君子儒。在王夫之看来,真正的君子儒,其言应该“蔼如也”,而其政则“油如也”。换言之,真正的儒家治术,理应是“建之为道术,推之为治法,内以求心,勿损其心,出以安天下,勿贼天下”。至于如老庄、申韩,无不都与儒家仁术相反。老庄是求合于仁心不得,则流于“诐”;而申韩则是“损其心以任气,贼天下以立权,明与圣人之道背驰而毒及万世者”。王夫之所最为担忧的是打着儒之大旗的杂术之儒,亦即以“圣人之道”文饰邪慝,诸如“老庄之儒”“浮屠之儒”“申韩之儒”。③ 这就是说,王夫之的目的在于净化儒家阵营,以便能恢复原始意义上的“君子儒”。

申韩之说遭到批评,黄老之说在清初同样难以幸免。清初著名学者张履祥从汉文帝的历史经验中,得出了“人主学术不可不正”的结论。他立论的依据,当然是鉴于汉文帝采用黄老之术,并以“清净无事为道”。但张履祥对“无事”作了重新的解释:“夫所谓无事者,因乎事之所当然,不以私智扰之。如当刑则刑,当赏则赏,刑赏在物,而己不与也。推之因革损益,莫不皆然。非谓当为而概无之也。”④这显然是

---

① 熊开元:《鱼山剩稿》卷1《平天下有道得则简不得则烦恭恳圣明力除苛细特揽大纲用奏太平实效疏》,第31页。

② 王夫之:《宋论》卷2《太宗》13,第50页。

③ 王夫之:《薑斋文集》卷1《老庄申韩论》,载《王船山诗文集》,第5-7页。

④ 张履祥:《杨园先生全集》卷19《汉文帝论》,第560-561页。

对黄老治术的批评，甚至看到了黄老流而为申韩的危险性。

与晚明重视智慧甚至出现《智囊》一类的书籍不同，清初学者对“智”“术”开始加以反思，并且审慎地加以批评。王夫之重新对“智士”“智”加以定义，认为所谓的智士，“非乘人而斗其捷以幸胜之谓也”，而所谓的智，也不是“挟机取捷之术”，藉此确立了“小智”与“大智”之别。[①] 魏禧更是对“智”与“术”作了全面的反思，认为“凿智”之害，与阴贼险狠“同趣”。[②] 尽管魏禧不得不承认，人无智术，不可济世全身，但同时又严肃指出，智术之人，“最易堕入邪僻，反以杀身毒世”。“智术”二字，必须无愧“忠厚光明”四字。[③] 换言之，“术”尽管也有“不可少”之处，但实属不得已而用之，且有圣贤、奸雄之别：“专意利人而用，谓之圣贤；可不必用而用，专意利己而用，谓之奸雄。”[④]张履祥也主张，“术不可不慎”。他认为，“凡不容于尧、舜之世者，在己不可为，在人亦不可与近”[⑤]。

2.历史观的转向及其倒退

如果说晚明史学中“玩”的特点，更多地反映了当时商业化乃至通俗化的思潮，那么自明季以后，一直到清初，随着经世思潮的崛起，在史学上也逐渐转向以史经世。如王夫之对史的意义作了下面的定义：“所贵乎史者，述往以为来者师也。为史者，记载徒繁，而经世之大略不著，后人欲得其得失之枢机以效法之无由也，则恶用史为？”[⑥]

以李贽、钟惺为杰出代表的晚明思想家的历史观，其最大的特点就是自出机杼，不以圣贤的是非为是非。这种历史观，显然承继了宋人苏洵之说。入清之后，以王夫之为代表的思想家，若与李贽、钟惺等人相较，其历史观反而出现了倒退。与李贽之称颂冯道不同，王夫之则对冯道持完全否定的态度，认为冯道是“鄙夫”，在国破君易之下，“贪生惜利禄，弗获已而数易其心”。[⑦] 王夫之在史论上，显然不满于李贽之说，对自宋人苏洵以至李贽的史观，大张挞伐，认为他们“奖权

① 王夫之：《读通鉴论》卷27《昭宗》4，第847页。

② 魏禧：《魏叔子文集外篇》卷13《书苏文公高帝后》，第657-658页。

③ 魏禧：《魏叔子日录》卷1《里言》，载《魏叔子文集》，第1102页。

④ 魏禧：《魏叔子日录》卷1《里言》，载《魏叔子文集》，第1059页。

⑤ 张履祥：《杨园先生全集》卷36《初学备忘上》，第992页。

⑥ 王夫之：《读通鉴论》卷6《光武》10，第135页。

⑦ 王夫之：《读通鉴论》卷10《三国》35，第292页。

谋、堕信义”[①]。他将李贽、钟惺等人的史论斥为“卑污之说”，造成“导天下于邪淫，以酿中夏衣冠之祸”，甚至“逾于洪水、烈于猛兽”。[②]

3.英雄、大众观念的逆转

与晚明士大夫的英雄崇拜不同，清初士大夫对英雄的认识开始有所倒退，进而以“君子之道”补充英雄在传统道德层面的不足。王夫之与史震林可谓士大夫英雄观转向的代表。譬如英雄大多具有诡谲鸷悍之才，在晚明时代，这种才能已经得到了士大夫的理性支持。但一至清初，王夫之将此类才能进行了两分：一类是“雄杰”，如曹操之流，虽怀不测之情，但还是可以用“名义”加以驾驭。如果有明主兴起，并加以有效的驾驭，那么这些人终究可以“功业立，而其人之大节亦终赖以全”。另一类则是“贪利乐祸不恤名义”之辈，如袁绍之类，很难加以驾驭。即使有明主兴，也“为彭越、卢芳以自罹于诛而已。不然，则乱天下以为人先驱，身殪家亡而国与俱敝”[③]。换言之，王夫之对英雄之略，尽管持一种肯定的态度，但也仅仅限于“正用之”，这与他反对用“权谋”和“谲道”显然是一致的。他说：“士当逆乱垂亡忧危沓至之日，诡随则陷于恶，躁进则迷于所向，亦唯为其所可为，为其所得为；而定大谋、成大事者在此，全身保节以不颠沛而逆行者亦在此。”这就是说，英雄之略，“君子有取”，但必须“安其身而后动，定其交而后求”，必须“正用之”，才可以使自己立于“天纲裂、地维坼”之日，而又内心没有愧疚。[④] 在此基础上，王夫之进而提出，英雄应尽“君子之道”，亦即在“尽己”之外，尚有“忧天下”之心。[⑤] 史震林在《西清三记》中，对豪侠与才子亦作了一番评述。他认为，豪侠之人令人可惜者有三：一是助“凶人”得暴名；二是挥泛财得败名；三是纳庸客得滥名。尽管对豪侠还是持肯定的态度，但对他们的不足之处也有自己的见解。至于才子，则在他的笔下反而比“佞臣”还不如，认为才子的罪孽甚至胜于佞臣。他说这番话的理由是，佞臣尽管误国害民，但所计不过数十年时间。而才子则不同，他们所写的淫书流传后世，“炽情欲，坏风俗，不

---

① 王夫之：《读通鉴论》卷14《安帝》5，第391-392页。

② 王夫之：《读通鉴论》卷末《叙论》3，第953页。

③ 王夫之：《读通鉴论》卷9《献帝》4，第235-236页。

④ 王夫之：《读通鉴论》卷14《安帝》9，第396页。

⑤ 王夫之：《读通鉴论》卷9《献帝》15，第245页。

可胜计”[①]。这显然是基于传统卫道之说。

在晚明士大夫重视大众的时代潮流中，作为大众一员的“盗贼”，亦得到了谨慎而理性的肯定。一至清初，王夫之对“盗贼”的看法，既代表了他的一种政治倾向，也说明到了清初，士大夫精神史已经处于一种逆转的状态。王夫之认为，“盗不可轻用”，即使要用，亦必须有所辨析，即可以用一般之“盗”，不可用盗贼中的“渠帅”。[②]

4.感伤主义精神蔚然成风

在明代的承平时期，士大夫相当风流，而一当明清之际两朝鼎革，这种风流已不复存在，使人不能不产生诸多的感慨。如黄宗羲以他的家乡浙江余姚为例，说明了社会由承平转向动荡之后士大夫生活的变化，即原本“当花对酒，登山临水”的风流生活，仅仅存在于梦境之中。[③] 陈舜系亦以家乡广东吴川为例，称在万历末年时，“穷者幸托安生，差徭省，赋役轻，石米岁输千钱，每年两熟，耕者鼓腹，士好词章，工贾九流熙熙自适，何乐如之”[④]。显然对明代的生活多有留恋。

早在晚明，文人士大夫就已经具有一种幻灭感与末世意识。如洪应明云：“狐眠败砌，兔走荒台，尽是当年歌舞之地；露冷黄花，烟迷衰草，悉属旧时争战之场。盛衰何常？强弱安在？念此令人心灰。”[⑤]只是入清以后，经历了天崩地陷一幕的士大夫，其幻灭与感伤情绪，则更显突出。清初诗人吴伟业有《琵琶行》一诗，细玩诗旨，其基调无疑带有感伤主义的色彩。这种感伤情绪的产生，来源于对过去的回忆，亦即旧时宫中生活的繁华，所羡慕的更是“前辈风流”。然入清之后，“升平乐事难重见”，也就难免“坐中有客泪如霰”与“偶逢丝竹便沾巾”了，“相与哽咽”，在所难免。[⑥]

对于经历了明清之际两朝鼎革的文人士大夫来说，那些活下来的读书人，无不觉得这种“天崩地坼”的场景，犹如恍惚做了一场梦。在如何看待这一梦景时，却各有自己的心思。如张岱作《西湖梦寻》一

---

① 陆以湉：《冷庐杂识》卷1《西青散记》，中华书局1984年版，第50页。

② 王夫之：《宋论》卷10《高宗》7，第182-183页。

③ 黄宗羲：《南雷诗文集》，《传状类·黄醒泉府君传》，载氏著：《黄宗羲全集》，浙江古籍出版社2005年版，第10册，第578页。

④ 陈舜系：《乱离见闻录》卷上，载《明史资料丛刊》第3辑，第232页。

⑤ 洪应明：《菜根谈·闲适》，上海古籍出版社2001年版，第431-432页。

⑥ 吴伟业：《吴梅村全集》卷3《诗前集》3，上海古籍出版社1999年版，第55-56页。

书，还是因为昔日之弱柳夭桃、歌楼舞榭，如洪水堙没，百不存一，至于西湖边上的诸多大家别墅、湖庄，更是仅存瓦砾。于是，就产生了“保吾梦中之西湖”的想法，犹如“梦中说梦，非魇即呓”。[①] 可见，张岱的宗旨是保留“旧梦”。

对于张岱如此沉溺于旧梦，清初也有部分士大夫并不首肯。如李长祥反对寻“旧梦”，主张寻“新梦”。[②] 当时杭州的道隐和尚，更是从佛教的观点对梦境加以阐述，认为国家的兴替，已是极其渺小之事，更何况西湖的兴衰。[③] 这是从佛经的出世思想出发，反对人们沉溺于寻找旧梦。查继佐则相对比较积极。他不主张生活在“旧梦”里，认为旧梦不过是“妖梦”，不必辗转反侧，在梦寐中求之。言外之意，他是劝张岱不必有负罪之感，躲进旧梦中不出，即使是恶人，经过了斋戒沐浴之后，尚可以侍奉上帝，更何况是原本本色之人！[④] 诸如此类的见解，无不说明，在清初士大夫广泛盛行幻灭、负罪、感伤情绪的同时，正在别出一股寻找“新梦”的时代思潮，尽管不能遽断是为了迎合清初官方的意识形态，但在两者之间，应该桴鼓相应，不无因缘关系。

---

① 张岱:《西湖梦寻・自序》，载氏著:《西湖梦寻》前，上海古籍出版社 1982 年版，第 7 页。

② 李长祥:《西湖梦寻・序》，载《西湖梦寻》前，第 6 页。

③ 道隐:《西湖梦寻・序》，载《西湖梦寻》前，第 5 页。

④ 查继佐:《西湖梦寻・序》，载《西湖梦寻》前，第 4 页。

参考文献

一、原始资料

[1] 长孙无忌,《唐律疏议》,法律出版社,1999 年。
[2] 陈仁锡,《皇明世法录》,明崇祯八年(1635)刻本。
[3] 戴金编,《皇明条法事类纂》,日本古典研究会影印本,1966 年。
[4] 何乔远,《名山藏》,明崇祯间刻本。
[5]《晋书》,中华书局,1974 年。
[6]《皇明制书》,明镇江府丹徒县刻本。
[7] 怀效锋点校,《大明律》,法律出版社,1999 年。
[8] 龙文彬,《明会要》,中华书局,1998 年。
[9]《明史》,中华书局,1984 年。
[10]《明实录》,台北"中央"研究院历史语言研究所校印本,1966 年。
[11] 明宣宗敕撰,《五伦书》,明景泰间刻本。
[12]《清实录》,中华书局影印本,1985 年。
[13] 熊鸣岐,《昭代王章》,明刻本。
[14] 仁孝徐皇后,《劝善书》,明永乐间刻本。
[15] 沈国元,《两朝从信录》,收入《四库禁毁书丛刊》,北京出版社,2000 年。
[16] 申时行等纂,《明会典》,中华书局,1989 年。
[17] 孙旬编,《皇明疏钞》,明万历十二年(1584)刻本。
[18] 谈迁,《国榷》,中华书局,1988 年。
[19] 徐元瑞,《吏学指南》,元末刻本。
[20] 颜俊彦,《盟水斋存牍》,中国政法大学出版社,2002 年。
[21] 查继佐,《罪惟录》,北京图书馆出版社影印本,2006 年。
[22] 张萱,《西园闻见录》,收入《续修四库全书》,上海古籍出版社,2002 年。
[23] 朱棣,《孝顺事实》,明永乐十八年(1420)内府刻本。

[24] 朱棣敕撰,《为善阴骘》,明永乐间刻本。
[25] 朱元璋钦录,《逆臣录》,北京大学出版社,1991 年。
[26] 朱元璋,《大诰续编》,收入张德信、毛佩琦主编《洪武御制全书》,黄山书社,1995 年。
[27] 朱元璋,《宝训》,收入《洪武御制全书》。
[28] 白居易,《洛中九老会记》,收入《说郛》,涵芬楼排印本。
[29] 抱阳生编著,《甲申朝事初编》《二编》《三编》,书目文献出版社,1987 年。
[30] 毕懋良,《两浙学政》,明万历三十八年(1610)刻本。
[31] 曹安辑,《谰言长语》,收入《宝颜堂秘笈》,上海文明书局民国十一年(1922)石印本。
[32] 曹飞,《兵机百款》,收入《谭天相校刻兵书六种》,明天启三年(1623)刻本。
[33] [朝]崔溥著、葛振家点注,《漂海录》,社会科学文献出版社,1992 年。
[34] 陈第著、康瑞琮点校,《毛诗古音考》,中华书局,1988 年。
[35] 陈鋐,《鹿忠节公年谱》,清康熙刻本。
[36] 陈洪谟,《继世纪闻》《治世余闻》,中华书局,1985 年。
[37] 陈弘谋辑,《从政遗规》,收入《官箴书集成》,黄山书社,1997 年。
[38] 陈弘绪,《寒夜录》,收入《豫章丛书》,民国四年(1915)南昌胡思敬退庐刻本。
[39] 陈继儒,《见闻录》,收入《陈眉公杂著十五种》,益资馆铅印本。
[40] 陈良谟,《见闻纪训》,清初钞本。
[41] 陈其德,《垂训朴语》,清嘉庆十八年(1813)刻本。
[42] 陈舜系,《乱离见闻录》,收入中国社会科学院历史研究所明史室编《明史资料丛刊》第 3 辑,江苏人民出版社,1983 年。
[43] 陈于陛,《意见》,收入《四库全书存目丛书》,台南庄严文化事业有限公司,1997 年。
[44] 戴君恩,《剩言》,收入《四库全书存目丛书》。
[45] 戴束,《鹊南杂录》,收入《虞阳说苑》乙编,初园丁氏校印本。
[46] 戴有孚,《著疑录》,收入《四库全书存目丛书》。
[47] 邓球,《闲适剧谈》,收入《四库全书存目丛书》。
[48] 邓士龙辑,《国朝典故》,北京大学出版社,1993 年。

[49] 杜登春,《社事始末》,收入《昭代丛书》,清道光吴江沈氏世楷堂刻本。
[50] 杜文澜辑,《古谣谚》,中华书局,1984 年。
[51] 范濂,《云间据目钞》,清光绪四年(1878)上海申报馆仿聚珍本。
[52] 方大湜,《平平言》,收入《官箴书集成》。
[53] 方濬师,《蕉庵随录》《蕉轩续录》,中华书局,1995 年。
[54] 冯班,《家诫》,收入向燕南、张越编注《劝孝俗约》,中央民族大学出版社,1996 年。
[55] 冯柯,《贞白五书》,收入张寿镛辑《四明丛书》,广陵书社,2006 年。
[56] 冯梦龙,《情史》,岳麓书社,1986 年。
[57] 冯时可,《林间社约》,收入《说郛续》,清顺治三年(1646)刻本。
[58] 冯舒,《虞山妖乱志》,收入《虞阳说苑》甲编。
[59] 福格,《听雨丛谈》,中华书局,1984 年。
[60] 福善记录、福征述疏,《憨山老人年谱自叙》,收入《嘉兴谭氏遗书》,民国元年(1911)刊本。
[61] 高拱,《高拱论学四种》,中华书局,1993 年。
[62] 高濂,《遵生八笺》,巴蜀书社,1988 年。
[63] 高士奇,《天禄识余》,收入《故宫珍本丛刊》,海南出版社影印本,2001 年。
[64] 葛寅亮,《金陵梵刹志》,天津人民出版社,2007 年。
[65] 龚炜,《巢林笔谈》《续编》,中华书局,1997 年。
[66] 顾大韶,《炳烛斋随笔》,清孙胜雨钞本。
[67] 顾公燮,《丹午笔记》,江苏古籍出版社,1985 年。
[68] 顾禄,《桐桥倚棹录》,收入王稼句点校、编纂《苏州文献丛钞初编》,古吴轩出版社,2005 年。
[69] 顾起元,《客座赘语》,中华书局,1997 年。
[70] 顾炎武著、黄汝成集释,《日知录集释》,中州古籍出版社,1990 年。
[71] 顾炎武,《天下郡国利病书》,清钞本。
[72] 管志道,《从先维俗议》,收入《太昆先哲遗书》,民国七年(1918)俞氏世德堂影印明刊本。
[73] 海外散人,《榕城纪闻》,收入中国社会科学院历史研究所清史研

究室编《清史资料》第1辑,中华书局,1980年。
[74] 韩菼,《江阴城守纪》,上海书店,1982年。
[75] 何晦,《摭言》,收入《说郛》。
[76] 何良俊,《四友斋丛说》,中华书局,1983年。
[77] 洪应明,《菜根谈》,上海古籍出版社,2001年。
[78]《后虞书》,收入《虞阳说苑》乙编。
[79] 胡祥翰辑,《西湖新志》,上海古籍出版社,1998年。
[80]《花村谈往》,收入《适园丛书》,据持静斋旧藏足本刊行。
[81] 黄濬著,许宴骈、苏同炳编,《花随人圣庵摭忆》,台北联经出版事业公司,1979年。
[82] 黄儒炳,《续南雍志》,收入《续修四库全书》。
[83] 黄润玉,《海涵万象》,收入《学海类编》,清道光十一年(1831)六安晁氏木活字本。
[84] 黄印,《锡金识小录》,清光绪二十二年(1896)王念祖活字本。
[85] 黄宗羲,《明儒学案》,中华书局,1985年。
[86] 黄佐,《南雍志》,江苏省立图书馆民国二十年(1931)影印本。
[87] 黄佐,《泰泉乡礼》,收入《景印文渊阁四库全书》,台北商务印书馆有限公司,2008年。
[88] 焦竑,《玉堂丛语》,中华书局,1997年。
[89] 焦竑,《支谈》,收入《宝颜堂秘笈》。
[90] 焦竑,《国史经籍志》,清曹琰钞本。
[91] 计六奇,《明季北略》《明季南略》,中华书局,1984年。
[92] 蒋一葵,《长安客话》,北京古籍出版社,2001年。
[93] 姜准,《岐海琐谈》,上海社会科学院出版社,2002年。
[94] 江盈科,《雪涛小说》,上海古籍出版社,2000年。
[95] 郎瑛,《七修类稿》,上海书店出版社,2001年。
[96] 乐纯,《雪庵清史》,收入《北京图书馆古籍珍本丛刊》,书目文献出版社,1988年。
[97] 李斗,《扬州画舫录》,中华书局,1960年。
[98] 李光壂,《守汴日志》,收入《昭代丛书》。
[99] 李光地,《榕村语录》《榕村续语录》,中华书局,1995年。
[100] 李寄,《天香阁随笔》,陶社校刊本。
[101] 李乐,《见闻杂记》《续见闻杂记》,上海古籍出版社,1986年。

[102] 李清,《三垣笔记》,中华书局,1982年。
[103] 李日华,《紫桃轩又缀》,明刻本。
[104] 李日华,《味水轩日记》,收入《嘉业堂丛书》,民国间吴兴刘氏嘉业堂刻本。
[105] 李绍文,《云间杂识》,民国二十四年(1935)上海瑞华印书馆据上海黄氏家藏旧本印行。
[106] 李诩,《戒庵老人漫笔》,中华书局,1982年。
[107] 李延昰,《南吴旧话录》,旧钞本。
[108] 李贽,《初潭集》,中华书局,1974年。
[109] 黎久,《黎子杂释》,收入《四库全书存目丛书》。
[110] 厉鹗,《玉台书史》,收入虫天子编、董乃斌等校点《中国香艳全书》,团结出版社,2005年。
[111] 林希恩,《明经会约》,收入《说郛续》。
[112] 梁绍壬,《两般秋雨庵随笔》,河北教育出版社,1994年。
[113] 梁维枢,《玉剑尊闻》,上海古籍出版社,1986年。
[114] 刘侗、于奕正,《帝京景物略》,北京古籍出版社,1983年。
[115] 刘廷玑,《在园杂志》,中华书局,2005年。
[116] 刘献廷,《广阳杂记》,中华书局,1957年。
[117] 陆容,《菽园杂记》,中华书局,1997年。
[118] 陆文衡,《啬庵随笔》,清光绪二十三年(1897)刻本。
[119] 陆以湉,《冷庐杂识》,中华书局,1984年。
[120] 罗钦顺,《困知记》,中华书局,1990年。
[121] 吕坤,《呻吟语》,上海古籍出版社,2001年。
[122] 吕坤,《四礼翼》,收入《清麓丛书》外编,清光绪二十五年(1899)刻本。
[123] 吕维祺,《四礼约言》,清刻本。
[124] 毛祥麟,《对山余墨》,收入《中国香艳全书》。
[125] 茅元仪,《掌记》,明崇祯刻本。
[126] 茅元仪,《督师纪略》,明末刻本。
[127] 孟元老,《东京梦华录》,上海古典文学出版社,1956年。
[128] 纳兰成德,《渌水亭杂识》,收入《昭代丛书》。
[129] 倪会鼎,《倪文正公年谱》,中华书局,1994年。
[130] 钮琇,《觚賸》《觚賸续编》,上海古籍出版社,1986年。

[131] 欧阳兆雄、金安清,《水窗梦呓》,中华书局,1984年。
[132] 平步青,《霞外捃屑》,中华书局,1959年。
[133] 钱春,《湖湘五略》,收入《四库全书存目丛书》。
[134] 钱大昕,《十驾斋养新录》,江苏古籍出版社,2000年。
[135] 钱谦益,《列朝诗集小传》,上海古籍出版社,1983年。
[136] 秦荣光,《上海县竹枝词》,上海古籍出版社,1989年。
[137] 邱菽园,《菽园赘谈节录》,收入《中国香艳全书》。
[138] 屈大均,《广东新语》,中华书局,1985年。
[139] 璩昆玉,《古今类书纂要》,明崇祯七年(1634)刻本。
[140] 邵宝,《对客燕谈》,收入《丛书集成新编》,台北新文丰出版事业公司,1983年。
[141] 僧可编,《募刻五台山大藏经会约》,明刻本。
[142] 佘自强,《治谱》,收入《官箴书集成》。
[143] 沈榜,《宛署杂记》,北京古籍出版社,1982年。
[144] 沈德符,《万历野获编》,中华书局,1997年。
[145] 沈起凤,《谐铎》,收入《笔记小说大观》,江苏广陵古籍刻印社,1983年。
[146] 沈涛,《铜熨斗斋随笔》,收入《清人考订笔记》(七种),中华书局,2004年。
[147] 沈涛,《瑟榭丛谈》,收入《清人考订笔记》(七种)。
[148] 申涵光《荆园小语》,收入张海鹏编《借月山房汇钞》,民国上海博古斋据清张氏刊本印行。
[149] 盛时泰,《牛首山志》,明万历刻本。
[150] 施绍莘,《瑶台片玉甲种补录》,收入《中国香艳全书》。
[151] 施显卿,《奇闻类纪》,清光绪九年(1883)山阴宋泽元忏华馆刻本。
[152] 宋起凤,《稗说》,收入《明史资料丛刊》第2辑,江苏人民出版社,1982年。
[153] 宋纁,《四礼初稿》,清乾隆三十八年(1773)博雅堂刻本。
[154] 苏祐,《逌旃璅言》,收入《说郛续》。
[155] 孙汧如,《释冰书》,收入《昭代丛书》。
[156] 谈迁,《枣林杂俎》,中华书局,2006年。
[157] 汤斌,《孙夏峰年谱》,上海商务印书馆民国二十六年(1937)据

《畿辅丛书》本排印。
[158] 汤传楹,《闲雨笔话》,收入《中国香艳全书》。
[159] 汤漱玉,《玉台画史》,收入《中国香艳全书》。
[160] 唐枢,《一庵杂问录》,收入《宝颜堂秘笈》。
[161] 唐树义、黎兆勋等,《黔诗纪略》,贵州人民出版社,1993 年。
[162] 陶奭龄,《小柴桑喃喃录》,明崇祯八年(1635)刻本。
[163] 田汝成,《西湖游览志余》,上海古籍出版社,1998 年。
[164] 田艺蘅,《留青日札》,上海古籍出版社,1985 年。
[165] 天放生,《悦容编评林》,收入《四库全书存目丛书》。
[166] 屠隆,《冥寥子游》,收入《宝颜堂秘笈》。
[167] 涂时相,《养蒙图说》,清乾隆十三年(1748)刻本。
[168] 王夫之,《宋论》,中华书局,2003 年。
[169] 王夫之,《读通鉴论》,中华书局,2002 年。
[170] 王夫之,《俟解》,收入《梨州船山五书》,台北世界书局,1988 年。
[171] 王临亨,《粤剑编》,中华书局,1997 年。
[172] 王士性,《广志绎》,中华书局,1981 年。
[173] 王世贞,《弇山堂别集》,中华书局,1985 年。
[174] 王士禛,《池北偶谈》,中华书局,2006 年。
[175] 王士禛,《香祖笔记》,上海古籍出版社,1982 年。
[176] 王嗣奭,《管天笔记外编》,收入《四明丛书》。
[177] 汪康年,《汪穰卿笔记》,中华书局,2007 年。
[178] 汪天锡辑,《官箴集要》,收入《官箴书集成》。
[179] 汪有典,《史外》,清光绪三年(1877)刻本。
[180] 王有光,《吴下谚联》,中华书局,1982 年。
[181] 王应奎,《柳南随笔》《续笔》,中华书局,1983 年。
[182] 王稚登,《吴社编》,收入《苏州文献丛钞初编》。
[183] 汪子卿撰、周郢校证,《泰山志校证》,黄山书社,2006 年。
[184] 魏禧,《日录杂说》,收入《昭代丛书》。
[185]《武林怡老会诗集》,收入《武林掌故丛编》,江苏广陵古籍刻印社,1985 年。
[186] 伍袁萃,《林居漫录》,收入《四库全书存目丛书》。
[187] 吴麟徵,《家诫要言》,收入《学海类编》。

[188] 吴甡,《忆记》,浙江古籍出版社,1989 年。
[189] 吴世济,《太和县御寇始末》,浙江古籍出版社,1983 年。
[190] 吴翌凤,《逊志堂杂钞》,中华书局,1994 年。
[191] 吴之鲸,《武林梵志》,收入王国平主编《西湖文献集成》,杭州出版社,2004 年。
[192] 吴自牧,《梦粱录》,上海古典文学出版社,1956 年。
[193] 谢肇淛,《五杂组》,上海书店出版社,2001 年。
[194] 谢肇淛,《文海披沙摘录》,收入《中国香艳全书》。
[195]《新编居家必用事类全集》,书目文献出版社,影印朝鲜刻、明刻本。
[196] 徐栋辑,《牧令书》,收入《官箴书集成》。
[197] 徐献忠,《吴兴掌故集》,明嘉靖三十九年(1560)刊本。
[198] 徐寅,《宦历漫纪》,明天启元年(1621)刻本。
[199] 徐㶿,《红云社约》,收入《说郛续》。
[200] 徐㶿,《徐氏笔精》,收入《碧琳琅馆丛书》,清宣统元年(1909)刊本。
[201] 徐光启著、石声汉校注,《农政全书校注》,上海古籍出版社,1979 年。
[202] 徐珂,《清稗类钞》,中华书局,2003 年。
[203] 薛冈,《天爵堂文集笔余》,收入中国社会科学院历史研究所明史研究室编《明史研究论丛》第 5 辑,江苏古籍出版社,1991 年。
[204] 严从简,《殊域周咨录》,中华书局,1993 年。
[205] 严武顺,《月会约》,收入《说郛续》。
[206] 杨继盛,《杨忠愍公遗笔》,收入徐梓编注《家训——父祖的叮咛》,中央民族大学出版社,1996 年。
[207] 杨仪,《明良记》,收入《四库全书存目丛书》。
[208] 姚旅,《露书》,福建人民出版社,2008 年。
[209] 姚廷遴,《历年记》,收入《清代日记汇抄》,上海人民出版社,1982 年。
[210] 姚舜牧,《药言》,收入徐梓编注《家训——父祖的叮咛》。
[211] 叶梦珠,《阅世编》,上海古籍出版社,1981 年。
[212] 叶权,《贤博编》,中华书局,1997 年。

[213] 叶盛,《水东日记》,中华书局,1997 年。

[214] 叶永盛,《玉城奏疏》,收入《丛书集成新编》。

[215] 佚名,《研堂见闻杂录》,上海书店,1982 年。

[216] 佚名,《民抄董宧事实》,上海书店,1982 年。

[217] 佚名,《吴城日记》,江苏古籍出版社,1985 年。

[218] 俞弁,《山樵暇语》,收入《四库全书存目丛书》。

[219] 俞樾,《茶香室续钞》,中华书局,1995 年。

[220] 俞樾,《春在堂随笔》,新文化书社,1934 年。

[221] 俞樾,《九九销夏录》,台北广文书局,1979 年。

[222] 余怀,《板桥杂记》,上海古籍出版社,2000 年。

[223] 余继登,《典故纪闻》,中华书局,1981 年。

[224] 虞淳熙,《胜莲社约》,收入《说郛续》。

[225] 于慎行,《谷山笔麈》,中华书局,1997 年。

[226] 于墉,《金沙细唾》,收入中国社会科学院历史研究所清史研究室编《清史资料》第 2 辑,中华书局,1981 年。

[227] 袁黄,《了凡杂著九种》,明万历三十三年(1595)余氏刻本。

[228] 袁枚,《子不语》,重庆出版社,2005 年。

[229] 曾羽王,《乙酉笔记》,收入《清代日记汇抄》。

[230] 查慎行,《人海记》,民国四年(1915)扫叶山房石印本。

[231] 翟灏等辑,《湖山便览》,上海古籍出版社,1998 年。

[232] 张炳辑,《南屏百咏》,收入《武林掌故丛编》。

[233] 张大复,《闻雁斋笔谈》,书目文献出版社,1988 年。

[234] 张大复,《梅花草堂集》,收入《笔记小说大观》,江苏广陵古籍刻印社,1983 年。

[235] 张岱,《陶庵梦忆》,上海古籍出版社,1982 年。

[236] 张尔岐,《蒿庵闲话》,收入《笔记小说大观》。

[237] 张凤翼:《谭辂》,收入《说郛续》。

[238] 张瀚,《松窗梦语》,中华书局,1985 年。

[239] 张居正,《诗经直解》,明末刊本。

[240] 张居正,《通鉴直解》,明崇祯四年(1631)刻本。

[241] 张相文,《白夻山人年谱》,收入阎尔梅《阎古古集》,民国张相文编本。

[242] 张萱,《西园闻见录》,收入《续修四库全书》。

[243] 张怡,《玉光剑气集》,中华书局,2006 年。
[244] 赵吉士,《寄园寄所寄》,清康熙三十五年(1696)刻本。
[245] 赵南星,《笑赞》,收入《明清笑话四种》,人民文学出版社,1983 年。
[246] 赵世显,《芝莆丛谈》,收入《四库全书存目丛书》。
[247] 赵翼,《陔余丛考》,河北人民出版社,1990 年。
[248] 郑晓,《今言》,中华书局,1984 年。
[249] 郑仲夔,《隽区》《耳新》《偶记》,收入《明史资料丛刊》第 3 辑。
[250] 钟兆斗,《乌槎幕府记》,收入《盐邑志林》,明天启刻本。
[251] 周晖,《金陵琐事》《二续金陵琐事》,南京出版社,2007 年。
[252] 周亮工,《因树屋书影》,上海古籍出版社,1981 年。
[253] 周亮工辑,《尺牍新钞》,岳麓书社,1986 年。
[254] 周密,《齐东野语》,齐鲁书社,2007 年。
[255] 周廷英,《濑江纪事本末》,收入《清史资料》第 1 辑,中华书局,1980 年。
[256] 周玄暐,《泾林续记》,收入《涵芬楼秘籍》,民国间上海商务印书馆影印本。
[257] 朱国祯,《涌幢小品》,中华书局,1959 年。
[258] 朱权,《原始秘书》,收入《四库全书存目丛书》。
[259] 袾宏,《竹窗三笔》,台湾印经处,1958 年。
[260] 祝世禄,《祝子小言》,收入《宝颜堂秘笈》。
[261] 祝时泰等辑,《西湖八社诗帖》,清钱塘丁氏嘉惠堂刻本。
[262] 庄元臣,《叔苴子内篇》《外篇》,收入伍崇曜辑《粤雅堂丛书》,清道光光绪间南海伍氏刻本。
[263] 至顺《镇江志》,收入《宋元方志丛刊》,中华书局,2006 年。
[264] 弘治《吴江志》,收入《中国史学丛书》,台北学生书局,1987 年。
[265] 弘治《八闽通志》,收入《中国史学丛书》。
[266] 正德《松江府志》,收入《上海府县旧志丛书》,上海古籍出版社,2011 年。
[267] 正德,《夔州府志》,收入《天一阁藏明代方志选刊》,上海古籍书店,1982 年。
[268] 嘉靖《江阴县志》,收入《天一阁藏明代方志选刊》。
[269] 嘉靖《洪雅县志》,收入《天一阁藏明代方志选刊》。

[270] 嘉靖《尉氏县志》,收入《天一阁藏明代方志选刊》。
[271] 嘉靖《龙溪县志》,收入《天一阁藏明代方志选刊》。
[272] 嘉靖《宁夏新志》,收入《天一阁藏明代方志选刊续编》,上海书店,1990 年。
[273] 嘉靖《通许县志》,收入《天一阁藏明代方志选刊续编》。
[274] 嘉靖《商城县志》,收入《天一阁藏明代方志选刊续编》。
[275] 嘉靖《仁和县志》,明嘉靖二十七年(1548)刻本。
[276] 嘉靖《昆山县志》,收入《中国华东文献丛书》,学苑出版社,2010 年。
[277] 嘉靖《吴江县志》,明嘉靖三十七年(1558)刻本。
[278] 嘉靖《武宁县志》,收入《天一阁藏明代方志选刊续编》。
[279] 嘉靖《蕲水县志》,收入《天一阁藏明代方志选刊》。
[280] 嘉靖《河间府志》,收入《天一阁藏明代方志选刊》。
[281] 嘉靖《德庆州志》,收入《天一阁藏明代方志选刊续编》。
[282] 嘉靖《山东通志》,收入《天一阁藏明代方志选刊续编》。
[283] 嘉靖《宁国府志》,收入《天一阁藏明代方志选刊》。
[284] 嘉靖《威县志》,收入《天一阁藏明代方志选刊续编》。
[285] 嘉靖《徐州志》,收入《中国史学丛书》。
[286] 嘉靖《南畿志》,收入《中国史学丛书》。
[287] 嘉靖《建阳县志》,收入《天一阁藏明代方志选刊》。
[288] 万历《新昌县志》,收入《天一阁藏明代方志选刊》。
[289] 万历《香河县志》,明万历四十八年(1620)刻本。
[290] 万历《钱塘县志》,收入《武林掌故丛编》。
[291] 万历《漳州府志》,收入《中国史学丛书》。
[292] 万历《嘉定县志》,收入《中国史学丛书》。
[293] 万历《兖州府志》,明万历三十九年(1611)刻本。
[294] 万历《广东通志》,收入中国科学院图书馆编《稀见中国地方志汇刊》,中国书店,1992 年。
[295] 崇祯《开沙志》,收入《中国史学丛书》。
[296] 崇祯《乌程县志》,收入《稀见中国地方志汇刊》。
[297] 崇祯《吴县志》,收入《天一阁藏明代方志选刊续编》。
[298] 崇祯《嘉兴县志》,收入《日本藏中国罕见地方志丛刊》,书目文献出版社,1992 年。

[299]《崇武所志》,收入《中国地方志集成》,上海书店,1992 年。
[300] 孙世方等纂修,《宣府镇志》,收入《新修方志丛刊》,台北学生书局,1969 年。
[301] 王懋德,《金华府志》,收入《中国史学丛书》。
[302] 顺治《光州志》,收入《日本藏中国罕见地方志丛刊》。
[303] 康熙《徽州府志》,清康熙刻本。
[304] 康熙《重修崇明县志》,收入《稀见中国地方志丛刊》。
[305] 乾隆《平湖县志》,收入《稀见中国地方志汇刊》。
[306] 同治《湖州府志》,收入《中国地方志集成》,上海书店,1993 年。
[307] 光绪《丰镇县志》,收入《新修方志丛刊》,台北学生书局,1967 年。
[308] 光绪《昆新两县续修合志》,收入《中国地方志集成》,江苏古籍出版社,1991 年。
[309] 光绪《无锡金匮县志》,清光绪七年(1881)刻本。
[310] 光绪《嘉兴府志》,收入《中国地方志集成》,上海书店,1993 年。
[311] 民国《长安县志》,民国间排印本。
[312] 毕懋第等修,《威海卫志》,威海九华小学重印本。
[313] 冯梦龙,《寿宁待志》,收入《稀见中国地方志汇刊》。
[314] 顾炎武著,谭其骧、王文楚、朱惠荣等点校,《肇域志》,上海古籍出版社,2004 年。
[315] 倪赐纂、苏双翔补纂,《唐市志》,收入沈秋农、曹培根主编《常熟乡镇志集成》,广陵书社,2007 年。
[316] 艾南英,《天傭子集》,清光绪五年(1879)重刻本。
[317] 蔡清,《虚斋集》,上海古籍出版社,1991 年。
[318] 蔡汝楠,《自知堂集》,收入《四库全书存目丛书》。
[319] 陈琏,《琴轩集》,收入《聚德堂丛书》,民国间东莞陈氏刊本。
[320] 陈龙正,《几亭全书》,收入《四库禁毁书丛刊》。
[321] 陈确,《陈确集》,中华书局,1979 年。
[322] 陈仁锡,《无梦园集》,明崇祯六年(1633)刻本。
[323] 陈所蕴,《竹素堂稿》,收入《四库全书存目丛书》。
[324] 陈泰来,《陈节愍公奏稿》,收入《豫章丛书》。
[325] 陈献章,《陈献章集》,中华书局,1987 年。
[326] 陈孝逸,《痴山集》,清初刻本。

[327] 陈循,《芳洲文集》,收入《四库全书存目丛书》。
[328] 陈尧,《梧冈文正续两集合编》,收入《四库全书存目丛书》。
[329] 陈益祥,《陈履吉采芝堂文集》,收入《四库全书存目丛书》。
[330] 陈子龙,《安雅堂稿》,辽宁教育出版社,2003 年。
[331] 陈子龙,《陈忠裕公集》,清嘉庆八年(1803)竿山草堂刻本。
[332] 陈子升,《中洲草堂遗集》,清诗雪轩刻本。
[333] 程可中,《程仲权先生集》,明程胤万、程胤兆刻本。
[334] 程文德,《程文恭遗稿》,收入《四库全书存目丛书》。
[335] 储巏,《柴虚文集》,收入《四库全书存目丛书》。
[336] 戴重,《河村集》,收入《四库禁毁书丛刊》。
[337] 丁日昌,《抚吴公牍》,清宣统元年(1909)南洋官书局石印本。
[338] 董复亨,《繁露园集》,收入《四库全书存目丛书》。
[339] 董其昌,《容台文集》,收入《四库全书存目丛书》。
[340] 董说,《丰草庵前集》《后集》,民国三年(1914)吴兴刘承幹嘉业堂刻本。
[341] 董斯张,《吹景集》,清钞本。
[342] 杜濬,《变雅堂遗集》,清光绪二十年(1894)刻本。
[343] 方弘静,《素园存稿》,收入《四库全书存目丛书》。
[344] 方鹏,《矫亭存稿》,收入《四库全书存目丛书》。
[345] 方孝孺,《逊志斋集》,收入《景印文渊阁四库全书》。
[346] 方震孺,《方孩未先生集》,清同治重刻本。
[347] 费尚伊,《市隐园集》,民国十二年(1923)沔阳卢氏慎始基斋刊本。
[348] 冯梦祯,《快雪堂记》,收入《四库全书存目丛书》。
[349] 傅山,《霜红龛集》,民国十二年(1923)刻本。
[350] 傅山,《傅山全书》,山西人民出版社,1991 年。
[351] 高拱著,岳金西、岳天雷编校,《高拱全集》,中州古籍出版社,2006 年。
[352] 高攀龙,《高子遗书》,收入《乾坤正气集》,清道光二十八年(1848)刻、光绪十八年(1892)重印本。
[353] 顾大韶,《炳烛斋稿》,清康熙十年(1671)顾晶、顾淼刻本。
[354] 顾璘,《顾华玉集》,收入《景印文渊阁四库全书》。
[355] 顾起元,《懒真草堂集》,收入《四库禁毁书丛刊》。

[356] 顾天埈,《顾太史文集》,明崇祯刻本。
[357] 顾宪成,《泾皋藏稿》,收入《景印文渊阁四库全书》。
[358] 顾炎武,《顾亭林诗文集》,中华书局,1983 年。
[359] 顾允成,《小辨斋偶存》,收入《景印文渊阁四库全书》。
[360] 归昌世,《假庵杂著》,上海古籍出版社,1983 年。
[361] 归有光,《震川先生集》,清光绪元年(1875)常熟归氏刻本。
[362] 归庄,《归庄集》,上海古籍出版社,1984 年。
[363] 郭子章,《蠙衣生蜀草》,收入《四库全书存目丛书》。
[364] 郭子章,《蠙衣生黔草》,明万历刻本。
[365] 海瑞,《海瑞集》,中华书局,1981 年。
[366] 憨山著,福善日录、通炯编辑,《憨山老人梦游集》,清光绪五年(1879)江北刻经处重刻本。
[367] 韩邦奇,《苑洛先生语录》,收入《四库全书存目丛书》。
[368] 韩锡,《榕庵集》,广陵古籍刻印社,1997 年。
[369] 贺逢圣,《贺文忠公遗集》,收入《乾坤正气集》。
[370] 何乔新,《何文肃公集》,清康熙三十三年(1694)重刻本。
[371] 何心隐,《何心隐集》,中华书局,1981 年。
[372] 洪朝选,《洪芳洲公集》,台北洪福增重印本,1989 年。
[373] 侯峒曾,《侯忠节公全集》,民国二十三年(1934)刊本。
[374] 侯方域,《壮悔堂文集》,清刻本。
[375] 黄淳耀,《陶庵全集》,上海古籍出版社,1993 年。
[376] 黄端伯,《瑶光阁集》,收入《乾坤正气集》。
[377] 黄绾,《明道编》,中华书局,1983 年。
[378] 黄宗会,《缩斋文集》,上海古籍出版社,1983 年。
[379] 黄宗羲著、沈善洪主编,《黄宗羲全集》,浙江古籍出版社,2005 年。
[380] 黄宗羲,《黄梨洲诗文集》,收入《传世藏书·集库·别集》,海南国际新闻出版中心,1996 年。
[381] 黄宗羲著、吴光整理,《黄宗羲南雷杂著稿真迹》,浙江古籍出版社,1987 年。
[382] 焦竑,《澹园集》《澹园续集》,中华书局,1999 年。
[383] 季本,《季彭山先生文集》,清初钞本。
[384] 江天一,《江止庵遗集》,收入《乾坤正气集》。

[385] 江盈科,《江盈科集》,岳麓书社,1997 年。
[386] 姜埰,《敬亭集》,收入《四库全书存目丛书》。
[387] 金声,《金正希先生文集辑略》,收入《四库禁毁书丛刊》。
[388] 孔贞时,《在鲁斋文集》,收入《四库禁毁书丛刊》。
[389] 李东阳,《怀麓堂集》,清康熙间廖方达校刻本。
[390] 李开先,《李开先全集》,文化艺术出版社,2004 年。
[391] 李攀龙,《沧溟先生集》,上海古籍出版社,1992 年。
[392] 李濂,《嵩渚文集》,收入《四库全书存目丛书》。
[393] 李维桢,《大泌山房集》,明万历三十九年(1611)刻本。
[394] 李先芳,《李氏山房集》,收入《天津图书馆孤本秘籍丛书》,中华全国图书馆文献缩微复制中心,1999 年。
[395] 李尧民,《雍野李先生快独集》,收入《四库全书存目丛书》。
[396] 李邺嗣,《杲堂诗文集》,浙江人民出版社,1988 年。
[397] 李元阳,《中溪家传汇稿》,民国间云南图书馆刊本。
[398] 李贽著、顾大韶编,《李温陵集》,明万历间海虞顾大韶校刻本。
[399] 李贽,《焚书》《续焚书》,中华书局,1975 年。
[400] 李颙,《二曲集》,中华书局,1996 年。
[401] 黎景义,《二丸居集选》,收入《四库禁毁书丛刊》。
[402] 黎遂球,《莲鬚阁文钞》,收入《广东丛书》,上海商务印书馆民国三十五年(1946)铅印本。
[403] 缪昌期,《从野堂存稿》,收入《乾坤正气集》。
[404] 林大春,《井丹林先生文集》,香港潮州会馆董事会据香港大学冯平山图书馆藏本影印。
[405] 林炫,《林榕江先生集》,清范氏天一阁钞本。
[406] 刘翊,《古直先生文集》,收入《四库全书存目丛书》。
[407] 刘元卿,《刘聘君全集》,收入《四库全书存目丛书》。
[408] 刘宗周,《刘子全书》,清道光刻本。
[409] 鹿善继,《认真草》,钞本(残)。
[410] 鹿善继,《认真草》,收入《畿辅丛书》,清光绪间刻、民国二年(1913)汇印本。
[411] 陆世仪,《陆子遗书》,清光绪间太仓陆受祺刻本。
[412] 陆世仪,《思辨录辑要》,清同治五年(1868)刻本。
[413] 陆世仪,《桴亭先生文集》,收入《续修四库全书》。

[414] 卢文弨,《抱经堂文集》,中华书局,2006 年。
[415] 鲁论,《仕学全书》,收入《四库全书存目丛书》。
[416] 罗伦,《一峰文集》,清康熙间刻本。
[417] 罗万藻,《此观堂集》,收入《四库全书存目丛书》。
[418] 骆文盛,《骆两溪集》,收入《四库全书存目丛书》。
[419] 吕坤著、王国轩等整理,《吕坤全集》,中华书局,2008 年。
[420] 吕留良,《吕晚村先生文集》,清雍正间刻本。
[421] 吕柟,《泾野子内篇》,中华书局,1992 年。
[422] 吕柟,《泾野先生文集》,收入《四库全书存目丛书》。
[423] 茅坤,《茅坤集》,浙江古籍出版社,1993 年。
[424] 倪元璐,《鸿宝应本》,明崇祯十五年(1642)刻、清顺治十四年(1657)补刻本。
[425] 倪元璐,《倪文贞集》,上海古籍出版社,1993 年。
[426] 庞尚鹏,《百可亭摘稿》,收入《四库全书存目丛书》。
[427] 祁彪佳,《祁彪佳文稿》,国家图书馆出版社,2009 年。
[428] 祁顺,《巽川祁先生文集》,收入《四库全书存目丛书》。
[429] 蕲贵,《戒庵文集》,收入《四库全书存目丛书》。
[430] 戚继光,《止止堂集》,中华书局,2001 年。
[431] 钱澄之,《钱田间先生遗文》,收入《国粹学报》第 74 期。
[432] 钱澄之,《田间文集》,黄山书社,1998 年。
[433] 钱谦益,《钱牧斋全集》,上海古籍出版社,2003 年。
[434] 钱谦益,《牧斋有学集》,上海古籍出版社,1996 年。
[435] 钱士升,《赐余堂集》,清乾隆四年(1739)钱佳刻本。
[436] 钱肃乐,《钱忠介公集》,收入《四明丛书》。
[437] 熊开元,《鱼山剩稿》,上海古籍出版社,1986 年。
[438] 瞿式耜,《瞿式耜集》,上海古籍出版社,1981 年。
[439] 丘濬,《重编琼台稿》,上海古籍出版社,1991 年。
[440] 全祖望著、朱铸禹汇校集注,《全祖望集汇校集注》,上海古籍出版社,2000 年。
[441] 单思恭,《甜雪斋文》,收入《四库全书存目丛书》。
[442] 沈鲤,《亦玉堂稿》,清嘉庆十二年(1807)刻本。
[443] 沈周,《石田先生文钞》,收入《四库全书存目丛书》。
[444] 史可法,《史可法集》,上海古籍出版社,1984 年。

[445] 施闰章,《施愚山集》,黄山书社,1992 年。
[446] 宋存标,《秋士偶编》,收入《四库禁毁书丛刊》。
[447] 宋濂,《宋濂全集》,浙江古籍出版社,1999 年。
[448] 宋懋澄,《九籥集》,中国社会科学出版社,1984 年。
[449] 宋琬,《宋琬全集》,齐鲁书社,2003 年。
[450] 宋应星,《宋应星佚著四种》,上海人民出版社,1976 年。
[451] 谭纶,《谭襄敏公奏议》,清嘉庆重刊本。
[452] 谭元春著、陈杏珍标校,《谭元春集》,上海古籍出版社,1998 年。
[453] 谭元春,《鹄湾文草》,岳麓书社,1988 年。
[454] 汤斌著,范志亭、范哲辑校,《汤斌集》,中州古籍出版社,2003 年。
[455] 汤显祖,《汤显祖诗文集》,上海古籍出版社,1982 年。
[456] 唐时升,《三易集》,清康熙二十八年(1689)嘉定陆氏刻本。
[457] 唐顺之,《唐荆川先生文集》,收入《丛书集成续编》,上海书店,1994 年。
[458] 陶望龄,《陶文简公集》,明天启七年(1627)陶履中刻本。
[459] 陶望龄,《歇庵集》,明万历三十九年(1611)刻本。
[460] 陶琰,《仁节先生集》,钞本。
[461] 田汝成,《田叔禾小集》,收入《四库全书存目丛书》。
[462] 屠隆,《白榆集》,明万历二十二年(1594)刻本。
[463] 屠隆,《鸿苞集》,收入《四库全书存目丛书》。
[464] 屠隆,《由拳集》,收入《四库全书存目丛书》。
[465] 万表,《玩鹿亭稿》,收入《四明丛书》。
[466] 万斯同,《石园文集》,收入《四明丛书》。
[467] 万衣,《万子迂谈》,收入《四库全书存目丛书》。
[468] 王崇简,《青箱堂文集》,清康熙间刻本。
[469] 王夫之,《王船山诗文集》,中华书局,1983 年。
[470] 王衡,《緱山先生集》,明万历刻本。
[471] 王畿著、吴震编校整理,《王畿集》,凤凰出版社,2007 年。
[472] 王畿,《慕蓼王先生樗全集》,收入《四库全书存目丛书》。
[473] 王思任,《王季重十种》,浙江古籍出版社,1987 年。
[474] 王廷相,《王廷相集》,中华书局,1989 年。

[475] 王稌,《瞶斋稿》,收入《续金华丛书》,江苏广陵古籍刻印社影印本,1983 年。
[476] 王锡爵,《王文肃公文集》,收入《四库禁毁书丛刊》。
[477] 王阳明著,吴光、钱明等编校,《王阳明全集》,上海古籍出版社,1992 年。
[478] 王以旂,《王襄敏公集》,收入《四库全书存目丛书》。
[479] 王元翰,《凝翠集》,收入《云南丛书》,民国间云南图书馆刻本。
[480] 王祖嫡,《师竹堂集》,收入《三怡堂丛书》,民国十二年(1923)刻本。
[481] 汪道昆,《太函集》,黄山书社,2004 年。
[482] 汪琬著、李圣华笺校,《汪琬全集笺校》,人民文学出版社,2010 年。
[483] 魏季瑞,《魏伯子文集》,收入《四库禁毁书丛刊》。
[484] 魏禧,《魏叔子文集》,中华书局,2003 年。
[485] 魏禧,《魏叔子日录》,收入《四库禁毁书丛刊》。
[486] 魏象枢,《寒松堂全集》,中华书局,1996 年。
[487] 魏裔介,《兼济堂文集》,中华书局,2007 年。
[488] 文徵明,《文徵明集》,上海古籍出版社,1987 年。
[489] 翁万达,《翁万达集》,上海古籍出版社,1992 年。
[490] 钟惺,《隐秀轩文秋集》,陕西教育图书社民国间铅印本。
[491] 吴鼎,《过庭私录》,收入《四库全书存目丛书》。
[492] 吴宽,《匏翁家藏集》,明嘉靖间刻本。
[493] 吴仁度,《吴继疏先生遗集》,收入《四库全书存目丛书》。
[494] 吴甡,《柴庵疏集》,浙江古籍出版社,1989 年。
[495] 吴廷翰,《吴廷翰集》,中华书局,1984 年。
[496] 吴伟业著、李学颖集评标校,《吴梅村全集》,上海古籍出版社,1999 年。
[497] 吴应箕,《楼山堂集》,收入《贵池二妙集》,清光绪二十五年(1899)刻本。
[498] 乌斯道,《春草斋集》,收入《四明丛书》。
[499] 颜钧,《颜钧集》,中国社会科学出版社,1996 年。
[500] 夏完淳,《夏完淳集》,中华书局,1960 年。
[501] 夏言,《夏桂洲文集》,收入《四库全书存目丛书》。

[502] 谢肇淛,《小草斋文集》,收入《四库全书存目丛书》。

[503] 熊开元,《鱼山剩稿》,上海古籍出版社,1986年。

[504] 徐燦,《阳溪遗稿》,收入《四库全书存目丛书》。

[505] 徐枋,《居易堂集》,华东师范大学出版社,2009年。

[506] 徐光启,《徐光启著译集》,上海古籍出版社影印本,1983年。

[507] 徐光启,《徐光启集》,上海古籍出版社,1984年。

[508] 徐渭,《徐渭集》,中华书局,1983年。

[509] 徐问,《山堂萃稿》,收入《四库全书存目丛书》。

[510] 徐学谟,《徐氏海隅集》,收入《四库全书存目丛书》。

[511] 薛始亨,《蒯缑馆十二草》,收入《广东丛书》。

[512] 严果,《天隐子遗稿》,收入《四库全书存目丛书》。

[513] 杨凤苞,《秋室集》,清光绪十一年(1885)归安陆心源刻本。

[514] 杨荣,《杨文敏公集》,明正德十年(1515)刻本。

[515] 杨嗣昌著、梁颂成辑校,《杨嗣昌集》,岳麓书社,2005年。

[516] 杨守阯,《碧川文选》,收入《四库全书存目丛书》。

[517] 姚镆,《东泉文集》,收入《四库全书存目丛书》。

[518] 叶春及,《石洞集》,上海古籍出版社,1993年。

[519] 叶向高,《苍霞续草》,明天启刻本。

[520] 尹会一撰、郑端辑,《政学录》,收入《丛书集成新编》,台北新文丰出版公司,1985年。

[521] 余继登,《淡然轩集》,明万历间刻本。

[522] 袁宏道著、钱伯城笺校,《袁宏道集笺校》,上海古籍出版社,2008年。

[523] 袁中道,《珂雪斋近集》,上海书店,1986年。

[524] 袁中道,《珂雪斋前集》,台北伟文图书出版社影印本,1976年。

[525] 袁宗道著、钱伯城标点,《白苏斋类集》,上海古籍出版社,2007年。

[526] 赵南星,《梦白先生集》,清咸丰重刻本。

[527] 赵维寰,《雪庐焚余稿》,收入《四库禁毁书丛刊》。

[528] 赵用贤,《松石斋文集》,明万历间刻本。

[529] 张岱,《琅嬛文集》,岳麓书社,1985年。

[530] 张尔岐著、张翰勋整理,《蒿庵集》,齐鲁书社,1991年。

[531] 张凤翼,《处实堂集》,收入《四库全书存目丛书》。

[532] 张鉴,《冬青馆甲集》,民国嘉业堂刻本。
[533] 张孟兼,《白石山房逸稿》,收入《续金华丛书》,民国十三年(1924)刊本。
[534] 张履祥,《杨园先生全集》,中华书局,2002 年。
[535] 张溥,《七录斋诗文合集》,收入《续修四库全书》。
[536] 张自烈,《芑山文集》,收入《豫章丛书》。
[537] 郑鄤,《峚阳草堂集》,民国二十一年(1932)重刊本。
[538] 郑棠,《道山集》,清活字本。
[539] 郑晓,《端简郑公文集》,收入《四库全书存目丛书》。
[540] 周亮工,《赖古堂集》,上海古籍出版社,1979 年。
[541] 周之夔,《弃草二集》,江苏广陵古籍刻印社,1997 年。
[542] 朱升,《朱枫林集》,黄山书社,1992 年。
[543] 朱元璋,《御制文集》,收入张德信、毛佩琦主编《洪武御制全书》。
[544] 朱之瑜,《朱舜水集》,中华书局,1981 年。
[545] 庄昶,《定山集》,收入《金陵丛书》,民国间铅印本。
[546] 邹守益,《东廓邹先生文集》,收入《四库全书存目丛书》。
[547] 左懋第,《左忠贞公集》,收入《乾坤正气集》。
[548] 陈子龙等编,《明经世文编》,中华书局,1997 年。
[549] 黄宗羲编,《明文海》,中华书局,1987 年。
[550] 贺长龄、魏源等编,《清经世文编》,中华书局,1992 年。
[551]《皇朝经世文编五集》,清光绪二十八年(1902)石印本。
[552] 艾衲居士编,《豆棚闲话》,上海古籍出版社,1985 年。
[553] 董说,《西游补》,上海古籍出版社,1983 年。
[554] 冯梦龙,《喻世明言》,岳麓书社,2002 年。
[555] 冯梦龙编,《山歌》,收入《明清民歌时调集》,上海古籍出版社,1999 年。
[556] 海上剑痴,《仙侠五花剑》,收入《中国古代珍稀本小说》(五),春风文艺出版社,1994 年。
[557] 华阳散人,《鸳鸯针》,春风文艺出版社,1985 年。
[558] 兰陵笑笑生,《金瓶梅词话》,人民文学出版社,2002 年。
[559] 凌濛初,《初刻拍案惊奇》《二刻拍案惊奇》,岳麓书社,2002 年。
[560] 刘元卿,《贤奕编》,收入《宝颜堂秘笈》。

[561] 陆人龙,《型世言》,北京燕山出版社,1993年。
[562] 陆灼,《艾子后语》,清康熙刻本。
[563] 梦觉道人、西湖浪子辑,《三刻拍案惊奇》,北京燕山出版社,1987年。
[564] 清溪道人,《禅真逸史》,齐鲁书社,1986年。
[565] 沈自晋著、张树英点校,《沈自晋集》,中华书局,2004年。
[566] 文康,《儿女英雄传》,人民文学出版社,1983年。
[567] 无名氏撰、锦文标点,《包青天奇案》,岳麓书社,2004年。
[568] 西周生,《醒世姻缘传》,上海古籍出版社,1985年。
[569] 佚名,《平山冷燕》,人民文学出版社,2006年。
[570] 佚名著、王建华点校,《山水情》,中国文联出版社,2003年。
[571] 袁于令,《隋史遗文》,北京大学出版社,1988年。
[572] 朱一玄校点,《明成化说唱词话丛刊》,中州古籍出版社,1997年。
[573]《古今图书集成》,清光绪三十年(1904)铅印本。
[574]《杂宝藏经》,《大正藏》本。
[575] 北京图书馆金石组、中国佛教图书文物馆石经组编,《房山石经题记汇编》,书目文献出版社,1987年。
[576] 邓之诚,《骨董琐记》《骨董续记》,中国书店,1991年。
[577] 杜联喆辑录,《明人自传文钞》,台北艺文印书馆,1977年。
[578] 梁家勉编著,《徐光启年谱》,上海古籍出版社,1981年。
[579] 路工编,《明代歌曲选》,上海古典文学出版社,1956年。
[580] 穆益勤编著,《明代院体浙派史料》,上海人民美术出版社,1985年。
[581] 潘景郑辑校,《绛云楼题跋》,中华书局,1958年。
[582] 王国平、唐力行主编,《明清以来苏州社会史碑刻集》,苏州大学出版社,1998年。
[583] 谢正光、范金民编,《明遗民录汇辑》,南京大学出版社,1995年。
[584] 郑涵编,《吕坤年谱》,中州古籍出版社,1985年。
[585] 中国史学会编,《戊戌变法》(四),上海神州国光社,1953年。

二、近人论著

[586] 白寿彝,《远古的传说》,收入氏著《中国史学论集》,中华书局,1999 年。
[587] 陈宝良,《悄悄散去的幕纱——明代文化历程新说》,陕西人民教育出版社,1988 年。
[588] 陈宝良,《中国流氓史》,中国社会科学出版社,1993 年。
[589] 陈宝良,《中国的社与会》,浙江人民出版社,1996 年。
[590] 陈宝良,《飘摇的传统——明代城市生活长卷》,湖南出版社,1996 年。
[591] 陈宝良,《明代社会生活史》,中国社会科学出版社,2004 年。
[592] 陈宝良,《明代儒学生员与地方社会》,中国社会科学出版社,2005 年。
[593] 陈海兰主编,《中国传记文学发展史》,语文出版社,1999 年。
[594] 陈辽,《周太谷评传》,南京大学出版社,1992 年。
[595] 陈蒲清,《中国古代寓言史》,湖南教育出版社,1985 年。
[596] 陈万益,《晚明小品与明季文人生活》,台北大安出版社,1988 年。
[597] 陈玉玲,《寻找历史中缺席的女人》,台湾南华管理学院,1998 年。
[598] 陈子善、张铁荣编,《周作人集外文》,海南国际新闻出版中心,1995 年。
[599] 褚斌杰,《中国古代文体学》,台北学生书局,1991 年。
[600] 戴顺居,《明代的强盗案件:判牍中所反映的民间社会治安问题》,台湾明史研究小组,2005 年。
[601] 费孝通,《乡土社会》,北京大学出版社,1998 年。
[602] 傅衣凌,《明清时代商人及商业资本》,人民出版社,1956 年。
[603] 傅衣凌,《明清经济史论文集》,人民出版社,1982 年。
[604] 顾颉刚,《顾颉刚读书笔记》,台北联经出版事业公司,1990 年。
[605] 郭建,《绍兴师爷》,上海古籍出版社,1995 年。
[606] 郭润涛,《官府、幕友与书生——“绍兴师爷”研究》,中国社会科学出版社,1996 年。

[607] 郭绍虞,《照隅室古典文学论集》,上海古籍出版社,1983 年。
[608] 韩云波,《中国侠文化:积淀与承传》,重庆出版社,2004 年。
[609] 韩兆琦,《中国传记文学史》,河北教育出版社,1992 年。
[610] 何冠彪,《生与死:明季士大夫的抉择》,台北联经出版事业公司,1997 年。
[611] 黄裳,《妆台杂记》,中国社会科学出版社,1997 年。
[612] 黄镇伟,《坊刻本》,江苏古籍出版社,2002 年。
[613] 黄宗智,《民事审判与民间调解:清代的表达与实践》,中国社会科学出版社,1998 年。
[614] 姬秀珠,《明初大儒方孝孺研究》,台北文史哲出版社,1991 年。
[615] 季学原、桂兴沅,《〈明夷待访录〉导读》,巴蜀书社,1992 年。
[616] 姜广辉,《颜李学派》,中国社会科学出版社,1987 年。
[617] 孔庆茂,《钱鍾书与杨绛》,海南国际新闻出版中心,1997 年。
[618] 来新夏、徐建华,《中国的年谱与家谱》,台北商务印书馆,1994 年。
[619] 雷海宗,《中国文化与中国的兵》,商务印书馆,2001 年。
[620] 李弘祺,《宋代官学教育与科举》,台北联经出版事业公司,1994 年。
[621] 李文治,《明清时代封建土地关系的松解》,中国社会科学出版社,1993 年。
[622] 李亦园,《人类的视野》,上海文艺出版社,1996 年。
[623] 李亦园、乔健合编,《中国的民族、社会与文化》,台北食货出版社,1981 年。
[624] 李治安、杜家骥,《中国古代官僚政治》,书目文献出版社,1993 年。
[625] 李志慧,《唐代文苑风尚》,陕西人民出版社,1988 年。
[626] 缪全吉,《清代幕府人事制度》,台湾中国人事行政月刊社,1971 年。
[627] 缪咏禾,《明代出版史稿》,江苏人民出版社,2000 年。
[628] 林端,《儒家伦理与法律文化——社会学观点的探索》,台北巨流图书公司,1994 年。
[629] 林丽月,《明代的国子监生》,台北私立东吴大学中国学术奖助委员会,1978 年。

[630] 林毓生,《热烈与冷静》,上海文艺出版社,1998 年。
[631] 柳存仁,《和风堂文集》,上海古籍出版社,1991 年。
[632] 刘志琴,《晚明史论——重新认识末世衰变》,江西高校出版社,2004 年。
[633] 南方朔,《另一种英雄》,台北大久文化股份有限公司,1990 年。
[634] 启功,《说八股》,北京师范大学出版社,1992 年。
[635] 钱穆,《从中国历史来看中国民族性及中国文化》,台北联经出版事业公司,1982 年。
[636] 钱鍾书,《谈艺录》(补订本),中华书局,1984 年。
[637] 饶宗颐,《中国史学上之正统论》,上海远东出版社,1996 年。
[638] 沈松勤,《北宋文人与党争——中国文人士大夫群体研究之一》,人民出版社,1998 年。
[639] 王尔敏,《明清社会文化生态》,台北商务印书馆,1997 年。
[640] 王赓武著、姚楠编译,《历史的功能》,香港中华书局,1990 年。
[641] 王鸿泰,《"三言二拍"的精神史研究》,台湾大学出版委员会,1994 年。
[642] 王锦贵,《中国纪传体文献研究》,北京大学出版社,1996 年。
[643] 王天有,《晚明东林党议》,上海古籍出版社,1991 年。
[644] 王瑶,《中古文学史论》,北京大学出版社,1980 年。
[645] 王元化,《清园近思录》,中国社会科学出版社,1998 年。
[646] 王宗培,《中国之合会》,中国合作学社,1931 年。
[647] 汪涌豪、陈广宏,《游侠人格》,长江文艺出版社,1996 年。
[648] 吴智和,《明人饮茶生活文化》,台湾明史研究小组,1996 年。
[649] 吴子敏、徐迺翔、马良春编,《鲁迅论文学与艺术》,人民文学出版社,1980 年。
[650] 夏咸淳,《晚明士风与文学》,中国社会科学出版社,1994 年。
[651] 萧关鸿,《中国百年传记经典》,东方出版中心,1999 年。
[652] 谢国桢,《明清之际党社运动考》,中华书局,1982 年。
[653] 谢兴尧,《堪隐斋随笔》,辽宁教育出版社,1995 年。
[654] 薛君度、刘志琴主编,《近代中国社会生活与观念的变迁》,中国社会科学出版社,2001 年。
[655] 杨国枢、文崇一主编,《社会及行为科学研究的中国化》,台北"中央"研究院民族研究所,1982 年。

[656] 杨联陞,《国史探微》,新星出版社,2005年。
[657] 杨松年,《中国文学评论史编写问题论析——晚明至盛清诗论考察》,台北文史哲出版社,1988年。
[658] 杨中芳、高尚仁编,《中国人·中国心——人格与社会篇》,台北远流出版事业股份有限公司,1991年。
[659] 么书仪,《元代文人心态》,文化艺术出版社,1993年。
[660] 衣若兰,《三姑六婆——明代妇女与社会的探索》,台北稻香出版社,2002年。
[661] 余英时,《中国知识阶层史论——古代篇》,台北联经出版事业公司,1980年。
[662] 余英时,《中国近世宗教伦理与商人精神》,台北联经出版事业公司,1987年。
[663] 于迎春,《汉代文人与文学观念的演进》,东方出版社,1997年。
[664] 张高评,《左传之武略》,台北丽文文化事业股份有限公司,1994年。
[665] 张亮采,《中国风俗史》,东方出版社,1996年。
[666] 张仲礼著、李荣昌译,《中国绅士——关于其在19世纪中国社会中作用的研究》,上海社会科学院出版社,1991年。
[667] 张中行,《闲话八股》,辽宁教育出版社,1998年。
[668] 周天,《文人的悲剧》,华岳文艺出版社,1988年。
[669] 周作人,《周作人回忆录》,湖南人民出版社,1982年。
[670] [俄]尼·别尔嘉耶夫著、雷永生译,《自我认识——思想自传》上海三联书店,1997年。
[671] [法]阿兰·佩雷菲特著,王国卿、毛凤支等译,《停滞的帝国——两个世界的撞击》,三联书店,1995年。
[672] [法]让·德·米里拜尔著,郭太初、张上赐等译,《明代地方官吏及文官制度——关于陕西和西安府研究》,陕西人民出版社,1994年。
[673] [荷]高罗佩著,李零、郭晓莹译,《中国古代房内考》,上海人民出版社,1990年。
[674] [美]包均雅著,杜正贞、张林译,《功过格:明清社会的道德秩序》,浙江人民出版社,1999年。
[675] [美]狄百瑞著、李弘祺译,《中国的自由传统》,香港中文大学

出版社,1983年。

[676] [美]柯文著、林同奇译,《在中国发现历史——中国中心观在美国的兴起》,中华书局,1991年。

[677] [美]Michael C. Howard 著,李茂兴、蓝美华译,《文化人类学》,台北弘智文化股份有限公司,1997年。

[678] [日]岸本美绪,《明清交替と江南社会——十七世纪中国の秩序问题》,东京大学出版会,1999年。

[679] [日]川合康三著、蔡毅译,《中国的自传文学》,中央编译出版社,1999年。

[680] [日]沟口雄三著、赵林译,《中国的思想》,中国社会科学出版社,1995年。

[681] [日]沟口雄三著、陈耀文译,《中国前近代思想之曲折与展开》,上海人民出版社,1997年。

[682] [日]沟口雄三、小岛毅主编,孙歌等译:《中国的思维世界》,江苏人民出版社,2006年。

[683] [日]森正夫,《森正夫明清史论集》,东京汲古书院,2006年。

[684] [日]守屋美都雄著,钱杭、杨小芬译,《中国古代的家族与国家》,上海古籍出版社,2010年。

[685] [日]中川久定,《自传の文学》,东京岩波书店,1979年。

[686] [日]中村元著、徐复观译,《中国人之思维方式》,台北学生书局,1991年。

[687] [苏]伊·谢·科恩著、佟景韩等译,《自我论》,三联书店,1986年。

[688] [英]麦高温著,朱涛、倪静译,《中国人生活的明与暗》,时事出版社,1998年。

[689] 蔡惠琴,《明清无赖集团之一——“打行”探析》,刊《辅仁历史学报》,第8卷,1996年12月。

[690] 蔡翔,《金圣叹与阿Q》,收入氏著《写在边缘》,四川人民出版社,1997年。

[691] 陈宝良,《明末清初“俗学”小考》,刊《清史研究通讯》,1986年第4期。

[692] 陈宝良,《明代文化的动态研究》,北京师范大学历史系硕士论文,1987年。

[693] 陈宝良,《朱健思想研究》,刊《江西社会科学》,1989 年第 1 期。
[694] 陈宝良,《明代的社与会》,刊《历史研究》,1991 年 5 期。
[695] 陈宝良,《晚明的尚武精神》,刊中国明史学会主编《明史研究》第 1 辑,黄山书社,1991 年。
[696] 陈宝良:《明代民间舆论探析》,刊《江汉论坛》,1992 年第 2 期。
[697] 陈宝良,《明代皇帝与明代文化》,刊《史学集刊》,1992 年第 3 期。
[698] 陈宝良,《论晚明的平等观念》,刊《社会科学辑刊》,1992 年第 2 期。
[699] 陈宝良,《明代无赖阶层的社会活动及其影响》,刊《齐鲁学刊》,1992 年第 2 期。
[700] 陈宝良,《论晚明实心任事的精神》,刊《社会科学研究》,1993 年第 1 期。
[701] 陈宝良,《明太祖与儒佛道三教》,刊《福建论坛》,1993 年第 5 期。
[702] 陈宝良,《晚明生员的弃巾之风及其山人化》,刊《史学集刊》,2000 年第 2 期。
[703] 陈宝良,《明初心学钩沉》,刊《明史研究》第 10 辑,黄山书社,2007 年。
[704] 陈宝良,《女务外学:晚明妇女的名士化倾向》,刊《福建论坛》,2008 年第 10 期。
[705] 陈冠至,《明代的苏州藏书——藏书家与藏书生活》,台北中国文化大学史学研究所硕士论文,1999 年。
[706] 陈广宏,《晚明福建地区的城市诗人》,收入朱立元、裴高主编《中西学术》(二),复旦大学出版社,1996 年。
[707] 陈国栋,《哭庙与焚儒服——明末清初生员层的社会性动作》,刊台北《新史学》,3 卷 1 期,1992 年 3 月。
[708] 陈平原,《知识者介入社会的特殊途径》,收入氏著《书生意气》,汉语大词典出版社,1996 年。
[709] 陈弱水,《说“义”三则》,收入氏著《公共意识与中国文化》,新星出版社,2006 年。
[710] 陈四益,《牛山四十屁》,收入氏著《乱翻书》,学林出版社,1997 年。

[711] 陈玮,《等待文人》,刊《戏文》,1999 年第 4 期。
[712] 陈正宏、朱邦薇,《明诗总集编刊史略——明代篇(下)》,收入《中西学术》(二)。
[713] 常建华,《日本八十年代以来的明清地域社会研究述评》,刊《中国社会经济史研究》,1998 年第 2 期。
[714] 董桥,《藏书与意识形态》,收入氏著《静观的固执》,湖北人民出版社,1997 年。
[715] 杜维明,《"实学"的含意》,收入氏著《儒家自我意识的反思》,台北联经出版事业公司,1991 年。
[716] 傅伟勋,《儒家思想的时代课题及其解决线索》,收入杜念中、杨君实编《儒家伦理与经济发展》,台北允晨文化实业公司,1989 年。
[717] 何龄修:《史可法扬州督师期间的幕府人物(上)(下)》,刊《燕京学报》新 3 期(1997 年)、新 4 期(1998 年)。
[718] 何宗美,《李贽与侠略论》,刊《西南大学学报》,2007 年第 1 期。
[719] 何宗美,《中晚明山人侠略论》,刊《西南大学学报》,2009 年第 2 期。
[720] 胡适,《提倡禁嫖》,收入丘桑主编《大宇宙中谈博爱》,东方出版社,1998 年。
[721] 胡适,《非个人主义的新生活》,收入《大宇宙中谈博爱》。
[722] 黄继持,《明代中叶文人型态》,刊赵令扬主编《明清史集刊》第 1 卷,香港大学中文系,1985 年。
[723] 黄景进,《社会变迁中的知识分子》,收入《汉学论文集》,台北文史哲出版社,1982 年。
[724] 黄裳,《反封建离不开旧戏》,收入氏著《掌上烟云》,华东师范大学出版社,1998 年。
[725] 黄宗智著,程农、邓正来译,《中国的"公共领域"与"市民社会":国家与社会间的第三领域》,收入邓正来、J. C. 亚历山大编《国家与市民社会——一种社会理论的研究途径》,中央编译出版社,1999 年。
[726] 季镇淮,《"文"义探源》,收入氏著《来之文录》,北京大学出版社,1992 年。
[727] 柯灵,《情话乱弹》,收入氏著《燕居闲话》,学林出版社,1997

年。

[728] 李东三,《黄梨洲及其〈明夷待访录〉之研究》,台湾大学中国文学研究所硕士论文,1983 年。

[729] 李凤萍,《晚明山人陈眉公研究》,台湾东吴大学中国文学研究所硕士论文,1984 年 4 月。

[730] 李国文,《空心大老》《曹操若健在》,收入氏著《苦瓜苦瓜》,陕西人民出版社,1995 年。

[731] 李静,《元末明初地方自辟属官现象初探——以地方学官为例》,北京师范大学历史学院硕士论文,2006 年 5 月。

[732] 李平,《乐府玉树英残卷对青阳滚调的探讨价值》,收入《中西学术》(二)。

[733] 李少君,《通向毁灭之路》,刊《天涯》,1999 年第 5 期。

[734] 李威熊,《明代经学发展的主流与旁支》,收入林庆彰、蒋秋华主编《明代经学国际研讨会论文集》,台北"中央"研究院中国文哲研究所筹备处,1996 年。

[735] 李洵,《四十天与一百年——论明清两王朝交替的历史对中国社会的影响》,收入氏著《下学集》,中国社会科学出版社,1995 年。

[736] 李元庚,《望社姓氏考》,刊《国粹学报》第 71 期。

[737] 李焯然,《论李贽在明代思想史上的地位》,收入氏著《明史散论》,台北允晨文化实业股份有限公司,1987 年。

[738] 李焯然,《丘濬之史学——读丘濬〈世史正纲〉札记》,收入氏著《明史散论》。

[739] 李焯然,《焦竑之三教观》,收入氏著《明史散论》。

[740] 林丽月,《世变与秩序:明代社会风尚相关研究评述》,载台北《明代研究通讯》第 4 期,2001 年 12 月。

[741] 林庆彰,《〈五经大全〉之修纂及其相关问题探究》,收入氏著《明代经学研究论集》,台北文史哲出版社,1994 年。

[742] 刘炎,《明末城市经济发展下的初期市民运动》,收入存粹学社编集、周康燮主编《明代社会经济史研究》第 1 集,香港崇文书店,1975 年。

[743] 刘志琴,《晚明城市风尚初探》,刊《中国文化研究辑刊》第 2 辑,复旦大学出版社,1984 年。

[744] 刘志琴,《城市民变与士大夫》,收入《明清史国际学术讨论会论文集》,天津人民出版社,1981 年。

[745] 吕妙芬,《阳明学讲会》,刊台北《新史学》,9 卷 2 期,1998 年 6 月。

[746] 孟森,《科场案》《奏销案》,收入氏著《明清史论著集刊》,中华书局,1984 年。

[747] 钱穆,《读明初开国诸臣诗文集》,刊《新亚学报》,6 卷 2 期,1964 年。

[748] 钱鍾书,《论文人》,收入氏著《写在人生边上》,中国社会科学出版社,1990 年。

[749] 王鸿泰,《侠少之游——明清士人的城市交游与尚侠风气》,收入李孝悌编《中国的城市生活》,台北联经出版事业有限公司,2005 年。

[750] 王正华,《过眼繁华——晚明城市图、城市观与文化消费的研究》,收入《中国的城市生活》。

[751] 赵令扬,《论明太祖政权下之知识分子》,收入《寿罗香林教授论文集》,香港万有图书公司,1979 年。

[752] 韦政通,《传统中国理想人格的分析》,收入李亦园、杨国枢主编《中国人的性格》,江苏教育出版社,2006 年。

[753] 吴秀卿,《元代文人故事剧研究》,台湾大学中国文学研究所硕士论文,1983 年 6 月。

[754] 吴智和,《明代苏州社区乡土生活史举隅——以文人集团为例》,收入东吴大学历史系编《方志学与社区乡土史学术研讨会论文集》,台北学生书局,1998 年。

[755] 伍跃,《日本明清史学界关于“秩序”问题的研究——从〈中国近世社会的秩序形成〉说起》,刊《中国史研究动态》,2006 年第 2 期。

[756] 巫仁恕,《明清城市“民变”的集体行动模式及其影响》,收入郝延平、魏秀梅主编《近世中国之传统与蜕变:刘广京院士七十五岁祝寿论文集》,台北“中央”研究院近代史研究所,1998 年。

[757] 萧公权,《圣教与异端——从政治思想论孔子在中国文化史中的地位》,收入氏著《迹园文录》,台北联经出版事业公司,1983 年。

[758] 谢思炜,《论自传诗人杜甫——兼论中国和西方的自传诗传统》,刊《文学遗产》,1990 年第 3 期。
[759] 许大龄,《清代捐纳制度》,刊《燕京学报》专号之 22,1950 年。
[760] 许地山,《英雄造时势与时势造英雄》,收入高巍选辑《许地山文集》,新华出版社,1998 年。
[761] 许地山,《礼俗与民生》,收入《许地山文集》。
[762] 严昌洪,《关于社会风俗史的研究》,刊《江汉论坛》,1984 年第 2 期。
[763] 颜昆阳,《论汉代文人"悲壮不遇"的心灵模式》,收入台北政治大学中文系所主编《汉代文学与思想学术研讨会论文集》,台北文史哲出版社,1991 年。
[764] 余英时,《士商互动与儒学转向——明清社会史与思想史之一面相》,《近世中国之传统与蜕变:刘广京院士七十五岁祝寿论文集》。
[765] 余英时,《明清变迁时期社会与文化的转变》,收入余英时等著《中国历史转型时期的知识分子》,台北联经出版事业公司,1992 年。
[766] 于志嘉,《日本明清史学界对"士大夫与民众"问题之研究》,刊《新史学》,4 卷 4 期,1993 年 12 月。
[767] 张维华,《明代海外贸易简论》,收入氏著《晚学斋论文集》,齐鲁书社,1986 年。
[768] 张研,《清代后期中国社会组织的纵横依赖关系与相互联系》,刊《清史研究》,2000 年第 2 期。
[769] 章培恒,《李梦阳与晚明文学思潮》,刊《安徽师范大学学报》,1986 年第 3 期。
[770] 郑天挺,《清代的幕府》,收入《明清史国际学术讨论会论文集》。
[771] 周启荣,《从思想史的角度看晚明坊刻〈四书〉讲章中的考证活动》,收入陈荣照主编《学丛》(新加坡国立大学中文系学报),2000 年第 5 期。
[772] 周锐鹏,《张学良:没想到自己能活这么大岁数》,刊新加坡《联合早报》,2000 年 7 月 4 日,第 19 版。
[773] 周作人,《日记与尺牍》,收入刘应争编选《知堂小品》,陕西人

民出版社,1991 年。
[774] 周作人,《谈策论》,收入《知堂小品》。
[775] 周作人,《英雄崇拜》,收入陈子善、张铁荣编《周作人集外文》,海南国际新闻出版中心,1995 年。
[776] 朱自清,《论书生的酸气》,收入氏著《朱自清古典文学论文集》,上海古籍出版社,1981 年。
[777] [美]艾尔曼,《晚明儒学科举策问中的"自然之学"》,刊《中国文化》第 13 期,1996 年 6 月。
[778] [美]列文森著、张永堂译,《从绘画看明代及清初社会的业余精神》,收入《中国思想与制度论集》,台北联经出版事业公司,1977 年。
[779] [美]宋格文著、李明德译,《天人之间:汉代的契约与国家》,收入梁治平编《法律的文化解释》(增订本),三联书店,1998 年。
[780] [日]岸本美绪,《"风俗"与历史观》,刊台北《新史学》,第 13 卷第 3 期,2000 年 9 月。
[781] [日]岸本美绪,《清初上海的审判与调解——以〈历年记〉为例》,收入《近世家族与政治比较历史论文集》,台北"中央"研究院近代史研究所,1992 年。
[782] [日]川胜守,《明末清初の讼师について——旧中国社会における无赖知识人の一形态》,刊《东洋史论集》,1981 年第 9 卷。
[783] [日]渡昌弘,《明代捐纳入监概观》,刊《集刊东洋学》第 56 号,1986 年 11 月。
[784] [日]夫马进,《明清时代の讼师と诉讼制度》,收入[日]梅原郁编《中国近世の法制と社会》,京都同朋舍,1993 年。
[785] [日]夫马进,《明末反地方官士变》,刊《东方学报》,第 52 册,1980 年 3 月。
[786] [日]夫马进,《明末反地方官士变补论》,刊《富山大学人文学部纪要》,第 4 号,1981 年 3 月。
[787] [日]宫岐市定,《明代苏松地方的士大夫与民众》,收入栾成显、南炳文译《日本学者研究中国史论著选译》第 6 卷,中华书局,1993 年。
[788] [日]和田正广,《明末窝访の出现过程》,刊《东洋学报》,1981 年第 62 卷 1、2 期。

[789] [日]酒井忠夫,《明代の日用类书と庶民教育》,收入[日]林友春编《近世中国教育史研究》,东京国土社,1958年。

[790] [日]铃木正,《明代山人考》,收入《清水博士追悼纪念明代史论丛》,东京,1962年。

[791] [日]山根幸夫,《明及清初华北的市集与绅士豪民》,收入《日本学者研究中国史论著选译》第6卷。

[792] [日]山井湧著、卢瑞容译,《明末清初的经世致用之学》,刊《史学评论》,第12期。

[793] [日]山田贤著、太城佑子译,《中国明清时代"地域社会论"研究的现状与课题》,刊《暨南史学》,第2号,1999年6月。

[794] [日]中岛乐章,《明末清初绍兴の幕友》,收入《山根幸夫教授退休纪念明代史论丛》,东京汲古书院,1992年。

[795] [日]滋贺秀三,《清代诉讼制度之民事法源的考察》,收入氏等著《明清时期的民事审判与民间契约》,法律出版社,1998年。

[796] [日]佐伯有一,《明末董氏之变》,收入《日本学者研究中国史论著选译》第6卷。

[797] BrookTimothy, *Praying for Power: Buddhism and the Formation of Gentry Society in Late Ming China*. Cambridge Mass: Harvard University Press, 1982.

[798] Carlyle Thomas, *On Heroes, Hero-Worship, and Heroic in History*. London: Oxford University Press, 1925.

[799] Chan Albert, *The Glory and Fall of the Ming Dynasty*. Norman: University of Oklahoma Press, 1982.

[800] Chang Chun-shu and Chang Shelley Hsuen-lun, *Crisis and Transformation in Seventeenth-Century China: Society, Culture, and Modernity in Li Yü's World*. Ann Arbor: The University of Michigan Press, 1992.

[801] Ch'ien Edward T., *Chiao Hung and the Restructuring of Neo-Confucianism in the Late Ming*. New York: Columbia University Press, 1986.

[802] Chow Kai-wing, *The Rise of Confucian Ritualism in Late Imperial China: Ethics, Classics, and Lineage Discourse*. Stanford: Stanford University Press, 1994.

[803] Ch' u T' ung-tsu, *Local Government in China under the Ch' ing*. Cambridge and London: Harvard University Press, 1988.

[804] Dardess John W., *Confucianism and Autocracy: Professional Elites in the Founding of the Ming Dynasty*. Berkeley: University of California Press, 1983.

[805] Dean Kenneth, *Lord of the Three in One: The Spread of a Cult in Southeast China*. New Jersey: Princeton University Press, 1998.

[806] Dennerline Jerry, *The Chia-ting Loyalists: Confucian Leadership and Social Change in Seventeenth-Century China*. New Haven and London: Yale Universiy Press, 1981.

[807] Elman Benjamin A., *A Cultural History of Civil Examination in Late Imperial China*. Berkeley: Universiy of California Press, 2000.

[808] Elvin Mark, *The Pattern of the Chinese Past*. Stanford: Stanford University Press, 1973.

[809] Folkenflic Robert, *The Culture of Autobiography*. Stanford: Stanford University Press, 1993.

[810] Goodrich L. Carrinyton and Fang Chaoying (eds.), *Dictionary of Ming Biography*, 1368-1644. New York: Columbia University Press, 1976.

[811] Goode William J., *Explorations in Social Theory*. New York: Oxford University Press, 1973.

[812] Handlin Joanna F., *Action in Late Ming Thought: The Reorientation of Lü K' un and Other Scholar-Officials*. Berkeley: University of California, 1983.

[813] Ho Ping-ti, *The Ladder of Success in Imperial China*. New York: Columbia University Press, 1962.

[814] Hsiao Kung-Chuan, *Rural China: Imperial Control in the Nineteenth Century*. Seattle: University of Washington Press, 1960.

[815] MacDermott Doireann (ed.), *Autobiographical and Bibliographical Writing in the Commonwealth*. Sabadell: Editoril AUSA, 1984.

[816] McLaren Anne E., *Chinese Popular Culture and Ming Chantefables*. Leiden: Koninklijke Brill NV, 1998.

[817] Moss Paul, *The Literati Mode: Chinese Scholar Paintings, Calligra-*

phy and Desk Objects. London: Sydney L. Ltd., 1986.

[818] Naquin Susan and Rawski Evelyn, *Chinese Society in the Eighteenth Century*. New Haven, Conn: Yale University Press, 1987.

[819] Perkins Dwight, *Agricultural Development in China*, 1368-1968. Chicago: Aldine, 1969.

[820] Rankin Mary Backus, *Elite Activism and Political Transformation in China: Zhejiang Province*, 1865-1911. Stanford: Stanford University Press, 1986.

[821] Roddy Stephen J., *Literati and Its Fictional Representations in Late Imperial China*. Stanford: Stanford University Press, 1998.

[822] Watt John R., *The District Magistrate in Late Imperial China*. New York and London: Columbia University Press, 1972.

[823] Wu Pei-Yi, *The Confucian's Progress: Autobiographical Writing in Traditional China*. Princeton: Princeton University Press, 1990.

[824] Yü Chü-fan, *The Renewal of Buddhism in China: Chu-hung and the Late Ming Synthesis*. New York: Comlumbia University Press, 1981.

[825] Asushi Shigeta(重田德), "The Origins and Structure on Gentry Rule," in Linda Grove and Daniels (eds.), *State and Society in China: Japanese Perspectives on Ming-Qing Social and Economic History*. Tokyo: University of Tokyo Press, 1984.

[826] Bramall Chris and Nolan Peter, "Introducion: Embryonic Capitalism in East Asia," in Xu Dixin and Wu Chengming (eds.), Li Zhengde, Liang Miaoru, Li Siping (tr.), *Chinese Capitalism*, 1522-1840. London: Macmillan Press Ltd., 2000.

[827] Brombet Victor, "Introduction: The Idea of the Hero," and C. M. Bowra, "The Hero," in Victor Brombet(ed.) *The Hero in Literature*. Greenwich, CT: Frawcett, 1969.

[828] Dennerline Jerry, "Hsü and the Lesson of Nanking: Political Integration and the Defense in Chiang-nan, 1634-1645," in Jonathan D. Spence and John E. Wills Jr. (eds.), *From Ming to the Ch'ing: Conquest, Region, and Continuity in Seventeenth-Century*. New Haven and London: Yale University Press, 1979.

[829] Hegel Robert E.,"An Exploration of the Chinese Literary Self," in Robert E. Hegel and richard C. Heseney (eds,), *Expressions of Self in Chinese Literature*. New York: Columbia University of Press, 1985.

[830] Ho Ping-ti,"Aspects of Social Mobility in China, 1368-1911," in *Comparative Studies in Social and History*, vol.1, no.4, 1959, pp. 330-359.

[831] Hume Robert D.,"Concepts of the Hero in Comic Drama, 1660-1710," in Robert Folkenflik(ed.) *The English Hero*, 1660-1800. Newark: University of Delaware Press, 1982.

[832] Liu Ts'un-yan, "The Penetration of Taoism into the Ming Neo-Confucian Elite," T'oung Pao (1971), 57(1-4).

[833] Liu Ts'un-yan, "Taoist Self-Cultivation in Ming Thought," in Wm. Theodore de Bary (ed.), *Self and Society in Ming Thought*. New York: Columbia University Press, 1970.

[834] Masao Mori (森正夫), "The Gentry in the Ming Period: An Outline of Relations between the Shih-ta-fu and Local Society," *Acta Asialica*, no. 38 (1980).

[835] Olney James,"Autobiography and the Cultural Moment: A Thematic, Historical, and Bibliographical Introduction," in James Olney (ed.), *Autobiography: Essays Theoretical and Critical*. Princeton, New Jersey: Princeton University Press, 1980.

[836] Sakai Tadao(酒井忠夫), "Confucianism and Popular Education Works," in Wm. Theodore de Bary and Conference on Ming Thought (eds.), *Self and Society in Ming Thought*.

[837] Wakeman, Frederic Jr.,"Introduction: The Evolution of Local Control in Late Imperial China," in Frederic Wakeman, Jr. and Carolyn Grant (eds.), *Conflict and Control in Late Imperil China*. Berkeley: University of California Press, 1975.

[838] Yuan Tsing, "Urban Riots and Disturbances," in Jonathan D. Spence and John E. Wills, Jr.(eds.), *From Ming to Ch'ing: Conquest, Region, and Continuity in Seventeenth-Century China*.

后　记

治史多年，甘苦良多。我的同乡先贤王季重曾将做官比作登山，一步一步上去，历过艰难，闪跌几次，方知荆棘何以刺人，危险何以惕人，幽奇何以快人，转折何以炼人。渐至登峰造极，方得受用。

其实，读书治学亦当作如是观。越人嚼笋，闽人嚼蔗，渐老渐甜。读书治学，不可一蹴而就，随着自己积累日趋丰富，经历渐多，尝尽其中甘苦，其体味显然也会更深一层。

回顾自己的治学经历，二言以蔽之，即吃得灰尘，坐得冷板。古人有云，吃得三斗酽醋，方做得宰相。我套用其语，改为吃得三斗灰尘，方做得古史学问。

窃叹世风日下，学林已成人情社会，游戏世界。号称"人情"，却最无情。所谓之"情"，实即"人事"，所鹜仅是一种关系，一种礼尚往来的人情面子，而不是"以友辅仁"的志同道合。为了一己私利，四处钻营，卖身投靠，甚至反出师门，以作投名之状。在这游戏世界中，无不以利征逐。玩得游刃有余、如鱼得水者：或则学官，头顶乌纱，一身官袍，学问行情陡涨，不通亦通；或则投机，以时髦流行为标帜，结成朋党。归属我类者，互相吹嘘；非我族类者，肆意排陷。流风所及，特立独行者少，随波逐流者众。真正想做学问或确具真才实学者，日遭倾轧，套用现在的时髦语，即被"边缘化"，失去话语权。回想及此，岂非痛哉！

明末著名戏曲与小说作家袁于令在回答友人询问近况时，以自题斋中一联作答，其联云："佛云不可说，不可说；子曰如之何？如之何？"诸生有以现今儒林掌故问余者，以此答之，亦算道出我目下心情。

福兮祸兮，祸兮福兮？世事无常。塞翁失马，焉知非福。老实的学者既被"边缘化"，那就回到荒江，做一野老，远离人情是非的闹市，恰好回归学问的自然。念及此，却又大快！

最后，我要对重庆大学出版社表示由衷的感谢。在出版日趋商业化的时代，他们尚能坚守学术标准，其气魄不能不令人敬佩。

絮叨说上几句，权充后记，以记一时之感，万祈大人先生谅之。然知我罪我，其唯读者乎！

陈宝良识于缙云山下嘉陵江畔之螺壳室
2013 年 5 月 28 日